Les Mythes grecs

D0614993

Collection *Pluriel*
dirigée par Georges Liébert

ROBERT GRAVES

Les
Mythes grecs

*Traduit de l'anglais
par Mounir Hafez*

TOME II

FAYARD

Tous droits réservés pour tous pays.
Cet ouvrage est la traduction intégrale
du livre de langue anglaise GREEK MYTHS
Cassell & Cᵒ LTD, Londres, 1958.

© 1958, Robert Graves.
© 1967, Librairie Fayard.

Sommaire

105.
Œdipe

a. Laïos, fils de Labdacos, avait épousé Jocaste à Athènes. Profondément affligé de n'avoir pas eu d'enfants, il consulta secrètement l'Oracle de Delphes qui lui déclara que cet apparent malheur était en réalité une faveur du ciel, car tout enfant né de Jocaste serait l'instrument de sa mort. Il renvoya donc Jocaste sans lui donner aucune explication ; elle en fut si mortifiée que, l'ayant enivré, elle l'attira encore une fois dans ses bras dès que la nuit fut tombée. Quand, neuf mois plus tard, Jocaste mit au monde un fils, Laïos l'arracha aux bras de sa nourrice, perça ses pieds d'un clou et, les ayant attachés, il l'exposa sur le mont Cithéron.

b. Cependant, les Parques avaient décidé que cet enfant atteindrait un âge avancé. Un berger de Corinthe le trouva, l'appela Œdipe parce que ses pieds blessés par le clou étaient déformés et l'amena à Corinthe où, en ce temps-là, régnait le roi Polybos [1].

c. Selon une autre version, Laïos n'exposa pas Œdipe sur une montagne, mais l'enferma dans un coffre, le fit charger sur un bateau et jeter à la mer. Ce coffre fut entraîné par la mer et jeté à la côte, à Sicyone. Périboea, l'épouse du roi Polybos, se trouvait justement sur la grève, en train de surveiller ses lavandières. Elle prit Œdipe dans ses bras, se retira derrière un buisson et fit semblant d'être saisie par les douleurs de l'enfantement. Et, comme les lavandières étaient trop occupées pour remarquer ce qu'elle faisait, elle leur fit croire qu'il venait de naître. Mais Périboea raconta la vérité à Polybos, qui, étant lui-même sans enfant, fut heureux d'élever Œdipe comme son propre fils.

Un jour, un Corinthien le railla, disant qu'il ne ressemblait en rien à ses soi-disant parents et Œdipe alla demander à l'Oracle de Delphes quel serait son avenir. « Va-t-en, misérable, éloigne-toi de l'autel ! s'écria la Pythie avec horreur. Tu vas tuer ton père et épouser ta mère ! »

d. Comme Œdipe aimait tendrement Polybos et Périboea et qu'il tremblait à l'idée d'être la cause d'un malheur, il décida sur-le-champ de ne jamais revenir à Corinthe. Mais il se trouva que dans l'étroit défilé qui mène de Delphes à Daulis, il rencontra Laïos qui lui dit brutalement de s'écarter et de céder le passage à ses supérieurs ; Laïos, faut-il préciser, se trouvait sur son char et Œdipe était à pied. Œdipe répliqua qu'il ne reconnaissait aucun supérieur excepté les dieux et ses propres parents.

« Alors tant pis pour toi ! » cria Laïos et il donna l'ordre à son conducteur Polyphontès de passer. Une des roues du char écrasa le pied d'Œdipe et celui-ci, fou de colère, tua Polyphontès de sa lance. Puis il jeta à terre Laïos qui demeura pris dans les rênes ; traîné sur la route, il mourut déchiqueté : c'est le roi de Platées qui se chargea d'enterrer les deux cadavres [2].

e. Laïos était justement venu consulter l'Oracle pour lui demander comment il pourrait débarrasser Thèbes de la Sphinx. Ce monstre était une fille de Typhon et d'Échidna, ou, selon certains, du chien Orthros et de la Chimère et était arrivé en volant dans les airs, du fond de l'Éthiopie à Thèbes. On le reconnaissait facilement à sa tête de femme, son corps de lion, sa queue de serpent et ses ailes d'aigle [3]. Héra avait tout récemment envoyé la Sphinx pour punir Thèbes de l'enlèvement, par Laïos, du petit Chrysippos, à Pisa, et, installé sur le mont Phicion, non loin de la ville, la Sphinx posait à tous les voyageurs une devinette que lui avaient apprise les Trois Muses : « Peux-tu me nommer l'être unique qui marche tantôt à deux pattes, tantôt à trois, tantôt à quatre et qui est le plus faible quand il a le plus de pattes ? » Ceux qui ne pouvaient pas résoudre l'énigme, elle les étranglait et les dévorait sur-le-champ ; parmi ces infortunés se trouvait Haemon, le neveu de Jocaste, que la Sphinx rendit *haimon*, « sanglant », effectivement. Œdipe, qui venait vers Thèbes, tout

frais encore du meurtre de Laïos, trouva la réponse à
l'énigme. « L'homme, répondit-il, parce qu'il marche à
quatre pattes quand il est enfant, sur deux pieds quand il
est homme et s'appuie sur un bâton quand il est vieux. »
La Sphinx, vaincue, se jeta du haut du mont Phicion et se
fracassa dans le fond de la vallée. Les Thébains, après
cela, acclamèrent Œdipe, le proclamèrent roi et il épousa
Jocaste, ne sachant pas qu'elle était sa mère.

f. La peste s'abattit alors sur Thèbes et l'Oracle de
Delphes, encore une fois consulté, répondit : « Chassez le
meurtrier de Laïos ! » Œdipe, qui ne savait pas qui il avait
croisé dans le défilé, maudit le meurtrier de Laïos et le
condamna à l'exil.

g. L'aveugle Tirésias, le devin le plus célèbre de la Grèce
à cette époque, demanda alors audience à Œdipe. Selon
certains, Athéna qui l'avait rendu aveugle parce qu'il
l'avait, par mégarde, aperçue nue en train de se baigner,
fut émue des lamentations de sa mère et, détachant de son
égide le serpent Érichthonios, elle lui ordonna : « Purifie
les oreilles de Tirésias avec ta langue de manière qu'il
puisse entendre le langage des oiseaux prophétiques. »

h. D'autres disent qu'un jour sur le mont Cyllène,
Tirésias avait aperçu deux serpents en train de s'accoupler.
Les deux serpents l'ayant attaqué, il les frappa avec son
bâton et tua la femelle. Aussitôt il fut transformé en
femme et devint une prostituée célèbre, mais, sept ans plus
tard, il assista de nouveau à la même scène, au même
endroit ; cette fois, il recouvra sa condition d'homme en
tuant le serpent mâle. D'autres encore disent que lorsque
Aphrodite et les Trois Grâces, les Charites Pasithéa, Calé,
et Euphrosyne se disputèrent pour savoir laquelle des
quatre était la plus belle, Tirésias donna le prix à Calé ;
Aphrodite alors le changea en vieille femme. Mais Calé
l'emmena avec elle en Crète et lui fit don d'une magnifique
chevelure. A quelques jours de là, Héra se mit à reprocher
à Zeus ses nombreuses infidélités. Il se défendit en disant
qu'en tout cas quand elle partageait son lit, c'est elle qui
avait la meilleure part.

« Les femmes, grommela-t-il — c'est bien évident —
éprouvent beaucoup plus de plaisir dans l'acte sexuel que
les hommes. »

« Pas du tout, s'écria Héra, c'est justement tout le
contraire, et vous le savez bien. »

Tirésias, mandé pour apaiser la querelle, et prié de dire
son sentiment d'après sa propre expérience, répondit : « Si

en amour le plaisir était compté sur dix, les femmes obtiendraient trois fois trois et les hommes seulement un. »

Héra fut tellement exaspérée par le sourire triomphant de Zeus qu'elle frappa Tirésias de cécité ; mais Zeus lui donna en compensation le don de prophétie et une vie s'étendant sur sept générations[4].

i. Tirésias se présenta à la cour d'Œdipe appuyé sur un bâton en bois de cornouiller, que lui avait donné Athéna, et il révéla à Œdipe la volonté des dieux : la peste ne prendrait fin que si un Homme Semé donnait sa vie pour la cité. Le père de Jocaste, Ménœcée, un des hommes qui étaient sortis de terre après que Cadmos eut semé les dents du dragon, se jeta aussitôt du haut des murs et Thèbes fut unanime à louer son civisme et son dévouement.

Tirésias annonça alors : « Ménœcée a fait ce qu'il fallait, et la peste à présent va prendre fin. Cependant les dieux songeaient à un autre Homme Semé, appartenant à la troisième génération, car celui-ci a tué son père et épousé sa mère. Sache, ô Jocaste, qu'il s'agit d'Œdipe, ton mari ! »

j. Au début, personne ne voulait croire Tirésias, mais ses paroles furent bientôt confirmées par une lettre de Péribœa, à Corinthe. Elle écrivait que la mort subite du roi Polybos lui permettait à présent de révéler les circonstances de l'adoption d'Œdipe et elle donnait des détails accablants. Jocaste alors se pendit de honte et de douleur, tandis qu'Œdipe se crevait les yeux avec une épingle arrachée à sa robe[5].

k. Selon certains, bien que tourmenté par les Érinyes qui l'accusaient d'avoir été la cause de la mort de sa mère, Œdipe continua de régner sur Thèbes, un certain temps, jusqu'au jour où il tomba glorieusement sur le champ de bataille[6]. Selon d'autres, cependant, le frère de Jocaste, Créon, le chassa, mais non sans qu'Œdipe ait maudit Étéocle et Polynice — à la fois ses fils et ses frères — qui lui avaient insolemment envoyé les morceaux inférieurs d'une bête sacrifiée, c'est-à-dire la cuisse au lieu de l'épaule royale, et c'est pourquoi ils le virent quitter, l'œil sec, cette ville qu'il avait délivrée de la Sphinx. Après avoir erré pendant des années dans de nombreux pays, conduit par la fidèle Antigone sa fille, Œdipe arriva finalement à Colone en Attique où les Érinyes, qui possèdent là un bois sacré, le poursuivirent jusqu'à sa mort ; Thésée enterra son corps dans l'enceinte des Euménides à Athènes, en pleurant aux côtés d'Antigone[7].

1. *L'histoire de Laïos, Jocaste et Œdipe a été tirée d'une série de représentations sacrées dont la signification fut délibérément dénaturée. Le mythe qui aurait expliqué le nom de Labdacos (« secours avec torches ») a été perdu ; mais il est possible qu'il se rapporte à l'arrivée d'un enfant divin accompagné de torches et porté par des bergers à la cérémonie du Nouvel An, proclamé fils de la déesse Brimo (« déchaînée »). Cet eleusis, ou arrivée, était l'événement le plus important des Mystères d'Éleusis et peut-être aussi des Mystères isthmiques (voir 70. 5) ; ce qui expliquerait le mythe de l'arrivée d'Œdipe à la cour de Corinthe. Les bergers élevèrent ou rendirent hommage à de nombreux autres jeunes princes légendaires ou semi-légendaires, comme Hippothoos (voir 49. a), Pélias (voir 68. d), Amphion (voir 76. a), Égisthe (voir 111. i), Moïse, Romulus et Cyrus qui furent soit abandonnés sur une montagne, soit livrés aux vagues de la mer dans une arche, soit les deux. Moïse fut trouvé par la fille de Pharaon qui allait chercher de l'eau avec ses femmes. Il est possible qu'Œdipos, « pied enflé », fût à l'origine Œdipais, « fils de la mer gonflée », ce qui est le sens du nom donné au héros gallois correspondant, Dylan ; et que le percement des pieds d'Œdipe avec un clou appartienne à la fin et non au commencement de son histoire, comme dans le mythe de Talos (voir 92. m et 154. h).*

2. *Le meurtre de Laïos est un récit de la mort rituelle du roi solaire par les mains de son successeur : jeté à bas d'un char et traîné par les chevaux (voir 71. 1). L'enlèvement de Chrysippos se rapporte probablement au sacrifice d'un substitut (voir 29. 1) au terme de la première année de son règne.*

3. *L'anecdote de la Sphinx a, de toute évidence, été tirée d'une représentation montrant la déesse-Lune ailée de Thèbes, dont le corps est formé des deux parties de l'année thébaine — le lion, pour la période de croissance, le serpent, pour la période de décroissance et à qui le nouveau roi fait des prières avant d'épouser sa prêtresse, la Reine. Il semble aussi que l'énigme, apprise des Muses par la Sphinx, a été inventée pour expliquer une scène représentant un enfant, un guerrier et un vieil homme, adorant tous trois la Triple-déesse : chacun présente ses hommages à une personne différente de la triade. Mais la Sphinx, vaincue par Œdipe, se tua, comme la princesse Jocaste. Œdipe était-il un envahisseur de Thèbes au XIIIᵉ siècle qui supprima l'ancien culte minoen de la déesse et fit une réforme du calendrier ? Dans l'ancien système, le nouveau roi, bien qu'il fût étranger, avait été, théoriquement, le fils du vieux roi qu'il tuait et dont il épousait la veuve ; les envahisseurs patriarcaux, interprétant mal cette coutume, considérèrent qu'il s'agissait d'un parricide et d'un inceste. La théorie freudienne selon laquelle le complexe d'Œdipe est un instinct commun à tous les hommes a pris sa source dans cette anecdote inexacte ; Plutarque, lorsqu'il rapporte (Isis et*

Osiris *32) que l'hippopotame tua son père et viola sa mère n'a jamais prétendu que les hommes avaient un complexe de l'hippopotame.*

4. *Bien que les patriotes thébains, se refusant à admettre qu'Œdipe était un étranger qui prît d'assaut leur ville, préférèrent en faire l'héritier perdu du royaume, la vérité éclata à la mort de Ménoecée, qui faisait partie de la course préhellénique qui avait lieu aux fêtes des Peloria en souvenir du démiurge Ophion, dont les dents avaient donné naissance à leur race. Il se précipita vers la mort dans l'espoir désespéré d'apaiser la déesse comme Mettus Curtius, devant qui une crevasse s'ouvrit dans la terre au forum romain (Tite-Live : VII. 6) ; le même sacrifice eut lieu au cours de la guerre des Sept contre Thèbes (voir 106. j). Cependant, il mourut en vain ; sinon la Sphinx et la grande prêtresse n'auraient pas été contraintes de se suicider. La légende de la mort de Jocaste par pendaison est probablement fausse ; Hélène des Oliviers, comme Érigoné et Ariane du culte de la vigne, avait, dit-on, péri de cette manière — peut-être pour expliquer les figurines de la déesse-Lune qui se balançaient au bout des branches des arbres fruitiers, en guise de charmes (voir 79. 2, 88. 18 et 98. 5), on utilisait des figurines du même genre à Thèbes et, lorsque Jocaste se suicida, elle se jeta certainement du haut d'un rocher, comme la Sphinx.*

5. *L'apparition de Tirésias, nom commun à tous les devins tout au long de l'histoire légendaire de la Grèce, indique que Zeus avait octroyé une très longue vie à Tirésias. Voir des serpents en train de s'accoupler est encore considéré, dans le Sud des Indes, comme portant malheur. Le cornouiller, arbre servant à la divination consacrée à Cronos (voir 52. 3 et 170. 5), symbolisait le quatrième mois, celui de l'équinoxe de printemps ; Rome fut fondée à cette saison, à l'endroit précis où le javelot, en bois de cornouiller, toucha le sol. Hésiode transforma les deux Charites en trois personnages (voir 13. 3) et les appela Euphrosyne, Aglaé et Thalie (Théogonie 945).*

6. *Deux récits incompatibles de la fin d'Œdipe ont survécu. Selon Homère, il mourut glorieusement sur le champ de bataille. Selon Apollodore et Hygin, il fut banni par le frère de Jocaste, qui appartenait à la famille royale cadméenne et erra, comme mendiant, à travers les cités grecques jusqu'à Colone, en Attique, où les Furies le pourchassèrent jusqu'à la mort. Œdipe, saisi de remords et se crevant les yeux, a été interprété par les psychanalystes comme signifiant la castration ; mais, bien que la cécité de Phœnix, le tuteur d'Achille, fût considérée par les grammairiens grecs comme un euphémisme pour désigner l'impuissance, le mythe primitif fut toujours respecté et les castrations d'Ouranos et d'Attis continuent à figurer dans tous les livres de la période classique. L'aveuglement d'Œdipe apparaît donc comme une invention de dramaturge plutôt qu'un véritable mythe. Les Furies personnifiaient la conscience, mais dans un sens très limité et seulement au moment du viol du tabou de la mère.*

7. *Selon la légende non homérique, la méfiance d'Œdipe envers la déesse de la cité fut punie d'exil et il mourut par la suite, victime de ses propres craintes superstitieuses.*

Œdipe, comme Sisyphe, essaya-t-il de substituer à la succession matrilinéaire la succession patrilinéaire et fut-il banni par ses sujets ? Cela semble probable. Thésée d'Athènes fut aussi un révolutionnaire voulant imposer le patriarcat ; il anéantit l'ancien clan athénien des Pallantides (voir 99. a) et il fut également banni à la fin de son règne (voir 104. f).

8. *Tirésias apparaît ici comme le prophète de la disgrâce finale d'Œdipe, mais la légende qui a survécu semble avoir été transformée. Peut-être était-elle à peu près celle-ci : Œdipe de Corinthe conquit Thèbes et devint roi en épousant Jocaste, prêtresse d'Héra. Ensuite, il annonça que le royaume serait dorénavant légué de père en fils par ascendance mâle, coutume corinthienne, au lieu de demeurer un don d'Héra l'Étrangleuse. Œdipe avoua qu'il était très affligé d'avoir laissé les chevaux du char traîner et tuer Laïos, considéré comme son père, et d'avoir épousé Jocaste qui l'avait fait roi à la suite d'une cérémonie de seconde naissance. Mais, lorsqu'il essaya de changer les coutumes, Jocaste se suicida en signe de protestation et la peste s'abattit sur Thèbes. Sur l'avis d'un oracle, les Thébains retirèrent alors à Œdipe la clavicule sacrée et le bannirent. Il mourut au cours de vaines tentatives pour reprendre son trône par les armes.*

106.
Les Sept contre Thèbes

a. Tant de princes se rendirent à Argos dans l'espoir d'épouser soit Argia, soit Déipylé, les filles du roi Adraste, que celui-ci, redoutant de se faire de puissants ennemis s'il en choisissait deux pour en faire ses gendres, consulta l'Oracle de Delphes. La réponse d'Apollon fut : « Attèle à un char à deux roues le sanglier et le lion qui se battent dans ton palais. »

b. Au nombre des prétendants, Polynice et Tydée étaient les moins heureux. Polynice et son frère jumeau Étéocle avaient été élus conjointement rois de Thèbes après qu'Œdipe, leur père, eut été banni. Ils se mirent d'accord pour régner alternativement pendant une année, mais Étéocle, à qui il échut de régner le premier, ne voulut pas abandonner son trône, au terme de l'année, et, invoquant les mauvaises intentions de Polynice, il le bannit de la ville. Tydée, fil d'Œnée, roi de Calydon, avait tué son frère Mélanippos à la chasse ; bien qu'il ait prétendu que c'était un accident, un oracle avait prédit que Mélanippos le tuerait et c'est pourquoi les Calydoniens le soupçonnèrent d'avoir essayé de prévenir le destin et il fut banni également.

c. Or, l'emblème de Thèbes est un lion et l'emblème de Calydon, un sanglier ; et les deux prétendants exilés exhibèrent leur devise sur leurs boucliers. Cette nuit-là, au palais d'Adraste, une discussion éclata au sujet des richesses et des gloires de leurs villes respectives, et ele se serait terminée par un meurtre, si Adraste ne les avait séparés et réconciliés. Puis, se souvenant de la prophétie, il maria Argia à Polynice et Déipylé à Thydée, et il promit de remettre les deux princes sur leurs trônes respectifs ; mais il déclara qu'il marcherait d'abord sur Thèbes, qui se trouvait plus près [1].

d. Adraste réunit les quatre généraux d'Argos : Capanée, Hippomédon, son beau-frère Amphiaraos le devin, et son allié arcadien Parthénopaeos, fils de Méléagre et d'Atalante, leur demanda de prendre les armes et de se mettre en marche vers l'est. De tous les chefs, un seul obéissait à contrecœur : Amphiaraos. Renseigné par ses dons de devin, il savait que tous, excepté Adraste, seraient tués en combattant contre Thèbes et il commença par refuser.

e. Or, Adraste s'était autrefois querellé avec Amphiaraos au sujet des affaires d'État concernant Argos, et les deux hommes, qui étaient très en colère, se seraient certainement tués l'un l'autre sans la sœur d'Adraste, Ériphyle, qui avait épousé Amphiaraos. Saisissant sa quenouille, elle s'était jetée entre les deux hommes, leur avait fait relever leurs épées et jurer, en cas de querelle ultérieure, de s'en remettre à son jugement. Connaissant ce serment, Tydée appela Polynice et lui dit : « Ériphyle craint de vieillir et d'être moins belle ; je crois que si tu lui faisais don du collier magique qu'Aphrodite offrit comme cadeau de mariage à ton ancêtre Harmonie, la femme de Cadmos, elle arrangerait les choses entre Adraste et Amphiaraos et contraindrait ce dernier à venir avec nous. »

f. La chose fut faite discrètement et l'expédition se mit en marche, conduite par les sept chefs : Polynice, Tydée et les cinq Argiens [2]. Mais, selon certains, Polynice ne figurait pas parmi les sept et on ajoutait le nom d'Étéocle d'Argos, fils d'Iphis [3].

g. Ils passèrent par Némée, où Lycurgue était roi. Lorsqu'ils demandèrent la permission pour leurs troupes de se désaltérer dans son pays, celui-ci y consentit et sa femme esclave, Hypsipylé, les conduisit à la source la plus proche. Hypsipylé était une princesse lemnienne, mais, lorsque les femmes de Lemnos avaient juré de tuer tous les hommes de Lemnos pous se venger d'une offense qui leur avait été faite, elle avait sauvé la vie de son père Thoas : aussi l'avaient-elles vendue comme esclave, et, à présent, elle était employée comme nourrice du fils de Lycurgue, Opheltès. Elle avait posé l'enfant par terre, un moment, pour indiquer à l'armée argienne l'endroit où elle pouvait se désaltérer lorsqu'un serpent s'enroula autour de lui, le mordit et le tua. Adraste et ses hommes revinrent trop tard de la source, ils ne purent que tuer le serpent et enterrer l'enfant.

h Quand Amphiaraos les avertit que c'était là un funeste présage, ils fondèrent les Jeux Néméens, en l'honneur de l'enfant, qu'ils appelèrent Archémoros, ce qui signifie : « Commencement du Destin » ; et chacun des sept chefs eut la satisfaction de gagner un des sept concours. Les juges aux Jeux Néméens, qui furent célébrés tous les deux ans, portèrent, depuis lors, des robes noires en signe de deuil pour la mort d'Opheltès et la couronne du vainqueur est tressée de persil porte-malheur [4].

i. Arrivé à Cithaeron, Adraste envoya Tydée en messager aux Thébains pour leur demander qu'Étéocle abandonnât le trône en faveur de Polynice. Comme ils refusaient, Tydée défia leurs généraux en combat singulier, l'un après l'autre, et sortit victorieux de chaque rencontre ; bientôt, plus aucun Thébain n'osa plus se présenter pour combattre. Les Argiens s'approchèrent alors des murs de la ville et chacun des sept chefs prit position chacun face à l'une des sept portes.

j. Tirésias le devin, qu'Étéocle avait consulté, avait prédit que les Thébains auraient la victoire à la seule condition qu'un prince de la famille royale s'offrît volontairement en sacrifice à Arès ; alors Ménoecée, fils de Créon, se tua devant les portes tout comme son grand-père et homonyme avait sauté, la tête la première, du haut des murs en une autre circonstance, précédemment. La prédiction de Tirésias se réalisa : les Thébains furent, il est vrai, défaits au cours d'une escarmouche et se retirèrent à l'intérieur de la ville, mais Capanée n'eut pas plus tôt appliqué son échelle contre le mur et commencé à en gravir les échelons que Zeus le frappa à mort d'un trait de sa foudre. Les Thébains alors reprirent courage, firent une furieuse sortie, tuant encore trois des sept chefs, et l'un des défenseurs qui s'appelait justement Mélanippos blessa Tydée au ventre. Athéna avait pour Tydée une vive affection et elle eut pitié de lui en le voyant couché, à demi mort ; elle alla en toute hâte demander un élixir infaillible à Zeus, son père, qui n'aurait pas manqué de le remettre aussitôt sur pied. Mais Amphiaraos haïssait Tydée parce qu'il avait obligé les Argiens à marcher contre Thèbes et, comme il avait l'esprit vif, il courut à Mélanippos et lui coupa la tête : « Tu vas te venger, s'écria-t-il en tendant la tête de Mélanippos à Tydée. Ouvre-lui le crâne et mange sa cervelle ! » C'est ce que fit Tydée, et Athéna, qui arrivait à ce moment-là avec son élixir, le versa par terre et repartit, dégoûtée de ce qu'elle venait de voir.

k. Il ne restait plus maintenant des sept chefs que Polynice, Amphiaraos et Adraste ; et Polynice, pour faire cesser l'effusion de sang, proposa que la succession au trône soit décidée en un combat singulier avec Étéocle. Étéocle accepta le défi, et, au cours d'un combat acharné, chacun blessa l'autre. Créon, leur oncle, prit alors le commandement de l'armée thébaine, et mit en déroute les Argiens consternés. Amphiaraos s'enfuit sur son char le long des rives de l'Isménos et il était sur le point d'être transpercé entre les deux épaules par l'épée d'un Thébain qui le poursuivait quand Zeus entrouvrit la terre d'un coup de tonnerre et il disparut avec son char. A présent, il est vivant et règne sur les morts en compagnie de son cocher, Baton [5].

l. Voyant que la bataille était perdue, Adraste enfourcha son cheval ailé Areion et s'enfuit ; mais lorsque, par la suite, il apprit que Créon ne voulait pas permettre que ses ennemis morts fussent enterrés, il se rendit à Athènes et supplia Thésée de marcher contre Thèbes et de punir l'impiété de Créon. Thésée s'empara de la ville par surprise, emprisonna Créon et remit les cadavres des chefs morts à leurs familles qui préparèrent pour eux un grand bûcher. Mais Évadné, la femme de Capanée, considérait que son mari avait été élevé au rang de héros par la foudre de Zeus et refusa d'être séparée de lui. Et comme la coutume était qu'un homme frappé par la foudre devait être enterré à part et sa tombe séparée par une clôture, elle se jeta dans le bûcher et fut brûlée vive [6].

m. Or, avant que Thésée arrive à Thèbes, Antigone, sœur d'Étéocle et de Polynice, avait en secret — désobéissant en cela aux ordres de Créon — élevé un bûcher, et y avait placé le cadavre de Polynice. De sa fenêtre, Créon remarqua une lueur dans le lointain qui semblait provenir d'un bûcher allumé, et, s'étant rendu sur les lieux, il prit Antigone sur le fait. Il appela son fils Haemon, à qui Antigone avait été fiancée, et lui donna l'ordre de l'enterrer vivante dans la tombe de Polynice. Haemon feignit d'y consentir, mais au lieu de cela, il épousa Antigone en secret et l'envoya vivre parmi ses bergers. Elle lui donna un enfant qui, plusieurs années plus tard, vint à Thèbes et prit part à certains jeux funèbres ; mais Créon, qui était toujours roi de Thèbes, découvrit son identité par la marque du dragon que tous les descendants de Cadmos portaient sur leur corps et le condamna à mort. Héraclès intercéda en sa faveur mais Créon se montra inexorable ; alors, Haemon et Antigone se donnèrent la mort [7].

★

1. *L'oracle d'Apollon-du-lion-et-du-sanglier devait, à l'origine, avoir préconisé la sage solution de former des royaumes doubles afin d'éviter les dissensions politiques entre le roi sacré et son alter ego, comme celles qui amenèrent la chute de Thèbes (voir 69. l). L'emblème de Thèbes était un lion à cause de la Sphinx à corps de lion, son ancienne déesse ; et l'emblème de Calydon était un sanglier probablement parce qu'Arès qui y avait un temple aimait à prendre cet aspect (voir 18. j).*

2. *Les mythographes mésusaient souvent de la syllabe* eri *dans un nom, en prétendant qu'elle signifiait* eris, *« dissension » et non « abondant ». D'où le mythe d'Érichthonios (voir 25. 1) et Érigoné (voir 79. 3). Ériphylé signifiait, à l'origine, « abondance de feuilles » et non « dissensions tribales ». Hésiode (*Les Travaux et les Jours *161 et ss.) dit que Zeus anéantit deux générations de héros, la première à Thèbes dans la guerre pour les moutons d'Œdipe, la seconde à Troie dans la guerre due à la blonde Hélène. Il n'y a pas d'explications concernant les « moutons d'Œdipe » ; mais Hésiode pense sans doute à la guerre qui opposa Étéocle et Polynice, au cours de laquelle les Argiens donnèrent leur appui à un candidat malheureux au trône de Thèbes. La cause d'une querelle de ce genre entre deux frères était la toison d'or pour laquelle Atrée et Thyeste combattirent l'un contre l'autre (111. c-d) ; l'appropriation de la toison d'or plaçait son propriétaire sur le trône de Mycènes. Zeus, également, avait des béliers à toison d'or au mont Laphystion, qui semblent avoir été l'insigne de la ville d'Orchomène toute proche ; il y eut beaucoup de sang versé à cause d'eux (voir 70. 6).*

3. *Hypsipylé (« grande porte ») était probablement un des noms aussi de la Lune, dont le cours décrit un grand arc dans le ciel ; les Jeux Néméens, comme les Jeux Olympiques, devaient se célébrer à la fin de la période de règne du roi sacré, après qu'il*

avait régné pendant ses cinquante années lunaires comme époux de la grande prêtresse. Le mythe conserva la tradition d'après laquelle des jeunes garçons étaient sacrifiés tous les ans à la déesse, en tant que substituts du roi ; et l'on a forcé le sens du mot Opheltes, *qui signifie simplement « bienfaiteur », en le faisant signifier : « entouré d'un serpent », comme s'il venait du mot* ophis, *« serpent », et* eilein *« se rouler autour ». Le mot* archemoros *ne signifie pas non plus : « le commencement du châtiment » mais « tige originelle d'olivier », ce qui se rapporte aux branches d'olivier cueillies aux oliviers sauvages d'Athéna (voir 16. c), probablement celles utilisées aux jeux pour couronner les vainqueurs des différentes compétitions. Après le désastre de la guerre contre les Perses, l'emploi de l'olivier céda la place, aux Jeux Néméens, à celui des branches de persil, en signe de deuil. Le persil portait malheur, peut-être parce qu'il était connu pour faire avorter — un proverbe anglais dit : « Le persil pousse bien dans le jardin des cocus. » Il poussait à l'état sauvage dans Ogygie, l'île de la mort (voir 170. w).*

4. *Tydée dévorant la cervelle de Mélanippos est considéré comme une anecdote morale. Ce moyen, très ancien, d'augmenter son adresse dans les batailles, introduit par les Hellènes et encore pratiqué par les Scythes à la période classique (Hérodote : IV. 64), en était venu à être considéré comme barbare. Mais la représentation d'où les mythographes ont tiré leur légende figurait probablement Athéna versant une libation à l'ombre de Mélanippos pour approuver le geste de Tydée.*

5. *La fin d'Amphiaraos fournit encore un exemple de la mort d'un roi sacré dans un accident de char (voir 71. a, 101. g, 105. d, 109. j, etc.). La descente de Baton (« mûre ») au Tartare avec lui semble avoir été racontée pour expliquer l'interdit sur la consommation des mûres qui sont associées à la mort.*

6. *L'auto-immolation d'Évadné rappelle le mythe d'Alceste (voir 69. d). Des restes de corps incinérés trouvés dans une tombe-ruche à Dendra près de Mycènes indiquent que, dans cette circonstance particulière, le roi et la reine étaient enterrés ensemble ; et A. W. Persson pense que la reine mourait de sa propre volonté. Mais il est possible que l'un et l'autre aient été assassinés ou qu'ils soient morts de la même maladie ; aucune autre sépulture du même genre n'est signalée ailleurs. La suttie, qui semble avoir été une coutume hellénique, cessa en fait d'être pratiquée assez tôt (voir 74. 8). L'éclair était le signe manifeste de la présence de Zeus, et comme « sacré » et « malpropre » ont le même sens dans la religion primitive — les animaux interdits dans le* Lévitique *étaient « malpropres » parce qu'ils étaient sacrés — la tombe d'un homme frappé par la foudre était séparée par une barrière, comme celle d'un veau mort d'un anthrax dans une ferme moderne et on l'honorait par les rites réservés aux héros. Le cimetière près d'Éleusis où les chefs, d'après Pausanias, ont été enterrés plus tard, a été à présent identifié et des fouilles y ont été faites par le professeur Mylonas. Il a découvert un tombeau*

de deux personnes entouré d'un cercle de pierres et cinq tombes d'une personne ; les squelettes, selon les usages du XIIIe siècle avant J.-C., ne portaient aucune trace d'incinération. Des voleurs de tombes avaient naturellement depuis longtemps emporté les armes de bronze et les autres objets en métal, enterrés avec les corps ; et il est possible que ce soit la découverte des deux squelettes à l'intérieur du cercle de pierres qui fit croire aux gens d'Éleusis qu'il s'agissait de la tombe de Capanée, frappé par la foudre, et de sa fidèle épouse Évadné.

7. Le mythe d'Antigone, Haemon et les bergers semble avoir été tiré de la même représentation que celle où figuraient Arné (voir 43. d) et Alopé (voir 49. a). Nous sommes privés de la fin de la légende, que nous attendions : à savoir qu'il tua son grand-père Créon au moyen d'un disque (voir 73. p).

107.
Les Épigones

a. Les fils des sept chefs tombés devant Thèbes firent le serment de venger leurs pères. Ils sont connus sous le nom d'Épigones. L'Oracle de Delphes leur promit la victoire si Alcméon, fils d'Amphiaraos, devenait leur chef. Mais celui-ci n'avait aucune envie d'attaquer Thèbes et discuta violemment avec son frère Amphilochos l'opportunité de cette campagne. Comme ils n'arrivaient pas à se mettre d'accord, ils s'en remirent à Phylé, leur mère, pour prendre la décision. Thersandros, fils de Polynice, se trouvait dans la même situation que son père et il suivit son exemple : il acheta Ériphyle en lui offrant la robe magique dont Athéna avait fait don à son ancêtre Harmonie le jour même où Aphrodite lui avait fait présent du collier magique. Ériphyle décida la guerre et Alcméon, à contrecœur, assuma le commandement.

b. Au cours d'une bataille devant les murs de Thèbes, les Épigones perdirent Ægialée, fils d'Adraste, et Tirésias le devin prédit alors aux Thébains que leur ville serait mise à sac. Les murs, annonça-t-il, ne résisteraient qu'aussi longtemps que l'un des sept demeurerait en vie, et Adraste, à présent le seul survivant, mourrait certainement de chagrin en apprenant la mort d'Ægialée. Et donc, le parti le plus sage pour les Thébains était de s'enfuir cette nuit même. Tirésias ajouta que, pour lui, le fait qu'ils suivent ou non ses conseils ne changeait rien, car son destin était de mourir aussitôt que Thèbes tomberait aux mains des

Argiens. C'est pourquoi, à la faveur de l'obscurité, les Thébains s'enfuirent en direction du nord, accompagnés de leurs femmes et de leurs enfants ; ils emportaient leurs armes et quelques objets personnels et lorsqu'ils se furent suffisamment éloignés de Thèbes ils s'arrêtèrent et fondèrent la ville d'Hestiaea. A l'aube, Tirésias, qui était parti avec eux, s'arrêta pour boire à la source de Tilphoussa et mourut subitement.

c. Et ce jour-là même, celui où Adraste apprit la mort d'Ægialée et mourut de chagrin, les Argiens, s'apercevant que la ville avait été abandonnée, pénétrèrent dans Thèbes, rasèrent les murs et rassemblèrent le butin. Ils en envoyèrent la meilleure part à Apollon à Delphes, y compris la fille de Tirésias, Manto ou Daphné, qui était demeurée en arrière ; elle devint sa pythonisse [1].

d. Mais l'affaire n'était pas finie, Thersandros s'était vanté d'être à l'origine de la victoire des Argiens et la chose était venue aux oreilles d'Alcméon : il avait, disait-il, acheté Ériphyle, comme avait fait son père Polynice, avant lui, afin d'obtenir la décision d'entreprendre la campagne. Ainsi Alcméon apprenait-il pour la première fois que la vanité d'Ériphyle était à l'origine de la mort de son père et aurait très bien pu être la cause de la sienne propre. Il consulta l'Oracle de Delphes et Apollon répondit qu'elle méritait la mort. Alcméon se méprit et crut que, par la voix de l'Oracle, il recevait la permission de tuer sa mère et, à son retour, il tua Ériphyle, avec, dit-on, l'aide de son frère Amphilochos. Mais Ériphyle en mourant proféra une malédiction contre Alcméon et s'écria : « Terres de Grèce et d'Asie, terres de tout l'univers refusez-vous à abriter mes assassins ! » Les Érinyes vengeresses le poursuivirent alors et le rendirent fou.

e. Alcméon s'enfuit d'abord en Thesprotie où on refusa de le laisser entrer, puis à Psophis où le roi Phégée le purifia par égard pour Apollon. Phégée le maria à sa fille, Arsinoé, à qui Alcméon fit présent du collier et de la robe qu'il avait emportés dans ses bagages. Mais les Érinyes, sans tenir compte de la purification dont il avait été l'objet, continuèrent à le tourmenter et la terre de Psophis devint sèche et aride à cause de lui. L'oracle de Delphes conseilla alors à Alcméon de se rendre auprès du dieu-Fleuve Acheloos et celui-ci le purifia une seconde fois ; il épousa la fille d'Acheloos, Callirrhoé, et se fixa sur une terre nouvellement formée par le limon du fleuve et qui, par conséquent, n'avait pas été touchée par la malédiction d'Ériphyle. Il vécut là en paix pendant quelque temps.

f. Après un an, Callirrhoé, craignant de perdre sa beauté, refusa sa couche à Alcméon et lui demanda, en échange de sa personne, la fameuse robe et le collier. Par amour pour Callirrhoé, il prit le risque de revenir à Psophis et là, il trompa Phégée : sans mentionner son mariage avec Callirrhoé il inventa de toutes pièces une prédiction de l'Oracle de Delphes prétendant qu'on lui avait déclaré qu'il ne serait jamais débarrassé des Érinyes aussi longtemps que la robe et le collier ne seraient pas dédiés à l'autel d'Apollon. Phégée obligea alors Arsinoé à les rendre et celle-ci les remit d'autant plus volontiers qu'elle pensait qu'Alcméon reviendrait auprès d'elle aussitôt que les Érinyes l'auraient quitté ; en effet, elles le traquaient à nouveau partout où il se rendait. Mais un des serviteurs d'Alcméon divulgua la vérité au sujet de Callirrhoé et Phégée entra dans une si violente colère qu'il donna l'ordre à ses fils de tendre un embuscade à Alcméon et de le tuer lorsqu'il quitterait le palais. Arsinoé, d'une fenêtre, assista au meurtre et, ignorant le double jeu d'Alcméon, fit de vifs reproches à son père et à ses frères pour avoir aussi odieusement transgressé les règles de l'hospitalité, la rendant ainsi veuve. Phégée la pria de se taire et d'entendre ce qu'il avait à dire pour se justifier. Mais Arsinoé se boucha les oreilles et fit le vœu que lui et ses fils mourussent avant la nouvelle lune. Pour la punir, Phégée l'enferma dans un coffre et l'offrit au roi de Némée comme esclave et il dit à ses fils : « Portez cette robe et ce collier à Apollon à Delphes. Il veillera à ce qu'ils ne fassent plus de mal. »

g. Les fils de Phégée obéirent à leur père ; mais, entre-temps, Callirrhoé ayant appris ce qui s'était passé à Psophis fit une prière et demanda que les enfants encore en bas âge qu'elle avait eus d'Alcméon devinssent des hommes adultes en un seul jour et qu'ils vengeassent leur père. Zeus entendit sa prière : ils devinrent d'un seul coup des hommes, prirent les armes et se rendirent à Némée où — ils le savaient — les fils de Phégée avaient interrrompu leur voyage au retour de Delphes, dans l'espoir de persuader Arsinoé de retirer sa malédiction. Ils essayèrent de lui raconter la vérité au sujet d'Alcméon mais elle ne voulut point les écouter, eux non plus ; les fils de Callirrhoé non seulement les prirent par surprise et les tuèrent, mais se hâtant vers Psophis, ils tuèrent également Phégée avant que la nouvelle lune n'eût apparu dans le ciel. Comme aucun roi ni aucun dieu-Fleuve en Grèce ne consentaient à les purifier de leurs crimes, ils s'enfuirent vers l'ouest jusqu'en Épire et établirent une colonie en Acarnanie, qui doit son nom à l'aîné, Acarnan.

h. On pouvait voir la robe et le collier à Delphes jusqu'à la Guerre Sacrée (IVᵉ siècle av. J.-C.). C'est à cette époque que le bandit Phocidien Phayllos s'en empara, et on ne sait si le collier en ambre incrusté d'or, que les habitants d'Amathos prétendent être celui d'Ériphyle, est ou non le collier véritable[2].

i. Selon certains, Tirésias avait deux filles, Daphné et Manto. Daphné demeura vierge et devint une Sibylle, mais Alcméon eut de Manto deux enfants avant de l'envoyer à Apollon de Delphes ; il confia les deux enfants au roi de Corinthe, Créon. Plusieurs années plus tard, la femme de Créon, jalouse de l'extraordinaire beauté de Tisiphoné, la vendit comme esclave ; et Alcméon, sans savoir qui elle était, l'acheta et fit d'elle sa domestique, mais, par bonheur, évita l'inceste. Quant à Manto, Apollon l'envoya à Colophon, en Ionie, où elle épousa Rhacios, roi de Carie ; ils eurent un fils, le célèbre devin Mopsos[3]

★

1. *Il s'agit ici d'une légende populaire qui comporte peu d'éléments mythiques, pouvant être racontée sans danger à Thèbes aussi bien qu'à Argos et qui serait intéressante pour les habitants de Psophis, de Némée et de la vallée de l'Acheloos. Elle se propose d'expliquer la fondation d'Hestiaea et la colonisation de l'Acarnanie ; c'est aussi une histoire morale. Elle enseigne le manque de pondération du jugement féminin, la folie des hommes en se moquant de leur vanité et de leur avidité, et la sagesse qui consiste à prendre l'avis des devins qui sont au-delà de tout soupçon, le danger de mal interpréter les oracles et la malédiction qu'encourt inévitablement un fils qui tue sa mère, même pour apaiser l'ombre de son père (voir 114. a).*

2. *Le pouvoir qu'avait, à tout moment, Ériphyle de décider entre la guerre et la paix constitue l'élément le plus intéressant de la légende. La véritable signification de son nom : « très feuillue » indique qu'elle était une prêtresse argienne d'Héra responsable d'un arbre oraculaire semblable à celui de Dodone (voir 51. 1). S'il en est ainsi, l'arbre est sans doute le poirier, consacré à Héra (voir 74. 6). « La guerre des Sept contre Thèbes » qu'Hésiode appelle la « guerre des moutons d'Œdipe », et ses conséquences, évoquées ici, semble avoir précédé l'expédition des Argonautes et*

la guerre de Troie ; on peut approximativement la situer au XIVe
siècle avant J.-C.

108.
Tantale

a. On n'est pas d'accord sur l'origine de Tantale non
plus que sur son père et sa mère. Sa mère était plutôt une
fille de Cronos et de Rhéa, ou, d'après certains, d 'Océanos
et de Thétys [1] ; son père est ou bien Zeus ou bien Tmolos,
la divinité couronnée de chêne du mont Tmolos qui, avec
sa femme Omphale, régnait sur la Lydie et avait été choisi
comme arbitre au moment du concours qui opposa Pan à
Apollon [2]. Certains considèrent cependant Tantale comme
le roi d'Argos ou de Corinthe, et d'autres disent qu'il est
passé au nord du mont Sipyle en Lydie et qu'il a régné
sur la Paphlagonie ; de là, après qu'il eut encouru la colère
des dieux, il fut chassé par Ilos le Phrygien, dont il avait
enlevé et séduit le jeune frère Ganymède [3].

b. Par sa femme Eurynassa, fille du dieu-Fleuve Pactole,
ou par Eurythémisté, fille du dieu-Fleuve Xanthos, ou par
Clytia, fille d'Amphidamas, ou par la Pléiade Dioné,
Tantale devint le père de Pélops, de Niobé et de Brotéas [4].
Cependant, certains considèrent Pélops comme un bâtard
ou bien comme le fils d'Atlas et de la nymphe Linos [5].

c. Tantale était l'ami intime de Zeus qui l'admettait aux
banquets de l'Olympe et partageait avec lui le nectar et
l'ambroisie jusqu'au jour où, la chance lui ayant tourné
la tête, il trahit les secrets de Zeus et vola la nourriture
des dieux pour la partager avec ses amis mortels. Et, avant
que ce crime fût découvert, il en commit un autre, pire
encore. Tantale avait invité tous les dieux de l'Olympe à
un grand banquet sur le mont Sipyle, ou bien peut-être à
Corinthe, et il s'aperçut que les provisions dans son garde-
manger étaient insuffisantes pour les invités : alors, soit
pour mettre à l'épreuve l'omniscience de Zeus, soit tout
simplement pour montrer sa bonne volonté, il découpa
son fils Pélops et en ajouta quelques bons morceaux à la
soupe qu'il avait préparée pour eux, tout comme les fils
de Lycaon avaient fait pour leur frère Nyctimos, lorsqu'ils
invitèrent Zeus en Arcadie [6]. Tous les dieux reconnurent la
nourriture qui leur était offerte, furent saisis de dégoût
et se détournèrent avec horreur, excepté Déméter qui,

complètement prostrée et hébétée par la disparition de
Perséphone, mangea un morceau d'épaule gauche[7].

d. A la suite de son geste, Tantale fut sévèrement puni ;
il perdit d'abord son royaume et , après que Zeus l'eut
tué de sa propre main, il subit un châtiment éternel en
compagnie d'Ixion, de Sisyphe, de Tityos, des Danaïdes et
d'autres. Aujourd'hui, il est suspendu à la branche d'un
arbre fruitier penché sur les eaux d'un lac marécageux,
perpétuellement dévoré par la soif et la faim. Les vagues
viennent battre contre ses hanches et parfois arrivent
jusqu'au menton, mais chaque fois qu'il se penche pour
boire, elles se retirent et il ne reste que la boue noire à ses
pieds ; ou bien, s'il arrive à ramener un peu d'eau dans
ses mains, elle s'écoule entre ses doigts avant qu'il ait pu
faire autre chose que mouiller ses lèvres desséchées, et il
demeure plus assoiffé que `jamais. L'arbre est chargé de
poires, de pommes luisantes, de figues sucrées, d'olives
mûres et de grenades qui frôlent ses épaules ; mais, chaque
fois qu'il tend la main vers ces fruits délicieux, un coup
de vent les entraîne hors de sa portée[8].

e. De plus, une énorme pierre, un rocher du mont Sipyle,
surplombe l'arbre et menace éternellement de tomber et
d'écraser le crâne de Tantale[9]. C'est là son châtiment pour
un troisième crime : le recel, aggravé encore de parjure.
Alors que Zeus était encore enfant en Crète et allaité par
la chèvre Amalthée, Héphaïstos avait fabriqué pour Rhéa
un dogue en or pour veiller sur lui et qui devint par la
suite le gardien de son temple à Dicté. Mais Pandaréos,
fils de Mérops, originaire de Lydie, ou bien était-ce Milétos
le Crétois, à moins que ce ne fût Éphésos, eut l'audace de
voler le dogue et l'apporta à Tantale pour le mettre en
lieu sûr sur le mont Sipyle. Lorsque l'effervescence fut un
peu apaisée, Pandaréos demanda à Tantale de le lui rendre,
mais Tantale jura par Zeus qu'il n'avait jamais vu ni
entendu de chien en or ; ce serment étant venu aux oreilles
de Zeus, Hermès reçut l'ordre de faire une enquête sur
l'affaire ; et, bien que Tantale continuât de se parjurer,
Hermès retrouva le chien par la force et par la ruse, et
Zeus jeta Tantale sous un rocher du mont Sipyle. On voit
encore l'endroit près du lac Tantalis, c'est aujourd'hui un
repaire d'aigles blancs. Ensuite, Pandaréos et sa femme
Harmothoé s'enfuirent à Athènes et de là en Sicile où ils
moururent misérablement[10].

f. Selon d'autres, cependant, c'est Tantale lui-même qui
vola le dogue en or et c'est à Pandaréos qu'il le confia ;

et celui-ci, pour avoir nié qu'il l'avait jamais reçu, fut tué par les dieux irrités, ou bien encore changé en pierre. Mais les deux filles de Pandaréos, Méropé et Cléothéra, que l'on appelle aussi Camiro et Clytié, devenues orphelines, furent élevées par Aphrodite qui les nourrissait de lait caillé, de miel et de vin doux. Héra leur donna beauté et sagesse dépassant celles des humains ordinaires. Artémis leur donna une taille élancée et la force physique. Athéna les rendit habiles à tous les travaux manuels connus. On ne comprend pas pourquoi ces déesses leur témoignèrent autant de sollicitude ni pourquoi elles choisirent Aphrodite pour attendrir Zeus sur le sort des deux orphelines et leur faire faire de bons mariages, à moins évidemment que ce ne soient elles qui aient encouragé Pandaréos à se rendre complice de ce vol. Et Zeus eut probablement des soupçons, car, pendant qu'Aphrodite était enfermée avec lui sur l'Olympe, les Harpyes emportèrent les trois jeunes filles, avec son consentement, et les remirent aux Érinyes qui les tourmentèrent cruellement pour leur faire expier les fautes de leur père [11].

g. Ce Pandaréos était aussi le père d'Aédon, femme de Zéthos à qui elle donna Itylos. Aédon était affligée par un sentiment d'envie torturant à l'égard de sa belle-sœur Niobé qui était heureuse de l'amour de ses six fils et six filles et, en essayant de tuer Sipylos, l'aîné des enfants, elle tua par erreur Itylos ; à la suite de quoi, Zeus la transforma en rossignol, et cet oiseau, au début de l'été, pleure son enfant assassiné [12].

h. Après avoir puni Tantale, Zeus fut heureux de ressusciter Pélops et, en conséquence, il donna l'ordre à Hermès de réunir ses membres séparés et de les faire bouillir à nouveau dans le même chaudron qu'il avait rendu enchanté grâce à une opération magique. Puis Clotho, l'une des Parques, les remit en place ; Déméter lui donna une solide épaule en ivoire pour remplacer celle qu'elle avait mangée, et Rhéa lui insuffla la vie, tandis que Pan l'homme-bouc dansait de joie [13].

i. Pélops, lorsqu'il sortit du chaudron magique, était d'une si radieuse beauté que Poséidon s'éprit de lui sur-le-champ et l'emporta dans l'Olympe dans un char attelé de chevaux d'or. Là, il en fit son échanson et son camarade de lit, tout comme Zeus, plus tard, fit avec Ganymède et il le nourrit d'ambroisie. Pélops s'aperçut pour la première fois que son épaule gauche était en ivoire le jour où il se découvrit la poitrine en signe de deuil, à la mort de sa sœur Niobé. Tous les véritables descendants de Pélops portent ce signe et, après sa mort, son omoplate en ivoire fut conservée à Pisa [14].

j. La mère de Pélops, Eurynassa, pendant ce temps, le cherchait partout fiévreusement, ignorant son ascension dans l'Olympe ; elle apprit par les marmitons qu'il avait été cuit et servi aux dieux, qui, semblait-il, avaient mangé sa chair jusqu'à la dernière fibre. Cette version de l'histoire était courante dans toute la Lydie ; nombreux étaient ceux qui y croyaient et ils disaient que le Pélops que Tantale fit cuire dans le chaudron n'était pas le même que celui qui lui succéda [15].

k. Le fils de Tantale, Brotéas, qui était très laid, sculpta la plus ancienne statue de la Mère des Dieux, qui se trouve encore sur le rocher de Coddinie, au nord du mont Sipyle. C'était un chasseur célèbre, mais il refusa d'honorer Artémis, qui le rendit fou ; hurlant qu'aucune flamme ne pouvait le brûler, il se jeta sur un bûcher allumé et se laissa consumer par le feu. Mais on dit aussi qu'il se suicida à cause de sa laideur. Le fils et héritier de Brotéas fut appelé Tantale, comme son grand-père [16].

1. *Selon Strabon (XII. 8. 21), Tantale, Pélops et Niobé étaient des Phrygiens ; il cite Démétrios de Scépsis et aussi Callisthène (XIV. 5. 28) qui disent que la famille tenait sa fortune des mines de Phrygie et du mont Sipyle. En outre, dans la* Niobé d'Eschyle *(citée par Strabon : XII. 8. 21), les Tantalides avaient, dit-on, un autel de Zeus, leur père divin, sur le mont Ida ; et Sipylos se trouve sur le territoire idéen. Démoclès, que cite Strabon, rationalise le mythe de Tantale en disant que son règne fut marqué par de violents tremblements de terre en Lydie et en Ionie, et jusqu'en Thrace : des villages entiers disparurent, le mont Sipyle fut dévasté, des terrains marécageux furent transformés en lacs et Troie fut submergée (Strabon : I. 3. 17). Selon Pausanias aussi, une ville du mont Sipyle disparut dans une crevasse, qui, par la suite, s'emplit d'eau et devint le lac Saloé ou Tantalis. Les ruines de la ville étaient visibles au fond du lac jusqu'à ce que celui-ci fût ensablé par une rivière venant de la montagne (Pausanias : VII. 24. 7). Pline admet que le lac Tantalis fut détruit par un tremblement de terre (*Histoire naturelle *II. 93) ; mais rapporte que trois villes, successivement, furent construites sur l'emplacement qu'il occupait jusqu'au jour où tout fut submergé (*Histoire naturelle *V. 31).*

2. *Mais ces considérations historiques de Strabon, même si elles sont plausibles du point de vue de l'archéologie, n'expliquent pas*

les rapports de Tantale avec Argos, Corinthe et Milet en Crète.
Le rocher posé sur lui dans le Tartare, et toujours sur le point de
tomber, l'identifie à Sisyphe de Corinthe dont le supplice
perpétuel, semblable au sien, a été inspiré par une représentation
qui figurait le Titan du Soleil poussant péniblement le disque
solaire pour lui faire remonter le ciel jusqu'au zénith (voir 67.
2). Le Scholiaste de Pindare était vaguement conscient de cette
identification mais expliquait le châtiment de Tantale de façon
rationnelle ; il écrit : « Certains pensent que le rocher représente
le soleil, et que Tantale, qui était un physicien, aurait pâti pour
avoir prouvé que le soleil était une masse de métal brûlant »
(Scholiaste des Olympiques *de Pindare I. 97). Cette représentation*
du Titan du Soleil a été associée à une autre et a embrouillé les
choses : il s'agit d'un homme, le visage empreint de désespoir,
apparaissant dans un entrelacs de branches chargées de fruits et
lui-même plongé dans l'eau jusqu'au menton — châtiment dont
les rhétoriciens faisaient une allégorie du destin réservé au riche
*(Servius, sur l'*Énéide *de Virgile VI. 603 ; Fulgence :* Compendium
mythologique *II. 8). Les pommes, les poires, les figues, etc., qui*
se balancent sur les épaules de Tantale, Fulgence les appelle
« fruits de la mer Morte » dont Tertullien dira « qu'aussitôt que
la main l'effleure, la pomme se réduite en cendres ».

3. *Pour que cette scène ait un sens, il faut se souvenir que*
Tmolos, le père de Tantale, est dépeint couronné de chêne et son
fils Pélops, dont un des petits-fils s'appelait aussi Tantale (voir
112. c), bénéficiait des rites en l'honneur des héros, à Olympie,
auxquels participait « Zeus Forestier ». Comme les criminels du
Tartare — on est généralement d'accord sur ce point aujourd'hui
— étaient des dieux ou des héros de l'époque préolympique,
Tantale aurait personnifié le roi sacré de l'année, vêtu de branches
chargées de fruits, comme celles portées aux Oschophories (voir
98. w), et qu'on précipitait dans un fleuve comme un pharmacos.
Cette coutume a survécu dans les rites de Georges le Vert dans
les campagnes balkaniques, décrits par Frazer. Le supplice de
Tantale n'est pas dû à la soif, mais à la peur de mourir noyé ou
d'être immolé sur un bûcher, ce qui fut le sort réservé à son
hideux fils Brotéas.

4. *Platon (Cratyle 28) a peut-être raison lorsqu'il fait venir le*
mot Tantale de talantatos, *« extrêmement malheureux », formé*
de la même racine, tla, *« souffrant » ou « supportant » dont*
dérivent les noms d'Atlas et de Télamon, l'un et l'autre héros du
chêne. Mais talanteuein *signifie « peser de l'argent » et se rapporte*
peut-être à ses richesses ; et talanteusthai *peut signifier « se*
balancer d'un côté à l'autre », ce qui est la démarche du roi sacré
boitant d'une jambe (23. 1). Il semble donc que Tantale est à la
fois un Titan du Soleil et un roi d'un pays boisé, dont le culte,
originaire de Grèce, parvint en Asie Mineure par la Crète — on
dit de Pandaréos qu'il est Crétois — vers le milieu du second
millénaire avant J.-C., et réintroduit en Grèce vers la fin du Ier
millénaire, au moment où la chute de l'Empire hittite contraignit

*les riches colons de langue grecque d'Asie Mineure à abandonner
leurs villes.*

5. *Lorsque les mythographes rapportaient que Tantale était
souvent l'hôte de l'Olympe, ils reconnaissaient que son culte avait
été autrefois important dans le Péloponnèse ; et, bien que les
banquets auxquels les dieux conviaient Tantale fussent soigneusement décrits comme différents de ceux auxquels lui-même les
invitait, le plat principal était toujours la soupe aux entrailles
que les bergers cannibales d'Arcadie, adonnés au culte du chêne,
préparaient pour Zeus Lycaios (voir 38. b). Ce n'est peut-être
pas une coïncidence, si, en Normandie, la victime s'appelait « le
loup vert », et, qu'autrefois, on la jetait vivante dans le feu de
joie du milieu de l'été. Cependant Pélops, découpé et mangé,
n'est pas directement relié au culte du loup. La situation de
Pélops comme mignon de Poséidon, son nom, « visage maculé
de boue », et la légende de son épaule en ivoire, indiquent plutôt
un culte du marsouin dans l'isthme (voir 8. 3 et 70. 5) — le
« dauphin » en grec inclut le marsouin — et donnent à penser
que le Palladion — qu'on dit être fait de ses ossements (voir 159.
3 et 166. h), était un objet cultuel, en dent de marsouin. Cela
expliquerait pourquoi, selon le Scholiaste des Olympiques de
Pindare I. 37, c'est Téthys, la déesse de la Mer, et non Déméter,
qui mangea l'épaule de Pélops. Mais l'ancienne statue assise de
Déméter à tête de Jument à Phigalie tenait une colombe dans
une main et un dauphin (ou un marsouin) dans l'autre ; et,
comme le dit Pausanias, « la raison pour laquelle elle était ainsi
représentée est évidente pour quiconque a étudié la mythologie »
(VIII. 43. 3). Il veut dire qu'elle présidait au culte du cheval, au
culte du chêne et au culte du marsouin.*

6. *Ce mythe ancien a embarrassé les mythographes postérieurs.
Non seulement ils disculpèrent Déméter de l'accusation d'avoir
délibérément mangé de la chair humaine et protestèrent avec
indignation contre le fait que tous les dieux mangeaient ce qu'on
leur servait jusqu'au dernier petit morceau, mais encore ils
inventèrent une explication super-rationaliste du mythe. Tantale,
écrivaient-ils, était un prêtre qui divulgua les secrets de Zeus aux
non-initiés. Les dieux, alors, le destituèrent de ses fonctions et
affligèrent son fils d'une maladie répugnante ; mais les chirurgiens
l'opérèrent et le rafistolèrent en lui greffant des os, en lui laissant
des cicatrices qui lui donnèrent l'apparence d'avoir été coupé en
morceaux et raccommodé (Tzetzès : Lycophron 152).*

7. *Le vol par Pandaréos du dogue d'or doit être interprété
comme une suite du vol de Cerbère par Héraclès, qui montre que
les Achéens par crainte de la malédiction de mort, symbolisée
par un chien, s'emparaient d'un objet cultuel consacré à la déesse
de la Terre, Rhéa (grand-mère de Tantale), et conféraient
la souveraineté à son possesseur. Les déesses de l'Olympe
encourageaient nettement Pandaréos à commettre ce vol et le
chien, bien qu'il fût la propriété de Rhéa, gardait le sanctuaire
de Zeus Crétois, mourant tous les ans ; ainsi le mythe indique*

non pas une violation du temple de Rhéa pour les Achéens, mais une reprise de l'objet du culte par les fidèles de la déesse.

8. *La nature de l'objet du culte volé est incertaine. C'était peut-être un agneau d'or, symbole de la souveraineté des Pélopides ; ou le sceptre surmonté d'un coucou qu'on savait que Zeus avait volé à Héra ; ou bien le Palladion en dent de marsouin ; ou le sac égide avec son contenu secret. Il est peu vraisemblable que ce fût un chien en or, puisque le chien n'était pas l'objet du culte, mais le gardien ; à moins qu'il ne s'agisse d'une version du mythe gallois d'Amathaon ap Don qui vola un chien à Arawn (« éloquence ») roi d'Annwn (« Tartare ») et fut en mesure, grâce à ce moyen, de deviner le nom secret du dieu Bran (la Déesse Blanche).*

9. *Les trois filles de Pandaréos, dont l'une, Camiro, porte le même nom que la plus jeune des trois Parques rhodiennes (voir 60. 2), sont la Déesse Triple, ici abaissée par Zeus à cause de la révolte de ses fidèles. La fidélité de Tantale envers la déesse apparaît dans les légendes concernant son fils Brotéas, qui sculpta sa statue sur le mont Sipyle, et de sa fille Niobé, prêtresse de la Déesse Blanche, qui défia les Olympiens et dont l'oiseau était le cygne-aigle blanc du lac Tantalis. Omphale, le nom de la mère de Tantale, indique un temple oraculaire du centre de la terre — comme à Delphes.*

10. *Le pharmacos de l'année était choisi pour son extrême laideur, ce qui explique Brotéas. On rapporte qu'en Asie Mineure, le* pharmacos *était d'abord battu sur ses parties sexuelles avec des verges (voir 26. 3) au son des flûtes lydiennes. Tantale (Psausanias : IX. 5. 4) et son père Tmolos (Ovide : Métamorphoses II. 156) sont associés dans la légende des flûtes lydiennes, puis brûlés sur un bûcher en bois de forêt ; leurs cendres étaient ensuite jetées dans la mer (Tzetzès : Histoire XXIII. 726-756, citant Hipponax — VIᵉ siècle av. J.-C.). En Europe, l'ordre semble avoir été inversé : Georges le Vert, le* pharmacos*, était d'abord plongé dans l'eau, puis battu et enfin brûlé.*

109.
Pélops et Œnomaos

a. Pélops hérita de son père, Tantale, le trône de Paphlagonie, et il résida pendant un certain temps à Énété, sur les bords de la mer Noire ; de là, il s'en fut régner sur les Lydiens et les Phrygiens. Mais il fut chassé de Paphlagonie par les barbares et se retira sur le mont Sipyle, en Lydie, sa résidence ancestrale. Mais, comme Ilos, roi de Troie, ne voulait pas le laisser vivre en paix, même là, Pélops transporta ses fabuleuses richesses de l'autre côté

de la mer Égée. Il était décidé à fonder une nouvelle patrie
pour lui et sa nombreuse suite[1] mais d'abord à demander
la main d'Hippodamie, fille du roi d'Arcadie Œnomaos,
qui régnait à Pise et en Élide[2].

b. D'aucuns disent qu'Œnomaos était le fils d'Arès par
Harpinna, fille du dieu-Fleuve Asopos, ou par la Pléiade
Astéria, ou par Astéropé ou par Eurythoé, fille de Danaos,
tandis que, selon d'autres, il serait le fils d'Alxion, ou
bien d'Hypérochos[3].

c. Par sa femme Stéropé ou Euareté, fille d'Acrisios,
Œnomaos devint le père de Leucippos, d'Hippodamos et
de Dyspontéos, fondateur de Dyspontion, et d'une fille,
Hippodamie[4]. Œnomaos était célèbre pour son amour des
chevaux et il interdit à ses sujets, sous peine de malédiction,
de ne jamais accoupler des juments avec des ânes. A
l'époque historique encore si les Éléens voulaient des
mulets, ils étaient obligés de mener leurs juments dans un
autre pays pour les faire accoupler[5].

d. On ne sait pas au juste s'il fut averti par un oracle
que son gendre le tuerait ou s'il était lui-même amoureux
d'Hippodamie ; toujours est-il qu'il trouva un nouveau
moyen de l'empêcher de se marier. Il défia, chacun à son
tour, tous les prétendants d'Hippodamie à une course de
char. Il traça un itinéraire allant de Pise qui se trouve près
du fleuve Alphée, en face d'Olympie, jusqu'à l'autel de
Poséidon sur l'isthme de Corinthe. Selon certains, les chars
étaient attelés de quatre chevaux[6], de deux, selon d'autres.
Œnamaos exigea qu'Hippodamie monte auprès de chaque
prétendant, pour distraire son attention, mais lui accordait
une avance d'une demi-heure environ, pendant que lui-
même sacrifiait un bélier sur l'autel de Zeus à Olympie.
Les deux chars devaient courir en direction de l'isthme et
le prétendant, s'il était vaincu, était condamné à mourir ;
mais, s'il gagnait la course, Hippodamie devait lui appartenir et Œnomaos alors se donnerait la mort[7]. Mais comme
les juments, filles du vent, Psylla et Harpina, dont le père
de Pélops, Arès, lui avait fait présent, étaient de très loin
les meilleurs coursiers de Grèce, plus rapides que le Vent
du Nord[8] et, comme son char, habilement conduit par
Myrtilos, avait été spécialement conçu pour la course, il
n'avait jamais encore manqué de dépasser son rival et de
le transpercer de sa lance, autre présent d'Arès[9].

e. Œnomaos se débarrassa ainsi de douze ou, selon
certains, de treize princes, dont il cloua les têtes et les
membres au-dessus des portes de son palais, tandis que

leurs troncs étaient jetés en tas par terre, de façon barbare. Lorsqu'il tua Marmax, le premier prétendant, il abattit aussi ses juments, Parthénias et Éripha, et les enterra près du fleuve Parthénia, où on pouvait encore voir leur tombe. Selon certains, le second prétendant, Alcathoos, fut enterré près de l'Épouvantail aux Chevaux (Taraxippos), à l'Hippodrome d'Olympie et c'est son ombre rancunière qui surgit devant les conducteurs de chars [10].

f. Myrtilos, le conducteur de char d'Œnomaos, était le fils d'Hermès et de Théobulé ou Cléobolé ; ou bien de la Danaïde Phaéthousa ; mais, selon d'autres, il était fils de Zeus et de Clyméné. Lui aussi était tombé amoureux d'Hippodamie, mais il n'osait pas prendre part au concours [11]. Entre-temps, les habitants d'Olympie avaient décidé d'intervenir et de mettre fin au massacre, car Œnomaos se vantait de construire un jour un temple avec des crânes humains : comme l'avaient fait Événos, Diomède et Antée [12]. Quand donc Pélops jeta l'ancre en Élide et demanda à son amant Poséidon, qu'il invoqua par un sacrifice sur la plage, ou bien de lui donner le char le plus rapide de la terre pour faire sa cour à Hippodamie ou bien d'arrêter la lance d'airain d'Œnomaos. Poséidon fut enchanté de lui prêter assistance. Pélops se trouva bientôt possesseur d'un char ailé qui pouvait aller sur la mer sans que soient mouillés les essieux, et qui était attelé de deux chevaux ailés infatigables et immortels [13].

g. Après s'être rendu sur le mont Sipyle et avoir consacré à Aphrodite Temnienne une statue en bois de myrte vert, Pélops, pour essayer son char, traversa la mer Égée. Il n'avait pas eu le temps de tourner la tête pour voir où il se trouvait qu'il était déjà arrivé à Lesbos où son conducteur de char, Cillos ou Cellas ou Cillas, expira, tant le trajet avait été rapide. Pélops passa la nuit à Lesbos et, pendant la nuit, il vit en songe l'ombre de Cillos pleurant sur son destin et réclamant les honneurs dus aux héros. A l'aube il brûla son corps, jeta une brouettée de terre sur ses cendres et fonda, tout près, le sanctuaire d'Apollon Cillien. Puis il se remit en route, conduisant lui-même son char [14].

h. En arrivant à Pise, Pélops fut saisi d'angoisse en voyant la rangée de têtes clouées aux portes du palais et se prit à regretter ses ambitions. Aussi promit-il à Myrtilos, s'il trahissait son maître, la moitié du royaume et le droit de passer sa nuit de noces avec Hippodamie lorsque, par sa victoire, il l'aurait conquise [15].

i. Avant la course — la scène est sculptée sur le fronton oriental du temple de Zeus à Olympie — Pélops sacrifia à Athéna Cydonienne. Selon certains, l'ombre de Cillos apparut alors pour l'aider ; selon d'autres, c'est Sphaeros qui conduisit son char ; mais on admet généralement que c'est lui-même qui conduisait son char et qu'Hippodamie se trouvait à ses côtés [16].

j. Entre-temps, Hippodamie était tombée amoureuse de Pélops et, loin de le gêner dans la course, elle avait elle-même offert à Myrtilos de le récompenser généreusement s'il trouvait le moyen de gêner son père pendant la course. Myrtilos retira donc les clavettes des essieux du char d'Œnomaos et les remplaça par des clavettes de cire. Lorsque les chars atteignirent le goulet de l'isthme et qu'Œnomaos, serrant de près son adversaire, balançait déjà sa lance et était sur le point de transpercer le dos de Pélops, les roues de son char se détachèrent. Il tomba, fut pris dans les rênes et, traîné sur le sol, il succomba. Son ombre hante toujours l'Épouvantail aux Chevaux à Olympie [17]. D'aucuns disent cependant que la rapidité du char ailé de Poséidon et de ses chevaux permit à Pélops de distancer facilement Œnomaos et d'atteindre l'isthme le premier ; alors Œnomaos ou bien se tua par désespoir, ou bien fut tué par Pélops, près du but. Selon d'autres, la course de char eut lieu à l'Hippodrome d'Olympie et c'est près de l'Épouvantail aux Chevaux que les chevaux d'Œnomaos s'emballèrent et que son char se brisa. Mais tous sont unanimes pour dire qu'Œnomaos, avant de mourir, lança une malédiction contre Myrtilos, en demandant qu'il périsse des mains de Pélops [18].

k. Pélops, Hippodamie et Myrtilos partirent alors faire une promenade au crépuscule, au-dessus de la mer. « Ah, s'écria Hippodamie, je n'ai rien bu de la journée, je meurs de soif ! » Le soleil se couchait, Pélops fit une halte sur l'île déserte d'Héléné, qui se trouve non loin de l'île d'Eubée et se dirigea vers la grève en quête d'eau. Quand il revint avec de l'eau dans son casque, Hippodamie en larmes courut à sa rencontre et se plaignit que Myrtilos avait essayé de la violer. Pélops fit de sévères reproches à Myrtilos et le frappa au visage, mais Myrtilos protesta, indigné : « C'est aujourd'hui la nuit de noces et tu as juré qu'Hippodamie serait à moi cette nuit. Aurais-tu l'intention de manquer à ta parole ? » Pélops ne répondit pas mais prit les rênes des mains de Myrtilos et fit partir les chevaux [19]. Comme ils approchaient du cap Geraestos, promontoirc méridional dc l'îlc d'Eubéc — à l'époque historique couronné d'un très beau temple de Poséidon — Pélops donna un brusque coup de pied à Myrtilos qui le précipita la tête première dans la mer ; et Myrtilos, en s'abîmant dans la mer, lança une malédiction à Pélops et sur tous les membres de sa famille [20].

l. Hermès plaça l'image de Myrtilos parmi les étoiles où elle figure la constellation du Cocher ; mais son cadavre fut jeté à la côte, en Eubée, et enterré à Phénéos en Arcadie, derrière le temple d'Hermès. Une fois par an, des sacrifices nocturnes lui étaient offerts comme aux héros. La mer Myrtoenne, qui s'étend de l'Eubée au-delà d'Héléné jusqu'à la mer Égée, doit son nom, croit-on, à Myrtilos, plutôt — comme l'affirment les Eubéens — qu'à la nymphe Myrtô [21].

m. Pélops continua sa route sur son char jusqu'au cours occidental d'Océanos où il fut lavé du sang de son crime par Héphaïstos ; ensuite, il revint à Pise et succéda à Œnomaos sur le trône. Il ne tarda pas à soumettre la presque totalité de ce qu'on appelle Apia, ou Pélasgiotis, et lui donna le nom de Péloponnèse, ce qui veut dire l'« île de Pélops ». Son courage, sa sagesse, ses biens et ses nombreux enfants lui valurent l'admiration et la vénération de toute la Grèce [22].

n. Au roi Épéios, Pélops enleva Olympie, et l'ajouta à son royaume de Pise ; mais, n'ayant pas réussi à vaincre par les armes le roi Stymphalos d'Arcadie, il le convia à une discussion amicale, le coupa en morceaux et éparpilla ses membres dans toutes les directions ; ce crime fut la cause d'une famine qui sévit dans toute la Grèce. Cependant, les Jeux Olympiques, qu'il fit célébrer en l'honneur de Zeus, une génération environ après Endymion, revêtirent un éclat jamais atteint auparavant.

o. Pour racheter le meurtre de Myrtilos, qui était le fils d'Hermès, Pélops érigea le premier temple d'Hermès dans le Péloponnèse ; il essaya également d'apaiser l'âme de Myrtilos en lui élevant un cénotaphe sur l'hippodrome d'Olympie, et en lui rendant les honneurs dus aux héros. D'aucuns disent que ni Œnomaos, ni le rancunier Alcathoos, ni l'objet magique que Pélops enfouit dans la terre ne sont le véritable Épouvantail aux Chevaux : c'est l'ombre de Myrtilos [23].

p. Au-dessus de la tombe des prétendants malheureux d'Hippodamie, sur la rive extérieure du fleuve Alphée, Pélops éleva un tumulus et leur rendit également les honneurs dus aux héros ; à deux cents mètres de là, se dressait le temple d'Artémis Cordaca, ainsi nommée parce que les partisans de Pélops y célébraient ses victoires en dansant la danse du cordax, qu'ils avaient rapportée de Lydie [24].

q. Le sanctuaire de Pélops, où sont conservés ses ossements dans un coffre d'airain, fut consacré par Héraclès Tyrinthien, son petit-fils, lorsqu'il vint célébrer les Jeux Olympiques ; les magistrats éléens sacrifiaient encore à Pélops, tous les ans, un bélier noir, rôti sur un feu de bois de peuplier blanc. Il était interdit à ceux qui mangeaient de cette offrande de pénétrer dans le temple de Zeus jusqu'à ce qu'ils aient pris un bain, et le cou était la part traditionnellement réservée au gardien. Une grande foule de visiteurs se pressait dans le sanctuaire chaque année ; les jeunes gens se flagellaient devant l'autel de Pélops et lui offraient une libation de leur sang. On pouvait voir son char sur le toit de l'Anactorion de Phlionte ; les Sicyoniens conservaient encore son épée à garde d'or dans leur trésor, à Olympie ; et son sceptre, en forme de lance, à Chéronée, était peut-être la seule œuvre authentique d'Héphaïstos qui eût survécu. C'est Zeus qui l'envoya à Pélops par les mains d'Hermès et Pélops le légua au roi Atrée [25].

r. Pélops est aussi appelé : « le Cronien » ou « l'Aurige » et les Achéens assurent qu'il est leur ancêtre [26].

★

1. *Selon Pausanias et Apollodore, Tantale ne quitta jamais l'Asie Mineure ; mais d'autres mythographes parlent de lui et de Pélops comme de rois originaires de Grèce. Cela indique que leurs noms étaient des noms dynastiques adoptés par les premiers colons grecs en Asie Mineure, où leur présence est attestée par des autels consacrés aux héros ; ces noms furent ramenés par les émigrants avant l'invasion achéenne du Péloponnèse au XIIIᵉ siècle avant J.-C. On sait, par des inscriptions hittites, que les rois helléniques régnèrent en Pamphylie et à Lesbos au XIVᵉ siècle avant J.-C. Les Pélopo-Tantalides semblent avoir évincé la dynastie crétoise d'« Œnomaos » du trône du Péloponnèse.*

2. *Le cheval, qui était un animal sacré dans la Grèce des Pélasges bien avant le culte du char du soleil, était un poney d'Europe consacré à la Lune et non au Soleil (voir 75. 3). Le cheval transcaspien, d'une plus grande taille, arriva en Égypte avec les envahisseurs Hyksos en 1850 avant J.-C. — le char tiré par des chevaux remplaça le char à âne dans l'armée égyptienne en l'an 1500 environ avant J.-C. et avait atteint la Crète avant la*

chute de Cnossos, un siècle plus tard. L'interdit religieux sur les mules d'Œnomaos devrait peut-être être associé à la mort de Cillos ; en Grèce, comme à Rome, le culte de l'âne fut supprimé (voir 83. 2) lorsque le char du soleil devint le symbole de la royauté. La même réforme religieuse eut lieu à Jérusalem (2 Rois XXIII. 11) où une tradition survécut, jusqu'au temps de Josèphe, d'un culte de l'âne plus ancien (Josèphe : Contre Apion II. 7 et 10). L'Hélios du char du soleil, divinité achéenne, fut alors identifié, dans différentes cités, avec le Zeus solaire ou le Poséidon solaire, mais l'âne devint l'animal de Cronos, que Zeus et Poséidon avaient détrôné, ou de Pan, de Silène et d'autres petits dieux anciens des Pélasges. Il y avait aussi un Apollon solaire ; comme sa haine des ânes est rapportée par Pindare, c'est sans doute à Apollon Cillien que les Hyperboréens offraient des hécatombes d'ânes (Pindare : Pythiques X. 30 et ss.).

3. Œnomaos, qui représentait Zeus en tant que Soleil incarné, est donc appelé fils d'Astéria, qui régnait dans le ciel (voir 88. 1), et non pas de la Pléiade du même nom ; la reine Hippodamie — en l'épousant il devint roi — représentait Héra, incarnation de la Lune. La descendance demeura matrilinéaire dans le Péloponnèse et le règne du Roi ne pouvait se prolonger au-delà d'une Grande Année de cent mois, à la fin de laquelle les calendriers solaire et lunaire coïncidaient ; il était alors condamné à être tué par des chevaux. Par une concession au culte plus ancien de Pise, où le représentant de Zeus était tué par son alter ego, au milieu de l'été, chaque année (voir 53. 5), Œnomaos acceptait de passer par un simulacre de mort au milieu de l'hiver sept fois de suite ; chaque fois, il nommait un substitut pour prendre sa place pendant vingt-quatre heures et monter dans le char du soleil à côté de la Reine. A la fin de la journée, le substitut était tué dans un accident de char et le roi sortait de la tombe où il était dissimulé (voir 41. 1 et 123. 4) pour terminer son règne. Ceci explique le mythe d'Œnomaos et des prétendants, dont une autre version est la légende d'Événos (voir 74. e). Les mythographes se trompent certainement lorsqu'ils parlent de douze ou treize prétendants. Ces chiffres se rapportent aux lunaisons — alternativement au nombre de douze ou de treize — d'une année solaire et non aux substituts ; c'est ainsi que dans la course de chars, à Olympie, on faisait douze tours de stade en l'honneur de la déesse-Lune. Pélops est le type du huitième prince heureux (voir 81. 8) qui évita l'accident de char et réussit à tuer le vieux roi avec son propre sceptre-lance.

4. Cet accident de char annuel avait lieu à l'Hippodrome. Le substitut pouvait conduire lui-même les chevaux — qui semblent, d'après le mythe de Glaucos (voir 71. a), avoir été rendus furieux par l'absorption d'excitants ; sans dommage dans la ligne droite, mais, au virage, dans la courbe où se trouvait une statue-borne en marbre blanc, appelée Marmaranax (« roi de marbre »), ou épouvantail aux chevaux, la roue externe se détachait car on avait ôté la clavette d'essieu ; le char se brisait et les chevaux traînaient le substitut qui mourait déchiqueté. Le myrte était l'arbre de la mort, celui du treizième mois, au terme duquel l'accident de char avait lieu (101. 1) ; c'est pourquoi l'on dit que Myrtilos avait retiré les clavettes d'essieu en métal et les avait remplacées par des clavettes en cire — la cire en fondant causa la mort d'Icare, le substitut du roi du soleil — et jeté une malédiction sur la maison de Pélops.

5. *Dans la seconde moitié du mythe, Myrtilos a été confondu avec le substitut. En tant que roi par intérim, le substitut avait le droit de monter au côté de la reine dans le char du soleil, et de partager sa couche durant l'unique nuit de son règne ; mais, à l'aube, le lendemain, le vieux roi le tuait et, métaphoriquement, se dirigeait vers l'extrême ouest dans son char, où il se purifiait dans l'Océan. Myrtilos tombant de son char dans la mer constitue un téléscopage entre des mythes différents : à quelques milles à l'est de l'Hippodrome, où avaient lieu les Jeux Isthmiques (voir 71. b), le substitut « Mélicerte », en l'honneur de qui ils avaient été créés, fut précipité du haut d'un rocher (voir 96. 3) ; une cérémonie identique eut probablement lieu à Geraestos, où mourut Myrtilos. Des épouvantails à chevaux sont également signalés à Thèbes et à Iolcos (voir 71. b), ce qui indique que là aussi on organisait des accidents de chars sur les hippodromes. Mais comme l'Hippodrome d'Olympie, consacré à Zeus solaire, et l'Hippodrome de l'Isthme, consacré à Poséidon solaire, étaient l'un et l'autre associés à la légende de Pélops, les mythographes ont fait de l'épreuve une course à pied. Lesbos est mêlé à la légende peut-être parce qu' « Œnomaos » était un titre de la dynastie lesbienne.*

6. *La présence, dans ce mythe, d'Amphion, bien que celui-ci soit Thébain, s'explique parce qu'il était aussi originaire de Sicyone dans l'isthme (voir 76. a). « Myrto » devait être un nom de la déesse de la Mer sous son aspect destructeur, la première syllabe représentant « la mer », comme dans Myrtéa, « déesse de la mer » ; Myrtœssa, forme longue de Myrto, était un des noms d'Aphrodite. Donc, à l'origine, Myrtilos peut avoir le sens de « phallus de la mer » :* myr-tylos.

7. *Pélops découpe Stymphalos en petits morceaux, et subit lui-même, dit-on, le même sort de la part de Tantale ; cette ancienne forme de sacrifice royal a été introduite directement d'Arcadie. Les Pélopides semblent avoir patronné plusieurs cultes locaux, outre celui du char du soleil : notamment le culte du chêne et du bélier pratiqué par les bergers d'Arcadie, attesté par la relation entre Pélops et Tantale et le sacrifice qu'il fait d'un bélier noir à Olympie ; le culte de la perdrix en Crète, à Troie et en Palestine, attesté par la déesse du Cordax ; le culte du Titan, attesté par le surnom de Pélops « Cronien » ; le culte du marsouin (voir 108. 5) et le culte du dieu-âne attesté par la présence de l'ombre de Cillos l'aidant dans la course.*

8. *Le massacre des juments de Marmax se rapporte peut-être à la cérémonie du couronnement d'Œnomaos (voir 81. 4) qui*

*comportait un sacrifice de juments. Une « pomme de Cydonia »
ou coing devait se trouver dans la main de la déesse de la Mort
Athéna, à qui Pélops sacrifiait, pour s'assurer un sauf-conduit
pour les Champs Élysées (voir 32. 1 ; 53. 5 et 133. 4) ; le peuplier
blanc, utilisé dans les rites en l'honneur des héros, qu'il pratiquait
à Olympie, symbolisait l'espoir de la réincarnation (voir 31. 5 et
134. f) après qu'il avait été coupé en morceaux — car ceux qui
allaient aux Champs Élysées étaient assurés du privilège de la
seconde naissance (voir 31. c). Il existe une relation étroite entre
le sang versé sur l'autel de Pélops, à Olympie, et la flagellation
des jeunes Spartiates attachés à la statue d'Artémis Orthôsia (voir
116. 4). En réalité, c'était Pélops qui était la victime et qui
souffrait en l'honneur de la déesse Hippodamie (voir 110. 3).*

110.
Les enfants de Pélops

a. Par reconnaissance envers Héra, qui avait facilité son
mariage avec Pélops, Hippodamie réunit seize matrones,
chacune d'une cité d'Élide, pour l'aider à instituer les Jeux
d'Héra. Depuis lors, tous les quatre ans, seize matrones,
après elles, tissent une robe pour Héra et célèbrent les
Jeux. Ceux-ci consistaient en une seule course entre des
vierges d'âge différent et chacune d'elles bénéficiait d'un
handicap proportionné à son âge, la plus jeune étant placée
en avant. Elles couraient, vêtues de tuniques courtes au-
dessus du genou, le sein droit découvert, les cheveux au
vent. Choris, la seule survivante des filles de Niobé, fut la
première à remporter la victoire à ces jeux où la distance
à parcourir avait été fixée à un peu plus des deux tiers du
parcours olympique. Une branche d'olivier et une part de
la vache sacrifiée à Héra récompensaient la gagnante et
celle-ci pouvait aussi dédier à Héra, en son propre nom,
une statue la représentant [1].

b. Les Seize Matrones intervinrent un jour pour rétablir
la paix entre les Pisans et les Éléens. Elles organisèrent aussi
deux groupes de danseurs, l'un en l'honneur d'Hippodamie,
l'autre en l'honneur de Physcoa, l'Éléenne. Physcoa donna
à Dionysos un enfant, Narcéos, un guerrier renommé qui
fonda le sanctuaire d'Athéna Narcéa et fut le premier
Éléen à rendre un culte à Dionysos. Comme certaines des
seize cités n'existaient plus à l'époque historique, c'étaient
désormais les huit tribus éléennes qui donnaient chacune
deux matrones. De la même manière que tous les arbitres,

elles se purifiaient avant les jeux, avec le sang d'un porc dûment choisi et avec de l'eau de la source de Piérie, sur la route entre Olympie et Élis[2].

c. Voici les enfants attribués à Pélops : Pitthée de Trézène, Atrée et Tyeste ; Alcathoos, ce n'est pas celui qui fut tué par Œnomaos ; l'Argonaute Hippalcos ou Hippalchos ou Hippalcimos ou Coprée le héraut ; Sciron le bandit ; Épidauros l'Argien, quelquefois appelé fils d'Apollon[3] ; Pleisthénés ; Dias ; Cybosoros ; Corinthios ; Hippasos ; Cléon ; Argéios ; Aélinos ; Astydamie, que certains disent mère d'Amphitryon ; Lysidicé, dont la fille Hippothoé fut enlevée par Poséidon et emmenée dans les îles Échinades, où elle mit au monde Taphios ; Eurycide, que certains disent mère d'Alcmène ; Nicippé ; Antibia[4] ; et enfin Archippé, mère d'Eurysthée et d'Alcyoné[5].

d. Les Mégariens, pour essayer d'effacer le souvenir de la façon dont Minos prit la ville, et pour laisser entendre que Mégarée, son gendre, lui succéda pacifiquement à Nisos et qu'à Mégarée succéda Alcathoos fils de Pélops, les Mégariens disent que Mégarée avait deux fils, dont l'aîné, Timalcos, fut tué à Aphidna pendant l'invasion de l'Attique par les Dioscures ; et que, lorsque le plus jeune, Euippos, fut tué par le lion de Cithéron, Mégarée promit sa fille Euaechmé ainsi que son trône à celui qui vengerait Euippos. Aussitôt Alcathoos tua le lion et, étant devenu roi de Mégare, il y construisit un temple à Apollon Chasseur et à Artémis Chasseresse. Mais en vérité, Alcathoos vint d'Élide à Mégare immédiatement après la mort de Nisos et le pillage de le ville ; Mégarée ne régna jamais à Mégare ; et Alcathoos sacrifia à Apollon et à Poséidon « les premiers Bâtisseurs » et ensuite reconstruisit l'enceinte de la ville sur de nouvelles fondations, l'emplacement de l'ancienne muraille ayant été oublié par les Crétois[6].

e. Alcathoos était le père d'Ischépolis ; de Callipolis ; et d'Iphinoé qui mourut vierge ; sur sa tombe, située à mi-chemin entre l'Assemblée et l'autel d'Alcathoos, les jeunes mariées de Mégare répandaient des libations. De même que les jeunes mariées de Délos offraient leurs cheveux à Hécaergos et Opis.Il était aussi le père d'Automéduse, qui donna Iolaos à Iphiclès ; et de Périboéa, qui épousa Télamon et dont le fils Ajax succéda à Alcathoos comme roi de Mégare. Le fils aîné d'Alcathoos, Ischépolis, mourut au cours de la chasse de Calydon ; et Callipolis qui fut le premier Mégarien à apprendre la triste nouvelle et qui se précipita sur l'Acropole, où Alcathoos était en train d'offrir des sacrifices passés par le feu à Apollon, arracha les bûches de l'autel et les jeta sur le sol en signe de deuil. Ignorant ce qui s'était passé, Alcathoos, furieux de cet acte d'impiété, le tua en le frappant avec une bûche[7].

f. Ischépolis et Euippos étaient enterrés dans la cour du Tribunal de Justice ; Mégarée, à droite dans la côte qui menait à la seconde Acropole de Mégare. L'autel consacré à Alcathoos, considéré comme héros, devint le Bureau des Archives et celui de Timalcos, l'Assemblée[8].

g. Chrysippos passait aussi pour un fils de Pélops et d'Hippodamie. Mais, en fait, c'était un bâtard que Pélops avait eu de la Nymphe Astyoché[9] qui était une Danaïde. Or il se trouve que Laïos, lorsqu'il fut banni de Thèbes, fut accueilli par Pélops à Pise, mais il s'éprit de Chrysippos à qui il enseigna l'art de conduire les chars ; et dès que la sentence de bannissement fut annulée, il emmena le jeune garçon sur son char, aux Jeux Néméens, et le conduisit à Thèbes pour en faire son ami[10]. On dit que Chrysippos, de honte, se donna la mort ; mais, selon d'autres, Hippodamie, pour empêcher Pélops de faire de Chrysippos son successeur au détriment de ses propres enfants, se rendit à Thèbes où elle essaya de convaincre Atrée et Thyeste de tuer le jeune garçon en le jetant dans un puits. Et, comme l'un et l'autre refusaient de tuer l'hôte de leur père, Hippodamie au milieu de la nuit se glissa dans la chambre de Laïos et, le trouvant endormi, décrocha son épée du mur et la plongea dans le ventre de son compagnon de lit. Laïos fut aussitôt accusé du meurtre. Mais Chrysippos avait vu Hippodamie au moment où elle s'enfuyait et il l'accusa au moment d'expirer[11].

h. Pendant ce temps, Pélops marchait contre Thèbes pour reprendre Chrysippos, mais, voyant que Laïos avait déjà été emprisonné par Atrée et Thyeste, il lui pardonna généreusement, ayant reconnu que seul un amour irrépressible l'avait entraîné à enfreindre les lois de l'hospitalité. D'aucuns disent que c'est Laïos et non Thamyris ou Minos qui fut le premier pédéraste ; et c'est pourquoi les Thébains, loin de condamner la pédérastie, entretenaient un régiment, appelé la « Troupe Sacrée », composé entièrement de jeunes garçons et de leurs amants[12].

i. Hippodamie s'enfuit en Argolide, et là, elle se donna la mort ; mais, par la suite, et pour obéir à un oracle, ses ossements furent ramenés à Olympie où les femmes pénétraient dans son sanctuaire entouré de murs, une fois par an, pour lui offrir des sacrifices. A l'un des virages de l'Hippodrome se trouvait une statue en bronze d'Hippodamie, tenant à la main un ruban dont elle va décorer Pélops après sa victoire [13].

1. *Les Jeux d'Héra avaient lieu la veille des Jeux Olympiques. Ils consistaient en une course entre jeunes filles, à l'origine, en vue de la fonction de Grande Prêtresse d'Héra (voir 60. 4) ; celle qui remportait la victoire, couronnée d'une branche d'olivier symbole de paix et de fertilité, s'identifiait à la déesse et participait à ses caractéristiques de vache sacrée. Les Seize Matrones ont peut-être autrefois officié à tour de rôle comme assistantes de la Grande Prêtresse au cours des seize saisons de l'Olympiade de quatre ans — chacune des roues du char royal représentait l'année solaire et comportait quatre rayons, comme une roue de feu ou swastika. « Narcaeos » est, de toute évidence, une déformation d'« Athéna Narcaea » (« qui engourdit »), une déesse de la mort. Les matrones qui organisaient les Jeux d'Héra, qui comportèrent autrefois des sacrifices humains, apaisaient la déesse avec du sang de porc, puis se lavaient dans de l'eau courante. Les nombreux enfants d'Hippodamie attestent la puissance de la confédération présidée par la dynastie Pélopide — leurs noms sont tous rattachés au Péloponnèse ou à l'isthme.*

2. *Le meurtre, par Alcathoos, de son fils Callipolis, à l'autel d'Apollon, a probablement été tiré d'une représentation le montrant offrant son fils en sacrifice passé par le feu au « constructeur antérieur », le dieu de la cité, Mélicerte, ou Moloch, lorsqu'il fonda pour la seconde fois Mégare — comme le fit également un roi de Moab (Josué VI. 26). De plus, comme Samson et David, il avait tué un lion en un combat rituel. La mythologie corinthienne a de nombreuses et très étroites affinités avec la mythologie palestinienne (voir 67. 1).*

3. *Le mythe de Chrysippos a survécu seulement sous une forme dégradée. Le fait qu'il était un beau garçon de Pise qui conduisait un char et qui fut enlevé, comme le fut Ganymède ou Pélops lui-même (mais non pas, il est vrai, pour être emmené dans l'Olympe), et tué par Hippodamie, indique qu'à l'origine il était un des substituts royaux qui périrent dans l'accident de char ; mais son mythe est considéré comme une justification de la pédérastie des Thébains, et mêlé à la légende d'une querelle à propos des Jeux Néméens qui opposent Thèbes et Pise. Hippodamie, « qui dresse des chevaux », était un des noms de la déesse-Lune, dont la statue à tête de jument, à Phigalie, tenait dans sa main un*

*marsouin Pélopide ; quatre des fils et des filles de Pélops portent
des noms de chevaux.*

111.
Atrée et Thyeste

a. D'aucuns disent qu'Atrée, qui s'était enfui d'Élide
après le meurtre de Chrysippos, où il était peut-être plus
sérieusement impliqué que ne le supposait Pélops, se
réfugia à Mycènes. Là, la chance lui sourit. Son neveu
Eurysthée, qui était sur le point de partir en guerre contre
les fils d'Héraclès, le nomma régent du royaume en son
absence ; et lorsque ensuite la nouvelle arriva de la défaite
et de la mort d'Eurysthée, les notables de Mycènes
choisirent Atrée pour roi, parce qu'il leur paraissait être
un guerrier capable de les protéger contre les Héraclides
et qu'il s'était déjà acquis l'affection du peuple. Aussi la
maison royale de Pélops devint-elle plus célèbre encore
que celle de Persée [1].

b. Mais d'autres, dont la version a plus d'autorité, disent
que le père d'Eurysthée, Sthénélos, après avoir banni
Amphitryon et s'être emparé du trône de Mycènes, envoya
chercher Atrée et Thyeste, ses beaux-frères, et les installa
à Midée, ville assez proche. Quelques années plus tard,
quand Sthénélos et Eurysthée furent morts l'un et l'autre,
un oracle conseilla aux Mycéniens de choisir un prince de
la maison des Pélopides pour les gouverner. Ils envoyèrent
alors chercher Atrée et Thyeste à Midée, et discutèrent
pour savoir lequel des deux (leur destin était d'être toujours
en désaccord) serait roi [2].

c. Or, Atrée avait un jour fait le vœu de sacrifier les
plus belles têtes de bétail de son troupeau à Artémis ; et
Hermès, qui désirait venger les Pélopides pour la mort de
Myrtilos, s'adressa à son vieil ami Pan, l'homme-bouc,
qui fit apparaître un agneau à cornes et à toison d'or dans
le troupeau acarnanien que Pélops avait laissé à ses fils
Atrée et Thyeste. Il avait prévu qu'Atrée en revendiquerait
la propriété et que, de son refus à rendre à Artémis les
honneurs qui lui étaient dus, naîtrait une guerre fratricide
entre lui et Thyeste. D'aucuns disent cependant que c'est
Artémis elle-même qui envoya l'agneau pour l'éprouver [3].
Atrée tint parole, du moins en partie, et offrit en sacrifice
la chair de l'agneau ; mais il fit naturaliser l'animal pour

garder sa toison et l'enferma dans un coffre. Il était si
fier de ce trésor, qui paraissait vivant, qu'il ne put
s'empêcher de s'en vanter sur la place du marché et
Thyeste, jaloux et pour qui la femme nouvellement mariée
d'Atrée, Aéropé, avait conçu une violente passion, accepta
d'être son amant si elle lui donnait l'agneau (qui, disait-il,
avait été volé par les bergers d'Atrée de la moitié du
troupeau lui appartenant). En effet, Artémis avait jeté une
malédiction sur ce troupeau et tout ce qui arrivait était
son œuvre [4].

d. Au cours d'un débat à l'Assemblée, Atrée réclama le
trône de Mycènes en faisant valoir son droit de primogéniture, et aussi le fait qu'il possédait l'agneau. Thyeste lui
demanda : « Es-tu prêt à déclarer publiquement que celui
qui possède l'agneau a le droit de régner ? » « Oui, je le
déclare », répondit Atrée. « Je suis d'accord », dit Thyeste
avec un mauvais sourire. Un héraut appela alors le peuple
de Mycènes à acclamer son nouveau roi ; les temples furent
ornés d'or, on ouvrit toutes grandes leurs portes, des feux
brillèrent sur tous les autels de la cité et des chants
s'élevèrent à la louange de l'agneau à cornes et à la toison
d'or. Mais Thyeste, tout à coup, se leva de façon tout à
fait inattendue, accusa Atrée d'être un vantard et un
menteur ; puis il conduisit les magistrats chez lui, leur
montra l'agneau, affirma qu'il était à lui et il fut déclaré
roi légitime de Mycènes [5].

e. Zeus, cependant, avait une préférence pour Atrée et
il lui envoya Hermès qui lui dit : « Appelle Thyeste et
demande-lui s'il renoncerait au trône en ta faveur s'il
voyait le soleil aller à reculons sur ce cadran solaire. »
Atrée fit ce qu'on lui dit et Thyeste accepta d'abdiquer si
un présage aussi funeste se produisait. Zeus, alors, avec
l'aide d'Éris, renversa l'ordre des lois de la nature qui
jusqu'alors avaient été immuables. Hélios, déjà à la moitié
de sa course, fit faire demi-tour à son char et tourna ses
chevaux en direction de l'aube. Les sept Pléiades, et toutes
les autres étoiles, refirent leur parcours à l'envers, par
sympathie ; et, ce soir-là, pour la première et dernière fois,
le soleil se coucha à l'est. Ainsi la trahison et la cupidité
de Thyeste ayant été reconnues, Atrée succéda au trône
de Mycènes et le bannit [6].

Quand, par la suite, Atrée découvrit que Thyeste avait
commis un adultère avec Aéropé, il eut peine à contenir
sa fureur. Néanmoins, et pendant un certain temps, il
feignit de lui pardonner [7].

f. Quant à cette Aéropé, que certains nomment Europe, c'était une Crétoise, fille du roi Catrée. Un jour, elle avait été surprise par Catrée avec un amant dans le palais et elle était sur le point d'être jetée aux poissons, quand, à la demande de Nauplios, il donna un contrordre et la vendit — ainsi d'ailleurs que sa sœur Clyméné, qu'il soupçonnait de comploter contre sa vie — comme esclave à Nauplios, à un prix fictif ; mais il stipula que ni l'une ni l'autre ne reviennent jamais en Crète. Nauplios épousa alors Clyméné qui lui donna Oeax et Palamède l'inventeur [8]. Mais Atrée, dont la femme Cléola était morte après avoir donné le jour à un fils débile, Plisthène — Artémis s'était vengé sur lui parce qu'il avait manqué à son serment — épousa Aéropé et eut d'elle Agamemnon, Ménélas et Anaxibie. Plisthène était mort : les tueurs qu'Atrée avait envoyés pour assassiner son homonyme, le fils bâtard de Thyeste par Aéropé, le firent périr par erreur — Thyeste y avait veillé [9].

g. Atrée envoya alors un héraut pour attirer Thyeste à Mycènes en lui offrant une amnistie et de partager le royaume avec lui ; mais, aussitôt que Thyeste eut accepté, il fit assassiner Aglaos, Orchomenos et Calliléon, les trois fils de Thyeste et d'une des Naïades, sur l'autel même de Zeux où ils avaient pris refuge ; puis il chercha le jeune Plisthène II et le tua ainsi que Tantale II, son frère jumeau. Il les découpa et présenta à Thyeste, pour fêter son retour, les meilleurs morceaux, qu'il avait fait bouillir dans un chaudron. Après que Thyeste eut mangé de bon appétit, Atrée fit apporter leurs têtes sanglantes, leurs pieds et leurs mains disposés dans un autre plat pour lui montrer ce qu'il avait dans son ventre. Thyeste tomba à la renverse en vomissant, et lança une malédiction terrible sur la race d'Atrée [10].

h. Exilé une fois de plus, Thyeste s'enfuit d'abord auprès du roi Thesprotos, à Sicyone, où sa fille Pélopia ou Pélopeia était prêtresse. Car, désirant se venger à n'importe quel prix, il avait consulté l'Oracle de Delphes et on lui avait conseillé d'avoir un enfant de sa propre fille [11]. Thyeste trouva Pélopia en train de sacrifier pendant la nuit à Athéna Colocasia, et, comme il répugnait à profaner la cérémonie, il se dissimula dans un bois voisin. Or Pélopia, qui exécutait une danse rituelle, ayant posé le pied dans une flaque de sang écoulé de la gorge d'une brebis noire sacrifiée, avait glissé et avait taché de sang sa tunique. Elle courut vers la mare aux poissons du temple, ôta sa tunique et était en train de laver les taches de sang lorsque Thyeste surgit du petit bois et la prit de force. Pélopia ne le reconnut pas, car il portait un masque, mais elle réussit à lui voler son épée et à la ramener jusqu'au temple, où elle la cacha sous le socle de la statue d'Athéna ; et Thyeste, trouvant son fourreau vide et craignant d'être découvert, s'enfuit en Lydie, terre de ses pères [12].

i. Pendant ce temps, craignant les conséquences de son crime, Atrée consultait l'Oracle de Delphes et recevait la réponse suivante : « Rappelle Thyeste de Sicyone ! » Il arriva à Sicyone trop tard pour rencontrer Thyeste mais, ayant aperçu Pélopia et la prenant pour la fille du roi Thesprotos, il demanda la permission d'en faire sa troisième femme : il avait entre-temps fait exécuter Aéropé. Tout heureux d'une alliance avec un roi si puissant, et voulant en même temps rendre service à Pélopia, Thesprotos ne détrompa pas Atrée et le mariage eut lieu sur-le-champ. Lorsque le terme fut venu, elle mit au monde l'enfant qu'elle avait eu de Thyeste qu'elle abandonna sur une montagne ; mais des gardiens de chiens le recueillirent et le firent allaiter par une chèvre — d'où son nom, Égisthe, ou « force de la chèvre ». Atrée crut que Thyeste s'était enfui de Sicyone en apprenant que lui-même s'en approchait, que l'enfant était le sien et que Pélopia avait été atteinte de cette folie momentanée qui, quelquefois, s'empare des femmes après leurs couches. Il reprit donc Égisthe aux bergers et l'éleva comme son héritier.

j. Une succession de mauvaises récoltes s'abattit alors sur Mycènes et Atrée envoya Agamemnon et Ménélas à Delphes pour avoir des nouvelles de Thyeste ; ils eurent la chance de le rencontrer alors qu'il s'en revenait de Delphes où il venait de consulter l'Oracle. Ils le ramenèrent enchaîné à Mycènes où Atrée, l'ayant jeté en prison, donna l'ordre à Égisthe, alors âgé de sept ans, de le tuer pendant son sommeil.

k. Thyeste s'éveilla en sursaut et vit Égisthe penché sur lui, l'épée à la main, prêt à le tuer ; il se rejeta vivement sur le côté et échappa ainsi à la mort. Puis il se mit debout, désarma l'enfant d'un habile coup de pied au poignet et s'élança pour reprendre son épée. Mais cette épée était la sienne propre, celle qu'il avait perdue quelques années auparavant à Sicyone ! Il saisit Égisthe par les deux jambes et lui cria : « Dis-moi tout de suite comment cette épée s'est trouvée entre tes mains ! » Égisthe balbutia :

« C'est ma mère, Pélopia, qui me l'a donnée. » « J'épargnerai ta vie, enfant, dit Thyeste, si tu exécutes les trois ordres que je vais maintenant te donner. » « Je ferai tout ce que tu voudras », dit Égisthe en pleurant, car il avait cru qu'il serait tué. « D'abord, amène-moi ta mère ici », dit Thyeste.

l. Égisthe amena Pélopia dans la prison et celle-ci reconnaissant Thyeste pleura sur son épaule, l'appelant son père bien-aimé et le plaignit de ses malheurs. « Comment as-tu eu cette épée, ma fille ? » demanda Thyeste. « Je l'ai tirée du fourreau d'un inconnu qui m'a violée, une nuit, à Sicyone », répondit-elle. « Cette épée est la mienne », dit Thyeste. Pélopia, saisie d'horreur, prit l'épée et la plongea dans sa poitrine. Égisthe était terrifié, il n'avait rien compris à tout ce qu'il venait d'entendre. « Maintenant tu vas porter cette épée à Atrée, dit Thyeste, et tu vas lui dire que tu t'es acquitté de ta tâche. Ensuite tu reviendras ici. » Sans un mot, Égisthe porta l'épée ensanglantée à Atrée qui descendit joyeusement jusqu'à la mer où il offrit un sacrifice sur la plage pour remercier Zeus, convaincu qu'il était enfin débarrassé de Thyeste.

m. Quand Égisthe revint à la prison, Thyeste lui révéla qu'il était son père et lui donna le troisième ordre : « Maintenant tu vas tuer Atrée, ô Égisthe mon fils, et cette fois ne faiblis pas ! » Égisthe obéit et Thyeste régna de nouveau sur Mycènes [13].

n. Alors, de nouveau, un agneau cornu à toison d'or fit son apparition dans les troupeaux de Thyeste, grandit et devint un bélier et, par la suite, tous les nouveaux rois de la race des Pélopides furent ainsi authentifiés par les dieux au moyen de ce sceptre d'or ; ces béliers allaient paître dans un pré entouré de murs impossibles à escalader. Mais, selon certains, le signe de la royauté n'était pas une créature vivante, mais une coupe d'argent, sur le fond de laquelle était gravé un agneau d'or ; et selon d'autres, ce ne pouvait être Égisthe qui avait tué son père car il n'était encore qu'un enfant dans les langes lorsque Agamemnon chassa son père Thyeste de Mycènes et lui arracha son sceptre [14].

o. Thyeste fut enterré près de la route de Mycènes à Argos, non loin de l'autel de Persée. Sur sa tombe se trouvait une statue de bélier en pierre. La tombe d'Atrée et son trésor souterrain existent encore dans les ruines de Mycènes [15].

111. k — 111. o

p. Thyeste ne fut pas le dernier héros à se voir offrir son propre enfant à manger dans un plat. La chose arriva quelques années plus tard à Clyménos, l'Arcadien, fils de Schœnée, qui éprouva une passion incestueuse pour Harpalycé, sa fille par Épicaste. Après avoir abusé d'Harpalycé, il la maria à Alastor, mais la lui reprit ensuite. Harpalycé, pour se venger, assassina le fils qu'elle lui donna — qui était aussi son frère —, fit cuire son corps et le servit dans un plat à Clyménos. Elle fut transformée en oiseau de proie et Clyménos se pendit [16].

★

1. *Le mythe d'Atrée-Thyeste, qui n'a survécu que dans le théâtre, semble avoir pour fondement la rivalité entre les rois conjoints d'Argos en vue de s'assurer le pouvoir suprême, comme dans le mythe d'Acrisios et de Proetos (voir 73. a). Il est considérablement plus ancien que la légende des Fils d'Héraclès (voir 146. k) — l'invasion dorienne du Péloponnèse date de 1050 avant J.-C. environ — avec laquelle Thucydide l'associe. L'agneau d'or d'Atrée, refusé au sacrifice, rappelle le taureau blanc de Poséidon également refusé par Minos (voir 88. c), mais il est de la même race que les béliers à toison d'or consacrés à Zeus sur le mont Laphystion, et à Poséidon sur l'île de Crumissa (voir 70. 1). Posséder cette toison était un signe de royauté parce que le roi l'employait dans une cérémonie annuelle pour faire venir la pluie (voir 70. 2 et 6). L'agneau est une métaphore de l'or : en Grèce « l'eau est de l'or » et la toison faisait venir la pluie, magiquement. Cette acception métaphorique a cependant peut-être été renforcée par l'emploi de toisons pour recueillir la poussière d'or des fleuves d'Asie Mineure ; et par l'apparition, parfois, en Méditerranée orientale, d'agneaux aux dents dorées, qu'on croyait les descendants de ceux que Zeus Enfant faisait paître sur le mont Ida. Au XVIIIe siècle, Lady Mary Wortley Montagu fit une enquête sur cette persistante anomalie, mais ne parvint pas à en découvrir l'origine. C'est peut-être aussi parce que le sceptre royal d'Argos était surmonté par un bélier d'or. Apollodore demeure assez vague quant au contexte légal de cette querelle, mais la revendication de Thyeste est la même probablement que celle de Maeve au sujet du taureau litigieux dans la fratricide Guerre des Taureaux « irlandaise » : l'agneau aurait été volé à son troupeau à sa naissance.*

2. *Euripide a introduit Éris dans la légende à un mauvais moment : elle ne fit que provoquer la querelle qui opposa les deux frères au lieu d'aider Zeus à inverser le cours du soleil — phénomène qu'elle n'était pas en mesure de provoquer. Les grammairiens classiques et les philosophes ont donné de cet incident des explications variées et ingénieuses qui sont une anticipation des tentatives des Protestants du XXe siècle pour*

expliquer scientifiquement le mouvement rétrograde de l'ombre du soleil sur le « cadran solaire d'Ahaz » (2 Rois *XX. 1. 11). Lucien et Polybe écrivent que lorsque Atrée et Thyeste se disputèrent la succession au trône, les Argiens avaient déjà l'habitude d'observer les étoiles et choisissaient d'un commun accord le meilleur astronome pour roi. Dans la dissension qui suivit, Thyeste fit remarquer que le soleil passait toujours dans le Bélier à la fête du Printemps — d'où la légende de l'agneau d'or — mais Atrée le devin fit mieux encore : il prouva que le soleil et la terre voyagent dans des directions différentes et que ce qui paraît être des couchers de soleil est en vérité des mouvements de la terre. Après cela, les Argiens le prirent pour roi (Lucien :* De l'Astrologie *12 : Polybe, cité par Strabon : I. 2. 15). Hygin et Servius sont tous deux d'accord pour dire qu'Atrée était un astronome, mais ils en font le premier à prévoir mathématiquement une éclipse de soleil ; et ils disent que les calculs s'étant révélés exacts, son frère Thyeste, jaloux, quitta la ville avec tristesse (Hygin :* Fables *258 ; Servius, sur l'*Énéide *de Virgile I. 572).*

3. *Cependant, pour comprendre la légende, il faut penser non pas allégoriquement ni philosophiquement, mais en termes de mythe : c'est-à-dire songer au conflit des temps archaïques, qui opposait le roi sacré et son alter ego. Le roi régnait jusqu'au solstice d'été, losque le soleil atteignait sa position la plus septentrionale et demeurait fixe ; c'est alors que l'alter ego le tuait et prenait sa place, tandis que le soleil régressait en direction du sud vers le solstice d'hiver. Cette haine mortelle, aggravée par une jalousie d'ordre sexuel, du fait que l'alter ego épousait la femme de son rival, se retrouve chez les rois conjoints d'Argos, dont le règne partagé durait une Grande Année ; ils se querellent au sujet d'Aéropé, comme Acrisios et Proetos au sujet de Danaé.*

4. *Le festin cannibale en l'honneur de Zeus, qui apparaît dans le mythe de Tantale (voir 108. c), a été ici confondu avec le sacrifice annuel des substituts enfants, et avec Cronos vomissant ses enfants, nés de Rhéa (voir 7. d). L'enlèvement de Pélopia par Thyeste rappelle le mythe de Cinyras et Smyrna (voir 18. h) et la meilleure explication en est que le roi essaie de prolonger son règne au-delà de la limite habituelle, en épousant sa belle-fille, qui est l'héritière. Aéropé sauvée des poissons crétois l'identifie à Dictynna-Britomartis, que son grand-père Minos avait poursuivie jusque dans la mer (voir 89. b). Égisthe, allaité par une chèvre, est le jeune enfant de la Nouvelle Année des Mystères ; c'est un personnage qui nous est familier (voir 24. 6 ; 44. 1 : 76. a ; 105. 1, etc.).*

5. *La légende de Clyménos et Harpalycé — il y avait un autre personnage du même nom, une sorte d'Atalante — est un mélange du mythe de Cinyras et Smyrna (voir 18. h) et de celui de Térée et Procné (voir 46. a). A moins qu'il ne s'agisse ici d'une composition artificielle destinée au théâtre, comme l'indique le suicide non mythique de Clyménos par pendaison. Il aurait essayé*

de justifier son maintien sur le trône, au terme de son règne, en mariant l'héritière, qui se trouvait être sa fille, à un roi par intérim, puis en le tuant et en la prenant pour lui. Alastor signifie « vengeur », mais sa vengeance ne se manifeste pas dans le mythe ; peut-être, dans la version originale, Alastor était-il la victime dans le sacrifice humain.

112.
Agamemnon et Clytemnestre

a. Selon certains, Agamemnon et Ménélas étaient en âge de s'emparer de Thyeste, à Delphes ; selon d'autres, quand Égisthe tua Atrée, ils étaient encore des enfants, que leur nourrice avait eu la présence d'esprit de sauver. Elle les empoigna, en prit un sous chaque bras et s'enfuit avec eux auprès de Polyphidès, le roi de Sicyone, âgé de vingt-quatre ans, et qui insista pour qu'ils soient confiés ensuite à Oenée l'Étolien. On admet généralement cependant qu'après avoir passé quelques années à la cour d'Oenée, le roi de Sparte, Tyndare, les remit en possession de leurs biens et de leurs titres. Il marcha contre Mycènes et contraignit Thyeste, qui s'était réfugié à l'autel d'Héra, à faire le serment de léguer son sceptre à Agamemnon, comme l'héritier d'Atrée, et de partir en exil pour toujours. Thyeste partit alors pour Cythère, tandis qu'Égisthe, redoutant la vengeance d'Agamemnon, se réfugiait auprès du roi Cylarabès, fils du roi Sthénélos l'Argien[1].

b. On dit que Zeus donna la puissance à la Maison d'Éaque, la sagesse à la Maison d'Amythaon, mais qu'il donna la richesse à la Maison d'Atrée. Riche elle l'était, en effet : les rois de Mycènes, de Corinthe, de Cléonae, d'Ornées, d'Araethyrée, de Sicyone, d'Hypérésié, de Gonoessa, de Pellène, d'Aegion, d'Aegialie et d'Hélicé payaient tous tribut à Agamemnon sur terre et sur mer[2].

c. Agamemnon fit d'abord la guerre à Tantale, roi de Pise et fils de son oncle Brotéas qui était si laid, le tua dans la bataille et obligea Clytemnestre, sa veuve, que Léda avait donnée au roi Tyndare de Sparte, à l'épouser. Les Dioscures, frères de Clytemnestre, attaquèrent alors Mycènes ; mais Agamemnon s'était déjà rendu auprès de Tyndare, son bienfaiteur, en l'implorant ; celui-ci lui pardonna et lui permit de garder Clytemnestre. Après la mort des Dioscures, Ménélas épousa leur sœur Hélène et Tyndare abdiqua en sa faveur[3].

d. Clytemnestre donna à Agamemnon un fils, Oreste, et trois filles : Électre ou Laodicé, Iphigénie ou Iphianassa et Chrysothémis ; bien que, selon certains, Iphigénie fût la nièce de Clytemnestre, la fille de Thésée et d'Hélène, dont elle eut pitié et qu'elle adopta [4].

e. Quand Pâris, fils de Priam, roi de Troie, enleva Hélène, provoquant ainsi la guerre de Troie, Agamemnon et Ménélas étaient absents de leur patrie depuis dix ans. Mais Égisthe ne les accompagna pas dans leur expédition ; il préféra rester à Argos et chercher un moyen de se venger de la Maison d'Atrée [5].

f. Or Nauplios, l'époux de Clyméné, n'ayant pas réussi à obtenir vengeance d'Agamemnon et des autres chefs grecs pour son fils Palamède, qui était mort lapidé, avait pris un navire, s'était éloigné de Troie et longeait les côtes de l'Attique et du Péloponnèse incitant les épouses de ses ennemis, lorsqu'elles se trouvaient seules, à se livrer à l'adultère. Égisthe donc, lorsqu'il apprit que Clytemnestre était parmi celles qui ne demandaient qu'à être convaincues par les propos de Nauplios, projeta non seulement de devenir son amant, mais, avec son aide, de tuer Agamemnon aussitôt que la guerre de Troie serait terminée [6].

g. Hermès, envoyé par Zeus Omniscient à Égisthe, lui conseilla d'abandonner son projet, en lui faisant remarquer que lorsque Oreste atteindrait l'âge d'homme, il serait obligé de venger son père. Cependant, malgré toute l'éloquence qu'il déploya, Hermès ne réussit pas à dissuader Égisthe, qui se rendit à Mycènes les bras chargés de présents, mais le cœur plein de haine. Clytemnestre repoussa d'abord ses avances, parce que Agamemnon, informé de la visite de Nauplios à Mycènes, avait donné instruction à son rhapsode de la surveiller étroitement et de lui rapporter, par écrit, le moindre signe d'infidélité. Mais Égisthe s'empara du vieux rhapsode et l'abandonna sans nourriture dans une île déserte, où, bientôt, des oiseaux de proie vinrent becqueter ses os. Clytemnestre alors céda à Égisthe et celui-ci célébra son succès inespéré en brûlant des offrandes à Aphrodite et en faisant cadeau d'or et de tapisseries à Artémis qui gardait rancune à la Maison d'Atrée [7].

h. Clytemnestre avait peu de raisons d'aimer Agamemnon, qui avait tué son ancien mari Tantale et son nouveau-né encore au sein ; il l'avait épousée par contrainte puis était parti pour une guerre qui menaçait de s'éterniser ; il avait également sanctionné le sacrifice d'Iphigénie en

Aulide et, ce qui avait été plus douloureux encore pour elle, le bruit courait qu'il ramenait la fille de Priam, Cassandre, la prophétesse — dont il aurait fait sa femme sans lui donner son nom. Il était exact que Cassandre avait donné deux jumeaux à Agamemnon, Télédamos et Pélops, mais il ne semble pas avoir voulu, par là, offenser ou humilier Clytemnestre. Son informateur secret avait été Oeax, le fils de Nauplios, qui avait survécu et qui, pour venger la mort de son frère, l'incitait à tuer son mari [8].

i. Clytemnestre, donc, conspirait avec Égisthe pour tuer Agamemnon et Cassandre. Mais, craignant qu'ils n'arrivent inopinément, elle écrivit à Agamemnon une lettre pour lui demander d'allumer un feu sur le mont Ida quand Troie tomberait ; elle organisa un système de relais, pour que son signal lui parvienne en Argolide, passant par le cap Hermaeon, l'île de Lemnos, les monts Athos, Macistos, Messapion, Cithéron, Aegiplanctos et Arachnaeon. Un veilleur fut mis en faction sur le toit du palais de Mycènes : c'était un fidèle serviteur d'Agamemnon et il passa une année entière, accroupi comme un chien, le regard tourné vers le mont Arachnaeon, le cœur empli de sombres pressentiments. Enfin, par une nuit très sombre, il reconnut au loin la lueur du signal et courut éveiller Clytemnestre. Elle célébra la nouvelle par des sacrifices en actions de grâces, bien qu'à la vérité elle eût à présent souhaité que le siège de Troie durât éternellement. Égisthe installa alors un de ses hommes au haut d'une tour de guet, près de la mer, en lui promettant deux talents d'or pour qu'il le prévienne aussitôt qu'Agamemnon débarquerait sur la côte.

j. Héra avait sauvé Agamemnon de la terrible tempête qui détruisit un grand nombre de navires grecs sur le chemin du retour et poussa Ménélas vers l'Égypte ; enfin, un bon vent l'amena à Nauplie. Dès qu'il eut posé le pied sur la terre ferme, il se prosterna et baisa le sol en pleurant de joie. Pendant ce temps, le guetteur se hâtait vers Mycènes pour toucher son salaire et Égisthe choisit vingt de ses meilleurs guerriers, les dissimula à l'intérieur du palais, commanda un grand festin, puis, prenant son char, il s'en fut accueillir Agamemnon [9].

k. Clytemnestre accueillit son mari, qui était fatigué de son voyage, avec tous les signes de la joie la plus sincère, déroula un tapis écarlate devant ses pas et le conduisit dans la salle de bains où de jeunes esclaves avaient préparé un bain chaud ; mais Cassandre était restée au-dehors ; prise de transes prophétiques, elle refusait d'entrer dans le

palais et disait qu'elle sentait l'odeur du sang et que la
malédiction de Thyeste était sur la salle du banquet.
Agamemnon, qui avait fini de se baigner, avait déjà posé
un pied hors de la baignoire et s'apprêtait à prendre part
au somptueux repas, qui était servi à présent, lorsque
Clytemnestre s'avança vers lui, comme pour l'envelopper
dans une serviette de bain et lui lança sur la tête une robe
en filet, tissée par elle, sans manches ni aucune ouverture.
Pris comme un poisson, Agamemnon périt de la main
d'Égisthe qui le frappa par deux fois avec une épée à deux
tranchants [10]. Agamemnon tomba à la renverse dans la
baignoire à rebords d'argent ; alors, Clytemnestre se vengea
de tout ce qu'il lui avait fait en lui coupant la tête avec
une hache [11]. Puis elle se précipita dehors pour tuer
Cassandre avec l'arme qu'elle tenait encore à la main, sans
se soucier d'abaisser les paupières ou de fermer la bouche
de son mari. Elle s'essuya sur les cheveux du cadavre du
sang dont elle avait été éclaboussée, pour faire croire qu'il
s'était lui-même donné la mort [12].

l. Dans le palais, entre les gardes du corps d'Agamemnon
et les hommes d'Égisthe, une furieuse bataille se déroulait.
Des guerriers gisaient sur le dallage comme des porcs
égorgés pour un grand festin, d'autres, blessés, étaient
tombés à la renverse dans des mares de sang au milieu des
tables couvertes des mets les plus fins ; mais Égisthe fut
vainqueur. Au-dehors, la tête de Cassandre avait roulé sur
le sol et Égisthe avait eu aussi la satisfaction de tuer de sa
propre main les deux jumeaux qu'elle avait eus d'Agamemnon ; cependant, il négligea de tuer un autre bâtard
d'Agamemnon, appelé Halesus ou Haliscus. Halesus réussit
à s'échapper et, après avoir longtemps erré en exil, il fonda
la ville de Falerii en Italie et enseigna aux habitants les
Mystères d'Héra qui étaient encore, à l'époque historique,
célébrés à la manière argienne [13].

m. Ce massacre eut lieu le huitième jour du mois de
Gamélion (janvier) et, indifférente à la sanction des dieux,
Clytemnestre décréta que le 13 de chaque mois serait jour
de fête ; elle célébra cette journée par des danses et des
offrandes de moutons à des divinités protectrices. D'aucuns
approuvent sa décision, mais d'autres considèrent qu'elle
a déshonoré, par sa conduite, toutes les femmes, même
les femmes vertueuses. Égisthe, lui aussi, remercia la déesse
qui l'avait assisté [14].

n. Les Spartiates prétendent qu'Agamemnon est enterré
à Amyclées, qui n'est plus qu'un petit village, où l'on peut

voir la tombe et la statue de Clytemnestre et aussi le sanctuaire et la statue de Cassandre ; les habitants croient même que c'est là qu'elle fut tuée. Mais en vérité la tombe d'Agamemnon se trouve dans les ruines de Mycènes, et non loin d'elle, celle de son conducteur de char, de ses compagnons assassinés avec lui par Égisthe et des deux jumeaux de Cassandre [15].

o. Ménélas fut informé par la suite du crime par Protée, le prophète de Pharos et, après avoir offert des hécatombes à l'ombre de son frère, il éleva un cénotaphe en son honneur près d'un fleuve d'Égypte. De retour à Sparte huit ans plus tard, il éleva un temple à Zeus Agamemnon ; il existait d'autres temples semblables à Lapersae en Attique et à Clazomène en Ionie, bien qu'Agamemnon n'ait jamais régné dans ces pays [16].

★

1. *Le mythe d'Agamemnon, Égisthe, Clytemnestre et Oreste a survécu sous une forme dramatique tellement stylisée que son origine est presque complètement effacée. Dans une tragédie de ce genre, le fil conducteur est généralement la manière dont meurt le roi : il est soit précipité du haut d'un rocher, comme Thésée ; soit brûlé vif, comme Héraclès ; soit victime d'un accident de char, comme Œnomaos ; soit dévoré par des chevaux sauvages, comme Diomède ; soit noyé dans un étang, comme Tantale ; soit tué par la foudre, comme Capanée. Agamemnon meurt d'une manière étrange : avec un filet jeté sur sa tête, un pied encore dans la baignoire, mais l'autre pied posé sur le sol et dans un bâtiment annexe réservé aux bains — c'est-à-dire « ni vêtu ni dévêtu, ni dans l'eau ni sur la terre ferme, ni dans son palais ni au-dehors » — sa situation rappelle la mort au milieu de l'été, dans le Mabinogion, du roi sacré Llew Llaw, par le bras de sa perfide épouse Blodeuwedd aidée de son amant Gronw. Une légende semblable, racontée par Saxo Grammaticus dans* Histoire du Danemark *de la fin du* XIIᵉ *siècle, indique que Clytemnestre a peut-être aussi donné un pomme à manger à Agamemnon et qu'elle l'a tué au moment où il la portait à ses lèvres : ainsi n'était-il « ni dans une période de jeûne ni dans une période de festoiement » (*La Déesse Blanche*, pp. 308 et 401). Donc, fondamentalement, il s'agit ici du mythe familier du roi sacré qui meurt au milieu de l'été, de la déesse qui le tue, de l'alter ego qui lui succède, du fils qui le venge. La hache de Clytemnestre était le symbole crétois de la souveraineté et ce mythe a des affinités avec le meurtre de Minos, qui se perpétra dans une baignoire. Les feux d'Égisthe sur la montagne — dont l'un, rapporte Eschyle, était de bruyère (voir 18. 3) — sont les feux de joie du sacrifice du milieu de l'été. La déesse en l'honneur de qui*

*Agamemnon fut sacrifié apparaît sous une forme triple, comme
« ses filles » : Électre (« ambre »), Iphigénie (« nourricière d'une
race puissante ») et Chrysothémis (« règle d'or »).*

*2. Cette légende ancienne s'est combinée à la légende d'une
querelle entre deux dynasties rivales dans le Péloponnèse. Clytemnestre était une héritière royale spartiate ; et les récits spartiates
selon lesquels leur ancêtre Tyndare mit Agamemnon sur le trône
de Mycènes indiquent qu'ils furent victorieux dans la guerre
contre les Mycéniens pour s'assurer Amyclées où Agamemnon et
Clytemnestre étaient l'un et l'autre honorés.*

*3. « Zeus Agamemnon », « Zeus Intrépide », serait un titre
divin porté non seulement par les rois de Mycènes mais par ceux
de Lapersae et de Clazomène ; et probablement aussi par les rois
d'une colonie danéenne ou achéenne sur les bords du Fleuve
d'Égypte — qu'il ne faut pas confondre avec le Nil. Le Fleuve
d'Égypte est cité dans Josué XV. 4 comme marquant la frontière
entre la Palestine et l'Égypte ; plus loin, le long de la côte, à
Ascalon et près de Tyr, il y avait d'autres colonies danéennes et
achéennes (voir 169. f).*

*4. Le quatorzième jour, considéré aussi comme jour de fête à
Rome, où on l'appelait Ides, avait correspondu avec la pleine
lune en un temps où le mois du calendrier consistait en une
simple lunaison. Il semble que le sacrifice du roi avait toujours
lieu à la pleine lune. Selon la légende, la flotte grecque revenant
de Troie, tard dans l'année, fut prise dans les tempêtes d'hiver ;
c'est pourquoi Agamemnon mourut en janvier et non pas en
juin.*

113.
La vengeance d'Oreste

a. Oreste fut élevé par ses grands-parents, Tyndare et
Léda, qui l'aimaient tendrement, et, tout jeune encore, il
accompagnait Clytemnestre et Iphigénie à Aulis[1]. Mais
selon d'autres, la nuit de l'assassinat, Oreste alors âgé de
dix ans fut sauvé par sa généreuse nourrice, Arsinoé, ou
Laodamie, ou Geilissa qui envoya son propre fils dormir
dans la chambre d'enfants royale et le laissa tuer par
Égisthe à la place d'Oreste[2]. Selon d'autres encore, sa
sœur Électre, avec l'aide de l'ancien tuteur de son père,
l'enveloppa d'une robe brodée d'animaux sauvages qu'elle
avait elle-même tissée et le fit sortir en cachette de la
ville[3].

b. Après s'être caché pendant un certain temps parmi
les vergers du fleuve Tanos qui sépare l'Argolide de la
Laconie, le tuteur se rendit avec Oreste à la cour du roi

Strophios, un sûr allié de la Maison d'Atrée qui régnait à
Crisa au pied du mont Parnasse[4]. Ce Strophios avait
épousé la sœur d'Agamemnon, Astyochéa, ou Anaxibia,
ou Cyndragora. A Crisa, Oreste rencontra un compagnon
de jeu, d'esprit aventureux, le fils de Strophios, Pylade,
un peu plus jeune que lui et leur amitié devait devenir
proverbiale[5]. De son vieux tuteur, avec tristesse, il apprit
que le corps d'Agamemnon avait été jeté hors de la maison
et enterré hâtivement par Clytemnestre sans libations ni
branches de myrte, et qu'on avait interdit au peuple de
Mycènes d'assister aux funérailles[6].

c. Égisthe régna sur Mycènes pendant sept ans, utilisant
le char d'Agamemnon, s'asseyant sur son trône, portant
son sceptre, revêtant ses robes, dormant dans son lit et
dilapidant ses richesses. Pourtant, malgré tous ses privilèges
royaux, il était à peine plus qu'un esclave de Clytemnestre ;
et c'était elle qui, en réalité, régnait sur Mycènes[7]. Lorsqu'il
était ivre, il allait sur la tombe d'Agamemnon et frappait
la terre du pied, lançait des pierres sur le tombeau et
criait : « Viens, viens donc, Oreste, défends-toi ! » De fait,
il vivait dans la terreur, bien qu'il fût entouré d'une garde
de soldats étrangers d'une fidélité éprouvée ; il ne dormait
jamais tranquille et il avait offert une forte récompense
en monnaie d'or à qui assassinerait Oreste[8].

d. Électre avait été fiancée à son cousin Castor de
Sparte, avant sa mort et sa demi-déification. Bien que les
princes grecs les plus en vue briguassent à présent sa main,
Égisthe redoutait qu'elle n'eût un enfant qui vengerait un
jour la mort d'Agamemnon et c'est pourquoi il annonça
qu'aucun prétendant ne serait accepté. Il aurait volontiers
tué Électre, qui lui témoignait une haine implacable, de
crainte qu'elle ne s'unisse en cachette à un officier de la
garde du palais et donne naissance à un bâtard ; mais
Clytemnestre n'éprouvait aucun remords pour sa participation au meurtre d'Agamemnon et, ne voulant à aucun prix
encourir le mécontentement des dieux, elle l'empêcha de
le faire. Elle l'autorisa cependant à marier Électre à un
paysan de Mycènes qui, par peur d'Oreste, et aussi parce
qu'il était chaste de nature, ne consomma jamais leur
union qu'il savait injuste[9].

e. Ainsi abandonnée par Clytemnestre, qui avait alors
donné trois enfants à Égisthe : Érigoné, Alétès et la
seconde Hélène, Électre vivait dans une affreuse pauvreté,
étroitement surveillée. A la fin, il fut décidé qu'à moins

d'accepter son sort comme l'avait fait sa sœur Chrysothémis et de s'abstenir d'appeler publiquement Égisthe et Clytemnestre « adultères et meurtriers », elle serait exilée dans une ville éloignée et là enfermée dans une tour où la lumière du soleil ne pénétrait jamais. Cependant, Électre méprisait Chrysothémis pour sa soumission ainsi que pour sa déloyauté envers son père et elle envoyait fréquemment à Oreste, en secret, des messagers pour lui rappeler la vengeance qu'on attendait de lui [10].

f. Oreste, qui était devenu un homme, se rendit à Delphes pour demander à l'Oracle s'il devait ou non tuer les assassins de son père. La réponse d'Apollon, autorisée par Zeus, fut que s'il négligeait de venger Agamemnon il serait proscrit et rejeté de la société, les autels et les temples lui seraient fermés, et lui-même affligé d'une lèpre qui rongerait sa chair et la colorerait de taches blanches [11]. On lui recommanda de verser des libations auprès de la tombe d'Agamemnon, d'y déposer une boucle de ses cheveux et seul, sans l'aide de soldats ni de personne, d'infliger le châtiment qu'ils méritaient aux meurtriers. En même temps, la Pythonisse fit remarquer que les Érinyes ne pardonneraient pas facilement le matricide et en conséquence, au nom d'Apollon, elle remit à Oreste un arc en corne pour repousser leurs attaques, si elles devenaient violentes. Après avoir exécuté ses ordres, il devait revenir à Delphes où Apollon le protégerait [12].

g. Huit ans après, ou, selon certains, vingt ans après, Oreste revint secrètement à Mycènes en passant par Athènes, décidé à supprimer Égisthe et sa propre mère [13].

Un matin, accompagné de Pylade, il se rendit sur la tombe d'Agamemnon, et là, ayant coupé une boucle de ses cheveux, il invoqua Hermès Infernal, patron de la paternité. Un groupe de femmes esclaves, sales et les vêtements déchirés en signe de deuil, s'étant approché, il se réfugia dans un fourré tout proche pour voir ce qu'elles faisaient. Or, la veille, Clytemnestre avait rêvé qu'elle avait donné naissance à un serpent, qu'elle l'enveloppait dans des langes et l'allaitait. Tout à coup, elle poussa un cri dans son sommeil et effraya le palais en criant que le serpent avait tiré de son sein autant de sang que de lait.

Les devins consultés répondirent qu'elle avait encouru la colère du mort ; et ces esclaves, que regardait Oreste, venaient de sa part pour verser des libations sur la tombe d'Agamemnon, dans l'espoir d'apaiser son ombre. Électre, qui faisait partie du groupe, versa les libations en son nom

propre et non en celui de sa mère ; elle fit des prières à
Agamemnon, implorant de lui la vengeance et non pas le
pardon ; et elle demanda à Hermès de convoquer la Mère-
Terre et les dieux du Monde Souterrain pour entendre sa
requête. Ayant remarqué une boucle de cheveux blonds
sur la tombe, elle pensa qu'elle ne pouvait appartenir qu'à
Oreste : à la fois parce que les cheveux étaient de la même
couleur et de la même qualité que les siens et parce que
personne d'autre n'aurait osé faire une pareille offrande [14].

h. L'espoir et l'incertitude la torturaient ; elle était en
train de mettre ses pieds dans l'empreinte des pas d'Oreste
sur la terre argileuse qui entourait le tombeau pour les
comparer et elle commençait justement à constater qu'il y
avait une ressemblance de famille entre leurs pieds, lorsque
Oreste sortit de sa cachette, lui prouva que la boucle de
cheveux était bien à lui, et lui montra la robe qu'il portait
lorsqu'il s'était échappé de Mycènes.

Électre l'accueillit avec joie et, ensemble, ils invoquèrent
leur ancêtre Zeus, à qui ils rappelèrent qu'Agamemnon lui
avait toujours rendu de grands honneurs, et que si la
Maison d'Atrée disparaissait il n'y aurait à Mycènes
personne pour lui offrir les hécatombes auxquelles il était
habitué : car Égisthe adorait d'autres dieux [15].

i. Lorsque les esclaves racontèrent à Oreste le rêve de
Clytemnestre, il reconnut que le rusé serpent c'était lui-
même et déclara qu'il jouerait en effet le rôle du serpent
et tirerait le sang de ce corps déloyal. Puis il dit à Électre
de se rendre au palais et ne pas parler à Clytemnestre de
leur rencontre ; lui et Pylade arriveraient après un moment
et demanderaient l'hospitalité à la porte, en faisant semblant d'être de pieux étrangers venant de Phocide et parlant
le dialecte du Parnasse. Si le portier refusait de les laisser
rentrer, le manquement d'Égisthe aux lois de l'hospitalité
serait un outrage à la ville et s'il les laissait passer, ils
sauraient alors mettre à exécution leur vengeance.

Peu après, Oreste frappait au portail du palais et
demandait le maître ou la maîtresse de la maison. Clytemnestre elle-même apparut mais elle ne reconnut pas Oreste.
Il prétendit être Éolien de Daulis et apporter de tristes
nouvelles apprises d'un certain Strophios qu'il avait rencontré par hasard sur la route d'Argos, concernant son fils
Oreste, qui était mort — ses cendres étaient conservées
dans une urne de bronze et Strophios désirait savoir s'il
fallait renvoyer les cendres à Mycènes ou bien les enterrer
à Crisa [16].

j. Clytemnestre fit entrer aussitôt Oreste et, dissimulant sa joie à ses serviteurs, elle envoya sa vieille nourrice Geilissa, chercher Égisthe qui se trouvait dans un temple du voisinage. Mais Geilissa reconnut Oreste sous son déguisement et changea le message dont on l'avait chargée : elle dit à Égisthe de se réjouir car il pouvait à présent venir seul et sans armes accueillir les porteurs d'heureuses nouvelles : son ennemi était mort [17].

Sans méfiance, Égisthe entra au palais où, pour créer encore une diversion, Pylade venait d'arriver porteur d'une urne de bronze. Il dit à Clytemnestre qu'elle contenait les cendres d'Oreste, que Strophios avait décidé d'envoyer à Mycènes. Cette apparente confirmation des déclarations d'Oreste ôta toute méfiance à Égisthe ; aussi Oreste n'eut-il aucune peine à tirer son épée et à lui trancher la gorge. Clytemnestre alors reconnut son fils et essaya de l'attendrir, elle découvrit sa poitrine et fit appel à ses devoirs de fils ; mais Oreste lui coupa la tête d'un seul coup avec la même épée et elle tomba le long du corps de son amant. Debout auprès des deux cadavres, il s'adressa aux serviteurs du palais, brandissant le filet encore taché de sang où Agamemnon, immobilisé, avait été assassiné, parla avec éloquence et se disculpa du meurtre de Clytemnestre en exhibant la preuve de sa trahison ; et il ajouta qu'Égisthe avait subi le châtiment infligé par la loi à ceux qui se rendaient coupables d'adultère [18].

k. Non content d'avoir tué Égisthe et Clytemnestre, Oreste tua ensuite la seconde Hélène, leur fille ; et Pylade se chargea des fils de Nauplios qui étaient venus au secours d'Égisthe [19].

l. Selon certains cependant, ces événements eurent lieu à Argos, le troisième jour de la Fête d'Héra, au moment où la procession des vierges allait commencer. Égisthe avait fait préparer un banquet pour les Nymphes près du pré aux chevaux, avant de sacrifier un taureau à Héra, et il était en train de cueillir des branches de myrte pour en ceindre sa tête. On dit aussi qu'Électre, lorsqu'elle rencontra Oreste auprès de la tombe d'Agamemnon, ne crut pas tout d'abord qu'il était son frère, depuis longtemps perdu pour elle, en dépit de la similitude de leurs cheveux, et malgré la robe qu'il lui avait montrée. C'est finalement une cicatrice sur son front qui la convainquit ; en effet un jour, lorsqu'ils étaient enfants, au cours d'une chasse au cerf, il avait glissé et s'était ouvert le front en tombant sur une pierre pointue.

m. Oreste, obéissant aux instructions que sa sœur lui murmurait à l'oreille, se rendit aussitôt à l'autel où le taureau venait d'être sacrifié, et au moment où Égisthe se penchait pour examiner les entrailles il lui trancha la tête avec la hache du sacrifice. Pendant ce temps, Électre, à qui il avait offert la tête, attirait Clytemnestre hors du Palais en lui faisant croire que, dix jours auparavant, un enfant lui était né du paysan dont elle était la femme ; et lorsque Clytemnestre, impatiente de voir comment était son premier petit-fils, se rendit dans la cabane, Oreste qui l'attendait, caché derrière la porte, la tua sans pitié [20].

n. D'autres, bien qu'étant d'accord pour que le meurtre ait eu lieu à Argos, disent que Clytemnestre envoya Chrysothémis sur la tombe d'Agamemnon avec des libations, car elle avait vu en songe Agamemnon ressuscité, arrachant son sceptre des mains d'Égisthe et le plantant si fortement dans le sol qu'il bourgeonna et que ses branches s'étendirent de part et d'autre, ombrageant tout le territoire de Mycènes. Selon ce récit, la nouvelle qui trompa Égisthe et Clytemnestre était qu'Oreste avait été tué au cours d'une course de chars aux Jeux Pythiens ; et Oreste n'avait montré à Électre ni boucle de cheveux, ni robe brodée, ni cicatrice pour se faire identifier, mais le sceau d'Agamemnon qui était taillé dans un morceau de l'épaule d'ivoire de Pélops [21].

o. D'autres encore disent qu'Oreste ne tua pas Clytemnestre de ses propres mains mais qu'il la fit juger par un tribunal, que les juges la condamnèrent à mort et que son seul tort, si on peut appeler cela un tort, fut de n'avoir pas intercédé en sa faveur [22].

1. *Il s'agit ici d'un mythe crucial comportant de multiples variantes. L'olympianisme s'est constitué comme une religion de compromis entre le système matriarcal préhellénique et le système patriarcal hellénique ; la famille divine se composait, au début, de six dieux et six déesses. Un difficile équilibre des pouvoirs avait été trouvé jusqu'au moment, où, par seconde naissance, Athéna naquit de la tête de Zeus et Dionysos de sa cuisse ; ils prirent alors la place d'Hestia au Conseil (voir 27. k) ; après cela, la prépondérance masculine, dans toutes les discussions divines, fut assurée — situation qui avait son reflet sur la terre — et l'on put s'attaquer avec succès aux anciennes prérogatives des déesses.*

2. *L'héritage matrilinéaire était une des lois empruntées à la religion préhellénique. Comme le roi devait obligatoirement être*

un étranger qui gouvernait en vertu de son mariage avec une héritière, les princes royaux apprenaient à considérer leur mère comme le support essentiel du royaume et, de ce fait, le matricide était un crime absolument inconcevable. Leur éducation était fondée sur les mythes de la religion antérieure, selon laquelle le roi sacré avait toujours été trahi par sa femme-déesse, tué par son alter ego et vengé par son fils ; ils savaient que le fils ne punissait jamais sa mère adultère, celle-ci agissant avec toute l'autorité de la déesse qu'elle servait.

3. L'ancienneté du mythe d'Oreste apparaît clairement par son amitié pour Pylade, avec lequel il se trouve exactement dans la même relation que Thésée avec Pirithoos. Dans la version archaïque, il était très certainement un prince phocidien qui tuait rituellement Égisthe à la fin du huitième mois de son règne et devenait le nouveau roi par son mariage avec Chrysothémis, fille de Clytemnestre.

4. D'autres vestiges révélateurs de la version archaïque subsistent dans Eschyle, Sophocle et Euripide. Égisthe est tué au cours de la fête de la déesse de la Mort, Héra, pendant qu'il coupe des branches de myrte ; il est exécuté, comme le taureau de Minos, avec une hache de sacrifice. Geilissa sauvant Oreste (« le montagnard ») vêtu d'une robe « brodée de motifs d'animaux sauvages » et son séjour parmi les bergers de Tanos rappellent aussi le mythe familier du prince royal enveloppé dans une robe et abandonné sur une montagne à la merci des bêtes sauvages et dont s'occupent des bergers — la robe était par la suite reconnue comme dans le mythe d'Hippothoos (voir 49. a). La substitution par Geilissa de son propre fils à la victime royale se rapporte peut-être à une période de l'histoire religieuse où le substitut enfant du roi de l'année n'était plus un membre du clan royal.

5. Dans ces conditions, jusqu'à quel point les événements principaux de l'histoire tels qu'ils sont présentés, par les dramaturges de l'Attique peuvent-ils être acceptés ? De même qu'il est peu probable que les Érinyes aient été introduites de façon gratuite dans le mythe — qui comme celui d'Alcméon et Ériphyle (voir 107. d) semble avoir constitué une mise en garde morale contre la moindre désobéissance, blessure ou offense d'un fils à l'égard de sa mère — il est peu probable aussi qu'Oreste tua Clytemnestre. S'il l'avait fait, Homère aurait certainement mentionné le fait et se serait abstenu de l'appeler « semblable au dieu » ; il rapporte seulement qu'Oreste tua Égisthe, dont il célébra la fête funèbre en même temps que celle de sa détestable mère (Odyssée III. 306 et ss.). Le Marbre de Paros, de même, ne mentionne pas de matricide dans l'acte d'accusation d'Oreste. Il est donc probable que Servius a conservé la meilleure version : Oreste, ayant tué Égisthe, livra simplement Clytemnestre à la justice populaire — et cette manière d'agir est celle que recommande, de façon très significative, Tyndare dans l'Oreste d'Euripide (496 et ss.). Cependant, le fait d'offenser sa mère en refusant de la défendre, en dépit de sa conduite condamnable, suffisait, d'après l'ancienne loi, pour mettre à sa poursuite les Érinyes.

6. *Il semble donc que ce mythe, qui était très répandu, avait donné à la mère au foyer une situation si importante lorsqu'une querelle de famille éclatait que les prêtres d'Apollon et d'Athéna née de Zeus (qui avait trahi l'ancienne religion) décidèrent de la supprimer. C'est ce qu'ils firent en incitant Oreste non seulement à faire passer en jugement Clytemnestre mais à la tuer et ensuite à obtenir un acquittement de la cour la plus respectable de toute la Grèce : avec l'appui de Zeus et l'intervention personnelle d'Apollon qui avait, de la même manière, incité Alcméon à assassiner sa mère la perfide Ériphyle. Les prêtres voulaient une fois pour toutes invalider l'axiome religieux selon lequel la lignée maternelle était d'un caractère plus divin que la lignée paternelle.*

7. *Électre, dont le nom « ambre » rappelle le culte du père d'Apollon Hyperboréen, contraste avec Chrysothémis dont le nom rappelle que la conception ancienne de la loi matriarcale était encore en faveur dans la majeure partie de la Grèce et dont sa « subordination » à sa mère avait jusqu'alors été considérée comme un signe de piété et de noblesse. Électre est « totalement pour le père », comme l'Athéna-née-de-Zeus. En outre, les Érinyes avaient toujours agi en faveur de la mère seule ; Eschyle fait un abus de langage lorsqu'il parle des Érinyes chargées de venger le sang paternel. Apollon fait preuve de beaucoup d'audace en menaçant Oreste de la lèpre s'il ne tue pas sa mère : communiquer ou guérir la lèpre avait été longtemps le privilège exclusif de la Déesse Blanche, Leprea ou Alphito (La Déesse Blanche, chapitre 24). Toutes les Érinyes n'acceptaient pas les décisions d'Apollon de Delphes et Euripide apaise son public féminin en permettant aux Dioscures de dire que les ordres d'Apollon avaient manqué de sagesse (Électre, 1246).*

8. *Les importantes variantes dans la scène de la reconnaissance et du complot à la suite duquel Oreste réussit à tuer Égisthe et Clytemnestre n'ont d'intérêt que parce qu'elles prouvent que les auteurs dramatiques de la période classique n'étaient pas prisonniers de la tradition. Leur version était une nouvelle conception du mythe ; Sophocle et Euripide tentèrent l'un et l'autre d'aller plus loin qu'Eschyle, qui fut le premier à le formuler, en donnant plus de vraisemblance aux événements qui en constituent la trame.*

114.
Le procès d'Oreste

a. Les Mycéniens, qui avaient soutenu Oreste dans son acte inouï, s'opposèrent à ce que les corps de Clytemnestre et d'Égisthe reposent dans la ville, et ils les enterrèrent à une certaine distance en dehors des murs[1]. Cette nuit-là, Oreste et Pylade montèrent la garde auprès de la tombe de Clytemnestre, de crainte que quelqu'un ne tentât de la piller ; mais pendant qu'ils veillaient, les Érinyes aux cheveux de serpent, à tête de chien, à ailes de chauves-souris, firent leur apparition en brandissant leurs verges. Épuisé par leurs furieuses attaques contre lesquelles l'arc en corne d'Apollon était impuissant, Oreste se laissa tomber sur un lit et resta couché pendant six jours, la tête enveloppée dans son manteau, se refusant à manger et à boire.

b. Le vieux Tyndare arriva alors de Sparte, portant une accusation de matricide contre Oreste et convoqua les chefs de Mycènes pour juger l'affaire. Il décréta que, pendant que le procès se déroulerait, personne n'adresserait la parole à Oreste ni à Électre, et qu'ils n'auraient droit ni au gîte, ni au feu, ni à l'eau. Ainsi Oreste n'eut-il même pas le droit de laver ses mains tachées de sang. Les rues de Mycènes étaient jalonnées de citoyens en armes, et Oeax, fils de Nauplios, était heureux de cette occasion de tourmenter les enfants d' Agamemnon [2].

c. Pendant ce temps, Ménélas, chargé de richesses, abordait à Nauplie ; là, un pêcheur lui dit qu'Égisthe et Clytemnestre avaient été assassinés. Il envoya Hélène à Mycènes pour s'assurer que la nouvelle était vraie ; mais la nuit, de crainte que les parents de ceux qui avaient péri à Troie ne la lapident, Hélène, gênée de porter le deuil en public pour sa sœur Clytemnestre, ayant elle-même fait verser plus de sang encore à cause de ses infidélités, implora Électre qui s'occupait actuellement du pauvre Oreste : « Je t'en prie, ma nièce, prends de nos cheveux et dépose-les sur la tombe de Clytemnestre après que tu auras répandu des libations pour son ombre. » Électre, lorsqu'elle s'aperçut qu'Hélène par vanité s'était bornée à couper l'extrême pointe de ses cheveux, refusa. « Envoyez plutôt votre fille Hermione », répondit-elle sèchement. Hélène envoya alors chercher Hermione au palais. Elle n'avait que neuf ans lorsque sa mère s'enfuit avec Pâris, et Ménélas l'avait confiée à Clytemnestre lorsque éclata la guerre de Troie ; pourtant elle reconnut aussitôt Hélène et, obéissant à sa mère, elle fit ce qu'elle lui demandait [3].

d. Ménélas arriva alors au palais où il fut reçu par son père nourricier, Tyndare, en grand deuil, qui lui dit de ne pas rentrer à Sparte avant d'avoir puni son neveu et sa nièce du crime qu'ils avaient commis. Tyndare était d'avis qu'Oreste aurait dû se contenter de faire bannir Clytemnestre par ses concitoyens. Et, s'ils avaient réclamé la mort pour elle, il aurait dû alors intervenir en sa faveur.

Dans l'état actuel des choses, il convenait maintenant de les convaincre — bon gré mal gré — que non seulement Oreste mais Électre, sur l'instigation de qui il avait agi, devaient subir la lapidation comme matricides.

e. Ménélas, craignant d'affronter Tyndare, obtint le verdict souhaité. Mais après la plaidoirie éloquente d'Oreste, qui était présent et que soutenait Pylade (Strophios l'avait à présent désavoué à cause de la part qu'il avait prise dans le meurtre), les juges commuèrent la peine en suicide. Pylade alors entraîna Oreste, refusant noblement de l'abandonner, ainsi qu'Électre à qui il était fiancé ; il proposa, puisqu'ils devaient mourir tous trois, de punir d'abord Ménélas de sa lâcheté et de sa déloyauté en tuant Hélène qui était la cause de tous ses malheurs. Donc pendant qu'Électre attendait hors des murs pour exécuter son propre dessein — qui était d'intercepter Hermione à son retour de la tombe de Clytemnestre et de la garder comme otage pour s'assurer de Ménélas —, Oreste et Pylade pénétrèrent dans le palais, leurs épées dissimulées sous leurs capes, et se réfugièrent près de l'autel central, faisant semblant d'être de pieux dévots. Hélène, assise non loin de là, filant de la laine pour une robe pourpre destinée à être déposée en présent sur la tombe de Clytemnestre, fut trompée par leurs lamentations et s'approcha d'eux pour leur souhaiter la bienvenue. Tous deux tirèrent alors leur épée et, pendant que Pylade chassait les esclaves phrygiennes d'Hélène, Oreste tenta de la tuer. Mais Apollon, sur l'ordre de Zeus, l'enleva dans un nuage dans l'Olympe où elle devint une Immortelle aux côtés de ses frères les Dioscures. Elle est la gardienne des marins en détresse [4].

f. Pendant ce temps, Électre s'était emparée d'Hermione, l'avait menée au palais et verrouillé toutes les portes. Ménélas, voyant que sa fille était menacée de mort, ordonna d'aller à son secours immédiatement. Ses hommes enfoncèrent les portes et Oreste était sur le point de mettre le feu au palais, de tuer Hermione et de se donner la mort par l'épée ou dans le feu lorsque Apollon apparut providentiellement, arracha de ses mains la torche et arrêta les guerriers de Ménélas. Dans le silence respectueux et terrifié qu'inspirait sa présence, Apollon donna l'ordre à Ménélas de prendre une autre femme, de fiancer Hermione à Oreste et de rentrer à Sparte pour y régner ; le meurtre de Clytemnestre ne le regardait plus maintenant que les dieux étaient intervenus [5].

g. Oreste, la tête couronnée de fleurs et tenant une branche de laurier tressée de laine pour montrer qu'il était sous la protection d'Apollon, se mit en route pour Delphes, toujours poursuivi par les Érinyes. La Pythie fut terrifiée de le voir accroupi comme les dévots sur le marbre de l'Omphalos, les mains non lavées encore de leur sang, tandis que la hideuse cohorte des noires Érinyes dormait à ses côtés. Mais Apollon la rassura en lui promettant d'être l'avocat d'Oreste, à qui il donna l'ordre d'assumer courageusement son épreuve. Après un temps d'exil, il devait se rendre à Athènes et là embrasser la statue d'Athéna qui, comme l'avaient déjà prédit les Dioscures, le protégerait avec son égide à tête de Gorgone et mettrait fin à la malédiction [6]. Pendant que les Érinyes étaient encore profondément endormies, Oreste s'échappa sous la conduite d'Hermès, mais l'ombre de Clytemnestre pénétra bientôt dans l'enceinte du temple, en les rappelant à l'ordre, évoquant les libations de vin et les banquets nocturnes servis de ses mains. Aussi se remirent-elles à sa poursuite, sans se soucier des avertissements d'Apollon qui menaçait de les tuer [7].

h. L'exil d'Oreste dura une année — période qui doit s'écouler avant qu'un homme ayant commis un meurtre puisse de nouveau se mêler à ses concitoyens. Il voyagea au loin, sur terre et sur mer, poursuivi par les infatigables Érinyes et se purifiant constamment avec du sang de porc et de l'eau courante ; ces rites, malgré tout, ne tenaient en échec ses bourreaux qu'une heure ou deux et il ne tarda pas à perdre la raison. Tout d'abord, Hermès l'escorta à Trézène où il fut logé dans ce qu'on appelait la Hutte d'Oreste — qui faisait face au sanctuaire d'Apollon ; et, après cela, neuf habitants de Trézène le purifièrent sur la Roche Sacrée près du temple d'Artémis Lupienne, avec de l'eau de la source Hippocrène et le sang de victimes sacrificielles. Un vieux laurier indiquait le lieu où les victimes étaient ensuite enterrées et les descendants de ces neuf hommes dînaient encore à une date fixe, une fois par an, à la Hutte [8].

i. En face de l'île de Cranaé, à six cents mètres de Gythion, se trouvait une pierre brute, appelée pierre de Zeus Capportas, sur laquelle Oreste s'assit et fut, pour un moment, délivré de la folie. On dit aussi qu'il fut purifié dans sept rivières près de Rhégium en Italie, où il construisit un temple ; dans trois affluents de l'Hèbre, en Thrace, et dans l'Oronte qui coule au-delà d'Antioche [9].

j. A quinze cents mètres de la grand-route de Mégalopolis à Messène, sur la gauche, on voyait encore le sanctuaire des Déesses Démentes, nom donné aux Érinyes, qui firent endurer à Oreste une crise de folie furieuse ; et aussi un petit tertre, surmonté d'un doigt en pierre et appelé la Tombe du Doigt. C'est à cet endroit que, sous l'effet du désespoir, il se coupa un doigt d'un coup de dent, pour apaiser ces noires déesses, et quelques-unes d'entre elles changèrent de couleur et devinrent blanches, en sorte qu'il retrouva la santé. Après cela, il se rasa la tête dans un temple voisin appelé Acé et fit aux déesses noires une offrande pour se faire pardonner ses péchés et aux blanches une offrande pour les remercier. A l'époque historique il était passé dans les usages de sacrifier à celles-ci en même temps qu'aux Grâces [10].

k. Oreste alla ensuite vivre avec les Azaniens et les Arcadiens de la plaine Parrhasienne, et la ville voisine appelée autrefois Oresthasion, du nom de son fondateur Oresthée, fils de Lycaon, changea de nom et fut appelée Orestheion. Selon certains, cependant, Orestheion s'appelait auparavant Azania, et Oreste y aurait vécu seulement après être allé à Athènes. Selon d'autres encore, il aurait passé sa période d'exil en Épire, où il fonda la cité d'Argos Orestienne et donna son nom aux habitants de l'Épire qui habitent aux pieds des montagnes d'Illyrie [11].

l. Lorsqu'une année se fut écoulée, Oreste se rendit à Athènes, qui était alors gouvernée par Pandion à qui il était apparenté ; ou, selon certains, par Démophon. Il se rendit aussitôt au temple d'Héra, sur l'Acropole, s'assit et embrassa la statue. Les Noires Érinyes ne tardèrent pas à arriver, hors d'haleine, car elles avaient perdu sa trace au moment où il traversait l'isthme. Bien que la première fois personne n'ait voulu le recevoir, car il était haï des dieux, à présent certaines personnes s'enhardissaient à l'inviter chez elles, où on l'installait à une table séparée et où il buvait dans une cruche de vin spéciale réservée à lui seul [12].

m. Aux Érinyes, qui avaient déjà commencé à l'accuser auprès des Athéniens, se joignirent bientôt Tyndare et sa petite-fille Érigoné, fille d'Égisthe et de Clytemnestre, et aussi, selon certains, le cousin de Clytemnestre, Périléos, fils d'Icarios. Mais Athéna, qui avait entendu les prières d'Oreste dans la plaine du Scamandre, son nouveau territoire troyen, se hâta vers Athènes et fit prêter serment aux notables qui devaient être juges, réunit l'Aréopage dont c'était seulement le second procès pour meurtre [13].

n. A la date fixée, le procès eut lieu, et Apollon se présenta comme avocat de la défense, et l'aînée des Érinyes comme avocat général. Dans un plaidoyer très étudié, Apollon dénia à la mère toute importance ; il dit qu'une femme n'était pas autre chose qu'un sillon dans lequel l'époux jetait sa graine, et que l'acte d'Oreste était largement justifié, le père étant le seul parent digne de ce nom. Le vote comporta autant de voix pour et contre. Athéna avoua qu'elle était, elle aussi, entièrement du côté du père et vota en faveur d'Oreste. Ainsi acquitté et redevenu un homme honorable, il revint tout joyeux en Argolide, et jura d'être un fidèle allié d'Athènes aussi longtemps qu'il vivrait. Les Érinyes, cependant, se plaignirent bruyamment de cette abrogation de l'ancienne loi par les nouveaux dieux ; quant à Érigoné, elle se pendit d'humiliation [14].

o. Il existe trois récits contradictoires de la fin d'Hélène. Le premier est que, pour réaliser la prédiction de Protéos, elle retourna à Sparte, demeura en paix avec Ménélas, et vécut d'une vie calme et prospère jusqu'au moment où ils s'en furent main dans la main aux Champs Élysées. Le second est qu'elle se rendit avec lui en Tauride, où Iphigénie les sacrifia tous deux à Artémis. Le troisième est que Polyxo, veuve du roi de Rhodes Tlépolémos, se vengea de sa mort en envoyant quelques-unes de ses servantes, déguisées en Érinyes, pendre Hélène [15].

1. *La tradition selon laquelle les Érinyes de Clytemnestre rendirent Oreste fou ne peut guère être rejetée et on ne peut prétendre qu'elle soit une pure invention des dramaturges de l'Attique ; elle se constitua très tôt, non seulement en Grèce, mais en Grande-Grèce. Cependant, comme dans le cas d'Œdipe, que les Érynies poursuivirent jusqu'à sa mort, et dont le crime n'était pas d'avoir tué sa mère, mais d'avoir par inadvertance été la cause de son suicide (voir 105. k), le crime d'Oreste semble n'avoir été qu'au second degré : il avait failli à ses devoirs de fils en ne s'opposant pas à la sentence de mort des Mycéniens. Le tribunal était très influençable, comme Ménélas et Tyndare devaient le prouver bientôt en obtenant une condamnation à mort contre Oreste.*

2. *Les Érinyes personnifiaient les tortures de la conscience, qui, encore aujourd'hui, en Mélanésie païenne, peuvent causer la mort de l'homme qui a, par témérité ou par inadvertance, violé un tabou. Ou bien il devient fou et se jette du haut d'un cocotier, ou bien il s'enveloppe la tête d'un manteau, comme Oreste, et*

*refuse de boire et de manger jusqu'à mourir d'inanition, même
si personne n'est au courant de sa faute. Saint Paul aurait subi
un sort semblable à Damas si Ananias n'était intervenu à temps
(Actes IX. 9 et ss). La méthode habituelle en Grèce pour expier
le sang d'un crime ordinaire consistait, pour le meurtrier, à
sacrifier un porc et, tandis que l'ombre de la victime buvait
avidement son sang, à se baigner dans une eau courante, à se
raser les cheveux pour modifier son apparence extérieure, et à
s'exiler pendant un an, afin que le fantôme vengeur perde sa
trace. Jusqu'à ce qu'il ait été purifié de cette manière, les voisins
l'évitaient, considérant qu'il portait malheur, et ne lui permettaient
pas d'entrer chez eux ni de partager leur nourriture de crainte
d'être eux-mêmes mêlés à ses difficultés ; et il pouvait encore
avoir des démêlés avec la famille de la victime, si l'ombre du
défunt exigeait vengeance. Mais le sang d'une mère créait une si
puissante malédiction que les moyens de purification ordinaires
étaient inopérants : et, à défaut du suicide, le moyen extrême
était de s'arracher un doigt avec les dents. Cette automutilation
semble avoir été, au moins en partie, efficace dans le cas d'Oreste ;
de même aussi, Héraclès, pour apaiser Héra courroucée, se serait
arraché le doigt qu'il avait soi-disant perdu en combattant le lion
de Némée (voir 123. e). Dans certaines régions des mers du Sud,
on coupe toujours une phalange à la mort d'un proche parent,
lorsqu'il est mort de mort naturelle. Dans les Euménides (397 et
ss.), Eschyle dissimule de toute évidence la tradition selon laquelle
Oreste s'enfuit en Troade et y vécut, sans être tourmenté par les
Érinyes, protégé par Athéna, sur une terre gagnée sur le Scamandre, et par conséquent indemne de la malédiction (voir 107. e).
Quelle autre raison y aurait-il de mentionner la Troade ?*

3. *L'offrande de vin au lieu des libations de sang et de petites
mèches de cheveux au lieu de la récolte entière étaient des
modifications de l'époque classique de ce rituel d'apaisement dont
le sens avait été oublié de même que la coutume actuelle de porter
du noir n'est plus consciemment rattachée avec l'ancien usage de
tromper les ombres des morts en modifiant l'apparence extérieure
habituelle.*

4. *Le récit plein d'imagination que fait Euripide de ce qu'il
advint lorsque Hélène et Ménélas retournèrent à Mycènes ne
renferme aucun élément mythique, excepté l'apothéose dramatique
d'Hélène ; Hélène en tant que déesse-Lune était la patronne des
marins bien avant que les Jumeaux célestes ne fussent reconnus
comme constellation. Comme Eschyle, Euripide écrivait dans un
dessein de propagande religieuse : l'absolution d'Oreste atteste le
triomphe définitif du système patriarcal et il la situe à Athènes,
où Athéna — autrefois la déesse libyenne Neith ou l'Anatha
palestinienne, une matriarche suprême, mais à présent née une
seconde fois de la tête de Zeus et ne reconnaissant pas, comme le
souligne Eschyle, de mère divine — est complice du matricide,
même au premier degré. Les dramaturges athéniens savaient que
ce thème révolutionnaire ne pouvait être accepté nulle part ailleurs*

en Grèce : c'est pourquoi Euripide fait dire avec beaucoup de véhémence à Tyndare, délégué de Sparte, qu'Oreste doit mourir ; et les Dioscures vont jusqu'à condamner Apollon pour l'avoir incité à ce crime.

5. Le nom d'Oreste (« montagnard ») le rattache à une montagne sauvage en Arcadie où vraisemblablement aucun roi de Mycènes n'a jamais dû se rendre.

6. Ces versions différentes de la mort d'Hélène ont été conçues pour diverses raisons. La première tend à expliquer le culte d'Hélène et Ménélas à Thérapné ; la seconde est une version pour le théâtre, bâtie sur la légende d'Oreste chez les Tauriens (voir 116. a-g) ; la troisième explique le culte rhodien d'Héléna Dendritis, « Hélène à l'Arbre », qui est le même personnage qu'Ariane et qu'Érigoné (voir 79. 2 et 88. 10). Cette Érigoné, elle aussi, se pendit.

115.
Apaisement des Érinyes

a. Pour témoigner sa reconnaissance d'avoir été acquitté, Oreste dédia un autel à Athéna Guerrière ; mais les Érinyes menacèrent — si le jugement n'était pas annulé — de laisser tomber une goutte de sang de leur cœur qui amènerait la stérilité, empoisonnerait les récoltes et détruirait toute la progéniture athénienne. Mais Athéna calma leur colère par la flatterie : elle reconnut qu'elles étaient beaucoup plus intelligentes qu'elle, et leur suggéra d'élire domicile dans une grotte d'Athènes où elles attireraient une foule d'adorateurs telle qu'elles n'en pourraient trouver nulle part ailleurs d'aussi fervente. Elles auraient des autels destinés aux divinités du Monde Souterrain, de même des sacrifices sans vin, des libations à la lumière des torches, des primeurs offertes après la consommation du mariage ou la naissance des enfants et même des places dans l'Érechthéion. Si elles acceptaient cette offre, elle donnerait l'ordre que toute maison où un culte ne leur serait pas consacré ne connaîtrait pas la prospérité ; mais, elles, en contrepartie, devraient s'engager à invoquer les vents favorables pour ses navires, la fertilité pour ses terres et des mariages féconds pour ses fidèles, et aussi à extirper des cœurs l'impiété afin qu'elle soit en mesure d'assurer à Athènes la victoire des batailles. Les Érynies, après une brève délibération, acceptèrent gracieusement sa proposition.

b. Avec des mots de gratitude, des bons vœux et des sortilèges contre les vents chauds et desséchants, les disettes, les calamités et les désordres des eaux, les Érinyes — qu'on dénomma depuis lors les Bienveillantes — dirent adieu à Athéna et furent escortées par une procession de jeunes gens, de matrones et de vieilles femmes — habillées de pourpre et portant l'ancienne statue d'Athéna jusqu'à l'entrée d'une caverne profonde à l'angle sud-est de l'Aréopage. Là, des sacrifices appropriés leur furent offerts et elles descendirent dans la caverne qui fut, dès lors, un temple où se tenait un oracle et — comme le sanctuaire de Thésée — un lieu de refuge pour les dévots [1].

c. Cependant trois Érinyes seulement avaient accepté l'offre généreuse d'Athéna ; les autres continuèrent à poursuivre Oreste et certains vont jusqu'à dire que les Bienveillantes n'étaient pas des Érinyes. Le nom « d'Euménides » fut donné pour la première fois aux Érinyes par Oreste, l'année suivante, après son téméraire exploit dans la Chersonnèse de Tauride, où il parvint enfin à apaiser leur frénésie à Carnéia par un holocauste de moutons noirs. On les appelle aussi Euménides à Colone où aucune d'entre elles n'a le droit de pénétrer dans leur ancien bosquet ; ainsi qu'à Cérynie en Achaïe, où, à la fin de sa vie, Oreste leur dédia un nouveau sanctuaire [2].

d. Dans la caverne des « Bienveillantes » à Athènes — qui était interdite uniquement aux hommes au double destin, c'est-à-dire à ceux passés pour morts et dont on porte à tort le deuil — leurs trois statues n'étaient pas moins effrayantes que celles des dieux du Monde Souterrain qui se trouvent auprès d'elles, c'est-à-dire Hadès, Hermès et la Mère-Terre. Là, ceux qui avaient été acquittés par l'Aréopage sacrifiaient une victime noire ou apportaient aux Bienveillantes de nombreuses autres offrandes comme l'avait promis Athéna ; et chacune des trois nuits réservées chaque mois par l'Aréopage à l'audience des procès pour meurtre était consacrée à l'une d'entre elles [3].

e. Les rites consacrés aux Bienveillantes se déroulaient dans le silence et leur prêtrise était héréditaire depuis lors dans le clan des Hésychides qui offraient d'abord un sacrifice à leur ancêtre Hésychos, à son autel consacré aux héros des Neuf Portes [4].

f. Un autel-foyer fut aussi consacré aux Bienveillantes à Phlya, petit village de l'Attique, et un bosquet de chênes verts leur fut consacré près de Titane, en amont du fleuve Asopos. Au cours des fêtes phlyennes, célébrées tous les ans, des chèvres grosses leur étaient sacrifiées, on leur versait des libations d'eau adoucie de miel, et on leur portait des fleurs au lieu des traditionnelles guirlandes de myrte. Des rites semblables avaient lieu à l'autel des Parques, qui se trouvait dans le bois de chênes, en plein air [5].

★

1. *Le sang du « cœur » des Érinyes, dont l'Attique était menacé, semble bien être un euphémisme pour le sang menstruel. Un charme immémorial utilisé par les sorcières qui voulaient maudire une maison, un champ ou une étable consistait à courir nue, tout autour, dans le sens contraire de la marche du soleil, neuf fois, pendant la période menstruelle. Ce mauvais sort est considéré comme très dangereux pour les récoltes, les troupeaux et les enfants au cours d'une éclipse de lune ; et on ne peut rien contre lui si la sorcière est une vierge qui a ses menstrues pour la première fois.*

2. *Philémon le Comédien eut raison de mettre en doute l'identification des Érinyes avec les Parques à laquelle croyaient les Athéniens. Selon les autorités les plus dignes de foi, il n'y avait que trois Érinyes : Tisiphoné, Alecto et Mégère (voir 31. g) qui habitaient l'Érèbe de façon permanente et non pas Athènes. Elles avaient des têtes de chien, des ailes de chauve-souris et leurs cheveux étaient des serpents ; mais, comme le fait remarquer Pausanias, les Parques étaient dépeintes comme d'augustes matrones. L'offre d'Athéna, en réalité, n'était pas ce qu'Eschyle a rapporté, mais bien un ultimatum des prêtres d'Athéna, née de Zeus, aux prêtresses des Parques — l'ancienne Triple-déesse d'Athènes — disant que si elles n'acceptaient pas la nouvelle forme de descendance par le père comme supérieure à la descendance par la mère, et si elles ne consentaient pas à partager leur caverne avec les divinités du Monde Souterrain comme Hadès et Hermès, elles perdraient leurs droits à être vénérées et par là même le bénéfice des premiers fruits.*

3. *Les hommes à qui une nouvelle vie avait été octroyée n'avaient pas le droit de pénétrer dans la caverne des déesses du Monde Souterrain, qui auraient pu prendre ombrage du fait que leurs sujets circulaient encore en toute liberté dans le monde d'en haut. Le chêne vert, qu'on appelait aussi le chêne-kermès, parce qu'il porte des fruits rouges (les cochenilles) dont les gens tiraient la teinture pourpre, était l'arbre de l'alter ego qui tuait le roi sacré ; il convenait par conséquent au bosquet sacré des Parques. Des sacrifices de brebis pleines, de miel et de fleurs servaient à leur faire épargner le restant du troupeau pendant la saison des agneaux, à aider les abeilles et à développer les pâturages.*

4. *La poursuite incessante d'Oreste par les Érinyes, malgré l'intervention d'Athéna et d'Apollon, indique que, dans le mythe*

*primitif, il se rendit à Athènes et à Phocis pour se purifier, mais
sans succès ; de même, dans le mythe d'Ériphyle, Alcméon se
rendit en vain à Psophis et à Thesprotie. Comme on ne dit pas
qu'Oreste trouva le repos sur le limon regagné d'aucun fleuve
(voir 107. e) — sauf peut-être de Scamandre (voir 114. 2) — il a
dû trouver la mort dans la Chersonnèse de Tauride ou à Brauron
(voir 116. I).*

116.
Iphigénie en Tauride

a. Toujours poursuivi par les Érinyes qui étaient restées
sourdes aux éloquents discours d'Athéna, Oreste en désespoir de cause se rendit à Delphes où il se jeta sur le sol du
temple et menaça de se tuer si Apollon ne le délivrait de
leurs fouets. En réponse, la Pythie lui donne l'ordre de
remonter le Bosphore, d'aller vers le nord, de traverser la
mer Noire ; ses malheurs ne prendraient fin que lorsqu'il
se serait emparé d'une ancienne statue d'Artémis qui se
trouvait dans son temple en Chersonnèse Taurique, et
l'aurait ramenée à Athènes ou bien (selon certains) en
Argolide [1].

b. Or, le roi des Tauriens était Thoas au pied léger, fils
de Dionysos et d'Ariane et père d'Hypsipylé ; son peuple
— ainsi nommé parce que Osiris, un jour, attela des
taureaux (*tauroi*) et laboura leur terre — était de race
scythe [2]. A l'époque historique, ils vivront encore de rapines
comme au temps de Thoas ; si un guerrier fait un
prisonnier, il le décapite, emporte la tête chez lui et là il
l'empale sur un piquet placé au-dessus de la cheminée,
afin que les membres de sa famille soient sous la protection
du mort. En outre, tout marin naufragé ou poussé au port
par le mauvais temps est publiquement sacrifié à Artémis
Taurienne. Après certains rites préparatoires, ils l'assom-
ment avec une massue et clouent sa tête après l'avoir
séparée du corps, sur une croix ; après quoi, le corps est
ou bien enterré ou bien précipité dans la mer du haut de
la falaise où se trouve le temple d'Artémis. Mais, si un
prince étranger tombe entre leurs mains, il est mis à mort
par une prêtresse vierge avec une épée, et elle jette son
cadavre dans le feu sacré qui jaillit du Tartare et qui brûle
dans l'enceinte sacrée. Certains disent cependant que la
prêtresse se contentait de surveiller l'ordonnance des rites,

d'opérer la lustration préliminaire et de couper les cheveux de la victime, mais ne la tuait pas elle-même. La première statue de la déesse, dont Oreste devait s'emparer, était tombée là du ciel. Ce temple était soutenu par de larges colonnes et on y accédait par quarante marches ; son autel en marbre blanc était en permanence taché de sang[3].

c. L'Artémis Taurienne porte plusieurs noms, notamment ceux d'Artémis Tauropolos ou Tauropole, Artémis Dictynna, Artémis Orthia, Thoantéa, Hécate. Les Latins l'appellent Trivia[4].

d. Or, Iphigénie avait été sauvée du sacrifice à Aulis par Artémis qui l'avait enveloppée d'un nuage et transportée dans la Chersonnèse de Tauride, où elle fut aussitôt nommée Grande-Prêtresse, et elle était la seule à avoir le droit de toucher à la statue sacrée. A la suite de cela, les Tauriens l'appelèrent Artémis, ou Hécate, ou Orsiloque. Iphigénie avait horreur des sacrifices humains, mais, étant pieuse, elle obéissait à la déesse[5].

e. Oreste et Pylade ne savaient rien de tout cela ; ils continuaient à croire qu'Iphigénie était morte sous le couteau sacrificiel à Aulis. Néanmoins, ils se hâtaient vers la terre des Tauriens à bord d'un navire de soixante rameurs ; quand ils furent arrivés, ils jetèrent l'ancre, laissèrent le navire sous la garde de leurs rameurs et se cachèrent dans une grotte marine. Ils avaient l'intention de s'approcher du temple à la tombée de la nuit, mais ils furent découverts avant par de naïfs bergers qui, les prenant pour les Dioscures ou d'autres dieux doubles, s'aplatirent sur le sol et les adorèrent. En cette circonstance, Oreste redevint fou, se mit à mugir comme un jeune veau et à aboyer comme un chien ; il prit un troupeau de veaux pour les Érinyes et se précipita hors de la grotte, l'épée à la main pour les tuer. Les bergers déçus s'emparèrent alors des deux amis qui, sur l'ordre de Thoas, furent conduits au temple pour être immédiatement sacrifiés[6].

f. Pendant que s'effectuaient les rites préliminaires, Oreste parla en grec à Iphigénie ; bientôt, ils découvrirent avec joie leur identité réciproque et, apprenant la nature de sa mission, elle se mit en devoir de descendre la statue de la déesse afin qu'il puisse l'emporter. Mais Thoas fit brusquement son apparition, impatienté par la lenteur du sacrifice, et Iphigénie, avec beaucoup de présence d'esprit, fit semblant de calmer la statue. Elle expliqua à Thoas que la déesse avait détourné son regard des victimes qu'il avait envoyées, car l'un était matricide et l'autre l'avait

116. b — 116. f

aidé. Ils ne convenaient ni l'un ni l'autre au sacrifice. Il fallait qu'elle les emmène ainsi que la statue, que leur présence avait souillée, pour les laver dans la mer et, là, offrir à la déesse un sacrifice de jeunes veaux à la lueur des torches. Pendant ce temps, Thoas devait purifier le temple à l'aide d'une torche allumée, se couvrir la tête quand les étrangers apparaîtraient et donner l'ordre à tout le monde de demeurer chez soi pour éviter d'être souillé.

g. Thoas, qu'elle avait réussi à tromper complètement, demeura un moment confondu par tant de sagesse, puis il se mit en devoir de purifier le temple. Alors Iphigénie, Oreste et Pylade transportèrent la statue jusqu'à la plage à la lueur des torches, mais au lieu de la laver dans la mer, ils la chargèrent en toute hâte à bord de leur navire. Les desservants du temple taurien, qui étaient venus avec eux, s'aperçurent alors de la supercherie et prirent les armes. Ils furent vaincus après un dur combat, après quoi les rameurs d'Oreste ramèrent vigoureusement et le navire gagna le large. Cependant, un coup de vent subit les rejeta vers le rivage rocheux et ils auraient tous péri si Poséidon n'avait calmé la mer à la demande d'Athéna. Grâce à une brise favorable, ils atteignirent l'île de Sminthos [7].

h. C'était là la patrie de Chrysès, le prêtre d'Apollon, et de son petit-fils du même nom, dont la mère Chryséis proposait maintenant de rendre les fugitifs à Thoas, car, bien que certains prétendent qu'Athéna avait rendu visite à Thoas, qui était en train d'armer une flotte pour partir à leur poursuite, et qu'elle avait réussi à l'amadouer au point qu'il avait même consenti à rapatrier les esclaves grecques d'Iphigénie, il ne fait aucun doute qu'il vint à Sminthos avec des idées de meurtre. C'est alors que Chrysès le Vieux, ayant appris l'identité de ses hôtes, révéla à Chrysès le Jeune qu'il n'était pas, comme l'avait toujours prétendu Chryséis, fils d'Apollon, mais d'Agamemnon, par conséquent demi-frère d'Oreste et d'Iphigénie. A ces mots, Chrysès et Oreste se ruèrent ensemble sur Thoas qu'ils réussirent à tuer ; et Oreste, prenant la statue, regagna sans encombre Mycènes où les Érinyes cessèrent enfin de le poursuivre [8].

i. Mais, selon certains, une tempête poussa Oreste à Rhodes où, en accord avec l'Oracle d'Hélios, il installa la statue sur un mur de la ville. D'autres disent que puisque c'était en Attique que, selon l'ordre d'Apollon, il devait apporter la statue, Athéna lui apparut à Sminthos et lui indiqua la ville frontière de Brauron comme lieu de destination : la statue devait être installée là dans un temple d'Artémis Tauropolos et apaisée par du sang extrait de la gorge d'un homme. Elle désigna Iphigénie comme prêtresse de ce temple où elle était destinée à finir ses jours paisiblement. Les ressources seraient assurées par les vêtements des femmes riches mortes en couches. Selon ce récit, le navire aborda finalement à Brauron où Iphigénie déposa la statue et là, tandis qu'on construisait le temple, elle se rendit avec Oreste à Delphes. Elle rencontra Électre au temple et la ramena à Athènes pour lui faire épouser Pylade [9].

j. La statue, que l'on affirmait être la statue en bois authentique de l'Artémis Taurienne, était encore montrée à Brauron. Mais selon certains ce n'était là qu'une réplique, l'originale ayant été prise par Xerxès au cours de son expédition malheureuse contre la Grèce, et emportée à Suse ; après cela, dit-on, elle fut donnée en présent par le roi Séleucos de Syrie aux Laodicéens qui la vénéraient. Selon d'autres, qui répugnaient à croire à l'intervention de Xerxès, ce serait Oreste lui-même qui, au cours de son voyage, lorsqu'il revenait de la Chersonnèse de Tauride, fut poussé par une tempête vers un pays appelé Séleucie, où il laissa la statue ; par la suite, les habitants du pays changèrent le nom du mont Mélanthios, où la folie l'abandonna enfin, en celui du mont Amanon, c'est-à-dire « non fou », en souvenir de lui. Mais les Lydiens, qui possédaient un sanctuaire d'Artémis Anaïtis, prétendaient aussi posséder la statue ; de même les habitants de Comana en Cappadoce qui doit, dit-on, son nom, aux cheveux du dieu *(comai)* qu'Oreste y apporta lorsqu'il introduisit les rites d'Artémis Tauropolos en Cappadoce [10].

k. D'autres encore disaient qu'Oreste cacha la statue dans des fagots et l'emporta à Aricie en Italie où il mourut lui-même et fut enterré, ses ossements ayant été plus tard transférés à Rome ; et que la statue fut envoyée d'Aricie à Sparte, parce que la cruauté de ses rites déplut aux Romains ; et là, qu'elle fut placée dans le sanctuaire d'Artémis Vertueuse [11].

l. Mais les Spartiates prétendaient qu'ils possédaient la statue bien avant la fondation de Rome, Oreste l'ayant apportée avec lui quand il devint leur roi, et cachée dans un bois de saules. Pendant des siècles, disaient-ils, on ne sut plus où elle était ; jusqu'au jour où Astrabacos et Alopécos, deux princes de la Maison royale, ayant pénétré par hasard dans le bois, devinrent fous à la vue de la terrifiante statue qui était alors debout, retenue par des branches de saule enroulées autour d'elle ; d'où ses noms, Orthia et Lygodesma.

m. Aussitôt que la statue arriva à Sparte, une querelle de mauvais augure s'éleva entre des fidèles d'Artémis rivaux, qui offraient un sacrifice en commun sur l'autel ; beaucoup d'entre eux furent tués dans le sanctuaire même, les autres moururent de la peste peu de temps après. Lorsqu'un oracle eut conseillé aux Spartiates de se rendre la statue favorable en arrosant l'autel de sang humain, ils tirèrent au sort pour choisir une victime et la sacrifièrent ; cette cérémonie avait lieu tous les ans jusqu'à ce que le roi Lycurgue, qui avait horreur des sacrifices humains, l'interdît et à la place ordonnât que de jeunes garçons soient fouettés jusqu'au sang devant l'autel [12]. Les jeunes garçons de Sparte faisaient un concours une fois par an à qui supporterait le plus de coups de fouet. La prêtresse d'Artémis se tenait à côté d'eux, elle portait la statue, qui, bien que de petite taille et légère, gardait du temps où des sacrifices humains lui étaient offerts par les Tauriens un tel goût pour le sang que, lorsque les fouetteurs frappaient doucement parce que le jeune garçon était de noble naissance ou bien d'une beauté exceptionnelle, la statue devenait presque trop lourde à porter pour la prêtresse qui réprimandait les fouetteurs : « Plus fort, plus fort ! Vous me faites tomber, elle devient trop lourde [13]. »

n. Il y a peu de vraisemblance dans le récit d'après lequel Hélène et Ménélas seraient partis à la recherche d'Oreste et, parvenus chez les Tauriens peu après lui, auraient été tous deux sacrifiés à la déesse par les mains d'Iphigénie [14].

★

1. *Le souci du mythographe de cacher certaines traditions verbales apparaît très nettement dans cette légende et dans ses variantes. Parmi les éléments supprimés se trouvent la vengeance d'Artémis contre Agamemnon après le meurtre d'Iphigénie et la vengeance d'Oeax également contre Agamemnon après le meurtre de son frère Palamède. A l'origine, ce mythe paraît avoir été le suivant : Agamemnon se laissa persuader par ses capitaines et ses compagnons de faire mettre à mort sa fille Iphigénie comme sorcière au moment où l'expédition grecque contre Troie était retenue par des vents contraires, à Aulis. Artémis, dont Iphigénie avait été la prêtresse, fit payer à Agamemnon cette insulte : elle aida Égisthe à prendre sa place et à l'assassiner à son retour. C'est elle également qui inspira à Oeax l'idée d'emmener Oreste*

faire un voyage sur le territoire regagné sur le fleuve Scamandre, l'aidant ainsi à échapper aux Érinyes ; car ainsi Athéna pouvait le protéger (voir 115. 4) ; à sa place, Oeax apporta à Brauron, où Oreste fut proclamé pharmacos de l'année, un bouc émissaire en expiation des fautes des habitants et lui fit couper la gorge par la prêtresse vierge d'Artémis — Oeax, en fait, révéla à Électre toute la vérité lorsqu'ils se rencontrèrent à Delphes : qu'Oreste avait été sacrifié par Iphigénie (qui paraît avoir été un des noms d'Artémis) (voir 117. 1).

2. Ce mythe a sans doute déplu aux Grecs patriarcaux d'une période plus tardive, et une autre version faisant de Ménélas, et non d'Oreste, l'objet de la vengeance d'Artémis a été conservée par Photius. Ils disculpèrent Agamemnon du meurtre, et Artémis de s'être opposée à la volonté de Zeus, en disant qu'elle avait certainement sauvé Iphigénie, qu'elle l'avait emmenée pour en faire une prêtresse de sacrifice — non pas à Brauron, mais parmi les sauvages Tauriens, et qu'ils n'étaient pas responsables des mœurs barbares de ces derniers. Qu'elle ne tua certainement pas Oreste (ni, par cela même, aucune autre victime grecque) mais au contraire qu'elle l'aida à emporter la statue taurienne en Grèce, sur l'ordre d'Apollon.

3. Cette histoire, inventée pour sauver la Grèce et influencée par le mythe de l'expédition de Jason en mer Noire — dans la version de Servius, Oreste vole la statue en Colchide et non en Chersonnèse de Tauride — expliquait la tradition, en vigueur à Brauron, de couper la gorge à un être humain, à présent modifiée et qui se réduisait à tirer seulement une goutte de sang après une légère incision, ainsi que les sacrifices similaires à Mycènes, Aricie, Rhodes et Comana. « Tauropolos » indique qu'il s'agit du sacrifice du taureau crétois, qui survécut dans les Buphonies athéniennes (Pausanias : I. 28. 11) ; à l'origine, la victime était probablement le roi sacré.

4. Les rites de fertilité de Sparte, qui avaient, paraît-il, comporté des sacrifices humains, avaient lieu en l'honneur d'Artémis Vertueuse. A en juger par les pratiques primitives en usage en Méditerranée, la victime était attachée, avec des branches de saule, imprégnées de fluide lunaire magique, à la statue — un tronc d'arbre coupé, peut-être un poirier (voir 74. 6) — et flagellée jusqu'à ce que se produise une réaction érotique et qu'elle éjacule fertilisant la terre avec du sperme et du sang. Le nom d'Alopécos et la légende bien connue du jeune homme qui se laissa dévorer ses organes génitaux par un renard plutôt que de crier, indique que la déesse-renarde de Teumesse était vénérée aussi à Sparte (voir 49. 2 et 89. 8).

5. On rendait souvent des honneurs divins aux météorites, de même qu'à de petits objets rituels de provenance inconnue dont l'origine pouvait être également rapportée au ciel — tels que les pointes de lances, identifiés aux traits de foudre de Zeus par les Grecs postérieurs (dans les campagnes anglaises on appelait les pointes de silex des « flèches d'elfes ») ou le pilon de bronze caché dans la coiffure que portait la statue d'Artémis Éphésienne. Les statues elles-mêmes, comme l'Artémis Brauronia et l'Athéna en bois d'olivier de l'Érechthéion, étaient aussi, disait-on, tombées du ciel par un trou dans le toit (voir 158. k). Il est possible que la statue de Brauron ait contenu un ancien couteau de sacrifice, en obsidienne — roche vitreuse d'origine volcanique, provenant de l'île de Mélos —, dont on se servait pour trancher la gorge des victimes.

6. La légende d'Osiris labourant la Chersonnèse de Tauride (la Crimée) semble un peu forcée ; mais Hérodote insiste sur la relation étroite entre la Colchide et l'Égypte (II. 104), et la Colchide a été ici confondue avec le pays des Tauriens. Osiris, comme Triptolème, avait, dit-on, introduit l'agriculture dans beaucoup de pays étrangers (voir 24. m).

117.
Le règne d'Oreste

a. Alétés, le fils d'Égisthe, avait à cette époque usurpé le royaume de Mycènes, s'étant laissé convaincre par les rumeurs malveillantes (? répandues par Oeax) selon lesquelles Oreste et Pylade avaient été sacrifiés sur l'autel d'Artémis en Tauride. Mais Électre, qui se refusait à croire que ce fût vrai, alla consulter l'Oracle de Delphes. Iphigénie venait d'arriver à Delphes, et (? Oeax), la montrant du doigt, dit à Électre qu'elle était la meurtrière d'Oreste. Pour se venger, elle prit un tison qui brûlait sur l'autel et, n'ayant pas reconnu Iphigénie — elle ne l'avait pas revue depuis de longues années — elle était sur le point de lui brûler les yeux, lorsque Oreste arriva et raconta tout ce qui s'était passé. Les enfants d'Agamemnon, tous réunis, s'en retournèrent alors, pleins de joie, à Mycènes, où Oreste mit fin à la rivalité qui opposait la Maison d'Atrée à celle de Thyeste en tuant Alétés dont la sœur Érigoné aurait, dit-on, également péri de sa main si Artémis ne l'avait emportée en Attique. Mais, par la suite, les sentiments d'Oreste à son égard s'adoucirent [1].

b. Selon certains, Iphigénie mourut soit à Brauron, soit à Mégare où elle possédait un sanctuaire ; selon d'autres, Artémis l'immortalisa sous le nom de Jeune Hécate. Électre épousa Pylade, lui donna Médon et Strophios II ; elle est enterrée à Mycènes. Oreste épousa sa cousine Hermione — qui avait assisté au meurtre sacrificiel du fils d'Achille, Néoptolème, à qui elle était fiancée [2]. Par elle, il devint père de Tisaménos, son héritier et son successeur ; et par Érigoné sa seconde femme, de Penthilos [3].

c. A la mort de Ménélas, les Spartiates invitèrent Oreste à devenir leur roi ; comme il était petit-fils de Tyndare, ils le préféraient à Nicostratos et Mégapenthès, que Ménélas avait eus d'une esclave. Oreste qui, avec l'aide de troupes que lui avaient fournies ses alliés phocidiens, avait déjà ajouté une grande partie de l'Arcadie à ses territoires mycéniens, se rendit également maître d'Argos ; en effet, le roi Cyclarebès, petit-fils de Capanée, ne lui laissait pas d'autre solution. Il soumit également l'Achaïe, mais pour obéir à l'Oracle de Delphes, il quitta Mycènes pour l'Arcadie où, à l'âge de soixante-dix ans, il mourut d'une morsure de serpent à Oresthéion, la ville qu'il avait fondée durant son exil [4].

d. Oreste fut enterré à Tégée, mais pendant le règne conjoint d'Anaxandridès et d'Aristo, qui fut le seul Laconien à avoir deux femmes en même temps ayant chacune sa maison, les Spartiates, désespérés d'avoir perdu jusqu'à présent toutes les batailles contre les Tégéens, envoyèrent demander conseil à Delphes et on leur recommanda de s'approprier les ossements d'Oreste. Comme on ignorait le lieu où se trouvaient ces ossements, ils envoyèrent Lichas, un des bienfaiteurs de Sparte, pour obtenir des renseignements à ce sujet. La réponse suivante lui fut donnée en vers :

Aplanis et nivelle la plaine de Tégée arcadienne.
Rends-toi là où soufflent sans relâche deux vents indispensables,
Où les coups retentissent sans trêve et où le mal s'abat sur le mal.
C'est là, dans la terre qui engendre tout, que se trouve le prince que tu cherches.
Ramène-le dans ta maison et ainsi sois le maître de Tégée !

Grâce à une trêve provisoire entre les deux pays, Lichas n'eut pas de peine à se rendre à Tégée et là il rencontra un forgeron qui forgeait une épée en fer, ou bien en bronze, et il regarda bouche bée ce spectacle inattendu. « Ce travail vous surprend, n'est-ce-pas ? s'écria le jovial forgeron. Eh bien, j'ai là quelque chose qui vous surprendra plus encore ! C'est un cercueil de sept coudées de long qui contient un cadavre de la même longueur, que j'ai découvert sous la forge un jour que je creusais la terre. »

117. b — 117. d

e. Lichas comprit que les vents dont on parlait dans le poème étaient ceux que produisaient les soufflets du forgeron, que les coups étaient ceux du marteau et le mal s'abattant sur le mal, la tête du marteau forgeant l'épée de fer — car l'Age de Fer avait été une période mauvaise pour les hommes. Il revint aussitôt à Sparte pour rapporter ce qu'il avait appris et là, les juges, sur son conseil, firent semblant de le condamner pour un crime ; il s'enfuit alors à Tégée, comme pour échapper à la sentence, et il persuada le forgeron de le cacher dans sa forge. A minuit, il prit les ossements du cercueil et revint en toute hâte à Sparte où il les enterra à nouveau près du sanctuaire des Parques. Les armées de Sparte ont, depuis lors, toujours remporté la victoire sur les Tégéens [5].

f. La lance qui servait de sceptre à Pélops, et que son petit-fils Oreste avait aussi portée, fut découverte en Phocide à peu près à cette époque ; elle était enfouie avec un trésor en or sur la frontière qui sépare Chéronée de Phanotée, où elle avait été probablement cachée par Électre. Lorsqu'on discuta du partage de ce trésor, les Phanotiens se contentèrent de l'or mais les Chéronéens prirent le sceptre et, par la suite l'ont vénéré, le considérant comme leur dieu suprême. Chacun des prêtres du sceptre, désigné pour une année, le gardait dans sa maison et lui offrait des sacrifices quotidiens, outre des tables abondamment pourvues de toutes les variétés de nourriture [6].

g. Cependant, selon certains, Oreste ne mourut pas en Arcadie. Après la période d'exil qu'il passa dans ce pays, il reçut d'un oracle l'ordre de se rendre à Lesbos et à Ténédos et d'y fonder des colonies avec des colons de diverses cités, dont celle d'Amyclées. C'est ce qu'il fit et il appela ses nouveaux sujets les Éoliens parce qu'Éole était leur ancêtre commun le plus proche. Mais il serait mort peu de temps après avoir édifié la ville de Lesbos. Cette migration eut lieu, disent-ils, quatre générations après celle des Ioniens. D'autres déclarent cependant que c'est le fils d'Oreste, Penthilos, et non pas Oreste lui-même, qui conquit Lesbos ; et que c'est son petit-fils, Gras, qui, avec l'aide des Spartiates, occupa le pays qui s'étend entre l'Ionie et la Mysie, appelé aujourd'hui Éolide ; et qu'un autre petit-fils, Archélaos, conduisit des colons à l'actuelle ville de Cyzicène près de Dascyléion sur les rives méridionales de la mer de Marmara [7].

h. Tisaménos, entre-temps, succéda à son père dans ces colonies mais fut chassé des capitales Sparte, Mycènes et Argos par les fils d'Héraclès et se réfugia avec son armée en Achaïe. Son fils Cométès émigra en Asie [8].

★

1. *Iphigénie semble avoir été un des noms de l'Artémis primitive, qui n'était pas uniquement une jeune fille, mais aussi une nymphe — « Iphigénie » signifie « origine d'une race forte » — et une vieille femme, c'est-à-dire les Parques ou la Triple Hécate. On dit d'Oreste qu'il a régné dans tant de lieux différents que son nom doit aussi être considéré comme un nom générique. Sa mort, à la suite d'une morsure de serpent, à Oresthéion en Arcadie, le rattache à d'autres rois primitifs, comme Apesantos, fils d'Acrisios (voir 123. e) qu'on peut identifier avec Opheltès de Némée (voir 106. g) ; Munitos fils d'Athamas (voir 168. e) ; Mopsos le Lapithe (voir 154. f), mordu par un serpent libyen ; un Râ égyptien à l'aspect d'Osiris, également mordu par un serpent libyen. Ces morsures sont toujours faites au talon ; dans certains cas, notamment Chiron et Pholos les Centaures, Talos le Crétois, Achille le Myrmidon et Philoctète l'Eubéen, le venin semble avoir été transmis par la pointe d'une flèche (voir 92. 10). Oreste l'Arcadien était, en fait, un Pélasgien, avec des attaches libyennes.*

2. *Artémis sauvant Érigoné de la vengeance d'Oreste est encore un incident indiquant l'hostilité qui opposait la Maison de Thyeste, aidée par Artémis, et la Maison d'Atrée, aidée par Zeus. Le nom de Tisaménos (« force vengeresse ») indique que cette haine avait été léguée de génération en génération : en effet, selon un récit d'Apollodore (Épitomé VI. 28), il était fils d'Érigoné et non d'Hermione. Au cours du récit de cette haine il faut se souvenir que l'Artémis qui, ici, se mesure à Zeus est l'Artémis matriarcale primitive, et non pas la tendre jumelle d'Apollon, la vierge chasseresse ; les mythographes ont fait de leur mieux pour laisser dans l'ombre la participation active d'Apollon, qui avait pris le parti d'Oreste dans la querelle des dieux.*

3. *Les ossements de géant, généralement identifiés avec ceux d'un ancêtre tribal, étaient considérés comme un moyen magique de protéger la ville ; ainsi, les Athéniens, par inspiration prophétique, reprirent à Scyros ce qu'ils prétendaient être les ossements de Thésée et les ramenèrent à Athènes (voir 104. i) ; ceux-ci étaient peut-être d'une taille anormale à cause d'une race de géants — dont les Watusi Hamitiques, en Afrique équatoriale, sont une ramification — qui exista dans l'Europe néolithique, et on a même découvert leurs squelettes mesurant sept pieds, jusqu'en Grande-Bretagne. Les Anakim de Palestine et de Carie (voir 88. 3) appartenaient à cette race. Cependant, si Oreste était un Achéen de l'époque de la guerre de Troie, les Athéniens n'auraient pas été en mesure de découvrir et de mesurer son*

squelette puisque les nobles du temps d'Homère pratiquaient l'incinération et non l'inhumation, à la manière néolithique.

4. « *Le mal posé sur le mal* » *est généralement interprété comme l'épée de fer que l'on forgeait sur une enclume de fer ; mais les enclumes de pierre étaient en usage jusqu'à une époque relativement tardive et la poignée en forme de marteau, fixée au-dessus de l'épée, constitue l'explication la plus plausible — bien que, en fait, les marteaux de fer fussent rares aussi jusqu'à la période romaine. Le fer était sacré et trop rare pour que les Mycéniens l'utilisent de façon courante — il n'était pas extrait de la mine mais recueilli sous forme de météorites tombés du ciel — et, lorsque par la suite des armes en fer furent importées de Tibarène sur la mer Noire, en Grèce, les procédés de fonte et de préparations restèrent secrets pendant un certain temps. On continuait à appeler les forgerons des « ouvriers du bronze » même à la période hellénistique. Mais à partir du moment où n'importe qui put avoir une arme ou un outil en fer, la période mythique prit fin ; ne serait-ce que parce que le fer ne figurait pas parmi les cinq métaux consacrés à la déesse : c'est-à-dire l'argent, l'or, le cuivre, l'étain et le plomb (voir 53. 2).*

5. *Le sceptre-lance de Pélops, signe de la souveraineté, appartenait de toute évidence à la prêtresse en fonction ; ainsi, selon Euripide, la lance avec laquelle Œnomaos fut tué — il s'agit probablement du même instrument — était dissimulée dans la chambre à coucher d'Iphigénie ; ensuite, c'est Clytemnestre qui prétend en être la détentrice (Sophocle : Électre 651) ; et c'est Électre, selon Pausanias, qui l'aurait apportée en Phocide. Les Grecs d'Asie Mineure étaient heureux de penser qu'Oreste avait fondé la première colonie éolienne dans ce pays : son nom constituait un de leurs titres royaux. Ils avaient peut-être adopté une tradition concernant une nouvelle phase dans l'histoire de la royauté : lorsque le règne du roi se terminait, la mort lui était épargnée et on lui permettait de sacrifier un remplaçant. Ce meurtre expliquerait le second exil d'Oreste — après quoi, il pouvait partir à la tête d'une troupe d'hommes et fonder une colonie au-delà des mers. Les mythographes qui expliquaient que les Spartiates préféraient Oreste aux fils de Ménélas parce qu'ils étaient issus d'une femme esclave oubliaient que la descendance était encore matrilinéaire. Oreste, en tant que Mycénien, pouvait régner grâce à son mariage avec l'héritière spartiate, Hermione ; ses frères, eux, étaient obligés de chercher des royaumes ailleurs. En Argolide, une princesse pouvait avoir des enfants librement d'un esclave ; et rien n'empêchait le mari paysan d'Électre, à Mycènes, de présenter des prétendants au trône.*

6. *La tradition selon laquelle « la vie de l'homme est de trois fois vingt et dix » se base non pas sur l'expérience, mais sur une théorie religieuse : sept était le nombre de la sainteté et dix celui de la perfection. Aussi Oreste vécut-il soixante-dix ans.*

7. *En rompant avec la tradition de monogamie, Anaxandridès a peut-être obéi aux nécessités dynastiques ; peut-être Aristo, roi*

*conjoint en même temps que lui, mourut-il trop tôt avant la fin
de son règne pour lui assurer un nouveau couronnement et,
comme il avait gouverné grâce à son mariage avec une héritière,
Anaxandridès se substitua à lui à la fois comme roi et comme
époux.*

8. *Les récits hittites montrent qu'il y avait déjà un royaume
achéen à Lesbos à la fin du XIXᵉ siècle avant J.-C.*

118.
La naissance d'Héraclès

a. Électryon, fils de Persée, Haut Roi de Mycènes et
mari d'Anaxo, était engagé dans une expédition punitive
contre les Taphiens et les Téléboens qui avaient pris part
à un coup de main contre ses troupeaux, organisé par
Ptérélas, prétendant au trône de Mycènes, après la mort
des huit fils d'Électryon. Pendant son absence, son neveu
le roi Amphitryon de Trésène assumait les fonctions de
régent. « Gouverne bien, et lorsque je reviendrai victorieux,
tu épouseras ma fille Alcmène ! », s'était écrié Électryon
au moment de son départ. Amphitryon, averti par le roi
d'Élis que le troupeau volé était à présent en sa possession,
paya la forte rançon demandée et conseilla à Électryon
d'identifier le troupeau. Électryon, qui n'était pas du tout
content d'apprendre qu'Amphitryon s'attendait à ce qu'il
paie la rançon, demanda sèchement de quel droit les
Éléens vendaient un bien volé, et comment il se faisait
qu'Amphitryon admettait une pareille escroquerie. Amphitryon manifesta son mécontentement en lançant une massue
sur une vache qui s'était écartée du troupeau ; elle frappa
ses cornes, rebondit et tua Électryon. Après cela, Amphitryon fut banni d'Argolide par son oncle Sthénélos qui
s'empara de Mycènes et de Tirynthe et confia le reste du
pays, avec Midée comme capitale, à Atrée et Thyeste, les
fils de Pélops [1].

b. Amphitryon, accompagné d'Alcmène, s'enfuit à Thèbes où le roi Créon le purifia et donna en mariage sa sœur
Périmédé au seul fils d'Électryon encore en vie, Lycymnios,
un bâtard né d'une Phrygienne appelée Midée [2]. Mais la
pieuse Alcmène refusait de partager la couche d'Amphitryon s'il ne vengeait la mort de ses huit frères. Créon lui
donna donc l'autorisation de lever à cette fin une armée
en Béotie, à la condition qu'il délivre Thèbes du renard de

Teumesse, ce qu'il fit en empruntant à Céphale l'Athénien
son fameux chien Laelaps. Puis, avec l'aide de contingents
athéniens, phocéens, argiens et locriens, Amphitryon vainquit les Téléboens et les Taphiens et donna les îles à ses
alliés, notamment à son oncle Héléios.

c. Entre-temps, Zeus profitant de l'absence d'Amphitryon revêtit son aspect et, se faisant passer pour lui,
assura Alcmène que ses frères étaient à présent vengés
— Amphitryon avait en effet obtenu la victoire qui lui
était demandée le matin même — et s'ébattit avec elle une
nuit entière à laquelle il conféra la longueur de trois nuits [3].
En effet, Hermès, sur l'ordre de Zeus, avait commandé à
Hélios d'éteindre les feux solaires, de faire dételer son char
par les Heures et de rester chez lui le lendemain ; car l'acte
de la procréation d'un héros aussi considérable que celui
que Zeus méditait de créer ne pouvait s'accomplir hâtivement. Hélios obéit en grommelant ; il préférait le bon
vieux temps où le jour était jour et la nuit était nuit, et
où Cronos, qui était alors le Dieu Tout-Puissant, ne quittait
pas sa femme légitime pour aller courir la prétentaine à
Thèbes. Hermès donna ensuite l'ordre à la Lune de se
déplacer lentement et au Sommeil de faire que l'humanité
fût à ce point endormie que personne ne remarquât ce qui
se passait [4]. Alcmène, totalement mystifiée, écouta heureuse
le récit que lui fit Zeus de la défaite infligée à Ptérélas à
Oechalie et se dépensa en toute innocence dans les bras de
son soi-disant mari pendant trente-six heures. Le lendemain, quand Amphitryon revint tout heureux de sa victoire
et le cœur débordant d'amour pour elle, Acmène ne lui
témoigna pas, dans son lit, autant d'enthousiasme qu'il
l'avait espéré. « Nous n'avons pas fermé l'œil la nuit
dernière, se plaignit-elle. Et j'espère que tu ne vas pas
me faire une deuxième fois le récit de tes exploits ! »
Amphitryon, qui ne comprenait rien à ses paroles, s'en
fut consulter le devin Tirésias qui lui apprit que Zeus
l'avait fait cocu ; et, depuis, il n'osa plus jamais toucher
Alcmène de crainte d'encourir la jalousie divine [5].

d. Neuf mois plus tard, sur l'Olympe, Zeus un jour se
vanta d'avoir un enfant qui était à présent sur le point de
venir au monde, qui serait appelé Héraclès, ce qui veut
dire « gloire d'Héra », et qui régnerait sur la noble Maison
de Persée. Héra lui fit alors promettre que tout prince qui
naîtrait dans la Maison de Persée, avant la nuit tombée,
serait Roi. Et, après que Zeus en eut fait le serment, Héra
se rendit en hâte à Mycènes où elle hâta les douleurs de

Nicippé, épouse du roi Sthénélos. Elle se rendit ensuite à Thèbes et s'accroupit, les jambes croisées devant la porte d'Alcmène, fit des nœuds à ses vêtements et serra ses doigts les uns contre les autres ; par ce moyen elle retarda la naissance d'Héraclès jusqu'à ce qu'Eurysthée, fils de Sthénélos, conçu seulement depuis sept mois, fût couché dans son berceau. Lorsque Héraclès arriva, une heure trop tard, on s'aperçut qu'il avait un frère jumeau du nom d'Iphiclès, fils d'Amphitryon et plus jeune que lui d'une nuit. Mais certains disent que c'est Héraclès et non pas Iphiclès qui était le plus jeune d'une nuit ; et d'autres, que les jumeaux furent conçus la même nuit et qu'ils naquirent en même temps et que Zeus emplit de lumière la chambre où ils naquirent. Héraclès fut d'abord appelé Alcée ou Palaemon [6].

e. Lorsque Héra revint dans l'Olympe et raconta calmement comment elle était arrivée à ses fins, en empêchant Ilithye, déesse des naissances, de se rendre auprès d'Alcmène, Zeus entra dans une violente colère ; il se saisit de sa fille aînée, Até, qui l'avait empêché de s'apercevoir des manigances d'Héra, et fit le serment qu'elle ne reviendrait jamais plus dans l'Olympe. Il fit tournoyer autour de sa tête Até, en la tenant par ses cheveux d'or, et la lança violemment sur la terre. Ne pouvant revenir sur sa parole et laisser Héraclès régner sur la Maison de Persée, il persuada Héra d'accepter qu'il devînt dieu après qu'il eut accompli douze travaux qu'Eurysthée lui demanderait d'accomplir [7].

f. Or, contrairement aux autres amours humaines de Zeus, depuis Niobé, Alcmène avait été choisie non pas tant pour son plaisir — bien qu'elle surpassât toutes les femmes de son temps en beauté, en sagesse et en majesté — mais à dessein, pour donner naissance à un fils qui serait suffisamment puissant pour protéger à la fois les dieux et les hommes de la mort. Alcmène, la seizième femme depuis Niobé, fut la dernière mortelle avec qui Zeus s'unit, car il pensait qu'il était impossible de concevoir d'aucune autre femme un héros semblable à Héraclès, et il avait tant de respect pour Alcmène qu'au lieu de la violer brutalement il prit la peine de se déguiser en Amphitryon et de la séduire par des mots tendres et des caresses. Il savait qu'Alcmène était incorruptible et, lorsqu'à l'aube il lui offrit une coupe de grande valeur, elle l'accepta sans hésiter pensant que c'était un butin de guerre hérité par Téléboas de son père Poséidon [8].

g. Selon certains, ce n'est pas Héra elle-même qui empêcha Alcmène d'entrer en travail, elle envoya des sorcières mais Historis, fille de Tirésias, les trompa en poussant un cri de joie dans la chambre où devait avoir lieu l'accouchement — que l'on pouvait encore voir à Thèbes — en sorte qu'elles s'en allèrent et ainsi l'enfant put naître. Selon d'autres, c'est Ilithye qui empêcha le travail pour plaire à Héra et c'est une fidèle servante d'Alcmène, Galanthis, aux cheveux jaunes, ou Galen, qui quitta la chambre d'accouchement pour annoncer faussement qu'Alcmène venait d'être délivrée. Et c'est lorsque Ilithye, surprise, se dressa, desserrant ses doigts et décroisant ses genoux, qu'Héraclès naquit ; et Galanthis heureuse d'avoir réussi à la tromper éclata de rire ; alors Ilithye la prit par les cheveux et la changea en belette. Galanthis continua, sous cette forme, à venir dans la maison d'Alcmène, mais elle fut punie par Héra pour avoir menti : elle fut condamnée à mettre au monde ses petits par la bouche. Lorsque les Thébains rendaient à Héraclès les honneurs divins, ils faisaient encore des sacrifices préliminaires à Galanthis, qu'on appelle aussi Galinthias et dont on a fait la fille de Proetos ; on dit qu'elle fut la nourrice d'Héraclès et qu'il édifia pour elle un sanctuaire[9].

h. Les Athéniens se moquaient et riaient de ce récit que faisaient les Thébains. Ils déclaraient que Galanthis était une prostituée changée en belette par Hécate pour la punir de s'être livrée à des plaisirs contre nature, et que, lorsque Héra prolongea le travail d'Alcmène au-delà du temps normal, elle surgit devant elle en courant et, lui ayant ainsi fait peur, déclencha sa délivrance[10].

i. L'anniversaire d'Héraclès était célébré le quatrième jour de chaque mois ; mais certains pensent qu'il est né au moment où le Soleil entrait dans le Sixième Signe ; d'autres, que la Grande Ourse se déplaça vers l'ouest au-dessus d'Orion, à minuit — ce qu'elle fait lorsque le Soleil quitte le Douzième Signe — et le regarda d'en haut, à son dixième mois[11].

★

1. *Alcmène (« forte dans la colère ») aurait été, à l'origine, un nom mycénien d'Héra, dont Héraclès (« gloire d'Héra ») protégeait la souveraineté contre les menées de son ennemi achéen, Persée (« le destructeur »). Ce furent les Achéens qui, finalement, triomphèrent et leurs descendants accusèrent Héraclès de faire*

partie de la maison de Persée l'usurpateur. La haine d'Héra à l'égard d'Héraclès est probablement une invention tardive ; il était vénéré par les Doriens qui envahirent l'Élide et Héra y perdit de son pouvoir.

2. *Diodore de Sicile (III. 73) parle de trois héros du nom d'Héraclès : un Égyptien, un Dactyle crétois et le fils d'Alcmène. Cicéron porte ce nombre à six (De la nature des Dieux III. 16) ; Varron à quarante-quatre (Servius, sur l'Énéide de Virgile : VIII. 564). Hérodote (II. 42) dit que lorsqu'il s'enquit de la patrie d'origine d'Héraclès, les Égyptiens indiquèrent la Phénicie. Selon Diodore de Sicile (I. 17 et 24 ; III. 73), l'Héraclès égyptien, appelé Som ou Chon, vivait dix mille ans avant la guerre de Troie et son homonyme grec hérita de ses exploits. En réalité, l'histoire d'Héraclès est une patère sur laquelle on a accroché un grand nombre de mythes contradictoires et mêlés. Pour l'essentiel, cependant, il est le type du roi sacré de la Grèce hellénique primitive, consort d'une nymphe tribale, incarnation de la déesse-Lune ; son jumeau, Iphiclès, agissait en tant qu'alter ego. Cette déesse-Lune avait quantité de noms : Héra, Athéna, Augé, Iolé, Hébé, etc. Sur un miroir de bronze romain primitif, Zeus est représenté célébrant un mariage sacré entre « Hercélé » et « Junon » ; en outre, au cours des mariages romains, le nœud de la ceinture de la fiancée consacrée à Junon s'appelait le « nœud d'Héraclès » et le fiancé devait le défaire (Festus : 63). Les Romains tenaient cette tradition des Étrusques dont la Junon s'appelait « Unial ». On peut admettre que la légende centrale d'Héraclès était une variante primitive de l'épopée babylonienne de Gilgamesh qui arriva en Grèce par la Phénicie. Gilgamesh a un compagnon très cher, Enkidu ; pour Héraclès, c'est Iolaos. Gilgamesh est perdu par son amour pour la déesse Ishtar ; Heraclès, par son amour pour Déjanire. Tous deux sont de la lignée des dieux. L'un et l'autre hersent l'Enfer. Il tuent l'un et l'autre des lions et triomphent de taureaux divins ; et lorsqu'il s'embarque pour l'île occidentale, Héraclès comme Gilgamesh utilise son vêtement comme voile (voir 132. c). Héraclès découvre l'herbe magique d'immortalité (voir 35. b) comme le fait Gilgamesh, et il est, comme lui, associé à la progression du soleil autour du Zodiaque.*

3. *Zeus était personnifié par Amphitryon car lorsque le roi sacré passait par une seconde naissance au moment de son couronnement, il devenait le fils tutélaire de Zeus et reniait son ascendance mortelle (voir 74. 1). Mais la coutume exigeait que ce soit l'alter ego mortel — et non le roi devenu dieu par seconde naissance —, l'aîné des jumeaux, qui soit à la tête des expéditions militaires ; le renversement de cette règle, dans le cas d'Héraclès, indique qu'il fut à un certain moment l'alter ego et qu'Iphiclès fut le roi sacré. Théocrite fait d'Héraclès le plus jeune des deux jumeaux et Hérodote (II. 43), qui l'appelle fils d'Amphitryon, le surnomme « Alcide » — du nom de son grand-père Alcée, et non Cronide du nom de son grand-père Cronos. De plus, lorsque*

Iphiclès épousa la plus jeune fille de Créon, Héraclès épousa une de ses aînées, bien que dans toute société matrilinéaire, la plus jeune fût l'héritière, comme on peut le constater dans toutes les légendes populaires européennes. Selon Hésiode dans son Bouclier d'Héraclès *(89 ss.), Iphiclès s'humilia honteusement devant Eurysthée, mais les circonstances qui pourraient éclairer cette interversion des rôles entre les deux jumeaux demeurent sans explication. Il n'existe pas entre Héraclès et Iphiclès la camaraderie qui unissait Castor et Pollux ou Idas et Lyncée. Héraclès usurpe les fonctions et les prérogatives de son jumeau, et fait de lui une ombre sans réalité et sans âme qui ne tarde pas à s'évanouir sans que personne la pleure. Peut-être qu'à Tirynthe l'alter ego usurpait tout le pouvoir du roi, comme il arrive parfois dans les pays asiatiques où un roi religieux gouverne conjointement avec un roi guerrier, ou Shogun.*

4. La méthode d'Héra pour retarder une naissance est encore employée par les sorcières nigériennes ; les plus éclairées renforcent aujourd'hui leur magie en cachant des cadenas sous leurs vêtements.

5. L'observation des belettes qui, lorsqu'elles sont dérangées, transportent leurs petits d'un lieu à un autre en les tenant dans la gueule, comme les chats, donna naissance à la légende selon laquelle elles étaient vivipares. Le récit que fait Apulée des affreuses pratiques des sorcières thessaliennes déguisées en belettes, suivantes d'Hécate, et la description de Pausanias des sacrifices humains offerts à la Renarde de Teumesse (voir 89. h) font penser à Cerdo (« belette » ou « renarde »), femme de Phoronée, dont on dit qu'elle introduisit le culte d'Héra dans le Péloponnèse (voir 57. a). Le culte thébain de Galinthias est une survivance du culte primitif d'Héra ; et, lorsque les sorcières retardèrent la naissance d'Héraclès, elles devaient être déguisées en belettes. Ce mythe est extrêmement confus ; il semble cependant que l'olympianisme de Zeus irritait l'opinion religieuse à Thèbes et à Argos et que les sorcières s'attaquèrent, de façon concertée, à la maison de Persée.

6. A en juger par les remarques d'Ovide sur le Dixième Signe et d'après la légende du sanglier d'Érymanthe qui présente Héraclès comme Horus enfant, il partageait avec Zeus, Apollon et d'autres dieux du calendrier un anniversaire se situant au milieu de l'hiver. L'année thébaine débutait au milieu de l'hiver. Si, comme le dit Théocrite, Héraclès était âgé de dix mois à la fin du douzième mois, c'est donc qu'Alcmène le mit au monde à l'équinoxe de printemps, époque où les Italiens, les Babyloniens et d'autres célébraient l'Année Nouvelle. Il n'est pas étonnant que l'on ait dit que Zeus emplît de lumière la chambre qui le vit naître. Le quatrième jour du mois était consacré à Héraclès parce que chaque quatrième année était la sienne en tant que fondateur des Jeux Olympiques.

119.
La jeunesse d'Héraclès

a. Alcmène, redoutant la jalousie d'Héra, abandonna son nouveau-né dans un champ en dehors des murs de Thèbes ; et justement Zeus avait suggéré à Athéna de faire une petite promenade avec Héra. « Oh, regardez donc, ma chère, quel beau bébé, comme il est robuste et bien bâti ! » dit Athéna, feignant la surprise, et elle s'arrêta pour le prendre dans ses bras. « Sa mère doit avoir perdu la raison pour l'avoir abandonné dans ce champ pierreux ! Venez donc, vous avez du lait, donnez-lui à téter ! » Machinalement, Héra le prit dans ses bras et découvrit son sein dont Héraclès s'empara avec tant de vigueur qu'elle le laissa tomber sur le sol, tant il lui avait fait mal ; et une traînée de lait traversa le ciel, qui devint la Voie lactée. « Oh, le petit monstre ! » s'écria Héra. Mais Héraclès venait de devenir immortel et Athéna le rapporta à Alcmène en souriant et lui dit de veiller sur lui et de l'élever avec soin. Les Thébains montraient encore l'endroit où Héra était tombée dans le piège ; on l'appelait « la Plaine d'Héraclès » [1].

b. Selon certains cependant, Hermès transporta le jeune Héraclès dans l'Olympe, et c'est Zeus lui-même qui lui donna le sein d'Héra pendant qu'elle dormait ; la Voie lactée se forma quand elle s'éveilla et le repoussa, ou bien quand, ayant gloutonnement tété plus de lait que sa bouche ne pouvait en contenir, il s'étrangla et le rejeta. En tout cas, Héra fut sa mère nourricière, même si elle ne le fut que pour peu de temps ; c'est pourquoi les Thébains disent qu'il est son fils et qu'il s'appelait Alcée avant qu'elle ne lui donne le sein mais qu'il changea de nom et fut nommé Héraclès, en son honneur [2].

c. Un soir — Héraclès avait alors huit à dix mois, ou selon d'autres un an, il n'était pas encore sevré —, Alcmène après avoir baigné et allaité ses deux jumeaux, les avait couchés sous une petite couverture en peau d'agneau sur le large bouclier de bronze qu'Amphitryon avait arraché à Ptérélas. A minuit, Héra envoya deux énormes serpents à raies bleues dans la maison d'Amphitryon, avec l'ordre très précis de faire périr Héraclès. Les portes s'ouvrirent à leur approche ; ils se glissèrent dans le palais et rampèrent sur les marches jusqu'à la chambre des enfants — leurs yeux lançaient des flammes et du poison coulait de leurs crocs [3].

d. Les jumeaux s'éveillèrent et virent les deux serpents se balancer au-dessus de leur tête, dardant leur langue fourchue, car Zeus avait, une fois encore, répandu une grande lumière dans la chambre. Iphiclès poussa un cri, rejeta la couverture du pied et, en essayant de fuir, roula sur lui-même et tomba du bouclier sur le sol. Ses cris et l'étrange lumière qu'on voyait filtrer sous la porte de la chambre éveillèrent Alcmène : « Lève-toi vite, Amphitryon ! » s'écria-t-elle. Sans prendre le temps de chausser ses sandales, Amphitryon sauta de son lit en bois de cèdre, saisit son épée accrochée au mur, tout près de lui, et la tira de son fourreau poli. A ce moment, la lumière de la chambre des enfants s'éteignit. Amphitryon se précipita, criant aux esclaves d'apporter des lampes et des torches et ouvrit la porte ; Héraclès, qui n'avait pas versé une larme, tendit fièrement les deux serpents qu'il était en train d'étrangler, un de chaque main. Au moment où ils moururent, il se mit à rire et à sauter de joie et les lança aux pieds d'Amphitryon.

e. Tandis qu'Alcmène consolait Iphiclès, terrorisé, Amphitryon remit la couverture sur Héraclès et alla se recoucher. A l'aube, lorsque le coq eut chanté trois fois, Alcmène fit venir Tirésias et lui raconta le prodige. Tirésias, après avoir prédit les exploits futurs d'Héraclès, lui conseilla de disposer des fagots d'ajonc, d'épines et de ronces sur un âtre assez large et de brûler les serpents, à minuit. Au matin, une servante devrait prendre les cendres et aller jusqu'au rocher où la Sphinx se tenait perchée, là, les disperser au vent et revenir sans regarder en arrière. A son retour, le Palais devrait être purifié par des fumigations de soufre et d'eau de source salée ; et sur le toit on devrait mettre des branches d'olivier sauvage. Enfin, un sanglier devrait être sacrifié sur le grand autel de Zeus. Tout cela, Alcmène le fit scrupuleusement. Mais certains prétendent que les serpents étaient inoffensifs et que c'est Amphitryon lui-même qui les avait mis dans le berceau car il voulait savoir lequel des deux jumeaux était son fils, et qu'ainsi il l'avait su [4].

f. Lorsque Héraclès cessa d'être un enfant, Amphitryon lui apprit à conduire un char et à prendre des virages sans érafler les bords. Castor lui apprit à manier les armes, l'initia à la tactique militaire de l'infanterie et de la cavalerie et lui enseigna les premiers rudiments de stratégie militaire. Un des fils d'Hermès fut son professeur de boxe — c'était Autolycos ou bien Harpalycos qui avait un air si farouche lorsqu'il se battait que personne n'osait se mesurer à lui —, Eurythos lui enseigna le tir à l'arc ; ou ce fut peut-être le Scythe Teutaros, un des bergers d'Amphitryon, ou même Apollon [5]. Mais Héraclès dépassait en adresse tous les archers depuis qu'il y eut des archers et même il dépassait son compagnon Alcon, père de Phaléros, l'Argonaute, qui était capable de tirer à travers une série d'anneaux placés sur les casques de soldats rangés en file, et qui pouvait fendre des flèches placées sur la pointe d'une épée ou d'une lance. Et encore, lorsque le fils d'Alcon fut attaqué par un serpent qui essayait de l'étouffer dans ses anneaux, Alcon tira avec tant d'adresse qu'il réussit à blesser mortellement le serpent sans toucher l'enfant [6].

g. Eumolpos apprit à Héraclès à chanter et à jouer de la lyre, tandis que Linos, fils du dieu-Fleuve Ismenos, lui enseigna la littérature. Un jour qu'Eumolpos était absent, Linos donna à sa place la leçon de musique ; mais Héraclès refusa de modifier les principes que lui avait enseignés Eumolpos, et, comme Linos le battait pour le punir de son entêtement, il le tua d'un coup de lyre [7]. Au cours de son procès pour meurtre, Héraclès cita une loi de Rhadamante qui justifiait la légitime défense en cas d'agression et ainsi obtint d'être acquitté. Cependant, Amphitryon, redoutant que l'enfant ne se livrât à d'autres violences, l'envoya dans une ferme à la campagne pour s'occuper des vaches ; il y resta jusqu'à dix-huit ans, et il dépassait tous ses compagnons par sa taille, sa force et son courage. C'est à ce moment qu'il fut choisi pour porter le laurier à Apollon Isménien et les Thébains conservaient encore le trépied qu'Amphitryon lui consacra à cette occasion. On ne sait pas qui enseigna à Héraclès l'astronomie et la philosophie, mais il avait également des connaissances en ces deux matières [8].

h. On considère généralement sa taille comme étant de quatre coudées. Mais comme il avait mesuré le Stade olympique à son pas afin qu'il eût six cents pieds de long, et comme les autres stades grecs, construits plus tard, avaient en principe également six cents pieds mais étaient notablement moins longs que le Stade olympique, le sage

Pythagoras jugea que le pas d'Héraclès et, par conséquent, sa taille devaient être dans le même rapport avec ceux des autres hommes que le Stade olympique était avec les autres stades. Ce calcul aboutit à la taille de quatre coudées et un pied de hauteur mais, par ailleurs, on prétend que sa taille ne dépassait pas la taille normale [9].

i. Les yeux d'Héraclès lançaient des flammes et il ne manquait jamais son but au javelot ou à l'arc. Il mangeait modérément à déjeuner ; pour dîner, sa nourriture préférée était de la viande rôtie et des gâteaux d'orge à la dorienne, dont il mangeait une quantité telle qu'un journalier aurait dit : « J'ai assez mangé ! » (ce qui est inconcevable). Il portait une tunique courte, sans ornements ; et il préférait une nuit passée à la belle étoile plutôt que sous un toit [10]. Une profonde connaissance de la science augurale faisait qu'il se réjouissait particulièrement lorsqu'il apercevait des vautours, avant d'entreprendre l'un de ses Travaux. Les vautours, disait-il, sont les oiseaux les plus épris de justice : ils n'attaquent jamais aucune créature vivante aussi petite soit-elle [11].

j. Héraclès prétendait qu'il n'avait jamais cherché querelle à personne et n'avait seulement infligé à son agresseur ce que celui-ci avait l'intention de lui faire subir. Un certain Termeros avait coutume de tuer les voyageurs en les invitant à un combat à coups de tête ; le crâne d'Héraclès s'avéra le plus solide des deux et il fit éclater la tête de Termeros comme un œuf. Héraclès était cependant d'un naturel courtois, et il fut le premier mortel à laisser à l'ennemi ses morts afin qu'ils soient enterrés [12].

★

1. *Selon une autre version, la Voie lactée se forma au moment où Rhéa sevra brutalement Zeus (voir 7. b). L'allaitement d'Héraclès par Héra est un mythe basé de toute évidence sur la seconde naissance rituelle du roi sacré dans le sein de la reine-mère (voir 145. 3).*

2. *Une ancienne représentation sur laquelle est fondée l'histoire post-homérique des serpents étranglés devait figurer Héraclès en train de les caresser pendant qu'ils nettoyaient ses oreilles avec leurs langues, comme cela arriva à Mélampous (voir 72. c), à Tirésias (voir 105. g), à Cassandre (voir 158. p), et probablement aux fils de Laocoon (voir 167. 3). Sans cette aimable attention, il aurait été incapable de comprendre le langage des vautours ; et Héra, si elle avait voulu réellement tuer Héraclès, aurait envoyé une Harpie pour l'emmener. La représentation a été mal interprétée par*

Pindare, ou par son informateur, et il l'a prise pour une allégorie de l'enfant solaire de la Nouvelle Année, qui anéantit le pouvoir de l'Hiver, symbolisé par les serpents. Le sacrifice d'un sanglier à Zeus par Alcmène est celui du milieu de l'année primitif qui a survécu dans la tête de sanglier de Noël dans la vieille Angleterre. L'olivier sauvage en Grèce, comme le bouleau en Italie et dans l'Europe du Nord-Ouest, était l'arbre de la Nouvelle Année, symbole de commencement, et on l'utilisait comme balai pour chasser les mauvais esprits (voir 53. 7) ; la massue d'Héraclès était un olivier sauvage et il en apporta, du pays des Hyperboréens, un plant à Olympie (voir 138. j). Ce que Tirésias dit à Alcmène d'allumer était le feu de la Chandeleur, qu'on allume encore le 2 février dans plusieurs parties de l'Europe ; il s'agissait de brûler les vieux buissons et d'aider les jeunes pousses à se développer.

3. L'Héraclès dorien, mangeur de gâteaux, contraste avec ses prédécesseurs, l'éolien et l'achéen, très civilisés ; c'était un simple roi berger possédant les qualités limitées de sa condition, mais n'ayant aucune prétention à connaître la musique, la philosophie et l'astronomie. A la période classique, les mythographes, se souvenant du principe mens sana in corpore sano, *lui imposèrent une instruction plus poussée et interprétèrent le meurtre de Linos, dont il se rendit coupable, comme une protestation contre la tyrannie et non contre les mœurs efféminées. Cependant, il demeure la personnification de la vigueur du corps et non de l'esprit, sauf chez les Celtes (voir 132. 3), qui l'honorèrent comme patron des lettres et de tous les arts des bardes. Ils étaient fidèles à la tradition selon laquelle Héraclès, le Dactyle idéen qu'ils appelaient Cgmios, représentait la première consonne de l'alphabet d'arbre, bouleau ou olivier sauvage (voir 52. 3 et 125. 1), et ils prétendaient que c'était sur une branche de bouleau que fut gravé le premier message jamais envoyé, c'est-à-dire : bouleau, sept fois répété (La Déesse Blanche).*

4. L'exploit d'Alcon consistant à tuer le serpent d'une flèche réfère à un concours de tir à l'arc semblable à celui décrit dans le Malleus Maleficarum, *du XVe siècle ; le candidat à l'initiation, pour entrer dans la corporation des archers, devait tirer sur un objet placé sur le bonnet de son propre fils — soit une pomme, soit une pièce d'argent. Les frères de Laodémie, qui se disputaient la royauté sacrée (voir 163. n), eurent à tirer à travers un anneau placé sur la poitrine d'un enfant ; mais ce mythe doit avoir été rapporté de façon inexacte, puisqu'il n'était pas question pour eux de tuer un enfant. Il semble que, primitivement, l'épreuve imposée au candidat à la royauté ait été de tirer à travers l'anneau d'un serpent d'or, symbolisant l'immortalité, et placé sur une coiffure d'apparat portée par un enfant royal, et que, dans certaines tribus, cette coutume se soit transformée, l'objectif étant devenu de fendre en deux une pomme ; dans d'autres tribus, il s'agissait de tirer entre les lames recourbées d'une hache double, ou à travers l'anneau placé en haut d'un casque ; mais, par la suite, les tireurs étant devenus plus adroits, il s'agira de tirer soit à travers une rangée d'anneaux de casques, l'épreuve d'Alcon, soit à travers une rangée de haches, l'épreuve d'Odysseus (voir 171. h). Les joyeux lurons de Robin des Bois, de même que les archers germaniques, tiraient sur des pièces de monnaie en argent parce qu'elles étaient marquées d'une croix ; c'était, pour les corporations d'archers, opposées à la religion chrétienne, une sorte de défi.*

5. Les archers grecs et romains tendaient la corde de l'arc en l'amenant jusqu'à la poitrine, comme le font les enfants, et leur portée effective était si courte que la javeline demeura la principale arme de jet des armées romaines jusqu'au VIᵉ siècle après J.-C., époque où Bélisaire donna à ses cataphractes des arcs lourds et leur apprit à les tendre en ramenant la corde jusqu'à l'oreille à la manière des Scythes. C'est la raison pour laquelle la légende dit qu'Héraclès devait la sûreté de son tir à l'arc à son tuteur, le Scythe Teutaros — le nom vient évidemment de teutaein*, « s'exercer assidûment », ce que les archers grecs ordinaires ne semblent pas avoir fait. C'est peut-être à cause de la remarquable adresse des Scythes au tir à l'arc qu'on les considère comme les descendants d'Héraclès : on dit qu'il avait légué un arc à Scythès, le seul de ses fils qui fût capable de le bander comme lui (voir 132. v).*

120.
Les filles de Thespios

a. Lorsqu'il eut atteint sa dix-huitième année, Héraclès quitta la ferme et les vaches et entreprit de tuer le lion de Cithéron qui ravageait les troupeaux d'Amphitryon et de son voisin, le roi Thespios, appelé aussi Thestios, un Érechthéide athénien. Le lion avait un autre antre sur le mont Hélicon au pied duquel se trouve la ville de Thespies. L'Hélicon a toujours été une montagne joyeuse : les Thespiens y célébraient, au sommet, une fête ancienne en l'honneur des Muses et, tout en bas, se livraient à des jeux amoureux autour de la statue d'Éros, qu'ils vénèrent [1].

b. Le roi Thespios avait cinquante filles de sa femme Mégamédé, fille d'Arnéos, et qui étaient d'humeur aussi joyeuse que toutes les filles de Thespies. Craignant qu'elles ne tournent mal, il décida que chacune d'elles aurait un enfant d'Héraclès qui, à présent, était occupé à chasser le lion toute la journée ; en effet, Héraclès était logé à Thespies pour cinquante nuits. « Tu peux avoir ma fille aînée, Procris, comme compagne de lit », lui dit Thespios aimablement, prouvant ainsi son esprit d'hospitalité. Mais, chaque nuit, une autre de ses filles se rendait auprès d'Héraclès jusqu'à ce qu'il se fût uni à toutes. Certains disent, cependant, qu'il prit son plaisir avec les cinquante à la fois au cours d'une seule nuit, sauf l'une d'elles qui refusa ses caresses, demeura vierge jusqu'à sa mort, et devint prêtresse de son autel à Thespies : à l'époque historique la prêtresse de Thespies devait demeurer chaste. Mais il avait eu cinquante et un fils de ses sœurs : Procris, l'aînée, lui ayant donné les jumeaux Antiléon et Hippée, et la plus jeune, également deux jumeaux [2].

c. Ayant enfin réussi à prendre le lion et à le tuer avec sa massue faite d'une seule pièce et taillée dans un olivier sauvage qu'il avait déraciné sur l'Hélicon, Héraclès se revêtit de sa peau et porta sa mâchoire ouverte en guise de casque. Selon certains, cependant, c'est la peau du lion de Némée dont il était vêtu ; ou même d'une autre bête sauvage qu'il tua à Teumesse, près de Thèbes ; et c'est Alcathoos qui aurait tué le lion de Cithéron [3].

★

1. *Les cinquante filles de Thespios comme les cinquante Danaïdes, Pallantides et Néréides, ou les cinquante jeunes filles avec qui le dieu celtique Bran (Phoronée) s'unit au cours de la même nuit devaient être un collège de prêtresses consacrées à la déesse-Lune, auprès de qui avait accès le roi sacré revêtu de la peau de lion, une fois par an, au cours de leurs orgies sexuelles autour du phallus de pierre appelé Éros (« désir sexuel »). Leur nombre correspondait à celui des lunaisons qui séparaient une fête olympique de l'autre. « Thestios » est peut-être une mise au masculin de thea hestia « la déesse Hestia » ; mais Thespios (« parole venant de dieu ») n'est pas impossible, en tant que nom de la Grande Prêtresse assumant la fonction d'oracle.*

2. *Hygin (Fables 162) fait mention de douze Thespiades seulement, peut-être parce que c'était le nombre des vestales latines qui gardaient le Palladion phallique et qui semblent avoir célébré une orgie identique, une fois par an, sur la colline d'Albe, au temps de la monarchie romaine primitive.*

3. *La plus jeune et l'aînée des filles de Thespios donnèrent des jumeaux à Héraclès : c'est-à-dire un roi sacré et son alter ego. Ici, les mythographes se trouvent embarrassés et essaient de concilier la tradition primitive selon laquelle il épousa la plus jeune des filles — ultimogéniture matrilinéaire — avec les droits patrilinéaires de primogéniture. Héraclès, dans la légende classique, est une figure patrilinéaire : sauf la douteuse exception de Macaria (voir 146. b), il n'engendre aucune fille. Sa prêtresse vierge à Thespies, comme la Pythie d'Apollon à Delphes, devint*

*théoriquement sa femme lorsque la transe prophétique s'empara
d'elle et, de ce fait, elle fut dans l'impossibilité d'appartenir à un
mari mortel.*

4. *Pausanias, que ce mythe ne satisfaisait pas, écrit qu'Héraclès
n'a pu ni déshonorer son hôte en séduisant en masse toutes les
Thespiades ni s'ériger un temple à lui-même comme s'il était un
dieu — si tôt dans sa carrière ; et, par conséquent, il se refuse à
identifier le roi de Thespies avec le père des Thespiades. La mise
à mort d'un lion était une des tâches de mariage imposées au
candidat à la royauté (voir 123. 1).*

5. *Héraclès tailla sa massue dans un olivier sauvage, l'arbre du
premier mois, traditionnellement utilisé pour chasser les mauvais
esprits (voir 52. 3 ; 89. 7 ; 119. 2, etc.).*

121.
Erginos

a. Quelques années avant ces événements, au cours des
fêtes de Poséidon à Onchestos, un incident insignifiant
offensa les Thébains à la suite de quoi le conducteur du
char de Ménoecée lança une pierre qui blessa mortellement
le roi minyen Clyménos. Clyménos fut ramené mourant à
Orchomène, et, à son dernier soupir, il demanda à ses fils
de le venger. L'aîné, Erginos, dont la mère était la princesse
béotienne Boudeia ou Bouzygé, rassembla une armée,
marcha contre les Thébains et leur infligea une cuisante
défaite. Au terme d'un traité garanti par serment, les
Thébains s'engagèrent à payer à Erginos un tribut annuel
de cent têtes de bétail pendant vingt ans pour la mort de
Clyménos [1].

b. Héraclès, à son retour de l'Hélicon, tomba sur les
hérauts minyens qui allaient chercher le tribut imposé
aux Thébains. Comme Héraclès leur demandait ce qu'ils
venaient faire, ceux-ci lui répondirent avec mépris qu'ils
étaient venus pour rappeler une fois de plus aux Thébains
qu'Erginos faisait preuve de clémence en ne coupant pas
les oreilles, le nez et les mains de tous les hommes de la
cité. « Erginos souhaiterait-il vraiment recevoir un tribut
de cette nature ? » demanda Héraclès, que la colère avait
pris. Puis il infligea aux hérauts les mutilations qu'ils
avaient eux-mêmes décrites et les renvoya à Orchomène
portant leurs extrémité sanglantes attachées autour du
cou [2].

c. Lorsque Erginos demanda au roi de Thèbes, Créon,
de lui livrer l'auteur de cet affront, celui-ci était tout

disposé à obéir car les Minyens avaient désarmé Thèbes ; et celle-ci ne pouvait guère espérer l'aide d'un voisin ami, dans une si mauvaise affaire. Mais Héraclès persuada ses jeunes compagnons d'essayer de reprendre leur liberté. Ayant fait le tour de tous les temples de la ville, il arracha les boucliers, les casques, les cuirasses, les épées et les lances qui avaient été dédiés comme butin ; et Athéna, approuvant hautement sa noble détermination, l'arma elle-même et le revêtit ainsi que ses amis de leurs casques et de leurs cuirasses. Héraclès arma ainsi tous les Thébains en âge de combattre, leur apprit le maniement des armes et prit lui-même le commandement. Un oracle lui avait promis la victoire si la personne la mieux née de Thèbes sacrifiait sa vie. Tous les yeux se tournèrent pleins d'espoir vers Antipoenos, descendant des Hommes Semés. Mais comme il hésitait à mourir pour le bien de tous, ses filles Androcléia et Alcis se donnèrent la mort avec joie et furent par la suite honorées comme des héroïnes dans le temple d'Artémis Illustre [3].

d. Après quoi, les Minyens marchèrent sur Thèbes, mais Héraclès leur tendit une embuscade dans un défilé étroit, tua Erginos et la plupart de ses capitaines. Cette victoire remportée par Héraclès, presque seul, il l'exploita en faisant une descente sur Orchomène où il abattit les portes, pilla le palais et obligea les Minyens à payer un tribut double de celui imposé à Thèbes. Héraclès avait aussi bloqué les deux grands canaux construits par les Minyens depuis longtemps, par lesquels le fleuve Céphise se déversait dans la mer, inondant ainsi les riches terres à blé de la plaine de Copaïs [4]. Son but était d'immobiliser la cavalerie des Minyens, leur force la plus redoutable, et de porter la guerre dans les collines où il pourrait combattre à armes égales contre eux. Mais, comme il aimait le genre humain, il débloqua par la suite les deux canaux. L'autel d'Héraclès Lieur de Chevaux, à Thèbes, commémore un incident de cette campagne : Héraclès s'était introduit, la nuit, dans le camp minyen et, après avoir volé les chevaux des chars, qu'il attacha à des arbres très loin de là, il passa par l'épée les hommes qui dormaient. Malheureusement, son père nourricier, Amphitryon, fut tué au cours du combat [5].

e. A son retour à Thèbes, Héraclès dédia un autel à Zeus Protecteur ; un lion de pierre à Artémis Illustre, et deux statues de pierre à Athéna-Ceignant-les-Armes. Comme les dieux n'avaient pas puni Héraclès pour la façon dont il avait traité les hérauts d'Erginos, les Thébains s'enhardirent à l'honorer en lui élevant une statue appelée Héraclès Coupeur de Nez [6].

f. Selon un autre récit, Erginos survécut à la défaite minyenne et fut l'un des Argonautes qui ramenèrent la Toison d'Or de Colchide. Après des années passées à reconstituer ses richesses perdues, Erginos se retrouva, certes riche, mais vieux et sans enfants. Un oracle lui ayant conseillé de mettre un sabot neuf à sa charrue, il épousa une femme jeune, qui lui donna Trophonios et Agamède, les célèbres architectes, et aussi Azée [7].

★

1. *La manière dont Héraclès traita les hérauts minyens est tellement indigne — la personne du héraut était universellement considérée comme sainte, même s'il se montrait insolent — qu'ils personnifiaient sans doute les conquérants doriens de 1050 avant J.-C. qui violèrent toutes les conventions du monde civilisé.*

2. *Selon Strabon ((IX. 2. 18), quelquefois les canaux en pierre qui drainaient les eaux du Céphise se trouvaient obstrués et, à d'autres moments, libérés par des tremblements de terre ; mais, par la suite, toute la plaine de Copaïs fut transformée en marais, malgré les deux énormes tunnels qui avaient été creusés par les Minyens de l'Age de Bronze — des Pélasges Minoens — afin de rendre les canaux naturels plus efficaces. Sir James Frazer, qui visita la Plaine il y a une cinquantaine d'années, découvrit que trois des canaux avaient été artificiellement obstrués avec des pierres, dans l'ancien temps, peut-être par les Thébains qui détruisirent Orchomène en 368 avant J.-C., passèrent tous les habitants mâles au fil de l'épée et vendirent les femmes comme esclaves (Pausanias : IX. 15. 3). Récemment, une société britannique a drainé les marais, ce qui a permis de cultiver la plaine.*

3. *Lorsque la ville de Thèbes était en danger (voir 105. i et 106. j), l'oracle de Thèbes demandait fréquemment un pharmacos royal ; mais ce n'est que dans une société totalement patriarcale qu'Androcléia et Alcis se seraient tuées en sautant dans un précipice. Leurs noms, comme ceux des filles d'Érechthée, qui s'étaient, dit-on, offertes en sacrifice de la même manière (voir 47. d), semblent être les noms de Déméter et Perséphone, qui demandaient des sacrifices mâles. Il semble bien que deux prêtresses payèrent pour le roi sacré — à la suite de cela, celui-ci changea son nom contre celui d'Antipoenos — qui refusa de suivre l'exemple de Ménoecée. C'est ainsi qu'il faut comprendre le Sphinx se précipitant du haut du rocher (voir 103. 1).*

4. *Athéna-Ceignant-les-Armes était l'Athéna primitive qui distribuait les armes à ses fils ; dans les mythes celtique et germanique,*

la remise d'armes est une prérogative matriarcale, régulièrement pratiquée au cours d'un mariage sacré (voir 95. 5).

122.
La folie d'Héraclès

a. La victoire d'Héraclès sur les Minyens fit de lui le héros le plus célèbre ; sa récompense fut d'épouser la fille aînée du roi Créon, Mégara ou Mégéra, et d'être nommé protecteur de la ville, tandis qu'Iphiclès épousait la plus jeune. Selon certains, Héraclès eut deux fils de Mégara, selon d'autres, il en eut trois, quatre ou même huit. On les connaît comme les Alcaïdes [1].

b. Héraclès vainquit ensuite Pyraechmès, roi des Eubéens et allié des Minyens, alors qu'il marchait contre Thèbes ; il répandit la terreur dans toute la Grèce en donnant l'ordre que son corps fût écartelé par des poulains et demeurât exposé sans sépulture près de la rivière Héracléios à un endroit appelé « les Poulains de Pyraechmès » où l'écho fait entendre un hennissement quand les chevaux viennent boire [2].

c. Héra, dépitée des exploits d'Héraclès, le rendit fou. Il s'attaqua d'abord à son neveu bien-aimé Iolaos, fils aîné d'Iphiclès, qui réussit à échapper à ses coups terribles ; puis, prenant six de ses propres fils pour des ennemis, il les abattit et lança leur corps dans un grand feu, ainsi que deux autres fils d'Iphiclès, qui faisaient avec eux des exercices militaires. Les Thébains célébraient une fête annuelle en l'honneur de ces huit victimes bardées de fer. Le premier jour on offrait des sacrifices et des feux brillaient toute la nuit ; le second jour avaient lieu des jeux funèbres et le vainqueur était couronné de myrte blanc. Les célébrants se lamentaient en souvenir de l'avenir brillant qui attendait les fils d'Héraclès. L'un d'eux devait régner sur Argos et habiter le palais d'Eurysthée, Héraclès avait jeté sa peau de lion sur ses épaules ; un autre devait devenir roi de Thèbes et dans sa main droite Héraclès avait placé sa masse d'armes de défense, présent trompeur de Dédale ; à un autre était promise Oechalie, qu'Héraclès, par la suite, dévasta ; et les plus beaux mariages avaient été projetés pour eux, les alliant à Athènes, à Thèbes et Sparte. Héraclès aimait si tendrement ses enfants que bien des gens, dans l'Antiquité, refusaient de croire qu'ils

étaient morts de sa main et préféraient imaginer qu'ils
avaient été traîtreusement assassinés par ses hôtes : par
Lycos, peut-être, ou comme l'a suggéré Socrate, par
Augias [3].

d. Lorsque Héraclès retrouva ses esprits, il s'enferma
dans une chambre et demeura dans l'obscurité pendant
quelques jours, sans voir personne, puis, après que le roi
Thespios l'eut purifié, il se rendit à Delphes, pour demander
ce qu'il devait faire. La Pythonisse, en s'adressant à lui,
l'appela pour la première fois Héraclès au lieu de Palaemon
et lui conseilla de résider à Tirynthe, de se mettre au
service d'Eurysthée pendant douze ans et d'accomplir tous
les travaux qu'on pouvait lui demander ; en récompense,
il serait immortel. En entendant ces mots, Héraclès tomba
dans un profond désespoir ; la perspective d'être au service
d'un homme qu'il savait très inférieur à lui-même lui était
odieuse, mais il redoutait de contrarier son père Zeus. De
nombreux amis vinrent le consoler et, à la fin, lorsque le
temps eut un peu adouci son chagrin, il se mit à la
disposition d'Eurysthée [4].

e. Certains prétendent cependant que ce n'est qu'à son
retour du Tartare qu'Héraclès devint fou et tua ses enfants ;
on dit qu'il tua aussi Mégara et que la Pythonisse lui dit
alors : « Tu ne t'appelleras plus Palaemon ! Phoebos
Apollon te nomme Héraclès, car par Héra tu obtiendras
une éternelle renommée parmi les hommes ! », comme s'il
avait rendu un important service à Héra. D'autres disent
qu'Héraclès était l'amant d'Eurysthée et qu'il accomplit
les Douze Travaux pour son plaisir ; d'autres encore, qu'il
n'entreprit ses Travaux qu'à la condition qu'Eurysthée
annulerait la sentence de bannissement contre Amphitryon [5].

f. On dit que lorsque Héraclès entreprit ses Travaux,
Hermès lui donna une épée, Apollon un arc et des flèches
lisses garnies de plumes d'aigle ; Héphaïstos, un plastron
d'or, et Athéna, une tunique. Ou bien encore qu'Athéna
lui donna le plastron, et Héphaïstos des cuissards en bronze
et un casque que rien ne pouvait entamer. Athéna et
Héphaïstos, ajoute-t-on, rivalisaient d'attentions auprès
d'Héraclès : elle lui assura la joie de goûter les plaisirs
tranquilles ; lui, le protégea contre les dangers de la guerre.
Poséidon lui fit don d'une paire de chevaux ; Zeus d'un
magnifique bouclier que rien ne pouvait entamer. On
racontait bien des histoires au sujet de ce bouclier en
émail, ivoire, électrum, or et lapis-lazuli ; en outre, douze

têtes de serpents sculptés sur la saillie du bouclier et dont
les mâchoires s'entrechoquaient lorsque Héraclès allait au
combat, terrifiaient ses adversaires [6]. La vérité cependant
est qu'Héraclès dédaignait les armures et, après le premier
de ses Travaux, il porta rarement la lance ; il se servait
seulement de sa massue et de son arc. Il utilisait très peu
la massue à tête de bronze dont lui fit présent Héphaïstos
et préféra tailler la sienne dans le bois d'un olivier sauvage :
d'abord sur l'Hélicon, ensuite à Némée. Il remplaça cette
seconde massue par une autre, taillée également dans un
olivier sauvage au bord du golfe de Saronique : c'est cette
massue, qu'à Trézène, lors de son passage dans la ville,
il appuya contre la statue d'Hermès. Elle prit racine,
bourgeonna, et à l'époque historique elle était devenue un
arbre majestueux [7].

g. Son neveu Iolaos participa aux Travaux en conduisant
son char ou en portant son bouclier [8].

★

1. *L'époque classique grecque considérait la folie comme l'excuse des sacrifices d'enfants (voir 27. e et 70. g) ; la vérité était
que les enfants, qui étaient les substituts du roi (voir 42. 2 ; 81. 8
et 156. 2), étaient brûlés vifs après que le roi, caché pendant
vingt heures dans une tombe en simulant la mort, réapparaissait
pour réclamer le trône à nouveau.*

2. *La mort de Pyraechmès, écartelé par des chevaux sauvages,
est un événement bien connu (voir 71. 1). Le nom de Palaemon,
donné à Héraclès, l'identifie avec Mélicerte de Corinthe, qui fut
divinisé sous ce nom ; Mélicerte est Melkarth, le seigneur de la
ville, l'Héraclès Tyrien.*

3. *Les rapports d'homosexualité qu'entretenait Héraclès avec
Hylas, Iolaos et Eurysthée et les descriptions figurées sur son
armure luxurieuse tendent à justifier les pratiques qui avaient
cours dans l'armée thébaine. A l'origine, dans le mythe, il aurait
aimé la fille d'Eurysthée et non Eurysthée lui-même. Ses douze
Travaux, remarque Servius, furent, par la suite, assimilés aux
douze Signes du Zodiaque ; pourtant, ni Homère ni Hésiode ne
disent qu'il y eut douze Travaux et la série des Travaux ne
correspond pas non plus à la série des Signes du Zodiaque. De
même que le dieu celtique de l'Année, célébré dans la* Chanson
d'Amergin, *l'Héraclès Pélasgien semble être passé par une année
de treize mois. Dans le mythe gallois et irlandais, les symboles
étaient successivement : le cerf ou le taureau, le déluge, le vent,
la rosée, le faucon, la fleur, le bûcher, la lance, le saumon, la
colline, le sanglier, l'éleveur, le serpent de mer. Mais les aventures
de Gilgamesh, dans l'épopée babylonienne de Gilgamesh, ont un
rapport avec les Signes du Zodiaque et l'Héraclès Tyrien lui*

ressemblait beaucoup. Malgré Homère et Hésiode, il semble bien que les scènes figurées sur les boucliers anciens n'aient pas été des œuvres d'art remarquables mais simplement de grossiers pictogrammes, servant à indiquer l'origine et le rang de leur propriétaire, griffonnés sur la bande en forme de spirales qui bordait le bouclier.

4. C'est certainement à l'occasion de son mariage sacré que les dieux de l'Olympe comblèrent Héraclès de cadeaux, et ces cadeaux lui ont probablement été remis par sa femme-prêtresse — Athéna, Argé, Iolé, peu importe son nom — soit directement, soit par l'entremise de suivantes (voir 81. l). Ici, Héraclès était armé en vue de ses Travaux, c'est-à-dire de ses combats rituels et de ses exploits magiques.

123.
Le Premier des Travaux :
le Lion de Némée

a. Le Premier des Travaux qu'Eurysthée imposa à Héraclès, lorsqu'il vint s'installer à Tirynthe, fut de tuer et d'écorcher le lion de Némée ou de Cléonae, une bête gigantesque avec une peau que rien n'entamait, ni le fer, ni le bronze, ni la pierre [1].

b. Selon certains, le lion était né de Typhon, ou encore de la Chimère et du Chien Orthros ; selon d'autres, Séléné frissonna d'horreur en le mettant au monde et le laissa tomber sur la terre sur le mont Tretos, près de Némée, à côté d'une caverne à double entrée ; et, pour punir son peuple d'avoir omis de faire un sacrifice, elle lui fit dévorer tout le monde ; ceux qui eurent le plus à en souffrir furent les Bambinéens [2].

c. D'autres encore racontent que, selon le désir d'Héra, Séléné créa le lion de l'écume de la mer enfermée dans une grande barque et qu'Iris, l'ayant attaché avec sa ceinture, l'emporta dans les montagnes de Némée. Celles-ci durent leur nom à une fille d'Asopos, ou de Zeus et Séléné ; on peut encore voir l'antre du lion à environ deux milles de la ville de Némée [3].

d. Parvenu à Cléonae, à mi-chemin entre Corinthe et Argos, Héraclès logea dans la maison d'un journalier cultivateur, ou d'un berger du nom de Molorchos, dont le lion avait tué le fils. Un jour, comme Molorchos était sur le point d'offrir un bélier à Héra pour obtenir ses faveurs, Héraclès le retint : « Attends trente jours, dit-il. Si je reviens sain et sauf, sacrifie à Zeus souvent, si je ne reviens pas, fais-moi un sacrifice comme à un héros ! »

e. Héraclès arriva à Némée à midi, mais, comme le lion avait dépeuplé tous les environs, il ne trouva personne pour le renseigner et, par ailleurs, il ne vit aucune empreinte du fauve. Après avoir d'abord cherché sur le mont Apesas, du nom d'Apesantos, un berger que le lion avait tué — bien que, selon certains, Apesantos fût le fils d'Acrisios qui mourut mordu au talon par un serpent — Héraclès se rendit au mont Trétos et là, il aperçut le lion qui revenait à sa tanière, tout maculé du sang de sa dernière victime[4]. Il tira une volée de flèches sur le fauve, mais elles rebondirent sur sa peau épaisse sans lui faire aucun mal, le lion se contenta de lécher ses côtes en bâillant. Ensuite, il employa son épée qui plia comme si elle était en fer-blanc ; finalement, il brandit sa massue et asséna un tel coup sur la gueule du lion qu'il rentra dans sa tanière à double sortie en secouant la tête, non pas de douleur, mais parce que ses oreilles lui tintaient. Héraclès, après avoir regardé tristement sa massue hors d'usage, disposa alors un filet à l'une des issues de l'antre et entra par l'autre. Sachant à présent qu'aucune arme ne servirait de rien contre le monstre, il le prit à bras-le-corps et engagea la lutte. Le lion lui arracha un doigt, mais, lui ayant saisi la tête, Héraclès fit la prise du collier et serra avec tant de force qu'il étouffa la bête[5].

f. Héraclès, portant le cadavre du lion sur ses épaules, revint à Cléonae le trentième jour et trouva Molorchos sur le point de lui faire un sacrifice dû aux héros ; mais au lieu de cela, ils firent ensemble un sacrifice à Zeus Sauveur. Quand il fut accompli, Héraclès se tailla une nouvelle massue et, après avoir apporté plusieurs changements aux Jeux Néméens jusque-là célébrés en l'honneur d'Opheltès, et qu'il dédia à Zeus, il emporta le cadavre du lion à Mycènes. Eurysthée, stupéfait et terrifié, lui interdit à jamais l'accès de la ville et lui ordonna, à l'avenir, de déposer le fruit de ses Travaux en dehors des portes[6].

g. Pendant un certain temps, Héraclès fut embarrassé, il ne savait comment s'y prendre pour écorcher le lion, jusqu'à ce que, par une inspiration divine, l'idée lui vint d'utiliser les propres griffes du fauve tranchantes comme un rasoir, et, bientôt, il put revêtir sa peau invulnérable et s'en faire une armure ; il employa la tête du lion comme casque. Pendant ce temps, Eurysthée donna l'ordre à ses forgerons de forger une jarre en bronze qu'il enfouit dans la terre. Et, depuis lors, chaque fois que l'approche d'Héraclès était signalée, il se réfugiait dans la jarre et envoyait ses ordres par la voix d'un héraut — fils de Pélops, appelé Coprée — qu'il avait purifié après un meurtre [7].

h. Héraclès céda par la suite les honneurs qu'il avait reçus de la ville de Némée en témoignage de gratitude pour son exploit, à ses fidèles alliés de Cléonae qui combattirent à ses côtés durant la guerre éléenne et dont trois cent soixante d'entre eux tombèrent sur le champ de bataille. Quant à Molorchos, il fonda la cité proche de Molorchia, et planta la forêt de Némée où se déroulent aujourd'hui les Jeux Néméens [8].

i. Héraclès ne fut pas le seul homme à étrangler un lion en ce temps-là. Le même exploit fut accompli par son ami Phylios : c'était le premier des trois Travaux que lui avait imposés Cycnos, fils d'Apollon par Hyria. Phylios devait aussi attraper vivants plusieurs oiseaux monstrueux, mangeurs d'hommes, qui ressemblaient à des vautours et, après avoir lutté avec un taureau sauvage, il devait l'amener à l'autel de Zeus. Quand les trois tâches furent accomplies, Cycnos demanda encore un bœuf que Phylios avait gagné comme prix à des jeux funèbres. Héraclès conseilla à Phylios de refuser et d'insister pour un arrangement avec Cycnos. Mais celui-ci, de désespoir, sauta dans un lac, appelé à cause de cela, lac Cycnéen. Sa mère Hyria le suivit dans la mort et ils furent l'un et l'autre changés en cygnes [9].

★

1. *Le combat rituel du roi sacré contre des bêtes sauvages faisait toujours partie du rite de couronnement en Grèce, en Asie Mineure, en Babylonie et en Syrie. Chaque animal représentait une saison de l'année et le nombre des animaux variait selon le calendrier : dans une année à trois saisons c'était un lion, une chèvre et un serpent, c'est ce qu'était la Chimère (voir 75. 2) — c'est pourquoi l'on disait que le lion du Cithéron était né de la Chimère, par Orthros le chien devenu constellation (voir 34. 3) ; ou bien c'était un taureau, un lion et un serpent, les transformations de Dionysos, selon les saisons (voir 27. 4), d'après les* Bacchantes *d'Euripide ; ou bien un lion, un cheval et un chien, comme les trois têtes d'Hécate (voir 31. 7). Mais dans une année à quatre saisons, c'était un taureau, un bélier, un lion et un serpent, comme les têtes de Phanès (voir 2. b) décrites dans le* Fragment orphique *63 ; ou bien un taureau, un lion, un aigle et*

un séraphin comme dans la vision d'Ézéchiel (Ézéchiel I) ; ou plus simplement un taureau, un lion, un scorpion et un serpent aquatique, les quatre signes du Zodiaque qui devaient correspondre un jour aux équinoxes et aux solstices. Ces quatre derniers animaux semblent être, dans le premier, le quatrième, le septième et le onzième des Travaux, les animaux que combattit Héraclès ; mais le sanglier a remplacé le scorpion — le scorpion n'a été conservé que dans la légende d'Orion, autre Héraclès, à qui on avait offert en mariage une princesse, s'il tuait certaines bêtes sauvages (voir 41. a-d). La même situation se retrouve dans l'histoire de Cycnos et Phylios — avec la substitution inaccoutumée des vautours au serpent — bien qu'Ovide et Antoninus Liberalis lui aient donné une tournure homosexuelle. Théoriquement, le roi, en domestiquant les animaux, obtenait pouvoir sur les saisons de l'année qu'ils gouvernaient. A Thèbes, ville natale d'Héraclès, la déesse Sphynx régnait sur une année à deux saisons ; elle était une lionne ailée à queue de serpent (voir 105. 3) ; c'est la raison pour laquelle il était revêtu d'une peau de lion et portait un masque de lion et non pas un masque de taureau comme Minos (voir 98. 2). Le lion, en compagnie des autres animaux du calendrier, figurait dans l'arche en forme de nouvelle lune, représentation qui semble avoir inspiré à la fois l'histoire de Noé et du Déluge et celle de Dionysos et des pirates (voir 27. 5) ; c'est pourquoi on dit que c'est Séléné la « lune » qui l'a engendré.

2. Photius dément qu'Héraclès ait perdu son doigt en combattant contre le lion ; Ptolémée Héphaïstion dit (Nova Historia II) qu'il fut empoisonné par une raie à aiguillon (voir 171. 3). Mais il est plus vraisemblable qu'il se sectionna avec ses dents pour apaiser les âmes de ses enfants — comme le fit Oreste lorsqu'il était poursuivi pour les Érinyes de sa mère. Il est fait incidemment mention d'une autre caverne à deux issues dans l'Odyssée XIII. 103 ss., auprès de laquelle Odysseus s'endormit pour la première fois, à son retour d'Ithaque, à l'extrémité de la baie de Phorcys. L'entrée nord était réservée aux hommes, l'entrée sud, aux dieux ; et il y avait, à l'intérieur, des jarres à deux anses utilisées comme ruches, des bols en pierre et de l'eau de source en abondance. Il y avait aussi des métiers à tisser en pierre — des stalactites ? — sur lesquels les Naïades tissaient des vêtements pourpres. Si Porphyre (De la Caverne des Nymphes) ne se trompait pas en considérant cette caverne comme servant à des rites de mort et de seconde naissance divine, on employait les bols pour le sang et les sources pour la lustration. Les jarres auraient été, en ce cas, des urnes funéraires au-dessus desquelles les âmes tournoyaient comme des abeilles (voir 90. 3), et les Naïades (filles du dieu de la Mort, Phorcys, ou Orcos) auraient été les Parques tissant des vêtements portant des marques de clan royal, destinés à être portés par ceux qui renaissaient (voir 10. 1). La caverne du Lion de Némée possède deux entrées parce que le premier des Travaux était l'initiation d'Héraclès à sa mort rituelle ; après quoi, il devient immortel et épouse la déesse Hébé.

3. *La mort de trois cent soixante Cléonéens souligne un mystère du calendrier — ce nombre était celui des jours de l'année sacrée en Égypte, moins les cinq jours en l'honneur d'Osiris, Isis, Nephtys, Set et Horus. Les modifications apportées par Héraclès aux Jeux Néméens sont peut-être liées à un changement dans le calendrier local.*

4. *Si le roi de Mycènes, comme l'ennemi d'Orion, Oenopion d'Hyria (voir 41. c), se réfugiait dans une jarre de bronze enterrée et en ressortait seulement lorsque le danger était passé, c'est qu'il faisait semblant de mourir une fois par an, tandis que son substitut régnait pendant une journée ; après quoi il réapparaissait. Les enfants d'Héraclès faisaient partie de ces substituts (voir 122. 1).*

5. *Apesantos est un des nombreux héros primitifs mordus au talon par une vipère (voir 177. 1). On peut peut-être l'identifier à Opheltès (voir 106. g) de Némée, bien qu'on ne dise pas quelle partie du corps d'Opheltès le serpent avait mordue.*

124.
Le Deuxième des Travaux : l'Hydre de Lerne

a. Le deuxième des Travaux exigés par Eurysthée fut de tuer l'Hydre de Lerne, monstre né de Typhon et d'Échidna et élevé par Héra pour mettre Héraclès en péril [1].

b. Lerne se trouve près de la mer, à quelque neuf kilomètres de la cité d'Argos. A l'ouest se dresse le mont Pontinos, avec son bois de platanes sacrés qui s'incline vers la mer. Dans ce bois, bordé d'un côté par le fleuve Pontinos — sur les bords duquel Danaos dédia un autel à Athéna — et de l'autre, par le fleuve Amymoné, se dressent les statues de Déméter, Dionysos Sauveur et Prosymné, une des nourrices d'Héra, et, près du rivage, une statue de pierre d'Aphrodite, dédiée à la déesse par les Danaïdes. Chaque année, des rites nocturnes secrets se tenaient à Lerne en l'honneur de Dionysos qui était descendu au Tartare à cet endroit pour aller chercher Sémélé, et, non loin de là, étaient célébrés les Mystères de Déméter Lernéenne, dans une enceinte qui marquait l'emplacement où Hadès et Perséphone descendirent, eux aussi, au Tartare [2].

c. Cette région à la fois fertile et sacrée vivait dans la terreur de l'Hydre, dont le repaire se trouvait sous un platane à la septuple source du fleuve Amymoné, et qui hantait les marais sans fonds de Lerne et le lac Alcyonien

qui se trouvait dans le voisinage — l'empereur Néron
essaya d'y faire un sondage et échoua. Ces marais sont
devenus le tombeau de bien des voyageurs imprudents[3].
L'Hydre avait un corps de chien, huit ou neuf têtes de
serpents, dont l'un était immortel, mais, selon certains,
elle en avait cinquante, ou cent, et l'on va même jusqu'à
prétendre qu'elle avait dix mille têtes. En tout cas, le
poison qu'elle répandait était si fort que son haleine seule
ou l'odeur laissée après son passage suffisaient à faire
mourir[4].

d. Athéna avait médité sur le meilleur moyen pour
Héraclès de venir à bout de ce monstre, et, lorsqu'il arriva
à Lerne, Iolaos conduisant son char, elle lui indiqua le
repaire de l'Hydre. Sur son conseil, il força l'Hydre à
sortir en lui lançant des flèches embrasées puis, retenant
son souffle, il s'empara d'elle. Mais le monstre s'enroula
autour de ses pieds pour essayer de le faire tomber. C'est
en vain qu'avec sa massue il lui assenait des coups sur la
tête : à peine en avait-il écrasé une que deux ou trois
autres repoussaient à sa place[5].

e. Un crabe géant sortit du marais pour venir en aide à
l'Hydre et mordit au pied Héraclès, qui, furieux, l'écrasa
dans sa carapace et appela Iolaos à son secours. Iolaos
mit le feu à un côté du bois, puis, pour empêcher l'Hydre
de faire renaître de nouvelles têtes, il cautérisa les chairs à
leur racine avec des brandons et réussit ainsi à arrêter le
sang[6].

f. Alors, avec une harpe ou une serpe d'or, Héraclès
décapita la tête immortelle, dont une partie était en or, et
l'enterra toute vivante encore de sifflements terribles, sous
un lourd rocher près de la route d'Élaeos. Il arracha les
entrailles du cadavre et trempa ses flèches dans son venin ;
et, depuis lors, la moindre blessure de l'une d'elles est
irrémédiablement mortelle.

g. Pour récompenser le crabe de ses services, Héra le
mit au nombre des douze Signes du Zodiaque ; quant à
Eurysthée, il ne voulut pas considérer ce Travail comme
régulièrement accompli, à cause de l'intervention d'Iolaos
qui avait apporté les brandons[7].

★

1. *L'Hydre de Lerne a embarrassé les mythographes de l'époque
classique. Pausanias pensait qu'il s'agissait probablement d'un
énorme serpent aquatique venimeux ; mais que « Pisandre avait*

été le premier à dire qu'il avait plusieurs têtes, afin de le rendre plus terrifiant et en même temps conférer de la dignité à ses propres vers » (Pausanias : II. 37. 4). Selon Servius (l'Énéide de Virgile : VI. 28), l'Hydre était une source de rivières souterraines qui faisaient irruption à la surface et inondaient le pays : si l'une des issues se trouvait obstruée, les eaux se forçaient un passage ailleurs ; c'est pourquoi Héraclès eut recours d'abord au feu pour assécher le terrain, puis obstrua les canaux.

2. *Dans la version la plus ancienne de ce mythe, Héraclès en tant qu'aspirant à la royauté a vraisemblablement lutté tour à tour contre un taureau, un lion, un sanglier ou un scorpion puis il a plongé dans un lac pour obtenir l'or gardé par le monstre aquatique qui vivait tout au fond. Jason eut à accomplir des exploits tout à fait identiques, et le rôle secourable de Médée est ici attribué à Athéna — considérée comme sa future femme. Bien que l'Hydre rappelle le serpent de mer que Persée tua à l'aide d'une harpe d'or, ou d'une faucille en forme de croissant lunaire, c'était un monstre vivant dans des eaux courantes, comme la plupart de ceux cités par les mythographes irlandais et gallois — des* piastres *et des* avancs *(voir 148. 5) — et identique à celui qu'évoque l'épithète* lacedaemon *dont use Homère à propos de Lacédémone, c'est-à-dire* cetoessa, *« du monstre aquatique », qui certainement vivait dans une zone profonde de l'Eurotas (voir 125. 3). Le corps à forme de chien est une réminiscence du monstre marin Scylla (voir 16. 2), et d'un monstre à sept têtes (figuré sur un sceau cylindrique babylonien tardif) que tua le héros Gilgamesh. Les astrologues ont introduit le crabe dans la légende afin de faire concorder les douze Travaux d'Héraclès avec les douze Signes du Zodiaque ; mais il aurait dû normalement figurer dans son combat contre le lion de Némée, le Signe suivant.*

3. *Ce mythe rituel a été rattaché à celui des Danaïdes qui étaient les anciennes prêtresses de l'eau à Lerne. Le nombre de têtes attribué à l'Hydre est variable et cela s'explique : en tant que pieuvre sacrée, déguisement adopté par Thétis — qui avait, elle aussi, un collège de cinquante prêtresses (voir 81. 1) — elle avait huit bras formés par des serpents et terminés par des têtes, et une tête sur le tronc, l'ensemble comptant neuf têtes en l'honneur de la déesse-Lune ; cent têtes réfèrent aux* centuries, *bandes guerrières qui attaquèrent Argos, venant de Lerne ; et dix mille est un embellissement typique d'Euripide qui n'était pas un mythographe très consciencieux. Sur les pièces de monnaie grecques, l'Hydre possède habituellement sept têtes : certainement en rapport avec l'embouchure à sept branches du fleuve Amymoné.*

4. *La mise à mort de l'Hydre par Héraclès rappelle, semble-t-il, un événement historique : la tentative pour supprimer les rites de fertilité pratiqués à Lerne. Mais de nouvelles prêtresses apparaissaient toujours dans le bois de platanes sacrés — le platane indique l'influence de la religion crétoise, de même que la pieuvre — jusqu'au moment où les Achéens ou peut-être les*

*Doriens le détruisirent en le brûlant. A l'origine, c'est très net,
Déméter formait une triade avec Hécate la Vieille Femme,
appelée ici Prosymné « celle à qui l'on adresse des hymnes », et
Perséphone, la Jeune Fille ; mais la Sémélé de Dionysos (voir 27.
9) remplaça Perséphone. Il existait un culte séparé en l'honneur
d'Aphrodite-Thétis, au bord de la mer.*

125.
Le Troisième des Travaux : la Biche de Cérynie

a. Le Troisième des Travaux d'Héraclès fut de capturer
la Biche de Cérynie et de la ramener vivante d'Oensoé à
Mycènes. Cet animal tacheté, rapide à la course, possédait
des sabots d'airain et des cornes d'or comme un cerf, en
sorte que certains le considèrent comme un cerf[1]. Cette
biche était consacrée à Artémis, qui, lorsqu'elle était
enfant, avait aperçu cinq biches, plus grandes que des
taureaux, paissant sur les bords du fleuve thessalien
Anauros qui roule des cailloux noirs dans ses eaux au pied
du mont Parrhasion. Le soleil étincelait sur leurs cornes.
Elle se mit à courir, les poursuivit et en captura quatre,
successivement, en ne se servant que de ses mains et les
attela à un char ; la cinquième s'enfuit en traversant le
fleuve Céladon jusqu'à la Colline de Cérynie, comme le
voulait Héra, qui avait déjà en tête les Travaux d'Héraclès.
Selon un autre récit, cette biche était un monstre indomptable qui dévastait les champs et qu'Héraclès, après un
dur combat, sacrifia à Artémis au sommet du mont
Artémision[2].

b. Ne voulant ni tuer ni blesser la biche, Héraclès
accomplit le Troisième de ses Travaux sans faire usage de
sa force. Il la poursuivit sans relâche durant une année
entière et sa chasse l'entraîna jusqu'en Istrie et au pays
des Hyperboréens. Finalement, lorsque exténuée elle se
réfugia sur le mont Artémision, et de là descendit jusqu'au
fleuve Ladon, Héraclès banda son arc et, d'une flèche qui
passa entre l'os et le tendon, sans que soit répandue une
seule goutte de sang, il lui immobilisa les deux pattes de
devant. Ainsi il la captura et, l'ayant chargée sur ses
épaules, il traversa l'Arcadie et se hâta vers Mycènes. Mais
selon certains, il utilisa des filets ; ou encore, il suivit la
biche à la trace jusqu'au jour où il la découvrit endormie
sous un arbre. Artémis vint à la rencontre d'Héraclès et

lui reprocha d'avoir maltraité son animal sacré, mais il fit ressortir l'obligation dans laquelle il se trouvait et rejeta la faute sur Eurysthée. Sa colère alors s'apaisa et elle lui permit d'emporter la biche vivante à Mycènes [3].

c. Une autre version de l'histoire est que cette biche avait été dédiée à Artémis par Taygètè l'une des Pléiades, sœur d'Alcyoné, reconnaissante d'avoir été momentanément cachée sous la forme d'une biche et d'avoir ainsi réussi à échapper aux étreintes de Zeus. Mais on ne peut guère échapper à Zeus et il eut d'elle Lacédaemon ; après quoi, elle se pendit au haut du mont Amyclées, qui prit le nom de mont Taygètè [4]. La fille de Taygètè, qui portait le même nom qu'elle, épousa Lacédaemon et lui donna Himéros qu'Aphrodite induisit à déflorer sa sœur Cléodicé sans savoir que c'était elle, au cours d'une nuit d'orgie. Le lendemain, ayant appris ce qu'il avait fait, Himéros se jeta dans le fleuve, qui porte parfois son nom aujourd'hui, et on ne le revit plus ; mais on l'appelle plus généralement l'Eurotas, parce que le prédécesseur de Lacédaemon, le roi Eurotas, ayant subi une défaite ignominieuse de la part des Athéniens — il n'avait pas voulu attendre la pleine lune pour livrer bataille — s'était noyé dans ses eaux. Eurotas, fils de Mylès, l'inventeur des moulins à eau, était le père d'Amyclas et le grand-père d'Hyacinthos et d'Eurydice, qui épousa Acrisios [5].

1. *Le Troisième des Travaux est différent de la plupart des autres. Historiquement il est possible qu'il évoque la prise, par les Achéens, du temple où Artémis était adorée comme Élaphios (« semblable au lévrier ») ; son char tiré par quatre cerfs représente les années de l'Olympiade et à la fin de chacune d'elles une victime, vêtue de peaux de cerf, était pourchassée jusqu'à ce que mort s'ensuive (voir 22. 1). Élaphios, en tout cas, fut, dit-on, la gouvernante d'Artémis, ce qui signifie qu'elle était Artémis en personne (Pausanias : VI. 22. 11). Mais en tant que mythe, ce Travail semble mettre en scène Héraclès Dactyle (voir 52. 3), identifié par les Gaulois avec Ogmios (Lucien : Héraclès 1), qui inventa l'alphabet Ogham et toute la science des bardes (voir 132. 3). La chasse au lévrier ou à la biche symbolisait la poursuite de la Sagesse qui se trouve — selon la tradition mystique irlandaise — pendue sous un pommier sauvage (La Déesse Blanche). Cela expliquerait pourquoi tout le monde, sauf Euripide qui était mal informé, dit qu'il ne fit aucun mal à la biche : au contraire, il la poursuivit infatigablement durant une année entière, jusqu'au pays des Hyperboréens, experts précisément dans ces mystères.*

*Selon Pollux, Héraclès portait le nom de Melon (« des pommes »)
parce qu'on lui offrait des pommes probablement en signe de
reconnaissance pour sa sagesse ; mais cette sagesse ne s'acquérait
qu'avec la mort et la poursuite du lévrier, de même que la visite
au Jardin des Hespérides était en réalité un voyage au Paradis
celtique : Zeus avait, de la même manière, poursuivi Taygétè qui
était la fille d'Atlas et donc un personnage non hellénique.*

2. *En Europe, seuls les rennes ont des cornes, et les récits à
leur sujet sont peut-être parvenus de la Baltique par la route de
l'ambre ; le renne, différent en cela des autres cerfs, peut
naturellement être attelé.*

3. *La mort par immersion d'Himéros, fils de Taygétè, ainsi
que celle d'Eurotas, beau-père de Lacédaemon, indique qu'on
sacrifiait habituellement les premiers rois de Sparte au monstre
aquatique Eurotas, en les jetant, enveloppés de branchages, dans
un étang profond. C'est ce qui arriva, semble-t-il, à Tantale (voir
108. 3), autre fils de Taygétè (Hygin : Fables 82). Lacédaemon
signifie « démon de lac » (voir 124. 2) et la Laconie est le domaine
de Laconé (« la dame du lac »), dont la statue fut sauvée des
envahisseurs doriens par un certain Preugénès et apportée à Patras
en Achaïe (Pausanias : VII. 20. 4). La légende de la métamorphose
de Taygétè semble signifier que les conquérants achéens de Sparte
se donnaient le nom de Zeus et appelaient leurs femmes Héra.
Lorsqu'on en vint à adorer Héra sous forme de vache, le culte
lélège d'Artémis-Lévrier fut supprimé. Peut-être célébrait-on un
mariage rituel entre Zeus, sous forme de taureau, et Héra, sous
forme de vache, comme en Crète (voir 90. 7).*

4. *Il y avait des nuits d'orgie dans différents États grecs (voir
44. a), et aussi à Rome pendant la Fête albaine ; c'était une
concession aux coutumes sexuelles archaïques qui précédèrent la
monogamie.*

126.
Le Quatrième des Travaux : le Sanglier d'Érymanthe

a. Le Quatrième des Travaux imposés à Héraclès fut de
prendre vivant le Sanglier d'Érymanthe : c'était une bête
sauvage aux proportions gigantesques qui vivait sur les
pentes recouvertes de cyprès du mont Érymanthe ou dans
les fourrés du mont Lampéia, en Arcadie, et dévastait le
pays aux abords de Psophis[1]. Le mont Érymanthe doit
son nom à un fils d'Apollon, qu'Aphrodite rendit aveugle
parce qu'il l'avait vue nue en train de se baigner ; Apollon,
pour se venger, se changea en sanglier et tua son amant
Adonis. A l'époque historique, la montagne était consacrée
à Artémis[2].

b. Héraclès, qui se rendit à Érymanthe en passant par
Pholoé — où il tua Sauros, un cruel brigand —, fut invité
par le Centaure Pholos, qu'une nymphe du frêne avait
donné à Silène. Pholos disposa de la viande rôtie devant
Héraclès mais il prit pour lui-même de la viande crue et
n'osa pas ouvrir la jarre de vin commune à tous les
Centaures jusqu'à ce qu'Héraclès lui eût rappelé que
c'était la même jarre que Dionysos, quatre générations
auparavant, avait laissée dans la caverne par précaution,
en prévision de ce qui allait arriver[3]. Les Centaures
devinrent furieux en sentant l'odeur du vin. Brandissant
des rochers, des sapins qu'ils avaient déracinés, des tisons
et des haches de boucher, ils se ruèrent sur la caverne de
Pholos. Tandis que Pholos se cachait, terrorisé, Héraclès
repoussait courageusement Anchios et Agrios, ses deux
premiers assaillants en les criblant de tisons[4]. Néphélé, la
nuée, grand-mère des Centaures, fit alors pleuvoir une
grosse averse qui détendit l'arc d'Héraclès et rendit le
terrain glissant. Cependant, Héraclès se montra à la hauteur
de ses précédents exploits et tua plusieurs Centaures, parmi
lesquels Oréos et Hylaeos. Les autres s'enfuirent jusqu'à
Malée, où ils se réfugièrent avec Chiron, leur roi, qui avait
été chassé par les Lapithes du mont Pélion[5].

c. Une flèche d'Héraclès traversa le bras d'Élatos et
s'enfonça dans le genou de Chiron. Désolé d'avoir touché
son vieil ami, Héraclès retira la flèche et, bien que Chiron
lui-même eût choisi les plantes vulnéraires pour soigner sa
blessure, elles n'eurent aucun effet et, agonisant, il se
traîna en hurlant jusqu'à la caverne ; cependant, il ne
pouvait pas mourir, car il était immortel. Prométhée offrit,
par la suite, d'assumer son immortalité à sa place et Zeus
y consentit. Mais, selon certains, Chiron préféra mourir,
non pas tant à cause de la douleur que lui causait sa
blessure, que parce qu'il était las de sa longue vie[6].

d. A présent, les Centaures s'enfuyaient dans toutes les
directions : certains, avec Eurytion vers Pholoé ; d'autres,
avec Nessos vers le fleuve Évenos ; d'autres, vers le
mont Malée ; d'autres, vers la Sicile, où les Sirènes les
exterminèrent. Poséidon accueillit ceux qui restaient à
Éleusis et les cacha dans une montagne. Parmi ceux
qu'Héraclès tua plus tard se trouvait Homados l'Arcadien
qui avait essayé de violer Alcyoné, sœur d'Eurysthée ; et
la noblesse de ses sentiments — car il vengeait une offense
faite à un ennemi — lui acquit une grande renommée[7].

e. Pholos, pendant ce temps, tandis qu'il enterrait ses parents morts, arrachait une des flèche d'Héraclès et l'examinait. « Comment un homme aussi vigoureux a-t-il pu succomber à une simple égratignure ? » se demandait-il. Mais la flèche lui échappa des mains, glissa, lui perça le pied et le tua sur place. Héraclès renonça à poursuivre les Centaures et rentra à Pholoé où il enterra Pholos avec des honneurs extraordinaires au pied de la montagne qui a pris son nom. C'est à cette occasion que le fleuve Anigros prit cette odeur répugnante que dégagent ses eaux, depuis sa source sur le mont Lapithos : un Centaure, du nom de Pylénor, qu'Héraclès avait blessé d'une flèche à l'épaule, réussit à s'enfuir et y lava sa blessure. Selon certains cependant, c'est Mélampous qui fut la cause de cette puanteur quelques années auparavant en jetant dans l'Anigros les objets pollués qui avaient servi à purifier les filles de Proetos [8].

f. Héraclès, à présent, s'était mis en route pour chasser le sanglier près du fleuve Érymanthe. Capturer vivante une bête aussi sauvage était une tâche d'une difficulté peu commune ; cependant, il réussit à la faire sortir de son fourré en poussant des cris puissants, la conduisit dans un trou profond rempli de neige et sauta sur son dos. Il l'attacha alors avec des chaînes et l'emporta vivante sur son dos à Mycènes ; mais, lorsqu'il apprit que les Argonautes se rassemblaient pour partir pour la Colchide, il déposa à terre le sanglier et l'abandonna en dehors de la grande place du marché et, au lieu d'attendre de nouveaux ordres d'Eurysthée, qui s'était caché dans sa jarre en bronze, il partit avec Hylas pour se joindre à l'expédition. On ignore par qui fut tué le sanglier qu'il avait capturé, mais ses défenses furent conservées dans le temple d'Apollon, à Cumes [9].

g. Selon certains récits, Chiron fut blessé accidentellement par une flèche qui lui traversa le pied gauche alors que Pholos, le jeune Achille et lui-même s'entretenaient avec Héraclès sur le mont Pélion. Après neuf jours, Zeus fit figurer Chiron parmi les constellations : c'est le Centaure. Mais selon d'autres, le Centaure n'est autre que Pholos que Zeus tint à honorer de cette manière parce qu'il surpassait tous les hommes dans l'art de prédire l'avenir d'après les entrailles. Le Sagittaire du Zodiaque est également un Centaure : c'était un certain Crotos qui vivait sur l'Hélicon, tendrement aimé des Muses, ses sœurs de lait [10].

★

1. *Les sangliers étaient consacrés à la lune à cause de leurs défenses en forme de croissant de lune, et il semble que l'alter ego qui tuait et châtrait son jumeau le roi sacré se déguisait en sanglier quand il opérait (voir 18. 7 et 151. 2). L'amoncellement de neige dans lequel le sanglier d'Érymanthe fut vaincu indique que le quatrième des Travaux fut accompli au milieu de l'hiver. Ici Héraclès est Horus Enfant et venge la mort de son père Osiris sur la personne de son oncle Set qui arrive déguisé en sanglier ; on levait l'interdit sur la viande de sanglier seulement au milieu de l'hiver. L'origine de la cérémonie yulétide de la tête de sanglier se retrouve dans ce même triomphe du nouveau roi sacré sur son rival. Adonis est tué pour venger la mort d'Érymanthos, l'alter ego de l'année précédente, dont le nom, « choix par tirage au sort », indique qu'il était choisi par tirage au sort pour tuer le roi sacré. Comme le mont Érymanthe était consacré à Artémis et non à Aphrodite, ce devait être Artémis qui prenait son bain et c'est le roi sacré, et non son alter ego, qui dut la voir nue en train de se baigner (voir 22. i).*

2. *Il est fort probable que le combat d'Héraclès contre les Centaures, de même que la bataille similaire qui eut lieu au cours du mariage de Pirithoos (voir 102. 2), représentait à l'origine le combat rituel entre un roi nouvellement intronisé et ses adversaires déguisés en animaux. Ses armes traditionnelles étaient des flèches ; et, pour établir sa souveraineté, il en tira une dans chacune des quatre directions de l'espace et une cinquième tout droit vers le ciel. Ce mythe évoque aussi peut-être des guerres de frontières entres les Hellènes et les montagnards préhelléniques de la Grèce occidentale.*

3. *Des flèches empoisonnées atteignant le genou ou le pied provoquèrent la mort non seulement de Pholos et de Chiron mais encore d'Achille, disciple de Chiron (voir 92. 10 et 164. j) ; c'étaient tous des rois sacrés de Magnésie dont les Sirènes recevaient tout naturellement les âmes. La présence des Centaures à Malée provient d'une tradition d'après laquelle Silène, le père de Pholos, y était né (Pausanias : III. 25. 2) ; on représentait souvent les Centaures moitié homme moitié chèvre. Leur présence à Éleusis où Poséidon les cacha dans la montagne indique que lorsque celui qui était initié aux Mystères célébrait un mariage sacré avec la déesse, des danseurs déguisés en chevaux participaient aux cérémonies.*

127.
Le Cinquième des Travaux : les Écuries d'Augias

a. Le Cinquième des Travaux d'Héraclès fut de nettoyer, en un seul jour, les Écuries d'Augias, qui étaient dans un état de saleté répugnante. Eurysthée avait plaisir à imaginer le dégoût d'Héraclès, obligé de charger le fumier dans des paniers qu'il transporterait sur ses épaules. Augias, roi d'Élis, était fils d'Hélios, ou Éléios, par Naupiadamé, fille d'Amphidamas ; ou, selon certains, par Iphiboë. D'autres en font le fils de Poséidon. Il était l'homme le plus riche de la terre, en bétail : en effet, par une grâce divine, ses troupeaux préservés de toute maladie étaient d'une fécondité sans pareille et ses bêtes n'avortaient jamais. Bien que la plupart du temps elles donnassent naissance à des femelles, il possédaient néanmoins trois cents taureaux noirs à pattes blanches et deux cents taureaux reproducteurs, rouges ; en outre, douze taureaux blanc argenté, consacrés à son père Hélios. Ces douze taureaux défendaient ses troupeaux, contre les bêtes sauvages, qui, des collines boisées, venaient rôder autour d'eux [1].

b. Or, le fumier dans les Écuries d'Augias n'avait pas été enlevé depuis de nombreuses années et, bien que sa puanteur infecte n'affectât pas les bêtes elles-mêmes, elle se répandait à travers tout le Péloponnèse. En outre, les pâturages de la vallée étaient recouverts d'une couche si épaisse de bouse et de crottin qu'on ne pouvait plus guère les labourer pour y planter du grain [2].

c. Héraclès salua Augias de loin et proposa de curer ses Écuries avant la nuit en échange d'un dixième de son troupeau. Augias se mit à rire ; il pensait que la chose n'était pas possible et il appela Phylée, son fils aîné, pour être témoin de l'offre d'Héraclès. « Fais le serment d'accomplir ta tâche avant la nuit », insista Phylée. Héraclès jura par son père et ce serment fut le premier et le dernier qu'il fit jamais. Augias, de même, prêta serment. C'est à ce moment-là que Phaéthon, qui conduisait les douze taureaux blancs, chargea Héraclès, le prenant pour un lion ; Héraclès saisit alors le taureau par sa corne gauche, lui fit baisser la tête et le renversa par la seule force de ses bras [3].

d. Sur les conseils de Ménédèmos l'Éléen et avec l'aide d'Iolaos, Héraclès fit d'abord une brèche dans le mur des Écuries en deux endroits et ensuite dévia le cours des deux fleuves du voisinage : l'Alphée et le Pénée, ou le Ménios, en sorte que leurs eaux se précipitèrent dans les Écuries, les nettoyèrent et s'en furent ensuite nettoyer la bouse qui recouvrait les pâturages de la vallée. Ainsi Héraclès accomplit-il ce labeur en une seule journée, et remit en état les terres sans s'être sali le bout du doigt. Mais Augias, qui avait appris par Coprée qu'Héraclès obéissait aux ordres d'Eurysthée en nettoyant les Écuries, refusa de payer le prix convenu et il eut même l'audace de dire qu'il n'y avait jamais eu entre Héraclès et lui aucun marché conclu.

e. Héraclès proposa que l'affaire fût soumise à un arbitre, mais, lorsque les juges furent assis et que Phylée, cité comme témoin par Héraclès, attesta la vérité, Augias se dressa furieux et les bannit tous deux de l'Élide en déclarant qu'Héraclès l'avait trompé, car c'étaient les dieux-Fleuves et non pas lui qui avaient effectué tout le travail. Pour aggraver encore les choses, Eurysthée refusa de considérer ce labeur comme un des Dix Travaux parce qu'Héraclès avait réclamé un salaire d'Augias.

f. Phylée se rendit alors à Doulichion et Héraclès à la cour de Dexaménos, roi d'Olénos, dont par la suite il devait sauver la fille Mnésimaché du Centaure Eurytion[4].

★

1. *Ce mythe est assez confus. Il est basé, semble-t-il, sur la légende d'après laquelle Héraclès, comme Jason, reçut l'ordre d'apprivoiser deux taureaux, de les soumettre au joug, de procéder au nettoiement d'une immense colline puis de la labourer, de l'ensemencer et de la moissonner en un seul jour — tâches habituelles pour un candidat à la royauté (voir 152. 3). Ici il ne s'agissait pas, comme c'était le cas dans les versions celtiques du mythe, d'enlever les arbres et les pierres, mais d'enlever la bouse et le crottin — probablement parce que le nom du héraut d'Eurysthée qui communiqua les ordres était Coprée (« l'homme du fumier »). Sir John Frazer, commentant Pausanias (V. 10. 9), cite une légende scandinave « La Patronne », où un prince qui désire obtenir la fille d'un géant est obligé d'abord de nettoyer trois étables. Pour chaque fourche de fumier qu'il enlève il en revient dix. La princesse lui conseille alors de retourner la fourche et d'utiliser le manche. C'est ce qu'il fait et l'étable est bientôt nettoyée. Frazer pense qu'Athéna, dans la version originale, a peut-être donné le même conseil à Héraclès ; il est plus vraisemblable cependant que la légende scandinave soit une variante de ce Travail. Les troupeaux d'Augias n'ont guère de rapports avec l'histoire, sauf pour expliquer l'énorme quantité de fumier à*

enlever. Le fumier naturel, comme le démontre le mythe, n'était pas apprécié par les paysans. Hésiode dans Les Travaux et les Jours *ne le mentionne pas ; et H. Mitchell dans* L'Économie de l'ancienne Grèce *montre que le pâturage des troupeaux sur des terres en jachère est interdit dans un grand nombre de baux anciens. Argus, le chien d'Odysseus, était, il est vrai, couché sur un tas de fumier utilisé comme engrais pour le pays (Odyssée XVII. 299), mais quel que soit l'endroit où ait été écrite l'Odyssée — et ce n'était certainement pas sur le continent grec — les indications concernant l'agriculture et l'arboriculture évoquent la survivance de procédés crétois : selon certains mythographes, Augias était le fils d'Élésos, qui ne veut rien dire de moins que « Roi d'Élis » ; selon d'autres, il était le fils de Poséidon, ce qui montre qu'il était éolien. Mais ici on a confondu Élios avec Hélios, le dieu du Soleil corinthien ; et on attribue donc à Augias un troupeau sacré, semblable à celui que possédait Sisyphe (voir 67. 1). Ces troupeaux comptaient cent cinquante têtes de bétail, qui représentaient douze lunaisons complètes moins les cinq jours de vacances de l'année égyptienne (voir 42. 1) ; les couleurs du troupeau : rouge, blanc et noir prouvent que c'était un troupeau rattaché à la Lune (voir 90. 3), les taureaux blancs représentent les douze lunaisons. On volait souvent de semblables troupeaux — comme le fit Héraclès lui-même au cours du dixième de ses Travaux — et la querelle avec Augias qui s'ensuivit fut motivée par le fait qu'il avait gagné ces douze taureaux.*

2. Le cinquième des Travaux, qui consiste uniquement à labourer, ensemencer et moissonner, a été en réalité confondu avec deux autres travaux : le dixième, c'est-à-dire l'enlèvement du troupeau de Géryon, et le septième, c'est-à-dire la capture du taureau crétois blanc de Poséidon — qui ne fut pas utilisé pour labourer. Dans le culte de Poséidon — qu'on dit aussi être le père d'Augias — des jeunes gens luttaient contre des taureaux, et le combat d'Héraclès contre Phaéthon, comme celui de Thésée contre le Minotaure, se comprend mieux comme étant un rite de couronnement : par le contact magique avec la corne du taureau, il devenait capable de fertiliser la terre et obtenait le titre de Potidan ou Poséidon, donné à l'amant que la déesse-Lune avait choisi. De même, au cours d'un combat en vue d'obtenir l'amour d'une femme, Héraclès lutta contre Achéloos, figuré par un homme à tête de taureau, et lui arracha sa corne d'abondance (voir 141. d). La déviation du cours de l'Alphée fait penser que la représentation d'où cet incident a été tiré figurait Héraclès faisant pivoter le Taureau crétois en le tenant par les cornes, près de la rive du fleuve où paissaient de nombreux troupeaux. Ce taureau a été pris par erreur pour un dieu-fleuve et on a interprété la scène comme s'il avait détourné le fleuve pour nettoyer les champs afin de les rendre labourables.

128.
Le Sixième des Travaux : les Oiseaux du Stymphale

a. Le sixième des Travaux d'Héraclès était d'exterminer les oiseaux innombrables, consacrés à Arès, qui, effrayés par les loups du ravin des Loups, sur la route d'Orchomène, s'étaient rassemblés autour du lac Stymphale[1]. Le bec, les pattes, les ailes de ces oiseaux étaient en bronze et ils dévoraient les hommes. Ils se reproduisaient auprès du fleuve du même nom, s'envolant par bandes, de temps en temps, pour tuer des hommes et des animaux en leur lançant une grêle de plumes de bronze ; en outre, leur fiente empoisonnée détruisait les récoltes.

b. En arrivant près du lac entouré d'épaisses forêts, Héraclès comprit qu'il lui serait impossible de chasser les oiseaux avec ses flèches car ils étaient beaucoup trop nombreux. De plus, les eaux marécageuses n'étaient ni assez fermes pour supporter le poids d'un homme ni assez liquides pour qu'on pût utiliser un bateau. Comme Héraclès, indécis, s'était arrêté sur le bord du lac, Athéna lui remit une paire de castagnettes de bronze, fabriquées par Héphaïstos — ou bien peut-être était-ce une crécelle. S'étant mis sur un éperon du mont Cyllène, qui domine les marais, Héraclès fit claquer ses castagnettes, ou actionna la crécelle, et déclencha un tel vacarme que les oiseaux, fous de terreur, s'élevèrent dans le ciel par bandes, en un vol immense. Il en abattit alors un nombre considérable tandis qu'ils s'envolaient vers l'île d'Arès dans la mer Noire, où les Argonautes les retrouvèrent plus tard ; selon certains, Héraclès était à ce moment-là avec les Argonautes et tua encore beaucoup de ces oiseaux[2].

c. Les oiseaux du Stymphale sont de la taille des grues et ressemblent beaucoup à des ibis, excepté que leur bec peut percer une armure en métal et n'est pas crochu. Ils vivent aussi dans le désert d'Arabie, et là ils font encore plus de dégâts que les lions et les léopards en fonçant sur la poitrine des voyageurs qu'ils transpercent de part en part. Les chasseurs arabes ont appris à porter, pour se protéger, des cuirasses en écorces d'arbre tressées où se prennent les becs dont les coups sont mortels ; ils réussissent ainsi à les capturer et à leur tordre le cou. Il est possible que ses oiseaux aient émigré en partie sur le Stymphale venant d'Arabie et aient donné leur nom à toute la race[3].

d. Selon certains récits, les prétendus Oiseaux du Stymphale étaient des femmes : filles de Stymphalos et d'Ornis qu'Héraclès tua parce qu'elles avaient refusé de lui donner l'hospitalité. A Stymphale, dans l'ancien temple d'Artémis Stymphalienne, des statuettes de ces oiseaux étaient suspendues au plafond et, derrière l'édifice, se trouvaient des statues de jeunes filles aux pattes d'oiseaux. C'est là aussi que Téménos, fils de Pélasgos, fonda trois autels en l'honneur d'Héra : dans le premier, elle était adorée comme enfant, parce que Téménos l'avait élevée ; dans le second, comme nouvelle mariée, parce qu'elle avait épousé Zeus ; dans le troisième, comme veuve, parce qu'elle avait quitté Zeus et s'était retirée à Symphale [4].

★

1. *Bien qu'Athéna continue à aider Héraclès, ce Travail ne fait pas partie de la série des tâches liées au mariage mais Héraclès est glorifié en tant qu'il est celui qui guérit en chassant les démons de la fièvre, identifiés aux oiseaux du marais. Les oiseaux casqués qui sont figurés sur les monnaies de Stymphale sont des spatules, cousins germains des grues que l'on voit dans les sculptures du Moyen Age anglais suçant le souffle des malades. Ce sont à la vérité des sirènes à pattes d'oiseaux personnifiant la fièvre ; et, dans l'ancien temps, on employait des castagnettes ou des crécelles (utilisées encore chez les peuplades primitives) pour chasser les démons de la fièvre. C'est la déesse Artémis qui avait le pouvoir d'imposer ou de guérir la fièvre avec ses « flèches de miséricorde ».*

2. *Le marais de Stymphale s'élargissait généralement lorsque le canal souterrain qui évacuait les eaux était obstrué, comme cela arriva au temps de Pausanias (VIII. 22. 6) ; et Iphicratès, au moment où il assiégeait la ville, l'aurait même obstrué volontairement, si un signe du ciel ne l'avait retenu (Strabon : VIII. 8. 5). Il est fort possible que, dans une autre version de la légende, Héraclès ait drainé le marais en dégageant le canal, comme il avait précédemment drainé la plaine de Tempé (Diodore de Sicile : IV. 18).*

3. *Le mythe, cependant, semble avoir une signification historique autant que rituelle. Apparemment, un collège de prêtresses arcadiennes, qui adoraient la Triple-déesse Vierge, Épouse et Vieille Femme, s'était réfugié à Stymphale après avoir été chassé du ravin des Loups par des envahisseurs qui adoraient Zeus Lupien ; et Mnaséas a donné une explication très plausible de l'expulsion ou du massacre des Oiseaux du Stymphale en rapportant qu'il s'agissait de la suppression de ce collège de sorcières par Héraclès — c'est-à-dire par une tribu d'Achéens. Le nom de Stymphale fait penser à des pratiques sexuelles.*

4. *Les oiseaux arabes au bec puissant dont parle Pausanias étaient peut-être les démons des coups de soleil tenus en échec*

par des écorces épineuses et confondus avec les autruches, dotées
d'un bec puissant, que les Arabes chassent encore de nos jours.
Leuc-érôdios, « héron blanc », est le nom grec de l'échasse ; un
ancêtre d'Hérode le Grand fut, dit-on, un esclave du temple
d'Héraclès Tyrien (Africanus, cité par Eusèbe : Histoire de l'Église
I. 6. 7), ce qui explique le nom de l'espèce. L'échasse est
étroitement apparentée à l'ibis, autre oiseau des marais consacré
au dieu Thoth, inventeur de l'écriture ; et Héraclès Tyrien, comme
son homologue celtique, était un protecteur de la science qui
rendit célèbre Tyr (Ézéchiel XXVIII. 12). Dans la tradition
hébraïque, son grand-père, Hiram de Tyr, échangeait des énigmes
avec Salomon.

129.
Le Septième des Travaux : le Taureau de Crète

a. Eurysthée ordonna à Héraclès pour le Septième de
ses Travaux de capturer le Taureau de Crète ; mais on
n'est pas d'accord au sujet du taureau : était-ce celui
envoyé par Zeus et qui enleva Europe jusqu'en Crète, ou
bien était-ce celui dont Minos empêcha le sacrifice à
Poséidon et qui engendra le Minotaure avec Pasiphaé ? A
cette époque, il ravageait la Crète, spécialement la région
arrosée par le Téthris, arrachant les plantations dans les
champs et renversant les murs des vergers [1].

b. Lorsque Héraclès s'embarqua pour la Crète, Minos
lui offrit toute l'aide qui était en son pouvoir, mais il
préféra capturer le Taureau avec ses mains nues, bien qu'il
soufflât des flammes par son museau. Après un long et
dur combat, il ramena le monstre à Mycènes où Eurysthée
le dédia à Héra et le remit en liberté. Mais Héra, ne
voulant pas d'un présent qui contribuait à la gloire
d'Héraclès, mena d'abord le taureau à Sparte puis le
ramena par l'Arcadie ; elle lui fit traverser l'isthme et le
conduisit à Marathon, en Attique, où Thésée par la suite
l'amena à Athènes et l'offrit en sacrifice à Athéna [2].

c. Néanmoins, nombreux dans l'Antiquité étaient ceux
qui contestaient que le Taureau de Crète fût le même que
le Taureau de Marathon [3].

★

1. *Le combat contre un taureau ou contre un homme déguisé*
en taureau, une des tâches rituelles imposées au candidat à la

royauté (voir 123. 1), apparaît dans l'histoire de Thésée et du Minotaure (voir 98. 2), et dans celle de Jason et des taureaux à l'haleine de feu d'Aeétès (voir 152. 3). Lorsque l'immortalité, qui est implicite dans la royauté sacrée, fut, par la suite, conférée à tous les initiés des Mystères dionysiaques, la capture d'un taureau et sa consécration à Dionysos Ploutodotès (« octroyeur de richesses ») devint un rite habituel, à la fois en Arcadie (Pausanias : VIII. 19. 2), et en Lydie (Strabon : XIV. 1. 44), où Dionysos portait le nom de Zeus. Sa principale théophanie était un taureau, mais il apparaissait aussi sous les formes d'un lion et d'un serpent (voir 27. 4). Le contact de la corne du taureau (voir 127. 2) conférait au roi sacré le pouvoir de fertiliser la terre au nom de la déesse-Lune, en amenant la pluie. L'explication magique était que le mugissement du taureau présageait l'orage, que les rhombi ou mugisseurs étaient, par conséquent, chargés de provoquer. On lançait aussi des torches pour simuler les éclairs (voir 68. a) qui firent imaginer les flammes sortant des naseaux du taureau.

2. On donne à Dionysos le nom de Ploutodotès à cause de la corne d'abondance, prise à Taureau, qui était primitivement un charme en rapport avec l'eau (voir 142. b) ; il est issu du Zagreus crétois et, parmi les métamorphoses de Zagreus, figurent un lion, un serpent à cornes, un taureau et « Cronos faiseur de pluie » (voir 30. 3).

130.
Le Huitième des Travaux : les Juments de Diomède

a. Eurysthée donna l'ordre à Héraclès, pour le Huitième de ses Travaux, de capturer les juments sauvages du roi de Thrace, Diomède — celui-ci était-il le fils d'Arès et de Cyrène, ou bien était-il né des relations incestueuses d'Astéria et de son père Atlas, la question est controversée — qui régnait sur le peuple belliqueux des Bistoniens, et dont les écuries, dans la ville de Tirida, à présent disparue, étaient la terreur de la Thrace. Diomède maintenait ses juments attachées par des chaînes de fer à leurs mangeoires de bronze et les nourrissait de la chair de ses hôtes. Selon une version de l'histoire, c'étaient des étalons et non des juments et ils se nommaient : Podargos, Lampon, Xanthos et Deinos [1].

b. Accompagné de quelques volontaires, Héraclès s'embarqua pour la Thrace et rendit visite, en cours de route, à son ami Admète, roi de Phères. Arrivé à Tirida, il se rendit maître des valets d'écurie de Diomède et mena les juments jusqu'à la mer où il les laissa sur un monticule, à la garde d'Abdéros, son favori, puis il se tourna contre les Bistoniens qui s'étaient lancés à sa poursuite. Comme son camp allait succomber sous le nombre, il vint à bout ingénieusement de ses ennemis en creusant un tunnel qui fit que la mer inonda les basses terres ; il poursuivit les Bistoniens qui s'étaient mis à fuir, assomma Diomède avec sa massue, traîna son corps autour du grand lac qui venait de se former, et le présenta à ses propres juments qui dévorèrent sa chair encore vivante. Rassasiées — car elles avaient aussi dévoré Abdéros pendant qu'Héraclès était occupé — il put alors facilement en venir à bout [2].

c. Selon une autre version, Abdéros, bien qu'il fût originaire d'Oponte en Locride, était au service de Diomède. Certains le considèrent comme le fils d'Hermès, d'autres comme le fils de l'ami d'Héraclès, Ménoetios d'Oponte, et ainsi frère de Patrocle qui tomba devant Troie. Après avoir fondé la cité d'Abdère près de la tombe d'Abdéros, Héraclès prit le char de Diomède et y attela les juments, bien que jusqu'à présent elles n'eussent jamais connu le mors ni la bride. Il les ramena rapidement à travers les montagnes jusqu'à Mycènes, où Eurysthée les dédia à Héra et les remit en liberté sur le mont Olympe [3]. Elles furent par la suite exterminées par des bêtes sauvages ; cependant, on prétend que leurs descendants survécurent jusqu'à la guerre de Troie et même jusqu'à l'époque d'Alexandre le Grand. On pouvait voir, à Cartera Come, les ruines du palais de Diomède et, à Abdère, on célébrait des jeux d'athlétisme en l'honneur d'Abdéros — ils comportent toutes les épreuves habituelles à l'exception de la course de chars ; ce qui tendrait à authentifier l'histoire selon laquelle Abdéros fut tué le jour où les juments mangeuses d'hommes brisèrent le char auquel il les avait attelées [4].

★

1. *Maîtriser un cheval sauvage destiné à être sacrifié au cours d'une cérémonie (voir 75. 3) semble avoir été un rite de couronnement dans certaines régions de Grèce. Le fait qu'Héraclès maîtrisa Aréion (voir 138. g) — exploit accompli aussi par Oncos et Adraste (Pausanias : VIII. 25. 5) — est comparable à la capture de Pégase par Bellérophon. Ici ce rite mythique a été associé à une légende montrant comment Héraclès — peut-être figurant les Téans qui prirent Abdère aux Thraces (Hérodote : I. 168) — abolit la coutume d'après laquelle des femmes sauvages portant*

des masques de chevaux pourchassaient et mangeaient le roi sacré à la fin de son règne (voir 27. d) ; au lieu de cela, on le tuait dans un accident de char préparé à l'avance (voir 71. 1 ; 101. g et 109. j). L'absence de courses de chars dans les Jeux funèbres à Abdère indique qu'on avait exclu ce sacrifice modifié. Podargos doit son nom à Podargé, la Harpye, mère de Xanthos, cheval immortel offert à Pélée par Poséidon en cadeau de noces (voir 81. m) ; Lampon rappelle Lampos, un des chevaux de l'attelage d'Éos (voir 40. a). Lorsque Diodore déclare que neuf cavales furent laissées en liberté dans l'Olympe cela peut signifier que le culte du cheval cannibale survécut jusqu'à l'époque hellénique.

2. *Les canaux, les tunnels ou les passages souterrains naturels étaient souvent considérés comme l'œuvre d'Héraclès (voir 127. d ; 138. d et 142. 3).*

131.
Le Neuvième des Travaux : la Ceinture d'Hippolyté

a. Le Neuvième des Travaux d'Héraclès fut d'apporter à la fille d'Eurysthée, Admété, la ceinture d'or d'Arès, que portait la reine des Amazones, Hippolyté. Ayant frété un navire, ou sclon ccrtains, neuf navires et réuni une troupe de volontaires, parmi lesquels se trouvaient Iolaos, Télamon d'Égine, Pélée d'Iolcos et, d'après quelques récits, Thésée d'Athènes, Héraclès mit à la voile en direction du fleuve Thermodon[1].

b. Les Amazones étaient filles d'Arès par la Naïade Harmonie ; mais certains disent qu'Aphrodite était leur mère, ou encore Otréré, fille d'Arès[2]. Elles vivaient, au début, au bord du fleuve Amazone, qui porte aujourd'hui le nom de Tanaïs, fils de l'Amazone Lysippé, qui offensa Aphrodite par son mépris du mariage et son amour de la guerre. Pour se venger, Aphrodite fit que Tanaïs tombât amoureux de sa mère ; mais, plutôt que de se laisser aller à une passion incestueuse, il se jeta dans le fleuve et se noya. Lysippé, pour échapper aux reproches de son ombre, conduisit ses filles non loin des côtes de la mer Noire, jusqu'à une plaine proche du fleuve Thermodon, qui prend sa source dans les hautes montagnes de l'Amazonie, et là, elles formèrent trois tribus qui fondèrent chacune une cité[3].

c. A ce moment-là déjà, les Amazones ne reconnaissaient de filiation que par la mère et Lysippé avait instauré que les hommes seraient astreints à toutes les tâches domestiques, tandis que les femmes combattraient et gouverneraient. En conséquence, on brisait les bras et les jambes des enfants mâles afin de les rendre inaptes à la guerre ou aux expéditions. Ces femmes contre nature, que les Scythes appelaient Oeorpata, ne respectaient ni la justice ni la pudeur, mais elles étaient célèbres pour leur nature guerrière, et elles furent les premières à utiliser la cavalerie [4]. Elles étaient armées d'arcs de bronze et utilisaient des boucliers courts en forme de demi-lune ; leurs casques, leurs vêtements et leurs ceintures étaient en peaux de bêtes sauvages [5]. Lysippé, avant de tomber sur le champ de bataille, édifia la grande ville de Thémiscyra, et défit toutes les tribus jusqu'au fleuve Tanaïs. Avec le butin de ses expéditions, elle éleva des temples à Arès et à Artémis dont elle instaura le culte à Tauropolis. Ses descendants étendirent l'empire des Amazones à l'ouest, au-delà du fleuve Tanaïs, jusqu'en Thrace et au sud jusqu'en Phrygie, au-delà du fleuve Thermodon. Trois reines des Amazones qui furent célèbres, Marpessa, Lampado et Hippo, s'emparèrent d'une grande partie de l'Asie Mineure et de la Syrie et fondèrent les villes d'Éphèse, de Smyrne, de Cyrène et de Myrina ; Thiba et Sinope ont été également fondées par des Amazones [6].

d. A Éphèse, elles dressèrent une statue d'Artémis sous un hêtre, à laquelle Hippo offrait des sacrifices ; après quoi, ses suivantes exécutaient une danse du bouclier, puis une danse en rond en faisant cliqueter leurs carquois et en frappant le sol en cadence au son des pipeaux — car Athéna n'avait pas encore inventé la flûte. Le temple d'Artémis Éphésienne, construit plus tard autour de cette statue, et dont la magnificence était incomparable — même le temple d'Apollon à Delphes ne pouvait rivaliser avec le sien —, fit partie des Sept Merveilles du monde ; deux rivières, appelées l'une et l'autre Sélénos et qui coulaient dans des directions opposées, l'entouraient. C'est au cours de cette expédition que les Amazones s'emparèrent de Troie ; Priam n'était encore qu'un enfant à cette époque. Mais, tandis que des détachements de l'armée des Amazones rentraient dans leur pays chargés d'un immense butin, la majeure partie qui était restée en Asie Mineure pour consolider sa puissance fut chassée par les tribus barbares qui s'étaient alliées, et les Amazones perdirent leur reine, Marpessa [7].

e. Au moment où Héraclès se rendit chez les Amazones, elles avaient toutes regagné le fleuve Thermodon et leurs trois villes étaient gouvernées par Hippolyté, Antiopé et Mélanippé. En chemin il s'arrêta à l'île de Paros, célèbre pour son marbre — le roi Rhadamante l'avait léguée à un certain Alcée, fils d'Androgée, mais quatre des fils de Minos, Eurymédon, Chrysès, Néphalion et Philolaos, s'y étaient également fixés. Après le meurtre de deux membres de l'équipage d'Héraclès — descendus à terre pour chercher de l'eau — par les fils de Minos, Héraclès indigné les avait tués tous les quatre et avait attaqué si violemment les habitants de Paros que ceux-ci lui avaient envoyé des émissaires pour lui offrir en dédommagemment des deux marins tués deux hommes qu'il choisirait et qui seraient ses esclaves. Satisfait de cette réparation, Héraclès leva le siège et choisit le roi Alcée et son frère Sthénélos qu'il prit à bord de son navire. Ensuite, il voyagea à travers l'Hellespont et sur le Bosphore jusqu'à Mariandyne, en Mysie, où il fut reçu par le roi Lycos de Paphlagonie, fils de Dascylos et petit-fils de Tantale[8]. En échange, il aida Lycos dans une guerre contre les Bébryces, dont il tua un grand nombre, parmi lesquels leur roi Mygdon, frère d'Amycos ; il reprit une grande partie du territoire de Paphlagonie aux Bébryces, qu'il rendit à Lycos ; celui-ci lui donna le nom d'Héracléidc, cn l'honneur d'Héraclès. Par la suite Héracléia fut colonisée par les Mégariens et les Tanagriens, sur le conseil de la Pythonisse de Delphes qui leur recommanda de fonder une colonie près de la mer Noire, dans une région dédiée à Héraclès[9].

f. Parvenu à l'embouchure du Thermodon, Héraclès jeta l'ancre dans le port de Thémiscyra où Hippolyté lui rendit visite ; séduite par son physique et sa belle musculature, elle lui offrit la ceinture d'Arès en témoignage d'amour. Mais entre-temps Héra, déguisée en Amazone, était allée partout répandre le bruit que ces étrangers avaient l'intention d'enlever Hippolyté ; les femmes-guerriers alors, pleines de courroux, sautèrent en selle et attaquèrent le navire. Héraclès, croyant à une trahison, tua Hippolyté de sa main, lui retira sa ceinture, prit sa hache et d'autres armes et se prépara à se défendre. Il tua tour à tour toutes les Amazones qui dirigeaient la bataille, et mit en déroute leur armée après un terrible massacre[10].

g. D'après certains, cependant, Mélanippé aurait été victime d'une embuscade et Hippolyté lui aurait demandé la ceinture comme rançon, ou bien le contraire. Ou bien encore Thésée avait fait prisonnière Hippolyté et avait fait don de sa ceinture à Héraclès qui, en retour, lui permit de prendre Antiopé comme esclave ; pour d'autres encore, Hippolyté refusa de donner à Héraclès sa ceinture et il y eut entre eux un dur combat ; elle aurait été jetée à bas de son cheval et lui, debout près d'elle, la massue levée, lui aurait offert d'épargner sa vie ; mais elle préféra mourir plutôt que de céder. On dit même que la ceinture appartenait à la fille de Briarée aux Cent Bras [11].

h. A son retour de Thémiscyra, Héraclès revint à Mariandyne et prit part aux Jeux funèbres du frère du roi Lycos, Priolas, qui avait été tué par les Mysiens et pour qui on chantait encore à l'époque historique, des hymnes funèbres. Héraclès boxa contre le champion mariandynien Titias, lui brisa toutes les dents et le tua d'un coup de poing à la tempe. Pour manifester son regret à la suite de cet accident, il soumit les Mysiens et les Phrygiens en faveur de Dascylos ; mais il soumit également les Bithyniens jusqu'à l'embouchure du fleuve Rhebas et au sommet du mont Colone et revendiqua leur royaume pour lui-même. Les Paphlagoniens de Pélops se rendirent de leur propre gré. Cependant, à peine Héraclès était-il parti que les Bébryces, sous la conduite d'Amycos, fils de Poséidon, s'emparèrent, une fois de plus, du territoire de Lycos, étendant ainsi leurs frontières jusqu'au fleuve Hypios [12].

i. Héraclès s'embarqua pour Troie, sauva Hésioné d'un monstre marin et continua son voyage jusqu'à Aenos en Thrace où il fut accueilli par Poltys ; et, juste au moment où il allait reprendre la mer, il tua sur le rivage d'Aenos l'insolent Sarpédon, frère de Poltys et fils de Poséidon. Ensuite, il soumit les Thraces qui s'étaient fixés à Thasos et fit don de l'île aux fils d'Androgée qu'il avait emmenés à Paros ; à Toroné, Télégonos et Polygonos, fils de Protée, le défièrent à la lutte ; il les tua l'un et l'autre [13].

j. Revenu enfin à Mycènes, Héraclès remit la ceinture à Eurysthée qui la donna à Admétè. Quant au reste du butin qu'il prit aux Amazones, il fit don de leurs précieux vêtements au temple d'Apollon à Delphes, donna la hache d'Hippolyté à la reine d'Omphale, qui l'ajouta au trésor sacré de la couronne des rois de Lydie. Plus tard, elle fut transférée à un temple de Zeus en Carie et placée dans la main de la statue du dieu [14].

k. On trouvait encore, à l'époque hellénistique, des Amazones en Albanie, près de Colchis où elles se rendirent après avoir été chassées de Thémiscyra, en même temps que leurs voisins les Gargarensiens. Lorqu'elles furent en sûreté dans les montagnes d'Albanie, les deux peuplades se séparèrent : les Amazones se fixèrent au pied des monts du Caucase, aux alentours du fleuve Mermodas, et les Gargarensiens, immédiatement au nord. Chaque printemps, à une date fixe, des groupes de jeunes Amazones et de jeunes Gargarensiens se rencontraient au sommet de la montagne qui séparait leurs territoires et, après avoir accompli un sacrifice conjointement, ils passaient ensemble deux mois au cours desquels ils s'unissaient joyeusement à la faveur de la nuit. Dès qu'une Amazone était enceinte, elle retournait dans son pays. Toutes les filles qui naissaient devenaient des Amazones, quant aux garçons, ils étaient envoyés aux Gargarensiens qui, n'ayant aucun moyen de connaître leur paternité, les distribuaient par tirage au sort aux différents foyers [15]. La reine Amazone Minythyia quitta sa cour en Albanie pour rencontrer Alexandre le Grand au pays des tigres en Hyrcanie ; là elle s'ébattit avec lui pendant treize jours avec l'espoir d'être enceinte — mais elle mourut sans enfant peu de temps après [16].

l. Il faut distinguer ces Amazones de la mer Caspienne des alliées libyennes de Dionysos qui habitèrent un jour Hespéra, une île du lac Tritonis qui était si riche en arbres fruitiers, en moutons et en chèvres que les habitants ne voyaient pas l'utilité de faire pousser du blé. Après s'être emparé de toutes les villes de l'île, excepté la ville sainte de Méné, patrie des Éthiopiens mangeurs de poisson (qui exploitaient des mines d'émeraude, de rubis, de topaze et de sardoine), elles vainquirent leurs voisins libyens nomades et fondèrent la grande ville de Chersonèse, qui portait ce nom parce qu'elle était bâtie sur une péninsule [17]. C'est de cette base qu'elles attaquèrent les Atlantes, la nation la plus civilisée à l'ouest du Nil et dont la capitale se trouvait dans l'île atlantique de Cerné. Myrina, la reine Amazone, leva une armée de trente mille cavaliers et trois mille fantassins. Elles étaient toutes armées d'arcs et de flèches et, lorsqu'elles battaient en retraite, elles tiraient avec précision sur leurs poursuivants ; elles portaient des armures taillées dans la peau de serpents libyens d'une taille presque incroyable.

m. Myrina envahit le territoire des Atlantes, leur infligea une défaite décisive et, après avoir traversé la mer, s'empara de la ville de Cerné ; là, elle passa au fil de d'épée tous les hommes, fit des esclaves des femmes et des enfants et rasa les murs de la ville. Quand le restant des Atlantes décida de se rendre, elle les traita équitablement, en fit ses amis et, en compensation de la perte qu'ils avaient faite

de Cerné, elle construisit la nouvelle ville de Myrina, où
elle établit les prisonniers et tous ceux qui souhaitaient y
vivre. Comme les Atlantes offraient de lui consacrer des
honneurs divins, Myrina les défendit contre la tribu voisine
des Gorgones, dont elle tua un grand nombre dans
une bataille rangée, faisant en outre plus de trois mille
prisonniers[18]. Cette nuit-là cependant, tandis que les Amazones festoyaient pour célébrer leur victoire, les prisonniers
volèrent leurs épées et, à un signal donné, le gros de
l'armée qui s'était rallié et caché dans un bois de chênes
se précipita de tous les côtés à la fois et massacra les
troupes de Myrina.

n. Myrina réussit à s'échapper — les morts furent
enterrés sous trois énormes tertres appelés les tertres des
Amazones — et, après avoir traversé la majeure partie de
la Libye, elle pénétra en Égypte à la tête d'une nouvelle
armée, se lia d'amitié avec le roi Horus, fils d'Isis, et
continua sa route pour envahir l'Arabie. D'après certains
ce furent ces Amazones libyennes et non pas celles de la
mer Caspienne qui conquirent l'Asie Mineure et, d'après
eux, Myrina, après avoir choisi les meilleurs emplacements
dans son nouvel empire, fonda un grand nombre de villes
côtières, comme Myrina, Cymé, Pitané, Priène et d'autres,
plus à l'intérieur. Elle soumit également plusieurs îles
égéennes, notamment Lesbos, où elle bâtit la ville de
Mitylène qui tient son nom d'une de ses sœurs qui avait
pris part à l'expédition. Pendant que Myrina était encore
occupée à conquérir les îles, une tempête s'abattit sur sa
flotte, mais la Mère des Dieux amena tous les bateaux en
lieu sûr à Samothrace, alors inhabitée, et que Myrina lui
consacra. Elle y édifia des autels et lui offrit des sacrifices
magnifiques.

o. Myrina traversa alors la mer et se rendit sur le
continent, en Thrace. Là, le roi Mopsos et son allié Sipylos
le Scythe la vainquirent après un combat loyal et elle fut
tuée. L'armée des Amazones ne se remit jamais de cette
défaite. Vaincues par les Thraces au cours de fréquents
engagements, les Amazones, ou ce qui en restait, se
retirèrent finalement en Libye[19].

1. *Si Admétè était le nom de la princesse pour qui Héraclès
accomplit tous ces travaux de mariage, l'enlèvement de sa ceinture
dans la chambre nuptiale aurait dû marquer la fin de ses Travaux.*

Mais, tout d'abord, *Admétè aurait dû combattre contre lui,
comme le fit Hippolyté, et comme le fit Penthésilée contre Achille
(voir 164. a et 2) ou Thétis contre Pélée (voir 81. k) — dont
l'intervention dans l'histoire trouve ainsi une explication. Dans
ce cas, elle a dû se métamorphoser selon son habitude, ce qui
suggère que l'Hydre qui avait la forme d'une pieuvre n'était autre
qu'Admétè — le serpent gardien de l'or dont il triompha sous la
forme de Ladon (voir 133. a) — et qu'elle s'est peut-être
transformée aussi en crabe (voir 126. b) avant qu'il parvienne à
venir à bout de sa virginité.*

2. *Une tradition de prêtresses armées persistait encore à Éphèse
et dans d'autres cités d'Asie Mineure ; mais les mythographes grecs
qui avaient oublié l'existence, autrefois, de collèges similaires, à
Athènes et en d'autres cités en Grèce même, envoyèrent Héraclès
chercher la ceinture d'Hippolyté en mer Caspienne, où les tribus
matriarcales existaient encore (voir 100. 1). Un système de trois
tribus est généralement de règle dans une société matriarcale.
Le fait que la ceinture appartenait à une fille de Briarée (« fort »),
un des Géants-aux-Cent-Bras, indique la présence très ancienne
des épreuves en vue du mariage, en Grèce septentrionale.*

3. *Admétè est un nom d'Athéna, et elle devait être représentée
debout, en armes, considérant les exploits d'Héraclès et l'aidant
lorsqu'il était en difficulté. Athéna était Neith, déesse de la
Guerre et de l'Amour des Libyens (voir 8. 1) ; son homologue,
en Asie Mineure, était la grande déesse-Lune Marian, Myrène,
Ay-Mari, Mariamne ou Marienna, qui donna son nom à Mariandyne — « colline de Marian » — et à Myrina, la cité des Lemniens
gynocrates (voir 149. 1), et que les Troyens adorèrent sous le
nom de « Myrina du Saut » (Homère : Iliade II. 814). « Smyrna »
est aussi Myrina, précédée de l'article défini. Marienna, la forme
sumérienne, signifie « Mère très féconde », et la déesse éphésienne
Artémis est une déesse de la fertilité.*

4. *On dit que Myrina fut prise dans une tempête et sauvée par
la Mère des Dieux — en l'honneur de qui elle fonda des autels à
Samothrace — parce qu'elle était elle-même la Mère des Dieux et
ses rites sauvaient les marins du naufrage (voir 149. 2). La même
Déesse-Mère était très anciennement adorée en Thrace, dans la
région du fleuve Tanaïs (Don), en Arménie, dans toute l'Asie
Mineure et en Syrie. L'expédition de Thésée en Amazonie, à
laquelle le mythe d'Héraclès a servi de modèle, apporte un peu
de confusion et il a induit les mythographes à créer des invasions
imaginaires d'Athènes par les Amazones et par les Scythes (voir
100. c).*

5. *C'est une erreur due à Callimaque d'avoir fait ériger une
statue par les Amazones sous un hêtre d'Éphèse ; mais Callimaque,
étant Égyptien, ignorait que les hêtres ne poussaient pas si bas
dans le Sud ; il devait s'agir d'un palmier, symbole de fertilité
(voir 14. 2) qui rappelait aussi l'origine libyenne de la déesse
puisqu'on y suspendait de grandes dattes en or qu'on prenait
généralement pour ses seins. La victoire de Mopsos sur les*

Amazones est l'histoire de la défaite des Hittites vaincus par les Moschiens en l'an 1200 avant J.-C. environ ; les Hittites, à l'origine, vivaient totalement sous le régime patriarcal, mais sous l'influence des sociétés matriarcales d'Asie Mineure et de Babylonie ils avaient accepté le culte de la déesse. A Hattusas, leur capitale, un bas-relief représentant une déesse de la guerre a été récemment découvert par Garstang qui considère le culte d'Artémis d'Éphèse comme d'origine hittite. Les victoires sur les Amazones, d'Héraclès, de Thésée, de Dionysos, de Mopsos et d'autres, rapportent en réalité des retours au système matriarcal en Grèce, en Asie Mineure, en Thrace et en Syrie.

6. *Stéphanos de Byzance (sub Paros) rapporte la tradition selon laquelle Paros était une colonie crétoise. L'expédition qu'y fit Héraclès se rapporte à une occupation hellénique de l'île ; sa remise de Thasos aux fils d'Androgée se rapporte à sa chute due à une armée parienne mentionnée par Thucydide IV. 104 : ceci eut lieu vers la fin du VIIIe siècle avant J.-C. Les Eubéens colonisèrent Toroné environ à la même époque et ils représentaient Toroné « reine à la voix perçante » comme une fille de Protée (Stéphanos de Byzance sub Toroné). La hache double d'Hippolyté (labrys) ne fut cependant pas placée dans la main de Zeus Labrandéen à la place de la foudre ; elle était elle-même la foudre et Zeus la portait avec l'autorisation de la déesse crétoise qui régnait en Lydie.*

7. *Les Gargarensiens sont les Gogarémiens qu'Ézéchiel appelle Gog (Ézéchiel XXXVIII et XXXIX).*

8. *Dans son récit concernant Myrina, Diodore de Sicile cite des traditions primitives de Libye qui font penser aux contes de fée ; il est établi cependant qu'au IIIe millénaire avant J.-C. des émigrants de la période néolithique quittèrent la Libye et partirent dans toutes les directions, probablement chassés par une inondation qui avait recouvert leurs champs (voir 39. 3-6). Le delta du Nil était peuplé pour une grande part de Libyens.*

9. *Selon Apollonios de Rhodes (I. 1126-1129), Titias était « un des trois seuls Dactyles Idéens (« doigts ») à pouvoir décréter un châtiment ». Il nomme un autre Dactyle « Cyllénios ». J'ai montré (La Déesse Blanche) que, dans la magie par les doigts, Titias le Dactyle représentait le médius ; que Cyllénios, alias Héraclès, était le pouce ; et que Dascylos, le troisième Dactyle, était l'index, comme son nom l'indique (voir 53. 1). Ces trois doigts levés, tandis que le quatrième et le petit doigt étaient pliés, constituaient « la bénédiction phrygienne ». A l'origine, cette bénédiction était donnée au nom de Myrina ; aujourd'hui, les prêtres catholiques s'en servent comme symbole de la Trinité chrétienne.*

10. *Tityos qui tua Apollon (voir 21. d) est peut-être un doublet de Titias. La prise de l'île de Cerné par Myrina semble être une addition tardive et sans fondement. Cerné a été identifiée à Fedallah, près de Fez, ou avec Santa Cruz près de cap Ghir, ou (avec plus de vraisemblance) avec Arguin un peu au sud de Cabo*

Blanco. Elle fut découverte et colonisée par le Carthaginois Hannon qui la situe à la même distance des Colonnes d'Hercule que les Colonnes d'Hercule le sont de Carthage et elle devint le grand entrepôt commercial de l'Afrique occidentale.

★

11. *Voilà pour les éléments mythiques du Neuvième de ses Travaux. Cependant, l'expédition d'Héraclès, en direction du Thermodon, et ses guerres en Mysie et en Phrygie ne doivent pas être écartées comme totalement dénuées de fondement historique. Comme le voyage de l'Argo (voir 148. 10), ils rapportent les aventures du commerce grec en mer Noire à une époque remontant peut-être au IIe millénaire avant J.-C. ; et l'intrusion dans les eaux de Minyens d'Iolcos et d'Argiens donne à penser qu'Hélène avait peut-être été très belle et s'était peut-être fait enlever par Pâris à Troie, mais que ce n'était cependant pas son visage qui avait fait prendre la mer à mille navires, mais bien des intérêts commerciaux. Achille, fils de Pélée, Ajax, fils de Télamon et Diomède d'Argos figuraient parmi les alliés d'Agamemnon qui pressèrent Priam de les autoriser à passer librement par l'Helles-pont comme leurs ancêtres le faisaient — s'il ne voulait pas que sa ville fût mise à sac comme celle de Laomédon, qui l'avait été pour la même raison (voir 137. 1). D'où les affirmations sujettes à caution des Athéniens d'avoir été représentés dans l'expédition d'Héraclès par Thésée, dans le voyage de l'Argo par Phaléros et, à Troie, par Ménesthée, Démophon et Acamas. Ils voulaient ainsi justifier le contrôle du commerce en mer Noire, dont la destruction de Troie et le déclin de Rhodes leur avaient permis de s'assurer (voir 159. 2 ; 160. 2-3 et 162. 3).*

132.
Le Dixième des Travaux : le Troupeau de Géryon

a. Le Dixième des Travaux d'Héraclès fut de ramener d'Érythie le fameux troupeau de Géryon d'Érythie, une île située près de l'Océan, sans autorisation ni paiement. Géryon, fils de Chrysaor et de Callirrhoé, fille du Titan Océanos, était roi de Tartessos, en Espagne, et il avait la réputation d'être l'homme le plus fort de la terre[1]. Il était né avec trois têtes, six mains et trois corps réunis à la taille. Quant aux troupeaux de Géryon, ils étaient d'une beauté merveilleuse ; ils étaient gardés par le berger Eurytion, fils d'Arès, et par le chien à deux têtes Orthros, qui avait appartenu à Atlas — né de Typhon et d'Échidna[2].

b. Au cours de son passage à travers l'Europe, Héraclès tua de nombreuses bêtes sauvages et, lorsqu'il atteignit finalement Tartessos, il éleva deux colonnes l'une en face de l'autre, de part et d'autre du détroit, l'une en Europe, l'autre en Afrique. D'après certains, les deux continents étaient auparavant réunis et Héraclès creusa un tunnel ou bien sépara les rochers ; d'après d'autres au contraire, il réduisit la largeur du détroit, qui existait déjà, pour empêcher les requins et les monstres marins de le franchir [3].

c. Hélios dardait ses rayons sur Héraclès qui, trouvant qu'il était impossible de travailler sous une telle chaleur, banda son arc et tira une flèche contre le dieu. « Arrête », s'écria Hélios furieux. Héraclès s'excusa pour sa mauvaise humeur et détendit aussitôt la corde de son arc. Pour ne pas être en reste avec lui, Hélios tendit à Héraclès sa coupe d'or, en forme de nénuphar, dans laquelle il se rendit à Érythie ; mais le Titan Océanos, pour l'éprouver, agita fortement la coupe sur les vagues. De nouveau Héraclès sortit son arc et Océanos, effrayé, calma la mer. Selon une autre version, Héraclès s'embarqua pour Érythie dans une urne de bronze et utilisa sa peau de lion en guise de voile [4].

d. Aussitôt arrivé, il se rendit au mont Abas. Le chien Orthros s'élança sur lui en aboyant, mais Héraclès l'abattit de sa massue ; et Eurytion, le berger de Géryon, qui se précipitait au secours d'Orthros, périt de la même manière. Héraclès se mit alors à emmener le troupeau. Ménoetès, qui faisait paître les troupeaux d'Hadès dans le voisinage — mais à ceux-ci Héraclès n'avait pas touché — rapporta la nouvelle à Géryon. Défié en un combat singulier, Héraclès attaqua Géryon par le flanc et le transperça en lui envoyant une flèche dans le côté qui traversa ses trois corps ; mais, d'après certains, il resta sur place et lança trois flèches. Puis, comme Héra se précipitait pour aider Géryon, Héraclès la blessa d'une flèche au sein droit et elle s'enfuit. Ainsi, il obtint le troupeau sans autorisation ni paiement et s'embarqua dans la coupe d'or, sur laquelle il traversa la mer jusqu'à Tartessos et il la rendit à Hélios en le remerciant. Du sang de Géryon naquit un arbre qui, à l'époque où apparaissent les Pléiades, porte des fruits sans noyaux qui ressemblent à des cerises. Cependant, Géryon n'était pas mort sans laisser de descendance : sa fille Érythie devint, par Hermès, mère de Norax, qui était arrivé, à la tête d'un groupe de colons, en Sardaigne, avant même le temps d'Hyllos et y avait fondé Nora, la plus ancienne ville de l'île [5].

132. b — 132. d

e. La situation géographique exacte d'Érythie, qu'on appelait aussi Érythrée ou Érythrie, est contestée. Bien que certains la décrivent comme une île au-delà de l'Océan, d'autres la situent au-delà de la côte de Lusitanie[6]. D'autres l'identifient avec l'île de Léon, ou avec une petite île voisine sur laquelle la première ville de Gadès fut construite, et où les pâturages sont si riches que le lait ne fait pas de petit lait quand il caille et qu'on est obligé de faire des saignées au bétail tous les cinquante jours sinon les bêtes suffoqueraient par excès de sang. Cette petite île, consacrée à Héra, s'appelle ou bien Érythie ou bien Aphrodisias. Léon, sur laquelle était érigée Gadès, l'actuelle Cadix, s'appelait Cotinusa à cause de ses oliviers mais les Phéniciens changèrent son nom en celui de Gadira ou « ville fortifiée ». Sur sa côte occidentale se trouvaient un temple de Cronos et la ville de Gadès ; sur la côte orientale, un temple d'Héraclès remarquable par une source dont le débit baissait à marée haute et augmentait à marée basse ; Géryon était aussi enterré dans la ville, célèbre en outre par un arbre mystérieux qui prenait diverses formes[7].

f. Selon un autre récit, cependant, le troupeau de Géryon ne paissait pas dans une île mais sur les pentes montagneuses de la partie la plus éloignée d'Espagne, face à l'Océan ; et Géryon était le titre du fameux roi Chrysaor qui régnait sur tout le pays et que ses trois fils robustes et courageux aidaient à défendre son royaume, chacun d'eux à la tête d'une armée recrutée parmi des races guerrières. Pour les affronter, Héraclès rassembla des troupes pour une grande expédition en Crète, lieu de naissance de Zeus. Avant de se mettre en route, il fut magnifiquement traité par les Crétois qui lui firent des honneurs splendides et, en retour, il débarrassa leur île des ours, des loups, des serpents et d'autres animaux nuisibles qui l'infestaient ; elle en resta libérée par la suite. Il se rendit d'abord en Libye où il tua Antée, détruisit les bêtes sauvages qui infestaient le désert et procura au pays une fertilité et une abondance jamais atteintes. Ensuite, il se rendit en Égypte où il tua Busiris ; puis il se dirigea vers l'ouest, traversa l'Afrique du Nord, annihila sur sa route les Gorgones et les Amazones de Libye, fonda la ville d'Hécatompylos, la Capsa du temps des Romains, en Numidie du Sud, et atteignit l'Océan, près de Gadès. Là il éleva les deux colonnes de part et d'autre du détroit et, ayant transporté par bateau son armée en Espagne, il s'aperçut que les fils de Chrysaor, avec leurs trois armées, campaient à une certaine distance les unes des autres. Il les vainquit et les tua successivement puis il emmena le célèbre troupeau de Géryon en abandonnant le gouvernement de l'Espagne au plus digne des habitants du pays qui avaient survécu [8].

g. On identifiait généralement les Colonnes d'Hercule avec le mont Calpé, en Europe, et le mont Abyle ou Abilyx, en Afrique. D'autres les considéraient comme les petites îles de Gadès, dont la plus grande était consacrée à Héra. Tous les Espagnols et les Libyens cependant prenaient le mot « Colonnes » littéralement et les situaient à Gadès où des colonnes d'airain étaient consacrées à Héraclès, hautes de huit coudées, et sur lesquelles était gravé le prix que leur construction avait coûté ; les marins y faisaient des sacrifices chaque fois qu'ils revenaient sains et saufs d'un voyage. Selon les habitants de Gadès eux-mêmes, le roi de Tyre reçut l'ordre d'un oracle de fonder une colonie non loin des Colonnes d'Hercule, et il envoya trois fois des hommes pour explorer les lieux. Le premier groupe pensant que l'oracle avait indiqué Abyla et Calpé aborda dans le détroit, à l'endroit où se trouvait la ville d'Exitani ; le deuxième groupe dépassa de deux cent milles le détroit et aborda dans une île consacrée à Héraclès faisant face à la ville espagnole d'Onoba ; mais les uns et les autres furent découragés par de mauvais présages lorsqu'ils firent des sacrifices et rentrèrent dans leur pays. Le troisième groupe atteignit Gadès où il éleva un temple à Héraclès, à l'extrémité orientale, et fonda avec plein succès la ville de Gadès sur la partie occidentale [9].

h. Certains, cependant, disaient que ce n'était pas Héraclès qui avait érigé ces Colonnes et assuraient qu'Abyla et Calpé furent d'abord appelées les « Colonnes de Cronos » et ensuite les « Colonnes de Briarée », un géant dont le pouvoir s'étendait jusque-là ; mais que le souvenir de Briarée (appelé aussi Aegaeon) s'étant effacé, on changea leur nom en l'honneur d'Héraclès — peut-être parce qu'il fonda la ville de Tartessos située à cinq milles seulement de Calpé, et qu'on appelait Héracléia. On pouvait encore y voir, à l'époque historique, les vestiges de grandes murailles et de hangars à bateaux [10]. Mais il ne faut pas oublier que le premier Héraclès s'appelait aussi Briarée. Les « Colonnes d'Héraclès » sont généralement au nombre de deux ; mais certains auteurs de l'Antiquité parlent de deux ou trois, ou quatre [11]. Des colonnes appelées « Colonnes d'Hercule » sont aussi signalées sur les côtes nord d'Allemagne, en mer Noire, à l'extrémité ouest de la Gaule ; et également en Inde [12].

i. Un temple d'Héraclès se trouvait sur le Promontoire Sacré en Lusitanie, le lieu le plus occidental du monde. Il était interdit aux visiteurs de pénétrer dans l'enceinte, la nuit, car c'est le moment où les dieux s'y installent. Peut-être Héraclès choisit-il ce lieu lorsqu'il éleva ses colonnes pour indiquer les limites extrêmes au-delà desquelles il était interdit de voyager [13].

j. La manière dont il emmena ensuite le troupeau à Mycènes est très controversée. D'après certains, il réunit provisoirement Abyla et Calpé et se rendit en Libye sur le pont ainsi formé ; mais, selon une version plus vraisemblable, il passa par Abdère, une colonie phénicienne, puis par l'Espagne, en laissant en arrière quelques-uns de ses compagnons comme colons [14]. Dans les Pyrénées, il courtisa puis enterra la princesse bébryce Pyréné dont cette chaîne porte aujourd'hui le nom ; le Danube prend, dit-on, sa source, près d'une ville qui, en son honneur, porte son nom. Puis il se rendit en Gaule où il abolit la coutume barbare des indigènes de tuer les étrangers et s'attacha à ce point les habitants du pays par ses exploits qu'il fut en mesure de fonder une grande ville à laquelle il donna le nom d'Alésia ou « Pérégrinations », en souvenir de ses voyages. A l'époque romaine encore les Gaulois honoraient Alésia et la considéraient comme le centre et la capitale de tout leur pays. Elle ne fut jamais conquise jusqu'au règne de Caligula — et les Gaulois se prétendaient descendants d'Héraclès par son union avec une princesse de haute taille du nom de Galata qui l'élut comme amant et engendra de ses œuvres cette race guerrière [15].

k. Pendant qu'Héraclès conduisait le troupeau de Géryon à travers la Ligurie, deux fils de Poséidon, nommés Ialébion et Dercynos, essayèrent de le lui voler ; il les tua l'un et l'autre. A un certain moment, au cours de la bataille qui l'opposait aux Liguriens hostiles, Héraclès se trouva à court de flèches et s'agenouilla en pleurant, blessé et épuisé. Le sol étant en terre molle il ne trouvait pas de pierres à lancer contre ses ennemis — dont Ligys, le frère d'Ialébion, était le chef —, alors Zeus le prenant en pitié à cause de ses larmes, recouvrit la terre d'un nuage d'où s'abattit une pluie de pierres grâce auxquelles il put mettre en fuite les Liguriens. Zeus plaça parmi les étoiles une image d'Héraclès combattant les Liguriens : c'est la constellation d'Engonasis. Un autre souvenir de cette bataille a survécu sur la terre : la vaste plaine en forme circulaire, qui s'étend entre Marseille et les bouches du Rhône, à environ quinze milles de la mer, qu'on appelle la « Plaine Pierreuse », parce que son sol est jonché de pierres de la taille d'une main d'homme ; on y trouve aussi des sources d'eau salée [16].

l. Lorsqu'il passa les Alpes Liguriennes, Héraclès construisit une route pour ses armées et ses fourgons à bagages ; il détruisit également toutes les bandes de brigands qui infestaient le défilé avant de pénétrer dans ce qu'on appelle la Gaule cisalpine et l'Étrurie. C'est seulement après avoir parcouru toute la côte italienne et après avoir traversé la mer pour aller en Sicile, qu'il se dit : « Je me suis trompé de route ! » Les Romains disent que lorsqu'il atteignit l'Albula — appelé le Tibre par la suite — il fut reçu par le roi Évandre, exilé d'Arcadie. Le soir, il traversa à la nage en poussant devant lui le troupeau et s'étendit sur l'herbe pour se reposer [17]. Dans une profonde caverne du voisinage, vivait un berger hideux, à trois têtes et aux proportions gigantesques. Il s'appelait Cacus, fils d'Héphaïstos et de Méduse, et il semait la terreur dans la forêt Aventine ; ses trois bouches crachaient des flammes. Des crânes humains et des bras étaient cloués sur les parois de sa caverne dont le sol était blanchi par les ossements de ses victimes accumulées. Pendant qu'Héraclès dormait, Cacus lui vola ses plus beaux taureaux ainsi que quatre génisses qu'il tira à reculons dans son repaire [18].

m. Aux premières lueurs de l'aube, Héraclès s'éveilla et il remarqua immédiatement qu'il manquait des bêtes au troupeau. Après les avoir cherchées en vain, il était sur le point de continuer sa route avec le reste du troupeau quand une des génisses poussa un beuglement de faim. Héraclès, ayant repéré d'où venait le cri, se dirigea vers la caverne mais il trouva l'entrée barrée par un rocher que dix bœufs attelés n'auraient pas pu déplacer. Cependant, il l'écarta comme s'il s'était agi d'un simple caillou, et, sans se soucier des flammes qui sortaient des bouches de Cacus, il le prit à bras-le-corps et lui arracha la peau du visage à force de coups [19].

n. Puis, avec l'aide du roi Évandre, Héraclès éleva un autel à Zeus et y sacrifia un des taureaux qu'il avait retrouvés et ensuite organisa son propre culte. Mais les Romains racontent cette histoire de façon à se couvrir de gloire ; selon eux, ce ne serait pas Héraclès qui aurait tué Cacus ni offert des sacrifices à Zeus, mais un berger de taille gigantesque du nom de Garanus ou Recaranus, allié d'Héraclès [20].

o. Le roi Évandre ne gouvernait pas par la force. Il avait un ascendant personnel et il était particulièrement respecté parce qu'il connaissait les caractères d'écriture ; il tenait ses connaissances de sa mère pythonisse, la nymphe arcadienne Nicostraté ou Thémis ; elle était fille du Fleuve Ladon et, bien que déjà mariée à Échémos, elle donna Évandre à Hermès. Nicostraté persuada Évandre de tuer son père présumé ; et après que les Arcadiens les eurent bannis l'un et l'autre, elle se rendit avec lui en Italie ; ils étaient accompagnés d'un petit groupe de Pélasgiens [21]. Là, une soixantaine d'années avant la guerre de Troie, ils fondèrent la petite ville de Pallantium, sur la colline près du fleuve Tibre, qu'on appela par la suite le mont Palatin ; c'était Nicostraté qui avait choisi l'endroit. Bientôt il n'y eut pas de roi plus puissant que Nicostraté dans toute l'Italie. Nicostraté, à présent appelée Carmenta, adapta l'alphabet à treize consonnes des Pélasges, que Cadmos avait rapporté d'Égypte, et constitua l'alphabet latin à quinze consonnes. Mais certains assurent que c'est Héraclès qui enseigna aux sujets d'Évandre l'usage des lettres, et c'est la raison pour laquelle il partage avec les Muses un autel [22].

p. Selon les Romains, Héraclès délivra Évandre du tribut aux Étrusques auquel il était tenu ; il tua le roi Faunus, qui avait coutume de sacrifier des étrangers à l'autel de son père Hermès et engendra Latinus, l'ancêtre des Latins, par la veuve ou la fille de Faunos. Mais les Grecs considéraient que Latinus était fils de Circé par Odysseus. En tout cas, Héraclès supprima le sacrifice annuel qu'on faisait à Cronos de deux hommes jetés dans le Tibre et obligea les Romains à utiliser des poupées à leur place ; à l'époque historique encore, au mois de mai, quand la lune est pleine, la Grande Vestale, debout sur le Pont Sublicius, en bois de chêne, jette dans les eaux jaunes du fleuve des statuettes blanches en jonc tressé représentant de vieux hommes appelés les « Argiens » [23]. On croit qu'Héraclès a aussi fondé Pompéi et Herculanum ; qu'il a lutté contre des géants dans la plaine Phlegréenne de Cumes ; qu'il a construit une chaussée de deux kilomètres traversant le golfe de Lucrin, appelée par les Romains Route d'Héraclès, qu'il utilisa pour faire passer le troupeau de Géryon [24].

q. On dit aussi qu'il s'étendit pour se reposer non loin de la frontière de Rhégium et de Locres Épizéphyrienne,

et là, fortement indisposé par les cigales, il demanda aux
dieux de leur imposer silence. Sa prière fut exaucée aussitôt
et on n'entend plus jamais les cigales sur la rive du
fleuve Alécé du côté de Rhégium, alors qu'elles chantent
joyeusement du côté de Locres. Ce jour-là un taureau
quitta le troupeau, plongea dans la mer et partit à la nage
jusqu'en Sicile. Héraclès s'élança à sa poursuite et le
découvrit, caché parmi les bêtes du troupeau d'Éryx roi
des Élymes, fils d'Aphrodite par Boutès[25]. Éryx, qui était
champion de lutte et de boxe, le défia à une quintuple
épreuve. Héraclès accepta de se mesurer à lui, à la condition
qu'Éryx mît en jeu son royaume contre le taureau échappé,
et il gagna les quatre premières épreuves, finalement, dans
l'épreuve de lutte, il souleva Éryx très haut, le lança par
terre et le tua — ce qui apprit aux Siciliens que le fait
d'être né d'une déesse ne rend pas nécessairement immortel.
Ainsi Héraclès obtint le royaume d'Éryx, qu'il laissa aux
mains des habitants du pays jusqu'au jour où un de ses
descendants viendrait le réclamer[26].

r. D'après certains, Éryx — dont on peut voir encore le
terrain de lutte — avait une fille du nom de Psophis, qui
donna à Héraclès deux fils : Échéphron et Promachos.
Élevés à Érymanthe, ils changèrent son nom en celui de
Psophis d'après celui de leur mère ; là ils édifièrent un
autel à Aphrodite Érycine dont il ne resta bientôt que les
ruines. Les autels consacrés aux héros Échéphron et
Promachos ont rapidement perdu de leur importance et
Psophis est considérée comme une fille de Xanthos, petit-
fils d'Arcas[27].

s. Poursuivant sa route à travers la Sicile, Héraclès
parvint aux lieux où se trouve aujourd'hui la ville de
Syracuse ; là il offrit des sacrifices et institua la fête
annuelle à la source sacrée de Cyané auprès de laquelle
Hadès enleva Coré pour l'emmener dans le Monde Souterrain. A ceux qui l'honoraient dans la plaine de Léontini,
Héraclès laissa des souvenirs impérissables de son passage.
Près de la ville d'Agyrium on trouva sur les pierres de la
route l'empreinte des sabots de son troupeau, comme si
elles avaient été en cire ; et Héraclès, considérant ce fait
comme un signe de son immortalité, accepta des habitants
qu'ils lui rendissent les honneurs divins qu'il avait jusque-
là obstinément refusés. Puis, afin de leur témoigner sa
reconnaissance pour les faveurs dont ils l'honoraient, il
creusa un lac d'une circonférence de huit cents mètres en

dehors des murs de la ville et fonda les sanctuaires locaux d'Iolaos et de Géryon[28].

t. Revenant en Italie en quête d'une autre route vers la Grèce, Héraclès conduisit son troupeau le long de la côte orientale, vers le cap Lacinion, où le roi Lacinios put se vanter par la suite d'avoir mis en fuite le héros ; il réussit cet exploit en construisant simplement un temple à Héra ; lorsqu'il l'aperçut, Héraclès, dégoûté, s'en alla. Dix kilomètres plus loin, Héraclès tua accidentellement Croton, l'enterra avec tous les honneurs et prédit que, dans les temps futurs, une grande ville s'élèverait là et qui porterait son nom. Héraclès réalisa cette prophétie après sa divinisation : il apparut en songe à l'un de ses descendants, l'Argien Myscélos, et le menaça d'un terrible châtiment s'il ne conduisait pas un groupe de colons en Sicile pour y fonder une ville ; et, lorsque les Argiens furent sur le point de condamner Myscélos à mort pour avoir transgressé leur interdiction d'émigrer, il transforma miraculeusement les cailloux de vote : de noirs ils devinrent blancs[29].

u. Héraclès proposa ensuite de conduire le troupeau de Géryon en Épire, à travers l'Istrie et de là au Péloponnèse, en passant par l'isthme. Mais à l'entrée du golfe de l'Adriatique, Héra envoya un taon qui jeta la panique dans le troupeau qui se répandit en Thrace et dans le désert de Scythie où Héraclès partit à sa poursuite et là, par une nuit froide et orageuse, il se couvrit de sa peau de lion et s'endormit sur une colline. Lorsqu'il s'éveilla il s'aperçut que les juments de son char qu'il avait dételées pour les laisser paître avaient également disparu. Il les chercha partout et arriva finalement à la bourgade voisine d'Hylaea ; là, une étrange créature, moitié femme moitié serpent, l'interpella du fond d'une caverne. Elle avait ses juments, disait-elle, mais elle ne les lui rendrait que s'il devenait son amant. Héraclès accepta, bien qu'à contrecœur, et l'embrassa trois fois ; après quoi la femme-serpent l'étreignit passionnément, et quand enfin il put s'en aller, elle lui demanda : « Que vais-je faire maintenant des trois fils que je porte dans mon sein ? Lorsqu'ils seront grands, faut-il que je les établisse là où je règne, ou veux-tu que je te les envoie ? »

v. « Quand ils seront grands, observe-les attentivement ! répondit Héraclès. Si l'un d'eux bande son arc ainsi que je fais en ce moment, et ajuste sa ceinture du même geste que moi, choisis-le pour régner sur ton pays. » A ces mots, il lui remit un de ses deux arcs et sa ceinture à laquelle

pendait un gobelet d'or ; puis il partit. Elle appela ses
triplés Agathyrsos, Gélonos et Scythès. Les deux aînés ne
surent pas faire ce que leur père avait demandé et elle les
chassa ; mais Scythès réussit les deux choses et elle lui
permit de rester ; il devint ainsi l'ancêtre de tous les rois
scythes qui, jusqu'à l'époque historique, portèrent un
gobelet d'or pendu à leur ceinture [30]. Mais selon d'autres,
c'est Zeus, et non Héraclès, qui s'unit à la femme-serpent
et pendant que ses trois fils régnaient sur le pays, quatre
instruments d'or tombèrent du ciel : une charrue, un joug,
une hache de combat et une coupe. Agathyrsos, le premier,
courut pour les ramasser, mais, lorsqu'il se baissa, l'or
s'embrasa et lui brûla les mains. A son tour Gélonos fut
obligé de reculer mais quand Scythès, le plus jeune,
s'approcha, le feu s'éteignit aussitôt ; il ramena alors chez
lui les quatre trésors en or et ses frères aînés, d'un commun
accord, lui cédèrent le trône [31].

w. Héraclès, après être rentré en possession de ses
juments et de la plus grande partie de son troupeau, le
ramena en lui faisant traverser le fleuve Strymon, qu'il
combla avec des pierres pour la circonstance, et n'eut pas
d'autres aventures jusqu'à ce qu'Alcyonée, le géant berger
qui avait pris possession de l'isthme de Corinthe, lançât
un rocher contre l'armée qui, comme de coutume, suivait
Héraclès, ne détruisant pas moins de douze chars et tuant
le double de cavaliers. C'est ce même Alcyonée, qui, par
deux fois, avait volé le troupeau sacré d'Hélios, une
première fois d'Érythie et une seconde fois de la citadelle
de Corinthe. Non content d'avoir attaqué les compagnons
d'Héraclès, il reprit le rocher et, cette fois, il le lança
contre le héros en personne qui le lui renvoya d'un coup
de massue et tua ainsi le géant ; c'est ce rocher qu'on
montrait encore dans l'isthme de Corinthe [32].

★

1. *Le thème principal des Travaux d'Héraclès, c'est l'accomplissement de certains exploits rituels en vue d'être accepté comme consort d'Admétè ou d'Augé ou d'Athéna ou d'Hippolyté, peu importe le nom de la reine. Lè dixième de ses Travaux, tout à fait extravagant, participait peut-être à l'origine du même thème : il rappelle la coutume hellénique patriarcale d'après laquelle le mari achetait sa fiancée avec le produit du vol d'un troupeau. Au temps d'Homère, en Grèce, les femmes étaient estimées à tant de têtes de bétail comme elles le sont encore dans certaines parties de l'Afrique orientale et centrale. Mais des éléments étrangers se*

sont infiltrés dans le mythe, notamment son voyage à l'Ile occidentale de la Mort, dont il réussit à revenir, chargé de butin. Cet événement possède un équivalent dans la légende irlandaise de Cuchulain qui hersa l'Enfer — « la cité de l'ombre » de Dun Scaith — et en rapporta trois vaches et un chaudron magique malgré les tempêtes que les dieux envoyèrent contre lui. L'urne de bronze dans laquelle Héraclès navigua vers Érythie était le navire qui convenait pour se rendre dans l'Ile de la Mort, et on l'a peut-être confondue avec le chaudron magique. Dans la onzième tablette de l'époque babylonienne de Gilgamesh, Gilgamesh fait un voyage similaire à une Ile de la Mort, traverse une mer de la Mort, en utilisant ses vêtements comme voile. Cet incident appelle l'attention sur de nombreuses similitudes entre les mythes d'Héraclès et de Gilgamesh ; leur source commune est probablement sumérienne. Comme Héraclès, Gilgamesh tue un lion monstrueux et se revêt de sa peau (voir 123. e) ; il saisit un taureau céleste par les cornes et le soumet (voir 129. b) ; il découvre une herbe secrète qui rend invulnérable (voir 135. b) ; il fait le même voyage que le soleil (voir 132. d) et il visite un Jardin des Hespérides, où après avoir tué un dragon enroulé autour d'un arbre sacré, il reçoit en récompense deux objets sacrés du Monde Souterrain (voir 133. e). Les rapports de Gilgamesh et de son compagnon Enkidu sont les mêmes que ceux de Thésée, l'Héraclès athénien, et de son camarade Pirithoos qui descendit au Tartare et n'en revint pas (voir 103. c et d) ; quant à l'aventure de Gilgamesh avec les scorpions, elle a été attribuée au béotien Orion (voir 41. 3).

2. Les colonies grecques préphéniciennes établies en Espagne, en Gaule et en Italie sous la protection d'Héraclès ont contribué à l'élaboration du mythe ; et, du point de vue géographique, les Colonnes d'Hercule — où parvinrent un groupe de colons vers 1100 environ avant J.-C. — sont Ceuta et Gibraltar.

3. Mais du point de vue de la mystique celto-ibérique, les colonnes sont des lettres d'un alphabet abstrait. « Marwnad Ercwlf », un ancien poème gallois qui se trouve dans le Livre rouge d'Hergest, traite de l'Héraclès celtique — que les Irlandais appelaient « Ogma Visage de Soleil » et Lucien. « Ogmios » (voir 125. 1) — et raconte comment Ercwlf érigea « quatre colonnes d'égale hauteur couronnées d'or rouge », apparemment les quatre colonnes de cinq lettres chacune qui constituaient l'alphabet de vingt lettres des bardes connu sous le nom de Boibel-Loth (La Déesse Blanche) ; il semble qu'aux environs de l'année 400 avant J.-C., ce nouvel alphabet, dont le nom des lettres, en grec, se rapportait au voyage céleste d'Héraclès dans la coupe solaire, sa mort sur le mont Oeta et ses pouvoirs en tant que fondateur de ville et juge (La Déesse Blanche) remplacèrent l'alphabet d'arbres Beth-Luis-Nion, dont les lettres se rapportaient au meurtre sacrificiel de Cronos par les femmes sauvages (La Déesse Blanche). Comme les Gorgones possédaient un bois sacré à Érythie — l'« Ile rouge » , identifiée par Phérécyde comme étant l'île de

Gadès — et comme « arbres » dans toutes les langues celtiques signifie lettres, je pense que « les arbres qui prennent différentes formes » sont l'alphabet Beth-Luis-Nion, dont les Gorgones gardaient le secret dans leur bois sacré jusqu'au moment où Héraclès les anéantit. De ce point de vue, l'incursion d'Héraclès à Érythie, où il tua Géryon et le chien Orthros — l'étoile Sirius de la constellation du Chien —, se rapporte au remplacement de l'alphabet de Cronos par l'alphabet d'Héraclès.

4. *Hésiode (Théogonie 287) appelle Géryon* tricephalon *« à trois têtes » ; qu'on peut lire aussi* tricarenon, *ce qui signifie la même chose. « Tricarenon » rappelle* Tarvos Trigaranos, *le dieu celtique qui avait deux mains gauches, représenté en compagnie de grues et d'un taureau sur l'autel de Pâris, abattant un saule. Géryon, mot sans signification en grec, semble être une forme dégradée de* Trigaranos. *Puisque, dans les traditions grecques comme dans les traditions irlandaises, les Grecs sont associés aux secrets des lettres de l'alphabet (voir 52. 6) et avec les poètes, Géryon semble être le gardien de l'alphabet primitif, au service de la déesse : en réalité, c'était Cronos et les Dactyles. A Érythie, l'Ile de la Mort, Cronos-Géryon, qui fut un héros solaire du type Héraclès-Briarée, était devenu un dieu des morts, avec Orthros comme cerbère. Et c'est pourquoi le Dixième des Travaux a été confondu avec le Douzième, Ménoetès figurant dans les deux. Bien que « le fruit sans noyau ressemblant à la cerise » né du sang de Géryon ait peut-être été le fruit de l'arbousier, originaire d'Espagne, l'histoire a été influencée par la consécration à Cronos-Saturne, du fruit du cornouiller qui apparaît très tôt (La Déesse Blanche) et qui donne une teinture rouge comme le Kermès. Le rôle de Chrysaor est important. Son nom signifie « faux d'or », l'arme associée au culte de Cronos, et il était, dit-on, le fils de la Méduse Gorgone (voir 33. b ; 73. h et 138. j).*

5. *Norax, le petit-fils de Géryon par Érythie et Hermès — on dit qu'Hermès apporta l'alphabet d'arbres de Grèce en Égypte et l'y ramena — semble avoir été mis par erreur pour Norops, mot grec signifiant « visage du soleil ». Cette généalogie a été inversée par les mythographes irlandais : ils rapportent que leur Géryon dont les trois personnifications étaient Brian, Iuchar et Iucharba — Mitra, Varuna et Indra, sous une autre forme — avait Ogma comme grand-père et non pas comme petit-fils et que son fils était le dieu solaire celtibère Lugh, Llew, ou Lugos. Ils insistaient aussi pour dire que l'alphabet leur avait été apporté de Grèce par l'Espagne. Le corbeau de Cronos était consacré à Lugos, selon Plutarque, qui rapporte (Des Fleuves et des Montagnes V) que « Lugdunum » — Lyon, la forteresse de Lugos — « était ainsi nommée parce qu'un présage, transmis par des corbeaux, avait conseillé le choix du lieu ; lug signifiant corbeau dans le dialecte allobrigien ».*

6. *Verrius Flaccus semble avoir été trahi par Servius ; il est plus probable que celui-ci ait écrit que « Garanos à trois têtes (Géryon), et non pas Cacos, était le nom de la victime d'Héraclès*

et qu'Évandre aida Héraclès » ; *ce qui concorderait avec le récit racontant comment la mère d'Évandre, Carmenta, supprima l'alphabet formé de treize consonnes, le Beth-Luis-Nion de Cronos, en faveur de l'alphabet à quinze consonnes Boibel-Loth d'Héraclès-Ogma* (La Déesse Blanche). *Le roi Juba dit, selon Plutarque, qu'Héraclès enseigna aux sujets d'Évandre l'usage des lettres de l'alphabet* ; *or, ce roi Juba était un magistrat honoraire de Gadès, et il devait être assez renseigné sur l'alphabet. Dans cette histoire d'Évandre, Héraclès apparaît clairement comme un ennemi du culte de Cronos, puisqu'il abolit les sacrifices humains. Ses voyages en Italie et en Sicile ont été inventés pour expliquer les nombreux temples qui y étaient érigés en son honneur* ; *son quintuple concours avec Éryx, pour justifier les expéditions colonisatrices que* Pentathlos *de Cnide, l'Héraclide, et Dorieus, le Spartiate, commandèrent et conduisirent jusqu'à la région d'Éryx. L'Héraclès honoré à Agyrium a peut-être été un ancêtre qui avait mené les Sicules à travers les détroits d'Italie, vers l'an 1050 avant J.-C. (Thucydide : VI. 2. 5). On l'a fait aussi se rendre en Scythie* ; *les membres de la colonie grecque sur les rives occidentale et septentrionale de la mer Noire intégrèrent un Héraclès scythe, champion du tir à l'arc (voir 119. 5) dans le méli-mélo du dixième de ses Travaux. Sa fiancée, la femme à la queue de serpent, était une déesse de la Terre, mère des trois principales tribus scythes, mentionnées par Hérodote* ; *dans une autre version du mythe, qu'a reprise la ballade anglaise* The Laidley Worm, *après l'avoir embrassée trois fois, elle se transforme « en la plus belle des femmes que vous ayez jamais vue ».*

7. *L'anecdote d'Alcyonée semble devoir être séparée du mythe de l'attaque de l'Olympe par les Géants et de la défaite que leur infligea Héraclès (voir 35. a-e). Mais le vol du troupeau d'Hélios par Alcyonée, à Érythie, et aussi de la citadelle de Corinthe, est une version plus ancienne du vol du troupeau de Géryon par Héraclès* ; *leur propriétaire étant un dieu consort solaire de la déesse-Lune, et non pas un dieu des Morts, sans forces.*

8. *La flèche qu'Héraclès tira contre le soleil de midi est sans doute une flèche tirée vers le zénith au cours de la cérémonie de son couronnement (voir 126. 2 et 135. 1).*

133.
Le Onzième des Travaux : les Pommes des Hespérides

a. Héraclès avait accompli ses Dix Travaux en l'espace de huit ans et un mois ; mais Eurysthée, qui n'avait pas compté ni le second ni le cinquième, lui en infligea deux autres. Le Onzième des Travaux consistait à rapporter les fruits du pommier d'or, cadeau de la Mère-Terre à Héra dont elle avait été si heureuse qu'elle l'avait planté dans son jardin divin. Le jardin se trouvait sur les pentes du mont Atlas, là où les chevaux du char du Soleil, hors d'haleine, achèvent leur randonnée et où les troupeaux d'Atlas — mille moutons et mille vaches — se promènent paisiblement dans les pâturages. Lorsqu'un jour Héra s'aperçut que les filles d'Atlas, les Hespérides, à qui elle avait confié la garde de l'arbre, volaient les pommes, elle fit s'enrouler Ladon le dragon vigilant autour du pommier pour en interdire l'approche [1].

b. D'après certains, Ladon était le fils de Typhon et d'Échidna ; d'après d'autres, il était le dernier né des enfants de Céto et Phorcys ; d'après d'autres encore, il était le fils par parthénogenèse de la Terre-Mère. Il avait cent têtes et parlait en utilisant ses diverses langues [2].

c. On n'est pas d'accord sur le lieu où vivaient les Hespérides : certains disent que c'était sur le mont Atlas, dans le territoire des Hyperboréens, ou sur le mont Atlas en Maurétanie ; ou bien quelque part au-delà de l'Océan ; ou bien dans deux îles près du promontoire appelé cap Occidental qui se trouve près des Hespéries éthiopiennes, aux frontières de l'Afrique. Bien que les pommes fussent à Héra, Atlas en était fier, comme un jardinier de ses beaux fruits, et Thémis l'avertit : « Un jour, bientôt, Titan, ton arbre sera dépouillé de son or par un fils de Zeus. » Atlas, qui n'avait pas encore été condamné à porter le globe terrestre sur ses épaules, construisit des murs solides autour du jardin et chassa tous les étrangers de son territoire ; il est bien possible que ce soit lui qui ait affecté Ladon à la garde des pommes d'or [3].

d. Héraclès, ignorant dans quelle direction se trouvait le jardin des Hespérides, traversa l'Illyrie jusqu'au fleuve Pô, patrie du dieu marin, Nérée, l'Oracle. En cours de route, comme il traversait l'Échédoros, petite rivière de Macédoine, Cycnos, fils d'Arès et de Pyréné, lui lança un défi. Arès se présenta comme second de Cycnos et déjà organisait le combat quand Zeus envoya un trait de foudre entre eux et ils interrompirent leur combat. Quand enfin Héraclès arriva sur le Pô, les nymphes du fleuve, filles de Zeus et de Thémis, le conduisirent à Nérée qui était endormi. Héraclès se saisit du vénérable dieu de la mer et, s'agrippant à lui malgré ses multiples métamorphoses, le contraignit à lui dévoiler le moyen de prendre les pommes d'or. Mais, d'après certains, Héraclès alla quérir ses renseignements auprès de Prométhée[4].

e. Prométhée avait conseillé à Héraclès de ne pas cueillir lui-même les pommes mais d'utiliser Atlas pour le faire à sa place et de le soulager pendant ce temps de son formidable fardeau ; donc, en arrivant au jardin des Hespérides, il demanda à Atlas de lui rendre ce petit service. Atlas aurait fait vraiment n'importe quoi en échange d'une heure de répit, mais il redoutait Ladon qu'Héraclès tua alors d'une flèche tirée par-dessus le mur du jardin. Héraclès s'était donc baissé pour recevoir le poids du globe terrestre sur les épaules et Atlas était parti ; il s'en revenait à présent avec trois pommes cueillies par ses filles. Il trouvait que la liberté était délicieuse. « Je vais apporter moi-même ces pommes à Eurysthée, dit-il, si tu portes les cieux pendant quelques mois encore. » Héraclès fit semblant d'accepter, mais comme il avait été prévenu par Nérée de n'accepter aucune proposition de ce genre, il pria Atlas de porter le globe pendant un instant, pendant qu'il mettrait un coussinet sur sa tête. Atlas, facilement trompé, posa les pommes sur le sol et reprit son fardeau, Héraclès alors les ramassa et s'éloigna en lui faisant un petit salut ironique.

f. A quelques mois de là, Héraclès apporta les pommes à Eurysthée qui les lui rendit ; il les offrit alors à Athéna qui les restitua aux nymphes, car il était illicite que la propriété d'Héra leur fût enlevée[5]. Héraclès, ayant soif, après avoir accompli ce labeur frappa la terre de son pied et fit jaillir un ruisseau qui, par la suite, devait sauver la vie des Argonautes lorsqu'ils furent pris par la soif dans le désert de Libye. Entre-temps Héra, pleurant Ladon, le plaça au milieu des étoiles où il figure la constellation du Dragon[6].

g. Héraclès ne revint pas à Mycènes par un chemin direct. Il traversa d'abord la Libye, dont le roi Antée, fils de Poséidon et de la Mère-Terre, avait l'habitude de contraindre les étrangers à lutter avec lui et, lorsqu'ils étaient épuisés, il les tuait. En effet, il était non seulement

un athlète habile, mais encore chaque fois qu'il touchait
la terre, ses forces se renouvelaient. Il employa les crânes
de ses victimes pour faire le toit du temple de Poséidon[7].
On ne sait pas si c'est Héraclès, décidé à mettre fin à cette
pratique barbare, qui défia Antée ou si c'est Antée qui
défia Héraclès. Antée, cependant, ne fut pas facile à
vaincre ; en effet, c'était un géant qui vivait dans une
caverne, sous une très haute falaise, où il faisait des repas
à base de chair de lion et dormait à même le sol afin de
conserver et accroître encore sa force déjà colossale. La
Mère-Terre, qui n'était pas encore devenue stérile après
avoir mis au monde les Géants, avait conçu Antée dans
une caverne libyenne et elle était plus fière de lui encore
que de ses autres enfants monstrueux, plus âgés : Typhon,
Tityos et Briarée. Les choses auraient certainement mal
tourné pour les dieux de l'Olympe s'il avait combattu
contre eux dans les plaines Phlégréennes.

h. Les deux pugilistes se préparèrent au combat : l'un et
l'autre ôtèrent leur peau de lion, mais alors qu'Héraclès
s'enduisait d'huile à la manière olympique, Antée se versait
du sable chaud sur les membres de crainte que le contact
avec la terre, par la plante de ses pieds seulement, ne soit
insuffisant. Héraclès avait décidé de ménager ses forces et
de fatiguer Antée, mais, après l'avoir projeté sur le sol
tout de son long, il fut stupéfait de voir ses muscles se
gonfler et ses membres, régénérés par la Terre-Mère,
reprendre leur vigueur. Les deux adversaires se prirent à
nouveau à bras-le-corps et Antée se jetait volontairement
sur le sol, sans attendre qu'Héraclès l'y projetât ; Héraclès,
comprenant alors sa manœuvre, le souleva de terre, lui
brisa les côtes et, malgré les profonds gémissements de la
Terre-Mère, il le maintint en l'air jusqu'à ce qu'il expirât[8].

i. D'après certains, ce combat eut lieu à Lixos, petite
ville de Maurétanie à environ quatre-vingts kilomètres de
Tanger près de la mer, et là on montrait encore à l'époque
romaine une petite colline qu'on disait être le tombeau
d'Antée. Ses habitants croyaient que si on prenait quelques
paniers de terre de cette colline, la pluie se mettrait à
tomber et ne cesserait que lorsqu'on aurait remis la terre
à sa place. On disait aussi que les Jardins des Hespérides
étaient l'île voisine où se dressait un autel d'Héraclès ;
mais, à l'exception de quelques oliviers sauvages, il ne
restait plus aucune trace du jardin d'autrefois. Lorsque
Sertorios prit Tanger, il ouvrit la tombe pour voir si le
squelette d'Antée était aussi grand que le disait la tradition.

A son grand étonnement, il s'aperçut qu'il mesurait soixante coudées ; il referma alors la tombe et fit à Antée les sacrifices réservés aux héros. Les habitants du pays disent que c'est Antée qui fonda Tanger, autrefois appelée Tingis, ou bien que Sophax, le fils que Tinga la veuve d'Antée donna à Héraclès, régna sur le pays et donna le nom de sa mère à la ville. Le fils de Sophax, Diodoros, soumit un grand nombre de nations africaines avec une armée recrutée parmi les colons mycéniens qu'Héraclès avait amenés [9]. Les Maurétaniens ont des origines orientales, et, comme les Pharuses, ils descendaient des quelques Persans qui accompagnaient Héraclès en Afrique ; mais certains prétendent qu'ils descendent des Canaanites que Josué l'Isréalite chassa de leur pays [10].

j. Héraclès se rendit ensuite à l'Oracle d'Ammon, à qui il demanda une entrevue avec Zeus son père ; mais Zeus ne tenait pas à apparaître en personne, et, comme Héraclès insistait, il écorcha un bélier, revêtit sa toison, la tête du bélier cachant la sienne, et fit quelques recommandations à Héraclès. C'est pourquoi les Égyptiens donnèrent à leurs statues de Zeus Ammon un visage de bélier. Les Thébains ne sacrifiaient des béliers qu'une fois par an, à la fin des fêtes de Zeus, où ils tuaient un seul bélier et revêtaient la statue de Zeus de sa toison : après quoi, les fidèles se frappaient la poitrine en signe de deuil à l'égard de la victime et l'enterraient dans une tombe sacrée [11].

k. Héraclès se dirigea ensuite vers le sud et fonda une ville à cent portes, appelée Thèbes en l'honneur de son lieu de naissance ; mais, d'après certains, Osiris avait déjà fondé cette ville. En ce temps-là, le roi d'Égypte était le frère d'Antée, Busiris, fils de Poséidon par Lysianassa, fille d'Épaphos, ou, selon d'autres, par Anippé, fille du fleuve Nil [12]. Or, le royaume de Busiris avait connu la sécheresse et la famine pendant huit ou neuf ans et il avait envoyé chercher des augures grecs pour avoir un avis. Son neveu, un devin chypriote instruit nommé Phrasios, Thrasios ou Thasios, fils de Pygmalion, annonça que la famine cesserait si, chaque année, un étranger était sacrifié en l'honneur de Zeus. Busiris commença par sacrifier Phrasios lui-même et ensuite sacrifia les hôtes que le hasard lui envoyait, jusqu'au jour où arriva Héraclès qui laissa les prêtres l'amener jusqu'à l'autel. Ils entourèrent ses cheveux d'un bandeau et Busiris, invoquant les dieux, s'apprêtait à lever la hache du sacrifice quand Héraclès, brisant ses chaînes, tua Busiris, Amphidamas, fils de Busiris, et tous les prêtres qui assistaient à la cérémonie [13].

l. Ensuite, Héraclès traversa l'Asie et s'arrêta à Thermydres, le port de Lindos à Rhodes, et là il dételâ un des bouvillons de la charrette d'un paysan, le sacrifia et se régala de sa chair, tandis que le propriétaire, debout sur un rocher, le maudissait de loin. Depuis ce jour, les habitants de Lindos marmottèrent des malédictions quand ils sacrifièrent à Héraclès. Finalement, il atteignit les montagnes du Caucase, où Prométhée avait été enchaîné pendant trente ans — ou mille ans ou trente mille ans — tandis qu'un griffon-vautour, né de Typhon et d'Échidna, lui arrachait le foie. Zeus s'était repenti de lui avoir infligé ce châtiment, car Prométhée l'avait, depuis, averti amicalement de ne pas épouser Thétis, de crainte qu'elle n'engendre quelqu'un qui serait plus puissant que lui, et, à présent qu'Héraclès intercédait pour le pardon de Prométhée, Zeus l'accorda sans difficulté [14]. Cependant, comme il l'avait un jour condamné à un châtiment éternel, Zeus stipula que pour donner l'impression d'être toujours prisonnier, il devrait porter une bague faite du métal de ses chaînes et sertie d'une pierre du Caucase, et ce fut la première bague sertie d'une pierre. Mais les souffrances de Prométhée devaient durer jusqu'au jour où un mortel descendrait de son plein gré au Tartare, à sa place ; aussi Héraclès rappela-t-il à Zeus qu'il tardait à Chiron de se libérer de son don d'immortalité depuis qu'il souffrait d'une blessure incurable. Ainsi n'y avait-il plus d'obstacle et Héraclès, invoquant Apollon Chasseur, abattit le griffon-vautour d'une flèche au cœur et délivra Prométhée [15].

m. Les hommes à présent s'étaient mis à porter des bagues en l'honneur de Prométhée et aussi des couronnes ; car Prométhée, lorsqu'il fut libéré, reçut l'ordre de mettre sur sa tête des guirlandes de saule et Héraclès, pour lui tenir compagnie, mit sur sa tête une couronne d'olivier sauvage [16].

n. Zeus Tout-Puissant plaça l'arc au milieu des étoiles et en fit la constellation du Sagittaire ; et, à l'époque historique, les habitants des montagnes du Caucase considéraient le griffon-vautour comme l'ennemi du genre humain. Ils brûlaient ses nids avec des traits enflammés et lui posaient des pièges pour venger les souffrances endurées par Prométhée [17].

★

1. *La variété des lieux où l'on a situé les Hespérides témoigne des différentes idées que l'on avait sur l'Extrême-Nord. Un récit situait cet exploit à Bérénice, auparavant appelée la cité des Hespérides (Pline : Histoire naturelle V. 5), ou d'Euspérides (Hérodote : IV. 171) ou d'Euespérites (Hérodote : IV. 198), mais qui prit le nom de la femme de Ptolémée Évergète. Elle était bâtie sur le Pseudopénias (Strabon : XVII. 3. 20), la pointe occidentale des Syrtes. La ville, arrosée par le fleuve Lathon, ou Léthon, possédait un bois sacré connu sous le nom de « Jardins des Hespérides ». De plus, le Lathon se jetait dans un lac des Hespérides et, à proximité, s'en trouvait un autre, le lac Tritonis, sur lequel se trouvait une petite île avec un temple d'Aphrodite (Strabon : loc. cit. ; Pline : loc. cit.), auquel, dit-on parfois, appartenait le pommier (Servius, commentaire sur l'Énéide de Virgile : IV. 485). Hérodote (loc. cit.) décrit ce lieu comme une des régions les plus fertiles de Libye ; dans les bonnes années la terre rapportait le centuple.*

2. *Outre ces querelles sur la topographie, on avait diversement rationalisé le mythe. Selon un point de vue, les pommes auraient été en réalité de magnifiques moutons (mélon signifie à la fois « mouton » et « pomme ») ou bien des moutons avec une étrange toison rouge ressemblant à de l'or, qui étaient gardés par un berger appelé Dragon, à qui les filles d'Hespéros, les Hespérides, avaient coutume d'apporter de la nourriture. Héraclès emporta les moutons (Servius, commentaire sur l'Énéide de Virgile : loc. cit. ; Diodore de Sicile : IV. 26) et tua (Servius : loc. cit.) ou enleva le berger (Palaephatos : 19) ; Palaephatos (loc. cit.) fait d'Hespéros un habitant de Milet, en Carie, qui était encore célèbre pour ses moutons, et dit que, bien qu'Hespéros fût mort depuis longtemps au moment de l'incursion d'Héraclès, ses deux filles vivaient encore.*

3. *Selon une autre opinion, Héraclès délivra les filles d'Atlas, qui avaient été enlevées dans leur verger par des prêtres égyptiens ; et Atlas, reconnaissant, non seulement lui donna ce qui constituait l'objet de son Travail, mais lui enseigna aussi l'astronomie. Car Atlas, le premier astronome, était si savant qu'il portait le globe céleste sur ses épaules ; et c'est pour cette raison qu'on dit qu'Héraclès se chargea du globe à sa place (Diodore de Sicile : III. 60 et IV. 27). Héraclès devint effectivement maître du Zodiaque, mais le Titan astronome qu'il remplaça était Coeos (alias Thoth) et non pas Atlas (voir 1. 3).*

4. *La véritable explication de ce Travail doit cependant être cherchée dans les rites en usage, plutôt que dans l'allégorie. On verra (voir 148. 5) que le futur roi devait vaincre un serpent et prendre son or ; et c'est ce que fit Héraclès à la fois ici et dans son combat contre l'Hydre. Mais l'or qu'il prit n'aurait pas dû, normalement, être des pommes d'or — celles-ci lui furent données à la fin de son règne par le Triple-déesse, en guise de sauf-conduit*

pour le Paradis. Et, dans ce contexte funéraire, le serpent n'était pas son ennemi, mais la forme même qu'assumerait son ombre prophétique après qu'il aurait été lui-même sacrifié. Ladon avait cent têtes et parlait avec plusieurs langues parce que de nombreux héros prophétiques avaient le droit de s'appeler Héraclès : c'est-à-dire représentant de Zeus et consacré au service d'Héra. Le Jardin des Trois Hespérides dont le nom les identifie avec le couchant (voir 33. ꞏ7 *et 39. 1) est placé dans l'Extrême-Occident parce que le coucher du soleil était le symbole de la mort du roi sacré. Héraclès reçut les pommes à la fin de son règne, considéré, à juste titre, comme une Grande Année de cent lunaisons. Il avait pris en charge le fardeau de la royauté sacrée après avoir succédé à son prédécesseur et, du même coup, le nom d'*« Atlas »,* « celui qui supporte pendant longtemps ». Il est probable que le fardeau, à l'origine, n'était pas le globe terrestre mais le disque solaire (voir 67. 2).*

5. *Le comportement de Nérée est identique à celui de Protée (voir 169.* a)*, que Ménélas consulta à Pharos (Homère : Odyssée IV. 581 ss.). On dit qu'Héraclès remonta le Pô parce qu'il conduisait à la Terre des Hyperboréens (voir 125.* b)*. Nous savons que les présents enveloppés de paille, que les Hyperboréens envoyaient à Délos, venaient par cette voie (Hérodote : IV. 33). Mais, bien que leur pays fût, en un certain sens, la Grande-Bretagne — en tant que celle-ci était le centre du culte boréen — c'était, pour d'autres raisons, la Libye et, pour d'autres raisons encore, le Caucase ; et le Paradis était situé tantôt en Extrême-Occident et tantôt derrière le Vent du Nord, cette région mystérieuse vers laquelle se dirigeaient les oies sauvages en été (voir 161. 4). Les pérégrinations d'Héraclès reflètent cette incertitude. S'il était en quête du Paradis libyen, il aurait consulté Protée, roi de Pharos (voir 169.* a) *; si c'était le Paradis caucasien qu'il cherchait, ç'aurait été Prométhée qu'il aurait consulté (c'est d'ailleurs la version d'Apollodore) ; si c'était celui du Nord, il aurait vu Nérée, qui vivait auprès des sources du Pô, et dont le comportement ressemblait à celui de Protée.*

6. *Les ossements d'Antée étaient probablement ceux d'une baleine échouée, au sujet de laquelle se tissa une légende à Tanger : « Ce devait être un géant, disait-on, seul Héraclès a pu en venir à bout, Héraclès, celui qui a élevé les deux giganstesques colonnes à Ceuta et à Gibraltar ! » L'épreuve de lutte entre le candidat à la royauté et des champions du pays était une coutume très répandue : c'est dans ce contexte qu'il faut considérer le combat avec Antée pour la possession du royaume, de même que le combat de Thésée contre Sciron (voir 96. 3), ou d'Odysseus contre Philomélidès (voir 161.* f)*. Praxitèle, le sculpteur du Parthénon, considérait la défaite d'Antée comme un Travail à part (Pausanias : IV. 11. 4).*

7. *Il y avait, très anciennement, un lien religieux entre Dodone et Ammon ; et le Zeus qu'on adorait dans l'une et l'autre de ces villes était, à l'origine, un roi berger qu'on sacrifiait tous les ans,*

comme dans les sacrifices qu'on faisait sur les monts Pélion et Laphystion. Héraclès eut raison de rendre visite à son père Zeus lorsqu'il traversa la Libye ; Persée avait fait de même lors de son voyage en Orient, et Alexandre le Grand suivit leur exemple plusieurs années après.

8. *Le dieu Set avait des cheveux rougeâtres et, par conséquent, les Burisiens avaient besoin de victimes dont les cheveux étaient de cette couleur pour les offrir à Osiris, que Set avait assassiné ; les hommes roux étaient assez rares en Égypte, mais très répandus parmi les Hellènes (Diodore de Sicile : I. 88 ; Plutarque : Isis et Osiris 30. 33 et 73). Le meurtre de Busiris par Héraclès peut être le souvenir de quelque intervention punitive de la part des Hellènes dont les nationaux étaient tombés dans une embuscade et avaient été tués ; il est certain qu'il y eut à Chemnis une colonie grecque primitive.*

9. *Les malédictions proférées pendant les sacrifices à Héraclès (voir 143. a) rappellent la coutume profondément ancrée de maudire et d'insulter le roi du haut d'une colline voisine pendant son couronnement afin de le protéger contre la jalousie des dieux. Les généraux romains, de même, étaient l'objet d'insultes lors de leurs triomphes alors qu'ils personnifiaient Mars. Mais les semeurs aussi maudissaient les graines en les répandant dans les sillons.*

10. *La délivrance de Prométhée semble avoir été une histoire morale inventée par Eschyle et non pas un véritable mythe (voir 39. h). Le fait qu'il portait une couronne de saule — un miroir étrusque corrobore ce détail — suggère qu'il avait été voué à la déesse-Lune Anatha ou Neith ou Athéna (voir 9. 1). Peut-être était-il attaché avec des branches de saule à l'autel sacrificatoire, à ses fêtes d'automne (voir 116. 4).*

11. *Selon une légende, Typhon tua Héraclès en Libye et Iolaos lui rendit la vie en lui mettant une caille sur les narines (Eudoxe de Cnide : Le Tour de la Terre I, cité par Athénée : II). Mais c'était l'Héraclès Tyrien Melkarth que le dieu Esmum (« celui que nous invoquons »), ou Asclépios, avait ressuscité de cette manière ; cela signifie que l'année commence au mois de mars au moment de l'arrivée des cailles du Sinaï, et que les orgies de la caille étaient alors célébrées en l'honneur de la déesse (voir 14. 3).*

134.
Le Douzième des Travaux : la Capture de Cerbère

a. Le dernier et le plus difficile des Travaux d'Héraclès fut de ramener des Enfers le chien Cerbère. Pour s'y préparer, il commença par aller à Éleusis où il demanda à participer aux Mystères et à porter la couronne de myrte [1]. A l'époque historique, tout citoyen grec honorable pouvait se faire initier à Éleusis, mais, comme au temps d'Héraclès, seuls les Athéniens y étaient admis, Thésée proposa qu'un certain Pylios l'adoptât. C'est ce qui fut fait ; et, après qu'Héraclès eut été purifié du meurtre des Centaures, car il était interdit à quiconque avait du sang sur les mains d'assister aux Mystères, il fut initié selon les règles par Musée, fils d'Orphée, tandis que Thésée était son parrain [2]. Cependant Eumolpos, le fondateur des Grands Mystères, avait décrété qu'aucun étranger ne serait admis ; c'est pourquoi les Éleusiniens, qui ne voulaient pas rejeter la demande d'Héraclès, et qui, par ailleurs, se demandaient si son adoption par Pylios ferait de lui un véritable Athénien, instituèrent à son intention les Petits Mystères ; d'après d'autres, c'est Déméter elle-même qui créa les Petits Mystères en cette même circonstance, pour l'honorer [3].

b. Tous les ans, deux catégories de Mystères avaient lieu à Éleusis : les Grands Mystères, en l'honneur de Déméter et Coré, et les Petits Mystères en l'honneur de Coré seulement. Les Petits Mystères, qui préparaient aux Grands Mystères, étaient la remémoration, sous forme de drame, de la vie de Dionysos, exécutée par les Éleusiens à Agrae, au nord du fleuve Ilissos, au mois d'Anthesterion. Les principaux rites consistaient dans le sacrifice d'une graine que les initiés lavaient d'abord dans le fleuve Cantharos ; puis un prêtre, qui portait le nom d'Hydranos, les purifiait [4]. Ils devaient attendre alors un an au moins pour avoir le droit de participer aux Grands Mystères, qui se tenaient à Éleusis même, pendant le mois de Boedromion ; ils devaient également faire serment au mystogogue de garder le secret avant de se préparer aux Mystères. Pendant cette période, l'accès au sanctuaire de Déméter leur était interdit ; ils devaient attendre dans le vestibule pendant que se déroulaient les cérémonies [5].

c. Ainsi donc, ablutionné et préparé, Héraclès descendit au Tartare par le Ténare en Laconie, ou, d'après certains, par la Chersonèse de l'Achéron près d'Héraclée, sur la mer Noire, où on pouvait encore voir les traces de sa descente jusqu'à une grande profondeur. Il était conduit par Athéna et Hermès, car, toutes les fois qu'épuisé par ses Travaux et désespéré il implorait Zeus, Athéna descendait auprès de lui pour le réconforter [6]. Terrorisé par l'air farouche d'Héraclès, Charon ne fit aucune difficulté pour lui faire traverser le Styx ; pour le punir de cette infraction, Hadès l'emprisonna durant une année entière ; lorque Héraclès, quittant la vieille barque délabrée, mit pied à terre, toutes les ombres s'enfuirent, excepté Méléagre et la Gorgone Méduse. En apercevant Méduse, il tira son épée, mais Hermès le rassura : elle n'était ici qu'un fantôme ; et lorsqu'il pointa sa flèche vers Méléagre, qui était revêtu d'une brillante armure, Méléagre se mit à rire : « Tu n'as rien à redouter des morts », dit-il. Ils causèrent amicalement pendant un moment et Héraclès offrit à Méléagre d'épouser sa sœur Déjanire[7].

d. Près des portes du Tartare, Héraclès vit ses amis Thésée et Pirithoos attachés de façon cruelle à leurs sièges et il libéra Thésée en l'arrachant du sien ; mais il fut obligé d'abandonner Pirithoos. Puis il déplaça le rocher sous lequel Déméter avait emprisoné Ascalaphos ; ensuite désirant gratifier les ombres d'une libation de sang chaud, il tua une bête du troupeau d'Hadès. Leur berger Ménœtès ou Ménœtios, fils de Ceuthonymos. le défia à la lutte mais Héraclès le saisit à la taille et lui brisa les côtes. Perséphone sortit alors de son palais, vint à la rencontre d'Héraclès, l'accueillit comme un frère et intercéda pour la vie de Ménœtès[8].

e. Quand Héraclès demanda Cerbère, Hadès debout auprès de sa femme répondit d'un air sombre : « Il est à toi, à la condition que tu parviennes à le maîtriser sans avoir recours à ta massue ni à tes flèches. » Héraclès découvrit le chien attaché par des chaînes aux portes de l'Achéron ; il le saisit hardiment au cou dont il surgit trois têtes chacune munie de serpents. Sa queue, hérissée de fer, se dressa prête à frapper, mais Héraclès protégé par sa peau de lion, ne relâcha pas son étreinte, et Cerbère, étouffé, dut céder[9].

f. A son retour du Tartare, Héraclès se tressa une couronne avec la branche d'un arbre planté par Hadès dans les Champs Élysés en l'honneur de son amante, la belle nymphe Leucé. Les feuilles extérieures de cette couronne demeurèrent noires car le noir est la couleur du Monde Souterrain ; mais les feuilles qui touchaient le front d'Héraclès pâlirent et devinrent argentées à cause du contact de sa glorieuse sueur. Depuis lors le peuplier blanc, ou tremble, lui est consacré : sa double couleur signifie qu'il a œuvré dans les deux mondes[10].

g. Avec l'aide d'Athéna, Héraclès repassa le Styx sans encombre et remonta Cerbère tantôt en le traînant et tantôt en le portant ; il le fit passer par la fissure près de Trézène, à travers laquelle Dionysos avait conduit sa mère Sémélé. Dans le temple d'Artémis Salvatrice, construit par Thésée au bord même du gouffre, se trouvaient, à l'époque historique, des autels consacrés aux divinités infernales. A Trézène également, subsistait encore une source découverte par Héraclès, et à laquelle il avait donné son nom, devant l'ancien palais d'Hippolyte [11].

h. Selon un autre récit, Héraclès traîna Cerbère, attaché à une de ses chaînes à toute épreuve, à travers un passage souterrain qui aboutit à la sombre caverne d'Aconé près de Mariandyne suir la mer Noire. Comme Cerbère résistait, détournant ses yeux de la lumière du soleil et qu'il aboyait furieusement de ses trois bouches, sa salive coula sur les champs verdoyants et donna naissance à la plante vénéneuse appelée aconit ou encore hécateis, parce qu'Hécate fut la première à l'utiliser. D'après un autre récit encore, Héraclès revint vers le Monde d'En Haut en passant par le Ténare, célèbre par son temple en forme de grotte devant lequel se dressait une statue de Poséidon ; mais, s'il y eut un jour, partant de là, une route menant au Monde Souterrain, elle a été obstruée. Finalement, d'après certains, Héraclès revint au Monde Supérieur en passant par l'enceinte du temple de Zeus Laphystien, sur le mont Laphystios, où se dressait une statue d'Héraclès-aux-Yeux-Brillants [12].

i. Cependant, tout le monde est d'accord pour dire qu'Héraclès amena Cerbère à Mycènes et qu'Eurysthée, qui était en train de faire un sacrifice, lui tendit une part réservée aux esclaves et garda les meilleurs morceaux pour ses parents ; qu'Héraclès alors manifesta son juste courroux en tuant trois fils d'Eurysthée : Périmèdes, Eurybios et Eurypilos [13].

j. Outre l'aconit, Héraclès découvrit les plantes médicinales suivantes : l'héracléon-guérit-tout ou « origan sauvage » ; l'héracléon sidérique, à tige mince, à fleur rouge et dont les feuilles ressemblent à celles du coriandre, qui pousse près des lacs et des rivières et qui constitue un excellent remède pour toutes les blessures occasionnées par le fer ; l'hyoscyalos, ou hanebane, qui donne des vertiges et cause la folie. L'héracléon-nymphe, dont la racine est en forme de massue, doit son nom à une certaine nymphe abandonnée par Héraclès et qui mourut de jalousie ; cette plante rend les hommes impuissants pendant douze jours [14].

★

1. *Ce mythe paraît avoir été tiré d'une fresque qui représentait Héraclès descendant au Tartare où Hécate, déesse des Morts,*

*l'accueille sous la forme d'un monstre à trois têtes — peut-être chaque tête représentait-elle une saison (voir 31. f et 75. 2) — et, conséquence naturelle du présent qui lui avait été fait des pommes d'or, le conduit aux Champs Élysées ; ici c'est Cerbère qui emmène Héraclès et non pas l'inverse. La version que nous connaissons découle logiquement de sa divinisation : un héros doit demeurer dans le Monde Souterrain, mais il est normal qu'un dieu s'en échappe et emmène son geôlier. De plus, la divinisation d'un héros dans une société qui auparavant n'adorait que la déesse implique que le roi brave la coutume immémoriale et refuse de mourir pour elle. Ainsi, posséder un chien en or était la preuve de la souveraineté du Haut Roi achéen et de son refus de se soumettre au matriarcat (voir 24. 4). La présence de Ménoetès dans le Tartare et le vol par Héraclès de l'un des troupeaux d'Hadès prouve que le dixième des Travaux est une autre version du Douzième : herser l'Enfer (voir 132. 1). A en juger par le mythe gallois qui lui correspond, le père de Ménoetès, bien qu'à dessein « sans nom », était le roi-aulne Bran ou Phroronée ou Cronos ; ce qui s'accorde avec le contexte du dixième Travail (*La Déesse Blanche*).*

2. *Les Grands Mystères d'Éleusis étaient d'origine crétoise et ils avaient lieu pendant le mois de Boedromion (« courant pour demander du secours ») qui, en Crète, était le premier mois de l'année, correspondant approximativement à septembre, et ainsi nommé, selon Plutarque (*Thésée 27*), pour commémorer la défaite qu'infligea Thésée aux Amazones ; cela signifie qu'il supprimait le système matriarcal. A l'origine, le but des Mystères semble avoir été de préparer le roi sacré, durant l'équinoxe d'automne, à sa mort prochaine, au milieu de l'hiver — d'où la couronne de myrte (voir 109. 4) — par la représentation d'un drame qui l'avertissait de ce qui l'attendait dans le Monde Souterrain. Après l'abolition du sacrifice des mâles royaux, qui était une forme de matriarcat, les Mystères furent accessibles à tous ceux qui étaient jugés dignes d'être initiés ; comme en Égypte, où le Livre des Morts donnait des conseils similaires, un homme dont la réputation était bonne pouvait devenir un Osiris en se purifiant de ses impuretés et en passant par un simulacre de mort. A Éleusis, Osiris était identifié à Dionysos. Les feuilles de peuplier blanc étaient un symbole sumérien de renaissance et, dans le calendrier des arbres celtiques, le peuplier blanc représentait l'équinoxe d'automne (voir 52. 3).*

3. *Les Petits Mystères, qui constituaient une préparation aux Grands Mystères, semblent avoir été une fête pélasgienne séparée, basée également sur l'espoir d'une nouvelle naissance, mais elle avait lieu au début de février, à la Chandeleur, au moment des premières feuilles — c'est ce que signifie « Anthestérion ».*

4. *Comme Dionysos était identifié à Osiris, Sémélé devait être Isis ; et nous savons que ce n'est pas Osiris qui délivra Isis du Monde Souterrain, mais que c'est Isis qui délivra Osiris. Ainsi la fresque de Trézène devait représenter Sémélé ramenant Dionysos*

au Monde d'En Haut. La déesse, qui guide de la même façon Héraclès, est encore Isis ; et la délivrance d'Alceste fut probablement tirée de la même fresque — il est conduit, il ne conduit pas. Son arrivée dans l'enceinte du mont Laphystion constitue une variante intéressante. Il n'existe pas de caverne au sommet et le mythe réfère sans doute à la mort et à la résurrection du roi sacré qui y étaient célébrées — rite qui contribua à former la légende de la Toison d'Or (voir 70. 2 et 148. 10).

5. *L'aconit, poison paralysant, était employé par les sorcières thessaliennes dans la fabrication de leur onguent qui fait voler : il engourdissait les pieds et les mains et donnait la sensation d'être détaché du sol. Mais, comme c'était également un fébrifuge, Héraclès qui chassa de Stymphale les oiseaux donnant la fièvre s'en vit attribuer la découverte.*

6. *La série des exploits d'Héraclès varie considérablement. Diodore de Sicile et Hygin placent les Douze Travaux dans le même ordre qu'Apollodore, excepté qu'ils placent tous deux le Quatrième avant le Troisième et le Sixième avant le Cinquième ; et que Diodore place le Douzième avant le Onzième. Presque tous les mythographes s'accordent à faire de la mise à mort du lion de Némée le Premier des Travaux, mais la série, selon Hygin, des Douze Travaux imposés par Eurysthée (Fables 30), est précédée de l'étouffement des serpents. A un certain endroit, Diodore de Sicile introduit le meurtre d'Antée et de Busiris dans le Sixième des Travaux (IV. 17-18) ; à un autre endroit, dans le Onzième (IV. 27) ; par ailleurs, certains auteurs font partir Héraclès avec les Argonautes dans sa jeunesse (Silius Italicus : I. 5. 12) ; d'autres situent cette aventure après le Quatrième de ses Travaux (Apollonios de Rhodes : I. 122) ; d'autres encore la situent après le Huitième (Diodore de Sicile : IV. 15). Mais certains lui font accomplir le Neuvième (Valerius Flaccus : Argonautiques V. 91) et le Douzième (Ibid. II. 382) de ses Travaux et briser les cornes des deux taureaux (Ibid. I. 36) avant son embarquement avec les Argonautes ; et d'autres disent qu'il ne partit pas du tout, en se fondant sur le fait qu'il était, à ce moment-là, au service de la reine Omphale dont il était l'esclave (Hérodote, cité par Apollodore : I. 9. 19).*

7. *Selon Lycophron 1328, Héraclès fut initié aux Mystères d'Éleusis avant d'entreprendre le Neuvième de ses Travaux ; mais Philochoros (cité par Plutarque : Thésée 26) dit que Thésée le fit initier pendant qu'il était en train de l'accomplir (Ibid : 30) et qu'il fut délivré par lui du Tartare au cours du Douzième de ses Travaux (Apollodore : II. 5. 12.). Selon Pausanias (I. 27. 7), Thésée n'avait que sept ans lorsque Héraclès vint à Trézène, revêtu de sa peau de lion ; et il débarrassa l'isthme de ses brigands pendant son voyage à Athènes, au moment où Héraclès était au service d'Omphale (Apollodore II. 6. 3). Euripide estimait qu'Héraclès avait combattu contre Cycnos, fils d'Arès, avant d'entreprendre le Huitième de ses Travaux (Alceste 501 ss.) ; Properce (IV. 19. 41), que c'est après être descendu au Tartare*

*qu'il tua Cacus ; et Ovide (*Sur les Fêtes *V. 388) que Chiron mourut accidentellement alors qu'Héraclès avait presque achevé ses Travaux, et non pas au cours du Quatrième.*

8. *Albricus (22) établit la série des Douze Travaux dans l'ordre suivant en les accompagnant de commentaires allégoriques : il défait les Centaures au cours d'un mariage ; il tue le lion ; il sauve Alceste du Tartare et enchaîne Cerbère ; il conquiert les pommes des Hespérides ; il détruit l'Hydre ; il lutte avec Achéloos ; il tue Cacus ; il obtient les cavales de Diomède ; il l'emporte sur Antée ; il capture le sanglier ; il vole le troupeau de Géryon ; il supporte le ciel.*

9. *Certains des Travaux d'Héraclès ainsi que des travaux secondaires étaient figurés sur le trône d'Apollon à Amyclées (Pausanias : III. 18. 7-9) ainsi que sur l'autel d'Athéna en bronze, sur l'acropole de Sparte (Pausanias : III. 17. 3) ; les sculptures de Praxitèle sur l'autel d'Héraclès, à Thèbes, représentaient la plupart des Travaux, excepté les oiseaux du Stymphale ; par ailleurs le nettoiement des écuries d'Augias était remplacé par la lutte avec Antée. Le fait que tant de cités manifestaient si clairement le désir d'être associées aux Travaux d'Héraclès conduit à penser que le même rituel des travaux en vue du mariage précédant le couronnement était largement répandu.*

135.
Le meurtre d'Iphitos

a. Lorsque Héraclès revint à Thèbes après avoir accompli ses Travaux, il donna Mégare, sa femme à présent âgée de trente-trois ans, en mariage à son neveu et conducteur de char Iolaos, âgé, lui, de seize ans seulement, s'étant rendu compte que son union avec elle avait été malheureuse[1]. Il se mit alors à la recherche d'une femme plus jeune avec qui il serait plus heureux ; et, ayant entendu dire que son ami Eurytos, fils de Mélanios, roi d'Oechalie, avait offert sa fille Iolé en mariage au tireur qui l'emporterait sur lui et ses quatre fils, il s'y rendit[2]. Eurytos avait reçu un bel arc en cadeau d'Apollon, qui lui avait appris à s'en servir, et Eurytos prétendait qu'à présent il était meilleur tireur que son maître ; cependant, Héraclès n'eut aucune difficulté à gagner le concours, ce qui déplut profondément à Eurytos ; et, lorsqu'il apprit qu'il avait répudié Mégare après avoir tué ses enfants, il refusa de lui donner Iolé. Après avoir bu beaucoup de vin pour se donner de l'assurance, il dit à Héraclès : « Tu n'aurais jamais pu te comparer à moi ni à mes fils au tir à l'arc, si tu ne te servais de flèches magiques, qui, de ce fait, ne manquent jamais leur but. Ce concours n'a aucune valeur, et je ne confierai jamais, en tout cas, ma fille bien-aimée à un bandit de ton espèce ! En outre, tu es l'esclave d'Eurysthée et en tant qu'esclave, tu ne mérites que des coups de la part d'un homme libre. » Après ce discours, il chassa Héraclès du palais. Héraclès ne réagit pas tout de suite, comme il aurait très bien pu le faire, mais il jura de se venger[3].

b. Trois des fils d'Eurytos : Déion, Clytios et Toxée, avaient soutenu leur père dans ses propos discourtois. Mais l'aîné, nommé Iphitos, déclara qu'Iolé aurait dû, en toute équité, être donnée à Héraclès ; et, lorsque peu après, douze jeunes juments aux puissants sabots et douze vigoureuses mules pleines eurent disparu d'Eubée, il refusa de croire qu'Héraclès fût à incriminer. En fait, elles avaient été enlevées par le voleur bien connu Autolycos, qui changea leur apparence par magie et les vendit comme siennes à Héraclès qui ne se douta de rien[4]. Iphitos suivit les traces des juments et des mules et découvrit qu'elles menaient à Tirynthe, ce qui lui fit supposer qu'Héraclès, tout compte fait, se vengeait de l'insulte que lui avait faite Eurytos. S'étant alors trouvé tout à coup en présence d'Héraclès qui rentrait après avoir sauvé Alceste, il se contint, dissimula ses soupçons et se contenta de demander à Héraclès son avis sur cette affaire. Héraclès ne reconnut pas les bêtes d'après la description que lui en fit Iphitos comme étant celles qu'il avait achetées à Autolycos et, avec sa cordialité coutumière, il promit de les chercher si Iphitos acceptait d'être son hôte. Mais il sut, grâce à son don de divination, qu'il était soupçonné de vol, et cela lui fit de la peine car il avait le cœur sensible. Après un grand banquet, il conduisit Iphitos en haut de la plus haute tour de Tirynthe. « Regarde bien, lui dit-il, et dis-moi si tu vois tes juments quelque part dans les prés. » « Je ne les vois pas », reconnut Iphitos. « Ainsi donc, dans le fond de ton cœur tu m'as accusé à tort d'être un voleur ! » gronda Héraclès, que la colère avait envahi, et il le précipita dans le vide et le tua[5].

c. Puis Héraclès se rendit chez Nélée, roi de Pylos, et demanda à être purifié ; mais Nélée refusa car Eurytos était son allié. Et ses fils refusèrent tous de recevoir Héraclès, excepté le plus jeune, Nestor, qui persuada finalement Deiphobos, fils d'Hippolytos, de le purifier à Amyclées. Cependant, il continuait à être tourmenté par de mauvais rêves et il s'en fut demander à l'Oracle de Delphes comment il pourrait en être débarrassé [6]. La pythie Xénocléa refusa de répondre à sa question. « Tu as tué ton hôte, dit-elle. Il n'y a pas d'oracle pour les hommes de ton espèce ! » « Je vais donc être obligé de créer moi-même un oracle ! » s'écria Héraclès. A ces mots, il s'empara de toutes les offrandes votives du temple et même se saisit du trépied sur lequel était assise Xénocléa. « Héraclès de Tirynthe est un homme bien différent de son homonyme de Canope », dit sévèrement la Pythie au moment où il emportait le trépied de l'autel ; elle voulait dire par là que l'Héraclès Égyptien était venu un jour à Delphes et avait eu une attitude respectueuse et pleine de courtoisie [7].

d. Apollon, indigné, se précipita et une lutte s'engagea entre lui et Héraclès mais Zeus intervint et sépara les combattants avec sa foudre et les obligea à se serrer la main. Héraclès rendit le trépied sacré et ils fondèrent ensemble la ville de Gythion où devaient se dresser, par la suite, côte à côte sur la place du marché, les statues d'Apollon, d'Héraclès et de Dionysos. Xénocléa rendit alors à Héraclès l'oracle suivant : « Pour te débarrasser du malheur qui t'afflige, tu dois te vendre comme esclave pendant une année entière et verser le prix qui te sera payé aux enfants d'Iphitos [8]. Zeus est irrité que tu aies violé les lois de l'hospitalité, quelles qu'en soient les raisons et même si on t'a provoqué. » « Et de qui donc dois-je être l'esclave ? » demande humblement Héraclès ? « La reine Omphale de Lydie t'achètera », répondit Xénocléa. « J'obéis, dit Héraclès, mais un jour je ferai de l'homme qui fut la cause de toutes les souffrances que j'endure, ainsi que de toute sa famille, des esclaves [9] ! » D'après certains, cependant, Héraclès ne rendit pas le trépied et, lorsque mille ans plus tard, Apollon apprit qu'il avait été emporté dans la ville de Phénée, il punit les Phénéens en bloquant le canal qu'Héraclès avait creusé pour l'écoulement des eaux de pluie et la ville fut inondée [10].

e. Il existe aussi un récit tout à fait différent de ces événements et selon lequel Lycos l'Eubéen, fils de Poséidon et de Dircé, attaqua Thèbes au moment d'une sédition, tua le roi Créon et usurpa le trône. S'étant fié aux dires de Coprée selon lesquels Héraclès était mort, Lycos essaya de séduire Mégare et, comme elle lui résistait, il l'aurait tuée ainsi que ses enfants si Héraclès n'était revenu du Tartare juste à temps pour le punir et se venger. Mais

Héra, qui avait un faible pour Lycos, rendit fou Héraclès. Il tua Mégare, ses propres enfants et aussi son mignon Stichios l'Étolien[11]. Les Thébains, montrant la tombe des enfants, disaient qu'Héraclès aurait aussi tué son père nourricier Amphitryon, si Athéna ne lui avait fait perdre conscience en le frappant avec une énorme pierre ; et les Thébains, lorsqu'ils montraient sa statue, disaient : « Nous l'appelons la Châtiante. » Mais, en vérité, Amphitryon était mort depuis longtemps au cours de la campagne d'Orchomène. Les Athéniens prétendent que Thésée, reconnaissant à Héraclès de l'avoir délivré du Tartare, arriva à ce moment à la tête d'une armée, pour aider Héraclès contre Lycos. Il fut stupéfait du meurtre, mais cependant promit à Héraclès tous les honneurs durant sa vie et après sa mort et le ramena à Athènes où Médée le guérit de sa folie avec des médicaments. Ensuite, une fois de plus, Sicélos le purifia de son meurtre[12].

1. *Dans la société matrilinéaire, divorcer d'une épouse royale implique l'abandon du royaume qu'elle a apporté en se mariant, et il est probable que le roi sacré, après que les anciennes règles eurent été abandonnées en Grèce, pouvait échapper à la mort à la fin de son règne en abandonnant son royaume et en épousant l'héritière d'un autre royaume. S'il en est ainsi, le refus d'Eurytos de prendre Héraclès pour gendre n'était pas dû au fait qu'il avait tué ses enfants — victimes annuelles sacrifiées pendant qu'il régnait à Thèbes — mais au fait qu'il s'était soustrait à son devoir de roi, qui était de mourir. La conquête d'une fiancée par un exploit au tir à l'arc était une coutume indo-européenne : dans le Mahâbhârata, Arjuna conquiert ainsi Draupadi et dans le Râmâyana, Rama tend le puissant arc de Shiva et obtient Sita. En outre, lancer une flèche vers chacun des points cardinaux et une vers le zénith (voir 126. 2 et 132. 8) faisait partie du rituel des mariages royaux aux Indes et en Égypte. Les juments ont peut-être figuré en tant que victimes sacrificielles au mariage d'Héraclès et d'Iolé, lorsqu'il devint roi d'Oechalie (voir 81. 4). Iphitos, en tout cas, est le substitut du roi précipité du haut des murs de Thèbes à la fin de chaque année, ou à n'importe quel autre moment de l'année pour apaiser le courroux de quelque divinité (voir 105. 6 ; 106. j ; et 121. 3).*

2. *Héraclès s'emparant du trépied de Delphes rappelle la prise du temple par les Doriens ; de même que la foudre lancée entre Apollon et Héraclès rappelle qu'il avait été décidé qu'Apollon conserverait son oracle et ne le céderait pas à Héraclès — à la condition de servir les intérêts des Doriens comme patron des Dymanes, tribu faisant partie de la Ligue dorienne. Il est avéré*

que les Spartiates, qui étaient des Doriens, contrôlaient l'Oracle de Delphes à la période classique. Euripide omet l'incident du trépied dans son Héraclès parce que, en 421 avant J.-C., les Athéniens, par le Traité de Nicias, s'étaient vus empêchés de maintenir la souveraineté des Phocidiens sur Delphes. Les Spartiates insistèrent pour en faire un État miniature, sous leur contrôle. Au milieu du IVe siècle, lorsque la guerre éclata de nouveau, les Phocidiens s'emparèrent de Delphes et s'approprièrent une partie de son trésor pour lever des troupes afin de se défendre ; mais ils subirent une défaite sévère et toutes leurs villes furent détruites.

3. Le reproche de la Pythie semble vouloir dire que les Doriens, qui avaient conquis le Péloponnèse, se disaient « Fils d'Héraclès » et ne lui témoignaient pas le même respect que leurs prédécesseurs Achéens, Éoliens et Ioniens, qui avaient des liens religieux avec les agriculteurs libyens du delta égyptien, plutôt qu'avec les rois bergers helléniques ; Hérophilé (« chère à Héra »), qui avait précédé Xénocléa, était la fille de Zeus par Lamia et les Libyens qu'elle gouvernait l'appelaient la « Sibylle » (Pausanias : X. 12. 1 ; Euripide : Prologue de Lamia). Cicéron confirme la chose lorsqu'il écrit que ce n'était pas le fils d'Alcmène (c'est-à-dire l'Héraclès pré-Dorien) qui lutta contre Apollon pour le trépied (De la Nature des Dieux III). Par la suite, par un sentiment de décence à l'égard des choses religieuses, on fit des tentatives pour arranger la dispute entre Apollon Phocidien et Héraclès Dorien. Ainsi Plutarque, prêtre de Delphes (Dialogue sur le E à Delphes 6), suggère qu'Héraclès devint un habile devin et « qu'il semble qu'il se soit emparé du trépied par un sentiment de rivalité amicale à l'égard d'Apollon ». Lorsqu'il raconte la vengeance d'Apollon contre les habitants de Phénée, il omet avec beaucoup de tact le fait que c'était Héraclès qui avait creusé le canal pour eux (voir 138. d).

136.
Omphale

a. Héraclès fut emmené en Asie et proposé comme esclave par Hermès, patron de toutes les transactions financières importantes, et qui, par la suite, remit l'argent de la vente, trois talents d'argent, aux enfants d'Iphitos. Mais Eurytos s'entêta et interdit à ses petits-enfants d'accepter aucune compensation sous forme d'argent, en disant que seul le sang rachèterait le sang ; et Hermès seul sait ce qui advint de l'argent [1]. Comme l'avait prédit la Pythie, Héraclès fut acheté par Omphale, reine de Lydie, une femme qui s'y entendait en affaires ; il lui rendit de loyaux services pendant un an ou trois ans, en débarrassant l'Asie Mineure des brigands qui l'infestaient [2].

b. Cette Omphale, fille de Iardanes, et selon certains, mère de Tantale, avait hérité son royaume de son infortuné mari Tmolos, fils d'Arès et de Théogoné. Un jour, pendant qu'il chassait sur le mont Carmanorion — ainsi nommé en l'honneur de Carmanor, fils de Dionysos et d'Alexirrhoé, qui fut tuée par un sanglier sauvage —, il tomba amoureux d'une chasseresse du nom d'Arrhipé, chaste prêtresse de Diane. Arrhipé demeura sourde aux menaces comme aux supplications de Tmolos et se réfugia dans le temple de sa patronne, où, sans égard pour la sainteté du lieu, il la viola sur la couche même de la déesse. Elle se pendit à une poutre après avoir invoqué Artémis qui, alors, lâcha un taureau furieux ; Tmolos fut projeté dans les airs, retomba sur des piquets pointus et des pierres tranchantes et mourut dans d'affreuses douleurs. Théoclyménos, son fils par Omphale, l'enterra à l'endroit où il était mort et changea le nom de la montagne en celui de « Tmolos » ; une ville du même nom, construite sur le versant de la montagne, fut détruite par un grand tremblement de terre sous le règne de l'empereur Tibère [3].

c. Parmi les nombreux travaux secondaires qu'accomplit Héraclès, pendant cette période de servitude, se trouve la capture des deux Cercopes d'Éphèse qui l'avaient constamment empêché de dormir. C'étaient deux frères jumeaux appelés soit Passalos et Acmon, soit Olos et Eurybatos ; ou encore Sillos et Triballos — fils d'Océanos par Théia et qui étaient les tricheurs et les menteurs les plus accomplis de la création, qui parcouraient le monde en se rendant sans cesse coupables de nouveaux méfaits. Théia les avait prévenus de ne pas se frotter à Héraclès et sa formule est devenue proverbiale : « Mes petits culs blancs, vous allez bientôt rencontrer le grand cul noir. » « Cul blanc », depuis lors, fut synonyme de « lâche, vil ou débauché » [4]. Ils venaient continuellement bourdonner autour du lit d'Héraclès sous la forme de mouches à viande, mais, une nuit, il les attrapa et les obligea à reprendre leur véritable aspect et les emporta, suspendus la tête en bas à un bâton qu'il portait sur l'épaule. Or le postérieur d'Héraclès, que ne couvrait pas sa peau de lion, était tané par le soleil comme un vieux bouclier de cuir et aussi noirci par l'haleine brûlante de Cacus et du taureau de Crète ; les Cécropes partirent d'un grand éclat de rire à se voir ainsi suspendus la tête en bas, face à ce spectacle. Leur gaieté surprit Héraclès et lorsqu'il en sut la raison il s'assit sur une pierre et se mit lui-même à rire de si bon cœur qu'ils réussirent à le persuader de les relâcher. Mais, bien que nous connaissions une ville d'Asie du nom de Cercopia, on montrait le repaire des Cercopes et un rocher appelé Cul Noir, aux Thermopyles ; il est donc vraisemblable que cet incident est survenu à un autre moment et ailleurs[5].

d. Certains disent que les Cercopes furent ensuite changés en pierre pour avoir essayer de tromper Zeus ; d'autres, que Zeus pour les punir de leurs méfaits les changea en singes à longs poils jaunes et les envoya dans des îles italiennes appelées Pithecousae[6].

e. En Lydie, vivait dans un ravin un certain Syléos, qui avait coutume de se jeter sur les étrangers et les obligeait à bêcher sa vigne ; mais Héraclès lui arracha sa vigne ; et aussi, lorsque les Lydiens d'Itone se mirent à piller le pays d'Omphale, Héraclès reprit leur butin et rasa la ville[7]. A Célaenes vivait un cultivateur appelé Lityersès, un bâtard du roi Minos qui offrait l'hospitalité aux voyageurs mais les forçait à concourir avec lui à qui moissonnerait le plus vite sa récolte. S'ils faiblissaient, il les fouettait et, le soir, après avoir gagné le concours, il leur coupait la tête et cachait leurs corps dans des gerbes en fredonnant un chant triste. Héraclès se rendit à Célaenes pour porter secours au berger Daphnis, fils d'Hermès, qui après avoir parcouru le monde à la recherche de sa bien-aimée Pimpléa, enlevée par des pirates, l'avait enfin découverte parmi les esclaves de Lityersès. Daphnis fut défié à la moisson, mais Héraclès prit sa place et moissonna plus vite que Lityersès ; il lui coupa la tête avec une serpe et jeta son corps dans le fleuve Méandre. Daphnis non seulement retrouva sa Pimpléa, mais Héraclès lui donna le palais de Lityersès comme dot. Les moissonneurs phrygiens avaient coutume de chanter, en l'honneur de Lityersès, un hymne des moissons, sur un mode triste, très proche de celui qu'on entonnait en l'honneur de Maneros, fils du premier roi d'Égypte, qui, lui aussi, mourut dans un champ, parmi les moissons[8].

f. Enfin, près du fleuve Sagaris, en Lydie, Héraclès tua un serpent gigantesque qui détruisait les hommes et les récoltes ; et Omphale reconnaissante, ayant enfin découvert son identité et sa naissance, lui rendit sa liberté et le renvoya à Tirynthe, chargé de présents ; tandis que Zeus créait la constellation d'Ophiocos pour commémorer sa victoire. A ce propos, le fleuve Sagaris doit son nom au fils de Myndon et d'Alexirrhoé qui, rendu fou par la Mère des Dieux pour avoir manqué d'égard envers ses Mystères et insulté ses prêtres eunuques, se noya dans ses eaux [9].

g. Omphale avait acheté Héraclès comme amant, plutôt que comme guerrier. Il devint le père de ses trois enfants Lamos, Agelaos, l'ancêtre du célèbre roi Crésus qui tenta de s'immoler lui-même sur un bûcher lorsque les Perses s'emparèrent de Sardes, et Laomédon [10]. Certains en ajoutent un quatrième, Tyrrhénos, ou Tyrsénos, qui inventa la trompette et qui prit la tête des Lydiens émigrants en Étrurie, où ils prirent le nom de Tyrrhéniens ; mais il est plus probable que Tyrrhénos fut le fils du roi Atys, et un descendant assez éloigné d'Héraclès et d'Omphale [11]. Par une des suivantes d'Omphale, du nom de Malis, Héraclès était déjà le père de Cléodaeos ou Cléolaos, et d'Alcée, fondateur de la dynastie lydienne, que le roi Crésus écarta du trône de Sardes [12].

h. Des nouvelles parvinrent en Grèce annonçant qu'Héraclès avait quitté sa peau de lion et sa couronne de tremble et portait maintenant des colliers de pierreries, des bracelets d'or, un turban de femme, un châle pourpre et une ceinture maeonienne. Il passait son temps, disait-on, entouré de jeunes filles lascives et débauchées filant et tissant la laine ; et qu'il tremblait lorsque sa maîtresse le grondait parce qu'il s'y prenait mal. Elle le frappait de sa pantoufle d'or quand ses gros doigts malhabiles écrasaient le fuseau, et lui faisait raconter, pour la distraire, ses exploits passés ; mais il n'en éprouvait apparemment aucune honte. C'est pourquoi certains peintres montrent Héraclès habillé d'une robe jaune et se faisant coiffer et faire les mains par les femmes de chambre d'Omphale, tandis qu'elle, revêtue de sa peau de lion, tient sa massue et son arc [13].

i. Mais ce qui s'était passé en vérité était tout simplement ceci : un jour qu'Héraclès et Omphale visitaient les vignes de Tmolos, elle, vêtue d'une robe rouge brodée d'or, les cheveux ondulés et parfumés, lui, portant également un parasol d'or au-dessus de sa tête, Pan les aperçut du haut d'une colline. Il tomba amoureux d'Omphale et dit adieu aux divinités de la montagne : « Désormais, c'est elle seule que j'aimerai », s'écria-t-il. Omphale et Héraclès arrivèrent à la grotte retirée où ils se proposaient de se rendre et où ils eurent la fantaisie de faire l'échange de leurs vêtements. Elle l'habilla d'une ceinture en filet transparente, ridiculement étroite pour lui, et lui passa sa robe rouge. Bien qu'elle ait déboutonné celle-ci le plus possible, il fit craquer les manches ; quant aux cordons de ses sandales, ils étaient trop courts et n'arrivaient pas à croiser sur son pied.

j. Après avoir dîné, ils allèrent se coucher dans des lits séparés, ayant décidé de faire le sacrifice de l'aube à Dionysos, qui requiert que les sacrifiants soient en état de pureté. A minuit, Pan se glissa dans la grotte, et en tâtonnant dans l'obscurité il atteignit ce qu'il prit pour le lit d'Omphale parce que la personne qui l'occupait avait des vêtements de soie. En tremblant, il releva les couvertures dans le bas du lit et se faufila à l'intérieur ; mais Héraclès, s'étant réveillé, releva sa jambe et le projeta au fond de la grotte. Omphale, qui avait entendu un bruit de chute et un grand cri, se jeta hors de son lit et demanda des torches ; quand les lumières arrivèrent, Héraclès et elle se mirent à rire aux larmes à la vue de Pan tout endolori, recroquevillé dans un coin en train de se frotter le dos. Depuis lors, Pan voua une haine farouche à tout vêtement et demanda à ses adeptes de venir nus célébrer ses rites ; c'est lui qui, pour se venger, fit courir le bruit que cet échange bizarre de vêtements avec Omphale était un vice et qu'ils en étaient l'un et l'autre coutumiers [14].

1. *Carmanor serait un nom d'Adonis (voir 18. 7), tué également par un sanglier. La profonation du temple d'Artémis par Tmolos ne peut guère être datée ; non plus que l'ordre que reçut Héraclès de dédommager Eurytos pour le meurtre de son fils. Ces deux événements semblent néanmoins être historiques, à l'origine. Il est vraisemblable qu'Omphale représente la Pythie, gardienne de l'Omphalos de Delphes, qui décida du dédommagement et fit d'Héraclès un esclave du temple jusqu'à ce qu'il se fût acquitté de sa dette et que, comme « Omphale » était aussi le nom d'une reine lydienne, l'épisode de son esclavage ait été transformé par les mythographes pour l'adapter à d'autres traditions.*

2. *Les Cercopes, comme l'indiquent leurs divers noms doubles, étaient des Cères ou Maux, venant sous la forme de rêves trompeurs et angoissants et on ne pouvait s'en débarrasser qu'en s'adressant à Héraclès qui, seul, avait pouvoir sur le cauchemar (voir 35. 3-4). Bien que représentés au début comme de simples fantômes, comme Cécrops (dont le nom est une autre forme de cercops), dans des œuvres d'art postérieures ils sont représentés sous la forme de cercopitecoi, « singes », peut-être parce qu'Héraclès est associé à Gibraltar, une des colonnes, d'où des marchands carthaginois les avaient rapportés apprivoisés pour amuser les dames fortunées grecques et romaines. Il ne semble pas qu'il y ait eu de singes à Ischia et à Proscida, deux îles*

*situées au nord de la baie de Naples, que les Grecs appelaient
Pithecousae : leur nom vient, en fait, des* pithoi, *ou jarres, qu'on
y fabriquait (Pline :* Histoire naturelle *III. 6. 12).*

3. *La coutume, chez les vignerons, de s'emparer d'un étranger
et de le tuer à la saison des vendanges, en l'honneur de l'esprit
du Vin, était très répandue en Syrie et en Asie Mineure ; et un
sacrifice de la moisson similaire y était pratiqué ainsi qu'en
Europe. Sir James Frazer a épuisé le sujet dans le* Rameau d'Or.
*On attribue ici à Héraclès l'abolition des sacrifices humains :
réforme sociale dont les Grecs étaient fiers, bien que leurs guerres
devinssent de plus en plus barbares et destructrices.*

4. *Les auteurs classiques ont fait de la servitude d'Héraclès une
allégorie pour montrer combien il est facile pour un homme fort
d'être réduit en esclavage par une femme ambitieuse et sensuelle ;
et le fait qu'ils considéraient le nombril comme le siège de la
passion chez la femme explique le nom d'Omphale. Mais la
légende se rapporte plutôt à un stade primitif de royauté sacrée
qui évoluait du matriarcat au patriarcat à une époque où le roi,
consort de la reine, avait le privilège d'être délégué par elle aux
cérémonies et aux sacrifices — mais seulement s'il portait ses
vêtements. Réveillou a montré que cet usage avait cours à Lagash
à la période sumérienne primitive et plusieurs œuvres d'art
crétoises montrent des hommes vêtus d'habits féminins au cours
des sacrifices — non seulement de jupes-culottes à pois, comme
sur le sarcophage de Hagia Triada, mais même comme sur une
fresque du palais de Cnossos, de jupes à volants. La servitude
d'Héraclès trouve son explication dans les coutumes matriarcales
des indigènes de l'Afrique occidentale : à Loango, Daura et chez
les Abrons, comme Briffault l'a fait remarquer, le roi est de
naissance servile et dénué de pouvoir ; à Agonna, Latuka,
Ubemka et ailleurs, il n'y a qu'une reine, qui ne se marie pas
mais qui prend des amants esclaves. En outre un système similaire
survécut jusqu'à la période classique au sein de l'ancienne
noblesse locrienne qui avait le privilège d'envoyer des prêtresses
à l'Athéna Troyenne (voir 158. 8) ; elle fut contrainte d'émigrer
en 683 avant J.-C. de la Grèce centrale à Locres en Épizéphyrie,
dans le sud de l'Italie, « à cause du scandale causé par les amours
désordonnées des femmes de la noblesse avec des esclaves » (voir
18. 8). Ces Locriennes, qui étaient d'origine non hellénique, et
qui considéraient comme un acte vertueux d'avoir des rapports
sexuels prénuptiaux, comme la pratique en était courante chez les
Crétois, les Cariens et les Amorites (Cléarque : 6), étaient très
strictes sur la succession matrilinéaire (Denys :* Description de la
Terre *365-367 ;* Polybe : *XII. 6 b). Cette coutume devait être
généralisée dans la Grèce préhellenique et en Italie mais c'est
seulement à Bagnara, près des ruines de Locres en Épizéphyrie,
que la tradition matriarcale a survécu aujourd'hui. Les Bagnarot-
tes portent de longues jupes plissées et partent pieds nus faire
leurs tournées de commerce qui durent plusieurs jours, laissant
aux hommes le soin de s'occuper des enfants ; elles portent*

jusqu'à deux quintaux sur leur tête. Les hommes prennent des vacances à la saison de l'espadon, au printemps, et rivalisent d'adresse au harpon ; en été, ils vont sur les montagnes et fabriquent du charbon de bois. Bien que le patron officiel de Bagnara soit saint Nicolas, aucun Bagnarotte ne le reconnaît, et le prêtre de la paroisse se plaint qu'ils donnent plus d'importance à la Vierge qu'à son Fils — la Vierge ayant succédé à Coré, la Jeune Fille, dont le temple à Locres fut célèbre à la période classique.

137.
Hésioné

a. Après avoir été l'esclave de la reine Omphale, Héraclès revint à Tirynthe, ayant totalement recouvré la raison, et projeta immédiatement une expédition contre Troie[1] ; voici pourquoi : Télamon et lui, à leur retour du pays des Amazones, ou bien lorsqu'ils abordèrent avec les Argonautes à Sigée, avaient été surpris de trouver Hésioné, la fille de Laomédon, entièrement nue, parée seulement de ses bijoux et enchaînée à un rocher sur le rivage de Troie[2]. Il s'avéra que Poséidon avait envoyé un monstre marin pour punir Laomédon d'avoir refusé de lui payer, ainsi qu'à Apollon, le prix convenu pour la construction des murs de la ville et pour s'être occupés de ses troupeaux. D'après certains, il aurait dû leur sacrifier tout le bétail né dans son royaume, cette année-là ; d'après d'autres, il leur avait promis seulement un très bas salaire comme à des journaliers, mais, même sur ce salaire, il les avait volés de plus de trente drachmes troyennes. Pour se venger, Apollon envoya une épidémie et Poséidon donna l'ordre à un monstre de dévorer les habitants et de dévaster leurs champs en vomissant de l'eau de mer sur les campagnes. Selon un autre récit, Laomédon tint ses engagements envers Apollon mais non à l'égard de Poséidon qui, en conséquence, envoya l'épidémie et le monstre[3].

b. Laomédon se rendit à l'Oracle de Zeus Ammon et on lui conseilla d'abandonner Hésioné sur le rivage pour être dévorée par le monstre. Néanmoins, il refusa obstinément d'obéir à moins que les nobles de Troie ne consentent à sacrifier d'abord leurs propres filles. Ceux-ci, désespérés, consultèrent Apollon qui n'était pas moins courroucé que Poséidon et qui ne leur donna guère d'apaisement. La plupart des parents envoyèrent aussitôt leurs enfants à l'étranger pour plus de sécurité, mais Laomédon essaya de contraindre un certain Phœnodamas, qui avait gardé chez lui ses trois filles, d'en abandonner une des trois ; Phœnodamas harangua l'assemblée et déclara que Laomédon était seul responsable de ses malheurs et qu'il fallait le contraindre à subir la douleur de sacrifier sa propre fille. Finalement, on décida de tirer au sort et le sort désigna Hésioné qui fut donc attachée à ce rocher où Héraclès la découvrit [4].

c. Héraclès brisa ses chaînes, remonta vers la ville et offrit de détruire le monstre en échange de deux incomparables et immortels chevaux blancs (ou juments blanches), rapides et si légers qu'ils galopaient sur la surface des eaux et passaient comme le vent sur les blés dressés ; Zeus en avait fait don à Laomédon, en compensation de l'enlèvement de Ganymède. Laomédon accepta sans hésiter le marché [5].

d. Avec l'aide d'Athéna, les Troyens construisirent alors à Héraclès un haut mur pour le protéger contre le monstre lorsqu'il sortirait sa tête de la mer et s'avancerait dans la plaine. Quand il atteignit le mur il ouvrit ses énormes mâchoires et Héraclès s'engagea tout armé dans sa gorge. Il passa trois jours dans le ventre du monstre et en ressortit victorieux ; mais le dur combat qu'il venait de livrer lui avait coûté tous ses cheveux [6].

e. Ce qui arriva ensuite est très controversé. Certains disent que Laomédon donna Hésioné comme épouse à Héraclès — tout en le persuadant de la laisser, ainsi que les juments, à Troie, tandis qu'il partirait avec les Argonautes — mais qu'après la conquête de la Toison d'Or, la cupidité l'emportant, il refusa à Héraclès à la fois Hésioné et les juments. D'autres disent qu'il avait déjà refusé, deux ou trois mois auparavant, au moment où Héraclès était venu à Troie à la recherche d'Hylas [7].

f. La version la plus sûre, cependant, est celle selon laquelle Laomédon trompa Héraclès en substituant aux chevaux immortels des chevaux ordinaires ; Héraclès alors menaça de faire la guerre contre Troie et s'embarqua fort en colère. Il se rendit d'abord dans l'île de Paros, où il érigea un autel à Zeus et à Apollon ; puis, à l'isthme de Corinthe où il prédit le châtiment de Laomédon ; finalement, il recruta des soldats dans sa propre ville de Tirynthe [8].

g. Laomédon, entre-temps, avait tué Phœnodamas et vendu ses trois filles à des marchands siciliens venus acheter des victimes destinées à être livrées aux fauves, au cours des spectacles qu'ils organisaient ; mais, en Sicile, elles furent sauvées par Aphrodite et l'aînée, Aegeste, s'unit au fleuve Crimisos qui prit la forme d'un chien — et lui donna un fils, Égeste, appelé par les Latins Aceste[9]. Cet Égeste, avec l'aide du bâtard d'Anchise, Élyme, qu'il avait ramené de Troie, fonda les villes d'Égeste, par la suite appelée Ségeste d'Entella, à qui il donna le nom de sa femme, d'Éryx et d'Asca. Aegeste revint — dit-on — plus tard, à Troie et y épousa un certain Capys par qui elle devint mère d'Anchise[10].

h. On n'est pas d'accord quant au nombre des bateaux qu'Héraclès affréta pour mettre le cap sur Troie : certains disent dix-huit longs bateaux à cinquante rameurs ; d'autres, seulement six petites embarcations et de maigres forces[11]. Mais, parmi ses alliés, se trouvaient Iolaos, Télamon, fils d'Éaque, Pélée, l'Argien Oeclès et le Béotien Deimachos[12].

i. Héraclès avait trouvé Télamon en train de festoyer avec ses amis à Salamine. On lui offrit aussitôt la coupe de vin en or et on l'invita à verser la première libation à Zeus ; après l'avoir fait il tendit ses mains vers le ciel et, s'adressant à Zeus : « O Père, envoie à Télamon un bon fils, dont la peau soit aussi solide que cette peau de lion et dont le courage soit à l'avenant ! » Car il s'était aperçu que Périboea, la femme de Télamon, était sur le point d'accoucher. En réponse, Zeus envoya son aigle sur la terre et Héraclès assura Télamon que sa prière serait entendue ; et en effet, dès la fin du banquet, Périboea donna le jour au Grand Ajax, autour de qui Héraclès jeta sa peau de lion, le rendant ainsi invulnérable, sauf pour le cou et l'aisselle, où la lance avait pénétré[13].

j. Héraclès débarqua près de Troie, confia la garde de ses vaisseaux à Oeclès tandis que lui-même, prenant la tête des autres guerriers, donnait l'assaut à la ville. Loamédon, surpris, n'eut pas le temps de rassembler son armée mais il distribua au peuple des épées et des torches et l'envoya en hâte sur le rivage pour brûler la flotte. Oeclès résista jusqu'à son dernier souffle, contenant l'ennemi à l'arrière-garde, tandis que ses camarades reprenaient la mer et s'échappaient. Laomédon se hâta alors de revenir dans la ville et, après une escarmouche avec des groupes isolés des forces d'Héraclès, il réussit à rentrer et à refermer les portes de la ville derrière lui.

k. N'ayant pas la patience de faire un long siège, Héraclès ordonna l'assaut immédiat. Le premier à faire une brèche

dans le mur et à entrer dans la ville fut Télamon, qui avait
choisi l'aile droite, construite par son père Éaque, sachant
que c'était là le point le plus faible ; Héraclès le rejoignit
difficilement et ne put qu'entrer après lui ; il devint alors
fou de jalousie de n'avoir pas été le premier et Télamon
comprit que l'épée qu'Héraclès venait subitement de bran-
dir menaçait sa vie ; il eut la présence d'esprit de s'arrêter
et de ramasser de grosses pierres tombées de la brèche
dans la nuit : « Que fais-tu là ? » gronda Héraclès. « Je
construis un autel à Héraclès Vainqueur, à Héraclès-qui-
Préserve-des-Calamités, répondit l'astucieux Télamon. Je
t'abandonne le sac de Troie [14]. » Héraclès le remercia d'un
mot et s'élança vers l'intérieur de la ville. Il abattit alors
Laomédon et tous ses fils, excepté Podarcès, qui avait été
seul à insister pour qu'on donnât les juments immortelles
à Héraclès ; puis il pilla la ville. Après avoir assouvi sa
vengeance, il récompensa Télamon en lui accordant la
main d'Hésioné à qui il permit de racheter le prisonnier
de son choix. Elle choisit Podarcès. « Très bien, dit
Héraclès ; mais auparavant il faut qu'il soit vendu comme
esclave. » Ainsi Podarcès fut présenté pour être vendu et
Hésioné l'acheta en donnant le voile d'or qui entourait
son front : ce qui valut à Podarcès le nom de Priam, qui
veut dire « racheté ». Mais, d'après certains, il n'était
encore qu'un enfant à cette époque [15].

l. Après avoir brûlé Troie et dévasté ses environs,
Héraclès installa Priam sur le trône et mit à la voile.
Hésioné suivit Télamon à Salamine où elle lui donna
Teucer ; soit dans le mariage, soit hors du mariage, on
n'est pas d'accord à ce sujet [16]. Par la suite elle abandonna
Télamon, s'enfuit en Asie Mineure, et se rendit à la nage
à Milet où le roi Arion la découvrit cachée dans un bois.
Là, elle donna à Télamon un second fils, Trambelos,
qu'Arion éleva comme son propre fils et qu'il institua roi
des compagnons asiatiques de Télamon, les Lélèges, ou
selon d'autres, les Lesbiens. Lorsque, pendant la guerre
de Troie, Achille fit une expédition contre Milet, il tua
Trambelos, ayant appris trop tard qu'il était le fils de
Télamon, ce qui l'affligea profondément [17].

m. D'après certains, Oeclès ne tomba pas devant Troie ;
il était encore vivant quand les Érinyes rendirent fou son
petit-fils Alcméon. On pouvait voir sa tombe en Arcadie,
près de l'enceinte sacrée de Borée, à Mégalopolis [18].

n. Héraclès s'éloigna ensuite de la Troade, emmenant
avec lui Glaucia, fille du fleuve Scamandre. Pendant le

siège, elle avait été l'amante de Deimachos et, après qu'il eut été tué dans la bataille, elle avait demandé la protection d'Héraclès. Héraclès la conduisit à bord de son navire, tout heureux que la descendance d'un aussi vaillant ami ne fût pas éteinte : en effet, Glaucia était enceinte et donna le jour, à quelque temps de là, à un fils du nom de Scamandre [19].

o. Or, tandis que Sommeil assoupissait doucement Zeus, Héra demanda à Borée de susciter une tempête qui emportât Héraclès très loin de sa destination, du côté de l'île de Cos. Zeus se réveilla furieux et menaça de retirer Sommeil du Monde Supérieur et de le jeter dans l'Érèbe ; mais il s'enfuit et se réfugia auprès de la Nuit à qui Zeus lui-même n'osait déplaire. Alors, pris de rage, Zeus se mit à secouer tous les dieux sur l'Olympe ; c'est à ce moment-là, disent certains, qu'il enchaîna Héra par ses poignets à des flotteurs, attacha des enclumes à ses chevilles et qu'il précipita Héphaïstos sur la terre. Ayant ainsi donné libre cours à sa mauvaise humeur, il vint au secours d'Héraclès à Cos et le ramena à Argos, où ses aventures sont racontées de diverses manières [20].

p. D'après certains, les habitants de Cos se méprirent sur lui, le prirent pour un pirate et essayèrent de l'empêcher de s'approcher du rivage en lançant des pierres contre son bateau. Mais il aborda de force, et prit d'assaut la ville d'Astypalaea, pendant la nuit, et tua le roi Eurypylos, fils de Poséidon et d'Astypalaea. Il fut lui-même blessé par Chalcodon, mais fut sauvé par Zeus au moment où il allait être tué [21]. Selon d'autres, il attaqua Cos parce qu'il était tombé amoureux de Chalciopé, fille d'Eurypylos [22].

q. Selon un autre récit encore, cinq des six bateaux d'Héraclès coulèrent dans la tempête. Le dernier s'échoua à Lacéta, sur l'île de Cos ; ses compagnons et lui ne réussirent à sauver que leurs armes du naufrage. Pendant qu'ils étaient occupés à tordre leurs vêtements trempés, un troupeau de moutons vint à passer et Héraclès demanda au berger, un certain Antagoras, de lui donner un bélier ; Antagoras alors, qui était vigoureusement constitué, défia Héraclès à un concours de lutte et offrit le bélier comme prix. Héraclès accepta le défi mais lorsque les deux adversaires entamèrent le pugilat, les amis méropiens d'Antagoras se précipitèrent pour l'aider et les Grecs firent de même pour Héraclès, en sorte qu'une mêlée générale s'ensuivit. Épuisé par la tempête et aussi accablé sous le nombre de ses ennemis, Héraclès cessa le combat et se réfugia chez une grosse matrone de Thrace, dont il revêtit les vêtements et ainsi réussit à s'échapper.

r. Un peu plus tard, dans la journée, reposé après avoir mangé et dormi, il reprit le combat contre les Méropiens et triompha d'eux ; après quoi, il fut purifié de leur sang et, toujours en vêtements de femme, épousa Chalciopé par laquelle il devint le père de Thessalos [23]. A l'époque historique on offrait des sacrifices annuels à Héraclès sur le champ où eut lieu le combat ; et les jeunes mariés de Cos portaient des vêtements de femmes lorsqu'il accueillaient leurs jeunes épouses dans leur maison — comme le faisait d'ailleurs aussi le prêtre d'Héraclès à Antimachie, avant d'effectuer un sacrifice [24].

s. Les femmes d'Astypalaea se sentirent offensées par ce geste d'Héraclès et l'insultèrent ; Héra les affligea alors de cornes, comme les vaches ; mais certains disent qu'Aphrodite leur avait infligé cette punition pour avoir prétendu que leur beauté était supérieure à la sienne [25].

t. Après avoir quitté Cos et anéanti les Méropiens, Héraclès fut dirigé par Athéna vers Phlégrae où il aida les dieux à gagner la bataille contre les géants [26]. De là il se rendit en Béotie, où Scamandre — sur son insistance — fut élu roi. Scamandre changea le nom du fleuve Inachos pour lui donner le sien, et donna le nom de sa mère Glaucia à une rivière voisine ; il donna aussi à la source Acidousa le nom de sa femme, dont il avait trois filles qu'on honorait encore en ces mêmes lieux sous le nom de « Jeunes Filles » [27].

★

1. *Cette légende se rapporte au sac de la sixième ville de Troie, ou Troie préhomérique, probablement par les Minyens, c'est-à-dire des Grecs éoliens, soutenus par des Lélèges, lorsqu'un tremblement de terre, survenu fort à propos, renversa ses murs massifs (voir 158. 8). La légende de la Toison d'Or nous apprend que Laomédon s'était opposé aux incursions des marchands lélèges et minyens dans la mer Noire (voir 148. 10) et que la seule façon de lui faire entendre raison fut de détruire sa ville, qui commandait l'Hellespont et la plaine du Scamandre où se tenait la foire annuelle Orient-Occident. Le Neuvième des Travaux se rapporte à des événements similaires en mer Noire (voir 131. 11). La tâche d'Héraclès fut facilitée par un tremblement de terre, dont la date se situe en 1260 avant J.-C. environ.*

2. *La délivrance d'Hésioné par Héraclès, semblable à la délivrance d'Andromède par Persée (voir 73. 7), provient très*

clairement d'une représentation très répandue en Syrie et en Asie Mineure : la conquête par Marduk du monstre marin Tiamat, émanation de la déesse Ishtar, dont il neutralisa la puissance en l'enchaînant à un rocher. Héraclès est avalé par Tiamat et disparaît pendant trois jours avant de réussir à sortir en combattant. De même, selon un conte moral hébreu, certainement basé sur la même représentation, Jonas passa trois jours dans le ventre de la Baleine ; de même, le représentant de Marduk, roi de Babylone, faisait une retraite tous les ans durant laquelle il était censé combattre Tiamat (voir 71. 1 ; 73. 7 et 103. 1). Le cheval solaire blanc de Marduk ou de Persée devient ici la récompense pour la délivrance d'Hésioné. La perte des cheveux d'Héraclès souligne le caractère solaire de son personnage. Les cheveux, qu'on rasait au roi sacré lorsque l'année finissait, symbolisaient l'abolition de sa puissance magique, comme dans l'histoire de Samson (voir 91. 1). Lorsqu'il réapparaissait, il n'avait pas plus de cheveux qu'un nouveau-né.

3. Les trois filles de Phœnodamas représentent la déesse-Lune sous ses trois aspects, gouvernant l'île triangulaire de Sicile. Le chien lui était consacré comme à Artémis, Aphrodite et Hécate. Les Siciliens de langue grecque connaissaient bien les poèmes épiques d'Homère, de même que les Romains, et ils étaient, tout autant qu'eux, désireux de se réclamer des Troyens, même sur des données douteuses. Les trois filles de Scamandre représentent la même déesse en Béotie. Le fait que Glaucia ait donné un enfant à Scamandre n'avait rien d'anormal. Selon le pseudo-Eschine (Dialogues 10. 3), les jeunes épouses avaient coutume de se baigner dans le fleuve en s'écriant «Scamandre, prends ma virginité ! » ; ce qui indique qu'il s'agit d'une période archaïque où l'on croyait que les eaux du fleuve stimulaient la matrice (voir 68. 2).

4. On ne sait pas exactement à quelle conquête de l'île de Cos en Hellade se rapporte la visite d'Héraclès, mais la coutume qui s'ensuivit du port d'un vêtement de femme par le fiancé lorsqu'il recevait sa fiancée semble bien être une concession à l'ancienne coutume matrilocale où c'était elle qui le recevait chez elle et non l'inverse (voir 106. 3). Il y eut à Cos une danse de la vache, semblable au rite pratiqué à Argos pour honorer la déesse-Lune Io (voir 56. 1). A Antimachie, le roi sacré était encore au stade primitif du délégué de la reine et, par conséquent, obligé de porter un vêtement féminin (voir 18. 8 et 136. 4).

5. Les juments de Laomédon étaient de la même race que celles de l'élevage de Borée, à Troie (voir 23. e).

6. L'Inachos était un fleuve d'Argos ; Plutarque semble être le seul à mentionner un Inachos en Béotie.

138.
La conquête de l'Élide

a. Peu de temps après son retour, Héraclès réunit une
armée de Tirynthiens et d'Arcadiens auxquels se joignirent
des volontaires appartenant aux plus nobles familles grecques, et marcha contre Augias, roi d'Élide, à qui il gardait
rancune à cause du Cinquième des Travaux [1]. Mais Augias,
ayant prévu cette attaque, s'était préparé à résister en
plaçant à la tête de son armée Eurytos et Cteatos, fils de
son frère Actor et de Molioné ou Moliné, fille de Molos, et
en faisant participer au gouvernement le vaillant Amaryncée
dont on dit généralement qu'il est fils de l'émigré thessalien
Pyttios [2].

b. On appelle les fils d'Actor, Molions ou Molionides,
du nom de leur mère, Molionè. Ils étaient jumeaux, nés
d'un œuf d'argent, et dépassaient en vigueur tous leurs
contemporains ; mais, contrairement aux Dioscures, ils
étaient réunis et attachés par la taille depuis leur naissance [3].
Les Molionides épousèrent les sœurs jumelles de Dexaménos le Centaure et, une génération plus tard, leurs fils
régnèrent en Élide conjointement avec le petit-fils d'Augias
et le fils d'Amaryncée. Chacun de ces quatre hommes
commanda dix bateaux dans l'expédition contre Troie.
Actor avait déjà une part dans le royaume par sa mère
Hyrminé, fille de Nélée ; la ville d'Hyrminé, à présent
disparue, porte son nom [4].

c. Héraclès ne se couvrit pas de gloire dans cette campagne d'Élide. Il tomba malade et, quand les Molionides
mirent en déroute l'armée qui campait au cœur de l'Élide,
les Corinthiens intervinrent en proclamant la Trêve Isthmique. Parmi ceux qui avaient été blessés par les Molionides
se trouvait Iphiclès, le frère jumeau d'Héraclès ; ses amis
le transportèrent évanoui à Phénée en Arcadie, où il devait
mourir plus tard et devenir un héros. Trois cent soixante
habitants de Cléonae moururent bravement aussi en combattant aux côtés d'Héraclès ; il leur céda les honneurs
que lui avaient accordés les Néméens après qu'il eut tué le
lion [5]. Il était à présent réfugié à Olénos, patrie de son
ami Dexaménos beau-père des Molionides, et dont il
déflora la plus jeune des filles, Déjanire, après avoir promis
de l'épouser. Héraclès continua sa route et le Centaure
Eurytion demanda la main de Déjanire que Dexaménos
n'osa pas lui refuser ; mais, le jour du mariage, Héraclès

réapparut sans prévenir, abattit Eurytion et ses frères et emmena la jeune femme. Mais d'après certains, la fiancée d'Héraclès s'appelait Mnésimaché ou Hippolyté ; en effet Déjanire passa généralement pour être la fille d'Oenée. Dexaménos était né à Boura, célèbre pour son oracle aux dés d'Héraclès [6].

d. Lorsque Héraclès revint à Tirynthe, Eurysthée l'accusa d'avoir des vues sur le royaume où Zeus l'avait confirmé, et il le bannit d'Argolide. Accompagné de sa mère Alcmène et de son neveu Iolaos, Héraclès s'en alla alors rejoindre Iphiclès à Phénée, et là il fit de Laonomé, fille de Gounée, sa concubine. Il creusa un canal long de dix kilomètres et profond de neuf mètres pour les eaux du fleuve Aroanios, passant au milieu de la plaine de Phénée ; mais le fleuve abandonna le canal qui s'était comblé à certains endroits et reprit son cours d'autrefois. Il creusa également de profonds chenaux au pied des montagnes Phénéennes pour éviter les inondations ; ceux-ci ont été très utiles sauf une fois, où, après un orage, les eaux de l'Aroanios grossirent et inondèrent l'ancienne ville de Phénée ; les traces laissées par les eaux étaient encore visibles au flanc de la montagne [7].

e. Ensuite, ayant appris que les Éléens envoyaient une procession en l'honneur de Poséidon aux troisièmes Jeux Isthmiques et que les Molionides assisteraient aux jeux et prendraient part aux sacrifices, Héraclès leur tendit une embuscade ; il se cacha dans un fourré sur la route, près de Cléonae, et les tua l'un et l'autre ; il tua aussi leur cousin, l'autre Eurytos, fils du roi Augias [8].

f. Molioné apprit vite le nom de celui qui avait tué ses fils et en fit demander raison par les Éléens à Eurysthée en arguant qu'Héraclès était originaire de Tirynthe. Et lorsque Eurysthée eut fait savoir qu'il déclinait toute responsabilité concernant les méfaits d'Héraclès qu'il avait banni, Molioné demanda aux Corinthiens d'exclure tous les Argiens des Jeux Isthmiques jusqu'à ce que raison lui soit rendue du meurtre. Les Corinthiens refusèrent et Molioné lança une malédiction sur tout Éléen qui participerait aux Jeux. Cette malédiction était toujours vivante : aucun athlète éléen ne prenait jamais part aux Jeux Isthmiques [9].

g. Héraclès emprunta alors à Oncos Aréion, le cheval à crinière noire, le dompta, recruta une nouvelle armée à Argos, à Thèbes et en Arcadie et mit à sac la ville d'Élis. D'après certains, il tua Augias et ses fils, remit Phylée le roi légitime sur le trône d'Élide ; d'après d'autres, il épargna la vie d'Augias. Lorsque Héraclès eut décidé de repeupler l'Élide en obligeant les veuves des Éléens tués au combat à s'unir à ses soldats, les veuves adressèrent une prière en commun à Athéna pour qu'elles deviennent enceintes dès la première étreinte. Leur prière fut entendue et, en reconnaissance, elles fondèrent le sanctuaire d'Athéna Mère. Leur joie fut si grande de cet heureux événement que la source qui coulait non loin de l'endroit où elles avaient rencontré leurs nouveaux maris fut appelée *Bady* ce qui veut dire en éléen : « Agréable. » Héraclès donna ensuite le cheval Aréion à Adraste en disant que, tout compte fait, il préférait se battre à pied [10].

h. C'est à peu près à cette époque qu'Héraclès prit le nom de Bouphagos ou « Mangeur de bœuf ». Voici comment la chose arriva. Léprée, fils de Caucon et d'Astydamie, qui fonda la ville de Lépréos en Arcadie (ce district doit son nom à la léproserie qu'avaient attaquée les premiers colons) avait inconsidérément conseillé au roi Augias de mettre aux fers Héraclès quand il demanderait à être payé pour le nettoiement des écuries. Ayant appris qu'Héraclès s'approchait de la ville, Astydamie persuada Léprée de le recevoir avec courtoisie et d'implorer son pardon. Héraclès consentit à pardonner mais défia Léprée à un triple concours : lancer le disque, boire des seaux d'eau et manger un bœuf. Héraclès gagna au lancement du disque et gagna le concours à qui boirait le plus d'eau, mais Léprée mangea un bœuf en moins de temps que lui. Grisé par son succès, il défia Héraclès en un combat singulier ; il fut aussitôt assommé d'un coup de massue et mourut sur le coup ; on pouvait encore voir sa tombe à Phigalie. Les Lépréens qui vénèrent Déméter et Zeus du Peuplier Blanc ont toujours été sujets de l'Élide ; et si par hasard l'un d'eux gagne un prix à l'Olympie, le heraut proclame que c'est un Éléen de Léprée. Le roi Augias est encore honoré comme un héros par les Éléens et c'est seulement pendant le règne de Lycurgue le Spartiate qu'ils prirent le parti d'oublier leur haine à l'égard d'Héraclès et lui offrirent également des sacrifices ; ils évitèrent ainsi une épidémie de peste [11].

i. Après avoir conquis l'Élide, Héraclès réunit une armée à Pisa et employa le butin pour instituer les Jeux et les Fêtes Olympiques qui avaient lieu tous les quatre ans en l'honneur de son père Zeus qui, comme le prétendent certains, était seulement le huitième concours d'athlétisme

qui ait eu lieu jusqu'à ce jour [12]. Ayant délimité l'enceinte
de Zeus et séparé par une barrière le Bois Sacré, il sortit
du stade, donna à un monticule voisin le nom de « Colline
de Cronos » et éleva six autels aux dieux de l'Olympe : un
autel pour deux dieux. Dans les sacrifices à Zeus, il brûlait
les cuisses des victimes sur un feu de bois de peuplier blanc
coupé sur des arbres poussant au bord du fleuve Achéron
de Thesprotie ; il fonda également un âtre sacrificiel en
l'honneur de son arrière-grand-père Pélops et lui assigna
un sanctuaire. A cette occasion, comme il avait été
violemment harcelé par des mouches, il offrit un second
sacrifice à Zeus-qui-Préserve-des-Mouches : qui les envoya
bourdonner de l'autre côté du fleuve Alphée. Les Éléens de
l'époque historique sacrifiaient encore à ce Zeus lorsqu'ils
chassaient les mouches d'Olympie [13].

j. A présent c'était la première pleine lune après le
solstice d'été, tout était prêt pour la fête — excepté que la
colline manquait d'arbres pour l'ombrager du soleil. Héraclès retourna donc chez les Hyperboréens où il avait
admiré les oliviers sauvages qui poussaient aux sources du
Danube et obtint des prêtres d'Apollon qu'ils lui en
donnent un pour être planté dans l'enceinte de Zeus.
De retour à Olympie, il institua que l'arbitre étolien
couronnerait les vainqueurs de ses feuilles et que celles-ci
seraient leur seule récompense, parce que lui-même avait
accompli ses Travaux sans recevoir aucune rétribution de
la part d'Eurysthée. Cet arbre appelé « olivier de la simple
couronne » pousse toujours près du temple de Zeus. Les
branches dont étaient faites les couronnes sont coupées
avec une serpe d'or par un jeune garçon de naissance
noble, dont le père et la mère doivent être vivants [14].

k. D'après certains, Héraclès gagna toutes les compétitions par absence de concurrents car personne n'osait se
présenter contre lui, mais la vérité est qu'elles furent toutes
chaudement disputées. Cependant, il ne se trouvait pas
d'amateurs pour le match de lutte ; c'est alors que Zeus
en personne, sous un déguisement, daigna pénétrer dans
le ring. Le match fut annulé, Zeus ayant révélé qui il était
à son fils Héraclès ; les acclamations des spectateurs
montaient jusqu'au ciel et la lumière de la pleine lune était
si forte qu'on avait l'impression d'être en plein jour [15].

l. Mais la légende la plus ancienne dit que les Jeux
Olympiques furent fondés par Héraclès Dactyle et que
c'est lui qui apporta l'olivier sauvage de la terre des
Hyperboréens. Les sorcières faisaient un grand usage de

charmes et d'amulettes en l'honneur d'Héraclès Dactyle et n'avaient que peu de considération pour l'Héraclès fils d'Alcmène. Le sanctuaire de Zeus qui se trouve à égale distance entre le sanctuaire de Pélops et le sanctuaire d'Héra, mais en avant des deux, a été érigé, dit-on, par l'ancien Héraclès, de même que l'autel de Pergame, avec les cendres des os des cuisses sacrifiées à Zeus. Une fois par an, le dix-neuvième jour du mois éléen Élaphios, des devins allaient prendre les cendres à la Salle du Conseil et, après les avoir mouillées avec de l'eau de l'Alphée — aucune autre que celle-là ne pouvait servir — enduisaient l'autel d'une nouvelle couche avec le plâtre ainsi obtenu [16].

m. Mais ceci n'est pas pour dénier qu'Héraclès, fils d'Alcmène, ait refondu les Jeux : car on pouvait voir à Élis un gymnase aux murs anciens où les athlètes s'entraînaient. De grands platanes poussaient entre les pistes qui servaient aux compétitions et l'espace intérieur porte le nom de Xystos parce qu'Héraclès s'y entraînait en *arrachant* les chardons. Mais Clyménos le Crétois, fils de Cardis, descendant du Dactyle, avait célébré les Fêtes, cinquante ans seulement après le Déluge de Deucalion ; et après lui, Endymion avait fait de même, et Pélops et Amythaon, fils de Créthée, et aussi Pélias et Nélée et, certains l'affirment, également Augias [17].

n. Les Fêtes Olympiques avaient lieu alternativement tous les quarante-neuf mois et cinquante mois, selon le calendrier, et durant cinq jours : entre le onzième et le quinzième jour du mois. Des hérauts annonçaient un armistice complet et total à travers toute la Grèce pendant tout le mois, et aucun athlète coupable d'une trahison ou d'une offense aux dieux n'était autorisé à y participer. A l'origine, les Fêtes étaient organisées par les Pisans ; mais, après le retour définitif des Héraclides, leurs alliés étoliens se fixèrent en Élide et en eurent la charge [18].

o. Au nord de la colline de Cronos, un serpent, appelé Sosipolis, habitait dans le sanctuaire d'Ilithye ; une prêtresse vierge portant un voile blanc le nourrissait de gâteaux au miel et d'eau. Cette coutume commémorait un miracle qui éloigna les Arcadiens au moment où ils combattaient contre la terre sacrée de l'Élide : une femme inconnue se présenta aux chefs éléens avec un petit enfant au sein et le leur donna comme défenseur. Ils crurent en elle et, lorsqu'elle fit asseoir l'enfant entre les deux armées, il se transforma en serpent ; les Arcadiens s'enfuirent, poursuivis par les Éléens, et subirent des pertes sévères. L'autel d'Ilithye indiquait le lieu où le serpent disparut dans la colline de Cronos. Au sommet, des sacrifices étaient offerts à Cronos à l'équinoxe de Printemps au mois d'Élaphios par des prêtresses connues sous le nom de « Reines » [19].

★

1. *Ce mythe, de toute évidence, rappelle l'invasion malheureuse du Péloponnèse occidental par les Achéens, qui fut suivie, à la fin du XIIIᵉ siècle, par une deuxième invasion, réussie celle-là, mais qu'on a confondue avec l'invasion dorienne du XIᵉ siècle avant J.-C. — Héraclès ayant été aussi un héros dorien. Le meurtre d'Eurytion a peut-être été tiré de la même fresque de mariage sur laquelle figurait l'assassinat de Pholos.*

2. *La lèpre, qu'on associe à Lépréos, était le vitiligo, maladie de peau déterminée par une mauvaise nourriture et que pouvait guérir la déesse-Lune du peuplier blanc* (La Déesse Blanche) ; *la véritable lèpre n'atteignit l'Europe qu'au Iᵉʳ siècle avant J.-C.*

3. *Le surnom de Bouphagos, que portait Héraclès, se rapportait, à l'origine, au fait que ses adorateurs avait mangé un bœuf.*

4. *Sosopolis devait être l'ombre de Cronos ; on a donné son nom à la petite colline ; sa tête était enterrée sur les pentes occidentales pour protéger le stade qui se trouvait derrière, non loin de la jonction des deux fleuves Cladéos et Alphée. De même Bran, sa contrepartie britannique, gardait la Tour qui commandait Londres (voir 146. 2). L'équinoxe de printemps, au moment de la naissance des faons, tombe pendant le mois de l'aune d'après le calendrier des arbres ; on l'appelle aussi Élaphios (« du faon ») et, étrangement, il est consacré à Cronos-Bran (La Déesse Blanche). Ceci suggère qu'à l'origine la Nouvelle Année éléenne débutait au solstice de printemps, comme dans certaines parties d'Italie ; le roi de l'ancienne année portait des cornes comme Actéon (voir 22. 1) et il était mis à mort par les femmes sauvages, ou « Reines » ; Héraclès Dactyle appartient à ce culte. Les Pélasgiens semblent avoir changé le calendrier lorsqu'ils arrivèrent avec leur char solaire et leur marsouin ; ils firent en sorte que les Jeux funèbres célèbrent le meurtre et le remplacement de Zeus, le roi sacré, au milieu de l'été, par son alter ego — le roi se venge à son tour de son alter ego au milieu de l'hiver. C'est pourquoi on célébrait, à la période classique, la Nouvelle Année éléenne en été. L'entrée en scène de Pélops suggère l'idée que le roi était mangé sacrificiellement et les cendres de ses ossements délayées d'eau pour plâtrer l'autel de la déesse. On l'appelait Zeus Vert ou Achille (voir 164. 5) et aussi Héraclès.*

5. *L'olivier sauvage, utilisé en Grèce pour chasser les démons et les mauvais esprits de l'ancienne année, qui prenaient la forme de mouches, fut importé de Libye, où le culte du Vent du Nord prit naissance (voir 48. 1 et 133. 5) et non pas du Nord. A*

*Olympie, c'était le gui (ou loranthus), et non l'olivier sauvage
que le jeune garçon coupait avec une faucille d'or (voir 7. 1 et
50. 2) ; l'olivier sauvage figurait dans le calendrier des arbres
hyperboréens (voir 119. 3). La course, que les jeunes filles
disputaient pour obtenir la fonction de prêtresse d'Héra, était le
fait le plus ancien ; mais lorsque l'année durant laquelle régnait
le roi fut étendue à une Grande Année, comptant cent mois
— afin de permettre une meilleure synchronisation entre les mois
lunaires et les mois solaires — le roi régna pendant la moitié de
cette période et son jumeau pendant l'autre moitié. Par la suite,
ils régnèrent ensemble sous le nom de Molionides et ils étaient
aussi unis que l'étaient les rois de Sparte (voir 74. 1). Il n'est pas
impossible qu'un cas de frères siamois ait été connu en Grèce,
donnant une base concrète à cette coutume. Mais le partage que
fit Augias de l'Élide, que rapporte Homère, montre qu'à une
époque plus tardive, le roi sacré gardait un tiers de son royaume
lorsque le temps était venu pour lui de se retirer, comme le fit
Proétos à Argos. La part d'Amaryncée fut de toute évidence
obtenue par voie de conquête.*

*6. Molioné est peut-être un nom de la déesse-Lune éléenne,
patronne des Jeux, qui signifie « reine de moly » ; la plante moly
était une herbe magique qui ailleurs s'opposait aux maléfices de
la lune (voir 170. 5). On la connaissait aussi sous le nom
d'« Agamède » (« très habile »), et c'est aussi le nom que portait
la fille d'Augias qui était une sorcière « connaissant les vertus de
toutes les plantes qui poussaient sur la terre » (Homère : Iliade
XI. 739-741). Dans la Grèce classique, « Athéna la Mère » relevait
d'une conception étrange et indécente et on fut obligé de
l'expliquer (voir 25. 2 et 141. 1), mais la tradition éléenne suggère
que des orgies érotiques avaient été célébrées en son honneur près
de la source Bady.*

*7. L'art d'Aréion faisait partie, semble-t-il, du rite de couronne-
ment à Oncos en Arcadie (voir 130. 1).*

139.
La capture de Pylos

a. Ensuite, Héraclès pilla et brûla la ville de Pylos parce
que les Pyliens s'étaient portés au secours d'Élis. Il tua
tous les fils de Nélée excepté le plus jeune, Nestor, qui se
trouvait à Gérénia ; quant à Nélée lui-même, il parvint à
sauver sa vie en prenant la fuite [1].

b. Athéna, qui défendait la justice, combattit du côté
d'Héraclès et Pylos fut aidé par Héra, Poséidon, Hadès et
Arès. Tandis qu'Athéna attaquait Arès, Héraclès affrontait
Poséidon, massue contre trident, et le contraignait à battre

en retraite. Puis il courut aider Athéna, la lance à la main et, au troisième coup, il perça le bouclier d'Arès et le renversa tout de son long sur le sol ; puis, maniant puissamment son arme, il atteignit la cuisse d'Arès et enfonça profondément sa lance dans la chair divine. Arès effrayé s'enfuit dans l'Olympe où Apollon frotta la blessure d'onguents et le guérit en l'espace d'une heure ; aussi reprit-il le combat mais une flèche d'Héraclès lui traversa l'épaule et l'obligea à quitter définitivement le champ de bataille. Entre-temps, Héraclès avait aussi blessé Héra au sein droit d'une flèche à trois pointes [2].

c. Le fils aîné de Nélée, Périclyménos l'Argonaute, avait reçu de Poséidon une force indomptable en même temps que le pouvoir de prendre à volonté n'importe quelle forme, celle d'un oiseau, d'une bête sauvage ou d'un arbre. En cette circonstance, il se transforma d'abord en lion, puis en serpent et, après un moment, pour échapper aux regards, il se posa sur le joug des chevaux d'Héraclès, sous la frome d'une fourmi, ou d'une mouche ou d'une abeille [3]. Héraclès, à qui Athéna avait fait signe, reconnut Périclyménos et se saisit de sa massue ; Périclyménos alors devint un aigle et essaya de lui crever les yeux, mais une flèche tirée vivement par Héraclès le traversa sous l'aile ; il s'abattit sur le sol et, dans sa chute, la flèche lui traversa le cou et le tua. Mais certains disent qu'il s'envola sain et sauf et qu'Héraclès avait attaqué Poséidon précédemment en une autre circonstance, après le meurtre d'Iphitos, au moment où Nélée avait refusé de le purifier ; et que le combat contre Hadès avait eu lieu à l'autre Pylos en Élide, lorsque Héraclès avait été mis au défi d'emmener Cerbère sans y être autorisé [4].

d. Héraclès confia la ville de Messène à Nestor en attendant que ses propres descendants la réclament, car il s'était souvenu que Nestor ne s'était pas associé à ceux qui lui avaient volé le troupeau de Géryon ; et bientôt il éprouva même pour lui plus d'affection que pour Hylas et pour Iolaos. C'est Nestor qui, le premier, jura par Héraclès [5].

e. Les Éléens, bien qu'ils aient eux-mêmes reconstruit Pylos, profitèrent de la faiblesse des Pyliens pour les tourmenter et les opprimer de façon mesquine. Nélée se contint jusqu'au jour où, ayant envoyé un chariot et quatre chevaux pour prendre part aux Jeux Olympiques, il apprit qu'Augias se les était appropriés et avait renvoyé le conducteur du char à pied. Il donna alors l'ordre à Nestor de faire une attaque de représailles dans la plaine éléenne et Nestor réussit à s'emparer de cinquante bêtes à cornes, cinquante moutons, cinquante cochons, cinquante chiens et cinquante juments alezanes, dont un grand nombre étaient pleines ; il repoussa les Éléens qui tentaient de s'interposer et couvrit sa lance de sang dans cet engagement, sa première bataille. Les hérauts de Nélée convoquèrent alors à Pylos tous ceux à qui les Éléens devaient quelque chose et, après avoir partagé le butin entre eux, en réservant la part du lion pour Nestor, celui-ci sacrifia largement aux dieux. Trois jours plus tard, les Éléens en armes marchaient sur Pylos — parmi eux se trouvaient les deux fils orphelins des Molionides, qui avaient hérité leur titre — et traversaient la Plaine par Thryoessa. Mais Athéna, pendant la nuit, vint avertir les Pyliens et rassembler leur armée ; et, lorsque la bataille s'engagea, Nestor, à pied, abattit Amaryncée, le chef des Éléens et, s'emparant de son char, il se jeta furieusement contre les Éléens, rompit leurs rangs comme un véritable ouragan, et les culbuta ; il s'empara de cinquante autres chars et tua cent hommes. Les Molionides auraient aussi succombé aux coups de sa lance infatigable si Poséidon ne les avait enveloppés d'un brouillard impénétrable et enlevés. Les Éléens, poursuivis et harcelés par l'armée de Nestor, s'enfuirent jusqu'au Rocher d'Olénos où Athéna réclama une pause [6].

f. Une trêve fut acceptée de part et d'autre. Amaryncée fut enterré à Bouprasion et eut droit à des Jeux funèbres auxquels prirent part un grand nombre de Pyliens. Les Molionides gagnèrent la course de chars en serrant Nestor au virage, mais on dit qu'il gagna toutes les autres compétitions : la boxe et la lutte, la course à pied et le lancement du javelot. Il faut dire, pour être juste, que c'est Nestor lui-même, alors d'un âge fort avancé, qui relatait ces exploits, puisque, grâce à Apollon, qui lui avait octroyé les années dont il avait privé ses oncles maternels, il vécut trois siècles ; et, évidemment, aucun de ses contemporains n'était plus là pour le contredire [7].

★

1. *La prise de Pylos semble bien être encore un incident de l'invasion achéenne du Péloponnèse qui survint au XIIIᵉ siècle. Héra, Poséidon, Hadès et Arès, les divinités les plus anciennes, viennent à l'aide d'Élis ; les plus jeunes, Athéna née de la tête de Zeus et Héraclès, fils de Zeus, combattent contre eux.*

La victoire d'Héraclès, sur Périclyménos (« celui qui change de forme »), indique peut-être la suppression du sacrifice d'un enfant à la Nouvelle Année ; et le pouvoir qu'avait Périclyménos de prendre la forme de n'importe quel arbre se rapporte, semble-t-il, à la série des treize mois par lesquels passait le roi intérimaire au cours de son ballet rituel, chaque mois ayant pour emblème un arbre, de l'olivier sauvage au myrte (voir 52. 3 et 169. 6). La blessure à Hadès fait d'Héraclès le héros destiné à tromper la mort et à devenir immortel (voir 145. h) ; de plus, selon Homère (Iliade V. 319 ss.), il blessa Hadès « à Pylos, parmi les cadavres » — ce qui peut aussi signifier : « à l'entrée, parmi les morts » ; l'entrée était la porte du Monde Souterrain, peut-être dans l'Extrême-Nord (voir 170. 4). S'il en est ainsi, Hadès est mis là pour Cronos, dont Héraclès triompha dans l'Ile de la Mort, à Érythie (voir 132. d), et leur rencontre est une variante du douzième de ses Travaux, au cours duquel il hersa l'Enfer. Les alliés pyliens d'Héraclès, et l'aide que leur apporta Athéna est significative, sont décrits par Homère (Iliade XI. 617 et 761) comme des Achéens, bien que la dynastie de Nélée fût en réalité éolienne.

2. La blessure qu'infligea Héraclès à Héra au sein droit à l'aide d'une flèche à trois pointes semble bien être une allégorie décrivant l'invasion du Péloponnèse occidental par les Doriens lorsque les trois tribus, qui se dénommaient elles-mêmes filles d'Héraclès, abaissèrent le pouvoir de la déesse éléenne (voir 146. 1).

140.
Les fils d'Hippocoon

a. Héraclès décida d'attaquer et de punir les fils d'Hippocoon. Non seulement ils avaient refusé de le purifier après la mort d'Iphitos et avaient combattu contre lui sous les ordres de Nélée, mais ils avaient aussi tué son ami Oeonos ; et voici comment : Oeonos, fils de Licymnios, qui avait accompagné Héraclès à Sparte, flânait un matin dans la ville, lorsque tout à coup, juste devant le palais d'Hippocoon, un énorme chien molosse s'élança sur lui ; pour se défendre, il lui jeta une pierre qui l'atteignit au museau. Les fils d'Hippocoon se précipitèrent alors sur lui et le frappèrent à coups de bâton. Héraclès, qui se trouvait à l'autre bout de la rue, courut au secours d'Oeonos mais il arriva trop tard. Oeonos avait succombé sous les coups et Héraclès, blessé à la paume de la main et à la cuisse, s'enfuit et se réfugia au sanctuaire de Déméter Éleusinienne, près du mont Taygète, où Asclépios le cacha et guérit ses blessures [1].

b. Héraclès réunit alors une petite armée et se rendit à Tégée en Arcadie où il demanda à Céphée, fils d'Aléos, de se joindre à lui avec ses vingt fils. Céphée commença par refuser, craignant pour la sécurité de Tégée s'il quittait la ville. Mais Héraclès, à qui Athéna avait donné une boucle des cheveux de la Gorgone enfermée dans un pot d'airain, en fit don à la fille de Céphée, Aeropé : si la ville était attaquée, lui dit-il, elle devrait sortir trois fois la boucle en tournant le dos à l'ennemi qui, aussitôt, prendrait la fuite. Mais Aeropé n'eut pas à se servir de ce talisman [2].

c. Ainsi Céphée se joignit à l'expédition contre Sparte au cours de laquelle le malheur fit qu'il perdit la vie ainsi que dix-sept de ses fils. Certains disent qu'Iphiclès fut tué également, mais il est probable qu'il s'agissait de l'Argonaute étolien du même nom, et non pas du fils d'Amphitryon. L'armée d'Héraclès subit peu de pertes en dehors de celle-là, alors que les Spartiates perdirent Hippocoôn et ses douze fils, ainsi que de nombreux autres combattants de haut rang ; et leur ville fut prise d'assaut. Héraclès remit Tyndare sur le trône et lui demanda de le conserver jusqu'à ce que ses propres descendants viennent le lui réclamer [3].

d. Et, comme Héra — c'était assez surprenant — n'avait pas contrarié son expédition, Héraclès lui éleva un sanctuaire à Sparte et sacrifia des chèvres, n'ayant pas d'autres victimes à sa disposition. C'est la raison pour laquelle les spartiates furent les seuls Grecs à surnommer Héra « la Mangeuse de Chèvres » et lui offrirent des chèvres. Héraclès éleva aussi un temple à Athéna des Justes Déserts ; et, sur la route de Thérapné, un sanctuaire à Asclépios du Cotylaeon qui commémore sa blessure au creux de la main. Un sanctuaire à Tégée, appelé « L'âtre unique de tous les Arcadiens », était remarquable par une statue d'Héraclès blessé à la cuisse [4].

★

1. *Ici le mythe d'Héraclès se perd dans la saga et un pseudo-mythe apparaît pour expliquer des anomalies telles qu'Héra-mangeuse-de-chèvres. Asclépios-à-la-main-creuse, Héraclès-blessé-à-la-cuisse et Tégée si longtemps protégée. Cependant les femmes sauvages d'Héra avaient un jour mangé Zagreu, Zeus et Dionysos sous forme de chèvres ; la statue d'Asclépios tenait probablement des médicaments dans le creux de sa main ; et les Tégéens ont peut-être fait figurer une tête de Gorgone sur leurs portes pour les protéger. Prendre d'assaut une ville ainsi protégée était*

considéré comme le viol de la déesse-vierge Athéna : superstition que partageaient aussi les Athéniens.

2. *Héraclès, lorsqu'il confiait une ville achéenne, étolienne, sicilienne ou pélasgienne comme dépôt devant être rendu à ses descendants, fournissait une justification aux Doriens qui s'en emparaient par la suite (voir 132. q et 6 ; 143. d et 146. e).*

141.
Augé

a. Aléos, roi de Tégée, fils d'Aphéidas, épousa Néère, fille de Pérée, qui lui donna Augé, Céphée, Lycurgue et Aphidamas. Un ancien sanctuaire d'Athéna Aléa, fondé par Aléos à Tégée, renferme encore une couche sacrée de la déesse [1].

b. Quand, lors de son passage à Delphes, Aléos fut prévenu par l'Oracle que les deux frères de Néère mourraient de la main du fils de sa fille, il se hâta de rentrer chez lui et de nommer Augé prêtresse d'Athéna en menaçant de la tuer si elle ne restait pas chaste. On ne sait pas avec certitude si Héraclès vint à Tégée au moment où il partait pour combattre le roi Augias, ou bien lors de son retour de Sparte ; en tout cas, Aléos le reçut avec hospitalité dans le temple d'Athéna. Là, sous l'effet du vin, Héraclès viola la prêtresse vierge auprès d'une fontaine que l'on peut voir encore au nord du sanctuaire ; mais comme Augé n'avait pas crié pour se défendre, on laisse entendre généralement qu'elle lui avait donné rendez-vous [2].

c. Héraclès poursuivit sa route et, à Stymphale, il fut père d'Évérès par Parthénopé, fille de Stymphalos ; mais, entre-temps, la peste et la famine s'étaient abattues sur Tégée, et Aléos averti par la Pythie qu'un crime avait été commis dans l'enceinte sacrée d'Athéna s'y rendit et trouva Augé dont la grossesse était déjà avancée. Bien qu'elle pleurât abondamment et déclarât qu'Héraclès l'avait violée dans un accès d'ébriété, Aléos se refusa à la croire. Il la traîna sur la place du marché de Tégée où elle tomba à genoux à la vue du temple d'Ilithye, célèbre pour sa statue d'« Augé à Genoux » [3]. Gêné de tuer sa fille publiquement, Aléos chargea le roi Nauplios de la noyer. Nauplios, donc, partit pour Nauplie avec Augé ; mais, parvenue au mont Parthénios, elle fut prise des douleurs de l'enfantement et,

sous un prétexte, elle se retira dans un petit bois. Là elle
mit au monde un fils et le cacha dans un fourré, puis elle
revint auprès de Nauplios qui l'attendait patiemment au
bord du chemin. Mais, comme il n'avait aucune intention
de noyer une princesse alors qu'il pouvait en tirer un très
bon prix en la vendant comme esclave, il vendit Augé à
des marchands cariens qui venaient de débarquer de
Nauplie qui, à leur tour, la vendirent à Teuthras, roi de
Teuthranie, en Mysie [4].

d. Le fils d'Augé fut allaité par un lièvre sur le mont
Parthénior (où depuis lors une enceinte sacrée lui fut
consacrée) ; des bergers le découvrirent, le nommèrent
Télèphe et le conduisirent à leur maître le roi Corythos.
En même temps et par pure coïncidence, les bergers de
Corythos découvrirent le nouveau-né d'Atalante, qu'elle
avait eu de Méléagre et abandonné sur la même colline :
ils l'appelèrent Parthénopaeos, ce qui veut dire « fils de la
virginité », parce qu'Atalante prétendait être toujours
vierge [5].

e. Lorsque Télèphe devint un homme, il se rendit à
l'Oracle de Delphes pour avoir des indications sur ses
parents. On lui dit : « Prends la mer et cherche le roi
Teuthras de Mysie. » En Mysie, il découvrit qu'Augé avait
épousé Teuthras et celui-ci lui apprit qu'Augé était sa mère
et qu'Héraclès était son père ; il le crut sans peine car
aucune femme n'avait jamais donné à Héraclès un fils qui
lui ressemblât autant. Teuthras donna à Télèphe sa fille
Argiopé en mariage et le constitua héritier de son
royaume [6].

f. D'après d'autres, Télèphe, après avoir tué Hippothoos
et Nérée ses oncles maternels, se rendit en Mysie à la
recherche de sa mère, mais sans proférer une seule
parole. « Le silence de Télèphe » devint proverbial ; mais
Parthénopaeos était son porte-parole [7]. Il se trouva que le
célèbre Argonaute Idas, fils d'Apharée, était sur le point
de s'emparer du trône de Mysie et Teuthras, affolé, promit
de le céder à Télèphe et de donner à celui-ci sa fille
adoptive en mariage, pourvu qu'il chassât Idas. Télèphe
alors, avec l'aide de Parthénopaeos, écrasa les forces d'Idas
au cours d'une seule bataille. Or, la fille adoptive de
Teuthras n'était autre qu'Augé, et celle-ci ne reconnut pas
Télèphe, pas plus que celui-ci ne reconnut sa mère. Fidèle
à la mémoire d'Héraclès, elle emporta une épée dans sa
chambre à coucher, la nuit de ses noces, et elle aurait tué
Télèphe qui venait d'entrer si les dieux n'avaient envoyé

141. c — 141. f

un gros serpent entre eux. Augé, inquiète, jeta son épée et avoua ses intentions criminelles. Puis elle invectiva Héraclès ; et Télèphe, qui était sur le point de commettre un matricide, eut tout à coup une inspiration et s'écria : « Mère, ô ma mère ! » Ils tombèrent dans les bras l'un de l'autre en pleurant et, le lendemain, ils regagnèrent leur patrie avec la bénédiction de Teuthras. On pouvait voir la tombe d'Augé à Pergame auprès du fleuve Caïcos. Les Pergamiens prétendaient être des Arcadiens émigrés ayant traversé la mer et abordé en Asie avec Télèphe et lui offraient des sacrifices comme aux héros [8].

g. D'autres disent que Télèphe épousa Astyoché ou Laodicé, fille de Priam le Troyen. D'autres encore disent qu'Héraclès s'était uni à Augé à Troie lorsqu'il était allé chercher les chevaux immortels de Laomédon. D'autres encore disent qu'Aléos avait enfermé Augé et son nouveau-né dans un coffre qu'il avait lancé sur la mer et que, grâce aux soins attentifs d'Athéna, le coffre dériva jusqu'en Asie Mineure et aborda à l'embouchure du fleuve Caïcos ; et que le roi Teuthras épousa Augé et adopta Télèphe [9].

h. C'est Teuthras encore qui, chassant sur le mont Teuthras, poursuivait un sanglier gigantesque ; celui-ci s'enfuit et se réfugia dans le temple d'Artémis Orthosienne. Au moment où Teuthras pénétrait dans le temple, guidé par ses traces, le sanglier s'écria : « Épargne-moi, seigneur, je suis le nourrisson de la déesse ! » Teuthras ne prêta aucune attention à ses paroles et le tua, offensant ainsi si gravement Artémis qu'elle rendit la vie au sanglier, punit Teuthras en l'affligeant de pustules de lèpre et l'envoya au sommet de la montagne en proie au délire. Mais sa mère Leucippé se hâta vers la forêt, accompagnée du devin Polyidos et apaisa Artémis après de généreux sacrifices. Teuthras fut guéri de ses pustules de lèpre au moyen de la pierre Antipathés dont on trouve de grandes quantités au sommet du mont Teuthras ; après quoi, Leucippé construisit un sanctuaire à Artémis Orthosienne et fit faire un sanglier mécanique à tête d'homme, tout en or, qui, lorsqu'on le poursuivait, se réfugiait dans le temple et murmurait : « Épargne-moi [10] ! »

i. Pendant qu'Héraclès était en Arcadie il se rendit au mont Ostracina où il séduisit Phialo, fille du héros Alcimédon. Quand elle donna naissance à un fils appelé Aichmagoras, Alcimédon les fit partir l'un et l'autre de sa caverne et les abandonna sur la montagne pour qu'ils meurent de faim et de soif. Aichmagoras pleurait en poussant des cris déchirants et un geai compatissant vola à la recherche d'Héraclès en imitant les cris du petit enfant et l'amena ainsi jusqu'à l'arbre au pied duquel Phialo était assise bâillonnée et ligotée par son cruel père. Héraclès les délivra et l'enfant devint un homme. Depuis lors la source qui coule à cet endroit a été appelée Cissa, du nom du geai [11].

★

1. *La couche d'Athéna à Tégée de même que le prétendu viol de sa prêtresse Augé identifient cette Athéna avec Neith ou Anatha, une déesse-Lune orgiaque dont les prêtresses pratiquaient un mariage annuel avec le roi sacré pour assurer de bonnes récoltes. On trouve des vestiges de cette coutume dans le temple d'Héraclès à Rome où sa fiancée s'appelait Acca — homologue de la Déesse blanche Acco, au Péloponnèse — et également à Jérusalem où, avant les réformes religieuses de l'Exil, un mariage sacré semble avoir été célébré tous les ans au mois de septembre entre le grand prêtre représentant Iahvé et la déesse Anatha. Le professeur Raphaël Patai signale ce mariage à Jérusalem dans son livre* L'Homme et le Temple *(pp. 88-94, Londres, 1947). Les enfants divins qui étaient supposés naître de semblables unions devenaient les esprits du blé de l'année à venir — ainsi Athéna Aléa était une déesse du blé qui présidait aux moulins — et les nombreux fils qu'Héraclès eut de différentes nymphes sont une justification de cette théorie religieuse. On ne lui attribue qu'une seule fille anormale, Macaria (bénie).*

Le mythe d'Augé a été créé pour expliquer une émigration d'Arcadiens vers la Mysie, probablement à la suite d'une pression de la part des Achéens ; de même, les fêtes tégéennes en l'honneur du dieu de la Nouvelle Année, sous la forme d'un faon, à en juger par le fragment d'Hésiode que nous connaissons, avaient leur réplique en Troade.

2. *Le fait qu'Augé et son enfant aient été portés sur les eaux dans un berceau jusqu'au fleuve Caïcos — scène qui figure sur l'autel de Pergame et également sur des monnaies découvertes à Pergame, signifie simplement que le culte d'Augé et Télèphe avait été importé de Mysie par des colons tégéens et qu'Augé déesse-Lune était censée arriver à cheval sur son bateau en forme de croissant lunaire aux fêtes de la Nouvelle Année. La transformation, survenue postérieurement, de l'Athéna fiancée orgiaque en jeune guerrière vierge et chaste a apporté une certaine confusion au récit : dans certaines versions, Teuthras devient le fiancé d'Augé. Mais dans d'autres, il l'adopte pieusement — la version d'Hygin est basée sur un drame tardif et artificiel.*

3. *Le mythe du sanglier d'or se rapporte en partie aux propriétés curatives de la pierre* antipathes *du mont Teuthras — et en partie peut-être à la coutume mysienne de venger la mort d'Adonis qui*

avait été tué sous la forme d'un sanglier. Il semble que si l'homme qui personnifiait Adonis, et qui portait une peau de sanglier munie de défenses d'or, parvenait à échapper à ses poursuivants et à se réfugier dans le sanctuaire d'Artémis sœur d'Apollon, il avait la vie sauve. Les rois de Tégée — lieu de naissance d'Augé — étaient, semble-t-il, généralement tués par des sangliers (140. 1 ; 157. e).

4. *L'aventure de Phialo avec le geai est une fantaisie anecdotique pour expliquer le nom de la source qui était peut-être, à l'origine, consacrée à un geai, totem de clan.*

142.
Déjanire

a. Après avoir passé quatre ans à Phénée, Héraclès décida de quitter le Péloponnèse. A la tête d'une armée d'Arcadiens, il s'embarqua pour Calydon en Étolie, où il établit sa résidence. Comme il n'avait pas de fils légitimes ni d'épouse, il courtisa Déjanire, la fille putative d'Oenée, tenant ainsi la promesse qu'il avait faite à l'ombre de son frère Méléagre. Mais Déjanire était en réalité la fille du dieu Dionysos, par la femme d'Oenée, Althée, et la preuve en fut donnée à la mort de Méléagre lorsque Artémis changea ses sœurs gémissantes en pintades ; Dionysos avait alors demandé à Artémis de permettre à Déjanire et à sa sœur Gorgé de conserver leur forme humaine [1].

b. De nombreux prétendants se présentèrent au palais d'Oenée à Pleuron, pour demander la main de la charmante Déjanire qui savait conduire un char et pratiquait l'art de la guerre ; mais ils se retirèrent tous lorsqu'ils surent qu'Héraclès et le dieu-Fleuve Achélôos étaient leurs rivaux. Tout le monde sait qu'Achélôos était immortel et qu'il apparaissait sous trois formes : un taureau, un serpent tacheté, et un homme à tête de taureau ; des torrents d'eau jaillissaient continuellement de sa barbe touffue, et Déjanire aurait préféré mourir plutôt que de l'épouser [2].

c. Héraclès, lorsque Oenée l'invita à venir faire sa demande, fit ressortir que s'il épousait Déjanire, non seulement elle aurait Zeus pour beau-père, mais que la gloire de ses Douze Travaux rejaillirait sur elle.

Achélôos sous son aspect d'homme à tête de taureau se moqua de lui et fit observer qu'il était lui-même un personnage fort connu, père de toutes les eaux grecques et non un va-nu-pieds étranger comme Héraclès, et que d'ailleurs l'Oracle de Dodone avait prescrit à tous les visiteurs de lui offrir des sacrifices. Puis il railla Héraclès : « Ou bien tu n'es pas le fils de Zeus, ou bien ta mère est adultère ! »

Héraclès se fâcha : « Je préfère me battre plutôt que discuter, dit-il, et je ne tolérerai pas qu'on insulte ma mère ! »

d. Achélôos ôta son vêtement vert et engagea la lutte avec Héraclès ; il ne tarda pas à être mis dos à terre ; alors il se transforma habilement en serpent tacheté et se faufila.

« J'ai étouffé des serpents dans mon berceau », s'écria Héraclès en riant, en se baissant pour le saisir à la gorge. Alors Achélôos devint un taureau et fonça sur Héraclès, mais celui-ci fit vivement un pas sur le côté et, le saisissant par les cornes, il le projeta à terre avec une telle force que sa corne droite fut cassée net. Achélôos se retira piteusement et s'en fut cacher sa honte sous les branches d'un saule ³. Certains disent qu'Héraclès rendit à Achélôos sa corne arrachée en échange de la corne de la chèvre Amalthée ; et aussi que les Naïades changèrent sa corne en celle de la chèvre Amalthée et qu'Héraclès l'offrit à Oenée en cadeau de mariage ⁴. D'autres disent qu'au cours du Douzième de ses Travaux, il avait emporté avec lui, dans le Tartare, cette corne que les Hespérides avaient emplie de fruits d'or, et qu'on appelle maintenant la corne d'abondance, comme cadeau pour Ploutos, l'assistant de Tyché ⁵.

e. Après avoir épousé Déjanire, Héraclès marcha avec les Calydoniens contre la ville d'Éphyra chez les Thesprotes — plus tard appelée Cichyros — où il vainquit et tua le roi Phylée. Au nombre des prisonniers se trouvait la fille de Phylée, Astyoché, par qui Héraclès devint père de Tlépolémos ; bien que, d'après certains, la mère de Tlépolémos fût Astydamie, fille d'Amyntor, qu'Héraclès enleva en Élide, à Éphyra, ville célèbre pour ses poisons ⁶.

f. Sur le conseil d'un oracle, Héraclès envoya dire à son ami Thespios : « Garde sept de tes fils à Thespies, envoie trois d'entre eux à Thèbes et dis aux quatorze autres de coloniser l'île de la Sardaigne ! » Thespios obéit. Les descendants de ceux qui se rendirent à Thèbes y étaient encore honorés ; et les descendants de ceux qui restèrent à Thespies, les Demuches, gouvernèrent la ville jusqu'à l'époque historique. Les forces à la tête desquelles Iolaos se rendit en Sardaigne comprenaient des contingents de Thespiens et d'Athéniens ; et cette expédition coloniale fut la première dont les rois étaicnt issus de différentes familles du peuple. Après avoir défait le peuple de Sardaigne au cours d'une bataille, Iolaos divisa l'île en provinces, planta des oliviers et sut la rendre si fertile que les Carthaginois ont, depuis cette époque, affronté de grands périls pour la posséder. Il fonda la ville d'Olbia et incita les Athéniens à fonder Ogrylé. D'accord avec les fils de Thespios, qui considéraient Iolaos comme leur second père, il appela ces colons les Iolariens, d'après son nom ; et ils sacrifièrent désormais toujours à leur Père Iolaos de la même façon que les Perses sacrifièrent à leur Père Cyrus. On dit qu'Iolaos était ensuite rentré en Grèce en passant par la Sicile, où certains de ses compagnons se fixèrent et l'honorèrent de rites dus aux héros ; mais, selon les Thébains, qui avaient de bonnes raisons pour être renseignés à ce sujet, aucun des colons ne revint jamais [7].

g. Au cours d'une fête, trois ans plus tard, Héraclès s'emporta violemment contre un jeune parent d'Oenée, qu'on appelle de diverses façons : Eunomos, Eurynomos, Ennomos, Archias ou Chaerias, fils d'Architélès, à qui on avait dit de verser de l'eau sur les mains d'Héraclès et qui maladroitement en répandit sur les jambes du héros. Héraclès tira les oreilles du jeune garçon plus fort qu'il n'en avait l'intention et le tua. Bien qu'Architélès lui eût pardonné ce malencontreux accident, Héraclès prit la décision de s'infliger la peine réglementaire de l'exil et partit avec Déjanire et leur fils Hyllos, pour Trachis, patrie du neveu d'Amphitryon, Céyx [8].

h. Un accident similaire était survenu à Phlionte, ville située à l'est de l'Arcadie, au moment où Héraclès était revenu du Jardin des Hespérides. N'ayant pas trouvé à son goût la boisson qu'on lui servait, il avait frappé Cyathos, l'échanson, avec un seul doigt, mais il l'avait tué. Un petit sanctuaire à la mémoire de Cyathos fut érigé vis-à-vis du temple d'Apollon Phlien [9].

i. Certains disent qu'Héraclès combattit à la lutte contre Achéléos avant le meurtre d'Iphitos, qui fut la cause de son départ pour Trachis ; d'autres, qu'il s'y rendit quand il fut exilé de Tirynthe, la première fois [10]. En tout cas, il alla avec Déjanire jusqu'au fleuve Événos, alors en pleine crue ; là, le Centaure Nessos assura qu'il était le passeur accrédité par les dieux et justement choisi pour son honnêteté ; il offrit, moyennant un prix modique, de faire traverser Déjanire à pied sec tandis qu'Héraclès passerait à la nage. Héraclès accepta, paya la somme à Nessos, lança sa massue et son arc sur l'autre berge et plongea dans le fleuve. Mais Nessos ne tint pas son engagement et se mit à courir en sens inverse, tenant Déjanire dans ses bras ; puis il la renversa sur le sol et essaya de la violer. Elle appela au secours et Héraclès, ayant repris son arc, visa attentivement et tira, à huit cents mètres, une flèche qui traversa la poitrine de Nessos.

j. Nessos extirpa la flèche et dit à Déjanire : « Si tu mélanges la semence que je viens de répandre sur le sol avec du sang de ma blessure, que tu y ajoutes de l'huile d'olive et que tu en enduises secrètement la chemise d'Héraclès, tu n'auras plus jamais à redouter ses infidélités. » Déjanire s'empressa de rassembler les ingrédients et les mit dans un pot qu'elle scella et conserva sans en souffler mot à Héraclès [11].

k. Selon une autre version de l'histoire, Nessos offrit à Déjanire de la laine trempée dans son sang et lui dit d'en tisser une chemise pour Héraclès. Une troisième version dit qu'il lui donna sa propre chemise tachée de sang en guise de talisman et s'enfuit ensuite auprès d'une tribu de Locriens où il mourut de sa blessure ; mais son corps, sans sépulture au pied du mont Taphiassos, se mit à pourrir, répandant une odeur pestilentielle et corrompant l'air du pays entier. C'est depuis lors qu'on appelle ces Locriens les Ozoles (« puants »). Les Anciens affirmaient que la source auprès de laquelle il expira dégageait encore une odeur fétide et roulait des caillots de sang [12].

l. Par Déjanire, Héraclès était devenu père d'Hyllos, Ctésippos, Glénos et Hoditès ; et aussi de Macaria, sa seule fille [13].

1. *On dit que l'histoire des sœurs de Méléagre rend compte d'un culte de la pintade rendu à Artémis, à Léros (voir 80. 3).*

2. *L'amour de Déjanire pour la guerre en fait une représentation de la déesse olympienne de la Guerre, Athéna, et ce sont ses mariages sacrés dans différents pays dont s'occupe surtout cette partie de la légende d'Héraclès (voir 141. 1).*

3. *La lutte d'Héraclès contre Achélôos, de même que celle de Thésée contre le Minotaure, doit se comprendre comme faisant partie du rituel de mariage royal. Le taureau et le serpent représentaient la croissance et la décroissance de l'année — « le taureau qui est le père du serpent et le serpent dont le fils est le taureau » — et le roi sacré obtenait sur eux la victoire. La corne de taureau, considérée depuis les temps très anciens comme un*

signe de fertilité, consacrait comme candidat à la royauté celui qui s'en emparait soit au cours d'un combat contre un véritable taureau soit contre un adversaire portant un masque de taureau. Le héros babylonien Enkidu, le jumeau mortel de Gilgamesh et pieux adorateur de la Reine du Ciel, saisit le taureau du Ciel par les cornes et le tua avec son épée ; la conquête d'une corne d'abondance était un des travaux imposés pour son mariage au héros gallois Péredur dans le Malinogion *(voir 148. 5). En Crète, le culte du taureau a succédé à celui de la chèvre sauvage, dont la corne était aussi puissante. Mais il semble que la fresque sur laquelle figurait ce combat rituel ait été interprétée par les Grecs comme illustrant le combat d'Héraclès avec le fleuve Achélôos : il s'agissait de la construction des digues et des canaux du Parachéloitis, région formée par le limon apporté par l'Achélôos, et qui avait peu à peu rattaché les îles Échinades au continent ; et de la récupération, qui en était résultée, d'une grande surface de terre cultivable. On attribuait souvent à Héraclès des exploits de ce genre (Strabon : X. 2.19 ; Diodore de Sicile : IV. 35). Le sacrifice qu'avait prescrit l'Oracle de Dodone pouvait difficilement être offert au fleuve Achélôos ; il devait probablement être adressé à Achelois, la déesse-Lune « qui chasse la douleur ».*

4. *Eunomos et Cyathos auraient été les victimes-enfants qui se substituaient au roi sacré à la fin de son règne.*

5. *La tentative d'enlèvement de Déjanire par Nessos est un souvenir des scènes de désordre qui se déroulèrent à l'occasion du mariage de Pirithoos, au moment où Thésée (l'Héraclès athénien) intervint pour sauver Hippodamie du Centaure Eurythion qui tentait de la violer (102. d). Comme les Centaures, à l'origine, étaient représentés sous l'aspect d'hommes-chèvres, la fresque dont cet incident a été tiré figurait probablement la reine chevauchant le roi-chèvre, comme elle avait coutume de le faire au cours des fêtes du début de mai en Europe septentrionale, avant son mariage sacré ; Eurythion est l'« intrus », personnage essentiel des comédies d'Aristophane et qui existe encore dans les festivités accompagnant les mariages dans la Grèce septentrionale. Le plus ancien exemple mythique de ce personnage de l'« intrus » est encore « Enkidu » : c'est lui qui interrompt le mariage secret de Gilgamesh avec la déesse d'Érech et le provoque en combat singulier. Agénor est encore un « intrus » qui essaie d'enlever Andromède à Persée pendant la fête du mariage (73. 1).*

6. *Les premiers colons de Sardaigne, des Libyens de l'époque néolithique, ayant réussi à s'organiser, avaient survécu dans les régions montagneuses ; les immigrants venus par la suite — des Crétois, des Grecs, des Carthaginois, des Romains et des Juifs — essayèrent de contrôler les districts côtiers mais ils furent toujours vaincus par la malaria. Ce n'est qu'au cours des toutes dernières années que la mortalité a pu être enrayée, grâce à des pulvérisations pratiquées sur les marais où se reproduisait le moustique de la malaria.*

7. *« Ozoles » (puants), le surnom donné aux Locriens établis près de Phocis pour les distinguer de leurs parents d'Oponte et*

*d'Épizéphyrie, expliquait probablement leur habitude de porter
des peaux de chèvre non tannées dont l'odeur était fétide par
temps humide. Quant aux Locriens, ils préféraient faire dériver
le mot d'ozoï — « plant de vigne » (Pausanias : X. 38 1) — à
cause du premier cep de vigne planté dans leur pays (38. 7).*

143.
Héraclès à Trachis

a. Toujours accompagné de ses alliés arcadiens, Héraclès
vint à Trachis où il demeura pendant un certain temps
sous la protection de Céyx. Au cours de son voyage, il
traversa le pays des Dryopes, dominé par le mont Parnasse,
et rencontra leur roi Théiodamas, fils de Dryops, en train
de labourer la terre à l'aide de deux bœufs [1]. Comme il
avait faim et qu'il cherchait aussi un prétexte pour faire la
guerre aux Dryopes — qui, on le savait, n'avaient aucun
droit sur le pays — Héraclès demanda un des deux bœufs.
Et, comme Théiodamas refusait, il le tua. Après avoir
abattu le bœuf et s'être rassasié de sa chair, il enleva le
fils nouveau-né de Théiodamas, Hylas, dont la mère
était la nymphe Ménodicé, fille d'Orion [2]. Mais certains
appellent le père d'Hylas Céyx ou Euphémos ou encore
Theimonés ; ils affirment que Théiodamas était ce labou-
reur rhodien qui, de loin, avait maudit Héraclès alors qu'il
immolait un de ses bœufs [3].

b. Il semble que Phylas, le successeur de Théiodamas,
ait violé le temple d'Apollon à Delphes. Se sentant
personnellement atteint par l'offense faite à Apollon,
Héraclès tua Phylas et enleva sa fille Méda ; elle lui donna
Antiochos, fondateur du dème d'Athènes qui porte son
nom [4]. Puis il chassa les Dryopes de leur ville du mont
Parnasse et la donna aux Maliens qui l'avaient aidé à la
conquérir. Il emmena à Delphes les chefs dryopes et en fit
des esclaves, au sanctuaire ; mais Apollon n'en ayant
pas l'emploi, ils furent envoyés au Péloponnèse où ils
cherchèrent la faveur d'Eurysthée le Haut Roi. Sur son
ordre et avec l'aide d'autres compatriotes fugitifs, ils
construisirent trois villes, Asiné, Hermioné et Eiones.
Quant au restant des Dryopes, certains s'enfuirent en
Eubée, d'autres à Chypre et à l'île de Cynthos. Mais
seuls les habitants d'Asiné s'enorgueillissaient d'être des
Dryopes ; ils avaient construit un sanctuaire à leur ancêtre

Dryops, lui avaient élevé une statue et célébraient des mystères en son honneur tous les deux ans [5].

c. Dryops était le fils d'Apollon par Dia, fille du roi Lycaon et, comme elle redoutait le courroux de son père, elle cacha le nouveau-né dans un chêne creux ; d'où son nom. Certains disent que c'est Dryops qui avait amené la population du fleuve Sperchéios à Asiné et qu'il était fils de Sperchéios par la nymphe Polydora [6].

d. Une querelle à propos des frontières avait éclaté entre les Doriens d'Hestiaeotide, gouvernés par le roi Aegimios, et les Lapithes du mont Olympe, anciens alliés des Dryopes, dont le roi était Coronos fils de Caenée. Les Doriens, cédant sous le nombre des Lapithes, se réfugièrent auprès d'Héraclès et demandèrent son aide, en échange d'un tiers de leur royaume ; après quoi, Héraclès et ses alliés arcadiens défirent les Lapithes, tuèrent Coronos et la plus grande partie de ses sujets et les obligèrent à quitter le territoire qui était l'objet de la contestation. Certains d'entre ceux-ci se fixèrent à Corinthe. Aegimios eut alors la charge de conserver le tiers du royaume pour les descendants d'Héraclès [7].

e. Puis Héraclès vint à Itôn, ville de Phtiotide, où l'on voyait encore à l'époque historique un temple ancien dédié à Athéna Itônia. Il rencontra là Cycnos, fils d'Arès et de Pélopia, qui avait l'habitude d'offrir de belles récompenses à ceux de ses hôtes qui avaient le courage de se mesurer à lui dans un duel en chars. Cycnos, qui était toujours vainqueur, leur coupait la tête et prenait les crânes pour en décorer le temple de son père Arès. Ce Cycnos — soit dit en passant — n'était pas le fils qu'Arès avait eu de Pyréné et qu'il avait changé en cygne à sa mort [8].

f. Apollon, irrité contre Cycnos qui avait tendu des embuscades et emporté du bétail en marche vers Delphes pour être immolé, poussa Héraclès à accepter le défi de Cycnos. Il fut convenu qu'Héraclès serait accompagné par son conducteur de char Iolaos, et Cycnos par son père Arès. Héraclès, bien que ce ne fût pas sa manière habituelle de combattre, revêtit les cuissards de bronze qu'Héphaïstos avait fabriqués pour lui, la cuirasse, curieusement façonnée, dont lui avait fait présent Athéna, et une paire de protège-épaule en fer. Armé de son arc et de ses flèches, de sa lance, de son casque et d'un solide bouclier que Zeus avait commandé pour lui à Héphaïstos, il sauta légèrement dans son char.

g. Athéna, descendue de l'Olympe, avertit Héraclès que, bien qu'il fût autorisé par Zeus à tuer et à dépouiller Cycnos, il ne devait rien faire de plus que de se défendre contre Arès, et, même s'il était victorieux, il ne devait lui prendre aucun de ses chevaux ni son armure. Après quoi, elle se mit près d'Héraclès et Iolaos, agitant son égide, tandis que la Terre-Mère poussait des grognements désapprobateurs au moment où le char s'ébranla. Cycnos lança son char de manière à les croiser en pleine vitesse et l'un et l'autre furent renversés et jetés à terre par la violence du choc de la lance contre le bouclier. Mais ils se relevèrent aussitôt et, après un bref combat, Héraclès traversa de sa lance le cou de Cycnos. Il affronta alors hardiment Arès qui jeta contre lui sa lance ; mais Athéna, fronçant le sourcil d'un air farouche, la détourna. Arès se précipita vers Héraclès, l'épée à la main, mais ce fut pour être immédiatement blessé à la cuisse et Héraclès lui aurait donné un autre coup pendant qu'il était étendu sur le sol, si Zeus n'avait séparé les combattants d'un trait de sa foudre. Héraclès et Iolaos dépouillèrent alors le cadavre de Cycnos et poursuivirent leur voyage, tandis qu'Athéna ramenait Arès évanoui dans l'Olympe. Cycnos fut enterré par Céyx dans la vallée de l'Anauros mais, sur l'ordre d'Apollon, les eaux gonflées du fleuve emportèrent sa pierre tombale[9].

h. Mais certains disent que Cycnos vivait à Amphanaea et qu'Héraclès le transperça d'une flèche auprès du fleuve Pénée ou bien encore à Pagases[10].

i. En passant par la Pélasgiotide, Héraclès arriva à Orminion, petite ville du mont Pélion, où le roi Amyntor refusa de lui donner en mariage sa fille Astydamie : « Tu es déjà marié, lui dit-il, et tu as trompé beaucoup trop de princesses pour que je t'en confie encore une. » Héraclès attaqua la ville et, après avoir tué Amyntor, il emmena Astydamie qui lui donna Ctésippos ou, selon certains, Tlépolème[11].

1. *Le sacrifice que fait Héraclès d'un bœuf de labour, la malédiction de Théiodamas et l'apparition du jeune Hylas dans un sillon, font partie du rituel d'ensemencement préhellénique. Le sang du bœuf rend favorable la déesse-Terre, les malédictions détournent la colère divine des graines en train de germer, l'enfant représente la récolte à venir — c'est-à-dire Ploutos, que Déméter*

*donna à Iasiaos, après leur étreinte dans le champ trois fois
labouré (voir 24. a). Theiodamas est l'esprit de l'ancienne année,
aujourd'hui détruite. Les lamentations annuelles sur Hylas, l'esprit
maudit de l'arbre (150. d-e), ont été confondues avec les
lamentations sur l'esprit maudit du blé.*

2. *Héraclès chassant les Dryopes du Parnasse avec l'aide des
Doriens et l'émigration des Dryopes vers la Grèce méridionale
sont des événements qui ont probablement eu lieu au XIIe siècle
avant J.-C., avant l'invasion du Péloponnèse par les Doriens
(146. 1). Son combat avec Cycnos rappelle la course de Pélops et
d'Œnomaos (109. d-j), autre fils d'Arès et également célèbre
comme chasseur de têtes. Dans les deux circonstances, une femme
se trouvait dans l'un des chars : la fille d'Œnomaos, Hippodamie
(l'objet de sa querelle avec Pélops), et Athéna qui est, de toute
évidence, le même personnage dans le char — c'est-à-dire la
fiancée destinée au nouveau roi. Cycnos, comme Pollux de Sparte,
est un roi du culte du cygne, dont l'âme s'envole vers le monde
de l'Extrême-Nord (voir 161. 4).*

3. *Le nom d'Aegimios — s'il signifie « jouant le rôle d'une
chèvre » — suggère l'idée qu'il a consommé un mariage de chèvre,
à la fête de Mai, avec la reine tribale et que dans sa guerre contre
les Lapithes de Thessalie septentrionale les Doriens combattirent
aux côtés des Centaures, ennemis héréditaires des Lapithes qui,
comme les Satyres, sont représentés, dans les œuvres d'art
anciennes, comme des hommes-chèvres (voir 142. 5).*

4. *Cypsélos, le tyran de Corinthe, célèbre pour son coffre
gravé, prétendait descendre de la maison royale Lapithe de Caenée
(voir 78. 1).*

144.
Iolé

a. A Trachis, Héraclès rassembla une armée composée
d'Arcadiens, de Méliens et de Locriens Épicnémidiens et
marcha contre Oechalie pour se venger du roi Eurytos,
qui avait refusé de donner la princesse Iolé, loyalement
gagnée à un concours de tir à l'arc ; mais il se contenta
de dire à ses alliés qu'Eurytos exigeait injustement un
tribut des Eubéens. Il prit la ville d'assaut, cribla de flèches
Eurytos et son fils et, après avoir enterré un certain nombre
de ses compagnons qui étaient tombés dans la bataille,
notamment le fils de Céyx, Hippasos, Argéios et Mélas,
fils de Licymnios, il pilla Oechalie et emmena, comme
captive, la jeune Iolé[1]. Iolé, plutôt que de céder à Héraclès,
qui avait laissé assassiner toute sa famille sous ses yeux,
avait sauté du haut des murs de la ville ; cependant elle

fut sauvée grâce à sa jupe, qui, gonflée par le vent, amortit sa chute. Héraclès l'envoya avec d'autres femmes d'Oechalie, à Trachis, auprès de Déjanire, tandis qu'il se rendait au cap Cénée, en Eubée[2]. Il faut dire ici qu'une prédiction avait été faite à Héraclès au moment où il prenait congé de Déjanire : après quinze mois écoulés, son destin serait ou bien de mourir ou bien de passer le reste de sa vie dans le calme et le repos. La nouvelle lui avait été apportée par les deux colombes jumelles de l'ancien Oracle de Dodone[3].

b. Il y avait plusieurs villes du nom d'Oechalie, et on n'est pas d'accord sur celle qui fut pillée en cette circonstance : l'Oechalie de Messénie, de Thessalie, d'Eubée, ou d'Étolie[4]. Le plus probable est qu'il s'agissait de l'Oechalie de Messénie, car le père d'Eurytos, Mélanée, roi des Dryopes — archer dont l'adresse était réputée et, pour cela, appelé fils d'Apollon — vint en Messénie sous le règne de Périérès, fils d'Éole, qui lui fixa Oechalie comme patrie. Oechalie doit son nom à la femme de Mélanée. Là, dans un bois de cyprès sacré, des sacrifices consacrés aux héros étaient offerts à Eurytos, dont les os étaient conservés dans une urne de bronze, et préludaient aux Mystères de la Grande Déesse. D'autres identifient Oechalie avec Andania, à un mille du bois de cyprès, où se tenaient autrefois les Mystères. Eurytos était l'un des héros que les Messéniens invitèrent à demeurer parmi eux lorsque Épaminondas reconstitua le patrimoine du Péloponnèse[5].

1. *Eurytos avait refusé de céder Iolé sous prétexte qu'Héraclès était un esclave (voir 135. a). Bien que la manière dont Iolé ait tenté de se suicider, en sautant dans le vide, soit plausible — les jupes mycéniennes étaient en forme de cloche et mon père a vu un jour, à l'époque victorienne, un suicide manqué à cause de la large crinoline de la jeune désespérée — elle a été très probablement tirée d'une représentation mycénienne de la déesse suspendue dans les airs au-dessus d'une armée qui attaquait sa cité. Le nom d'Oechalia, « maison de la farine », montre que la déesse en l'honneur de laquelle ces mystères étaient pratiqués était Déméter.*

145.
L'apothéose d'Héraclès

a. Après avoir élevé des sanctuaires de marbre et consacré un bois sacré à son père Zeus sur le cap Cénée, Héraclès prépara un sacrifice en actions de grâces pour la prise d'Oechalie. Déjà il avait renvoyé Lichas auprès de Déjanire, pour lui demander une belle chemise et une cape comme il en portait en ces occasions [1].

b. Déjanire, qui était confortablement installée à Trachis, était à présent résignée à ce qu'Héraclès eût des concubines ; et, lorsqu'elle reconnut en Iolé la dernière en date, elle éprouva de la pitié plutôt que de l'animosité à l'égard de cette beauté fatale qui avait été cause de la destruction d'Oechalie.Cependant, était-il acceptable pour elle qu'Héraclès songeât à les faire habiter l'une et l'autre sous le même toit ? Et, comme elle n'était plus très jeune, Déjanire décida d'utiliser le prétendu talisman de Nessos pour conserver l'amour de son mari. Après lui avoir tissé une chemise de sacrifice neuve pour qu'il revienne sain et sauf, elle brisa en secret le sceau qui fermait hermétiquement le pot, trempa un morceau de laine dans la mixture et en frotta la chemise. Lorsque Lichas se présenta, elle déposa la chemise dans une caisse qu'elle lui remit en lui disant : « Sous aucun prétexte n'expose cette chemise à la lumière ou à la chaleur jusqu'au moment où Héraclès sera sur le point de la revêtir pour le sacrifice. » Lichas était déjà reparti à toute vitesse sur son char quand Déjanire, portant ses regards sur le morceau de laine qu'elle avait jeté dans la cour, éclairée par le soleil, fut horrifiée de voir qu'il se consumait comme de la sciure de bois, tandis que se répandait en bouillonnant sur les dalles une écume rougeâtre. Se rendant compte que Nessos l'avait trompée elle envoya un courrier en grande hâte, pour rappeler Lichas, et, maudissant la folie qu'elle venait de commettre, elle fit le serment que si Héraclès mourait, elle le suivrait dans la mort [2].

c. Le courrier arriva trop tard au cap Cénée. Héraclès avait déjà revêtu la chemise et était en train d'immoler douze taureaux d'un blanc immaculé, prémices de son butin : en tout, il avait amené au sanctuaire un troupeau de cent bêtes à cornes. Il était en train de répandre le vin d'une coupe sur les autels et de jeter de l'encens sur le feu lorsqu'il ressentit subitement une vive douleur comme s'il

venait d'être mordu par un serpent. La chaleur venait de
faire fondre le poison de l'Hydre que contenait le sang de
Nessos, et qui circulait dans tous les membres d'Héraclès,
brûlant sa chair. Très vite la souffrance devint insupporta-
ble ; hurlant de douleur, il renversa les autels. Il essaya
d'enlever la chemise, mais elle adhérait si fortement à sa
chair qu'il s'arracha la peau. Son sang jaillissait en sifflant
et bouillonnait comme une eau de source quand on y
plonge un métal rougi au feu, pour le tremper. Il se
précipita la tête la première dans la rivière la plus proche,
mais le poison n'en était que plus brûlant ; ces eaux, depuis
lors, restèrent bouillantes et on les appela Thermopyles ou
« défilé brûlant »[3].

d. Parcourant la montagne, arrachant les arbres sur son
passage, Héraclès aperçut Lichas, qui, terrifié, se tenait
les genoux, accroupi dans un creux de rocher. En vain
Lichas essaya-t-il de se disculper, Héraclès le saisit, le fit
tournoyer trois fois au-dessus de sa tête et le lança dans la
mer Eubée. Là, il fut métamorphosé : il devint un rocher
à forme humaine émergeant à peine de la surface des eaux,
que les marins de l'Antiquité appelaient encore Lichas et
sur lequel ils craignaient de marcher, convaincus qu'il
s'agissait d'un être sensible. De l'armée, qui l'observait de
loin, une immense clameur désespérée s'éleva, mais personne n'osait approcher ; puis Héraclès appela Hyllos et
demanda à être transporté dans un lieu écarté pour mourir
seul. Hyllos le porta au pied du mont Oeta, près de Trachis
(région réputée pour son hellébore blanche), l'Oracle de
Delphes ayant déjà indiqué cet endroit à Licymnios et
Iolaos comme étant marqué par le destin pour être le
théâtre de la mort de leur ami[4].

e. Éperdue et désespérée, Déjanire, en apprenant la
nouvelle, se pendit, ou, selon certains, se poignarda dans
lcur lit nuptial. Héraclès, avant de mourir, n'avait songé
qu'à une chose, c'était qu'elle fût punie ; mais lorsqu'elle
lui eut certifié qu'elle était innocente comme le prouvait
son suicide, il poussa un grand soupir et lui pardonna et il
exprima le vœu qu'Alcmène et tous ses fils se rassemblent
autour de lui et écoutent ses dernières paroles. Mais
Alcmène se trouvait à Tirynthe avec certains de ses enfants,
les autres étaient installés à Thèbes, ainsi ne put-il révéler
qu'à Hyllos seul la prédiction de Zeus, à présent réalisée :
« Aucun homme vivant ne pourra tuer Héraclès ; sa chute
sera causée par un ennemi déjà mort. » Hyllos demanda
alors à Héraclès quelles étaient ses instructions, et il lui

fut dit : « Jure sur la tête de Zeus que tu me transporteras sur le plus haut sommet de la montagne, là tu brûleras mon corps sans cris ni lamentations, sur un bûcher fait de branches de chêne et de troncs d'oliviers sauvages mâles. Jure aussi d'épouser Iolé aussitôt que tu seras en âge. » Bien qu'il fût scandalisé par ces requêtes, Hyllos promit de respecter ses volontés [5].

f. Lorsque tout fut prêt, Iolaos et ses compagnons se retirèrent à quelque distance, tandis qu'Héraclès montait sur le bûcher et donnait l'ordre d'y mettre le feu. Mais personne n'avait le courage d'obéir et c'est un berger éolien qui passait par là, nommé Poeas, qui donna l'ordre à son fils Philoctète qu'il avait eu de Démonassa, de faire ce qu'Héraclès demandait. Pour lui témoigner sa gratitude, Héraclès légua son carquois, son arc et ses flèches à Philoctète et, lorsque les flammes commencèrent à s'élever, il étendit sa peau de lion sur la plate-forme au sommet du bûcher et il s'étendit, faisant de sa massue un oreiller pour sa tête ; son visage était empreint de la sérénité heureuse d'un convive couronné de fleurs, entouré de coupes emplies de vin. La foudre alors tomba du ciel sur le bûcher et, d'un seul coup, le réduisit en cendres [6].

g. Dans l'Olympe, Zeus était heureux que son fils préféré se fût comporté de façon aussi noble. « La partie immortelle d'Héraclès, annonça-t-il, est à l'abri de la mort et je l'accueillerai bientôt dans cette région bienheureuse. Mais si quelqu'un ici s'afflige de cette divinisation, si magnifiquement méritée, dieu ou déesse, il devra néanmoins l'approuver, que cela lui plaise ou non ! »

Tous les habitants de l'Olympe furent d'accord et Héra décida d'oublier l'affront qui venait de lui être fait très clairement, car elle avait déjà tout organisé pour punir Philoctète pour son geste amical en le faisant piquer par une vipère de Lemnos.

h. La foudre avait consumé la partie mortelle d'Héraclès. Sa ressemblance avec Alcmène l'avait quittée, comme un serpent qui rejette sa peau, et toute la majesté de son divin père se répandit sur sa personne. Un nuage le ravit à la vue de ses compagnons tandis que, dans le fracas du tonnerre, Zeus l'enlevait au Ciel sur un char tiré par quatre chevaux ; Athéna le prit alors par la main et le présenta solennellement à ses amis les dieux [7].

i. Zeus destinait Héraclès à faire partie des Douze Olympiens, mais il ne voulait exclure aucun des dieux qui étaient déjà là pour lui faire une place. Il persuada donc

Héra d'adopter Héraclès par la cérémonie de la seconde naissance : c'est-à-dire de se mettre au lit, de simuler un accouchement, puis de le faire sortir de dessous sa jupe — ce qui était encore dans l'Antiquité le rituel de l'adoption pratiqué dans les tribus barbares. Depuis lors, Héra considéra Héraclès comme son fils et l'aima après Zeus. Tous les Immortels furent heureux d'accueillir Héraclès et Héra lui accorda la main de sa fille Hébé qui lui donna Alexiarès et Anicétos. Et à la vérité Héraclès avait mérité la reconnaissance sincère d'Héra durant la révolte des Géants, en tuant Pronomos, au moment où il essayait de la violer [8].

j. Héraclès est devenu le portier du Ciel et il n'est jamais fatigué d'attendre debout, aux portes de l'Olympe, à la fin du jour, Artémis revenant de la chasse. Il la salue joyeusement, sort de grandes quantités de gibier de son char et fronce les sourcils avec un geste désapprobateur du doigt quand il ne trouve que d'inoffensives chèvres ou des lièvres. « Abats des sangliers qui piétinent les récoltes et déracinent les arbres fruitiers, lui dit-il, abats les taureaux qui tuent les hommes, et les lions et les loups ! mais les chèvres et les lièvres, quel mal nous ont-ils fait ? » Puis il découpe les bêtes et, d'un solide appétit, il mange gloutonnement les morceaux qui lui plaisent [9]. Mais, tandis qu'Héraclès immortel festoie à la table des dieux, son fantôme mortel se promène majestueusement au Tartare, dans le chuchotement des morts, l'arc tendu, la flèche fixée à sa corde. Sur l'épaule, son baudrier d'or aux figures gravées de lions terrifiants, d'ours, de sangliers et bordé de scènes de batailles et de meurtres [10].

k. Lorsque Iolaos et ses compagnons revinrent à Trachis, Ménoetios, fils d'Actor, immola un bélier, un taureau et un sanglier à Héraclès et institua pour lui le culte des héros à Oponte, en Locride ; les Thébains firent de même ; mais les Athéniens, la population de Marathon en tête, furent les premiers à l'adorer comme un dieu et tous les hommes suivirent leur glorieux exemple [11]. Le fils d'Héraclès, Phaestos, vit que les Sicyoniens consacraient à son père des rites réservés aux héros, mais il insista quant à lui pour lui offrir des sacrifices comme à un dieu. C'est pourquoi, les habitants de Sicyon, après avoir sacrifié un agneau et brûlé ses deux cuisses sur l'autel d'Héraclès le dieu, consacraient une part de sa chair à Héraclès le héros. A Oeta, il était vénéré sous le nom de Cornopion parce qu'il chassa les sauterelles qui étaient près de ravager la ville ; les Ioniens d'Érythrac le vénéraient sous le nom d'Héraclès Ipoctonos, parce qu'il a détruit les *ipes,* vers qui attaquent les vignes dans presque toutes les autres régions.

l. Une statue d'Héraclès Tyrien, dans son sanctuaire à Érythrae, représentait, dit-on, Héraclès Dactyle. On la découvrit flottant sur un radeau dans la mer Ionienne au large du cap Mesaté exactement à mi-chemin entre le port d'Érythrae et l'île de Chios. Les habitants d'Érythrae, d'un côté, et les habitants de Chios de l'autre firent tout pour amener le radeau à leur propre rivage, mais en vain. Finalement, un pêcheur érythréen du nom de Phormio, qui avait perdu la vue, rêva que les femmes d'Érythrae devaient tondre leurs cheveux et les tresser pour en faire une corde ; à l'aide de cette corde, les hommes réussiraient à haler le radeau jusqu'au rivage. Les femmes d'un clan thrace, qui s'étaient fixées à Érythrae, acceptèrent de sacrifier leurs cheveux et le radeau fut remorqué jusqu'au rivage ; seuls leurs descendants avaient le droit de pénétrer dans le sanctuaire où était conservée la corde. Phormio retrouva la vue et la conserva jusqu'à sa mort [12].

★

1. *Avant de sacrifier et d'immortaliser le roi sacré — comme Calypso avait promis d'immortaliser Odysseus (voir 170. w) — la reine lui retirait ses vêtements et les insignes de la royauté qu'il portait. On ne mentionne pas ici les fustigations et les mutilations qu'il subit jusqu'au moment où il fut placé sur le bûcher pour être rendu immortel mais les peintures, dont semblent avoir été tirés les récits, le représentaient probablement agonisant, perdant son sang pendant qu'il se débattait pour revêtir la chemise de lin blanc qui le consacrait à la déesse de la Mort.*

2. *La tradition selon laquelle Héraclès trouva la mort sur le promontoire de Cénée s'accorde avec une autre tradition qui le fait mourir sur le mont Oota où d'anciennes inscriptions et des statuettes montrent que le roi sacré continuait à être brûlé, en effigie, pendant des siècles, après qu'il avait été brûlé, réellement, au moment de sa mort. C'est le chêne dont on employait le bois pour les feux de joie du milieu de l'été ; on employait le bois de l'olivier sauvage pour la nouvelle année ; le roi commençait alors son règne en chassant les esprits de l'année ancienne. Poeas ou Philoctète qui mit le feu au bûcher est le jumeau du roi et son successeur ; il hérite de ses armes et de sa couche — c'est ainsi qu'il faut comprendre le mariage d'Iolé avec Hyllos — et il meurt, mordu par un serpent, à la fin de l'année.*

3. *Autrefois l'âme d'Héraclès s'était rendue au Paradis occidental des Hespérides, ou bien au château d'argent, la « corona*

borealis » située derrière le *Vent du Nord* — *Pindare a intégré cette légende, sans la comprendre, dans un court récit du Troisième des Travaux d'Héraclès (voir 125. k). Son admiration dans le Paradis de l'Olympe — où cependant il n'obtint jamais une place parmi les douze, comme ce fut le cas pour Dionysos (voir 27. 5) — est une conception récente. Il est possible que cette idée dérive d'une mauvaise interprétation de la fresque sacrée qui raconte le mariage de Pelée et de Thétis (voir 81. 1-5), le prétendu enlèvement de Ganymède (voir 29. 1) et Héraclès ceignant ses armes (voir 123. 1). Cette fresque devait figurer Athéna, ou Hébé, la jeune reine et fiancée, présentant le roi à douze témoins de ce mariage sacré, dont chacun symbolisait un clan d'une confrérie religieuse ou un mois de l'année sacrée ; il renaissait rituellement soit d'une jument ou (comme c'est la cas ici) d'une femme. Héraclès personnifie le portier du ciel, parce qu'il meurt au milieu de l'été — l'année est assimilée à une porte de chêne tournant sur un gond et c'est au solstice d'été qu'elle se trouve le plus largement ouverte ; puis, elle se referme progressivement à mesure que les jours commencent à diminuer (*La Déesse Blanche*). Ce qui l'a empêché de devenir un Olympien à part entière, c'est la seule autorité d'Homère : l'*Odyssée* signalait la présence de son ombre au Tartare.*

4. *Si la statue érythréenne d'Héraclès avait été d'origine tyrienne, la corde du temple aurait été, non pas tissée avec des cheveux de femme mais avec les cheveux du roi sacré, rasés avant sa mort, au solstice d'hiver — Dalila avait, de même, rasé les cheveux de Samson, héros solaire tyrien. Un autre héros avait été semblablement sacrifié par les femmes thraces qui avaient adopté son culte (voir 28. 2). La statue était probablement attachée sur un radeau afin d'éviter qu'un navire de commerce ne devienne sacré et ne soit, à cause de cela, retiré du circuit commercial. « Ipoctonos » a peut-être été une variante locale du nom plus familier d'Héraclès : « Ophioctonos », « qui tue les serpents ». Sa régénération par la mort (comme le serpent qui rejette sa peau » était une image empruntée au* Livre des Morts *égyptien ; les serpents étaient considérés comme ayant le pouvoir de se débarrasser de la vieillesse en rejetant leur peau ; « la peau » et « la vieillesse » se trouvent, en grec, réunies sous le même vocable : géros (voir 106. 11). Il monte au ciel dans un char tiré par quatre chevaux en tant que héros solaire et protecteur des Jeux Olympiques ; l'intervalle de quatre ans qui séparait chaque jeu était représenté par quatre chevaux — ou bien encore chaque cheval représentait une saison de l'année marquée par les équinoxes et les solstices. Une statue carrée du soleil, adoré comme Héraclès Sauveur, se trouvait dans l'enceinte du temple de la Grande Déesse, à Mégalopolis (Pausanias : VIII. 31. 4) ; c'était probablement un autel ancien, pareil à ces nombreux autres blocs de pierres carrées, trouvés dans le palais de Cnossos, et aussi à un autre bloc carré découvert dans la cour ouest du palais de Phaestos.*

5. *Hébé, la fiancée d'Héraclès, n'était peut-être pas la déesse incarnant la jeunesse mais une divinité mentionnée dans le quarante-huitième et le quarante-neuvième* Hymne orphique : *Hipta la Mère-Terre à qui Dionysos avait été confié —* Proclus dit (Contre Timée II. 124 c) *qu'elle portait sur sa tête un panier d'osier. Hipta est associée à Zeus Sabazios (voir 27. 3), dans deux inscriptions trouvées en Maeonie, qu'habitait alors une tribu lydo-phrygienne ; le professeur Kretschmer l'a reconnue comme étant la déesse mitannienne Hépa, Hépit ou Hébé citée dans les textes de Boghaz-Keui et qui semblent avoir été apportés de Thrace en Maeonie. Si Héraclès épousa Hébé, c'est que le mythe raconte l'histoire de l'Héraclès qui accomplit de grands exploits en Phrygie (voir 131. h), en Mysie (131. e) et en Lydie (136. a-f) ; on peut l'identifier au Zeus Sabazios — Hipta était célèbre au Moyen-Orient. De hauts reliefs trouvés à Hattusas en Lycaonie (voir 13. 2) la représentent montée sur un lion et sur le point de célébrer un mariage sacré avec le dieu de la tempête hittite. On l'appelle, là-bas, Hépatu, mot hurrien, dit-on, et le professeur B. Hrozny (Civilisation des Hittites et des Subaréens chap. XV) l'identifie à Hawwa, « la mère de toute vie », qui apparaît, dans* Genèse II, *comme Ève. Hrozny cite le prince canaanite de Jérusalem Abdihépa ; et Adam, qui épousa Ève, était un héros tutélaire de Jérusalem (Jérôme :* Commentaire sur les Éphésiens V. 15).*

146.
Les enfants d'Héraclès

a. Alcmène, la mère d'Héraclès, s'était rendue à Tirynthe avec quelques-uns de ses enfants ; d'autres se trouvaient encore à Thèbes et à Trachis. Eurysthée avait décidé de les chasser tous hors de la Grèce avant qu'ils atteignent l'âge d'homme et soient en mesure de le détrôner. Il envoya en conséquence un message à Céyx en lui demandant l'extradition non seulement des Héraclides mais aussi d'Iolaos, de toute la maison de Licymnios et des alliés arcadiens d'Héraclès. Trop faibles pour résister à Eurysthée, ils quittèrent tous ensemble Trachis — Céyx expliquait qu'il était impuissant à leur venir en aide — et ils traversèrent en pèlerins la plupart des îles grecques, en mendiant le gîte et le couvert auprès des habitants. Les Athéniens seuls, sous le commandement de Thésée, eurent le courage de tenir tête à Eurysthée ; leur sens inné de la justice l'emporta, à la vue des Héraclides assis dans le Sanctuaire de la Miséricorde [1].

b. Thésée établit les Héraclides et leurs compagnons à Tricorynthe — en Attique tétrapolitaine — et refusa de les livrer à Eurysthée, ce qui fut cause de la première guerre entre Athènes et le Péloponnèse ; en effet, lorsque tous les Héraclides furent parvenus à l'âge d'homme, Eurysthée rassembla une armée et marcha sur Athènes ; Iolaos, Thésée et Hyllos furent nommés à la tête des forces combinées des Athéniens et des Héraclides. Mais certains disent que Démophon, fils de Thésée, venait de succéder à son père. Comme un oracle avait annoncé que les Athéniens seraient vaincus à moins qu'un des enfants d'Héraclès ne se sacrifie pour le bien commun, Macaria, la seule fille d'Héraclès, se tua à Marathon et donna ainsi son nom à la source de Macaria [2].

c. Les Athéniens, pour qui la défense des Héraclides devait demeurer un sujet de fierté, battirent alors Eurysthée dans une dure bataille et tuèrent ses fils Alexandre, Iphimédon, Eurybios, Mentor et Périmédès, outre un grand nombre de ses alliés. Eurysthée s'enfuit dans son char, poursuivi par Hyllos qui le rejoignit aux Roches Scironiennes et lui trancha la tête dont Alcmène arracha les yeux avec des aiguilles à tisser ; on pouvait voir sa tombe à quelque distance de là [3]. Mais, d'après certains, il fut fait prisonnier par Iolaos aux Roches Scironiennes et conduit devant Alcmène qui donna l'ordre de l'exécuter. Les Athéniens intercédèrent en sa faveur, mais en vain ; Eurysthée versa des larmes de reconnaissance et déclara qu'il leur prouverait, même après sa mort, qu'il était leur ami et l'ennemi juré des Héraclides. « Thésée, s'écria-t-il, il est inutile que tu répandes des libations de sang sur ma tombe ; même sans ces offrandes j'entreprendrai de chasser tous les ennemis de la terre d'Attique ! » Puis il fut exécuté et enterré dans le sanctuaire d'Athéna à Pallèné, à mi-chemin entre Athènes et Marathon. Selon une version toute différente, les Athéniens assistèrent Eurysthée dans une bataille contre les Héraclides, à Marathon ; et Iolaos qui lui coupa la tête près de la source de Macaria, non loin de la route des chars, enterra sa tête à Tricorynthe et envoya le reste du corps à Gargettos pour y être inhumé [4].

d. Entre-temps, Hyllos et les Héraclides, qui s'étaient établis près de la porte d'Électre à Thèbes, avaient envahi le Péloponnèse et conquis toutes les villes par une attaque soudaine ; mais, lorsque l'année suivante, la peste avait éclaté, un oracle annonça : « Les Héraclides sont revenus avant l'heure ! » Hyllos se retira à Marathon. Obéissant

aux dernières paroles de son père il épousa Iolé et fut
adopté par Aegimos le Dorien ; il alla ensuite demander à
l'Oracle de Delphes quand viendrait « l'heure ». Il lui fut
répondu « d'attendre la troisième moisson ». Croyant qu'il
s'agissait d'attendre trois ans il se reposa jusqu'à ce que
les trois années fussent écoulées, puis il se remit en marche.
Sur l'isthme, il se heurta à Atrée qui, dans l'intervalle,
avait succédé au trône de Mycènes et se trouvait à la tête
d'une armée achéenne[5].

e. Pour éviter de répandre inutilement le sang, Hyllos
défia en combat singulier l'adversaire qui voudrait se
présenter, à condition qu'il fût de haut rang. « Si je suis
vainqueur, dit-il, le trône et le royaume m'appartiendront.
Si je suis vaincu, nous ne reviendrons plus sur cette route,
nous, fils d'Héraclès, avant cinquante ans. » Échémos, roi
de Tégée, accepta le défi et le combat eut lieu sur la
frontière entre Mégare et Corinthe. Hyllos fut tué et on
l'enterra dans la ville de Mégare ; sur quoi les Héraclides
honorèrent son serment et, une fois de plus, se retirèrent
à Tricorynthe et de là à Dôrion où ils réclamèrent à
Aegimios la part du royaume que leur père lui avait
confiée. Seuls Licymnios et ses fils et le fils d'Héraclès,
Tlépolème, qui fut invité à s'établir à Argos, demeurèrent
dans le Péloponnèse. Apollon de Delphes dont le conseil, en
apparence trompeur, lui avait valu beaucoup de reproches
expliqua que, par « la troisième moisson », il entendait la
troisième génération[6].

f. Alcmène rentra à Thèbes et, quand elle y mourut, à
un âge très avancé, Zeus donna l'ordre à Hermès de piller
le cercueil que les Héraclides portaient jusqu'à la tombe.
Hermès obéit ; il substitua avec adresse une grosse pierre
au corps qu'il transporta aux îles des Bienheureux. Là,
ressuscitée et ayant recouvré sa jeunesse, Alcmène devint
la femme de Rhadamante. Entre-temps, les Héraclides,
ayant trouvé que le coffre était trop lourd pour leurs
épaules, l'ouvrirent et découvrirent la substitution. Ils
placèrent la pierre dans un bois sacré, à Thèbes, et Alcmène
fut dès lors vénérée comme une divinité. Mais, d'après
certains, elle épousa Rhadamante à Ocalée, avant sa mort ;
d'après d'autres, elle mourut à Mégare, où se trouvait
encore sa tombe, au cours d'un voyage entre Argos et
Thèbes — ils ajoutent qu'une querelle ayant éclaté parmi
les Héraclides, certains voulant ramener le cadavre à Argos,
d'autres poursuivre le voyage, l'Oracle de Delphes leur

conseilla de l'enterrer à Mégare. Une autre prétendue tombe d'Alcmène existait à Haliartos[7].

g. Les Thébains gratifièrent Iolaos d'un autel consacré aux héros, proche de celui d'Amphitryon où les amoureux venaient échanger leurs promesses en l'honneur d'Héraclès ; cependant on admet généralement qu'Iolaos trouva la mort en Sardaigne[8].

h. A Argos, Tlépolème tua accidentellement son grand-oncle bien-aimé Lycimnios — il était en train de châtier un domestique avec une massue en bois d'olivier quand Licymnios, qui à présent était vieux et aveugle, trébucha, se trouva placé entre eux et reçut un coup sur le crâne. Comme les Héraclides le menaçaient de mort, Tlépolème construisit une flotte, rassembla un grand nombre de compagnons, et, sur le conseil d'Apollon, s'enfuit à Rhodes, où il s'établit après de nombreux voyages et de multiples malheurs[9]. En ce temps-là, Rhodes était habitée par des colons grecs sur lesquels régnait Triops, fils de Phorbas avec le consentement duquel Tlépolème partagea l'île en trois parties ; on dit qu'il fonda les villes de Lindos, Ialysos et Camiros. Ses sujets étaient favorisés par Zeus qui les comblait de richesses. Par la suite, Tlépolème s'embarqua pour Troie avec une flotte de neuf bateaux rhodiens[10].

i. Héraclès avait été le père d'un autre Hyllos, par la nymphe des eaux Mélité, fille du dieu-Fleuve Égée, dans le pays des Phéaciens. Il s'était rendu là après le meurtre de ses enfants dans l'espoir d'être purifié par le roi Nausithoos et par Macris, la nourrice de Dionysos. C'est cet Hyllos qui émigra dans la mer Cronienne, en compagnie d'un grand nombre de Phéaciens, et qui donna son nom aux Hylléens d'Épire[11].

j. Le dernier-né des Héraclides est, dit-on, l'Athlète de Thasos, Théagénès, dont la mère fut visitée une nuit dans le temple d'Héraclès par quelqu'un qu'elle prit pour le prêtre, son mari, Timosthénès, mais qui n'était autre que le dieu en personne[12].

k. Les Héraclides reconquirent par la suite le Péloponnèse à la quatrième génération, sous Téménos, Cresphontès et les deux jumeaux Proclès et Eurysthénès, après avoir tué le Haut Roi Tisaménès de Mycènes, fils d'Oreste. Ils auraient réussi plus tôt si un de leurs princes n'avait tué Carnos, poète acarnanien, alors qu'il venait vers eux en chantant des vers phrophétiques ; ils l'avaient pris pour un magicien envoyé contre eux par Tisaménès. Pour les punir de leur sacrilège, la flotte des Héraclides fut coulée et la famine dispersa leur armée. L'Oracle de Delphes leur conseillait à présent de « bannir le meurtrier pour dix ans et de prendre Triops comme guide à sa place ». Ils étaient sur le point d'aller chercher Triops, fils de Phorbas, à Rhodes, lorsque Téménos remarqua un capitaine étolien du nom d'Oxylos, qui venait d'expier un meurtre quelconque par un an d'exil en Élide et qui chevauchait une monture qui n'avait qu'un seul œil. Or Triops signifie : « à trois yeux » ; Téménos l'engagea donc comme guide, et, après avoir abordé sur la côte d'Élide avec ses parents Héraclides, il ne tarda pas à conquérir tout le Péloponnèse et le divisa en lots. Celui marqué par un crapaud désignait Argos, il échut à Téménos ; celui marqué par un serpent désignait Sparte et échut aux deux jumeaux Proclès et Eurysthénès ; celui marqué par un renard désignait Messène et échut à Cresphontès [13].

1. *La désastreuse invasion du Péloponnèse mycénien, par des montagnards incultes, venus de la Grèce centrale, qui, selon Pausanias (IV. 3. 3) et Thucydide (1. 12. 3), eut lieu en 1100 avant J.-C. environ, fut appelée l'invasion dorienne parce que les chefs venaient de la petite ville de Doris. Trois tribus constituaient cette ligue dorienne : les Hyllées qui adoraient Héraclès, les Dymanes (« les entrants »), qui adoraient Apollon ; et les Pamphyliens (hommes de toutes tribus) qui adoraient Déméter. Après avoir envahi la Thessalie du Sud, les Doriens semblent s'être alliés aux Athéniens avant de s'aventurer à attaquer le Péloponnèse. La première tentative échoua bien que Mycènes fût brûlée en 1100 avant J.-C. environ, mais un siècle plus tard ils conquéraient les territoires situés à l'est et au sud après avoir détruit l'ancienne culture d'Argos. Cette invasion, qui provoqua des émigrations d'Argolide vers Rhodes, d'Attique vers la côte ionienne d'Asie Mineure et apparemment aussi de Thèbes vers la Sardaigne, inaugura une période sombre pour la Grèce.*

2. *L'enterrement de la tête d'un héros dans un lieu stratégique est courante dans la mythologie : ainsi, selon le* Mabinogion, *la tête de Bran fut enterrée sur la colline de la Tour pour garder Londres d'une invasion par la Tamise : et, selon Ambroise (Lettre VII. 2), la tête d'Adam fut enterrée à Golgotha pour protéger Jérusalem contre ce qui pouvait venir du nord. De plus, Euripide (Rhesos 413-415) fait dire à Hector que les fantômes, même d'étrangers, pouvaient servir comme esprits gardiens de Troie (voir 28. 6). Tricorythos et Gargettos sont enterrés l'un et l'autre dans les défilés étroits commandant l'accès de l'Attique. Iolaos*

poursuivant Eurysthée au-delà des roches scironiennes semble avoir été emprunté à la même peinture que celle qui suggéra le mythe d'Hippolyté (voir 101. g).

3. *Le territoire des Phéaciens (voir 170. y) était Corcyre ou Drépanè, aujourd'hui Corfou, au large de laquelle se trouve l'île sacrée de Macris (voir 154. a) ; la mer cronienne était l'Adriatique, où le commerce de Corcyre allait chercher l'ambre — Corcyre est associée à l'expédition des Argonautes à la recherche d'ambre, à l'entrée de l'Adriatique (voir 148. 9).*

4. *Triops, le Grec qui colonisa Rhodes, est une masculinisation de l'ancienne Triple-déesse Danaé ou Damkina, dont Lindos, Ialysos et Camiros prirent le nom. Selon d'autres récits, ces villes furent fondées par les Telchines (voir 54. a), ou par Danaos (voir 60. d).*

5. *Comme Alcmène n'était qu'un nom d'Héra, il n'y avait rien d'étonnant à ce qu'un temple lui fût consacré.*

6. *Polygnotos, dans son célèbre tableau à Delphes, représentait Ménélas avec un bouclier sur lequel figurait l'emblème du serpent (Pausanias : X. 26. 3), probablement le serpent d'eau de Sparte (voir 125. 3). Un renard aida le héros messénien Aristomène à se sauver d'une fosse où l'avaient jeté les Spartiates (Pausanias : IV. 18. 6) ; la déesse-renarde était célèbre en Grèce (voir 49. 2 et 89. 8). Le crapaud semble être devenu l'emblème d'Argos, non pas seulement à cause de sa réputation d'être dangereux à toucher et de susciter un silence angoissé parmi tous ceux qui le voyaient (Pline : Histoire naturelle XXXII. 18), mais aussi parce qu'Argos fut d'abord appelée Phoronien (voir 57. a) ; dans le syllabaire qui précède l'alphabet à Argos, les radicaux PHRN pouvaient être exprimés par un crapaud,* phryné.

147.
Linos

a. Le petit Linos d'Argos doit être distingué de Linos, fils d'Isménios, qu'Héraclès tua d'un coup de lyre. Selon les Argiens, Psamathé, la fille de Crotopos, donna à Apollon un fils, le petit Linos ; redoutant la colère de son père, elle l'abandonna sur une montagne. Il fut découvert par des bergers qui l'élevèrent, mais par la suite, il fut dévoré par les molosses de Crotopos. Comme Psamathé ne pouvait dissimuler sa douleur, Crotopos ne tarda pas à deviner qu'elle était la mère de Linos et la condamna à mort. Apollon punit la ville d'Argos pour son double crime en envoyant une sorte d'Harpye, nommée Poiné, qui enlevait les jeunes enfants à leurs mères jusqu'au jour où un certain Coroebos décida de la tuer. La peste alors s'abattit sur la ville et, comme elle se prolongeait, les Argiens consultèrent l'Oracle de Delphes qui leur conseilla de se rendre favorables Psamathé et Linos. Ils sacrifièrent donc à leurs ombres, et les femmes et les jeunes filles chantèrent des hymnes, nommés *linoï ;* et, comme Linos avait été élevé avec des agneaux, ils appelèrent les fêtes *arnis,* et le mois au cours duquel elles avaient lieu, *arneios.* Comme la peste continuait ses ravages, Coroebos se rendit à Delphes et avoua le meurtre de Poené. La Pythie ne voulut pas le laisser rentrer à Argo : « Emporte mon trépied et construis un temple à Apollon à l'endroit où il t'échappera des mains ! » La chose se produisit au mont Géranéia où il érigea d'abord un temple, puis fonda la ville de Tripodiscos, et s'y établit. Sa tombe se trouvait sur la place du marché à Mégare, surmontée par un groupe de statues qui retraçaient le meurtre de Poené —, c'étaient les sculptures les plus anciennes du genre, en Grèce [1]. Ce deuxième Linos est quelquefois appelé Oetolinos, et les joueurs de harpe portaient son deuil et le pleuraient au cours des banquets [2].

b. Un troisième Linos, également, passait pour être enterré à Argos ; c'était un poète que l'on considérait comme le fils d'Oeagre et de la Muse Calliopé, dont on faisait ainsi le frère d'Orphée. Certains le considéraient comme le fils d'Apollon et de la Muse Uranie ou Aréthuse, fille de Poséidon ; ou bien d'Hermès et Uranie, ou bien encore de Magnès et la Muse Clio [3]. Linos fut le plus grand musicien qui existât jamais parmi les hommes, et Apollon, jaloux, le tua. Il avait composé des ballades en l'honneur de Dionysos et d'autres anciens héros, et aussi une épopée de la Création. En fait, Linos inventa le rythme et la mélodie ; c'était un sage d'un savoir universel qui fut le maître de Thamyris et d'Orphée [4].

c. La complainte de Linos se répandit sur toute la terre ; elle constituait le thème, notamment, du manérôs, chant funèbre égyptien. Sur le mont Hélicon, non loin du bois des Muses, le portrait de Linos était gravé dans le mur d'une petite grotte où des sacrifices annuels lui étaient faits, précédant ceux offerts aux Muses. On prétendait qu'il était enterré à Thèbes, et que Philippe, père d'Alexandre le Grand, après avoir battu les Grecs à Chéronée, transporta ses restes en Macédoine, obéissant à un rêve qu'il avait eu, mais plus tard, à la suite d'un autre rêve, il les fit rapporter [5].

★

1. *Pausanias rattache le mythe du jeune Linos à celui de Maneros, l'esprit égyptien du blé, en l'honneur de qui on entonnait des chants à la période de la moisson ; mais Linos semble avoir été l'esprit du lin (*linos*), semé au printemps et moissonné en été. Sa mère était Psamathé parce que, selon Pline (*Histoire naturelle XIX. 2), « ils semaient le lin dans une terre sablonneuse ». Son grand-père meurtrier était Crotopos parce que — toujours selon Pline — les tiges de lin jaunissantes, après avoir été arrachées avec leurs racines et suspendues à découvert, étaient pilées avec les « pieds broyeurs des maillets ». Et Apollon, dont les prêtres étaient vêtus de lin, et qui était le patron de toute la musique grecque, était son père. La mort de Linos déchiré par des chiens se rapporte évidemment au sectionnement des tiges de lin au moyen de petites haches de fer, procédé que Pline décrit dans le même passage. Frazer dit, sans cependant apporter de preuves, que Linos est une déformation grecque du Phénicien* ai lanu, *« malheur à nous ». Oetolinos signifie « Linos maudit ».*

2. *Le mythe a cependant été ramené au thème familier de l'enfant abandonné par crainte d'un grand-père jaloux et élevé par des bergers ; ce qui fait supposer que l'industrie du lin s'était éteinte en Argolide à cause de l'invasion dorienne ou bien à cause des prix inférieurs pratiqués par les Égyptiens ou peut-être pour ces deux raisons à la fois — et avait été remplacée par l'industrie de la laine ; mais on continuait à chanter les chants annuels en l'honneur de Linos-enfant ; l'industrie du lin a probablement été introduite par les Crétois qui civilisèrent l'Argolide ; le mot grec pour désigner le fil de lin est* merinthos *et tous les mots en* -inthos *sont d'origine crétoise.*

3. *Coroebos, après qu'il eut tué Poené (« châtiment »), interdit probablement les sacrifices d'enfants aux fêtes de Linos ; il leur substitua des agneaux et changea le nom du mois en « mois de l'agneau » ; on l'a identifié avec un Éléen du même nom qui gagna l'épreuve de course à pied à la première Olympiade (776 av. J.-C.). Il semble que Tripodiscos n'ait pas de rapport avec trépied, mais qu'il dérive de* tripodizein, *« emprisonné trois fois ».*

4. *Comme le moissonnage du lin était l'occasion de chants tristes et de broyages rythmés, et, comme au milieu de l'été — si l'on en juge par l'exemple des Suisses et des Souabes cité dans le Rameau d'Or de Frazer — des jeunes gens sautaient autour d'un feu de joie pour que le lin pousse haut, on inventa un autre Linos mystique : celui-là atteignit l'âge d'homme et devint un musicien célèbre, qui inventa le rythme et la mélodie. Ce Linos avait pour mère une Muse et pour père l'Hermès Arcadien ou Oeagre le Thrace ou Magnès, l'ancêtre éponyme des Magnésiens ; en fait, ce n'était pas un Hellène, mais il était le gardien de la culture pélasgienne préhellénique, qui possédait le calendrier d'arbres et la science de la création. Apollon qui ne supportait pas que quelqu'un rivalisât avec lui dans le domaine de la musique*

— *comme il le montra dans l'affaire de Marsyas (voir 21. f)* — le tua, dit-on, sur-le-champ ; mais c'est là une version inexacte puisque Apollon non seulement ne tua pas Linos mais l'adopta. Par la suite, on attribua plus justement sa mort à Héraclès, patron des barbares envahisseurs doriens (voir 146. 1).

5. On dit que Linos est le frère d'Orphée à cause de la similitude de leurs destins respectifs. Dans les montagnes, en Autriche (je tiens mes renseignements de Margarita Senön-Wels), les hommes ne sont pas admis à la moisson du lin, ni au séchage, ni au battage ou au filage, ni aux salles où l'on file : l'esprit qui règne sur les lieux est la Harpatsch : une sorcière terrifiante, dont les mains et le visage sont frottés de suie. Si un homme la rencontre par accident, il est embrassé, contraint à danser avec elle, assailli sexuellement et barbouillé de suie. Plus encore, les femmes qui battent le lin, qu'on appelle Bechlerinnen, donnent la chasse et cernent tout étranger qui s'aventure au milieu d'elles. Elles le couchent par terre, l'enjambent, lui attachent les mains et les pieds, l'enveloppent dans de l'étoupe, lui barbouillent le visage avec des déchets de lin piquants, le frottent contre l'écorce rugueuse d'un arbre abattu et finalement le font rouler jusqu'au bas de la colline. Près de Feldkirch elles se contentent de faire étendre l'intrus et de l'enjamber ; mais ailleurs, elles ouvraient ses guêtres, les bourraient de paille de lin — ce qui était tellement douloureux qu'il était obligé de s'échapper les jambes nues. Près de Salzbourg, les Bechlerinnen déculottent les intrus elles-mêmes et menacent de les châtrer ; après leur fuite, elles purifient les lieux en brûlant des branchages et en faisant tinter, l'une contre l'autre, leurs faucilles.

6. On sait peu de choses sur ce qui se passe dans les salles où l'on file, car les femmes sont très secrètes, excepté qu'elles chantent un chant appelé Flachses Qual (« la torture du lin ») ou Leinen Klage (« lamentations du lin ») ; il semble donc vraisemblable qu'à la moisson du lin, les femmes avaient coutume de s'emparer d'un homme qui représentait l'esprit du lin, de le violenter sexuellement et de le démembrer : mais, comme ce fut là le sort aussi d'Orphée qui avait protesté contre les sacrifices humains et les orgies sexuelles (voir 28. d), on a fait de Linos son frère. La Harpatsch est bien connue ; elle est l'épouse rustique des moissons de blé, elle représente la déesse-Terre. On fait retentir les faucilles uniquement en l'honneur de la lune ; on ne les emploie pas pour le moissonnage du lin. On attribue à Linos l'invention de la musique parce que ces hymnes ont été mis dans la bouche de l'esprit du Lin lui-même et aussi parce que certaines lyres avaient des cordes en lin.

148.
L'assemblée des Argonautes

a. A la mort du roi Créthée l'Éolien, Pélias, fils de Poséidon, déjà vieux, s'empara du trône d'Iolcos sur lequel régnait son demi-frère Aeson, qui en était l'héritier légitime. Un oracle l'ayant averti qu'il serait tué par un descendant d'Éole, Pélias fit mettre à mort tous les Éoliens de haut rang auxquels il eut le courage de s'attaquer, excepté Aeson, qu'il épargna à cause de sa mère, Tyro ; mais il le garda prisonnier dans son palais et le contraignit à renoncer à son héritage.

b. Or, Aeson avait épousé Polumèle, également connue sous le nom d'Amphinomé, Périmédé, Alcimédé, Polymédé, Polyphémé, Scarphé ou Arné, qui lui donna un fils du nom de Diomède [1]. Pélias l'aurait tué sans pitié si sa mère n'avait rassemblé ses parents pour le pleurer, comme s'il était mort-né, et ne l'avait ensuite sorti de la ville et abandonné sur le mont Pélion où Chiron le Centaure l'éleva comme il l'avait fait auparavant, ou par la suite, pour Asclépios, Achille, Énée et d'autres héros célèbres [2].

c. Un second oracle avertit Pélias de se méfier d'un homme portant une seule sandale, et un jour que ses alliés s'étaient joints à lui sur le rivage pour offrir un sacrifice à Poséidon, ses yeux se posèrent sur un jeune Magnésien de haute taille, aux cheveux longs, vêtu d'une tunique en cuir très serrée et d'une peau de léopard. Il était armé de deux lances à large lame et ne portait qu'une seule sandale [3].

d. L'autre sandale, il l'avait perdue dans le fleuve boueux Anauros — que certains nommaient, à tort, Évenos ou Énipée — à cause d'une vieille femme qui se tenait sur la rive et demandait aux passants de la faire traverser. Personne n'eut pitié d'elle jusqu'au moment où ce jeune étranger lui offrit son large dos ; mais il plia sous le poids car elle n'était autre que la déesse Héra sous un déguisement. En effet, Pélias avait offensé Héra en suspendant ses sacrifices habituels et elle était décidée à le punir de sa négligence [4].

e. Donc lorsque Pélias demanda au jeune homme d'un air brusque : « Qui es-tu et comment s'appelle ton père ? », il répondit que Chiron, son père nourricier, l'avait nommé Jason, bien qu'il fût connu auparavant sous le nom de Diomède, fils d'Aeson. Pélias lui lança un regard sinistre :

« Que ferais-tu, lui dit-il brusquement, si un oracle t'avait prédit qu'un de tes concitoyens devait te tuer ? »

« Je l'enverrai chercher la Toison d'Or en Colchide, répondit-il, sans se douter qu'Héra avait mis ces paroles dans sa bouche. Et, dis-moi, à qui ai-je l'honneur de parler ? »

f. Lorsque Pélias lui révéla son identité, Jason, un moment intimidé, lui réclama hardiment le trône qu'il avait usurpé, sans lui demander cependant les troupeaux de moutons et de vaches, et comme il était puissamment soutenu par son oncle Phérès, roi de Phères, et Amathaon, roi de Pylos, qui étaient venus pour prendre part au sacrifice, Pélias n'osa pas lui refuser les droits que sa naissance ·lui conférait. « Mais, auparavant, dit-il, je te demande de libérer notre patrie bien-aimée d'une malédiction. »

g. Jason apprit alors que Pélias était hanté par le fantôme de Phrixos, qui s'était enfui d'Orchomène une génération auparavant, sur le dos d'un bélier divin, pour échapper au sacrifice. Il chercha refuge en Colchide, où, à sa mort, on refusa de l'enterrer convenablement ; et, selon l'Oracle de Delphes, le pays d'Iolcos, où un grand nombre de parents minyens de Jason étaient établis, ne serait prospère que le jour où son fantôme serait ramené sur un bateau, en même temps que la toison d'or du bélier. La toison était suspendue à un arbre dans le bois sacré d'Arès Colchidien et gardée nuit et jour par un dragon toujours éveillé. Lorsque ce pieux exploit serait accompli, déclara Pélias, il renoncerait avec joie à son royaume qui commencerait à être un fardeau pour un homme de son âge [5].

h. Jason ne pouvait refuser à Pélias ce service, il envoya donc des messagers à toutes les cours de Grèce, demandant des volontaires pour prendre la mer avec lui. Il commanda également à Argos le Thespien de lui construire un bateau à cinquante rameurs ; ce travail fut accompli à Pagasae, avec du bois du mont Pélion ; après quoi, Athéna elle-même fixa une poutre oraculaire dans la proue, faite du bois du chêne de son père Zeus, à Dodone [6].

i. De nombreuses listes des Argonautes — comme on appelle les compagnons de Jason — furent dressées à différentes époques ; mais voici leurs noms d'après les autorités les plus dignes de foi :

Acaste, fils du roi Pélias

Actor, fils de Deion le Phocien
Admète, prince de Phères
Amphiaraos, le devin d'Argos
Le Grand Ancée de Tégée, fils de Poséidon
Le Petit Ancée, Lélège de Samos
Argos le Thespien, qui construisit l'*Argo*
Ascalaphos d'Orchomène, fils d'Arès
Astérios, fils de Comètès, un Pélopien
Atalante de Calydon, la vierge chasseresse
Augias, fils du roi Phorbas d'Élide
Boutès d'Athènes, l'apiculteur
Caenée le Lapithe, qui avait été femme
Calaïs, le fils ailé de Borée
Canthos d'Eubée
Castor, le lutteur Spartiate, l'un des Dioscures
Céphée, fils d'Aléos l'Arcadien
Coronos le Lapithe, de Gyrton en Thessalie
Échion, fils d'Hermès, le héraut
Erginos de Milet
Euphémos de Ténare, le nageur
Euryale, fils de Mécistée, un des Épigones
Eurydamas le Dolopien, du lac Xynias
Héraclès de Tirynthe, l'homme le plus fort qui ait jamais
                    [vécu, à présent devenu un dieu
Hylas le Dryope, l'écuyer d'Héraclès
Idas, fils d'Apharée, de Messène
Idmon d'Argos, fils d'Apollon
Iphiclès, fils de Thestios l'Étolien
Iphitos, frère du roi Eurysthée de Mycènes
Jason le capitaine de l'Expédition
Laërte, fils d'Acrisios d'Argos
Lyncée, l'homme à la vue perçante, frère d'Idas
Mélampous de Pylos, fils de Poséidon
Méléagre de Calydon
Mopsos de Lapithe
Nauplios l'Argien, fils de Poséidon, navigateur éprouvé
Oïlée, le Locrien, père d'Ajax
Orphée, le poète Thrace
Palaemon, fils d'Héphaïstos, un Étolien
Pélée le Myrmidon
Pénéléos, fils d'Hippalcimos, le Béotien
Périclyménos de Pylos, fils de Poséidon qui avait reçu le
                    [don de métamorphose
Phaléros, l'archer athénien
Phanos, le fils Crétois de Dionysos

Poeas, fils de Thaumacos le Magnésien

Pollux, le boxeur Spartiate, l'un des Dioscures

Polyphème, fils d'Élatos, l'Arcadien

Staphylos, frère de Phanos

Tiphys, le timonier de Siphae en Béotie

Zétès, frère de Calaïs

— et jamais auparavant on n'avait réuni si brillante assemblée sur un navire [7].

j. On dit souvent que les Argonautes sont des Minyens, parce qu'ils ont ramené l'ombre de Phrixos, petit-fils de Minyas, et la toison de son bélier et aussi parce qu'un grand nombre d'entre eux, y compris Jason lui-même, étaient du sang de Minyas par ses filles. Ce Minyas, fils de Chrysès, avait émigré de Thessalie à Orchomène, en Béotie, où il fonda un royaume ; il fut le premier roi à avoir constitué un trésor [8].

★

1. *Au temps d'Homère, un cycle de ballades dont le sujet était le voyage de l'*Argo *au pays d'Aeétès (« puissant ») était « sur toutes les lèvres » (Odyssée XII. 40) et il situe les Roches errantes (Plangctai) — à travers lesquelles il avait passé avant Odysseus — près des îles des Sirènes et non loin de Charybde et Scylla. Tous ces périls se retrouvent dans les récits plus complets du retour de Colchide de l'*Argo.

2. *Selon Hésiode, Jason, fils d'Aeson, après avoir accompli les nombreux et difficiles travaux que lui avait imposés Pélias, épousa la fille d'Aeétès ; elle l'accompagna à Iolcos ou « elle lui fut soumise » et lui donna un fils, Médéios, dont Chiron fit l'éducation. Mais il semble qu'Hésiode ait été mal informé : aux temps héroïques, les princesses n'allaient pas dans la patrie de leur mari, c'est lui qui se rendait chez elles (voir 137. 4 et 160. 3). Donc, ou bien Jason épousa la fille d'Aeétès et demeura à sa cour, ou bien il épousa la fille de Pélias et s'établit à Iolcos. Eumèle (VIIIe siècle av. J-C.) rapporte que lorsque Corinthos mourut sans laisser de descendance, Médée réclama le trône vacant de Corinthe et eut gain de cause, car elle était la fille d'Aeétès, qui ne s'était pas contenté de son héritage et avait émigré en Colchide ; et c'est alors que Jason, son époux, devint roi.*

3. *Ni la Colchide ni sa capitale, Aea, ne sont mentionnées dans ces premiers récits qui font d'Aeétès le fils d'Hélios et le frère de Circé d'Aea. Il est peu probable que l'histoire, telle qu'elle fut connue d'Homère, était semblable à celle que racontaient Apollodore et Apollonios de Rhodes ; même le voyage d'aller de l'*Argo, *sans parler du voyage de retour, n'était pas encore établi au temps d'Hérodote — car Pindare dans sa* Quatrième Ode

pythique *(462 av. J.-C.) en avait donné une version très différente de la sienne.*

4. *Le mythe de Pélias et Diomède — nom primitif de Jason — raconte, semble-t-il, l'histoire d'un prince abandonné sur une montagne, élevé par des gardiens de chevaux et à qui le roi de la ville voisine, qui n'était pas nécessairement un usurpateur, impose des tâches apparemment impossibles à accomplir : comme d'atteler des taureaux qui soufflaient du feu et de conquérir un trésor gardé par un monstre marin — Jason, à demi mort dans le ventre d'un monstre marin, est le sujet d'œuvres d'art étrusques. Sa récompense devait être d'épouser l'héritière royale. Des mythes similaires sont très répandus dans la mythologie celtique — comme en témoignent les travaux imposés à Kilhwych, le héros du* Mabinogion, *lorsqu'il voulut épouser le sorcière Olwen — et ils sont en rapport, semble-t-il, avec les épreuves rituelles destinées à prouver le courage d'un roi avant son couronnement.*

5. *C'est d'ailleurs de la* Légende de Kilhwych et Olwen *et de la légende similaire de Pérédur, fils d'*Eurawc, *également dans le* Mabinogion, *que l'on peut déduire, de façon plausible, la nature des travaux de Diomède. Kilhwych, qui était tombé amoureux d'Olwen, reçut du père de cette dernière l'ordre d'atteler un taureau jaune et un taureau moucheté, et de nettoyer une colline couverte d'épines et de broussailles, de l'ensemencer de blé et ensuite de le moissonner, le tout en un seul jour (voir 127. 1 et 152. 3) ; et aussi d'obtenir une corne d'abondance et un chaudron magique irlandais. Pérédur, qui était amoureux d'une jeune fille inconnue, devait tuer un monstre aquatique, appelé l'*Avanc, *qui vivait dans un lac près de la Colline du Deuil —* Aeaea *signifie « deuil ». Elle exigea de lui serment de fidélité et, en échange, elle lui remit une pierre magique qui lui permit de vaincre l'*Avanc *et d'obtenir « tout l'or qu'un homme peut désirer ». La jeune fille n'était autre que l'impératrice de Cristinobyl, une sorcière qui vivait fastueusement « du côté de l'Inde » ; et Pérédur fut son amant pendant quatorze ans. Or, comme le seul autre héros gallois à avoir vaincu un* Avanc *fut Hu Gadarn le Puissant, ancêtre de Cymry, qui tira le monstre du fleuve Conwy avec un attelage de deux taureaux (*Triades galloises III. 97), *il semble vraisemblable que Jason aussi ait tiré son monstre hors de l'eau grâce à son attelage de taureaux soufflant le feu.*

6. *Le chaudron irlandais, qu'était allé chercher Kilhwych, était celui dont il s'agit dans la* Légende de Pérédur : *un chaudron de régénération, comme celui qu'utilisa Médée — un géant l'aurait trouvé au fond d'un lac irlandais. On avait sans doute chargé Diomède de découvrir un chaudron de ce genre pour Pélias. Le théâtre de ses travaux a sans doute été un pays qui ne figure pas sur les cartes géographiques « en direction du soleil levant ». On ne mentionne pas de corne d'abondance dans la légende des Argonautes, mais Médée, sans raison précise, rajeunit la nymphe Macris et ses sœurs, autrefois nourrices de Dionysos, lorsqu'elle les rencontra à Drépanè ou à Corcyre. Comme Dionysos avait*

beaucoup de choses en commun avec Zeus enfant, dont la nourrice, la chèvre Amalthée, procura la première corne d'abondance (voir 7. b), il est possible que Médée ait aidé Diomède à obtenir aussi des nymphes une corne d'abondance, en leur offrant ses services. Les Travaux d'Héraclès (comme ceux de Thésée et d'Orion) doivent s'entendre comme des travaux en vue du mariage et comprennent « le bris des cornes des deux taureaux », celui de Crète et celui d'Achélôos (voir 134. 6).

7. *Ce mythe des travaux de mariage, dont une version, semble-t-il, était courante à Iolcos, où Pélias était le méchant, et une autre à Corinthe, où Corinthos figurait le méchant, fut évidemment rattaché à la légende semi-historique d'une expédition maritime minyenne — organisée par les habitants d'Orchomène et partie d'Iolcos — Orchomène appartenait à l'ancienne amphictyonie, ou ligue, de Calaureia (Strabon : VIII. 6. 14), présidée par le dieu éolien Poséidon et qui comprenait six États maritimes d'Argos et d'Attique ; c'était la seule ville continentale parmi les sept et elle était placée en un point stratégique entre le golfe de Corinthe et le golfe de Thessalie. Il est possible que sa population, comme les Béotiens d'Hésiode, ait été composée d'agriculteurs en hiver et de marins en été.*

8. *Le but présumé de l'expédition était de reprendre une toison sacrée qui avait été emportée au pays d'Aeétès par le roi Phrixos, petit-fils de Minyas, au moment où il était sur le point d'être sacrifié sur le mont Laphystion (voir 70. d), et d'escorter l'ombre de Phrixos jusqu'à sa patrie, à Orchomène. Le chef de l'expédition aurait été un Minyen — et Diomède, fils d'Aeson, ne l'était pas — c'était peut-être Cytisoros (Hérodote : VII. 197), fils de Phrixos, à qui Apollonios de Rhodes fait jouer un rôle de premier plan dans la légende (voir 151. f et 152. b) et qui obtint le surnom de Jason (« guérisseur ») à Orchomène en arrêtant la famine et la peste dues à la fuite de Phrixos. Cependant, Diomède était Minyen par sa mère et la descendance se faisait vraisemblablement par les femmes aussi bien à Orchomène qu'à Iolcos.*

9. *Dans cette légende minyenne, le pays d'Aeétès ne pouvait pas se trouver de l'autre côté de la mer Noire ; tout semble indiquer qu'il s'agissait de l'entrée de l'Adriatique, on suppose que les Argonautes ont redescendu le Pô, près de l'embouchure duquel, de l'autre côté du golfe, se trouve l'île de Circé, Aea, aujourd'hui appelée Lussin ; et qu'ils ont été pris par les Colchidiens d'Aeétès à l'embouchure de l'Ister — et non du Danube —, mais bien comme le dit Diodore de Sicile du petit fleuve Istros, qui a donné à l'Istrie son nom. Médée tua alors son frère Apsyrtos qui fut enterré dans l'Apsyrtide voisin ; et lorsqu'elle et Jason s'enfuirent auprès d'Alcinoos, roi de Drépane (Corcyre), à quelques jours de mer vers le sud, les Colchidiens, frustrés de leur vengeance et craignant la colère d'Aeétès s'ils revenaient les mains vides, construisirent la ville de Pola à l'intérieur de l'Ystrie. De plus, le pays des sirènes, les Roches grondantes Charybde et Scylla, tout cela se trouve près de la*

*Sicile, vers laquelle l'*Argo *fut rejeté par le vent violent du nord-ouest.*

*Il est possible que « Colchide » soit une erreur et que le mot ait été mis pour « Colicaria », située sur le cours du Pô inférieur, non loin de Mantoue, qui semble avoir été un relais sur la route de l'ambre, puisque les filles d'Hélios qui pleuraient des larmes d'ambre apparaissent dans la légende aussitôt que l'*Argo *s'engage dans le Pô (voir 42. d). L'ambre était consacré au soleil, et Électre (« ambre »), l'île où aborda, dit-on, l'*Argo, *ne pouvait guère être Samothrace, comme le croient les scholiastes ; mais le « pays d'Aeétès », un comptoir commercial à la fin de la route de l'ambre — était peut-être corinthien car Aeétès avait importé son culte du Soleil de Corinthe, mais peut-être aussi pélasgien, car selon la* Description de la Terre *de Denys (I. 18) une colonie pélasgienne, originaire de Dodone, entretenait autrefois une puissante flotte à l'une des embouchures du Pô.*

10. *Au mythe de Diomède, qui ne tient pas compte de la géographie et auquel se mêle la légende d'un voyage minyen au pays d'Aeétès, s'ajoutait un troisième élément : la tradition selon laquelle il y aurait eu une incursion de pirates le long de la côte sud de la mer Noire, entreprise sur l'instigation d'un autre roi minyen. La sixième ville de Troie, grâce à la maîtrise qu'elle avait de l'Hellespont, possédait le monopole du commerce de la mer Noire, que cette incursion aurait cherché à rompre (137. 1). Or l'objectif présumé des Minyens, au cours de leur voyage dans l'Adriatique, n'était pas une toison d'or, mais, selon Simonide (cité par le Scholiaste d'Apollonios de Rhodes : IV. 77), une toison pourpre, que le Premier Mythographe du Vatican décrit comme étant « celle dans laquelle Zeus avait coutume de monter au ciel ». En d'autres termes c'était une toison noire, que l'on portait au cours d'un rite royal pour amener la pluie, identique à celui encore pratiqué tous les « Jours de Mai » sur le sommet du mont Aelion : où un vieil homme revêtu d'un masque de mouton noir est mis à mort et ressuscité par ses compagnons, qui sont revêtus de peaux de moutons blancs (*Annales de l'Université anglaise à Athènes *XVI. 244-249, 1909-1916). Selon Dicéarque (II. 8), ce rite était pratiqué aux temps classiques sous les auspices de Zeus Actaeos, ou Acraeos (« du sommet »). A l'origine, l'homme portant le masque en peau de mouton noir devait être le roi, représentant Zeus, qui était sacrifié à la fin de son règne. Le fait que la même cérémonie était pratiquée sur le mont Pélion et sur le mont Laphystion expliquerait que les deux traditions d'Iolcos se soient mêlées, c'est-à-dire le mythe de Diomède et la légende de l'incursion de la mer Noire, à la tradition du voyage minyen entrepris pour réparer le mal dont Phrixos était responsable.*

11. *Mais la mission des Minyens ne pouvait guère avoir été de ramener la toison laphystienne perdue, qui avait été très facilement remplacée : il est beaucoup plus vraisemblable qu'ils étaient allés en quête d'ambre pour se rendre favorable la déesse-Montagne.*

*Il faut se souvenir que les Minyens tenaient « Pylos la Sablon-
neuse » sur la côte occidentale du Péloponnèse — enlevée par
Nélée aux Lélèges pour venir en aide aux Pélasges d'Iolcos (voir
94. c) — et que selon Aristote (Des Récits merveilleux 82), les
Pyliens apportaient de l'ambre de l'embouchure du Pô. D'énormes
quantités d'ambre ont été récemment découvertes sur le rivage de
cette Pylos (aujourd'hui le village de Kakobotos).*

*12. Au cours d'un voyage vers l'orient, cette toison devint
« toison d'or » parce qu'il fallait intégrer l'exploit qu'avait
accompli Diomède en conquérant le trésor du monstre marin ;
et, comme le fait remarquer Strabon, les Argonautes qui pénétrèrent dans la mer Noire allaient à la recherche de l'or alluvial qui
se trouvait dans le Phase, en Colchide (aujourd'hui le Rion) que
les indigènes ramassaient en « toisons » qui se déposaient dans le
lit du fleuve. Ce n'est du reste pas seulement la confusion
entre Colchos et Colicaria, entre Aea (« terre ») et Aeaea
(« gémissements ») et entre la toison noire du Pélion et celle du
Laphystion qui fut la cause de la coalescence de ces différentes
traditions. Le palais de l'aurore d'Hélios, père d'Aeétès, se
trouvait en Colchide (voir 42. a), le pays le plus oriental connu
d'Homère, et des Jasonica, autels d'Héraclès Guérisseur, étaient
signalés dans le golfe oriental de la mer Noire, où les Éoliens
avaient établi des comptoirs commerciaux. Selon certains auteurs
qui font autorité, Héraclès était le chef de l'expédition en mer
Noire. En outre, comme Homère avait fait de Jason uniquement
le père d'Eunée, qui devait fournir aux Grecs le vin pendant le
siège de Troie (voir 162. i), et comme Lemnos se trouve à l'est
de la Thessalie, on pensait que l'Argo s'était aussi dirigé vers
l'est. Les Roches errantes, ou grondantes, qu'Homère situe dans
les eaux siciliennes ont donc été transférées dans le Bosphore.*

*13. Chaque ville avait besoin d'un Argonaute qui la représentât
pour défendre ses droits dans le commerce de la mer Noire, et
les bardes itinérants voulaient, de leur côté, ajouter quelques
noms à ce cycle complexe de chants. Il existe donc plusieurs listes
des noms des Argonautes, dont aucune ne concorde, mais qui
sont pour la plupart basées sur la théorie qu'ils utilisaient un
navire à cinquante rameurs — ce qui n'était pas impossible à la
période mycénienne ; seul Tzetzès donne cent noms. Cependant,
même les sceptiques les plus acharnés n'ont guère mis en doute
que la légende fût, dans l'ensemble, historique, ni que le voyage
eût lieu avant la guerre de Troie, à une certaine date, au cours
du XIIIe siècle avant J.-C.*

*14. La sandale unique de Jason était le signe que c'était un
guerrier. Les guerriers étoliens étaient célèbres pour leur habitude
de combattre, un seul pied chaussé (Macrobe : V. 18-21 ;
Scholiaste des Pythiques de Pindare : IV. 133), système également
adopté par les Platéens pendant la guerre du Péloponnèse pour
avoir une meilleure prise lorsqu'ils marchaient dans la boue
(Thucydide : III. 22) ; la raison pour laquelle c'était le pied du
côté du bouclier plutôt que celui du côté de l'arme qui était*

chaussé tenait peut-être au fait que ce pied se trouvait placé en avant lors du combat corps à corps et qu'on pouvait s'en servir pour porter un coup à l'aine de l'adversaire. Aussi ce pied gauche était-il le pied agressif, et on ne le posait jamais sur le seuil de la maison d'un ami ; cette tradition a survécu dans l'Europe moderne où les soldats partent toujours en guerre du pied gauche.

15. *La dispute entre Héra et Pélias, parce que celui-ci avait empêché le sacrifice en l'honneur de la déesse, donne à penser qu'il y avait des frictions entre une dynastie régnante achéenne, adoratrice de Poséidon, à Iolcos, et les sujets éoliens et magnésiens, adorateurs de la déesse.*

149.
Les femmes de Lemnos et le roi Cyzicos

a. Héraclès après avoir capturé le sanglier d'Érymanthe arriva un jour brusquement à Pagasae et fut invité, après un vote unanime, à devenir capitaine de l'*Argo* ; mais il accepta généreusement de servir sous les ordres de Jason qui, bien que novice, avait organisé l'expédition. En conséquence, lorsque le bateau fut mis à la mer et qu'on eut tiré au sort les bancs (il y avait deux rameurs par banc) ce fut Jason qui sacrifia une paire de bœufs à l'Apollon des Embarcations. Tandis que la fumée du sacrifice propitiatoire s'élevait vers le ciel en colonnes sombres, les Argonautes faisaient leur dernier banquet et Orphée calmait, aux accents de sa lyre, les querelles des ivrognes. Ils mirent à la voile aux premières lueurs du jour, en direction de Lemnos [1].

b. Environ un an auparavant, les hommes de Lemnos s'étaient querellés avec leurs femmes, se plaignant qu'elles sentaient mauvais, et ils avaient pris pour concubines des jeunes filles thraces faites prisonnières au cours d'incursions guerrières. Pour se venger, les femmes de Lemnos les tuèrent tous, sans pitié, jeunes et vieux, excepté le roi Thoas, dont la fille Hypsipyle sauva la vie en secret, en le poussant à la mer sur un bateau sans rame. Or le navire *Argo* était à présent en vue et les femmes de Lemnos, le prenant pour un navire thrace ennemi, revêtirent les armures de leurs maris morts et s'élancèrent hardiment sur le rivage pour repousser l'attaque. Mais l'éloquent Échion sauta à terre, bâton en main, en qualité de héraut de Jason, et eut tôt fait de les apaiser. Hypsipyle réunit un conseil au cours duquel elle proposa d'envoyer en présent de la nourriture et du vin aux Argonautes, mais de ne pas leur permettre de pénétrer dans la ville de Myrina de crainte qu'on ne les accuse du massacre. Polyxo, la vieille nourrice d'Hypsipyle, se leva alors pour dire que sans hommes la race lemnienne ne tarderait pas à s'éteindre : « La solution la plus sage serait que vous vous offriez à l'amour de ces aventuriers de noble naissance, et ainsi non seulement vous placeriez votre vie sous une protection puissante, mais vous donneriez naissance à une race nouvelle et vigoureuse. »

c. Cet avis désintéressé fut vivement applaudi et les Argonautes furent reçus à Myrina. Hypsipyle ne révéla naturellement pas toute la vérité à Jason mais, toute rougissante, elle expliqua, en bredouillant, qu'à la suite des mauvais traitements de leurs maris, ses compagnes et elle-même avaient pris les armes, s'étaient révoltées contre eux et les avaient contraints à quitter le pays. Le trône vacant de Lemnos était à présent à lui s'il le désirait, lui dit-elle. Jason, tout en acceptant avec reconnaissance son offre, déclara qu'avant de s'établir dans la fertile Lemnos, il devait terminer la conquête de la Toison d'Or. Néanmoins, Hypsipyle persuada vite les Argonautes de retarder leur départ ; en effet, chacun d'eux était entouré de femmes jeunes et belles qui toutes s'offraient à partager leur couche [2]. Hypsipyle se réserva Jason et lui fit un accueil royal ; c'est de ce moment qu'elle eut Eunéos et son jumeau Nébrophonos, que certains appellent Deiphilos ou Thoas le Jeune. Eunéos devint roi de Lemnos, par la suite, et approvisionna les Grecs en vin durant la guerre de Troie.

d. Il naquit beaucoup d'enfants des Argonautes en cette occasion et, sans Héraclès, qui gardait l'*Argo* et qui finalement entra très irrité à Myrina en frappant aux portes avec sa massue pour rappeler ses compagnons à leur devoir, il est probable que la Toison d'Or n'aurait jamais quitté la Colchide. Il les contraignit bientôt à descendre sur le rivage ; et, la nuit même, ils mirent à la voile pour Samothrace, où ils furent initiés aux mystères de Perséphone et de ses prêtres, les Cabires, qui sauvent les marins dans les naufrages [3].

e. Par la suite, lorsque les femmes de Lemnos découvrirent qu'Hypsipyle n'avait pas tenu son serment et avait épargné Thoas — il fut ramené à terre dans l'île de Sicinos et ensuite régna sur les Tauriens —, elles la vendirent comme esclave au roi Lycurgue de Némée. Mais d'après certains, des pirates thraces firent une expédition contre Myrina et l'emmenèrent captive. Lorsqu'il atteignit l'âge d'homme, Eunéos purifia l'île du sang impur répandu et ces rites étaient encore, à l'époque historique, les mêmes que ceux pratiqués par les Cabires au cours de leurs fêtes annuelles : durant neuf jours, on éteignait l'âtre dans toutes les maisons de Lemnos et on faisait des sacrifices aux morts, après quoi on apportait un nouveau feu par mer de l'autel d'Apollon à Délos [4].

f. Les Argonautes mirent à la voile laissant Imbros à tribord et comme tout le monde savait que le roi Laomédon de Troie gardait l'entrée de l'Hellespont et ne laissait passer aucun bateau grec, ils se glissèrent dans les détroits, la nuit, en serrant la côte de Thrace et atteignirent la mer de Marmara sains et saufs. A l'approche du territoire des Doliones, ils abordèrent sur l'isthme d'une péninsule appelée Arcton, couronnée par le mont Dindymon. Là, ils furent reçus par le roi Cyzicos, fils d'Aenée, l'ancien allié d'Héraclès, qui venait d'épouser Clité, et qui les invita au banquet de noces. Pendant le festin, les gardes de l'*Argo* furent attaqués à coups de rocher et de massues par des géants-à-six-bras-nés-de-la-Terre, venant de l'intérieur de la péninsule, mais ils les mirent en fuite.

g. Ensuite, les Argonautes vouèrent la pierre qui leur servait d'ancre à Athéna, dans le temple de laquelle on pouvait encore la voir à l'époque historique, puis, ayant pris à bord une pierre plus lourde, ils firent force de rames avec des cris d'adieu amicaux et mirent le cap sur le Bosphore. Mais un vent de nord-est s'abattit soudain sur eux et bientôt ils avancèrent si lentement que Tiphys décida de virer de bord et de se mettre à l'abri de la péninsule. Il fut dévié de sa route et les Argonautes ayant abordé au hasard, dans l'obscurité complète, furent aussitôt attaqués par des guerriers bien armés. C'est seulement lorsqu'ils les eurent vaincus, au cours d'une terrible bataille, que Jason découvrit qu'il se trouvait sur le côté oriental d'Arcton et que le noble roi Cyzicos, qui avait pris les Argonautes pour des pirates, était étendu mort à ses pieds. Clité devint folle en apprenant la nouvelle et se pendit ; et les nymphes des bois pleurèrent si abondamment que leurs larmes formèrent une source qui, depuis lors, porte son nom.

h. Les Argonautes instituèrent des Jeux funèbres en l'honneur de Cyzicos mais furent immobilisés par le mauvais temps pendant un moment encore. Enfin, un jour, un alcyon voltigea au-dessus de la tête de Jason et se posa en gazouillant sur la proue de l'*Argo* ; Mopsos, qui comprenait la langue des oiseaux, expliqua que tout irait bien s'ils se rendaient favorable la déesse Rhéa. Elle avait exigé la mort de Cyzicos en représailles pour celle de ses lions sacrés qu'il avait tués sur le mont Dindymon, et elle était à présent courroucée contre les Argonautes qui avaient fait un tel carnage parmi ses frères-à-six-bras-nés-de-la-Terre. Ils élevèrent donc une statue à la déesse, sculptée par Argos dans un vieux cep de vigne et dansèrent revêtus de leurs armures sur le sommet de la montagne. Rhéa reconnut leur dévotion : elle fit jaillir une source — appelée par la suite Source de Jason — des roches du voisinage. Une brise favorable se leva alors et ils poursuivirent leur voyage. Les Doliones, cependant, prolongèrent leur deuil jusqu'à un mois entier, n'allumant aucun feu et vivant d'aliments crus, coutume qui fut désormais observée pendant les Jeux Cyziques annuels [5].

1. *Jason se rend à Lemnos, parce que, selon Homère, Eunée qui régnait pendant la guerre de Troie, était son fils ; et aussi parce qu'Euphémos, un autre Argonaute, eut Leucophanès (« apparition blanche ») d'une femme lemnienne (Tzetzès :* Lycophron *886 ; Scholiaste de Pindare :* Pythiques *IV. 455), devenant ainsi l'ancêtre d'une longue dynastie cyrénienne. Le massacre lemnien donne à penser que les habitants de l'île avaient adopté le système gynocratique soutenu par des prêtresses armées dont on avait remarqué l'existence dans certaines tribus libyennes, au temps d'Hérodote (voir 8. 1) ; les Hellènes qui arrivaient dans le pays ne pouvaient comprendre cette anomalie que comme une révolte des femmes. Myriné était le nom de leur déesse (voir 131. 3). Peut-être les femmes lemniennes sentaient-elles mauvais, comme on le disait, parce qu'elles travaillaient la guède — utilisée par leurs voisins thraces pour les tatouages — dont l'odeur était si nauséabonde et si persistante que les familles de Norfolk qui fabriquaient la guède ont, de tout temps, été obligées de se marier entre elles.*

2. *Samothrace était un des centres de la religion de l'Hellade et les initiés aux Mystères de la déesse-Lune — dont le secret a été bien gardé — avaient le droit de porter une amulette pourpre (Apollonios de Rhodes : I. 197 ; Diodore de Sicile : V. 49) qui protégeait contre tous les dangers mais particulièrement contre les naufrages. Philippe de Macédoine et sa femme Olympias se firent initier (Aristophane :* Paix *277, avec Scholiaste) ; Germanicus César fut empêché de participer aux mystères uniquement à cause d'un présage et mourut peu de temps après (Tacite :* Annales *II. 54) ; certains vases de bronze anciens, retrouvés à Samothrace, auraient été consacrés par les Argonautes.*

3. *Les frères de Rhéa, nés-de-la-terre, de l'Ile de l'Ours et qui avaient six bras, ont peut-être été tirés de peintures d'hommes hirsutes, revêtus de peaux d'ours dont les pattes étaient pendantes. Le récit de la mort de Cyzicos est assez détaillé pour laisser voir qu'il s'agit d'une tradition authentique de l'expédition en mer Noire, mais il est aussi peu en rapport avec l'extinction des feux à Cyzique que l'était le prétendu massacre des Lemniens avec une cérémonie similaire, à Myrina, pendant la fête de neuf jours des Cabires. A la fin de l'année, lorsque le roi sacré était sacrifié, les feux étaient habituellement éteints dans beaucoup de royaumes, pour être renouvelés par la suite, ce qui constitue un des rites d'intronisation du nouveau roi.*

4. *La mise à mort du lion de Rhéa réfère probablement à la suppression de son culte à Cyzique en faveur de l'Olympianisme.*

5. *Les alcyons étaient les messagers de la déesse de la mer Alcyoné (la reine qui préserve [des tempêtes] — voir 45. 1-2).*

150.
Hylas, Amycos et Phinée

a. Sur l'initiative d'Héraclès, les Argonautes avaient décidé de faire un concours à qui ramerait le plus longtemps. Après de longues heures d'efforts, que la lyre d'Orphée adoucissait un peu, seuls Jason, les Dioscures et Héraclès tenaient encore ; leurs compagnons s'étant, à tour de rôle, avoués vaincus. Les forces de Castor commençaient à faiblir et Pollux, n'ayant pas d'autre moyen de le décider à abandonner, lâcha sa propre rame. Jason et Héraclès cependant continuaient à faire avancer le bateau, assis chacun d'un côté, quand, à l'embouchure du fleuve Chios en Mysie, Jason perdit connaissance. Presque au même moment la rame d'Héraclès cassa net. Il était furieux et regardait ses compagnons d'un air dégoûté ; ceux-ci alors, en dépit de leur extrême fatigue, ajustèrent les rames à leurs trous et amenèrent le bateau jusqu'à la plage, au bord du fleuve.

b. Pendant qu'ils préparaient le repas du soir, Héraclès partit à la recherche d'un arbre dont il pourrait faire une rame neuve. Il déracina un énorme sapin, mais quand il arriva, le traînant derrière lui pour le déposer devant le feu de camp, il s'aperçut que son écuyer Hylas, parti depuis une ou deux heures pour aller chercher de l'eau à la mare des Pèges qui se trouvait à proximité, n'était pas encore revenu. Polyphème était parti à sa recherche. Hylas avait été le mignon et le bien-aimé d'Héraclès depuis la mort de son père, Théiodamas, roi des Dryopes, qu'Héraclès avait tué après qu'il eut refusé de lui faire présent d'un bœuf de labour.

Comme un fou, Héraclès s'enfonça dans les bois en criant : « Hylas, Hylas ! » Bientôt il rencontra Polyphème qui lui dit : « Hélas, j'ai entendu Hylas crier au secours ; je me suis alors précipité dans la direction d'où venait sa voix ; mais, lorsque j'arrivai aux Pèges je ne vis aucune trace de lutte ni avec des bêtes sauvages ni avec des ennemis d'aucune espèce. Il n'y avait que sa jarre à eau abandonnée sur le bord de la mare. » Héraclès et Polyphème continuèrent leurs recherches toute la nuit et obligèrent tous les Mysiens qu'ils rencontraient à se joindre à eux, mais ce fut en vain ; en fait, Dryopé et ses sœurs —nymphes de Pégae — s'étaient éprises d'Hylas et l'avaient convaincu de venir vivre avec elles dans une grotte sous-marine.

c. A l'aube, une brise favorable se leva et, comme ni Héraclès ni Polyphème n'étaient revenus, bien que tout le monde eût crié leur nom et que portant dans les montagnes l'écho seul eût répondu aux appels, Jason donna l'ordre de poursuivre le voyage. Cette décision souleva de vives protestations, et, au moment où l'*Argo* s'éloignait du rivage, certains Argonautes accusèrent Jason d'avoir abandonné Héraclès dans cette île déserte pour se venger de sa défaite au concours de rame. Ils essayèrent même de forcer Tiphys à faire faire demi-tour au bateau ; mais Calaïs et Zétès s'y opposèrent, et c'est pourquoi Héraclès les tua, par la suite, dans l'île de Ténos, et plaça un loch branlant sur leur tombe.

d. Après avoir menacé de dévaster la Mysie si les habitants ne continuaient pas leurs recherches pour retrouver Hylas, mort ou vivant, puis entrepris une expédition victorieuse contre Troie, Héraclès poursuivit ses Travaux ; mais Polyphème s'établit près des Pèges et construisit la ville de Crios, où il régna jusqu'au moment où les Chalybes le tuèrent dans une bataille [1]. Les Mysiens sacrifiaient à Hylas, à Pruse, près des Pèges, une fois par an, en souvenir d'Héraclès ; leurs prêtres criaient son nom trois fois et les pieux dévots faisaient semblant de le chercher dans les bois [2].

e. Hylas subit le même sort que Bormos ou Borimos fils d'Upios, un jeune Mariandyne d'une extraordinaire beauté, qui, un jour, à l'époque des moissons, s'en était allé à un puits chercher de l'eau pour les moissonneurs. Lui aussi fut attiré au fond du puits par les nymphes et on ne le revit plus jamais. Les gens de la campagne, en Bithynie, célébraient sa mémoire tous les ans à l'époque des moissons par des chants plaintifs avec un accompagnement de flûtes [3].

f. Certains se moquaient de l'histoire d'Hylas, en disant qu'il s'agissait en réalité de Bormos et qu'Héraclès avait été abandonné à Aphétae en Magnésie près de Pagasae, quand il était allé chercher de l'eau, peu de temps après le début du voyage ; la proue prophétique de l'*Argo* ayant annoncé qu'il serait trop lourd à transporter. D'autres disaient au contraire que non seulement il arriva en Colchide, mais qu'il commanda l'expédition jusqu'au bout [4].

g. Ensuite l'*Argo* toucha l'île de Bébrycos, également dans la mer de Marmara, où régnait l'arrogant roi Amycos, fils de Poséidon. Cet Amycos se prétendait grand boxeur et avait coutume de lancer des défis aux étrangers, ce qui invariablement tournait à leur désavantage ; mais, s'ils refusaient, il les précipitait sans cérémonie du haut d'une falaise dans la mer. Il venait de s'en prendre aux Argonautes et leur avait refusé l'eau et la nourriture à moins qu'un des leurs ne vienne se mesurer avec lui sur le ring. Pollux, qui avait gagné la compétition de boxe aux Jeux Olympiques, se présenta et enfila les gants en peau qu'Amycos lui présenta.

h. Amycos et Pollux cognèrent de toutes leurs forces, dans un valon fleuri, non loin de la plage. Les gants d'Amycos étaient garnis de clous de bronze et les muscles de ses bras couverts de poils étaient comme des galets couverts d'algues. Il était de beaucoup le plus lourd des deux et aussi plus jeune de plusieurs années ; mais Pollux commença le combat avec prudence, évitant les assauts violents de son adversaire et il découvrit bientôt les points faibles de sa défense ; il ne tarda pas à lui faire cracher le sang et à tuméfier sa bouche. Après un assaut prolongé, au cours duquel aucun des deux ne montrait de signe de faiblesse, Pollux perça la défense d'Amycos, lui aplatit le nez d'un direct du gauche en plein visage et lui infligea une sévère correction en lui plaçant une série de crochets du droit puis du gauche. Ne sachant plus que faire et tout endolori, Amycos saisit le poing gauche de Pollux, le retint de sa main droite et lui envoya un puissant swing du droit ; mais Pollux s'écarta vivement, le swing ne l'atteignit pas et il contra d'un formidable crochet du droit à l'oreille, suivi d'un irrésistible uppercut qui brisa les os de la tempe d'Amycos et le tua sur le coup.

i. Les Bébryces, lorsqu'ils virent leur roi étendu mort, se précipitèrent sur leurs armes, mais les compagnons de Pollux, acclamant leur ami, les mirent en déroute sans difficulté et pillèrent le palais royal. Pour plaire à Poséidon, le père d'Amycos, Jason offrit en holocauste vingt taureaux rouges qui faisaient partie du butin [5].

j. Les Argonautes prirent la mer le lendemain et arrivèrent à Salmydessos en Thrace orientale, où régnait Phinée, fils d'Agénor. Il avait été rendu aveugle par les dieux pour avoir prédit l'avenir de façon trop précise et il fut aussi tourmenté par deux Harpyes : deux créatures femelles ailées répugnantes qui, à chaque repas, voletaient dans le palais et enlevaient les victuailles de sa table, souillant ce qui restait, le rendant malodorant et immangeable. Ces Harpyes s'appelaient Aellô et Ocypété [6]. Lorsque Jason demanda conseil à Phinée sur la manière de conquérir la Toison d'Or, celui-ci lui répondit : « Débarrasse-moi d'abord des Harpyes ! » Les serviteurs de Phinée préparèrent un festin aux Argonautes sur lequel les Harpyes s'abattirent aussitôt, se livrant à leurs mauvais tours habituels. Alors Calaïs et Zétès, les fils ailés de Borée, se levèrent, l'épée à la main, et les poursuivirent dans les airs et au-delà des mers. D'après certains, ils s'emparèrent des Harpyes au-dessus des îles Strophades mais, comme elles s'étaient retournées en implorant leur pitié, ils leur avaient laissé la vie sauve, car Iris, messagère d'Héra, était intervenue en promettant qu'elles rentreraient dans leur caverne de Dicté en Crète et ne molesteraient plus Phinée. D'après d'autres, Ocypété capitula en arrivant à ces îles, mais Aellô continua et finit par se noyer dans le fleuve du Péloponnèse appelé Tigris, qui porta par la suite le nom d'Harpys à cause d'elle.

k. Phinée expliqua à Jason comment naviguer dans le Bosphore et lui donna tous les renseignements sur le temps, la manière dont il serait reçu et sur les événements auxquels il devait s'attendre au cours de son voyage vers la Colchide, pays qui fut d'abord colonisé par les Égyptiens et qui se trouvait à l'extrémité orientale de la mer Noire, à l'ombre des montagnes du Caucase. Il ajouta : « Et une fois arrivé en Colchide, remettez-vous-en à Aphrodite [7]. »

l. Quant à Phinée, il avait d'abord épousé Cléopâtra, sœur de Calaïs et de Zétès et, à la mort de celle-ci, Idaea, une princesse scythe. Idaea était jalouse des deux fils de Cléopâtra et acheta deux faux témoins pour les accuser de tous les crimes. Mais Calaïs et Zétès, ayant découvert la machination, délivrèrent leurs neveux de la prison où des gardiens scythes les fouettaient chaque jour. Phinée, non seulement les réhabilita mais renvoya Idaea chez son père [8].

m. D'après certains, les dieux rendirent Phinée aveugle après la visite des Argonautes parce qu'il leur avait donné des conseils prophétiques [9].

1. *Dans la légende du voyage vers la mer Noire que firent les gens d'Iolcos — et non dans le voyage des Minyens vers l'Istrie — c'est Héraclès qui était le chef de l'expédition. L'histoire de la disparition d'Hylas fut créée pour expliquer les rites mysiens encore pratiqués à Pruse, près des Pèges, au temps des Romains, où l'on pleurait l'Adonis des Bois. Le sort d'Hylas livré aux mains de Dryopé et de ses nymphes fut celui de Leucippos (voir 21. 6), d'Actéon (voir 22. i), d'Orphée (voir 28. d) et de tous les autres rois sacrés du culte du chêne : ils étaient dépecés et mangés par des femmes en furie qui ensuite se purifiaient dans une source et annonçaient que le roi avait disparu de façon inexplicable. « Dryopé » signifie « oiseau-pic » (littéralement : « visage de chêne ») ; les coups de l'oiseau contre le tronc du chêne suggèrent l'idée de la recherche d'Hylas, dryope par sa naissance, et étaient considérés comme un signe de pluie (voir 56. 1) ; le but essentiel de ce sacrifice était d'amener les pluies d'automne. Héraclès, en tant que nouveau roi, devait faire semblant de participer aux recherches pour retrouver son prédécesseur. Bormus, ou Borimus, est peut-être une variante du fils de Brimos, Brimus (voir 24. 6).*

2. *L'histoire d'Amycos peut avoir été tirée d'une peinture représentant les Jeux funèbres célébrés après que le vieux roi a été précipité du haut d'une falaise (voir 96. 3 et 6). La boxe, sport crétois, mentionnée dans l'Iliade et dans l'Odyssée, semble avoir été assez pure jusqu'au moment où les Jeux Olympiques introduisirent les professionnels qui représentaient chacun sa ville. Les pugilistes romains utilisaient des gants garnis de clous et non pas les lanières de cuir brut traditionnelles ; Théocrite, dans le récit du combat de Pollux et Amycos, où il fait preuve de beaucoup de compétence, regrette les gloires du ring d'autrefois.*

Les Harpyes étaient, à l'origine, des personnifications de la déesse crétoise de la Mort sous la forme d'un tourbillon (Homère : Odyssée I. 241 et XX. 66 et 77) mais, dans ce contexte, elles semblent avoir été des oiseaux sacrés, des milans ou des aigles de mer, à qui les Thraces offraient de la nourriture. Diodore de Sicile, lorsqu'il décrit la visite des Argonautes à la cour de Phinée, évite soigneusement de mentionner les Harpyes — de crainte peut-être d'encourir leur courroux — mais s'arrange cependant pour

*glisser que la seconde femme de l'aveugle Phinée, qui était Scythe,
le trompait en lui faisant croire que les Harpyes enlevaient sa
nourriture et souillaient ce qu'elles laissaient alors que c'étaient
ses propres serviteurs qui agissaient ainsi sur son ordre, à elle.
Phinée était en train de mourir lentement d'inanition lorsque
Calaïs et Zétès — les frères de sa première femme — découvrirent
ses manœuvres et libérèrent leurs neveux de la prison où elle
avait persuadé Phinée de les enfermer.*

3. *Les îles Strophades (« tournantes ») étaient ainsi nommées
parce que les navires pouvaient espérer que le vent tournerait
lorsqu'ils en approcheraient.*

4. *Il s'agit d'énormes pierres si bien équilibrées qu'elles se
balançaient à la moindre impulsion ; c'étaient des édifices funéraires construits, semble-t-il, par des émigrants bâtisseurs de routes,
venus de Libye, vers la fin du IIIe millénaire. On peut encore en
voir quelques-uns en Cornouailles et dans le Dévon, d'autres ont
été déplacés grâce aux efforts combinés de soldats désœuvrés et
de touristes.*

151.
Des Symplégades à la Colchide

a. Phinée avait mis en garde les Argonautes contre des
rochers terrifiants appelés Symplégades ou Plagctae ou
Cyanées, perpétuellement dans le brouillard, et qui gardaient l'entrée du Bosphore. Lorsqu'un bateau tentait de
passer entre eux, ils se rapprochaient et l'écrasaient ; mais,
sur le conseil de Phinée, Euphémos lâcha une colombe,
ou selon certains un héron, qui devait voler devant l'*Argo*.
Aussitôt que les rochers eurent pincé les plumes de sa
queue et se furent de nouveau écartés, les Argonautes
ramèrent de toutes leurs forces, aidés par Athéna et par
les accents de la lyre d'Orphée, et réussirent à ne perdre
que l'ornement de leur poupe. Après cela, et comme il
avait été prédit, les rochers demeurèrent séparés, chacun
d'un côté du détroit et, bien que la puissance du courant
entraînât fortement le navire, les Argonautes tirèrent sur
leurs rames, tendues comme des arcs, et réussirent à gagner
la mer Noire sans encombre [1].

b. Ayant abordé sur la côte sud, ils abordèrent à la
petite île de Thynias, où Apollon daigna leur apparaître
dans la splendeur de sa gloire divine. Orphée édifia aussitôt
un autel et sacrifia une chèvre sauvage à Apollon de
l'Aurore. Sur ses instances, les Argonautes jurèrent de ne
jamais se séparer au moment du danger, et ce serment fut

commémoré dans le temple d'Harmonie, construit, par la suite, dans l'île.

c. De là, ils se rendirent dans la ville de Mariandynia, célèbre pour son gouffre d'où Héraclès émergea du Monde Souterrain, traînant le chien Cerbère ; ils y furent reçus très chaleureusement par le roi Lycos. La nouvelle de la mort de son ennemi le roi Amycos était déjà parvenue au roi Lycos par coureur spécial et, reconnaissant, il proposa aux Argonautes que son fils Dascylos les guide pendant leur voyage le long de la côte. Le lendemain, comme ils étaient sur le point de prendre la mer, Idmon le devin fut attaqué par un sanglier féroce, caché dans les roseaux du fleuve Lycos qui enfonça profondément ses défenses dans sa cuisse. Idas se précipita au secours d'Idmon et, lorsque le sanglier chargea de nouveau, il l'empala sur sa lance ; cependant, le sang d'Idmon s'écoulait de la blessure sans qu'on pût l'arrêter, et malgré tous les soins qu'on lui prodigua, il mourut. Les Argonautes le pleurèrent pendant trois jours. Puis Tiphys tomba malade et mourut à son tour et ses compagnons étaient plongés dans la tristesse en élevant un tertre au-dessus de ses cendres, à côté de celui qu'ils avaient élevé pour Idmon. Le Grand Ancée d'abord, puis Erginos, Nauplios et Euphémos s'offrirent chacun à prendre la place de Tiphys comme capitaine, mais c'est Ancée qui fut finalement choisi et il leur rendit de grands services [2].

d. De Mariandynia, ils poursuivirent leur route vers l'est et naviguèrent durant plusieurs jours ; ils arrivèrent à Sinope en Paphlagonie, ville qui doit son nom à la fille du fleuve Asopos, à qui Zeus, qui s'était épris d'elle, avait promis le cadeau qu'elle souhaiterait. Sinopé, qui était fort avisée, demanda comme cadeau la virginité, s'installa en cet endroit et passa le restant de sa vie dans une solitude heureuse. A Sinope, Jason trouva des recrues pour occuper les trois places vides sur les bancs de rameurs : à savoir les frères Deiléon, Autolycos et Phlogios de Tricca qui avaient accompagné Héraclès dans son expédition chez les Amazones, mais, séparés de lui par accident, ils avaient échoué sur cette terre étrangère.

e. L'*Argo* dépassa le pays des Amazones, et celui des Chalybes qui ne cultivent pas la terre, ne font pas d'élevage et vivent entièrement sur les bénéfices de leurs forges ; puis le pays des Tibaréniens, où les maris ont coutume de gémir comme s'ils étaient en travail, lorsque leurs femmes vont accoucher ; puis le pays des Mossynoechiens, qui vivent dans des châteaux de bois, s'accouplent tous ensemble et portent des lances démesurément longues et des boucliers blancs en forme de feuilles de lierre [3].

f. Près de la petite île d'Arès, d'immenses bandes d'oiseaux tournoyèrent au-dessus de l'*Argo,* laissant tomber des plumes d'airain dont l'une blessa Oïlée à l'épaule. Les Argonautes alors, se souvenant des recommandations de Phinée, mirent leurs casques et crièrent de toutes leurs forces ; la moitié d'entre eux ramaient tandis que les autres se protégeaient avec des boucliers qu'ils frappaient avec leurs épées. Phinée leur avait aussi conseillé d'aborder sur l'île ; c'est ce qu'ils firent et ils chassèrent des myriades d'oiseaux jusqu'à ce qu'il n'en restât plus un seul. Cette nuit-là ils apprécièrent sa sagesse, car une formidable tempête éclata et quatre Éoliens, accrochés à une poutre, furent jetés au rivage non loin de leur campement. Ces naufragés se révélèrent être Cytisoros, Argée, Phrontis et Mélanion, fils de Phrixos par Chalciopé, fille du roi Aeétés de Colchide, et qui se trouvaient ainsi étroitement apparentés à beaucoup de ceux qui se trouvaient là. Ils avaient fait naufrage au cours d'un voyage vers la Grèce où ils se rendaient dans l'intention de réclamer le royaume d'Orchomène qui appartenait à leur grand-père Athamas. Jason les accueillit chaleureusement et, tous ensemble, ils offrirent des sacrifices sans libations sur une pierre noire dans le temple d'Arès, où sa fondatrice, l'Amazone Antiopé, avait un jour sacrifié des chevaux. Lorsque Jason expliqua qu'il était chargé de ramener l'âme de Phrixos en Grèce et aussi de reprendre la toison d'or du bélier qu'il avait chevauché, Cytisoros et ses frères se trouvèrent embarrassés : bien qu'ayant de la dévotion pour la mémoire de leur père, ils craignaient d'offenser leur grand-père en demandant la toison. Mais ils n'avaient pas d'autre choix que de faire cause commune avec leurs cousins qui leur avaient sauvé la vie [4].

g. Puis l'*Argo* côtoya l'île de Philyra où Cronos s'unit un jour avec Philyra, fille d'Océanos et fut surpris par Rhéa ; il se transforma alors en étalon et partit au galop, abandonnant Philyra qui mit au monde son enfant — moitié homme moitié cheval — qui sera Chiron, le docte Centaure. Éprouvant de la répulsion pour le monstre qu'elle devait à présent allaiter, Philyra fit une prière et demanda à devenir autre qu'elle n'était ; elle fut alors métamorphosée en tilleul. Mais, d'après certains, ceci se passa en Thessalie ou bien en Thrace et non pas dans l'île de Philyra [5].

h. Bientôt la chaîne du Caucase se dressa devant les Argonautes et ils pénétrèrent dans l'embouchure du long fleuve Phase qui arrose la Colchide. Ayant d'abord fait une libation de vin mêlé de miel aux dieux du pays, Jason dissimula l'*Argo* dans une baie bien abritée et là il tint un conseil de guerre [6].

1. *Les Roches bleues, ou errantes, ou s'entrechoquant, cachées par le brouillard de la mer, semblent avoir été des glaces flottantes dérivant des fleuves russes vers la mer Noire ; la présence de ces glaces avait été signalée et il y avait eu également des récits assez sombres au sujet du Bosphore, dont les eaux gonflées par le dégel des grands fleuves russes atteignent souvent la vitesse de cinq nœuds. Il semble que d'autres îles flottantes de la mer Baltique aient été connues des marchands d'ambre (voir 170. 4).*

2. *Des cénotaphes, élevés par la suite par des colons grecs pour honorer les héros Idmon et Tiphys, peuvent peut-être expliquer l'histoire de leur mort pendant le voyage. Idmon fut, dit-on, tué par un sanglier, comme le Zeus crétois, Ancée et Adonis — qui furent tous des rois sacrés primitifs (voir 18. 7). Le nom « Idmon » (le « connaissant ») donne à penser qu'il s'agissait d'un autel oraculaire et effectivement Apollonios de Rhodes le décrivait comme un devin.*

3. *Mariandynia doit son nom à Ma-ri-enna (en sumérien : féconde mère du ciel) alias Myriné, ou Ay-mari, ou Mariamné, déesse célèbre de la Méditerranée orientale. Chalybs signifie en grec : « fer », et les « Chalybiens » servaient à désigner les Tibaréniens, qui furent les premiers, dans toute l'Antiquité, à travailler le fer. Dans la* Genèse *X. 2, leur pays s'appelle Tubal (Tubal = Tibar) et Tubal Cain représente les Tibaréniens qui étaient venus d'Arménie à Canaan avec les hordes des Hyksos. Des formes modifiées de la couvade pratiquée par les Tibaréniens existent encore dans diverses régions d'Europe. Les coutumes des Moesynoechiens, décrites par Xénophon — dont Apollonios de Rhodes avait étudié l'*Anabase — *ressemblent, de façon frappante, à celles des Picts écossais et des Sidhe irlandais, tribus qui arrivèrent en Angleterre au début de l'Age du Bronze, venant de la région de la mer Noire.*

4. *La rencontre de Jason avec les oiseaux sur la petite île d'Arès, aujourd'hui l'île de Puga, près du fleuve Kessab, suggère l'idée que l'*Argo *y parvint au début de mai ; il a sans doute emprunté le Bosphore avant que le courant n'y soit devenu trop fort et a atteint Puga au moment de la grande migration de printemps des oiseaux venant de la péninsule du Sinaï. Il semble qu'un grand nombre d'oiseaux, épuisés, ayant traversé les*

montagnes d'Asie Mineure et se dirigeant vers la Volga, s'aperçurent que leur refuge habituel de l'île de Puga était occupé et se posèrent sur l'Argo, terrorisant l'équipage, très superstitieux, jusqu'à lui faire perdre la tête. Selon Nicoll, Oiseaux d'Égypte, ces oiseaux comprennent « des crécerelles, des alouettes, des busards, des canards et des échassiers », mais comme cette petite île était consacrée à Arès, les mythographes leur attribuent des plumes de bronze et des intentions hostiles. Héraclès chassant les oiseaux du Stymphale vers une île de la mer Noire orientale est un épisode probablement emprunté à l'aventure des Argonautes et non pas l'inverse comme on le croit généralement.

5. La renommée de Chiron comme médecin, savant et oracle lui vaut le nom de Fils de Philyra (« tilleul ») ; il est également considéré comme un des descendants d'Ixion (voir 63. d). Les fleurs de tilleul étaient utilisées pour rétablir la santé à la période classique, et on les utilise encore à cet usage ; en outre, la tille, ou liber du tilleul, était utilisée comme papier pour écrire et lorsqu'on la déchirait par bandes elle servait pour la divination (Hérodote : IV. 67 ; Élien : Variae Historiae XIV. 12). Mais l'île de Philyra a dû emprunter son nom à un groupe de tilleuls qui poussait sur l'île plutôt qu'à des relations avec la Thessalie ou la Thrace. Aucune de ces îles côtières n'a plus de cent mètres de long.

6. La Colchide s'appelle aujourd'hui la Géorgie et le fleuve Phase, le Rion.

152.
La capture de la Toison

a. Dans l'Olympe, Héra et Athéna discutaient fiévreusement de la manière dont leur favori Jason pourrait conquérir la Toison d'Or. Finalement, elles décidèrent de s'adresser à Aphrodite qui promit que son malicieux enfant, Éros, ferait en sorte que Médée, la fille du roi Aeétès, éprouve une passion subite pour lui. Aphrodite trouva Éros en train de jouer aux dés avec Ganymède, en trichant à chaque partie, et elle le pria de lancer de ses flèches dans le cœur de Médée. La récompense qu'elle offrait était une balle en or incrustée de raies bleues, autrefois le jouet de Zeus enfant ; lorsqu'on la lançait en l'air, elle laissait une trace semblable à celle d'une étoile qui tombe. Éros accepta avec enthousiasme le cadeau et Aphrodite promit à ses compagnes divines de faire durer la passion de Médée grâce à un autre charme : un torcol vivant mis en croix sur une roue.

b. Pendant ce temps, au conseil de guerre tenu dans la baie, Jason proposait de se rendre avec les fils de Phrixos dans la ville voisine d'Aea, en Colchide, sur laquelle régnait Aeétès et de lui demander la toison, comme un service ; et, seulement s'il refusait, de recourir à la ruse ou à la force. Tout le monde fut d'accord sur ce plan et Augias, le demi-frère d'Aeétès, se joignit à eux. Ils se rendirent à Aea en passant par le cimetière de Circé, où des cadavres mâles enveloppés dans des peaux de vaches non tannées étaient exposés au sommet des saules pour que les oiseaux les mangent — les Colchidiens n'enterrant que les cadavres femelles. Aea resplendissait magnifiquement au haut d'une colline consacrée à Hélios père d'Aeétès, qui y gardait ses chevaux blancs dans une écurie. C'est Héphaïstos qui avait construit le palais royal pour remercier Hélios de son aide lorsqu'il avait été délivré par les géants au cours de leur attaque de l'Olympe.

c. La première femme du roi Aeétès, la nymphe caucasienne Astérodia, mère de Chalciopé, la veuve de Phrixos, et de Médée, la prêtresse magicienne d'Hécate, était morte quelques années auparavant ; et sa seconde femme, Idyie, lui avait donné un fils, Apsyrtos.

d. Comme Jason et ses compagnons approchaient du palais, ils rencontrèrent d'abord Chalciopé qui fut surprise de voir rentrer si tôt Cytisoros et ses trois autres fils et, lorsqu'elle eut entendu leur histoire, elle remercia vivement Jason de les avoir sauvés. Puis vint Aeétès, en compagnie d'Idyie, l'air très mécontent, car Laomédon avait promis d'interdire à tout Grec l'entrée de la mer Noire — et il demanda à Égée, son petit-fils préféré, de lui donner des explications sur cette intrusion. Égée répondit que Jason, à qui ses frères devaient la vie, était venu chercher la Toison d'Or, à la suite d'un oracle. Voyant qu'Aeétès avait l'air très en colère, il ajouta aussitôt : « En échange, ces nobles Grecs soumettraient avec plaisir à votre autorité les Sarmates. » Aeétès eut un rire méprisant, puis donna l'ordre à Jason et à Augias, qu'il ne daignait pas reconnaître comme son frère, de retourner d'où ils venaient avant qu'on leur coupe la langue et les mains.

e. A ce moment la princesse Médée sortit du palais et Jason, ayant répondu avec gentillesse et courtoisie, Aeétès promit alors de donner la toison mais en imposant des conditions qui, apparemment, étaient impossibles à réaliser. Jason devrait mettre sous le joug deux taureaux aux pieds d'airain, création d'Héphaïstos ; labourer le Champ d'Arès et y semer les dents du dragon que lui avait données Athéna (ce qui restait de celles que Cadmos avait semées à Thèbes). Jason était anéanti et il se demandait comment il parviendrait à accomplir ces exploits inouïs lorsque Éros, visant Médée d'une de ses flèches, l'atteignit en plein cœur.

f. Chalciopé, étant allée ce soir-là dans la chambre à coucher de Médée pour lui demander son aide en faveur de Cytisoros et ses frères, constata qu'elle avait perdu la tête pour Jason. Chalciopé s'étant proposée comme intermédiaire, Médée promit avec enthousiasme à Jason de l'aider à atteler les taureaux qui soufflaient le feu et conquérir la toison, à la seule condition qu'elle repartirait avec lui sur l'*Argo*, comme sa femme.

g. On fit venir Jason qui jura par tous les dieux de l'Olympe d'être fidèle à Médée toute sa vie durant. Elle lui fit don d'un flacon contenant le jus, couleur de sang, d'un crocus caucasien à deux tiges, qui devait le protéger contre le feu des naseaux des deux taureaux ; cette fleur aux puissantes vertus était née du sang de Prométhée torturé. Jason accepta le flacon avec beaucoup de reconnaissance et, après une libation de miel, il le déboucha et enduisit son corps, sa lance et son bouclier avec son contenu. Il parvint ainsi à mettre les taureaux sous le joug et à les atteler à une charrue. Il laboura toute la journée et, le soir venu, il sema les dents, d'où jaillirent aussitôt des hommes en armes. Il fit se battre les hommes les uns contre les autres, comme Cadmos l'avait fait dans la même circonstance, en jetant un galet au milieu d'eux ; puis il tua les survivants blessés.

h. Le roi Aeétès, cependant, n'avait aucune intention de se séparer de la toison, et sans aucune pudeur, il renia sa parole. Il menaça de brûler l'*Argo,* qui était maintenant amarré à Aea, et de massacrer tout l'équipage ; mais Médée, à qui il s'était imprudemment confié, conduisit Jason et une partie des Argonautes jusqu'à l'enceinte d'Arès, à quelque dix kilomètres de là. C'est là que se trouvait la toison, gardée par un terrifiant et immortel dragon qui avait mille anneaux et qui était plus grand que l'*Argo* lui-même, né du sang du monstre Typhon, que Zeus avait tué. Médée apaisa le dragon sifflant par des incantations, puis, prenant des branches de genévriers fraîchement coupées, elle aspergea ses paupières de quelques gouttes de narcotique. Jason se hâta de retirer la toison du chêne auquel elle était suspendue et ils regagnèrent rapidement la grève où se trouvait l'*Argo*.

i. Mais, déjà, l'alerte avait été donnée par les prêtres d'Arès et, au cours du combat qui suivit, les Colchidiens blessèrent Méléagre, Argos, Atalante et Jason. Cependant les Argonautes réussirent à se hisser tous à bord de l'*Argo* qui s'éloigna à toute vitesse, poursuivi par les galères d'Aeétès. Seul Iphitos succomba à ses blessures ; quant aux autres, Médée les guérit rapidement, grâce à des vulnéraires qu'elle avait fabriqués elle-même [1].

j. Quant aux Sarmates, que Jason avait promis de conquérir, c'étaient des descendants des trois cargaisons d'Amazones capturées par Héraclès au cours du Neuvième de ses Travaux ; elles avaient brisé leurs fers et tué les marins qui les gardaient, mais comme elles n'entendaient rien à la navigation, elles furent entraînées dans le Bosphore Cimmérien, où elles abordèrent aux Cremnoi dans le pays des Scythes libres. Là elles capturèrent un troupeau de chevaux sauvages, et sur ces fougueuses montures elles ravagèrent le pays. Les Scythes ayant découvert, d'après des cadavres tombés entre leurs mains, que leurs envahisseurs étaient des femmes, envoyèrent un petit groupe de jeunes hommes pour proposer aux Amazones l'amour au lieu de la guerre. Ils n'eurent aucune difficulté à les convaincre, mais les Amazones ne consentirent à les épouser que s'ils se déplaçaient sur la rive orientale du fleuve Tanaïs, et c'est là que vivaient encore à l'époque historique leurs descendants les Sarmates qui avaient conservé certaines coutumes des Amazones, notamment celle-ci : toute jeune fille devait avoir tué un homme dans une bataille avant de pouvoir se marier [2].

★

1. *Cette partie de la légende incorpore le mythe des travaux imposés à Diomède par le roi dont il voulait épouser la fille.*
2. *Le philtre d'amour d'Aphrodite, soigneusement décrit par Théocrite (Idylles II. 17), était utilisé dans toute la Grèce, même dans l'entourage de Socrate (Xénophon : Mémorables III. 11. 17). Le torcol, parce qu'il construit son nid dans les saules, siffle comme un serpent et pond des œufs blancs, a toujours été consacré à la lune ; Io (« lune ») en fit son messager et l'envoya à Zeus qui était amoureux d'elle (voir 56. a). En Europe, un de ses noms populaires est « compagnon du coucou », et le coucou apparaît dans la légende où Zeus courtisait la déesse-Lune Héra (voir 12. a). L'allumage du feu par frottement était un procédé de magie sympathique pour faire naître un sentiment d'amour*

— *comme en anglais le mot* punk *signifie à la fois amadou et prostituée. L'Éros muni d'une torche et de flèches est post-homérique, mais, au temps d'Apollonios de Rhodes, son caractère malicieux et le désespoir d'Aphrodite étaient devenus un sujet de plaisanterie dans la littérature (voir 18.* a*) à qui Apulée fit franchir un pas de plus avec Cupidon et Psyché.*

3. *La coutume colchidienne d'envelopper les cadavres de peaux de bêtes et de les exposer sur le haut des saules rappelle la coutume des Parsis de livrer les cadavres, exposés sur des montagnes, à des vautours, afin de ne pas souiller le principe sacré du feu, présent du soleil, par la crémation. Apollonios de Rhodes la mentionne, vraisemblablement pour souligner l'importance qu'avait, aux yeux de Pélias, le fantôme de Phrixos : étant Grec, il ne pouvait guère le considérer comme un rite funèbre convenable. Les taureaux à l'haleine de feu d'Aeétès, également, rappellent les taureaux de bronze, à l'intérieur desquels les prisonniers étaient grillés vivants par Phalaris d'Agrigente — colonie rhodienne — probablement en l'honneur de son dieu Hélios, dont l'emblème était un taureau de bronze (Pindare :* Pythiques *I. 185) ; mais les hommes semés contre lesquels combattait Jason ne conviennent pas. Bien qu'il fût naturel pour Cadmos, un étranger canaanite, de combattre les autochtones pélasgiens, lorsqu'il envahit la Béotie (voir 58.* g*), pour Jason, qui était candidat du pays à la royauté, il aurait été plus naturel qu'il eût été obligé, comme Kilhwych, de labourer, semer et moissonner en un seul jour (voir 148. 5) — travail rituel qu'il est facile d'accomplir au milieu de l'été — puis qu'il eût à lutter contre un taureau et fît le simulacre de combat habituel contre des hommes déguisés en animaux. Sa conquête de la Toison d'Or correspond à la conquête par Héraclès des Pommes d'Or que gardait aussi un dragon toujours éveillé (voir 133.* a*). Quatre, au moins, des Travaux d'Héraclès semblent lui avoir été imposés en tant que candidat à la royauté (voir 123. 1 ; 124. 2 ; 127. 1 et 129. 1).*

4. *Jason et Héraclès sont, en fait, le même personnage quant au mythe de l'exploit en vue du mariage ; et le Premier et le Septième des Travaux, qui consistaient à tuer le sanglier des Mariandynes, et le lion de Cyzique ne sont que des survivances vestigielles qu'on aurait dû attribuer à Jason. « Jason » était, naturellement, un des titres d'Héraclès.*

238 *Les Mythes grecs*

5. *Le crocus de Colchide de Médée est le* colchicum *vénéneux ou safran des prés qu'employaient les Anciens ; c'était le meilleur spécifique de la goutte, et il l'est toujours. Sa réputation d'être dangereux a été reportée sur Médée.*

6. *Les Sarmates étaient des archers scythes montés, venant des steppes (voir 132. 6) ; il n'est pas étonnant qu'Aeétès ait souri à l'idée que Jason et sa lourde infanterie pourraient les vaincre.*

153.
Le meurtre d'Apsyrtos

a. Il existe beaucoup de versions différentes du retour de l'*Argo* en Thessalie, cependant, on est généralement d'accord pour dire que, ayant suivi les conseils de Phinée, les Argonautes naviguèrent en direction inverse de la marche du soleil, en mer Noire. Certains disent que, lorsque Aeétès les rejoignit, près de l'embouchure du Danube, Médée tua son jeune demi-frère Apsyrtos, qu'elle avait emmené à bord, et le découpa en petit morceaux, qu'elle jeta un par un dans la mer pour que le courant les emporte. Ce cruel stratagème retarda les poursuivants, car il contraignit Aeétès à reconstituer, pièce par pièce, le cadavre qu'il devait enterrer ensuite à Tomes [1]. On dit que le véritable nom du demi-frère de Médée était Aegialée ; en effet, « Apsyrtos » qui signifie « emporté » rappelle simplement ce qui arriva à son corps mutilé après sa mort [2]. Selon d'autres versions, le crime aurait eu lieu à Aea même et Jason aurait également tué Aeétès [3].

b. Cependant, le récit logique et le plus vraisemblable est celui selon lequel Apsyrtos, envoyé par Aeétès à la poursuite de Jason, rejoignit l'*Argo* aux bouches du Danube, où les Argonautes acceptèrent de déposer Médée sur une petite île du voisinage, consacrée à Artémis, en la confiant à une prêtresse, pour quelques jours ; pendant ce temps, le roi des Brygiens jugerait l'affaire et déciderait si elle devait rentrer chez elle ou suivre Jason en Grèce et qui devait conserver la toison. Mais Médée envoya à Apsyrtos un message personnel dans lequel elle lui faisait savoir qu'elle avait été enlevée de force et lui demandait de venir à son secours. Cette nuit-là, lorsqu'il vint dans l'île, rompant ainsi la trêve, Jason qui l'avait surpris le guetta dans l'ombre et le frappa par-derrière. Il coupa alors les extrémités d'Apsyrtos et lécha par trois fois un peu de sang répandu, qu'il recracha chaque fois, pour empêcher que l'ombre d'Apsyrtos ne le poursuive. Aussitôt que Médée fut de nouveau à bord de l'*Argo,* les Argonautes attaquèrent les Colchidiens privés de leur chef, dispersèrent leur petite flotte et prirent la fuite [4].

c. Certains prétendent qu'après le meurtre d'Apsyrtos, l'*Argo* fit demi-tour et remonta le Phase jusqu'à la mer Caspienne et de là gagna l'océan Indien, puis revint en Méditerranée en passant par le lac Tritonis [5]. D'autres disent qu'il remonta le Danube et la Save puis redescendit le Pô qui rejoint la Save dans l'Adriatique [6] mais, à la suite de tempêtes, qu'il fut poussé le long des côtes d'Italie, jusqu'à Aea, l'île de Circé. D'autres encore qu'il remonta le Danube puis atteignit l'île de Circé par le Pô et les tourbillons qui marquent sa jonction avec le puissant fleuve Rhône [7].

d. D'autres encore disent que les Argonautes remontèrent le Don jusqu'à sa source ; là, ils tirèrent le bateau jusqu'à un autre fleuve qui coule vers le nord et se jette dans le golfe de Finlande, ou bien que, du Danube, ils le tirèrent jusqu'aux sources de l'Elbe, et redescendant le fleuve arrivèrent au Jutland. Et qu'ils se dirigèrent vers l'Océan, à l'ouest, en passant par les îles Britanniques et l'Irlande et atteignirent l'île de Circé après être passés par les Colonnes d'Hercule et avoir longé ensuite les côtes de l'Espagne et de la Gaule [8].

e. Mais ces voies ne sont guère praticables. La vérité est que l'*Argo* revint par le Bosphore, comme il était venu, et traversa l'Hellespont sans encombre, car les Troyens ne pouvaient plus s'opposer à son passage. En effet, Héraclès à son retour de Mysie avait rassemblé une flotte de six bateaux (fournis par les Dolioniens et leurs alliés les Percotéens) et, remontant le Scamandre à la faveur de l'obscurité, surprit la flotte troyenne et la détruisit. Puis, avec sa massue il se fraya un passage dans Troie et réclama au roi Laomédon les juments mangeuses d'hommes du roi Diomède qu'il lui avait laissées en garde quelques années auparavant. Laomédon ayant prétendu ne se souvenir de rien, Héraclès le tua ainsi que tous ses enfants, excepté le jeune Podarcès ou Priam, qu'il nomma roi à sa place [9].

f. Jason et Médée ne se trouvaient plus à bord de l'*Argo.* La proue oraculaire avait parlé une fois de plus, refusant de les transporter l'un et l'autre jusqu'à ce qu'ils fussent purifiés du meurtre et, des sources du Danube, ils s'étaient rendus à Aea, l'île où habitait Circé, la tante de Médée. Il ne s'agit pas d'Aea en Campanie, où Circé était allée vivre

plus tard, mais de son ancienne résidence d'Istrie ; Médée
y conduisit Jason par la route que prennent, vers Délos,
les présents enveloppés de paille des Hyperboréens. Circé,
à qui ils se présentèrent comme de pieux dévots, les purifia
à contrecœur avec le sang d'une jeune truie [10].

g. Quant aux Colchidiens qui les poursuivaient, ils avaient
été prévenus de ne pas revenir sans Médée et la toison et,
se doutant qu'ils étaient allés chez Circé pour être purifiés,
ils suivirent l'*Argo* dans la mer Égée, en faisant le tour du
Péloponnèse et en remontant le long de la côte d'Illyrie,
ayant fort justement présumé que Médée et Jason se
trouvaient à Aea [11].

h. Certains disent cependant qu'Apsyrtos commandait
encore la flottille à ce moment-là et que Médée le surprit
et le tua dans une des îles Illyriennes appelées depuis îles
Apsyrtides [12].

1. *La combinaison du périple à la fois occidental et oriental
fut admise jusqu'au moment où, les connaissances géographiques
des Grecs ayant progressé, il fut devenu impossible de concilier
les principaux éléments de la légende : c'est-à-dire la conquête de
la toison dans la ville de Phasis, et la purification de Médée et
de Jason par Circé qui vivait soit en Istrie, soit sur la côte
occidentale d'Italie. Cependant, comme aucun historien ne pouvait
prendre la responsabilité de heurter le public en disant que le
voyage n'était qu'un mythe, on considéra que les Argonautes
étaient revenus de la mer Noire par le Danube, la Save et
l'Adriatique ; puis, lorsque les navigateurs découvrirent que la
Save ne communiquait pas avec l'Adriatique, on supposa qu'il y
avait une communication entre le Danube et le Pô, voie que
l'*Argo aurait pu emprunter ; et lorsque, par la suite, il s'avéra
que le Danube n'était navigable que jusqu'aux Portes de Fer, et
ne se jetait pas dans le Pô, on présuma qu'il était passé par le
Phase, était redescendu jusqu'à la mer Caspienne et avait ainsi
regagné l'océan Indien (où se trouvait une autre Colchis, le long
de la côte de Malabar — Ptolémée Héphaïstion (VII. 1. 10) — et
qu'il était revenu par l'« Océan » et le lac Tritonis.

2. S'étant aperçus que cette troisième route n'était pas pratica-
ble, les mythographes suggérèrent que l'*Argo avait remonté le
Don, dont on présumait que la source se trouvait dans le golfe
de Finlande, et de là, avait fait le tour de l'Europe et était revenu
en Grèce par le détroit de Gibraltar. En tout cas, qu'il avait
d'une manière ou d'une autre atteint l'Elbe en passant par le
Danube en pratiquant le « portage » sur de longues distances,
puis était redescendu jusqu'à son embouchure et de là était rentré,
en suivant la côte d'Irlande et d'Espagne. Diodore de Sicile qui*

eut le bon sens de s'apercevoir que l'Argo ne pouvait revenir que par le Bosphore, comme il était venu, discuta de façon très réaliste le problème et découvrit génialement que l'Istre (aujourd'hui le Danube) était souvent confondu avec l'Istros, petite rivière qui se jette dans l'Adriatique, près de Trieste. A la vérité, même au temps d'Auguste, le géographe Pomponius Mela rapportait (II. 3. 1 et 4. 4) que le Danube occidental « se jetait dans l'Adriatique avec une violence égale à celle du Pô ». La conquête de la toison, la poursuite des Colchidiens et la mort d'Apsyrtos auraient eu lieu, à l'origine, dans l'Adriatique septentrionale. Ovide préféra croire qu'Apsyrtos avait été tué à l'embouchure du Danube et enterré à Tomes : parce que c'était là le lieu où son destin était de mourir.

3. *Aea* (voir 170. i-l et 5) appartenait, dit-on, à Chrysès, père de Minyas et grand-père de Phrixos ; et Chrysès signifie « d'or ». Il est très possible que ce fût son esprit, et non celui de Phrixos, que les Minyens avaient ordre d'apaiser lorsqu'ils allèrent chercher la toison. Selon Strabon, Phrixos possédait un autel de héros en Moschie, sur la mer Noire, « où on ne sacrifie jamais un bélier » ; mais ce devait être un sanctuaire dont la fondation était tardive, inspirée par la renommée du voyage de l'Argo — les Romains construisirent aussi des temples aux héros et héroïnes grecs introduits faussement dans leur histoire.

4. *Le nom d'« Apsyrtos »*, qui rappelle ses restes emportés par la mer, était peut-être le nom local d'Orphée après qu'il eut été mis en pièces par les Ménades (voir 28. d).

5. *Valerius Flaccus et Diodore de Sicile* rapportent l'un et l'autre le sac de Troie par Héraclès au cours de son voyage d'aller et non durant son retour ; mais il semble que ce soit là une erreur.

154.
L'« Argo » revient en Grèce

a. Parvenus à Corcyre, qui s'appelait alors Drépanè, les Colchidiens trouvèrent l'*Argo* amarré en face de la petite île de Macris ; son équipage était en train de fêter le succès de l'expédition. Le chef des Colchidiens s'était rendu auprès du roi Alcinoos et de la reine Arétè pour demander, de la part du roi Aeétès, que Médée et la Toison leur soient rendues. Arétè, à qui Médée avait demandé aide et protection, avait tenu Alcinoos éveillé cette nuit-là en se plaignant des mauvais traitements que les pères infligeaient trop souvent à leurs filles : par exemple la cruauté de Nyctée à l'égard d'Antiopé et celle d'Acrisios à l'égard de Danaé. « Même actuellement, disait-elle, cette malheureuse

princesse Métopé se languit dans un donjon en Épire sur
l'ordre de son ogre de père, le roi Échétos ! On lui a crevé
les yeux avec des clous de bronze et on lui fait moudre
des grains d'orge en fer dans un grand moulin tandis
qu'Échétos se moque de la pauvre jeune fille : « Lorsque
tu en auras fait de la farine, ricane-t-il, je te rendrai la
vue ! » Et Aeétès est bien capable de traiter la charmante
Médée de façon aussi barbare, si nous lui en donnons
l'occasion [1]. »

b. Arété obtint finalement d'Alcinoos qu'il lui fasse part
du jugement qu'il allait porter le lendemain et qui était :
« Si Médée est encore vierge elle retournera en Colchide ;
si elle ne l'est plus, elle sera libre de rester avec Jason. »
Profitant de ce que son mari était profondément endormi,
Arétè envoya son messager prévenir Jason de la situation ;
et aussitôt il épousa Médée dans la caverne de Macris, fille
d'Aristée et selon certains, de Dionysos. Les Argonautes
célébrèrent le mariage par un somptueux banquet et
déployèrent la toison d'or sur le lit nuptial. Le jugement
fut rendu le lendemain matin, Jason assura que Médée
était sa femme et les Colchidiens ne purent ni exécuter les
ordres d'Aeétès ni, dans la crainte de sa colère, rentrer
chez eux. Certains d'entre eux s'établirent à Corcyre tandis
que d'autres occupaient les îles d'Illyrie, proches de l'île
de Circé, Aea, qu'on appelle aujourd'hui les Apsyrtides ;
par la suite, ils construisirent la ville de Pola sur le
continent, en Istrie [2].

c. Lorsqu'une année ou deux après, Aeétès eut connaissance de ces événements, il faillit mourir de rage et de
colère et envoya un messager en Grèce exigeant la personne
de Médée et réparation pour tout ce qu'on lui avait fait ;
mais on lui fit savoir qu'il n'y avait pas eu réparation
après l'enlèvement d'Io par les hommes de la race d'Aeétès
(bien qu'en vérité elle se fût enfuie parce qu'un taon la
poursuivait) et qu'il n'y en aurait point pour Médée qui
était partie de son plein gré [3].

d. Jason n'avait plus maintenant qu'à doubler le cap
Malée et à rentrer à Iolcos avec la toison. Il dépassa sans
encombre les îles des Sirènes, où les voix enchanteresses
de ces femmes-oiseaux étaient contrebalancées par les
chants plus beaux encore de la lyre d'Orphée. Seul Boutès
se jeta par-dessus bord pour tenter d'atteindre le rivage,
mais Aphrodite le sauva. Elle l'emmena au mont Éryx en
passant par Lilybée et là elle en fit son amant. On dit que
les Sirènes, qui avaient déjà perdu leurs ailes à la suite

d'un concours de chant avec les Muses, présidé par Héra et où elles avaient été vaincues, se suicidèrent à cause de leur impuissance à rivaliser avec Orphée ; mais elles étaient encore dans leur île lorsque Odysseus passa par là une génération plus tard [4].

e. Les Argonautes naviguèrent ensuite par très beau temps le long de la côte orientale de Sicile où ils virent les incomparables troupeaux blancs d'Hélios qui paissaient sur le rivage, mais ils s'abstinrent d'en rien dérober [5]. Soudain ils furent la proie d'un terrible vent du nord qui, en neuf jours, les emporta jusqu'aux confins de la Libye ; là une vague gigantesque souleva l'*Argo* et le projeta par-dessus les dangereux rochers qui bordent la côte, puis elle se retira en le laissant échoué, à plus d'un kilomètre à l'intérieur des terres. Un immense désert s'étendait à perte de vue devant eux, et les Argonautes s'étaient déjà préparés à mourir, lorsque la Triple-déesse Libye, vêtue de peaux de chèvres, apparut à Jason dans un songe et le rassura. Ils reprirent alors courage et, ayant placé l'*Argo* sur des rouleaux, ils poussèrent le navire jusqu'au lac salé Tritonis, ce qui leur demanda douze jours. Ils seraient tous morts de soif sans une source qu'Héraclès, en allant chercher les Pommes d'Or des Hespérides, avait, tout récemment, fait jaillir du sol [6].

f. Canthos venait d'être tué par Caphauros, un berger garamante, qui lui dérobait des bêtes de son troupeau, mais ses camarades le vengèrent [7]. Et, à peine les deux cadavres venaient-ils d'être enterrés, que Mopsos posa le pied sur un serpent libyen qui le mordit au talon ; un épais brouillard s'éleva devant ses yeux, il perdit d'un seul coup tous ses cheveux et mourut dans d'affreuses douleurs. Les Argonautes, après l'avoir enterré comme un héros, à nouveau perdirent espoir, incapables qu'ils étaient de trouver un passage pour sortir du lac [8].

g. Mais Jason, avant d'embarquer pour ce long voyage, avait consulté la Pythonisse de Delphes et celle-ci lui avait remis deux trépieds en bronze massif dont Orphée conseilla d'utiliser l'un pour se rendre favorables les divinités du pays. Dès qu'il l'eut fait, le dieu Triton apparut et s'empara du trépied sans un mot de remerciement, mais Euphémos, lui barrant le chemin, lui demanda très poliment : « S'il vous plaît, seigneur, pourriez-vous, je vous prie, nous conduire vers la mer Méditerranée ? » Pour toute réponse, Triton se contenta d'indiquer du doigt le fleuve Tacapae, puis, se ravisant, il lui tendit une motte de terre qui fit de ses descendants les souverains de la Libye. Euphémos accepta le présent, remercia par le sacrifice d'un mouton, et Triton consentit à tirer l'*Argo* par la quille jusqu'en Méditerranée ; il prédit, en les quittant, que, lorsque les descendants d'un certain Argonaute s'empareraient du trépied d'airain et l'emporteraient hors du temple, cent villes grecques surgiraient tout autour du lac Tritonis. Les troglodytes libyens, ayant entendu ces paroles, enfouirent immédiatement le trépied dans le sable, et la prédiction n'est pas encore réalisée [9].

h. Faisant route vers le nord, les Argonautes atteignirent la Crète où Talos, la sentinelle de bronze créée par Héphaïstos, les empêcha d'aborder en leur lançant des rochers, selon son habitude. Médée appela le monstre d'une voix douce en lui promettant de le rendre immortel s'il absorbait un certain breuvage magique ; en réalité c'était un narcotique, et pendant qu'il était assoupi, elle retira le clou de bronze qui obturait la veine unique qui parcourait son corps, du cou jusqu'aux chevilles. L'ichor divin, liquide incolore qui lui servait de sang, s'échappa alors de son corps et il mourut. D'après certains cependant, Talos, ensorcelé par les yeux de Médée, tituba, se blessa au talon contre un rocher et saigna si fort qu'il mourut. D'après d'autres, Poeas lui tira une flèche au talon et le tua [10].

i. Le nuit suivante, l'*Argo* fut pris dans une tempête venant du sud, mais Jason invoqua Apollon qui envoya un rayon de lumière montant à tribord l'île d'Anaphé, une des Sporades, où Ancée réussit à amener le navire. En témoignage de reconnaissance, Jason éleva un autel à Apollon ; et les douze jeunes esclaves phéaciennes de Médée, que lui avait données la reine Arétè, partirent d'un rire joyeux, quand par manque de victime sacrificielle, ses camarades et lui répandirent des libations d'eau sur les tisons du sacrifice. Les Argonautes se moquèrent d'elles à leur tour, et, les prenant à bras-le-corps, engagèrent avec elles un combat amoureux — cette coutume a survécu jusqu'à l'époque historique aux Fêtes d'Automne d'Anaphé [11].

j. Parvenus à Égine, ils organisèrent un concours : à qui rapporterait le premier, à bord, un pichet rempli d'eau ; cette course au pichet avait encore lieu dans l'Antiquité à Égine. D'Égine, le voyage jusqu'à Iolcos fut sans histoire, il ressembla à celui que font des centaines de navires chaque année, et ils le firent par beau temps sans courir aucun danger.

k. Certains poètes font le récit de ces événements dans un ordre différent : ils disent que les Argonautes repeuplèrent Lemnos au cours de leur voyage de retour, et non pas en allant vers la Colchide [12] ; d'autres, que leur séjour en Libye eut lieu avant leur passage à Aea au moment où Jason, voulant se rendre à Delphes pour consulter l'Oracle, avait été détourné de sa route par une tempête soudaine [13]. D'autres encore prétendent qu'il descendit le long de la côte occidentale d'Italie et nomma un port de l'île d'Elbe où ils s'étaient abrités « Argous », du nom du navire, et que leur sueur sur la plage se transforma en cailloux de différentes formes. Plus loin, ils fondèrent le temple d'Héra Argienne à Leucania ; comme Odysseus, ils passèrent entre Charybde et Scylla et Thétis et ses Néréides les guidèrent pour passer les Plagctai qui crachent des flammes ou Rochers Errants, aujourd'hui solidement fixés au fond de la mer [14].

l. D'autres encore affirment que Jason et ses compagnons explorèrent les pays situés au-delà d'Aea en Colchide, et s'avancèrent jusqu'en Médie ; que l'un d'eux, Arménos, un Thessalien du lac Boebé, s'établit en Arménie et donna son nom à tout le pays. Ils justifient leur version en faisant observer que les monuments élevés en l'honneur du héros Jason, qu'Arménos éleva aux Portes Caspiennes, étaient encore vénérés par les barbares, et que les Arméniens portaient l'ancien costume thessalien [15].

★

1. *Le mythe de Métopé, qui n'est raconté en détail ni par Homère ni par Apollonios de Rhodes, rappelle ceux d'Arné (voir 43. 2) et d'Antiopé (voir 76.* b)*. Il a été, semble-t-il, tiré d'une peinture représentant la déesse du Destin assise dans une tombe ; son moulin est le moulin du monde autour duquel, selon le* Traité des choses rustiques *de Varron, tourne le système céleste et qui apparaît à la fois dans l'*Edda, *actionné par les deux géants Feuja et Menja, et dans les* Juges, *actionné par le héros solaire tyrien, Samson. Déméter, déesse des moulins à blé, était une divinité du Monde Souterrain.*

2. *Le récit que fait Hérodote de la délégation d'Aeétès en Grèce n'a guère de signification, à moins qu'il ait considéré que la princesse argienne, Io, ne s'était pas enfuie en Colchide au cours d'un accès de folie, déguisée en génisse, et qu'elle ne fut pas ensuite divinisée par les Égyptiens qui en auraient fait Isis (voir*

56. b), *mais qu'elle fut faite prisonnière au cours d'une attaque des Colchidiens (qu'il décrit comme le restant de l'armée du pharaon Sésostris qui avait envahi l'Asie) et vendue en Égypte.*

3. *Les trois sirènes — chez Homère elles sont seulement deux — étaient des filles de la Terre qui, par leurs chants, attiraient les marins dans les prairies de leur île où les ossements de leurs anciennes victimes formaient d'immenses tas (*Odyssée XII. 39 ss. et 184. ss.). *On les décrivait comme des femmes-oiseaux et elles ressemblent beaucoup aux oiseaux de Rhiannon dans la mythologie galloise, qui pleuraient Bran et d'autres héros ; Rhiannon était une Déméter à tête de jument. Le pays des sirènes se comprend mieux comme étant l'île sépulcrale qui reçoit l'ombre du roi mort comme l'Avalon d'Arthur (voir 31. 2) ; les sirènes étaient à la fois les prêtresses qui le pleuraient et les oiseaux qui habitaient l'île — les desservantes de la déesse de la Mort. En tant que telles, elles appartenaient au culte préolympien — et c'est pourquoi on dit qu'elles avaient été vaincues dans un concours qui les opposait aux filles de Zeus, les Muses. On leur attribue comme demeure tantôt les îles sirénusiennes au large de Paestum, Capri et les îles « près du cap sicilien de Péloros » (Strabon : I. 2. 12). Au temps d'Euripide, on sculptait encore des sirènes par paires sur les tombes (*Hélène 167) *et on fait dériver leur nom de* seirazein *(« attacher avec une corde ») ; mais si, comme il est plus vraisemblable, il dérive de l'autre* seirazein *qui signifie « sécher », les deux sirènes auraient représenté des formes jumelles de la déesse, au milieu de l'été, au moment où les pâturages grecs sont desséchés : Ante-vorta et Post-vorta — celle qui annonce le règne du nouveau roi et celle qui pleure l'ancien (voir 107. 7). La sirène à corps de femme et queue de poisson est post-classique.*

4. *Le troupeau d'Hélios comptait trois cent cinquante têtes de bétail, c'était un cadeau de sa mère, la déesse-Lune (voir 42. 1 et 170. 10). Plusieurs colonies de Corinthe et de Rhodes, où on adorait son taureau, s'étaient constituées en Sicile. Odysseus connaissait Hélios comme « Hypérion » (voir 170. u).*

5. *Le lac Tritonis, qui fut autrefois une immense mer intérieure qui avait submergé les terres des Atlantes néolithiques, n'a cessé, depuis, de diminuer et, bien qu'encore d'une taille respectable à la période classique — le géographe Scylax l'évaluait à quelque mille cinq cents kilomètres carrés — il se réduit actuellement à une rangée de marais salants (voir 39. 6). Neith, la Triple-déesse de Libye, vêtue de peaux de bêtes, est une anticipation d'Athéna et son égide (voir 8. 1).*

6. *Mopsos, dont la mort, survenue à la suite d'une morsure de serpent au talon, est commune (voir 106. g ; 117. c et 168. c) apparaît aussi dans le mythe de Dercéto (voir 89. 2), dans celui de Dictynna la Philistine. Il y eut également un autre Mopsos, petit-fils de Tirésias, qui survécut à la guerre de Troie (voir 169. c).*

7. *Caphauros est un nom étrange pour un Libyen — caphaura est le mot arabe pour « camphre », qui ne pousse pas en Libye —*

mais les mythographes n'avaient que des notions assez vagues de géographie.

8. *Talos, l'homme de bronze, est une figure composite : il est en partie le taureau céleste, en partie le roi sacré dont le talon est vunérable, en partie une démonstration de la méthode de fonte du bronze, dite de la cire-perdue (voir 92. 8).*

9. *La libation d'eau à Anaphé rappelle le sacrifice des Juifs le Jour des Saules et à la fête des Tabernacles, lorsqu'on apporte l'eau en procession solennelle de la fontaine de Siloé ; la course de l'eau, à Égine, a dû être une cérémonie du même genre. Les Tabernacles ont commencé par être une fête automnale de la fertilité et, selon le Talmud, les Pharisiens avaient de la peine à réfréner la « légèreté » traditionnelle des femmes.*

10. *On trouve encore des « cailloux de forme étrange » et des cristaux sur les plages de l'Elbe.*

11. *Thétis dirigea l'Argo à travers les Plagctai, à l'entrée du détroit de Messine, comme Athéna le dirigea à travers les Plagctai, à l'entrée du Bosphore. Odysseus les évita en empruntant le passage entre Charybde et Scylla (voir 170. t). Les Plagctai occidentales sont les îles volcaniques Lipari.*

12. *L'Arménie qui signifie Ar-minni, « la haute terre de Minni » — Minni est appelée par Jérémie (li. 27) à combattre contre Babylone — n'a pas de rapports historiques avec Arménos du lac Bœbé. Mais Minni est vraisemblablement le Minyas que Josèphe mentionne (Antiquités I. 1. 6) lorsqu'il décrit le Déluge de Noé : et le nom du Thessulien Minyas, ancêtre des Minyens, constituait un lien plausible entre l'Arménie et la Thessalie.*

155.
La mort de Pélias

a. Un soir d'automne, les Argonautes revinrent sur la plage de Pagasae qu'ils connaissaient bien, mais ils n'y trouvèrent personne pour les accueillir. Le bruit s'était en effet répandu en Thessalie qu'ils étaient tous morts ; Pélias s'était donc enhardi et avait tué les parents de Jason, Aeson et Polymédé, et le jeune Promachos qui était né depuis le départ de l'*Argo.* Cependant, Aeson avait demandé la permission de choisir sa propre mort et, sa requête ayant été acceptée, il avait bu du sang de taureau et était mort ; après quoi, Polymédé se donna la mort à l'aide d'un poignard, ou, selon certains, d'une corde, après avoir maudit Pélias qui, sans pitié, avait fait éclater la cervelle de Promachos sur le sol du palais [1].

b. Jason, ayant appris cette triste histoire d'un marin solitaire, lui interdit de dire que l'*Argo* était de retour et réunit un conseil de guerre. Tous ses compagnons étaient de l'avis que Pélias méritait la mort, mais comme Jason demandait qu'on donnât immédiatement l'assaut à Iolcos, Acaste déclara qu'on ne pouvait guère attendre de lui qu'il combattît contre son père ; quant aux autres, ils estimèrent qu'il était plus sage de se disperser et que chacun rentrât dans son pays et là, si cela était nécessaire, de rassembler des troupes pour combattre aux côtés de Jason. Iolcos semblait en effet trop puissamment armée pour être prise d'assaut par une troupe aussi peu nombreuse que l'était la leur.

c. Mais Médée prit la parole et s'engagea à prendre la ville seule. Elle dit aux Argonautes de dissimuler leur navire et de se cacher eux-mêmes sur une plage retirée et boisée d'où ils pourraient voir Iolcos. Lorsqu'ils apercevraient une torche agitée sur le toit du palais, cela signifierait que Pélias était mort, que les portes étaient ouvertes et ils n'auraient plus qu'à prendre la ville.

d. Au cours de son séjour à Anaphé, Médée avait trouvé une statue creuse d'Artémis et l'avait emportée à bord de l'*Argo*. Elle habilla ses douze esclaves phéaciennes de façon étrange et les conduisit, chacune à son tour portant la statue, vers Iolcos. Devant les portes, Médée, qui avait pris l'apparence d'une vieille femme toute ridée, donna l'ordre aux sentinelles de la laisser passer. Elle dit d'une voix chevrotante que la déesse Artémis était venue de la brumeuse terre des Hyperboréens dans un char tiré par des serpents volants, pour apporter à Iolcos la chance et le bonheur. Les sentinelles surprises n'osèrent pas désobéir, et Médée et ses jeunes esclaves se précipitèrent dans les rues comme des ménades en furie et entraînèrent les habitants dans une frénésie religieuse.

e. Pélias, réveillé par le bruit, demanda, terrifié, ce que la déesse exigeait de lui. Médée répondit qu'Artémis allait, en reconnaissance pour sa piété, lui redonner la jeunesse et lui permettre ainsi d'avoir des héritiers pour remplacer son indigne fils Acaste qui avait péri récemment dans un naufrage au large de la côte de Libye. Pélias demeurait sceptique, mais Médée, rompant le charme qui faisait d'elle une vieille femme, redevint jeune sous ses yeux. « Telle est, dit-elle, la puissance d'Artémis ! » Il l'observa ensuite tandis qu'elle découpait un vieux bélier aux yeux chassieux en treize morceaux et les faisait bouillir dans un chaudron. Avec des incantations magiques de Colchide, qu'il prit

pour des incantations hyperboréennes, et adjurant solennellement Artémis de l'aider, Médée fit semblant de rajeunir
le vieux bélier mort — un jeune agneau vif et tout pimpant
était en effet dissimulé avec tout un attirail magique à
l'intérieur de la statue creuse. Pélias, à présent tout à fait
convaincu, accepta de s'étendre sur un lit et Médée ne
tarda pas à l'endormir magiquement. Elle donna alors
l'ordre à ses filles Alceste, Évadné et Amphinomé de le
couper en morceaux comme elles lui avaient vu faire pour
le bélier et de les faire bouillir dans le même chaudron.

f. Alceste refusa pieusement de répandre le sang de son
père même pour une cause juste ; mais Médée, ayant
donné de nouvelles preuves de ses pouvoirs magiques,
persuada Évadné et Amphinomé de se servir résolument
de leur couteau. Quand elles l'eurent fait, elle les conduisit
sur le toit du palais, chacune munie d'une torche et leur
expliqua qu'elles devaient invoquer la lune au moment où
le chaudron se mettrait à bouillir. De leur cachette, les
Argonautes aperçurent la lueur des torches et, à ce signal,
ils se précipitèrent dans Iolcos où ils ne rencontrèrent
aucune résistance.

g. Jason, cependant, redoutant la vengeance d'Acaste,
lui abandonna le royaume et ne contesta pas la sentence
de bannissement prise contre lui par le conseil d'Iolcos : il
avait l'espoir de s'asseoir sur un trône plus important,
ailleurs[2].

h. Certains disent qu'Aeson ne fut pas contraint de se
donner la mort et déclarent au contraire que Médée, après
avoir retiré de son corps le sang vicié, lui redonna la
jeunesse grâce à un élixir magique comme elle l'avait fait
pour Macris et les nymphes ses sœurs, à Corcyre, et le
présenta à Pélias dans tout l'éclat de sa force aux portes
du palais. Ayant ainsi persuadé Pélias de se soumettre au
même traitement, elle le trompa en ne récitant pas les
mêmes incantations magiques, en sorte qu'il mourut misérablement[3].

i. Aux Jeux funèbres de Pélias, célébrés le lendemain,
Euphémos gagna la course de chars à deux chevaux ;
Pollux remporta le match de boxe ; Méléagre, le concours
de lancement du javelot ; Pélée, le match de lutte ; Zétès,
la course de vitesse à pied et son frère Calaïs (ou selon
certains, Iphiclos) la course de fond ; et Héraclès, de retour
des Hespérides, la lutte libre. Mais au cours de la course
de chars à quatre chevaux, que gagna Iolaos le conducteur
de char d'Héraclès, Glaucos, fils de Sisyphe, fut dévoré

par ses chevaux que la déesse Aphrodite avait rendus fous [4].

j. Quant aux filles de Pélias : Alceste épousa Admète de Phères, à qui elle avait été longtemps fiancée, Évadné et Amphinomé furent bannies par Acaste à Mantinée, en Arcadie, où, après avoir été purifiées, elles réussirent à faire d'honorables mariages [5].

1. *Les Crétois et les Mycéniens employaient le sang de taureau, largement dilué d'eau, comme liquide magique pour fertiliser les moissons et les arbres, et seule la prêtresse de la Mère-Terre pouvait le boire pur sans être empoisonnée (voir 51. 4).*

2. *Les mythographes classiques ont quelque peine à discerner si Médée usait de supercherie ou si sa magie était authentique. Les chaudrons de régénération sont fréquents dans la mythologie celte (voir 148. 5-6) ; du reste, Médée se prétend une déesse hyperboréenne, ce qui peut vouloir dire britannique. La théorie religieuse sur laquelle s'appuie ce mythe semble avoir été qu'au milieu de l'été, le roi sacré, qui portait un masque de bélier noir, était mis à mort sur le sommet d'une montagne et son corps coupé en morceaux était mis à cuire pour faire une soupe que les prêtresses mangeaient ; son esprit passait alors dans l'une d'entre elles et renaissait sous la forme d'un enfant, à la saison suivante quand naissaient les agneaux. Phrixos, en évitant ce destin, a été, à l'origine, la cause de l'expédition des Argonautes (voir 70. 2 et 148. g).*

3. *Le char de Médée était tiré par des serpents — les serpents sont des créatures du Monde Souterrain — munis d'ailes parce qu'elle était à la fois déesse de la terre et déesse de la Lune. Elle apparaît ici sous le triple aspect de Perséphone-Déméter-Hécate : les trois filles de Pélias découpant le corps de leur père. La conception d'après laquelle le roi solaire épousait la reine lunaire qui l'invitait alors gracieusement à monter sur son char (voir 27. m) se transforma lorsque le système patriarcal se raffermit : à la période classique, le char tiré par des serpents était la propriété incontestée d'Hélios et, dans le mythe postérieur de Médée et Thésée (voir 154. d), il le donna à sa petite-fille Médée uniquement parce qu'elle se trouvait en danger de mort (voir 156. d). La déesse-Terre hindoue du Râmâyanna se promène également dans un char tiré par des serpents.*

4. *Callimaque semble donner la victoire à la course à la chasseresse Cyrène, aux Jeux funèbres de Pélias (voir 82. a).*

156.
Médée à Éphyra

a. Jason se rendit d'abord à Orchomène, en Béotie, où il suspendit la toison d'or dans le temple de Zeus Laphystien ; ensuite, il tira son navire sur le sable de l'isthme de Corinthe et là, il le dédia à Poséidon.

b. Médée était la seule survivante des enfants d'Aeétès, le roi légitime de Corinthe : celui-ci lorsqu'il avait émigré en Colchide avait laissé un certain Bounos comme régent. Le trône étant devenu vacant, sans descendance de l'usurpateur Corinthos, fils de Marathon (qui s'intitulait « fils de Zeus »), Médée le réclama et les Corinthiens acceptèrent Jason comme roi. Mais, après avoir régné pendant dix années dans la prospérité et le bonheur, il suspecta Médée d'avoir assuré son accession au trône en empoisonnant Corinthos ; aussi décida-t-il de divorcer et d'épouser Glaucé la Thébaine, fille du roi Créon.

c. Médée ne nia pas le crime, mais rappela à Jason le serment qu'il avait fait à Aea par le nom de tous les dieux et, lorsqu'il protesta qu'un serment sous la contrainte n'avait pas de valeur, elle lui fit remarquer qu'il lui devait aussi le trône de Corinthe. Il répondit : « C'est vrai, mais les Corinthiens ont appris à me respecter plus que vous-même. » Et, comme il persistait dans son intention, l'inexorable Médée, feignant de se soumettre, envoya à Glaucé un cadeau de mariage par l'entremise des princes de la maison royale — car elle avait donné à Jason sept fils et sept filles — composé d'une couronne d'or et d'une longue robe blanche. Glaucé ne l'eut pas plutôt revêtue que des flammes que rien ne pouvait éteindre s'élevèrent et non seulement la consumèrent elle-même, bien qu'elle se fût jetée dans le bassin du palais, mais aussi le roi Créon, une foule d'autres hôtes thébains de marque et tous ceux qui étaient rassemblés dans le palais, excepté Jason qui échappa aux flammes en sautant par une fenêtre.

d. C'est à ce moment-là que Zeus, en admiration devant l'énergie de Médée, s'éprit d'elle ; mais elle repoussa ses avances et Héra lui en fut reconnaissante : « Je rendrai tes enfants immortels, lui dit-elle, si tu les étends sur l'autel du sacrifice dans mon temple. » C'est ce que fit Médée, puis elle fut emportée dans les airs dans un char tiré par des serpents ailés, prêté par son grand-père Hélios, après qu'il eut légué son royaume à Sisyphe [1].

e. Le nom d'une seule fille de Médée par Jason nous a été conservé : celui d'Ériopis. Son fils aîné Médéios, ou Polyxénos, qui avait été élevé par Chiron sur le mont Pélion, gouverna ensuite la Médie ; mais le père de Médéios est parfois appelé Égée [2]. Ses autres fils furent Merméros, Phérès ou Thessalos, Alciménès, Tisandros et Argos ; ils furent tous lapidés jusqu'à ce que mort s'ensuive par les Corinthiens, furieux du meurtre de Glaucé et de Créon. Ils expient ce crime depuis lors : sept filles et sept garçons vêtus de noir et la tête rasée, passaient désormais une année entière dans le temple d'Héra des Hauteurs où fut commis le meurtre [3]. Par ordre de l'Oracle de Delphes, les cadavres des enfants morts furent enterrés dans le temple, mais leurs âmes devinrent immortelles, comme l'avait promis Héra. Certains condamnent Jason pour avoir pardonné ce meurtre, mais expliquent qu'il avait été mis hors de lui par les ambitions de Médée au sujet de ses enfants [4].

f. D'autres, induits en erreur par le dramaturge Euripide, que les Corinthiens achetèrent avec quinze talents d'argent pour les déclarer non coupables, prétendent que Médée tua deux de ses propres enfants [5] ; et que les autres périrent dans le palais auquel elle avait mis le feu — excepté Thessalos qui parvint à s'échapper et qui régna par la suite à Iolcos et donna son nom à toute la Thessalie ; et Phérès, dont le fils, Merméros, hérita de l'habileté de Médée dans l'usage des poisons [6].

1. *Le nombre des enfants de Médée rappelle celui des Titans et des Titanides (voir 1. 3 et 43. 5), mais les quatorze garçons et filles qui étaient enfermés tous les ans dans le temple d'Héra représentaient peut-être les jours pairs et impairs de la première moitié du mois sacré.*

2. *La mort de Glaucé fut peut-être inspirée par une peinture représentant l'holocauste annuel du temple d'Héra, semblable à celui de Hiérapolis qu'a décrit Lucien (*La Déesse syrienne *49). Mais Glaucé aurait été la prêtresse coiffée d'un diadème qui dirigeait la cérémonie, et non la victime ; et le puits aurait été son bain rituel. Lucien explique que la déesse syrienne était, tout bien considéré, Héra ; bien qu'elle aussi possédât certains des*

*attributs d'Athéna et des autres déesses (*ibid. *32). Ici Ériopis
(« aux grands yeux ») fait penser à Héra aux yeux de vache, et
Glaucé (« chouette »), à Athéna aux yeux de chouette. Au temple
de Lucien, les animaux domestiques étaient suspendus aux
branches des arbres plantés dans la cour du temple d'Hiérapolis
et brûlés vivants ; mais la mort des quatorze enfants de Médée et
leur expiation donnent à penser qu'à l'origine on offrait un
sacrifice de victimes humaines. Mélicerte le dieu crétois qui
présidait aux Jeux Isthmiques, à Corinthe (voir 70. h et 96. 6),
n'était autre que Melkarth, « protecteur de la ville », l'Héraclès
Phénicien au nom de qui on brûlait certainement des enfants
vivants à Jérusalem (*Lévitique XVIII. 21 et XX.2 ; 1 Rois XI.
7 ; 2 Rois XXIII. 10 ; Jérémie XXXII. 35). Le feu, élément sacré,
immortalisait les victimes, comme il le fit pour Héraclès qui gravit
le mont Oeta, s'étendit sur son bûcher et fut consumé (voir 145.
f).*

3. *Le fait que Médée, Jason ou les Corinthiens sacrifiaient des
enfants ne prit de l'importance que plus tard, lorsque Médée eut
cessé d'être identifiée à Ino, mère de Mélicerte, et que les sacrifices
humains furent considérés comme barbares.*

4. *L'amour de Zeus pour Médée, de même que l'amour d'Héra
pour Jason (Homère : Odyssée XII. 72 ; Apollonios de Rhodes :
III. 66) suggère que « Zeus » et « Héra » étaient les noms du roi
et de la reine de Corinthe (voir 43. 2 et 68. 1). Corinthos, bien
qu'étant le fils de Marathon, était aussi appelé « fils de Zeus »
et le père de Marathon, Épopée (« celui qui voit tout »), avait la
même femme que Zeus (Pausanias : II. 1. 1 ; Asivs : Fragment
1).*

157.
Médée en exil

a. Médée se réfugia d'abord auprès d'Héraclès à Thèbes
où il avait promis de la protéger si Jason était un jour
infidèle ; elle le guérit de sa folie qui lui avait fait tuer ses
enfants ; cependant, les Thébains ne l'autorisèrent pas à
résider parmi eux car Créon, qu'elle avait assassiné, avait
été leur roi. Elle se rendit alors à Athènes où le roi Égée
fut heureux de l'épouser. Puis, bannie d'Athènes pour
avoir essayé d'empoisonner Thésée, elle s'embarqua pour
l'Italie et enseigna aux Marrubiens l'art de charmer les
serpents ; ils la vénéraient encore sous le nom de la déesse
Angitia [1]. Après un bref séjour en Thessalie, où cllc
participa sans succès à un concours de beauté avec Thétis
dont le juge était Idoménée le Crétois, elle épousa un roi

d'Asie, dont le nom n'a pas survécu, mais qu'on dit avoir été le véritable père de Médéios.

b. Ayant appris finalement que le trône du roi Aeétès, en Colchide, avait été usurpé par son oncle Persès, Médée se rendit à Iolchos avec Médéios qui tua Persès, remit Aeétès sur son trône et agrandit le royaume de Colchide en y incorporant la Médie. On prétend qu'elle s'était alors réconciliée avec Jason et l'avait emmené avec elle ; mais l'histoire de Médée a été, il va de soi, embellie et transformée par l'imagination de nombreux auteurs dramatiques[2]. La vérité est que Jason avait perdu la faveur des dieux dont il avait invoqué le nom en vain en rompant le serment qu'il avait fait à Médée, et qu'il erra de ville en ville, sans patrie et détesté de tous. Quand il fut vieux, il revint à Corinthe, s'assit à l'ombre de l'*Argo*, se souvenant de sa gloire passée et s'affligeant de tous ses malheurs et il était sur le point de se rendre à la proue du navire quand elle se rompit, s'abattit sur lui et le tua. Poséidon plaça alors la poupe de l'*Argo*, innocente de ce crime, parmi les étoiles[3].

c. Médée ne mourut pas, elle devint une immortelle et demeura aux Champs Élysées, où, selon certains, c'est elle et non Hélène qui épousa Achille[4].

d. Quant à Athamas, qui, en ne sacrifiant pas Phrixos, avait été à l'origine de l'expédition des Argonautes, il était sur le point d'être lui-même sacrifié à Orchomène, comme le demandait l'Oracle de Zeus Laphystien, quand son petit-fils Cytirosos revint d'Aea et le sauva. Zeus en fut irrité et il décréta que dorénavant l'aîné des Athamantides devrait, pour toujours, s'abstenir de la Salle du Conseil sous peine de mort ; et le décret a toujours été respecté depuis lors[5].

e. Le retour des Argonautes a donné lieu à de nombreux récits ; mais c'est l'histoire du Grand Ancée le timonier qui est la plus intéressante. Après avoir survécu à toutes les épreuves et à tous les périls, il était rentré dans son palais à Tégée où un devin lui avait prédit un jour qu'il ne goûterait jamais le vin de la vigne qu'il avait plantée quelques années auparavant. Le jour de son arrivée, Ancée fut informé que son intendant avait vendangé le premier raisin et que le vin l'attendait. Il en prit donc une coupe, la porta à ses lèvres et, ayant fait appeler ce devin, lui fit des reproches pour avoir fait une prédiction fausse. Le devin répondit : « Seigneur, il y a loin de la coupe aux lèvres ! » A ce même instant, les serviteurs d'Ancée arrivèrent en courant, ils criaient : « Seigneur, un sanglier sauvage ! Il est en train de dévaster votre vigne ! » Il reposa la coupe qu'il n'avait pas encore bue, prit sa lance à sanglier et sortit en toute hâte ; mais le sanglier, qui s'était tapi derrière un buisson, fonça brusquement sur lui et le tua [6].

★

1. *Un culte de Déméter déesse-Terre en Attique a donné naissance à l'histoire du séjour de Médée à Athènes (voir 97. b). Des cultes similaires expliquent ses visites à Thèbes, en Thessalie et en Asie Mineure ; mais les Marrubiens ont peut-être émigré en Italie venant de Libye, où les Psylles étaient maîtres dans l'art de charmer les serpents (Pline : Histoire naturelle VII. 2). Le règne de Médée aux Champs Élysées est tout à fait naturel : en tant que déesse disposant du chaudron de régénération, elle pouvait donner aux héros la possibilité d'avoir une nouvelle vie sur terre (voir 31. c). Hélène (« lune ») aurait été un autre de ses noms (voir 159. 1).*

2. *A l'âge héroïque, il semble que le roi Orchoménos, lorsque son règne prit fin, fut conduit au sacrifice au sommet du mont Laphystion. Ce roi était aussi prêtre de Zeus Laphystien, fonction héréditaire dans le clan matrilinéaire minyen ; et, au temps des guerres Médiques, selon Hérodote, le chef de clan était encore obligé d'assister au Grand Conseil, lorsqu'il était appelé au sacrifice. Mais personne ne le forçait à obéir à cet ordre, et il semble, d'après le récit d'Hérodote, avoir eu un remplaçant excepté en cas de désastre national, comme la peste ou la famine, où il se sentait tenu d'y assister personnellement.*

La mort de Jason et celle d'Ancée sont des contes moraux, montrant les dangers d'une richesse ou d'un orgueil excessifs. Mais, tandis qu'Ancée meurt en roi dans sa ville, d'un coup de défense de sanglier, Jason (voir 18. 7), comme Bellérophon (voir 75. 8) et Œdipe (voir 105. k), erre de ville en ville, détesté des hommes et est tué enfin accidentellement. Dans l'isthme où avait régné Jason, la coutume était de précipiter le roi pharmacos du haut d'une fausse falaise mais de le sauver grâce à un bateau qui l'attendait sur la mer, de le bannir et d'en faire un mendiant anonyme qui emportait avec lui son malheur (voir 89. 6 et 98. 7).

3. *Sir Isaac Newton a été le premier, à ma connaissance, à remarquer le rapport entre le Zodiaque et le voyage de l'Argo ; et il est fort possible que la légende ait été influencée, à Alexandrie, par les Signes du Zodiaque : le Bélier de Phrixos, les Taureaux d'Aeétès, les Dioscures, jumeaux divins, le Lion de Rhéa, la Balance d'Alcinoos, les Verseurs d'eau d'Égine, Héraclès l'Archer, Médée la Vierge, et la Chèvre, symbole de sensualité, pour rappeler l'amour pratiqué à Lemnos. Lorsqu'on emploie les Signes du Zodiaque égyptien, on remarque les éléments qui*

*manquent : le serpent, au lieu du scorpion, et le scarabée, symbole
de régénération, au lieu du cancer.*

158.
La fondation de Troie

a. Une des histoires qu'on raconte au sujet de la
fondation de Troie est qu'au cours d'une famine, un tiers
des Crétois, sous les ordres du prince Scamandre, partirent
pour fonder une colonie. En arrivant en Phrygie, ils
établirent leur camp au bord de la mer, non loin de la
ville d'Haxamitos[1], à l'abri d'une haute montagne qu'ils
appelèrent Ida, en l'honneur de la patrie crétoise de Zeus.
Or, Apollon leur avait conseillé de s'établir là où ils
seraient attaqués à la faveur de la nuit par des ennemis
surgis du sol ; et cette nuit-là, des cohortes de rats affamés
envahirent leurs tentes et grignotèrent les cordes des arcs,
les courroies de cuir des boucliers et tout ce qu'il y
avait de comestible dans l'attirail de guerre des Crétois.
Scamandre donc décida de s'arrêter là, dédia un temple à
Apollon Sminthien (autour duquel la ville de Sminthion
devait bientôt se construire) et épousa la nymphe Idaea
qui lui donna un fils, Teucer. Aidés par Apollon, les
Crétois défirent leurs nouveaux voisins, les Bébryces, mais,
au cours de la bataille, Scamandre sauta dans le fleuve
Xanthos qui prit alors son nom. Teucer, dont les colons
prirent le nom, et s'appelèrent les Teucriens, lui succéda.
Cependant, certains disent que Teucer était lui-même à la
tête des émigrants crétois et qu'il fut accueilli en Phrygie
par Dardanos qui lui donna sa fille en mariage et appela
ses propres sujets les Teucriens[2].

b. Les Athéniens racontent une légende tout à fait
différente. Ils n'admettent par que les Teucriens soient
venus de Crète et disent qu'un certain Teucer, du dème de
Troes, émigra d'Athènes en Phrygie ; et ce Dardanos, fils
de Zeus par la Pléiade Électra, qui était natif de Phénée
en Arcadie, fut reçu en Phrygie, par ce Teucer et non pas
l'inverse. A l'appui de cette tradition on fait ressortir
qu'Érichthonios figura à la fois dans la généalogie de la
maison royale athénienne et de la maison royale teu-
crienne[3]. Dardanos, poursuivant les Athéniens, épousa
Chrysé, fille de Pallas, qui lui donna deux fils Idaeos et
Deimas. Ceux-ci régnèrent un certain temps sur le royaume

d'Arcadie, fondé par Atlas, mais furent séparés par la calamité du Déluge de Deucalion. Deimas resta en Arcadie, mais Idaeos se rendit avec son père à Samothrace, qu'ils colonisèrent ensemble. C'est pourquoi l'île fut appelée Dardania. Chrysé avait apporté en dot à Dardanos les statues sacrées des Grandes Divinités dont elle était la prêtresse et il introduisit leur culte à Samothrace, bien qu'il gardât secrets leurs véritables noms. Dardanos fonda aussi un collège de prêtres saliens pour accomplir les rites qui étaient identiques à ceux pratiqués par les Curètes Crétois[4].

c. Le chagrin qu'il avait eu de la mort de son frère Jason poussa Dardanos à traverser la mer et à se rendre en Troade. Il y arriva seul en pagayant sur un radeau fait de peaux gonflées et lestées de quatre grosses pierres. Teucer le reçut avec hospitalité, lui offrit une part de son royaume et lui donna en mariage la princesse Batiéia, à la condition qu'il l'aiderait à soumettre certaines tribus voisines. D'après certains, cette Batiéia était la tante de Teucer ; d'après d'autres c'était sa fille[5].

d. Dardanos proposa de fonder une ville sur la petite colline d'Até qui s'élève dans la plaine où Troie, ou Ilion, se trouve actuellement ; mais un oracle d'Apollon Phrygien l'avertit que ses habitants seraient toujours voués au malheur ; il choisit alors un autre endroit sur les versants inférieurs du mont Ida, et donna à la ville le nom de Dardania[6]. Après la mort de Teucer, Dardanos hérita du restant du royaume, lui donna son nom et étendit sa loi sur de nombreuses nations asiatiques ; il fonda également des colonies en Thrace et au-delà[7].

e. Or, entre-temps, le plus jeune fils de Dardanos, Idaeos, l'avait rejoint en Troade et avait apporté avec lui des statues sacrées, ce qui permit à Dardanos d'initier son peuple aux Mystères de Samothrace. Un oracle lui avait alors affirmé que la ville qu'il allait fonder demeurerait invincible uniquement pendant le temps que la dot de sa femme serait sous la protection d'Athéna[8]. On pouvait encore voir sa tombe dans la partie de Troie qu'on appelait Dardania, avant qu'elle se soit réunie aux villages d'Ilion et de Tros pour former une seule ville. Idaeos s'établit sur les monts de l'Ida qui, d'après certains, lui doivent leur nom ; et là il institua le culte et le mystère de la Mère des Dieux phrygienne[9].

f. Selon la tradition latine, le père de Jason était le prince tyrrhénien Corythos ; et son jumeau Dardanos était le fils de Zeus par la femme de Corythos, Électre. Tous deux avaient émigré d'Étrurie après s'être partagé les statues sacrées : Jason se rendit à Samothrace, et Dardanos en Troade. Au cours d'une bataille contre les Bébryces qui essayèrent de rejeter les Tyrrhéniens à la mer, Dardanos perdit son casque et, bien que ses troupes fussent en train de battre en retraite, il les fit revenir pour le chercher. Cette fois il fut victorieux et fonda la ville appelée Corythos, sur le champ de bataille même : autant en souvenir de son casque *(corys)*, que de son père [10].

g. Idaeos avait deux frères aînés, Érichthonios et Ilos ou Zacynthos, et une fille, Idaea, qui devint la seconde femme de Phinée. Lorsque Érichthonios succéda au trône de Dardanos, il épousa Astyoché, fille de Simoïs, qui lui donna Tros [11]. Érichthonios, dont on a fait aussi un roi de Crète, était un des hommes les plus riches de la terre, il possédait les trois mille juments dont Borée tomba amoureux. Tros succéda à son père Érichthonios et non seulement Troie mais toute la Troade prit son nom. Par sa fille Callirrhoé, fille de Scamandre, il devint père de Cléopâtra la Jeune, d'Ilos le Jeune, d'Assaracos et de Ganymède [12].

h. Entre-temps, Ilos, le frère d'Érichthonios, s'était rendu en Phrygie et, là, avait participé aux jeux qui étaient en cours, il fut vainqueur dans le concours de lutte et reçut comme prix cinquante jeunes gens et cinquante jeunes filles. Le roi phrygien (dont le nom est aujourd'hui oublié) lui donna une vache tachetée et lui conseilla de fonder une ville à l'endroit où elle se coucherait. Ilos la suivit ; elle se coucha en arrivant sur la colline d'Até ; c'est là qu'il bâtit la ville d'Ilion mais, à cause de ce qu'avait dit l'oracle à son père Dardanos, il n'éleva pas de fortifications. Certains disent cependant que c'était une des vaches phrygiennes d'Ilos qu'il avait suivie et que c'était aux instructions d'Apollon qu'il avait obéi. Mais d'autres prétendent qu'Ilion fut fondée par des émigrants locriens et qu'ils donnèrent le nom de leur mont Phriconis à la montagne troyenne de Cymé [13].

i. Lorsque les limites de la ville eurent été tracées, Ilos demanda à Zeus-Tout-Puissant de se manifester par un signe et, le lendemain matin, il remarqua un objet en bois devant sa tente, à moitié enfoui dans la terre, et recouvert de mauvaises herbes. C'était Palladion, statue sans pieds, haute de trois coudées, faite par Athéna en souvenir de son camarade de jeu, Pallas. Pallas, dont Athéna ajouta le nom au sien, tenait dans sa main droite une lance dressée et une quenouille, et un fuseau dans sa main gauche ; sur sa poitrine, l'égide. Athéna avait d'abord placé la statue sur l'Olympe, près du trône de Zeus, où elle était l'objet de toutes sortes d'honneurs. Mais lorsque la grand-mère d'Ilos, la Pléiade Électra, fut violée par Zeus et souilla la statue par son contact, Athéna la jeta sur la terre avec la statue [14].

j. Apollon Sminthien donna alors le conseil suivant à Ilos : « Sauve la statue qui est tombée du ciel et tu sauveras ta ville, car elle amène partout la puissance avec elle ! » Aussi construisit-il un temple sur la citadelle pour y loger la statue [15].

k. D'après certains, le temple était déjà en construction lorsque la statue, présent de la déesse, descendit du ciel. Elle pénétra dans le temple par un côté de la toiture qui n'était pas encore achevé et on la découvrit exactement à sa place [16]. D'autres disent qu'Électra donna le Palladion à Dardanos, son fils par Zeus, et qu'il fut transporté de Dardania à Ilion après sa mort [17]. D'autres encore disent qu'elle tomba du ciel à Athènes, et que l'Athénien Teucer l'apporta en Troade. D'autres encore qu'il y avait deux Palladion, l'un athénien, l'autre troyen, ce dernier sculpté dans les os de Pélops comme la statue de Zeus à Olympie qui était sculptée en ivoire de l'Inde ; ou encore qu'il y avait de nombreux Palladion, tous tombés du ciel, y compris celui de Samothrace apporté en Troade par Idaeos [18]. Le collège des Vestales à Rome conservait ce que les Anciens considéraient comme le Palladion authentique. Aucun homme ne peut le regarder impunément. Un jour, alors qu'il était encore entre des mains troyennes, Ilos se précipita pour le sauver au cours d'une alerte au feu et, pour sa peine, fut rendu aveugle ; par la suite cependant il réussit à apaiser Athéna et recouvra la vue [19].

l. Eurydicé, fille d'Adraste, donna à Ilos Laomédon et Thémisté, qui épousa Capys le Phrygien et qui, selon certains, devint la mère d'Anchise [20]. Par Strymo, fille de Scamandre et de Leucippé ou Zeuxippé ou Thoossa, Laomé donna cinq fils : Tithonos, Lampos, Clytios, Hicétaon et Podarcès, ainsi que trois filles, Hésioné, Cilla et Astyoché. Il eut aussi deux jumeaux bâtards avec la nymphe-bergère Calybé. C'est lui qui décida de construire les célèbres murs de Troie et il eut la chance de s'assurer l'aide d'Apollon et Poséidon, alors en disgrâce auprès de Zeus à cause d'une révolte contre lui, et qui étaient obligés de servir comme journaliers. Poséidon s'occupa de la construction, tandis qu'Apollon jouait de la lyre et nourrissait les troupeaux de Laomédon ; Éaque le Lélège donna un coup de main à Poséidon. Mais Laomédon trompa les dieux sur leur paye et encourut leur colère. C'est la raison pour laquelle lui et ses fils, excepté Podarcès, qu'on appelait maintenant Priam, périrent au cours du sac de Troie par Héraclès [21].

m. Priam, à qui Héraclès donna en récompense le trône de Troie, conjectura que le désastre qui s'était abattu sur Troie était dû à son emplacement malheureux plutôt qu'à la colère des dieux. Il envoya donc un de ses neveux demander à la Pythie de Delphes si la colline d'Até était toujours sous l'influence de la malédiction. Mais le prêtre d'Apollon, Panthoos, fils d'Othrias, était si beau que le neveu de Priam, oubliant sa mission, tomba amoureux de lui et le ramena à Troie. Bien que fort irrité, Priam n'eut pas le cœur de punir son neveu. En réparation du préjudice causé il nomma Panthoos prêtre d'Apollon et, n'osant plus consulter de nouveau la Pythie, il reconstruisit Troie sur les fondations précédentes. La première femme de Priam fut Arisbé, fille de Mérops, le devin. Après qu'elle lui eut donné Aesacos, il la maria à Hyrtacos, par qui elle devint mère des Hyrtacides : Asios et Nisos [22].

n. Cet Aesacos, qui apprit de son grand-père Mérops l'art d'interpréter les songes, est célèbre pour le grand amour qu'il éprouva pour Astéropé, fille du fleuve Cébren : à sa mort, il essaya à maintes reprises de se tuer en sautant du haut d'une falaise dans la mer, jusqu'au moment où, finalement, les dieux l'ayant pris en pitié le changèrent en plongeon lui donnant ainsi l'occasion de se laisser aller à son obsession avec plus de décence [23].

o. Hécabe, la seconde femme de Priam — que les Latins appellent Hécube — était fille de Dymas et de la nymphe Eunoé ; ou, selon certains, de Cissée et Téléclia : ou bien du fleuve Sangarios et de Métopé : ou bien de Glaucippé, la fille de Xanthos [24]. Elle donna à Priam dix-neuf de ses cinquante enfants, les autres occupaient des chambres à coucher communicantes en pierre polie. Les douze filles de Priam dormaient avec leurs maris dans une autre aile, mais qui donnait sur la même cour [25]. Le fils aîné d'Hécabe était Hector que d'aucuns appellent fils d'Apollon, puis elle lui donna Pâris, puis Créüse, Laodicé et Polyxène, puis Deiphobé, Hélénos, Cassandre, Pammon, Politès, Antiphos, Hipponoos et Polydoros. Mais Troïlos, elle l'eut très certainement avec Apollon [26].

p. Parmi les plus jeunes enfants d'Hécabe se trouvaient les jumeaux Cassandre et Hélénos. A leur fête d'anniversaire, célébrée dans le sanctuaire d'Apollon Thymbréen, fatigués d'avoir joué, ils s'endormirent dans un coin, tandis que leurs parents, ayant bu trop de vin et ne se souvenant plus d'eux, rentraient chez eux en titubant. Lorsque Hécabe revint au temple, elle trouva les serpents sacrés en train de lécher les oreilles des enfants et poussa des cris de terreur. Les serpents disparurent aussitôt en se dissimulant dans des branches de laurier, mais depuis ce moment, Cassandre et Hélénos possédèrent le don de prophétie[27].

q. Une autre version raconte qu'un jour Cassandre s'était endormie dans le temple, qu'Apollon survint et lui promit de lui enseigner l'art de la prophétie si elle consentait à s'unir à lui. Cassandre, après avoir accepté son cadeau, revint sur les termes du marché et refusa de s'unir à lui ; mais Apollon lui demanda de lui donner seulement un baiser et, pendant qu'elle l'embrassait, il lui cracha dans la bouche, s'assurant ainsi que personne ne croirait jamais ce qu'elle prédirait[28].

r. Lorsque après avoir gouverné sagement pendant plusieurs années, Priam eut rendu à Troie ses richesses et sa puissance passées, il rassembla un Conseil pour discuter le cas de sa sœur Hésioné que Télamon l'Éacide avait emmenée en Grèce. Bien que lui-même fût en faveur de la force, le Conseil préconisa d'essayer d'abord la persuasion. Son beau-frère Anténor et son cousin Anchise se rendirent donc en Grèce et transmirent les demandes troyennes aux Grecs de la cour de Télamon, rassemblés ; mais on les envoya promener avec mépris. Cet incident fut une des causes principales de la guerre de Troie[29], dont Cassandre était déjà en train de prédire le sombre dénouement. Pour éviter le scandale, Priam l'enferma dans un édifice de forme pyramidale, sur la citadelle ; la gardienne qui s'occupait d'elle avait reçu l'ordre de lui communiquer toutes les paroles prophétiques qu'elle prononcerait[30].

1. *L'emplacement de Troie, située dans une plaine bien irriguée, à l'entrée de l'Hellespont, en faisant de la ville le centre commercial le plus important entre l'Est et l'Ouest, l'exposait aussi à des attaques venant de toutes les directions. Le fait que les Grecs, les Crétois et les Phrygiens aient chacun prétendu avoir fondé la ville est explicable, puisque, dans la période classique, elle a été*

détruite et reconstruite bien des fois : il y eut en tout dix Troie, celle d'Homère fut la septième. La Troie dont parle Homère semble avoir eu pour population une fédération de trois tribus — troyenne, ilienne et dardanienne — système habituel dans l'Age du Bronze.

2. *L'« Apollon Sminthien » indiquerait qu'il s'agit de la Crète,* sminthos *étant un mot crétois pour « souris » ; cet animal était sacré non seulement à Cnossos (voir 90. 3) mais en Philistie (I* Samuel *VI. 4) et en Phocide (Pausanias : X. 12. 5) ; Érichthonios, le vent du nord fertilisant, était vénéré à la fois par les Pélasges d'Athènes et par les Thraces (voir 48. 3). Mais la prétention d'Athènes d'avoir fondé Troie peut être rejetée comme étant de la propagande politique. Les souris blanches gardées dans les temples d'Apollon servaient à préserver contre la peste et contre les brusques invasions de souris, comme le mentionnent Élien (*Histoire des Animaux *XII. 5 et 41) et Aristéné (*Histoire des Animaux *VI. 370). Il est possible que Dardanos ait été un Tyrrhénien venu de Libye (voir 136. g) ou de Samothrace ; mais Servius se trompe en disant qu'il venait d'Étrurie, où les Troyens s'établirent longtemps après la guerre de Troie. « Zacinthos », un mot crétois figurant dans la généalogie royale de Troie, était le nom d'une île faisant partie du royaume d'Odysseus ; et ceci donne à penser qu'il fit état de ses droits héréditaires à Troie.*

3. *Le Palladion dont les vestales vierges avaient la garde à Rome, et que l'on considérait comme lié à la prospérité de la ville, avait une grande importance pour les mythographes ; ils assurent qu'il avait été sauvé de Troie par Énée (Pausanias : II. 23. 5) et apporté en Italie. Il était peut-être en défense de marsouin (voir 108. 5). « Palladion » signifie pierre ou tout autre objet vénéré autour duquel dansaient les jeunes filles appartenant à un clan particulier, comme à Thespies (voir 120. a), ou autour duquel des jeunes gens sautaient,* pallas *servant indifféremment aux deux sexes. Le collège romain des Saliens était une communauté de prêtres sauteurs. Lorsque de tels objets sacrés s'identifiaient à la prospérité de la tribu et étaient soigneusement protégés contre le vol ou la détérioration, on attribuait à* palladia *le sens de* palta *« choses jetées du ciel », on ne devait pas isoler les* palta *du ciel ; ainsi la pierre de foudre sacrée du dieu Terme, à Rome, était posée sous une couverture faite dans le toit du temple de Jupiter — ce qui explique cette même ouverture, à Troie.*

4. *L'adoration des météorites s'étendit tout naturellement à d'anciens monolithes dont l'origine funéraire avait été oubliée ; et du monolithe à la statue de pierre et de la statue de pierre à la statue en bois ou en ivoire, il n'y a qu'un pas. Mais le bouclier tombé du ciel — l'ancile de Mars (Ovide :* Sur les Fêtes *III. 259-273) en est l'exemple le plus connu — demande de plus amples explications. Au début, les météorites — les seuls* palta *authentiques — étaient considérés comme l'origine de la foudre, qui fend les arbres de la forêt. Ensuite, les haches néolithiques en pierre, telles que celles récemment découvertes dans le sanctuaire*

*mycénien d'Asiné, de même que les pilons, comme le pilon de
Cybèle à Éphèse* (Actes XIX. 35), *furent prises à tort pour des
traits de foudre. Mais le bouclier était également l'instrument du
tonnerre. Les faiseurs de pluie de la période préhellénique
attiraient les orages, imitaient le bruit du vent qui se lève et
frappaient sur d'énormes boucliers sur lesquels étaient tendues
des peaux de bœuf serrées par des bâtons à deux têtes comme
ceux des prêtres saliens représentés sur le bas-relief d'Anagni. Le
seul moyen pour qu'un rhombe fasse du bruit de façon continue
c'est de l'agiter en faisant des huit comme les enfants avec les
moulins à vent jouets ; les torches utilisées pour imiter l'éclair
étaient, semble-t-il, agitées de la même façon ; le bouclier servant
à amener la pluie était taillé de manière à former un huit et la
baguette double du tambour frappait continuellement les deux
côtés. C'est la raison pour laquelle les peintures crétoises qu'on a
retrouvées représentent l'esprit du tonnerre descendant sous
l'aspect d'un bouclier en forme de huit, c'est aussi pour cette
raison que les anciens boucliers furent, par la suite, adorés comme
des* palta. *Une pierre liminaire peinte, de l'Acropole de Mycènes,
apporte la preuve, par la couleur de la chair, que l'esprit du
tonnerre était une déesse et non pas un dieu ; sur un anneau
d'or, découvert près de là, le bouclier tombé du ciel ne comporte
pas d'indication de sexe.*

5. *Cassandre et les serpents rappellent le mythe de Mélampous
(voir 122. c), et Apollon crachant dans sa bouche, celui de
Glaucos (voir 90. f). Sa prison était probablement une tombe à
Tholos où elle faisait des prédictions au nom du héros qui s'y
trouvait enterré (voir 43. 2 et 154. 1).*

6. *Aesagos, le nom du fils divin de Priam, signifie « la branche
de myrte » que l'on se passait au cours des banquets grecs pour
inciter à faire un concours de chant ou de poésie. Le myrte étant
l'arbre de la mort (voir 101. 1 et 109. 4), ces poèmes étaient
peut-être, à l'origine, des prophéties faites au cours de festins en
l'honneur des héros. Le plongeon était consacré à Athéna, en
Attique, et associé à la noyade du* pharmacos *royal (voir 94. 1).
Scamandre, sautant dans le fleuve Xanthos, réfère sans doute à
une coutume troyenne du même genre qui consistait à noyer le
vieux roi (voir 108. 3) ; son ombre était censée féconder les jeunes
filles lorsqu'elles venaient s'y baigner (voir 137. 3). Tantale, qui
semble avoir subi le même sort, épousa la fille de Xanthos (voir
108. b).*

7. *Priam avait cinquante fils, dont dix-neuf étaient légitimes ;
ceci suggère l'idée qu'à Troie, la durée du règne du roi était
réglée sur le cycle de dix-neuf ans et non sur le cycle des cent
lunaisons que se partageaient sur le trône le roi et son jumeau,
comme en Crète (voir 138. 5) et en Arcadie (voir 38. 2). Ses
douze filles étaient peut-être les gardiennes des morts.*

8. *L'importance de la part qu'avait prise Éaque dans la
construction des murs de Troie ne doit pas être négligée ; Apollon
avait prédit que ses descendants assisteraient à la prise de Troie*

dans la première et dans la quatrième génération (voir 66. i) et que, seule, la partie construite par Éaque serait susceptible d'être forcée (Pindare : Pythiques VIII. 31-46). Andromaque rappelle à Hector que cette partie était le pan qui se trouvait à l'ouest de la muraille « près du figuier » et que c'était par là que la ville pourrait être prise le plus facilement (Homère :   Iliade VI. 431-439) et c'est là que les guerriers les plus courageux qui accompagnaient les deux Ajax avaient, par trois fois, tenté de forcer le passage — soit qu'un devin leur ait révélé le secret, soit que leur propre intuition les ait dirigés. Les fouilles, faites par Dörpfeld à Troie, ont prouvé que le mur était inexplicablement plus faible à cet endroit ; mais les Ajax ou les « Éaquiens » n'avaient nul besoin d'un devin pour leur donner ce renseignement, si comme Polybe le suggère, Éaque était originaire de la ville du Petit Ajax, Oponte en Locride. La Locride qui semble avoir fourni l'élément ilien dans la Troie homérique et a eu le privilège de nommer les prêtresses troyennes (voir 168. 2) était un district lélège préhellénique soumis au système matrilinéaire et même matriarcal (voir 136. 4) ; une autre tribu lélège, peut-être d'ascendance locrienne, vivait à Pédasos en Troade ; une de ses princesses, Laothoé, était venue à Troie et avait eu un enfant de Priam (Homère : Iliade XXI. 86). Il semble bien que ce soit la détermination des prêtresses locriennes d'enlever le Palladion pour le mettre en sûreté en Locride qui facilita aux Grecs la prise de la ville (voir 168. 4).

9. Comme c'était un certain Teucer qui était le fils de Scamandre et qu'un autre Teucer était le petit-fils d'Éaque et le fils de la sœur de Priam, Hésioné (voir 137. 2), on peut identifier l'élément teucrien à Troie à l'élément lélège ou éaquien ou ilien ; les deux autres éléments étant le lydien, ou dardanien ou tyrrhénien ; et le troyen ou phrygien.

159.
Pâris et Hélène

a. Lorsque Hélène, la ravissante fille de Léda, fut devenue une jeune fille, à Sparte, dans le palais de son père nourricier Tyndare, tous les princes de Grèce se présentèrent comme prétendants, chargés de riches présents, ou bien ils envoyèrent un parent à leur place. Diomède, tout plein encore de sa victoire de Thèbes, était là, ainsi qu'Ajax, Teucer, Philoctète, Idoménée, Patrocle, Ménesthée et d'autres, très nombreux. Odysseus aussi se présenta, mais les mains vides, parce qu'il n'avait pas la moindre chance — en effet bien que les Dioscures, frères d'Hélène, eussent souhaité qu'elle épousât Ménesthée d'Athènes, on la donnerait, Odysseus le savait, au prince Ménélas, le plus riche des Achéens, représenté ici par son gendre, le puissant Agamemnon[1].

b. Tyndare ne renvoyait aucun prétendant, mais par ailleurs il n'acceptait aucun des cadeaux offerts, craignant que sa faveur envers l'un quelconque des princes ne suscite des querelles. Odysseus lui demanda un jour : « Si je te dis comment tu peux éviter les disputes, en échange, m'aideras-tu à épouser Pénélope, la fille d'Icarios ? » « Marché conclu ! » s'écria Tyndare. « Voici donc ce que je te conseille, dit Odysseus : obtiens de tous les prétendants d'Hélène qu'ils jurent de défendre le mari qui sera agréé contre quiconque récriminerait contre sa malchance. » Tyndare dit que c'était là une sage initiative. Après avoir sacrifié un cheval et l'avoir découpé, il fit mettre les prétendants debout sur les morceaux sanglants et répéter le serment qu'Odysseus avait suggéré ; les morceaux du cheval furent ensuite enterrés en un lieu désormais appelé : « le Tombeau du Cheval ».

c. On ne sait pas si c'est Tyndare qui choisit le mari d'Hélène ou si c'est elle-même qui déclara sa préférence en lui mettant une couronne de fleurs sur la tête[2]. En tout cas, elle épousa Ménélas qui devint roi de Sparte après la mort de Tyndare et la déification des Dioscures. Mais leur mariage était voué au malheur : plusieurs années auparavant, tandis qu'il sacrifiait aux dieux, Tyndare avait stupidement oublié Aphrodite, qui se vengea en jurant de rendre célèbres par leurs adultères ses trois filles : Clytemnestre, Timandra et Hélène[3].

d. Ménélas eut d'Hélène une fille qu'elle nomma Hermione ; leurs fils sont Aethiolas, Maraphios — dont les membres de la famille perse des Maraphies se prétendent être les descendants — et Plisthène. Une esclave étolienne, nommée Piéris, donna par la suite à Ménélas deux jumeaux bâtards : Nicostratos et Mégapenthès[4].

e. On s'est demandé pourquoi Zeus et Thémis avaient organisé la guerre de Troie. Était-ce pour rendre célèbre Hélène qui avait semé le trouble en Europe et en Asie ? Ou bien était-ce pour exalter la race des demi-dieux et par la même occasion diminuer le nombre des tribus qui détenaient la surface de la Terre-Mère ? La raison en demeura toujours obscure, mais en tout cas la chose était déjà décidée lorsque Éris lança sur la terre une pomme d'or portant les mots : « A la plus belle », au cours du mariage de Pélée et Thétis. Zeus-Tout-Puissant refusa de prendre parti dans la querelle qui s'ensuivit entre Héra, Athéna et Aphrodite et confia à Hermès le soin de conduire les déesses sur le mont Ida où le fils perdu de Priam, Pâris, serait l'arbitre[5].

f. Or, juste avant la naissance de Pâris, Hécabe avait rêvé qu'elle avait mis au monde un fagot tout grouillant de serpents de feu. Elle s'éveilla en hurlant que la ville de Troie et les forêts du mont Ida étaient en feu. Priam consulta aussitôt son fils Aesacos, le devin, qui déclara : « L'enfant qui va naître causera la ruine de ton pays. Je te demande de t'en débarrasser[6]. »

g. Quelques jours plus tard, Aesacos fit une nouvelle déclaration : « La Troyenne au sang royal qui met au monde un enfant aujourd'hui doit être mise à mort ainsi que son enfant ! » Priam tua alors sa sœur Cilla et son fils Munippos, né le matin même de son union secrète avec Thymoétès, et les enterra tous deux dans l'enceinte sacrée de Tros. Mais Hécabe mit au monde un fils avant la nuit et Priam épargna la vie de la mère et de l'enfant, bien qu'Hérophilé, prêtresse d'Apollon, et d'autres devins aient pressé Hécabe de tuer au moins l'enfant. Elle ne put cependant s'y résoudre et, finalement, Priam décida d'envoyer chercher le chef de ses bergers, un certain Agélaos, et le chargea de cette pénible besogne. Agélaos, qui était sensible, n'eut pas le cœur de recourir à la corde ou à l'épée et il abandonna l'enfant sur le mont Ida où il fut allaité par une ourse. Étant revenu, cinq jours plus tard, il fut confondu par ce mauvais présage et ramena l'enfant perdu dans un sac — d'où son nom de Pâris — pour l'élever avec son propre enfant qui venait de naître[7] et montra une langue de chien à Priam pour lui prouver qu'il avait obéi à ses ordres. Mais, selon certains, Hécabe avait acheté Agélaos pour qu'il épargnât la vie de Pâris et n'en parlât pas à Priam[8].

h. La noble naissance de Pâris ne tarda pas à se révéler par son extraordinaire beauté, son intelligence et sa force : il était encore un enfant quand il mit en fuite une bande de voleurs de troupeaux et retrouva les vaches volées, méritant ainsi son surnom d'Alexandre (« qui protège »)[9]. Bien qu'à cette époque il ne fût qu'un simple esclave, Oenoné, fille du fleuve Oené, une nymphe des fontaines, choisit Pâris pour être son amant. Rhéa lui avait enseigné l'art de la prophétie et Apollon, la médecine, alors qu'il était berger au service de Laomédon. Pâris et Oenoné gardaient les troupeaux et chassaient ensemble ; il gravait son nom dans l'écorce des hêtres et des peupliers [10]. Son plus grand plaisir était de faire combattre les troupeaux d'Agélaos l'un contre l'autre ; il mettait sur la tête du vainqueur une couronne de fleurs et sur celle du vaincu, une couronne de paille. Et, comme l'un de ses taureaux remportait régulièrement la victoire sur les autres, Pâris le mit aux prises avec les champions des troupeaux voisins qui tous furent battus. Finalement, il offrit de poser une couronne d'or sur les cornes du taureau qui parviendrait à vaincre le sien ; alors, pour s'amuser, Arès se changea en taureau et remporta le prix. Pâris, sans hésiter, remit la couronne à Arès ; ce geste surprit les dieux qui regardaient du haut de l'Olympe et leur fit plaisir ; et c'est pourquoi ce fut lui que Zeus choisit pour être l'arbitre entre les trois déesses [11].

i. Il faisait paître son troupeau sur le mont Gargaros, le plus haut sommet de l'Ida, quand Hermès, accompagné d'Héra, d'Athéna et d'Aphrodite, lui remit la pomme d'or et lui dit le message de Zeus : « Pâris, puisque tu es aussi beau que tu es compétent dans les affaires de cœur, Zeus te donne l'ordre de décider laquelle des trois déesses est la plus belle ! »

Pâris prit la pomme, mais il était sceptique : « Comment un simple berger comme moi peut-il être juge de la beauté divine, s'écria-t-il. Je vais couper la pomme en trois. »

« Ah non, tu ne peux pas désobéir à Zeus-Tout-Puissant ! répondit vivement Hermès, et je n'ai pas le droit de te donner de conseils. Mets en œuvre ton intelligence naturelle ! »

« Bon, soupira Pâris, mais je prie tout de suite les perdantes de ne pas m'en vouloir. Je ne suis qu'un homme, et je peux me tromper tout à fait. »

Les déesses acceptèrent toutes trois de s'incliner devant sa décision.

« Faut-il les juger comme elles sont ? demanda Pâris à Hermès, ou doivent-elles être nues ? »

« C'est à toi de décider des conditions du concours », répondit Hermès avec un petit sourire.

« Dans ce cas, auraient-elles l'obligeance de se déshabiller ? »

Hermès demanda aux déesses de se déshabiller et, discrètement, se détourna.

j. Aphrodite fut bientôt prête, mais Athéna insista pour qu'elle retire la célèbre ceinture magique qui conférait l'avantage d'assurer l'amour à la personne qui la portait, ce qui était déloyal. « Très bien, dit Aphrodite dépitée, je l'enlèverai mais à condition que tu retires ton casque — car tu es affreuse quand tu ne le porte pas. »

« A présent, si vous le permettez, je voudrais vous voir à tour de rôle, seule, déclara Pâris, pour éviter d'être distrait par les avantages de chacune d'elles. Venez, divine Héra ! vous deux, mes déesses, voulez-vous être assez aimables pour nous laisser un petit moment. »

« Examine-moi bien, dit Héra, qui se tournait lentement pour montrer ses formes splendides et souviens-toi que si tu décides que c'est moi la plus belle, je ferai de toi le seigneur de toute l'Asie, et l'homme le plus riche qui soit au monde [12]. »

« Je ne suis pas à vendre, Madame... Je vous remercie. J'ai vu tout ce que je voulais voir. Venez, à vous, divine Athéna ! »

k. « Me voici, dit Athéna en s'avançant : Écoute-moi, Pâris, si tu as assez de bon sens pour me décerner le prix, je te rendrai victorieux dans toutes les batailles et je ferai de toi l'homme le plus beau et le plus sage de tout l'univers. »

« Je ne suis qu'un humble berger, je ne suis pas un soldat, dit Pâris. Vous pouvez constater vous-même que la paix règne à travers toute la Lydie et toute la Phrygie et que la souveraineté de Priam est incontestée. Mais je vous promets de prendre en considération votre requête en toute justice. Vous pouvez maintenant, si vous le voulez, remettre vos vêtements et votre casque. Aphrodite est-elle prête ? »

l. Aphrodite s'approcha de lui et Pâris rougit car elle vint si près qu'elle le toucha presque.

« Regarde-moi bien, je te prie, et n'oublie rien... A propos, dès que je t'ai aperçu, je me suis dit : Ma parole, voilà bien le plus beau garçon de Phrygie ! Pourquoi perd-il son temps ici dans cet endroit perdu à garder de stupides troupeaux ? Pourquoi fais-tu cela, Pâris ? Pourquoi ne vas-tu pas dans une ville et ne mènes-tu pas une vie civilisée ? Et pourquoi n'épouserais-tu pas Hélène de Sparte, qui est aussi belle que moi et tout aussi passionnée ? Je suis persuadée que dès que vous vous rencontrerez elle quittera sa maison, sa famille et tout, pour devenir ta maîtresse. Tu as déjà entendu parler d'Hélène, je suis sûre ? »

« Jamais. C'est la première fois, Madame. Je serais très heureux si vous vouliez me la décrire. »

m. « Hélène a une peau claire et délicate, car elle est née d'un œuf de cygne, elle peut à juste titre se dire fille de Zeus, elle aime la chasse et la lutte ; encore enfant, une guerre a éclaté à cause d'elle et quand elle est devenue une jeune fille elle eut comme prétendants tous les princes de la Grèce. Actuellement elle est la femme de Ménélas, frère du grand roi Agamemnon ; mais cela n'a aucune importance — elle peut être à toi si tu en as envie. »

« Mais comment cela se peut-il puisqu'elle est déjà mariée ? »

« Que tu es innocent, mon Dieu, n'as-tu jamais entendu dire que mes devoirs divins consistent à organiser les affaires de ce genre. Je te propose de faire un voyage en Grèce en compagnie de mon fils qui sera ton guide. Quand tu arriveras à Sparte, lui et moi ferons en sorte qu'Hélène tombe follement amoureuse de toi. »

« Pouvez-vous jurer que vous ferez cela ? » dit Pâris très intéressé.

Aphrodite jura solennellement et Pâris, sans hésiter, lui remit la pomme d'or.

Par ce jugement il encourut la haine d'Héra et d'Athéna qui partirent, bras dessus, bras dessous, préparer la ruine de Troie, tandis qu'Aphrodite, sourire pervers aux lèvres, songeait à la meilleure façon de tenir sa promesse [13].

n. Peu de temps après, Priam envoya ses serviteurs chercher un taureau dans le troupeau d'Agélaos. Ce taureau devait servir de prix dans les Jeux funèbres qu'on célébrait actuellement tous les ans en l'honneur de son fils mort. Lorsque Pâris vit les serviteurs prendre le taureau, il eut tout à coup envie de participer aux jeux et se mit à courir derrière eux. Agélaos essaya de le retenir : « Tu as tes propres taureaux de combat, que veux-tu de plus ? » Mais Pâris insista et, finalement, Agélaos l'accompagna à Troie.

o. C'était la coutume à Troie, qu'après la sixième course de chars, ceux qui étaient venus pour le concours de boxe commencèrent leur combat devant le trône. Pâris décida de prendre part à la compétition et, en dépit des supplications d'Agélaos, s'élança dans l'arène et remporta la couronne, plus par son courage que par son adresse. Il fut également premier dans la course à pied, ce qui irrita les fils de Priam à tel point qu'ils le défièrent dans une nouvelle course ; il obtint ainsi sa troisième couronne. Honteux d'avoir été battus publiquement, ils décidèrent de le tuer et placèrent des gardes armés à toutes les issues du stade, tandis qu'Hector et Deiphobe l'attaquaient à l'épée. Pâris

pour se protéger chercha refuge à l'autel de Zeus tandis
qu'Agélaos se précipitait vers Priam en criant : « Votre
majesté, ce jeune homme est votre fils perdu depuis si
longtemps ! » Priam fit appeler Hécabé aussitôt et celle-
ci, lorsque Agélaos lui montra une hache qu'on avait
trouvée dans la main de Pâris enfant, confirma son identité.
On l'emmena en triomphe au palais, où Priam célébra son
retour par un grand banquet et des sacrifices aux dieux.
Mais, aussitôt que la nouvelle parvint aux prêtres d'Apollon, ceux-ci déclarèrent qu'il fallait tuer Pâris immédiatement, sinon Troie serait détruite. La chose fut rapportée à
Priam qui répondit : « Je préfère la destruction de Troie
à la mort de mon merveilleux enfant [14]. »

p. Les frères déjà mariés de Pâris le pressèrent de choisir
une femme ; mais il leur dit qu'il s'en remettait à Aphrodite
pour lui en trouver une et chaque jour il lui adressait ses
prières. Lorsqu'un nouveau conseil se réunit pour discuter
de la manière de délivrer Hésioné, les négociations pacifi-
ques ayant échoué, Pâris s'offrit de partir à la tête d'une
expédition, si Priam lui fournissait une grande flotte bien
équipée. Il ajouta habilement que s'il ne réussissait pas à
ramener Hésioné, il pourrait peut-être enlever une princesse
grecque d'un rang égal au sien et la ramener comme otage.
Son cœur, bien sûr, battait du secret désir de se rendre à
Sparte et de ramener Hélène [15].

q. Le même jour, Ménélas arriva inopinément à Troie et
s'enquit des tombes de Lycos et de Chimaeros, les fils de
Prométhée par Célaeno, la Pléiade : il expliqua que le
remède que l'Oracle de Delphes lui avait prescrit contre la
peste, qui ravageait actuellement Sparte, était de leur offrir
les sacrifices dus aux héros. Pâris reçut Ménélas et lui
demanda la faveur d'être purifié par lui à Sparte, car il
avait tué accidentellement le jeune fils d'Agénor, Anthéos,
avec une épée d'enfant. Ménélas ayant accepté, Pâris, sur
les conseils d'Aphrodite, chargea Phéréclos, fils d'Harmo-
nidès, de construire la flotte que Priam lui avait promise ;
la figure de proue de son vaisseau-amiral devait être une
Aphrodite portant dans ses bras un Éros miniature.
Le cousin de Pâris, Énée, fils d'Anchise, accepta de
l'accompagner [16]. Cassandre, les cheveux défaits, prédit la
conflagration que ce voyage allait déclencher et Hélénos
le confirma ; mais Priam n'écoutait pas les prédictions de
ses enfants. Oenoné elle-même ne réussit pas à dissuader
Pâris de ce fatal voyage par les larmes dont ses joues
étaient inondées lorsqu'il l'embrassa pour lui dire au revoir.

« Reviens auprès de moi, si jamais tu étais blessé, dit-elle. car moi seule peux te guérir [17]. »

r. La flotte prit la mer, Aphrodite envoya une brise favorable et Pâris arriva bientôt à Sparte où Ménélas célébra son arrivée par des fêtes qui durèrent neuf jours, Au banquet, Pâris remit à Hélène les présents qu'il avait apportés de Troie pour elle ; ses regards, ses attentions, ses bruyants soupirs et ses gestes audacieux la troublèrent. Prenant son gobelet, il le portait à ses lèvres en le tournant pour retrouver l'endroit où elle venait de boire ; et, une fois, elle trouva ces mots : « Je vous aime, Hélène », écrits avec du vin sur la table. Elle fut prise de terreur à l'idée que Ménélas pourrait penser qu'elle encourageait la passion qu'avait pour elle Pâris ; mais comme c'était un homme plutôt distrait, il s'embarqua pour la Crète où il devait assister aux obsèques de son grand-père Catrée, en lui laissant le soin de s'occuper de ses invités et de diriger le royaume en son absence [18].

s. Hélène s'enfuit avec Pâris la nuit même et se donna à lui dans le premier port où ils firent escale, l'île de Cranaé. Sur le continent, en face de Cranaé, se trouvait un autel d'Aphrodite Marieuse fondé par Pâris pour célébrer cet événement [19]. Certains disent à tort qu'Hélène repoussa ses avance et qu'il l'enleva de force au cours d'une partie de chasse, ou bien au cours d'une attaque subite de la ville de Sparte, ou encore avec l'aide d'Aphrodite, en prenant l'aspect de Ménélas. Elle abandonna sa fille Hermione, alors âgée de neuf ans, mais emmena son fils Plisthène, ainsi que la majeure partie des trésors du palais et également de l'or, pour une valeur de trois talents, volé au temple d'Apollon, et aussi cinq servantes, parmi lesquelles se trouvaient les deux anciennes reines Aethra, mère de Thésée, et Theisadie, sœur de Pirithoos [20].

t. Comme ils voguaient vers Troie, une violents tempête, envoyée par Héra, obligea Pâris à s'arrêter à Chypre. De là il se rendit à Sidon, fut reçu par le roi — et, ayant adopté les manières du monde grec — il le tua traîtreusement et le vola dans la salle même où avait lieu la banquet. Pendant qu'on embarquait le riche butin, une troupe de Sidoniens l'attaqua ; il les repoussa après un sanglant combat au cours duquel il perdit deux navires mais il réussit à reprendre la mer. Redoutant d'être poursuivi par Ménélas, Pâris s'arrêta plusieurs mois en Phénicie, à Chypre, en Égypte ; mais, finalement, il arriva à Troie et célébra son mariage avec Hélène [21]. Les Troyens lui firent fête à son arrivée, fascinés par sa merveilleuse beauté. Un jour, sur la citadelle de Troie, ayant trouvé une pierre qui, lorsqu'on la frottait contre une autre, se couvrait de gouttes de sang, elle y reconnut un puissant aphrodisiaque et l'employa pour conserver à Pâris toute son ardeur. Mais à la vérité, ce n'était pas seulement Pâris, c'était Troie tout entière qui était amoureuse d'Hélène ; et Priam fit le serment de ne jamais la laisser partir [22].

u. Selon un récit tout à fait différent, Hermès aurait volé Hélène sur l'ordre de Zeus et l'aurait confiée au roi d'Égypte Protée, tandis qu'un fantôme d'Hélène, fait avec des nuages par Héra (ou, selon certains, par Protée), fut envoyé à Troie aux côtés de Pâris, à seule fin de provoquer des dissensions [23].

v. Les prêtres égyptiens racontaient — et leur récit n'est guère plus vraisemblable — que la flotte troyenne fut déviée de sa route et que Pâris aborda dans les Salines de l'embouchure du Nil à Canope. Il y avait là le temple d'Héraclès qui était un refuge pour les esclaves fugitifs qui, dès leur arrivée, se vouaient au dieu et recevaient des marques sacrées sur le corps. C'est là que les serviteurs de Pâris se réfugièrent, et , après s'être assurés de la protection du prêtre, l'accusèrent d'avoir enlevé Hélène. Le gardien Canôbos eut connaissance de la chose et la rapporta au roi Protée, à Memphis ; il fit arrêter Pâris et Hélène et on les lui amena ainsi que le trésor volé. Après un interrogatoire serré, Protée bannit Pâris mais garda Hélène et le trésor en Égypte, jusqu'à ce que Ménélas vint les chercher. A Memphis se trouvait un temple d'Aphrodite l'Étrangère, dont on disait que c'était Hélène qui l'avait fait ériger.

Hélène donna trois fils à Pâris, Bounicos, Aganos et Idaeos, tous trois tués à Troie par l'effondrement d'un plafond, et une fille, appelée également Héléna [24]. Pâris avait un fils plus âgé, appelé Corythos, qu'il avait eu d'Oenoné et celle-ci, par jalousie, l'envoya conduire vers Troie les Grecs qui voulaient se venger [25].

★

1. *On attribue à Stésichore, le poète sicilien du* vie *siècle, la version selon laquelle Hélène ne se rendit jamais à Troie et que « la guerre eut lieu pour un simple fantôme ». Après avoir écrit un poème qui la montrait sous un jour très défavorable, il devint aveugle et il sut par la suite qu'il était sous le coup de sa colère posthume (voir 164.* m*) d'où sa palinodie commençant par ces*

mots : « Cette histoire est vraie, tu n'as pas été à bord des navires bien pontés et tu n'as pas atteint les tours de Troie » dont la récitation en public lui rendit la vue (Platon : Phèdre 44 ; Pausanias : III. 19. 11) et il faut bien dire que la signification de l'enlèvement d'Hélène par Pâris ou, avant lui, par Thésée, n'est pas très claire. « Hélène » était le nom de la déesse-Lune spartiate dont le mariage avec Ménélas après le sacrifice d'un cheval (voir 81. 4) fit de lui un roi ; cependant Pâris n'usurpa pas le trône. Il est naturellement tout à fait possible que les Troyens aient fait des incursions contre Sparte, et qu'ils aient enlevé l'héritière et le trésor du palais en représailles pour un sac de la ville de Troie par les Grecs, ce qu'indiquerait la légende d'Hésioné. Mais bien que l'Hélène de Thésée fût peut-être une Hélène en chair et en os (voir 103. 4) il est très probable que l'Hélène de Troie n'ait été « qu'un fantôme » comme le prétendait Stésichore.

2. Ceci tend à rappeler que les mnēstēres tēes Helenēs, *les prétendants d'Hélène, étaient en réalité* mnēteres tou hellēspontou, *« ceux qui pensent à l'Hellespont » et que le serment solennel que ces rois firent sur les morceaux sanglants du cheval consacré à Poséidon, le chef suprême de l'expédition, devait servir à soutenir les droits des membres de la confédération à naviguer sur l'Hellespont, en dépit des Troyens et de leurs alliés asiatiques (voir 148. 10 ; 160. 1 et 162. 3). Après tout, l'Hellespont portait le nom de leur déesse Hellé. L'histoire d'Hélène provient, en fait, du poème épique ougarite* Keret *dans lequel Huray, la femme légitime de Keret, est enlevée et emmenée à* Udm.

3. La naissance de Pâris a lieu d'après le modèle du mythe d'Éole (voir 43. c), Pélias (voir 68. d), Œdipe (voir 105. a), Jason (voir 148. b) ; c'est l'enfant bien connu de l'Année Nouvelle, ayant, comme jumeau, le fils d'Agélaos ; sa victoire à la course sur les cinquante fils de Priam est tout aussi familière (voir 53. 3 et 60. m). « Oenoné » semble être le titre d'une princesse qu'il gagna en cette occasion (voir 53. 3 ; 60. 4 ; 98. o et 160. d).

En réalité, il ne donna pas la pomme à la plus belle des trois déesses. Cette histoire a été faussement empruntée à la peinture représentant Héraclès recevant des Hespérides une branche de pommier (voir 133. 4) — la Triple-déesse nue Adanus d'Hebron — immortalisé par la Mère de Toutes Choses Vivantes canaanite, ou bien le vainqueur de la course à Olympie recevant son prix (voir 53. 7), comme en témoigne la présence d'Hermès conducteur des âmes qui le guida jusqu'aux Champs Élysées.

4. Au cours du XIVe siècle avant J.-C., l'Égypte et la Phénicie subirent de fréquentes incursions de la part des Keftiu ou « peuples de la mer » et les Troyens semblent y avoir joué un rôle essentiel. Parmi les tribus qui réussirent à prendre pied en Palestine se trouvaient les Girgashites (Genèse X. 16), c'est-à-dire les Teucriens de Gergis ou Gergithion, en Troade (Homère : Iliade VIII. 804 ; Hérodote : V. 122 et VII. 43 ; Tite-Live : XXXVIII. 39). Priam et Anchise figurent dans l'Ancien Testament sous le nom de Piram et Achish (Josué X. 3, et 1 Samuel XXVII. 2), et Pharez, un ancêtre de la tribu de Juda où les races étaient mêlées, qui combattit contre son frère jumeau dans le sein de leur mère (Genèse *XXXVIII. 29*), semble bien être Pâris. « La pierre qui saigne » d'Hélène, trouvée dans la citadelle troyenne, s'explique par l'exécution qui eut lieu à cet endroit du neveu de Priam, Munippos. Pâris demeura prince consort au prix du sacrifice annuel d'un enfant. Anthéos (« en fleurs ») est une victime similaire : son nom, qui désigne le Dionysos d'été (voir 85. *2*), fut attribué à d'autres princes infortunés dont la vie fut arrêtée à la fleur de l'âge ; parmi eux, le fils de Poséidon, tué et écorché par Cléomène (Philostephanos : Fragment 8) et Anthéos d'Halicarnasse, noyé par Cléobis dans un puits (Parthénios : Narrations *14*).

5. Cilla, dont le nom signifie les dés divinatoires faits en os d'âne (Hesychius sub *Cilla*), doit être Athéna la déesse de la citadelle troyenne qui inventa cet art divinatoire (voir 17. *3*) et présida à la mort de Munippos.

160.
Le premier rassemblement à Aulis

a. Lorsque Pâris eut décidé de faire d'Hélène sa femme, il ne s'attendait pas à avoir à payer l'outrage qu'il avait fait à Ménélas pour avoir abusé de son hospitalité. Les Crétois avaient-ils eu à rendre des comptes, lorsqu'au nom de Zeus ils avaient volé Europe aux Phéniciens ? Les Argonautes avaient-ils eu à payer l'enlèvement de Médée en Colchide, ou les Athéniens l'enlèvement d'Ariane en Crète, ou les Thraces celui d'Orithye, l'Athénienne [1] ? Mais, cette fois, l'affaire était tout à fait différente. Héra envoya Iris qui arriva par la voie des airs en Crète pour annoncer la nouvelle de l'enlèvement ; et Ménélas se hâta vers Mycènes où il demanda à son frère Agamemnon de lever des troupes sur-le-champ et de prendre la tête d'une armée contre Troie.

b. Agamemnon consentit à intervenir seulement si les messagers, qu'il venait d'envoyer à Troie pour demander le retour d'Hélène et une réparation pour l'offense faite à Ménélas, revenaient les mains vides. Lorsque Priam eut répondu qu'il n'avait pas connaissance de cette affaire — Pâris étant toujours dans les eaux méridionales — et qu'il demanda si on avait donné satisfaction aux messagers qu'il avait lui-même envoyés lors de l'enlèvement d'Hésioné, des hérauts furent envoyés par Ménélas à tous les princes qui avaient prêté serment sur les morceaux sanglants du cheval en leur rappelant que le geste de Pâris constituait un affront pour la Grèce tout entière. Si ce crime n'était pas puni de façon exemplaire, personne désormais ne pourrait plus être assuré que sa femme fût en sécurité. Ménélas alla ensuite chercher le vieux Nestor à Pylos et, ensemble, ils parcoururent la Grèce pour rassembler les chefs de l'expédition [2].

c. Puis, accompagné de Ménélas et de Palamède fils de Nauplios, Agamemnon se rendit à Ithaque où il eut le plus grand mal à convaincre Odysseus de se joindre à l'expédition. Cet Odysseus, bien qu'il passât pour être le fils de Laerte, avait été mis au monde secrètement par Anticlée, après son union avec Sisyphe. Elle était la fille du fameux brigand Autolycos. Tout de suite après la naissance, Autolycos arriva à Ithaque et, le premier soir, à la fin du dîner, il prit sur ses genoux le petit enfant. « Donne-lui un nom, père », dit Anticlée. Autolycos répondit : « Dans ma vie, je me suis aliéné un grand nombre de princes et je nommerai donc mon petit-fils Odysseus, ce qui signifie l'Homme en Colère car il sera la victime des ennemis que je me suis faits. Cependant, si jamais il venait au mont Parnasse pour m'en faire le reproche je lui donnerais une part de mes biens et j'apaiserais sa colère. » Aussitôt qu'Odysseus fut en âge de le faire, il rendit visite à Autolycos mais alors qu'il était allé chasser avec ses oncles, un sanglier le blessa à la cuisse et il en porta la cicatrice jusqu'à sa mort. Cependant, Autolycos le soigna comme il fallait et il retourna à Ithaque chargé de tous les présents promis [3].

d. Odysseus épousa Pénélope, fille d'Icarios et de la Naïade Péribœa ; certains disent que ce fut à la demande du frère d'Icarios, Tyndare, qui s'était arrangé pour qu'il gagne une course à laquelle devaient prendre part les prétendants, et dont le parcours était une rue appelée « Apheta ». Pénélope, qui s'appelait autrefois Arnaea ou Arnacia, avait été précipitée dans la mer par Nauplios, sur l'ordre de son père ; mais une bande de canards tachetés de rouge la sauvèrent, la nourrirent et la ramenèrent à terre. Impressionnés par ce prodige, Icarios et Péribœa se radoucirent et Arnaea reçut le nouveau nom de Pénélope, qui veut dire « canard » [4].

e. Après avoir marié Pénélope à Odysseus, Icarios lui demanda de rester à Sparte et, celui-ci ayant refusé, il suivit le char qui emportait les jeunes mariés et supplia

encore sa fille de rester. Odysseus, qui s'était contenu
jusque-là, se tourna alors vers Pénélope et lui dit : « Si tu
viens à Ithaque il faut que ce soit de ton plein gré ; si tu
préfères ton père, reste ici et moi je m'en vais ! » Pour
toute réponse, Pénélope abaissa son voile. Icarios, se
rendant compte qu'Odysseus était dans son droit, la laissa
partir et éleva une statue à la Modestie que l'on pouvait
encore voir à six kilomètres de la ville de Sparte à l'endroit
même où cet incident se produisit [5].

f. Or Odysseus avait été averti par un oracle : « Si tu te
rends à Troie, tu ne reviendras pas avant vingt ans et tu
reviendras seul et pauvre. Il simula donc la folie et
Agamemnon, Ménélas et Palamède le trouvèrent vêtu d'un
bonnet de paysan en feutre, en forme de moitié d'œuf, en
train de labourer avec un âne et un bœuf attelés ensemble
à la même charrue et lançant du sel par-dessus son épaule
en marchant. Comme il avait fait semblant de ne pas
reconnaître ses hôtes de marque, Palamède arracha le petit
Télémaque des bras de Pénélope et le posa sur la terre
devant l'attelage en marche. Odysseus tira vivement sur
les rênes pour éviter que son fils unique ne fût tué. Ayant
ainsi prouvé qu'il était sain d'esprit il fut obligé de se
joindre à l'expédition [6].

g. Ménélas et Odysseus voyagèrent ensuite avec le héraut
d'Agamemnon, Talthybios, jusqu'à Chypre où le roi
Cinyras, un des anciens prétendants d'Hélène, leur remit
un bouclier comme cadeau pour Agamemnon et jura
d'amener cinquante navires à titre de contribution personnelle à l'expédition. Il tint sa promesse mais il envoya
seulement un véritable navire et quarante-neuf petits bateaux en terre avec des poupées en guise d'équipage que le
capitaine lança à la mer quand ils approchèrent de la
côte de Grèce. On dit qu'Apollon, qu'avait invoqué
Agamemnon pour venger cette supercherie, tua Cinyras et
qu'à la suite de cela ses cinquante filles sautèrent dans la
mer et devinrent des Alcyons. Mais la vérité est que
Cinyras se donna la mort lorsqu'il découvrit qu'il avait
commis un inceste avec sa fille Smyrna [7].

h. Calchas, le prêtre d'Apollon, un renégat troyen, avait
prédit que Troie ne serait prise qu'avec l'aide du jeune
Achille, le septième fils de Pélée. La mère d'Achille,
Thétis , avait tué ses autres frères en brûlant leur partie
mortelle, et lui-même aurait péri de la même façon si Pélée
ne l'avait arraché du feu et n'avait remplacé sa cheville
carbonisée par celle prise au squelette du géant Damysos,

qu'il avait déterré. Mais certains disent que Thétis l'immergea dans le fleuve Styx, de sorte que seul son talon, par lequel elle le tenait, ne fut pas immortel [8].

i. Lorsque Thétis abandonna Pélée, il porta l'enfant à Chiron le centaure, qui l'éleva sur le mont Pélion ; il le nourrit d'entrailles de lion, de sangliers sauvages et de moelle d'ours pour le rendre courageux ; ou, selon d'autres récits, de rayons de miel et de moelle de faon pour qu'il soit rapide à la course. Chiron lui enseigna l'art équestre, la chasse et lui apprit à jouer du pipeau et à soigner les blessures. La muse Calliopé lui apprit également à chanter dans les banquets. A l'âge de six ans, il tuait déjà son premier sanglier et depuis lors il ne cessa de traîner des cadavres de lions et de sangliers jusqu'à la caverne de Chiron. Athéna et Artémis regardaient avec émerveillement cet enfant aux cheveux d'or, si rapide à la course qu'il rattrapait et tuait les cerfs sans l'aide d'aucun chien [9].

j. Or, Thétis savait que son fils ne reviendrait jamais de Troie s'il se joignait à l'expédition car son destin était, ou bien d'obtenir la gloire et mourir jeune, ou bien de vivre longtemps mais d'une vie sans gloire, chez lui. Elle le déguisa en fille et le confia à Lycomède, roi de Scyros, dans le palais duquel il vécut sous le nom de Cercyséra, Aissa ou Pyrrha ; là, il eut une aventure avec la fille de Lycomède, Deidamie, par laquelle il devint père de Pyrrhus, plus tard appelé Néoptolème. Mais certains disent que Néoptolème était fils d'Achille et d'Iphigénie [10].

k. Odysseus, Nestor et Ajax furent envoyés pour chercher Achille à Scyros où l'on disait qu'il s'était caché. Lycomède leur permit de fouiller le palais et ils n'auraient peut-être jamais trouvé Achille, si Odysseus n'avait déposé un monceau de cadeaux, des bijoux pour la plupart, mais aussi des ceintures, des robes brodées, etc., dans la salle, et demandé aux dames de la cour de choisir ce qui leur faisait plaisir. Puis Odysseus donna l'ordre brusquement qu'on fasse sonner les trompettes et retentir les armes en dehors du palais et voilà qu'une des filles, relevant ses jupes jusqu'à la taille, s'empara du bouclier et de la lance qu'il avait mêlés aux cadeaux : c'était Achille, et il promit de prendre la tête des Myrmidons contre Troie [11].

l. Certains auteurs considèrent cette version comme fantaisiste et disent que Nestor et Odysseus vinrent à Phthie pour recruter des troupes, et qu'ils y furent reçus par Pélée qui accepta sans se faire prier de laisser partir Achille ; celui-ci avait alors quinze ans et était sous la tutelle de

160. *h* — 160. *l*

Phœnix, fils d'Amyntor et Cléoboulé ; et que Thétis lui
donna un beau coffret en marqueterie, rempli de turquoises,
de manteaux contre le vent et d'épaisses couvertures pour
le voyage [12]. Ce Phœnix avait été accusé par Phthia, la
concubine de son père, de l'avoir violée. Amyntor rendit
Phœnix aveugle et, en même temps, il lança sur lui une
malédiction afin qu'il ne puisse pas avoir d'enfants ; on
ne sait si cette accusation était vraie ou fausse, mais, en
tout cas, il demeura sans enfant. Cependant, il s'enfuit à
Phthie, où Pélée, non seulement persuada Chiron de lui
rendre la vue, mais il le fit roi des Dolopes, ses voisins.
Phœnix se proposa alors pour être le garde d'Achille et
celui-ci de son côté s'attacha profondément à lui. C'est
pourquoi certains prétendent que la perte de la vue de
Phœnix n'était pas réelle, mais seulement une métaphore
pour dire qu'il était impuissant — malédiction que Pélée
leva en faisant de lui un second père pour Achille [13].

m. Achille avait un compagnon inséparable : son cousin
Patrocle qui, bien que plus âgé que lui, n'était pas aussi
fort, ni aussi rapide, ni aussi bien né. On donne parfois
comme nom au père de Patrocle celui de Ménoetios
d'Oponte et quelquefois celui d'Éaque ; sa mère est appelée
tantôt Sthénélé, fille d'Acaste, tantôt Périopis, fille de
Phérès ; tantôt Polymélé, fille de Pélée ; ou Philomèle,
fille d'Actor [14]. Il s'était réfugié à la cour de Pélée après
avoir tué le fils d'Amphidamas, Clitonymos, ou Aeanès,
dans une querelle à la suite d'une partie de dés [15].

n. Lorsque la flotte grecque fut rassemblée à Aulis, une
baie bien protégée dans les détroits d'Eubée, des messagers
crétois vinrent annoncer que le roi Idoménée, fils de
Deucalion, amènerait une centaine de navires à Troie, si
Agamemnon acceptait de partager avec lui le commandement suprême. Cette condition fut acceptée. Idoménée, un
ancien prétendant d'Hélène, célèbre pour sa beauté, amena
comme lieutenant Mérion, fils de Molos, dont on disait
qu'il était un bâtard de Minos ; il portait un coq gravé
sur son bouclier, parce qu'il descendait d'Hélios, et se
coiffait d'un casque orné de défenses de sanglier [16]. Ainsi
l'expédition devenait une opération créto-hellénique. Les
forces de terre helléniques étaient sous le commandement
d'Agamemnon, avec Odysseus, Palamède et Diomède
comme lieutenants ; et la flotte hellénique sous celui
d'Achille, aidé du grand Ajax et de Phœnix [17].

o. Parmi tous ses conseillers c'est à Nestor, roi de Pylos,
qu'Agamemnon attachait le plus de prix, car sa sagesse

était sans pareille et sa parole avait la douceur du miel. Il
avait gouverné durant trois générations d'hommes, mais il
était toujours, en dépit de son grand âge, un rude guerrier
et le seul chef qui surpassât le roi athénien Ménesthée en
stratégie pour la cavalerie comme pour l'infanterie. Son
jugement était sûr ; il était partagé par Odysseus et tous
deux étaient toujours du même avis quand on les consultait
au sujet de la conduite de la guerre [18].

p. Le Grand Ajax, fils de Télamon et de Périboea, venait
de Salamine. Il n'était qu'au second rang après Achille,
pour le courage, la force, la beauté et avait une tête de
plus que tous ses rivaux ; il avait un bouclier fait de sept
peaux de taureaux. Son corps était invulnérable, excepté à
l'aisselle, et d'après certains, au cou, à cause de l'onguent
magique d'Héraclès [19]. Comme il montait à bord de son
navire, Télamon lui donna le conseil suivant avant de
partir : « Fixe ton esprit sur la victoire, mais que ce soit
toujours en demandant l'aide des dieux ! » Ajax se récria :
« Hé quoi, avec l'aide des dieux n'importe quel poltron
peut obtenir la victoire, moi je gagne mes batailles même
sans leur aide ! » Par ses vantardises et d'autres du même
genre, il encourut la colère des dieux. Un jour qu'Athéna
était venue l'inciter au combat, il lui cria : « Éloigne-toi,
déesse, va ailleurs soutenir nos compagnons grecs, car à
l'endroit où je me trouve aucun ennemi ne passera [20] ! »
Teucer, le demi-frère d'Ajax, le fils bâtard de Télamon et
Hésioné et le meilleur archer de Grèce, avait coutume de
combattre à l'abri du bouclier d'Ajax et il revenait se
mettre sous sa protection comme un enfant auprès de sa
mère [21].

q. Petit Ajax, le Locrien, fils d'Oïlée et d'Ériopis, en
dépit de sa petite taille surpassait tous les Grecs lorsqu'il
jetait sa lance et, après Achille, c'était lui le plus rapide à
la course. Il faisait partie de l'association des trois guerriers
qu'avait constituée le Grand Ajax et il était facilement
reconnaissable à sa cuirasse de toile et au serpent apprivoisé,
dont la longueur dépassait celle d'un homme, qui le suivait
partout comme un chien [22]. Son demi-frère, Médon bâtard
d'Oïlée et de la nymphe Rhéné, venait de Phylacae où il
avait été banni pour avoir tué le frère d'Ériopis [23].

r. Diomède, fils de Tydée et de Déipylé, venait d'Argos
accompagné de deux Épigones, Sthénélos, fils de Capanée,
et Eurytalos l'Argonaute, fils de Mécistée, il avait été très
épris d'Hélène et considérait l'enlèvement par Pâris comme
une offense personnelle [24].

s. Tlépolémos l'Argien, fils d'Héraclès, amena neuf navires de Rhodes [25].

t. Avant de quitter Aulis, la flotte grecque reçut des approvisionnements de blé, de vin et d'autres provisions envoyées par Anios, rois de Délos, qu'Apollon avait eu secrètement de Rhoeo, fille de Staphylos et Chrysotémis — Rhoeo avait été enfermée dans un coffre et jetée à la mer par son père lorsqu'il s'était aperçu qu'elle était enceinte ; mais, après être venue s'échouer sur la côte d'Eubée, elle donna naissance à un garçon qu'elle appela Anios, à cause des *difficultés* dont il fut la cause ; et Apollon en fit son prêtre-roi et son augure à Délos. D'après certains, le coffret contenant Rhoeo vint s'échouer directement à Délos [26].

u. Par sa femme Dorippé, Anios fut père de trois filles : Élaïs, Spermo et Oeno, qu'on appelle les Vigneronnes ; et d'un fils, Andron, roi d'Andros, à qui Apollon apprit l'art augural. Lui-même étant prêtre d'Apollon, Anios voua les Vigneronnes à Dionysos, car il désirait que sa famille ne se trouvât pas sous la protection d'un seul dieu. En échange, Dionysos accorda à Élaïs que tout ce qu'elle toucherait, après l'avoir invoqué, serait changé en huile ; tout ce que toucherait Spermo deviendrait blé et tout ce que toucherait Oeno deviendrait vin [27]. Aussi Anios n'eut-il aucun mal à approvisionner la flotte grecque. Cependant, Agamemnon n'était pas satisfait : il envoya Ménélas et Odysseus à Délos, pour demander à Anios s'ils pouvaient emmener les Vigneronnes dans leur expédition. Anios refusa et dit à Ménélas que la volonté des dieux était que Troie ne fût prise qu'après dix ans.

« Pourquoi donc ne resteriez-vous pas à Délos, pendant ce temps, proposa-t-il fort courtoisement. Mes filles vous approvisionneront en nourriture et en vin pendant dix ans et ensuite elles vous accompagneront à Troie si cela est nécessaire. » Mais comme Agamemnon avait formellement ordonné : « Amenez-les-moi avec ou sans le consentement d'Anios », Anios ligota les Vigneronnes et les embarqua de force sur son navire [28]. Ayant réussi à s'échapper — l'une s'était enfuie à Eubée et l'autre à Andros — Agamemnon envoya ses navires à leur poursuite et menaça de faire la guerre si on ne les livrait pas. Elles se rendirent toutes trois, mais firent appel à Dionysos qui les changea en colombes ; depuis lors, les colombes furent l'objet de soins attentifs à Délos [29].

v. A Aulis, tandis qu'Agamemnon sacrifiait à Zeus et à Apollon, un serpent bleu, le dos couvert de taches rouge sang, surgit de derrière l'autel et se dirigea droit vers un beau platane tout proche. Sur la plus haute branche se trouvait un nid de moineaux qui contenait huit jeunes oiseaux et leur mère : le serpent les dévora tous puis, toujours enroulé autour de la branche, il fut changé en pierre par Zeus. Calchas interpréta ce prodige comme donnant raison à la prédiction d'Anios : neuf années devraient s'écouler avant que Troie soit prise, mais elle serait prise. Zeus les encouragea tous en lançant un éclair sur leur droite au moment où la flotte quittait la côte [30].

w. D'après certains, les Grecs quittèrent Aulis un mois après qu'Agamemnon eut convaincu Odysseus de se joindre à eux et Calchas les dirigea jusqu'à Troie grâce à son don de double vue. D'après d'autres, Oenoné envoya son fils Corythos comme pilote [31]. Mais selon une troisième version, plus généralement admise, ils n'avaient pas de pilote et arrivèrent par erreur en Mysie où ils débarquèrent et se mirent à ravager le pays, le prenant pour la Troade. Le roi Télèphe les repoussa jusqu'à leurs navires et tua le courageux Thersandros, fils du Thébain Polynice, qui seul n'avait pas reculé. Alors Achille et Patrocle se précipitèrent et, à leur vue, Télèphe s'enfuit le long des berges du fleuve Caïque. Or, les Grecs avaient sacrifié à Dionysos, à Aulis, alors que les Mysiens l'avaient oublié ; c'est pourquoi, comme punition, Télèphe trébucha sur un cep de vigne, brusquement sorti du sol, et Achille le blessa à la cuisse avec la célèbre lance qu'il était seul à pouvoir manier, cadeau de Chiron à son père Pélée [32].

x. Thersandros fut enterré à Élaea, où un autel aux héros lui fut, par la suite, consacré ; le commandement de ses Béotiens passa d'abord à Pénéléos et ensuite, après qu'il eut été tué par Eurypylos, fils de Télèphe, au fils de Thersandros, Tisaménos, qui n'avait pas encore atteint l'âge d'homme à l'époque de la mort de son père. Mais certains prétendent que Thersandros n'était pas mort et qu'il fut l'un de ceux qui se cachèrent dans le Cheval de Bois [33].

y. Ayant baigné leurs blessés dans les sources chaudes qui coulent près de Smyrne, appelées « Bains d'Agamemnon », les Grecs reprirent la mer, une fois de plus, mais, leurs navires ayant été dispersés par une violente tempête qu'Héra avait suscitée, chacun des capitaines se dirigea vers son propre pays. C'est ainsi qu'Achille aborda à Scyros

et épousa officiellement Deidamie [34]. Certains croient que
Troie tomba vingt ans après l'enlèvement d'Hélène, que
les Grecs firent ce faux départ la seconde année ; et que
huit ans s'écoulèrent avant qu'ils reprennent la mer à
nouveau. Mais il est beaucoup plus probable que leur
conseil de guerre à l'Hellenion de Sparte eut lieu l'année
même de leur retrait de Mysie ; ils étaient encore, dit-on,
assez perplexes, car ils n'avaient pas trouvé de pilote
compétent pour les conduire jusqu'à Troie [35].

z. Entre-temps, la blessure de Télèphe continuait à
s'envenimer et Apollon déclara qu'elle ne pouvait être
guérie que par ce qui l'avait causée. Il se rendit donc
auprès d'Agamemnon à Mycènes, habillé en haillons
comme un mendiant, et, sur le conseil de Clytemnestre, il
arracha le petit Oreste de son berceau. « Je vais tuer
ton enfant, s'écria-t-il, si tu ne me guéris pas ! » Mais
Agamemnon, qui avait été averti par un oracle que les
Grecs ne pouvaient s'emparer de Troie sans les conseils de
Télèphe, promit avec joie de l'aider s'il conduisait la flotte
jusqu'à Troie. Télèphe ayant accepté, Achille, à la demande
d'Agamemnon, gratta un peu de rouille de sa lance, en
enduisit la blessure et ainsi, en y ajoutant une plante
vulnéraire, l'*achillée*, qu'il avait découverte, il le guérit [36].
Par la suite, Télèphe refusa de se joindre à l'expédition,
sous le prétexte que sa femme Laodicé, appelée aussi
Hiéra, ou Astyoché, était la fille de Priam ; mais il indiqua
aux Grecs la route à suivre et Calchas confirma l'exactitude
de ses conseils grâce à son don de divination [37].

★

1. *Après la chute de Cnossos, en 1400 avant J.-C. environ, une
lutte s'engagea entre les peuples de la Méditerranée orientale pour
obtenir la suprématie maritime. On peut s'en rendre compte par
le récit d'Hérodote, que confirme Jean Malalas (voir 58. 4),
des incursions précédant l'enlèvement d'Hélène et par le récit
d'Apollodore des attaques de Pâris contre Sidon (voir 159. t) et
des hommes d'Agamemnon, contre la Mysie. La fédération
troyenne constituait le principal obstacle aux ambitions commerciales grecques jusqu'à ce que le roi de Mycènes eût rassemblé
ses alliés, y compris les seigneurs grecs de Crète en vue d'une
attaque concertée contre Troie. Une guerre navale, le contraire
du siège de Troie, aurait certainement duré neuf ou dix ans.*
2. *Parmi les alliés indépendants d'Agamemnon se trouvaient
les insulaires d'Ithaque, de Samé, de Doulichion et de Zacynthos
sous le commandement d'Odysseus ; les Thessaliens du Sud,*

commandés par Achille et leurs cousins Eaciens de Locride et de Salamine, sous le commandement des deux Ajax. L'association de ces deux capitaines causa beaucoup de difficultés et Agamemnon ne put les empêcher de s'entre'égorger qu'en usant constamment de diplomatie, avec le concours loyal de ses partisans péloponnésiens, Ménélas de Sparte, Diomède d'Argos et Nestor de Pylos. Le fait qu'Ajax avait rejeté les dieux de l'Olympe et banni Athéna fille de Zeus a été à tort considéré comme un signe d'athéisme ; c'est la preuve, plutôt, de son conformisme religieux. Les Eacides étaient de race lélège et vénéraient la déesse préhellénique (voir 158. 8 et 168. 2).

3. *Les Thébains et les Athéniens semblent s'être maintenus en dehors de la guerre ; bien qu'il soit fait mention de forces athéniennes dans le* Catalogue des Navires, *ils ne jouent aucun rôle digne d'être rapporté devant Troie. Mais on insiste sur la présence du roi Ménesthée pour justifier l'expansion athénienne qui eut lieu par la suite, le long de la côte de la mer Noire (voir 162. 3). Odysseus est un personnage central dans la mythologie grecque. Bien qu'il soit né d'une fille du dieu-Soleil corinthien et qu'il ait conquis Pénélope selon un usage très ancien et démodé, en gagnant une course à pied, il rompt avec l'ancien usage matriarcal en insistant pour que Pénélope vienne dans son royaume au lieu de se rendre lui-même dans le sien (voir 137. 4). Et aussi, à l'exemple de son père Sisyphe (voir 67. 2) et du Crétois Cinyras (voir 18. 5), il refuse de mourir à la fin de son règne — ce qui constitue l'allégorie centrale de l'*Odyssée *(voir 170. 1 et 171. 3). En outre, Odysseus est le premier personnage mythique dont les particularités physiques sont étrangères au mythe : des jambes courtes par rapport au corps, en sorte qu'il « a plus de noblesse lorsqu'il est assis que lorsqu'il est debout ». Sa cicatrice à la cuisse, cependant, doit être interprétée comme le signe qu'il a échappé à la mort dont périssent les rois adorateurs du sanglier (voir 18. 3 et 151. 2).*

4. *La folie simulée d'Odysseus, bien qu'elle soit en accord avec son étrange répugnance à se comporter comme il convient à un roi, semble inexacte. Ce qu'il fit, c'est montrer de façon prophétique l'inutilité de cette guerre à laquelle il avait été appelé ; coiffé d'un bonnet conique, qui indiquait qu'il était un mystagogue ou un devin, il labourait un champ en tous sens ; le bœuf et l'âne représentaient Zeus et Cronos, ou bien l'été et l'hiver ; et chaque sillon ensemencé de sel signifiait une année perdue. Palamède, qui avait aussi des dons prophétiques (voir 52. 6), s'empara alors de Télémaque et arrêta la charrue, sûrement au dixième sillon, en déposant l'enfant devant l'attelage : il montrait par là que la « bataille décisive », c'est ce que signifie « Télémaque », aurait lieu à ce moment-là.*

5. *Achille, personnage plus conservateur, se cache parmi les femmes comme il convient à un héros solaire (*la Déesse Blanche*) et prend les armes le quatrième mois, lorsque le soleil a dépassé l'équinoxe, sortant ainsi de la tutelle de sa mère, la Nuit. On*

appelait les jeunes garçons crétois des « Scetioi », « enfants de la nuit » (voir 27. 2), tant qu'ils étaient enfermés aux quartiers des femmes et que la prêtresse-mère ne leur avait pas donné leur liberté et des armes (voir 121. 5). Dans le Mabinogion, *Gwydion (le dieu Odin ou Woden) en une occasion similaire utilisa la même ruse que celle utilisée par Odysseus pour qu'Achille prenne les armes : voulant libérer Llew Llaw Gyffes, autre héros solaire, de l'empire de sa mère Arianrhod, il suscita un bruit de bataille à l'extérieur du château et lui fit peur en donnant à Llew Llaw une épée et un bouclier. Le mythe gallois est probablement la version la plus ancienne du mythe que les Argiens dramatisèrent en en faisant un combat, le premier jour du quatrième mois, entre de jeunes garçons habillés en filles et des femmes habillées en hommes, la fête s'appelait « Hybristica » (« conduite honteuse »). Son excuse historique était qu'au début du* v^e *siècle la prêtresse Télésilla, avec une troupe de femmes, avait réussi à tenir Actor contre le roi Cléomène de Sparte après que l'armée argienne eut été totalement anéantie (Plutarque :* Des vertus des femmes *4). Comme Patrocle portait à tort un nom patriarcal (« gloire du père »), il est possible qu'il ait été Phœnix (« sang rouge »), le frère jumeau d'Achille et son alter ego, selon le système matriarcal.*

6. *Tous les chefs grecs devant Troie sont des rois sacrés. Le serpent apprivoisé du petit Ajax ne peut pas l'avoir accompagné dans la bataille : il ne put en avoir un qu'au moment où il devint un héros oraculaire. Le casque orné de défenses de sanglier d'Idoménée, attesté par des découvertes faites en Crète et en Grèce mycénienne, fut peut-être, à l'origine, porté par son jumeau (voir 18. 7) ; son coq, consacré au soleil, et représentant Zeus Velchanos, fut sans doute ajouté par Homère, car la poule domestique n'a atteint la Grèce qu'au* vi^e *siècle avant J.-C. L'emblème original était probablement un perdreau (voir 92. 1). Ces boucliers encombrants consistaient en peaux de taureaux cousues ensemble, les extrémités en étaient arrondies et le milieu serré en forme de huit, pour servir au rituel. Ils couvraient le corps tout entier, du menton aux chevilles. Achille (« sans lèvres ») semble avoir été un titre répandu pour désigner les héros oraculaires, puisqu'il y avait des cultes d'Achille à Scyros, Phthie et Élis (Pausanias : II. 23. 3).*

7. *Rhoeo, fille de Staphylos et Chrysothémis (« grenade, fille de grappe de raisin et règle d'or ») arriva à Délos dans un coffre ; c'est la déesse bien connue de la fertilité dans sa barque en forme de croissant de lune. Elle apparaît également sous la forme d'une triade composée de ses petites-filles, vigneronnes dont les noms signifient « huile d'olive », « blé » et « vin ». Leur mère est Dorippé ou « jument don », ce qui donne à penser que Rhoeo était la Déméter à tête de jument (voir 16. 5). Des vestiges de son culte subsistent aujourd'hui dans le* kernos *à trois coupes, récipient utilisé par les prêtres grecs orthodoxes, pour les dons d'huile, de blé et de vin portés à l'église afin d'être sanctifiés. Un* kernos *du même genre a été découvert dans une tombe minoenne à*

Koumasa ; les vigneronnes qui étaient les arrière-petits-enfants d'Ariane avaient dû venir à Délos de Crète (voir 27. 8).

8. *La difficulté qu'ont éprouvée les Grecs à se rendre à Troie est en contradiction avec la facilité avec laquelle Ménélas y était allé ; peut-être, dans la légende troyenne primitive, Aphrodite a-t-elle jeté une malédiction qui a embrumé leur mémoire, de même qu'elle a, par la suite, dispersé leurs flottes au cours de leur voyage de retour (voir 169. 2).*

9. *Le traitement de la blessure d'Achille par un coup de lance, fondé sur le principe homéopathique ancien : « Le semblable guérit le semblable », rappelle l'emploi que fait Mélampous de la rouille d'un couteau à châtrer, pour guérir Iphilcos (voir 72. e).*

10. *Les Ménades, sur les vases peints, sont parfois marquées, sur leur corps, de tatouages en forme d'échelle. Si leurs visages étaient autrefois tatoués de cette façon pour les dissimuler au cours de leurs ébats dans les forêts, ce serait là l'explication du nom de Pénélope (« qui porte un voile sur le visage ») qui serait un titre de leur déesse des orgies dans la montagne ; il est possible qu'elle fût revêtue d'un filet au cours de ses orgies, comme Dictynna et la déesse britannique Goda (voir 89. 2 et 3). La prétendue mise au monde de Pan par Pénélope, après qu'elle se fut unie à tous ses prétendants, en l'absence d'Odysseus (voir 161. l), rappelle une tradition d'orgies sexuelles préhelléniques. Le canard pénélope, de même que le cygne, était probablement un oiseau totémique de Sparte (voir 62. 3-4).*

11. *Aucun commentateur ne s'est donné la peine, jusqu'à présent, d'expliquer la raison exacte pour laquelle le nid des oiseaux de Calchas aurait été placé sur un platane et dévoré par un serpent ; mais il est un fait certain, c'est que les serpents se débarrassent de leur peau chaque année et s'en refont une autre, tout comme les platanes — il s'agit de deux symboles de régénération. Calchas savait, par conséquent, que les oiseaux qui avaient été mangés représentaient les années et non les mois. Bien qu'Apollon se fût approprié le platane, plus tard, cet arbre était consacré à la Déesse en Crète et à Sparte (voir 58. 3), parce que sa feuille ressemblait à une main verte dont les doigts étaient étendus, comme pour bénir — geste que l'on retrouvait souvent dans les statuettes archaïques la représentant. Les taches bleues des serpents montraient qu'ils étaient envoyés par Zeus qui portait un nimbe bleu comme dieu du ciel. Les bateaux jouets de Cinyras sont peut-être le reflet de la coutume chypriote, empruntée à l'Égypte, d'enterrer des bateaux en terre cuite auprès des princes défunts pour leur voyage dans l'Autre Monde.*

12. *Les cinquante filles de Cinyras qui se changèrent en alcyons seraient un séminaire de prêtresses d'Aphrodite. Un de ses titres était « Alcyoné », « la reine qui protège des tempêtes », et*

*les alcyons, ou martins-pêcheurs, qui lui étaient consacrés,
présageaient un temps calme (voir 45. 2).*

161.
Le second rassemblement à Aulis

a. Calchas, le frère de Leucippé et de Théonoé, avait
appris de son père Thestor l'art divinatoire. Un jour,
Théonoé se promenait sur la grève près de Troie lorsque
des pirates cariens l'enlevèrent et elle devint la maîtresse
du roi Icare. Thestor partit aussitôt à sa recherche mais il
fit naufrage sur la côte de Carie et fut emprisonné par
Icare. Plusieurs années plus tard, Leucippé, qui était encore
une enfant à l'époque où étaient survenus ces tristes
événements, se rendit à Delphes pour avoir des nouvelles
de son père et de sa sœur. La Pythie lui ayant conseillé de
se déguiser en prêtre d'Apollon et de se rendre en Carie
pour les retrouver, Leucippé obéit, se rasa les cheveux et
se rendit à la cour du roi Icare ; mais Théonoé, ne l'ayant
pas reconnue sous son déguisement, tomba amoureuse
d'elle et dit à un des gardes : « Amenez-moi ce jeune
prêtre dans ma chambre à coucher ! » Leucippé à son
tour, ne l'ayant pas reconnue et craignant d'être mise à
mort comme imposteur, la repoussa ; Théonoé, ne pouvant
pas demander aux serviteurs du palais de commettre un
sacrilège en tuant un prêtre, ordonna qu'un prisonnier
étranger se chargeât de la besogne et envoya une épée pour
le meurtre.

b. Or le prisonnier, choisi par Thestor, qui se rendit
dans la chambre à coucher où Leucippé avait été enfermée
tira son épée et, désespéré, raconta son histoire : « Je ne
vous tuerai pas, mon ami, dit-il, car moi aussi je vénère
Apollon et je préfère me tuer moi-même ! Mais permettez-
moi d'abord de vous dire mon nom ; je suis Thestor, fils
d'Idmon l'Argonaute, prêtre Troyen ! » Il était sur le point
de se plonger son épée dans la poitrine, lorsque Leucippé
la lui arracha des mains en s'écriant : « Père, Père, je suis
Leucippé, ta fille ! Ne tourne pas cette arme contre toi
mais utilise-la pour tuer l'abominable concubine du roi
Icare. Viens, suis-moi ! » Ils se précipitèrent ensemble dans
la chambre à coucher de Théonoé. « Misérable débauchée,
s'écria Leucippé en faisant irruption chez elle, suivie de
Thestor. Prépare-toi à mourir de la main de mon père,

Thestor, fils d'Idmon ! » Ce fut alors au tour de Théonoé
de s'exclamer : « Père, père ! » Et, tous trois ayant versé
des larmes de joie et remercié Apollon, le roi Icare
les renvoya généreusement dans leur patrie, chargés de
cadeaux [1].

c. Quant à Priam, après avoir rejeté la demande d'Agamemnon de rendre Hélène, il envoya le fils de Thestor,
Calchas, qui était prêtre d'Apollon, consulter la Pythie de
Delphes. Elle prédit la chute de Troie, la totale destruction
de la maison royale de Priam et donna l'ordre à Calchas
de se joindre aux Grecs et de les empêcher de lever le siège
devant Troie avant leur complète victoire. Calchas et
Achille se firent des serments d'amitié et celui-ci le logea
dans sa maison et l'emmena ensuite auprès d'Agamemnon [2].

d. La flotte grecque se rassembla pour la seconde fois à
Aulis, et, comme elle se trouvait bloquée par des vents
défavorables depuis plusieurs jours, Calchas prédit qu'elle
serait dans l'impossibilité de partir à moins qu'Agamemnon
ne sacrifie la plus belle de ses filles à Artémis. La raison
pour laquelle Artémis aurait été offensée est controversée ;
certains disent qu'un jour, ayant tiré un cerf de très loin,
Agamemnon se serait écrié orgueilleusement : « Artémis
elle-même n'aurait pas pu faire mieux ! » Ou bien qu'il
avait tué sa chèvre sacrée ; ou bien qu'il aurait promis de
lui offrir la plus belle créature vivante née cette année-là
dans son royaume et que ce fut Iphigénie ; ou encore que
son père Atrée avait conservé un agneau d'or qui lui
appartenait [3]. Toujours est-il qu'Agamemnon refusa de
faire ce qu'on lui demandait, en disant que Clytemnestre
ne laisserait jamais partir Iphigénie. Mais lorsque les Grecs
eurent décidé : « Nous allons prêter serment d'allégeance
à Palamède, s'il s'obstine à refuser », et lorsque Odysseus,
simulant la colère, se prépara à rentrer dans sa patrie,
Ménélas vint en médiateur pour rétablir la paix entre eux.
Il suggéra qu'Odysseus et Talthybios aillent chercher
Iphigénie et l'amènent à Aulis sous le prétexte de la donner
en mariage à Achille en récompense de ses exploits en
Mysie. Agamemnon accepta cette ruse, et, bien qu'il ait
aussitôt envoyé secrètement un message à Clytemnestre
l'avertissant de ne pas croire ce qu'Odysseus lui dirait,
Ménélas ayant intercepté le message, elle fut trompée et
laissa partir Iphigénie pour Aulis [4].

e. Lorsque Achille découvrit qu'on avait usé de son nom
pour une mauvaise action, il décida de protéger Iphigénie.

Mais la jeune fille consentit noblement à mourir pour la gloire de la Grèce et offrit sa nuque à la hache du sacrifice sans une plainte. Certains disent qu'Artémis l'enleva en un clin d'œil à Chersonnèse, en Tauride, et lui substitua une biche sur l'autel ; ou bien une ourse ; ou bien une vieille femme. D'autres qu'il y eut un coup de tonnerre et que, sur l'ordre d'Artémis et sur la prière de Clytemnestre, Achille intervint, sauva Iphigénie et l'envoya sur Scythie ; ou bien qu'il l'épousa et que c'est elle et non pas Deidamie qui lui donna Néoptolème [5].

f. Quoi qu'il en soit d'Iphigénie, le fait est que le vent de nord-est cessa de souffler et la flotte se mit en route, enfin. Ils touchèrent d'abord Lesbos, où Odysseus entra dans l'arène contre le roi Philomélidès, qui obligeait tous ses hôtes à lutter contre lui ; et, aux acclamations frénétiques de tous les Grecs présents, il le renversa ignominieusement. Puis ils abordèrent à Ténédos que l'on peut voir de Troie, et qui était alors gouvernée par Ténès qui, bien qu'il passât pour être le fils de Cycnos et Procléia, fille de Laomédon, pouvait appeler Apollon son père.

g. Ce Cycnos, fils de Poséidon et de Calycé ou Herpalé, régnait à Colone. Il avait été mis au monde secrètement et abandonné au bord de la mer, mais il fut découvert par des pêcheurs qui aperçurent un cygne qui venait le nourrir [6]. A la mort de Procléia, il épousa Phylonomé, fille de Tragasos ; elle tomba amoureuse de son gendre Ténès, ne parvint pas à le séduire et, pour se venger, l'accusa d'avoir essayé de la violer. Elle fit appeler le joueur de flûte Molpos comme témoin ; Cycnos les crut, enferma Ténès et sa sœur Hémithéa dans un coffre et les lança à la mer. Ils vinrent s'échouer sur l'île de Ténédos qu'on appelle à cause de cela « Leucophrys », ce qui signifie « hauteur blanche » [7]. Par la suite, lorsque Cycnos apprit la vérité il fit lapider Molpos, enterra Phylonomé et, ayant appris que Ténès n'était pas mort et vivait à Ténédos, il s'y rendit en toute hâte dans l'intention de reconnaître son erreur. Mais Ténès, qui ne se sentait aucune envie de pardonner, coupa avec une hache les cordes qui retenaient le navire de Cycnos : d'où l'expression, devenue proverbe, pour exprimer un refus par colère : « Il l'a coupé avec une hache de Ténédos. » Finalement, cependant, Ténès s'adoucit et Cycnos s'établit auprès de lui à Ténédos [8].

h. Thétis avait averti Achille que, si jamais il tuait un fils d'Apollon, il mourrait lui-même de la main d'Apollon ; un serviteur du nom de Mnémon l'accompagnait dans le

seul dessein de le lui rappeler. Mais lorsque Achille vit
Ténès jeter un énorme rocher d'une falaise sur les navires
grecs, il nagea jusqu'au rivage et, sans réfléchir, il lui
traversa le cœur de sa lance. Les Grecs alors débarquèrent
et dévastèrent Ténédos ; Achille, comprenant trop tard ce
qu'il venait de faire, tua Mnémon parce qu'il avait oublié
de lui rappeler les paroles de Thétis. Il enterra Ténès à
l'endroit où les Grecs de l'Antiquité montraient son autel :
il était interdit à aucun joueur de flûte d'y pénétrer, et on
ne devait jamais y mentionner le nom d'Achille [9]. Achille
tua également Cycnos en le frappant à la tête, sa seule
partie qui fût vulnérable, et   poursuivit Hémithéa qui lui
échappa comme une biche mais elle aurait été rejointe et
violée si la terre ne l'avait engloutie. C'est à Ténédos
également qu'Achille se querella pour la première fois avec
Agamemnon qu'il accusa de lui avoir demandé de se
joindre à l'expédition, seulement après coup [10].

i. Palamède offrit une hécatombe à Apollon Sminthien
en reconnaissance pour sa victoire de Ténédos, mais au
moment du sacrifice, un serpent d'eau s'approcha de
l'autel et mordit au pied Philoctète, le célèbre archer, et
ni les onguents ni les herbes médicinales n'eurent aucun
effet, la blessure s'infectait de plus en plus et les cris de
douleur de Philoctète étaient si forts que l'armée ne
supporta plus sa présence. Aussi Agamemnon donna-t-il
l'ordre à Odysseus de le débarquer dans une région
désertique de Lemnos, où il survécut pendant plusieurs
années en chassant des oiseaux ; et ce fut Médon qui
assuma le commandement des troupes [11].

j. Selon un autre récit, l'accident survint à Chrysé, un
îlot au large de Lemnos, qui, depuis, a disparu dans la
mer. Là, ou bien la nymphe Chrysé tomba amoureuse de
Philoctète, et, comme il repoussait ses avances, elle le fit
mordre par une vipère alors qu'il était en train de travailler
à dégager un autel d'Athéna Chrysé enfoui sous la terre,
ou bien encore, il fut mordu par un serpent qui gardait le
temple d'Athéna dont il s'était approché de trop près [12].

k. Selon une troisième version, Philoctète fut mordu à
Lemnos même par un serpent qu'Héra avait envoyé pour
le punir d'avoir osé allumer le bûcher funéraire d'Héraclès.
Il était alors émerveillé par l'autel élevé par Jason à
Athéna, et faisait le projet d'en élever un à Héraclès [13].

l. Selon une quatrième version, Philoctète fut mordu
pendant qu'il admirait la tombe de Troïlos dans le temple
d'Apollon Thymbréen. Selon une cinquième version, il fut

blessé par une flèche empoisonnée d'Héraclès [14]. Héraclès
lui aurait, dit-on, fait jurer de ne jamais divulguer l'endroit
où se trouvaient enterrées ses cendres ; mais, lorsque les
Grecs apprirent que Troie ne pouvait pas être conquise
sans les flèches d'Héraclès, ils se mirent à la recherche de
Philoctète. Bien qu'au début il leur eût dit tout ignorer
d'Héraclès, il finit par leur dévoiler exactement tout ce
qui s'était passé sur le mont Oeta ; aussi insistèrent-ils
pour qu'il leur révélât où se trouvait la tombe. Il refusa
de répondre à cette question mais ils se firent si pressants
qu'il se rendit à l'endroit où se trouvait la tombe et là,
sans prononcer une parole, il frappa la terre du pied. Par
la suite, en passant auprès de la tombe, en route pour la
guerre de Troie, une des flèches d'Héraclès sauta hors du
carquois et lui traversa le pied : c'était un avertissement.
Il ne faut jamais révéler les secrets divins, fût-ce par un
signe ou une allusion [15].

★

1. *La pièce de théâtre, aujourd'hui perdue, d'où Hygin a tiré
la légende de Thestor et de ses filles montre surtout que les
écrivains de théâtre grecs aimaient le drame ; le récit n'a en lui-
même aucune valeur du point de vue mythologique.*

2. *Une version du mythe de la « fille de Yephté » (voir 169. 5)
semble avoir été confondue avec le sacrifice d'une prêtresse
d'Aulis par Agamemnon, accusée d'avoir suscité des vents
contraires, par sortilège ; cet acte téméraire d'Agamemnon offensa, semble-t-il, les conservateurs dans son pays, les femmes
étant, traditionnellement, exemptées du sacrifice. Les Tauriens, à
qui on disait qu'Iphigénie avait été envoyée par Artémis, vivaient
en Crimée et vénéraient Artémis tueuse d'hommes ; Oreste, le
fils d'Agamemnon, était tombé entre leurs mains (voir 116. e).*

3. *L'épreuve de lutte d'Odysseus contre le roi Philomélidès
dont le nom signifie « cher aux nymphes des pommiers » est
probablement tirée d'une peinture connue représentant le combat
rituel au cours duquel le vieux roi est vaincu par le jeune et reçoit
une branche de pommier (voir 53. b).*

4. *Achille tua un deuxième Cycnos (voir 162. f) ; Héraclès en
tua un troisième (voir 143. g) et Zeus l'empêcha d'en tuer un
quatrième (voir 133. d). Le nom indique que des cygnes escortaient
les âmes royales au Paradis du Nord. Lorsque Apollon apparaît
dans les œuvres d'art anciennes, chevauchant un cygne ou sur un
char tiré par des cygnes (Overbeck : La Mythologie dans l'Art
grec) lors d'une visite aux Hyperboréens, c'est là une façon
courtoise de représenter sa mort annuelle au milieu de l'été. A
cette période, des cygnes s'envolent vers le nord, en chantant,
vers le cercle arctique où se trouvent leurs terres natales, et ils*

émettent deux notes pareilles à des coups de trompettes au moment où ils partent ; c'est pourquoi Pausanias (I. 303) dit que les cygnes sont versés dans l'art des Muses. « Les cygnes chantent avant de mourir » : l'âme du roi sacré s'en va au son de la musique.

5. La blessure de Philoctète a été associée à beaucoup de lieux différents car la figuration d'où provient son histoire était très répandue. Il est le roi sacré de Ténédos, de Lemnos, d'Eubée ou de toute autre nation hellénique, atteint au pied par une flèche empoisonnée (voir 126. 3 ; 154. h ; 164. j et 166. e) près de l'autel de la déesse.

6. Héraclès n'est pas le seul roi sacré dont la tombe se trouve en un lieu secret ; ceci semble avoir été un usage courant dans l'isthme de Corinthe (voir 67. j) et parmi les Hébreux primitifs (Deutéronome XXXIV. 6).

7. Ténès lançant des rochers peut être une mauvaise interprétation de la représentation très répandue où un héros solaire pousse la boule du soleil jusqu'au zénith (voir 67. 2) ; Talos, héros solaire crétois, lança aussi des rochers contre des navires qui approchaient (voir 154. h). Les navires, dans cette représentation, indiqueraient simplement que la Crète, ou Ténédos, était une puissance navale.

162.
Neuf années de guerre

a. Le moment exact où les Grecs envoyèrent des messagers à Priam pour demander le retour d'Hélène et des biens de Ménélas est controversé. Certains disent que ce fut tout de suite après leur débarquement à Troie ; d'autres que ce fut avant que les navires se fussent rassemblés à Aulis ; mais il est généralement admis que la délégation, comprenant Ménélas, Odysseus et Palamède, partit de Ténédos [1]. Et les Troyens, qui étaient décidés à garder Hélène, les auraient tous tués, si Anténor, dont ils étaient les hôtes, ne s'était opposé à ce crime scandaleux [2].

b. Irrités par cet entêtement, les Grecs s'embarquèrent de Ténédos et amarrèrent leurs navires en vue de Troie. Les Troyens descendirent en masse vers la mer et tentèrent de repousser les envahisseurs en les criblant de pierres. Alors, et tandis que tous les autres hésitaient — même Achille qui savait par Thétis que le premier qui mettrait le pied sur le rivage serait aussi le premier à périr — Protésilas sauta à terre, tua un grand nombre de Troyens et fut frappé à mort par Hector ; ou ce fut peut-être Euphorbos ; ou bien encore Achaté l'ami d'Énée [3].

c. Ce Protésilas, oncle de Philoctète et fils d'Iphiclos
que Mélampous guérit de l'impuissance dont il était atteint,
s'appelait auparavant Iolaos mais il prit un autre nom par
suite des circonstances de sa mort⁴. Il est enterré à
Chersonnèse en Thrace, non loin de la ville d'Éléonte, où
les honneurs divins lui sont rendus. Des ormes très hauts,
plantés par les nymphes, ombragent sa tombe à l'intérieur
de l'enceinte sacrée. Les bourgeons dirigés vers Troie, de
l'autre côté de la mer, donnaient des feuilles précoces,
mais à présent ils ne s'ouvrent plus, tandis que ceux de
l'autre côté sont encore verts en hiver. Quand les ormes
deviennent si hauts qu'un homme grimpé aux plus hautes
branches peut voir distinctement les murs de Troie, ils se
dessèchent et meurent ; mais de jeunes pousses renaissent
de leurs racines⁵.

d. Laodamie, la femme de Protésilas, fille d'Acaste (que
certains appellent Polydora, fille de Méléagre) fut tellement
affligée de l'absence de son mari dès qu'il se fut embarqué
pour Troie, qu'elle fabriqua une statue de lui en bronze
ou en cire et la plaça dans son lit. Mais ce n'était là
qu'une piètre consolation et, lorsque la nouvelle de sa
mort lui parvint, elle supplia les dieux d'avoir pitié d'elle
et de lui permettre de revenir le voir, ne fût-ce que pour
trois heures. Zeus Tout-Puissant exauça Laodamie et
Hermès amena l'ombre de Protésilas du Tartare pour
animer sa statue. Alors Protésilas, parlant par les lèvres
de son effigie, l'adjura de ne pas tarder à le suivre et les
trois heures n'étaient point encore écoulées qu'elle se
poignardait dans ses bras⁶. Selon d'autres versions, le père
de Laodamie l'obligea à se remarier, mais elle passait ses
nuits avec la statue de Protésilas jusqu'au jour où un
serviteur, qui apportait des pommes destinées à un sacrifice
matinal, regarda par un trou de la porte de la chambre à
coucher et la vit étreindre ce qu'il prit pour un amant. Il
courut le dire à Acaste qui, ayant fait irruption dans la
chambre, découvrit la vérité. Plutôt que de la voir se
torturer ainsi vainement, Acaste donna l'ordre de brûler
la statue ; mais Laodamie se jeta dans les flammes et
mourut avec elle⁷.

e. Selon une autre tradition encore, Protésilas survécut
à la guerre de Troie et prit la mer pour revenir. Il avait
amené avec lui comme captive la sœur de Priam, Aethylla.
Au cours du voyage, il aborda sur la péninsule macédo-
nienne de Pellène, mais, pendant qu'il était allé à terre
pour chercher de l'eau, Aethylla persuada les autres

captives de brûler les navires ; et Protésilas, ainsi contraint de demeurer à Pellène, fonda la ville de Scioné. Cela n'est cependant pas exact : Aethylla, aidée d'Astyoché et de ses compagnes captives, mit le feu aux navires près du fleuve italien Navaethos qui signifie « incendie de navires » ; elles n'étaient pas non plus les captives de Protésilas [8].

f. Achille fut le second Grec à mettre le pied sur le sol troyen, suivi de près par ses Myrmidons ; il tua Cycnos, fils de Poséidon, avec une pierre bien lancée. Les Troyens battirent alors en retraite, se réfugièrent dans leur ville, tandis que le restant des Grecs débarquait, accentuant leur déroute et en tuant un grand nombre. Selon un autre récit, Achille, se souvenant du sort de Protésilas, fut le dernier à débarquer, et il fit un bond si prodigieux pour sauter de son bateau qu'une source jaillit sur la grève à l'endroit où ses pieds s'étaient posés. Dans la bataille qui suivit, Cycnos, dit-on, qui était invulnérable tua des centaines de Grecs ; mais Achille, après avoir essayé en vain sa lance et son épée contre lui, le frappa furieusement au visage avec la garde de son épée, le força à reculer jusqu'à ce qu'il ait trébuché sur une pierre ; alors il mit un genou sur sa poitrine et l'étrangla avec les lanières de son casque ; mais Poséidon changea son âme en cygne et il s'envola. Les Grecs mirent alors le siège devant Troie et tirèrent leurs navires sur le sable en les protégeant par une palissade [9].

g. Or il avait été prédit que la ville ne tomberait pas si Troïlos parvenait à l'âge de vingt ans. Certains disent qu'Achille s'éprit de lui pendant qu'ils combattaient l'un contre l'autre. « Je te tuerai, lui dit-il, si tu te refuses à mes caresses. » Troïlos s'enfuit et se réfugia dans le sanctuaire du temple d'Apollon Thymbréen ; mais Achille ne craignait pas la colère des dieux et, comme Troïlos demeurait toujours très réservé, il lui coupa la tête sur l'autel à l'endroit précis où il devait lui-même périr plus tard [10]. D'autres disent qu'Achille tua Troïlos d'un coup de lance pendant qu'il s'occupait de ses chevaux dans l'enceinte du temple ; ou bien qu'il l'attira dehors en faisant une offrande de colombes et que Troïlos mourut les membres écrasés et le visage exsangue, c'est ainsi, à la manière des ours, qu'Achille faisait l'amour. D'autres encore disent que Troïlos fit une sortie hors de Troie pour venger la mort de Mémnon et se battit contre Achille qui le tua — ou encore qu'il fut fait prisonnier et ensuite mis à mort froidement, en public, sur l'ordre d'Achille — et, comme il avait alors une quarantaine d'années et la peau fortement basanée, il est peu vraisemblable qu'il eût suscité une passion chez Achille. Mais quelle que soit la manière dont il fut tué, c'est Achille qui fut la cause de sa mort et les Troyens le pleurèrent autant qu'Hector [11].

h. Troïlos avait, dit-on, aimé Briséis, la ravissante fille de Calchas, que son père avait laissée à Troie, et, comme elle n'avait aucune part à sa défection, on continuait à la traiter de façon très courtoise. Calchas, sachant que Troie devait tomber, persuada Agamemnon de la demander à Priam de sa part, de crainte qu'elle ne fût considérée comme prisonnière de guerre. Priam accepta généreusement et plusieurs de ses fils escortèrent Briséis jusqu'au camp grec. Bien qu'elle eût juré à Troïlos de lui être à jamais fidèle, Briséis ne tarda pas à donner son cœur à Diomède d'Argos qui était tombé follement amoureux d'elle et qui essayait par tous les moyens de tuer Troïlos chaque fois que celui-ci apparaissait sur le champ de bataille [12].

i. Au cours d'une expédition nocturne, Achille fit prisonnier Lycaon qu'il avait surpris dans le verger de son père Priam, où il coupait des branches de figuier pour en faire des rails pour les chariots. Patrocle emmena Lycaon à Lemnos, et le vendit au fils de Jason, le roi Eunée, qui approvisionnait les forces grecques en vin ; le prix en était une cuve phénicienne en argent. Or Eétion d'Imbros paya sa rançon et il revint à Troie mais ce fut pour être tué de la main d'Achille douze jours plus tard [13].

j. Achille était parti avec un groupe de volontaires avec l'intention de dévaster la campagne troyenne. Sur le mont Ida il sépara Énée le Dardanide de son troupeau, le pourchassa sur les pentes boisées et, après avoir tué les gardiens du troupeau ainsi que Mestor le fils de Priam, il s'empara du troupeau et pilla la ville de Lyrnessos où Énée s'était réfugié. Mynès et Épistrophos, fils du roi Évenos, périrent au cours du combat ; mais Zeus aida Énée à s'échapper. La femme de Mynès, une autre Briséis, fille de Briséos, fut faite prisonnière et son père se pendit [14].

k. Bien qu'Énée eût été de connivence avec Pâris lors de l'enlèvement d'Hélène, il demeura neutre pendant les premières années de la guerre ; étant fils d'Aphrodite par Anchise, petit-fils de Tros, il avait été froissé du mépris de son cousin Priam [15]. Mais la provocation d'Achille obligea les Dardanides à se joindre finalement aux forces troyennes. Énée était un guerrier habile et Achille lui-même en convenait et l'estimait : en effet si Hector était le bras des Troyens, Énée en était l'âme. Sa mère céleste l'aidait souvent dans la bataille ; et un jour que Diomède lui avait brisé la hanche en lui lançant une pierre, elle lui sauva le vie, et Diomède l'ayant blessée à son tour au poignet d'un coup de lance, Apollon emporta Énée hors du champ de bataille et le fit soigner par Léto et Artémis. En une autre circonstance, Poséidon, bien qu'il fût hostile aux Troyens, lui sauva la vie, car il voulait respecter les décrets du destin et savait que la lignée royale d'Énée devait par la suite régner sur Troie [16].

l. Achille fit la conquête de nombreuses villes alliées de Troie : Lesbos, Phocée, Colophon, Smyrne, Clazomènes, Cymé, Aegialie, Ténos, Adramytte, Didé, Endion, Linnaeon, Colone, Lyrnessos, Antandros et plusieurs autres, dont Thèbes Hypoplacienne, où un autre Eétion, père d'Andromaque, épouse d'Hector, ainsi que son camarade Podès, régnaient sur les Siciliens. Achille tua Eétion en même temps que sept de ses fils, mais il ne détroussa pas son cadavre : il le brûla, revêtu de son armure, et autour du bûcher qu'il avait formé, des nymphes de la montagne plantèrent un bois d'ormes [17]. Parmi les captives se trouvaient Astynomé ou Chryséis, fille de Chrysès, desservant du temple d'Apollon dans l'île de Sminthos. Selon certains, Astynomé était la femme d'Eétion ; selon d'autres, Chrysès l'avait envoyée à Lyrnessos pour la mettre à l'abri ou bien pour qu'elle participe aux fêtes d'Artémis. Quand on répartit le butin, elle échut à Agamemnon comme Briséis à Achille. De Thèbes Hypoplacienne, Achille rapporta aussi le cheval Pédasos, rapide à la course, qu'il attela à son équipage immortel [18].

m. Le Grand Ajax se rendit par mer à Chersonnèse de Thrace où il fit prisonnier Polydoros, frère de lait de Lycaon — leur mère était Laothoé —, et en Teuthranie, où il tua le roi Teuthras, et s'empara d'un important butin, dont la princesse Tecmessa qui devint sa concubine [19].

n. Or, comme la sixième année de guerre approchait, les Grecs cessèrent de guerroyer le long de la côte d'Asie Mineure et concentrèrent leurs forces devant Troie. Les Troyens organisèrent leurs camps : les Dardanides, sous le commandement d'Énée et des deux fils d'Anténor ; les Paeoniens, les Paphlagoniens, les Mysiens, les Phrygiens, les Maeoniens, les Cariens, les Lyciens, etc. Sarpédon, le fils que Laodamie, fille de Bellérophon, avait donné à Zeus, était à la tête des Lyciens. Voici comment cela se passa. Au moment où les deux frères de Laodamie, Isandros et Hippolochos, prétendaient au trône, on proposa que celui qui serait capable de tirer une flèche à travers un anneau d'or suspendu au nez d'un enfant, serait roi. Chacun d'eux insistait pour que ce fût le fils de l'autre qui fût choisi pour cette épreuve, mais Laodamie les empêcha de s'entre-tuer en offrant de fixer l'anneau autour du cou de son propre fils Sarpédon. Étonnés d'une telle noblesse, il acceptèrent l'un et l'autre de renoncer au trône en faveur de Sarpédon ; et c'est avec lui que Glaucos, fils d'Hippolochos, partageait à présent le pouvoir [20].

o. Agamemnon avait envoyé Odysseus à la tête d'une expédition pour chercher des vivres en Thrace, et, lorsqu'ils furent revenus les mains vides, Palamède, fils de Nauplios, lui reprocha sa paresse et son manque de courage : « Ce n'est pas ma faute, s'écria Odysseus, s'il n'y avait pas de blé ; si Agamemnon t'avait envoyé à ma place tu n'aurais pas eu plus de succès que moi. » Palamède, ainsi mis au défi, prit la mer aussitôt et revint peu de temps après avec une cargaison de blé [21].

p. Après plusieurs jours de réflexion, Odysseus trouva finalement un moyen de se venger de Palamède, car il avait été atteint dans son honneur. Il envoya un mot à Agamemnon : « Les dieux m'ont prévenu en songe qu'une trahison se prépare : il faut lever le camp pendant un jour et une nuit. » Agamemnon donna aussitôt des ordres en ce sens et Odysseus enfouit en secret un sac rempli d'or à l'emplacement de la tente de Palamède. Puis il obligea un prisonnier phrygien à écrire une lettre émanant soi-disant de Priam et adressée à Palamède, ainsi conçue : « L'or que je t'ai envoyé est le prix que tu as demandé pour trahir les Grecs. » Puis, ayant donné l'ordre au prisonnier de remettre la lettre à Palamède, Odysseus le fit tuer en dehors du camp avant qu'il ait pu accomplir sa mission. Le lendemain, quand l'armée revint s'installer sur les positions de la veille, quelqu'un découvrit le cadavre du prisonnier et alla porter la lettre à Agamemnon. Palamède fut traîné devant la cour martiale et comme il niait énergiquement avoir reçu de l'or de Priam ou de quelqu'un d'autre, Odysseus suggéra de faire fouiller sa tente. On découvrit l'or et toute l'armée lapida Palamède comme traître [22].

q. Certains disent qu'Agamemnon, Odysseus et Diomède étaient impliqués dans ce complot et qu'ils dictèrent d'un commun accord la fameuse lettre au Phrygien et soudoyèrent ensuite un serviteur pour la cacher avec l'or sous le lit de Palamède. Lorsque Palamède fut amené à l'endroit où il devait subir la lapidation, il s'écria : « En vérité c'est moi qui porte votre deuil, car c'est vous qui m'avez précédé dans la mort [23]. »

r. D'autres disent qu'Odysseus et Diomède, prétendant avoir découvert un trésor caché au fond d'un puits, y firent descendre Palamède à l'aide d'une corde, puis le tuèrent en lui lançant des pierres sur la tête, ou bien encore qu'ils le noyèrent au cours d'une partie de pêche. D'autres encore disent que Pâris le tua d'une flèche. On n'est guère plus d'accord sur le lieu de sa mort : on dit tantôt que c'est à Colone en Troade, à Garaestos, ou encore à Ténédos ; mais il possédait un autel héroïque près de Méthymne à Lesbos [24].

s. Palamède avait mérité la reconnaissance de ses compagnons à cause de l'invention du jeu de dés qui les aida à passer le temps devant Troie ; il en dédia la première paire à un temple de Tyché à Argos. Mais tous lui enviaient sa sagesse, il avait en effet inventé les phares, les échelles, les mesures, le disque, l'alphabet et l'art de disposer des sentinelles [25].

t. Lorsque Nauplios apprit la nouvelle du meurtre, il prit la mer et débarqua à Troie en demandant réparation ; mais il se heurta à un refus de la part d'Agamemnon qui avait été le complice d'Odysseus et qui jouissait de la confiance de tous les chefs Grecs. Nauplios retourna donc en Grèce en compagnie d'Oeax, le seul de ses fils qui eût survécu, et apporta de fausses nouvelles aux femmes des meurtriers de Palamède ; à chacune d'elles il disait : « Votre mari ramène une concubine troyenne pour en faire sa nouvelle reine. » Certaines de ces épouses malheureuses se donnèrent alors la mort tandis que d'autres devenaient adultères : ainsi Clytemnestre, la femme d'Agamemnon, le trompa avec Égisthe ; la femme de Diomède, Aegialé, trompa son mari avec Cométès, fils de Sthénélos ; et Méda, femme d'Idoménée, devint adultère avec un certain Leucos [26].

★

1. *L'*Iliade *ne raconte en détail que la dixième année du siège et chaque mythographe a mis dans un ordre différent les événements des années précédentes. Selon Apollodore (*Épitomé III. 32-33*), Achille tue Troïlos, fait prisonnier Lycaon, vole les troupeaux d'Énée et s'empare d'un grand nombre de villes. Selon les* Chants Cypriens *(cités par Proclus :* Chrestomathie I*), les*

Grecs, n'ayant pas réussi à prendre d'assaut Troie, dévastent les campagnes et les villes environnantes ; Aphrodite et Thétis organisent une rencontre entre Achille et Hélène ; les Grecs décident de rentrer chez eux mais en sont empêchés par Achille, qui dérobe alors les troupeaux d'Énée, pille plusieurs villes et tue Troïlos ; Patrocle vend Lycaon à Lemnos ; ou partage le butin ; Palamède est lapidé.

2. *Selon Tzetzès (Lycophron 307), Troïlos survit à Hector et à Memnon. De même, selon Parès le Phrygien, Troïlos succède à Hector à la tête des forces troyennes (Darès : 30) jusqu'au jour où, un des chevaux de son char ayant été blessé, Achille survient et le tue ; Achille essaie de traîner le corps et de l'emporter, mais il est blessé par Memnon qu'il tue à son tour ; les Troyens se réfugient à l'intérieur de la ville et Priam fait à Troïlos et à Memnon des funérailles magnifiques (Darès : 33).*

3. *La guerre de Troie est historique et, quelle qu'en ait été la cause immédiate, ce fut une guerre commerciale. Troie contrôlait le précieux commerce, en la mer Noire, de l'or, l'argent, le fer, le cinabre, le bois de construction des bateaux, le lin, le chanvre, le poisson séché, l'huile et le jade de Chine. Après le cheval de Troie, les Grecs purent installer des colonies tout le long de la route commerciale orientale qui devint aussi riche que celle d'Asie Mineure et de Sicile. En fin de compte c'est Athènes, la plus grande puissance maritime, qui profita le plus du commerce de la mer Noire, surtout à cause du blé qui était très bon marché ; et ce fut la perte de la flotte qui gardait l'entrée de l'Hellespont qui entraîna sa défaite à Aegos Potamos en 405 avant J.-C. et mit fin aux longues guerres du Péloponnèse. Aussi, peut-être, les perpétuelles négociations entre Priam et Agamemnon ne concernaient-elles pas tant le retour d'Hélène que le rétablissement, pour les Grecs, de leurs droits à pénétrer dans l'Hellespont.*

4. *Il est probable que les Grecs se préparaient à l'assaut final par une série d'attaques le long des côtes de Thrace et d'Asie Mineure, pour affaiblir la puissance navale de l'alliance troyenne, et qu'ils maintinrent un camp à l'embouchure du Scamandre pour empêcher le commerce de la Méditerranée de parvenir jusqu'à Troie ou d'empêcher la foire annuelle Orient-Occident d'avoir lieu dans la Plaine. Mais l'Iliade montre clairement que Troie n'était pas assiégée de telle manière que ses lignes de communications avec l'intérieur fussent coupées ; les Troyens, lorsque Achille n'était pas là, s'aventurèrent, en plein jour, à traverser la porte Dardanienne qui menait à l'intérieur des terres (Iliade V. 789) ; et les lavandières grecques redoutaient de laver leur linge à la source qui se trouvait à une portée de flèche des murs (Iliade XXII. 256) ; les vivres et les renforts pénétraient librement et les Troyens tenaient Sestos et Abydos qui les maintenaient en relation étroite avec la Thrace. Le fait que les Grecs se vantaient si fort d'un enlèvement de troupeaux sur le mont Ida et d'une incursion dans le verger de Priam donne à penser qu'ils s'enfonçaient rarement dans les terres. Le bois de*

figuier, utilisé comme rails pour le chariot de Lycaon, était sans doute destiné à le mettre sous la protection d'Aphrodite. Sur les tablettes datant d'avant la guerre de Troie, trouvées à Cnossos, on mentionne de nombreux « chariots de Cydonia tout en bois, peints en rouge » mais on ne nomme que le bois des rails : c'est toujours le bois de figuier. Pourtant, le bois du figuier était beaucoup moins indiqué pour l'usage auquel on le destinait que d'autres bois dont disposaient les Crétois et les Troyens.

5. Agamemnon s'était engagé dans une guerre d'usure dont Hector avoue le succès (Iliade XVII. 225 et XVIII. 287-292) lorsqu'il parle de l'épuisement des ressources troyennes par suite de l'arrêt du commerce et de la nécessité de ravitailler les alliés. Les Paphlagoniens, les Thraces et les Mysiens étaient des producteurs et non des marchands et ils étaient tout prêts à entamer des relations commerciales directes avec les Grecs. Seuls les mercantiles lyciens, qui importaient des marchandises du sud-est, semblent avoir été très atteints par le sort de Troie qui assurait leurs routes commerciales du nord ; effectivement, à la chute de Troie, le commerce d'Asie Mineure fut monopolisé par les Rhodiens, alliés d'Agamemnon, et les Lyciens furent ruinés.

*6. Le traitement inhumain infligé aux femmes, aux pieux dévots et aux alliés, nous rappelle constamment que l'*Iliade *n'est pas un mythe de l'Age du Bronze. Avec la chute de Cnossos (voir 39. 7 et 89. 1) et à la fin de la* Pax cretensis *imposée par la déesse crétoise de la mer à tous les pays faisant partie de sa sphère d'influence, une nouvelle morale, celle d'un Age de Fer, fait son apparition : celle du tyran conquérant, Zeus médiocre, que rien n'arrête. Le sacrifice d'Iphigénie, la vengeance affreuse d'Odysseus contre Palamède, la manière honteuse dont Lycaon est vendu en échange d'une coupe d'argent, Achille poursuivant Troïlos et le concubinage auquel sont contraintes Briséis et Chryséis sont caractéristiques d'une ère barbare. Il est naturel que Palamède eût été l'innocente victime d'une alliance impie entre Agamemnon, Odysseus et Diomède, puisqu'il représente la culture crétoise implantée en Argolide — les inventions qu'on lui attribue sont toutes d'origine crétoise. Son assassinat dans un puits a peut-être été suggéré par : « Vérité, je te pleure, tu m'as précédé au tombeau ! » et par le rapport, qui est courant, entre les puits et la vérité. Palamède signifie « ancienne sagesse » et, comme Héphaïstos, sa réplique lemnienne, c'était un héros oraculaire. Ses inventions le font apparaître comme Thot ou Hermès (voir 17. g). Les dés ont la même histoire que les cartes : ils étaient des instruments servant aux oracles avant de devenir des jeux de hasard (voir 17. 3).*

7. L'orme qui ne figure pas dans la liste des arbres (voir 53. 3) est principalement associé au culte de Dionysos puisque les Grecs se servaient de jeunes ormes comme tuteurs pour soutenir la vigne ; mais les ormes furent plantés par les nymphes autour des tombes de Protésilas et d'Eétion probablement parce que leurs feuilles et leur écorce étaient utilisées comme vulnéraires (Pline :

Histoire naturelle *XXIV. 33*) et elles étaient encore plus efficaces si on les recueillait auprès de la tombe d'un prince ayant succombé à de nombreuses blessures.

8. *L'attachement obstiné de Laodamie pour la statue de Protési-las peut être dérivé d'une peinture représentant un mariage sacré : sur certains sceaux de mariage hittites, le roi étendu est tellement raide qu'il a l'air d'une statue. Les pommes qu'apporte une servante et la brusque apparition d'Acaste suggèrent que la scène représentait une reine trahissant un roi en faveur de son amant, son rival, son jumeau, qui coupe la pomme fatale contenant son âme — comme dans la légende de Cuchulain, Dechtire et Curoi.*

Briséis (accusatif : Briseida*) fut confondue avec Chrysès ou Chryséis, fille de Chrysès qui avait donné un bâtard à Agamemnon (voir 116. h) ; et la légende latine médiévale de Criséis (accusatif :* Criseida*) se développa largement jusqu'au* Testament de Cresséide *de Henryson et du* Troïlus et Cressida *de Shakespeare.*

9. *Teuthrania doit peut-être son nom à* teuthis, *ou pieuvre consacrée à la Déesse crétoise (voir 81. 1) dont la grande prêtresse était Tecmessa « celle qui ordonne ».*

Bien que le mythe de Sarpédon soit assez confus, tous ses éléments nous sont familiers. Il semble que le royaume de Lycie, fondé par un autre Sarpédon, oncle d'un autre Glaucos — qui étaient des Crétois de langue grecque, de souche éolienne ou pélasgienne, chassés par les Achéens — fût un autre royaume ; il y eut donc deux royaumes de Lycie dont la succession se faisait par les femmes et leur prêtresse-Lune était Laodamie (« qui dompte les hommes »). Son roi sacré semble être rituellement « né d'une jument » (voir 81. 4 et 167. 2) — d'où son nom, Hippolochos — et Isandros « l'homme impartial » agissait comme son jumeau. Le nom de Sarpédon (« joyeux dans une arche en bois ») réfère apparemment à la venue annuelle du Nouvel An Enfant dans un bateau. L'enfant est ici le roi par intérim à qui Hippolochos remet sa royauté pour un jour ; il doit alors avoir été étouffé dans du miel, comme le Crétois Glaucos (voir 71. d), ou tué dans un accident de char comme le Glaucos isthmique (voir 90. 1) ou bien transpercé par une flèche par Hippolochos revenu à la vie, comme Learchos fils d'Athamas (voir 70. 5).

10. *Tirer sur une pomme placée sur la tête ou sur une pièce de monnaie fixée sur le chapeau de son propre fils constituait l'épreuve pour être classé bon tireur, prescrite aux archers médiévaux, dont la corporation (comme on le voit dans le* Malleus Maleficarum *et dans la* Petite Geste de Robin des Bois*) s'adonnait au culte païen des sorcières en Angleterre et en Allemagne celtique. En Angleterre, il semble que cette épreuve fût instituée pour choisir un bon mari à Miriam la Pucelle et celui-ci, en l'épousant, devenait Robin des Bois — Seigneur de Verte Forêt. Comme le culte nordique des sorcières ressemblait beaucoup à la religion néolithique égéenne, peut-être des Lyciens ne plaçaient-ils pas l'anneau sur la poitrine d'un jeune garçon mais sur sa tête et*

*peut-être cet anneau représentait-il un serpent d'or (voir 119. 4) ;
ou bien, peut-être, s'agissait-il d'un cercle de hache qu'il tenait
dans sa main pareil à ceux qu'Odysseus traversa d'une flèche
quand il reprit Pénélope à ses prétendants (voir 171. h). Le
mythographe a peut-être confondu l'épreuve de tir à l'arc exigée
du nouveau candidat à la royauté avec le sacrifice d'un roi
intérimaire.*

*11. Aethilla signifie « bois qui s'enflamme » et il est possible
que la mise en feu annuelle d'un navire soit à l'origine de la
légende de Scioné. Protésilas (« le chef des hommes ») était sans
doute un titre royal si répandu que plusieurs villes revendiquèrent
sa tombe.*

163.
La colère d'Achille

a. A présent l'hiver était venu, et, comme les nations
civilisées ne font jamais la guerre en cette saison, les Grecs
l'occupèrent à organiser leur camp et à s'exercer au tir à
l'arc. Parfois ils rencontraient des notables troyens au
temple d'Apollon Thymbréen, qui était une zone neutre ;
et un jour qu'Hécabe s'y trouvait, en train de faire
unsacrifice, Achille arriva dans la même intention et tomba
désespérément amoureux de sa fille Polyxène. Il ne se
déclara pas sur le moment, mais de retour dans sa tente,
dévoré d'amour, il envoya le gentil Automédon demander
à Hector quelles seraient ses conditions pour qu'il épouse
Polyxène. Hector répondit : « Elle lui appartiendra le jour
où il trahira les Grecs en faveur de mon père Priam. »
Achille paraissait assez disposé à accepter les conditions
d'Hector mais il renonça d'un air sombre lorsqu'on lui dit
que s'il ne réussissait pas à trahir ses amis il devait jurer
de tuer à la place le Grand Ajax, son cousin, ainsi que les
fils de Plisthène l'Athénien [1].

b. Le printemps arriva et les combats reprirent. Au cours
du premier engagement de l'année, Achille chercha à
atteindre Hector, mais le vigilant Hélénos lui traversa la
main d'une flèche tirée d'un arc en ivoire, présent et gage
d'amour d'Apollon, et l'obligea à reculer. C'est Zeus lui-
même qui guida la pointe de la flèche ; et à cet instant il
prit la décision de soulager les Troyens, que la défection
de certains de leurs alliés d'Asie à la suite d'attaques
ennemies avait fortement découragés, en envoyant des
calamités aux Grecs et en détachant Achille des autres

chefs grecs, ses compagnons [2]. Donc lorsque Chrysès
vint pour payer la rançon de Chryséis, Zeus persuada
Agamemnon de le renvoyer avec des paroles offensantes ;
alors Apollon, que Chrysès avait invoqué, se posta près
des navires, et pour le venger il tirait des flèches qui jour
après jour semaient la mort dans les rangs grecs. Ils
périrent par centaines, cependant (tels sont les faits) aucun
roi ni aucun prince ne furent atteints, et le dixième jour
Calchas révéla la présence du dieu. Sur ses instances,
Agamemnon renvoya à contrecœur Chryséis à son père,
chargée de cadeaux propitiatoires, mais pour compenser
cette perte, il prit Briséis à Achille à qui elle était échue
en partage. Achille alors, irrité et mécontent, annonça
qu'ils se retirait de la guerre ; et sa mère Thétis, indignée,
se plaignit à Zeus qui promit de lui donner satisfaction.
Mais certains disent qu'Achille se retira de la bataille pour
montrer sa bonne volonté envers Priam, frère de Polyxène [3].

c. Lorsque les Troyens s'aperçurent qu'Achille et les
Myrmidons s'étaient retirés du champ de bataille, ils
reprirent courage et effectuèrent une vigoureuse sortie.
Agamemnon, inquiet, leur accorda une trêve au cours de
laquelle Pâris et Ménélas devaient s'affronter en un combat
singulier pour s'assurer la personne d'Hélène et les trésors
volés ; mais le combat fut indécis car Aphrodite, lorsqu'elle
vit Pâris en mauvaise posture, l'enveloppa dans un brouillard magique et le ramena à Troie. Héra envoya alors
Athéna sur terre pour rompre la trêve en faisant tirer par
Pandaros, fils de Lycaon, une flèche contre Ménélas. Elle
réussit ainsi à rompre la trêve. En même temps, elle donna
à Diomède l'idée de tuer Pandoros et de blesser Énée et
sa mère Aphrodite. Glaucos, fils d'Hippolochos, affrontait
à présent Diomède, mais l'un et l'autre, se souvenant de
l'amitié très vive qui liait leurs pères respectifs, échangèrent
courtoisement leurs armes [4].

d. Hector défia Achille en combat singulier et, lorsque
Achille lui fit dire qu'il s'était retiré de la guerre, les Grecs
choisirent le Grand Ajax pour le remplacer. Les deux héros
se battirent sans interruption jusqu'à la nuit et les hérauts
vinrent alors les séparer tandis que chacun d'eux encore
hors d'haleine louait l'adresse et le courage de son adversaire. Ajax donna à Hector le baudrier de pourpre brillant
qui devait plus tard servir à le traîner à sa mort ; et Hector
donna à Ajax l'épée à poignée d'argent avec laquelle il
devait par la suite se suicider [5].

e. Un armistice ayant été accepté, les Grecs élevèrent un grand tertre sur leurs morts et l'entourèrent d'un mur autour duquel ils creusèrent une profonde tranchée. Mais ils avaient négligé d'apaiser les divinités qui aidaient les Troyens et, lorsque le combat reprit, ils furent repoussés derrière la tranchée au-delà du mur. Cette nuit-là, les Troyens campèrent tout près des navires grecs [6].

f. Désespéré, Agamemnon envoya Phœnix, Ajax, Odysseus et deux hérauts, pour supplier Achille, en lui offrant toute sorte de cadeaux ainsi que le retour de Briséis (ils avaient ordre de jurer qu'elle était encore vierge), de revenir parmi eux et de se battre à leurs côtés. Il faut dire que Chrysès avait entre-temps ramené sa fille qui déclarait qu'elle avait été très bien traitée par Agamemnon et qu'elle désirait rester auprès de lui. Elle était alors enceinte et devait donner naissance plus tard à Chrysès II dont la paternité était douteuse. Achille accueillit la délégation en souriant aimablement mais refusa l'offre qui lui était faite et annonça qu'il s'embarquerait le lendemain matin et rentrerait chez lui [7].

g. Cette même nuit, à la troisième vigie, alors que la lune était haute dans le ciel, Odysseus et Diomède, encouragés par un heureux présage d'Athéna — un héron volant sur la droite — décidérent de pénétrer dans les lignes troyennes. Ils tombèrent par hasard sur Dolon, fils d'Eumélos, qu'on avait envoyé faire une patrouille dans les lignes ennemies et après avoir tiré de lui, par la contrainte, des renseignements, ils lui coupèrent la gorge. Odysseus cacha alors le bonnet en peau de furet de Dolon, son manteau en peau de loup, son arc et sa lance dans un buisson de tamaris et se rendit en toute hâte avec Diomède sur le flanc droit des lignes troyennes, où, il venait de l'apprendre, Rhésos le Thrace avait son campement. On le décrit tantôt comme le père de la Muse Euterpe ou Calliopé, par Éionée ou Arès ou Strymon. Après avoir assommé Rhésos et douze de ses compagnons sans bruit, pendant qu'ils dormaient, ils emportèrent ses magnifiques chevaux, blancs comme la neige et plus rapides que le vent, et reprirent leur butin du buisson de tamaris sur le chemin du retour [8]. La capture des chevaux de Rhésos était de la plus haute importance car un oracle avait prédit que Troie serait inexpugnable s'ils mangeaient du fourrage troyen et buvaient des eaux du fleuve Scamandre, ce qu'ils n'avaient pas encore fait. Lorsque les autres Thraces s'éveillèrent et qu'ils découvrirent que le roi Rhésos était mort et que ses chevaux avaient été enlevés, ils s'enfuirent désespérés ; les Grecs les tuèrent presque tous [9].

h. Le lendemain cependant, après une terrible bataille au cours de laquelle Agamemnon, Odysseus Eurypylos et Machaon, le chirurgien, furent blessés, les Grecs s'enfuirent et Hector fit une brèche dans leurs murs [10]. Encouragé par Apollon, ils s'avança jusqu'aux navires et malgré l'aide donnée par Poséidon aux deux Ajax et à Idoménée, il perça les lignes grecques. A ce moment, Héra qui haïssait les Troyens emprunta à Aphrodite sa ceinture et persuada Zeus de venir la rejoindre dans son lit ; cette ruse permit à Apollon de changer le cours de la bataille et de donner l'avantage aux Grecs. Mais Zeus ayant bientôt découvert qu'il avait été trompé redonna des forces à Hector (qu'Ajax avait à moitié tué avec une énorme pierre), donna l'ordre à Poséidon de quitter le champ de bataille et rendit aux Troyens leur courage. Ils s'élancèrent de nouveau à l'attaque : Médon tuant Périphétès, fils de Coprée, et de nombreux autres héros [11].

i. Même le Grand Ajax fut contraint de céder du terrain et Achille, quand il vit les flammes s'élever de la proue du bateau de Protésilas auquel les Troyens avaient mis le feu, en oublia sa rancune, rassembla les Myrmidons et les envoya au secours de Patrocle. Patrocle avait jeté sa lance au milieu de la masse des Troyens rassemblés autour du navire de Protésilas et avait transpercé Pyraechmès, roi des Paeoniens. Les Troyens, le prenant pour Achille, car il avait revêtu sa cuirasse, s'enfuirent et Patrocle éteignit le feu, et tua Sarpédon. Bien que Glaucos eût essayé de rallier ses Lyciens et d'empêcher que le corps de Sarpédon ne fût dépouillé, Zeus permit à Patrocle de chasser toute l'armée troyenne vers la ville ; Hector fut le premier à se replier, grièvement blessé par Ajax.

j. Les Grecs enlevèrent à Sarpédon son armure, mais, sur l'ordre de Zeus, Apollon sauva le corps qu'il apprêta pour l'enterrement, puis le Sommeil et la Mort l'emportèrent ensemble vers la Lycie. Pendant ce temps, Patrocle accentuait la déroute des Troyens et aurait pris Troie tout seul si Apollon n'était rapidement monté sur le mur et ne l'avait par trois fois frappé avec un bouclier alors qu'il tentait de l'escalader. La bataille continua jusqu'à la nuit et Apollon, alors enveloppé dans un épais brouillard, se mit derrière Patrocle et le frappa violemment entre les omoplates. Les yeux de Patrocle lui sortirent des orbites, son casque s'envola, sa lance se brisa en mille morceaux, son bouclier tomba sur le sol et Apollon, l'œil sombre, délaça sa cuirasse. Euphobos, fils de Panthoos, voyant l'état de Patrocle le blessa, sans crainte de représailles, et, comme il s'enfuyait, Hector, qui était revenu sur le champ de bataille, l'acheva d'un seul coup de sa lance [12].

k. Ménélas accourut, tua Euphorbos — dont on prétend, soit dit en passant, qu'il se réincarna plusieurs siècles plus tard dans le philosophe Pythagore — et enleva tout le butin qui se trouvait dans la tente, laissant à Hector le soin d'enlever à Patrocle son armure d'emprunt. Ménélas et le Grand Ajax revinrent alors et, ensemble, défendirent le cadavre de Patrocle jusqu'au crépuscule et réussirent alors à le ramener sur leurs navires mais Achille en apprenant les nouvelles se roula dans la poussière et, au paroxysme du chagrin et de la douleur, il perdit conscience [13].

l. Thétis pénétra sous la tente de son fils, tenant dans ses mains une nouvelle armure qui comprenait une paire de cuissards précieux en étain, forgés en toute hâte par Héphaïstos. Achille revêtit l'armure, fit la paix avec Agamemnon (qui lui rendit Briséis, intacte, en jurant qu'il ne l'avait prise par colère et non par plaisir) et partit venger Patrocle [14]. Rien ne résistait à la colère d'Achille. Les Troyens reculaient, fuyant vers le Scamandre ; il coupa leurs armées en deux tronçons, obligeant une partie à regagner la ville à travers la plaine et enfermant l'autre dans une boucle du fleuve, le dieu-fleuve alors se rua furieusement sur lui, mais Héphaïstos soutint Achille et dessécha ses eaux d'un jet de flammes brûlantes. Les survivants Troyens regagnèrent la ville comme un troupeau de daims effrayés [15].

m. Lorsque enfin Achille rencontra Hector en combat singulier, les deux partis ennemis reculèrent de part et d'autre et les observèrent dans un silence recueilli. Hector lui tourna le dos et se mit à courir autour des murs de la ville ; il espérait par cette manœuvre fatiguer Achille qui était resté longtemps inactif et qui, normalement, aurait dû ainsi s'essouffler, mais il se trompait. Achille le poursuivit trois fois autour des murs et, chaque fois qu'Hector s'abritait derrière une porte, espérant l'aide d'un de ses frères, chaque fois Achille l'obligeait à repartir. Finalement, Hector s'arrêta et fit face, mais Achille lui traversa la poitrine et refusa la grâce qu'il lui demandait en mourant : le rachat de son corps afin qu'il pût être enterré. Après s'être emparé de son armure, Achille coupa la chair au-dessus des talons d'Hector et passa des lanières de cuir derrière les tendons ainsi mis à nu, l'attacha à son char et fouettant Bolios, Xanthos et Pédasos il traîna son corps vers les navires au petit galop. Raclant le sol, la tête d'Hector, encadrée de longues boucles noires, soulevait un nuage de poussière sur son passage. Mais certains disent qu'Achille traîna le cadavre trois fois autour de la ville, attaché au baudrier qu'Ajax lui avait donné [16].

n. Ensuite Achille enterra Patrocle. On envoya cinq princes grecs sur le mont Ida couper du bois pour le bûcher funèbre sur lequel Achille ne sacrifia pas seulement des chevaux et deux des neuf lévriers de la meute de Patrocle, mais aussi douze jeunes prisonniers troyens nobles, parmi lesquels se trouvaient plusieurs fils de Priam à qui il coupa lui-même la gorge. Il menaça même de jeter le cadavre d'Hector au reste de la meute ; mais Aphrodite l'en empêcha. Aux Jeux funèbres de Patrocle, Diomède gagna la course de chars et Énéios malgré son manque de courage remporta l'épreuve de boxe ; Ajax et Odysseus disputèrent une épreuve de lutte [17].

o. Achille, toujours en proie à la plus vive douleur, se levait tous les jours à l'aube pour traîner le corps d'Hector trois fois autour de la tombe de Patrocle. Mais Apollon empêcha le cadavre de se corrompre et de s'abîmer et ensuite, sur l'ordre de Zeus, Hermès conduisit Priam au camp grec, sous le couvert de la nuit, et convainquit Achille d'accepter une rançon [18]. A cette occasion Priam fit preuve d'une grande magnanimité à l'égard d'Achille qu'il avait surpris endormi dans sa tente et qu'il aurait facilement pu tuer. On tomba d'accord sur une rançon en or d'un poids égal à celui d'Hector. Les Grecs dressèrent donc une échelle à l'extérieur des murs de la ville, déposèrent le cadavre à une des extrémités de l'échelle et invitèrent les Troyens à déposer de l'or sur l'autre. Lorsqu'on eut puisé dans le trésor de Priam et apporté tous les lingots et tous les bijoux, le gigantesque cadavre d'Hector faisait toujours pencher l'échelle de son côté. Polyxène alors, qui regardait la scène du haut des murs, jeta ses bracelets sur l'échelle pour faire le poids. Émerveillé du geste et par la personne, Achille dit à Priam : « Je donnerai avec joie le corps d'Hector contre celui de Polyxène. Gardez votre or, et donnez-la-moi en mariage et, si vous rendez ensuite Hélène à Ménélas, je vous promets de rétablir la paix entre votre peuple et le mien. » Pour le moment, Priam était heureux d'avoir pu racheter le corps d'Hector au prix convenu en or, mais il promit de donner Polyxène à Achille, sans rien lui demander en échange s'il arrivait à persuader les Grecs de partir sans Hélène. Achille répondit qu'il ferait ce qu'il pourrait et Priam emporta le cadavre pour l'enterrer. Une clameur si forte s'éleva au cours des funérailles d'Hector — les Troyens se lamentaient, tandis que les Grecs essayaient de couvrir leurs hymnes funèbres par des huées et des miaulements — que tous les oiseaux qui volaient dans le ciel s'abattirent, foudroyés par le vacarme [19].

p. Sur l'injonction d'un oracle, les ossements d'Hector furent ensuite portés à Thèbes en Béotie, où on pouvait dès lors voir sa tombe auprès de la fontaine d'Œdipe. D'après certains, voici ce qu'avait dit l'Oracle :

« O vous, hommes de Thèbes, qui habitez la cité de Cadmos, écoutez. Si vous souhaitez que votre pays soit prospère et heureux, transportez les ossements d'Hector, fils de Priam, dans votre ville. C'est l'Asie qui les détient actuellement ; et Zeus sera présent à son culte. »

D'autres disent que, lorsque la peste ravagea la Grèce, Apollon donna l'ordre de réenterrer les ossements d'Hector dans une ville grecque célèbre qui n'aurait pas participé à la Guerre de Troie [20].

q. Une tradition entièrement différente fait d'Hector un fils d'Apollon qui aurait été tué par l'Amazone Penthésilée [21].

1. *Selon Proclus (*Chrestomathie XCIX. 18-20), homeros *signifie* « aveugle » *et non pas* « otage », *qui est la manière courante dont on traduit le nom d'Homère, or la vocation naturelle de l'aveugle était d'être ménestrel car la cécité et l'inspiration allaient souvent de pair (voir 105. h). L'identité du véritable Homère a suscité des controverses passionnées pendant près de deux mille cinq cents ans. D'après la tradition la plus ancienne, on le considère, de façon assez plausible, comme un Ionien de Chios. Un clan d'Homérides, ou « Fils de l'Homme Aveugle », récitaient les poèmes homériques traditionnels et devinrent par la suite une corporation qui avait son quartier général à Délos, le grand centre du monde ionien où Homère en personne avait, disait-on, récité des poèmes. Des fragments de l'*Iliade *datent du X*e* siècle avant J.-C. ; l'histoire qui y est racontée se déroule trois siècles auparavant. Au X*e* siècle environ, des poèmes de l'*Iliade, qui n'étaient pas traditionnels, commencèrent à altérer lentement le texte. C'est pourquoi Pisistrate, tyran d'Athènes, ordonna une édition officielle du texte dont il confia le soin à quatre professeurs*

en vue. Ils semblent avoir accompli leur tâche honnêtement, mais comme Homère était à présent considéré comme la plus haute autorité dans les querelles entre cités, les ennemis de Pisistrate l'accusèrent d'interpoler certains vers à des fins politiques (Strabon : II. 1. 10).

2. *Les vingt-quatre livres de l'*Iliade *sont nés d'un poème appelé « La Colère d'Achille » — qu'on pouvait sans doute réciter en une seule nuit et qui racontait la querelle qui opposa Achille et Agamemnon au sujet d'une princesse captive qu'ils voulaient l'un et l'autre. Il est peu vraisemblable que le texte des événements essentiels ait été édité depuis la première* Iliade *datant de 750 avant J.-C. Mais les conflits sont si peu édifiants, les chefs grecs se comportent tous tellement comme des brutes, des menteurs, des assassins sans foi ni loi alors que les Troyens au contraire se conduisent si bien, qu'il ne peut guère y avoir de doute sur le côté où vont les sympathies de l'auteur. En tant qu'héritier des bardes de la cour minoenne, il retrouvait sa patrie spirituelle dans les gloires passées de Cnossos et de Mycènes et non pas auprès des feux de camp des barbares envahisseurs, venus du nord.*

Homère décrit honnêtement la vie de ses nouveaux maîtres qui ont usurpé les titres religieux d'autrefois en épousant des descendantes de tribus et, bien qu'il dise qu'ils étaient pareils aux dieux, sages et nobles, il éprouvait pour eux un profond dégoût. Ils vivent par l'épée et périssent par l'épée, méprisent l'amour, l'amitié, la parole donnée et les arts de la paix. Ils ont si peu le respect des dieux qu'ils invoquent dans leurs serments, qu'il ose se moquer en leur présence des Olympiens avides, fourbes, querelleurs, sensuels et lâches qui mettaient le monde à l'envers. On pourrait le considérer comme un être démuni d'esprit religieux si, de toute évidence, il ne vénérait secrètement la Grande Déesse d'Asie (que les Grecs avaient bafouée au cours de cette guerre) ; du reste, sa nature véritable, chaleureuse et honnête ne transparaît-elle pas chaque fois qu'il parle de la vie de famille au palais de Priam. Homère s'est inspiré de l'épopée babylonnienne de Gilgamesh *pour la légende d'Achille ; Achille était Gilgamesh, Thétis Ninsun et Patrocle Enkidu.*

3. *Le comportement hystérique d'Achille lorsqu'il apprit la mort de Patrocle a dû choquer Homère, mais il a dissimulé la barbarie des funérailles sous un langage héroïco-burlesque, certain que ses seigneurs ne remarqueraient pas la satire — on peut dire que, d'une certaine façon, Homère a été un précurseur de Goya dont les portraits caricaturaux de la famille royale espagnole étaient si magnifiquement peints que ceux qui en étaient les victimes pouvaient les accepter et les trouver ressemblants. Mais le côté satirique de l'*Iliade *a été un peu tempéré par la nécessité dans laquelle se trouvaient les Homérides d'apaiser leurs hôtes divins à Délos ; Apollon et Artémis devront soutenir les Troyens et faire preuve de dignité et de discrétion par opposition avec les dieux méchants du camp grec. Une des conséquences de la reconnaisance de l'*Iliade *comme épopée nationale par les autorités*

*des villes grecques fut que personne ne prit plus jamais au sérieux
la religion de l'Olympe et la morale des Grecs demeura toujours
une morale de barbares — sauf en certains endroits où les
religions crétoises de Mystères survécurent et où les mystagogues
exigeaient un certificat de bonne conduite de leurs initiés. La
Grande Déesse, bien qu'à présent officiellement subordonnée à
Zeus, continuait à exercer une puissante influence spirituelle à
Éleusis, à Corinthe et à Samothrace, jusqu'à la suppression de
ses Mystères par les premiers empereurs byzantins. Lucien, qui
aimait son Homère et qui lui succéda en étant le premier auteur
satirique décrivant les Olympiens, vénérait également la Déesse, à
qui il avait sacrifié sa première taille de cheveux à Hiérapolis.*

*4. Les ossements d'Hector avaient, dit-on, été transportés de
Troie à Thèbes, mais « Hector » était le titre d'un roi sacré de
Thèbes avant que la guerre de Troie eût lieu ; et il subit le même
sort lorsque son règne prit fin — c'est-à-dire celui d'être traîné
en cercle par un char démantibulé, comme Glaucos (voir 71. a),
Hippolytos (voir 101. g), Oienamaos (voir 109. g) et Abdéros
(voir 130. b). Comme « Achille » était aussi un titre plutôt qu'un
nom, il est possible que le combat ait été emprunté à la saga
thébaine perdue des « Moutons d'Œdipe » où les deux rois qui
régnaient ensemble se battirent pour avoir le trône pour eux seuls
(voir 106. 2).*

164.
La mort d'Achille

a. La reine des Amazones, Penthésilée, fille d'Otréré et
d'Arès, s'était réfugiée à Troie pour échapper aux Érinyes
de sa sœur Hippolyté (appelée aussi Glaucé ou Mélanippé)
qu'elle avait tuée accidentellement soit à la chasse, soit,
selon les Athéniens, au cours du combat qui suivit le
mariage de Thésée avec Phèdre. Elle fut purifiée par Priam
et se distingua sur le champ de bataille, tua un grand
nombre de Grecs, parmi lesquels (dit-on) Machaon, bien
que, d'après la version généralement admise, il ait péri de
la main d'Eurypylos, fils de Télèphe [1]. Elle contraignit
Achille à abandonner le combat à plusieurs reprises
— certains prétendent même qu'elle le tua et que Zeus, à
la demande de Thétis, le ressuscita — mais finalement il
lui transperça le corps, tomba amoureux de son cadavre
et, saisi de nécrophilie, s'unit à elle morte [2]. Lorsque, un
peu plus tard, il demanda des volontaires pour enterrer
Penthésilée, Thersite, fils de l'Étolien Agrios, le Grec le
plus laid qui prît part à la guerre de Troie, qui lui avait

crevé les yeux avec sa lance alors qu'elle était étendue morte, prit à partie Achille, l'accusant de plaisirs abjects et contre nature. Achille, s'étant retourné, frappa Thersite si durement qu'il lui brisa toutes les dents et précipita son ombre dans le Tartare[3].

b. Cet incident indigna les Grecs et Diomède, qui était cousin de Thersite, désirant témoigner à Achille son mépris, traîna le corps de Penthésilée par un pied et le jeta dans le Scamandre. Mais on l'en retira et Penthésilée fut enterrée sur la berge avec beaucoup d'honneurs — par Achille, selon les uns, par les Troyens, selon les autres. Puis Achille mit à la voile pour Lesbos, où il fit des sacrifices à Apollon, Artémis et Léto ; et Odysseus, l'ennemi juré de Thersite, le purifia du meurtre. Penthésilée mourante, soutenue par Achille, était figurée sur le trône de Zeus à Olympie[4]. Sa nourrice, l'Amazone Clété, ayant appris qu'elle s'était enfuie à Troie après la mort d'Hippolyté, partit à sa recherche, mais des vents contraires la poussèrent vers l'Italie où elle s'établit et fonda la ville de Clété[5].

c. Priam avait réussi à persuader son demi-frère, Tithonos l'Assyrien, d'envoyer à Troie son fils Memnon l'Éthiopien ; il lui offrit pour cela un cep de vigne en or[6]. Un prétendu palais de Memnon existait en Éthiopie, bien que, lorsque Tithonos avait émigré en Assyrie et fondé Suse, Memnon, encore enfant, fût parti avec lui. On appelait communément l'antique Suse la cité de Memnon et ses habitants les Cissiens, du nom de Cissia, la mère de Memnon. Son palais se dressait sur l'Acropole jusqu'au temps des Perses[7].

d. Tithonos gouvernait la province de Perse pour le compte du roi assyrien Teutamos, suzerain de Priam, et il mit Memnon à la tête d'un millier d'Éthiopiens, d'un millier de Susiens et fournit deux cents chars. Les Phrygiens montraient encore la route caillouteuse, toute droite, avec les vestiges des campements tous les deux cents kilomètres environ, qu'avait empruntée Memnon pour marcher vers Troie après avoir mis en déroute toutes les nations qui voulaient lui barrer le chemin. Il était noir comme l'ébène, mais il surpassait en beauté tous les hommes de la terre et, comme Achille, il portait une armure forgée par Héphaïstos[8]. Certains disent qu'il était à la tête d'une grande armée composée d'Éthiopiens et d'Hindous et qu'il se dirigeait vers Troie en passant par l'Arménie et qu'une autre expédition était partie de Phénicie, par mer, sur son ordre, commandée par un Sidonien du nom de Phalas.

Ayant abordé à Rhodes, dont les habitants étaient partisans des Grecs, on demanda publiquement à Phalas : « N'as-tu pas honte d'aider Pâris le Troyen et d'autres qui sont les ennemis déclarés de ton pays natal ? » Les marins phéniciens apprirent ainsi pour la première fois où ils se rendaient et lapidèrent Phalas comme traître et s'établirent à Ialysos et Camiros après s'être partagé le trésor et les munitions de guerre que Phalas avait emportés avec lui [9].

e. Pendant ce temps, à Troie, Memnon avait tué un grand nombre de chefs grecs parmi lesquels Antilochos, fils de Nestor, qui était venu au secours de son père : Pâris avait, en effet, tué un des chevaux du char de Nestor et l'autre, pris de terreur, était devenu impossible à maîtriser [10]. Cet Antilochos avait été abandonné en bas âge sur le mont Ida par sa mère Anaxibie ou Eurydice, et une louve l'avait allaité. Trop jeune pour partir à Aulis au début de la guerre, il arriva quelques années plus tard et pria Achille de calmer Nestor, irrité de son arrivée inopinée. Achille, charmé par l'esprit belliqueux dont faisait preuve Antilochos, s'entremit entre eux et Nestor le présenta à Agamemnon [11]. Antilochos était un des Grecs les plus jeunes qui combattaient à Troie, c'était aussi le plus beau, le plus rapide à la course et le plus courageux, et Nestor, qui avait été averti par un oracle de le protéger contre un Éthiopien, lui adjoignit Chalion comme garde du corps ; mais ce fut en vain [12]. Les ossements d'Antilochos furent déposés auprès de ses amis, Achille et Patrocle, et il accompagna leurs ombres aux Champs d'Asphodèles [13].

f. Ce jour-là, grâce aux Éthiopiens de Memnon, les Troyens réussirent presque à brûler les navires grecs mais la nuit survint et ils se retirèrent. Après avoir enterré leurs morts, les Grecs choisirent le Grand Ajax pour combattre contre Memnon ; et le lendemain le combat singulier avait déjà commencé lorsque Thétis alla chercher Achille qui s'était absenté du camp et elle lui apprit la nouvelle de la mort d'Antilochos. Achille se hâta de revenir pour le venger et, tandis que Zeus s'étant fait apporter une échelle pesait leurs deux destins, Achille écarta Ajax et prit sa place dans le combat. Le côté sur lequel était posé le destin de Memnon [14] s'étant infléchi entre les mains de Zeus, Achille donna un coup mortel à Memnon et bientôt une tête noire et une armure étincelante vinrent couronner le bûcher flamboyant d'Antilochos [15].

g. D'après certains cependant, Memnon tomba dans une embuscade préparée par des Thessaliens. Les Éthiopiens,

après avoir brûlé son corps, emportèrent ses cendres à
Tithonos ; et, disait-on, ils les avaient enterrées sur une
colline surplombant l'embouchure du fleuve Aesépos, où
se trouve un village du même nom [16]. Éos, dont on dit
qu'elle était la mère de Memnon, supplia Zeus de lui
conférer l'immortalité et des honneurs. Des oiseaux femelles
fantômes, appelés Memnonides, formés dans la fumée de
son bûcher, s'élevèrent dans les airs et en firent le tour
trois fois. A la quatrième fois, ils se séparèrent en deux
camps, se battirent furieusement avec leurs ongles et leurs
becs et s'abattirent sur les cendres en sacrifice funèbre. A
l'époque historique, les Memnonides se faisaient encore la
guerre entre eux et s'abattaient sur sa tombe lorsque le
Soleil avait traversé tous les Signes du Zodiaque [17].

h. Selon une autre tradition, les compagnes de Memnon
se désolaient et pleuraient tellement que les dieux, les
prenant en pitié, les métamorphosèrent en oiseaux. Elles
visitaient sa tombe tous les ans et là elles pleuraient et se
déchiraient au point que certaines tombaient mortes. Les
Hellespontins disaient que lorsque les Memnonides venaient
visiter la tombe de Memnon près de l'Hellespont, elles
l'aspergeaient d'eau du fleuve Aesopos avec leurs ailes ;
et qu'Éos le pleurait avec des larmes de rosée tous les
matins. Polygnotos a représenté Memnon affrontant son
rival Sarpédon et revêtu d'un manteau où étaient brodés
des oiseaux. On dit que les dieux considèrent comme jour
de deuil les anniversaires de la mort de l'un et de l'autre [18].

i. D'autres croient que les ossements de Memnon furent
portés à Paphos, à Chypre et de là à Rhodes où sa sœur
Himéra ou Héméra vint les chercher. Les Phéniciens, qui
s'étaient révoltés contre Phalas, l'y autorisèrent à condition
qu'elle ne les oblige pas à rendre le trésor qu'ils avaient
dérobé. Elle accepta et rapporta l'urne funéraire en Phénicie ; elle l'enterra à Palliochis puis elle disparut [19]. D'autres
encore disaient que la tombe de Memnon existait encore
près de Palton en Syrie auprès du fleuve Badas. Son épée
de bronze était pendue au mur du temple d'Asclépios à
Nicomédie ; et Thèbes, en Égypte, était célèbre par une
statue en pierre noire colossale représentant un homme
assis qui émettait une musique semblable à celle que fait
la corde d'une lyre, tous les matins au lever du soleil.
Tous les Grecs l'appelaient Memnon ; mais non pas les
Égyptiens [20].

j. Achille avait à présent mis en déroute les Troyens et
les poursuivait en direction de la ville, mais le cours de sa

vie était arrivé également à son terme. Poséidon et Apollon, qui s'étaient engagés à venger la mort de Cycnos et de Troïlos et à châtier les fanfronnades insolentes d'Achille devant le cadavre d'Hector, tinrent conseil. Voilé par un nuage, debout près de la Porte Scéenne, Apollon alla chercher Pâris sur le champ de bataille, tourna son arc et dirigea la flèche fatale. Elle atteignit Achille au seul endroit vulnérable de son corps, au talon droit, et il mourut dans d'affreuses douleurs [21]. Mais certains prétendent qu'Apollon revêtit la forme de Pâris et tua lui-même Achille et que c'est cette version qu'adopta Néoptolème le fils d'Achille. Toute la journée, autour du cadavre se livra une bataille acharnée. Le Grand Ajax abattit Glaucos, le dépouilla de son armure, la renvoya au camp et, malgré une nuée de traits, il transporta le corps d'Achille mort en se frayant un passage dans les rangs ennemis, aidé par Odysseus qui marchait derrière. Un orage envoyé par Zeus mit fin au combat [22].

k. Selon une autre tradition, Achille fut victime d'un complot. Priam lui avait offert Polyxène en mariage à condition que le siège de Troie fût levé. Mais Polyxène, qui ne pouvait pardonner à Achille d'avoir tué son frère Troïlos, obtint qu'il lui révélât son secret, c'est-à-dire que son talon était le seul endroit de son corps qui fût vulnérable, car il n'y a pas de secret qu'une femme ne puisse connaître d'un homme amoureux. A sa demande, il vint, pieds nus et sans armes pour ratifier l'accord par un sacrifice à Apollon Thymbréen ; puis tandis que Déiphobos le serrait contre sa poitrine, soi-disant dans un geste d'amitié, Pâris, qui était caché derrière la statue du dieu, lui transperça le talon d'une flèche empoisonnée ou, d'après certains, d'une épée. Avant de mourir cependant, Achille prit des tisons emflammés dans l'autel, se défendit avec toute sa force et tua un grand nombre de Troyens et de desservants du temple [23]. Mais Odysseus, Ajax et Diomède, suspectant Achille de trahison, l'avaient suivi jusqu'au temple. Pâris et Deiphobos, qui se précipitaient dehors, les bousculèrent en sortant. Ils franchirent le seuil et Achille expirant tomba à la renverse dans leurs bras. Il leur demanda, après la chute de Troie, de sacrifier Polyxène sur sa tombe. Ajax emporta le corps hors du temple, sur ses épaules ; les Troyens essayèrent de s'en emparer mais les Grecs les repoussèrent et le ramenèrent jusqu'aux navires. Certains disent, d'autre part, que les Troyens l'emportèrent alors sur les Grecs et qu'ils rendirent le corps d'Achille seulement lorsque la rançon qu'avait payée Priam pour Hector eut été restituée [24].

l. Les Grecs étaient consternés par la perte qu'ils venaient de subir. Mais Poséidon promit à Thétis de consacrer à son fils une île dans la mer Noire où les tribus de la côte lui offriraient des sacrifices divins jusqu'à la fin des temps. Un groupe de Néréides vint à Troie pour le pleurer avec elle ; elles se tenaient debout, éplorées, autour du cadavre tandis que les Neuf Muses chantaient des hymnes funèbres. Le deuil dura dix-sept jours et dix-sept nuits ; mais, si Agamemnon et tous les chefs qui furent ses compagnons d'armes versaient d'abondantes larmes, les simples soldats, quant à eux, ne déploraient pas outre mesure la mort de ce traître notoire. Le dix-huitième jour, le corps d'Achille fut brûlé sur un bûcher et ses cendres, mêlées à celles de Patrocle, furent enfermées dans une urne d'or fabriquée par Héphaïstos, cadeau de mariage offert par Thétis à Dionysos ; on enterra l'urne au cap Sigée qui domine l'Hellespont et les Grecs élevèrent un cairn très haut pour marquer l'endroit [25]. Dans un village voisin appelé Achilleon se dressa un temple consacré à Achille où se trouvait une statue le représentant paré d'une boucle d'oreille de femme [26].

m. Tandis que les Achéens célébraient des jeux funèbres en son honneur — au cours desquels Eumélos gagna la course de char, Diomède la course à pied, Ajax le lancement du disque et Teucer l'épreuve de tir à l'arc — Thétis enleva l'âme d'Achille du bûcher et la transporta à Leucé, une île de quatre kilomètres de circonférence, très boisée et remplie d'animaux sauvages et d'animaux domestiques, située en face de l'embouchure du Danube et qui lui fut dès lors consacrée. Un jour qu'un certain Léonymos de Crotone, qui avait été grièvement blessé à la poitrine au cours d'une bataille contre ses voisins, les Locriens d'Épizéphyrie, se rendit à Delphes pour demander ce qui pourrait le guérir, la Pythie lui dit : « Embarque-toi pour Leucé. Là-bas, Ajax le Jeune, dont tes ennemis ont invoqué l'ombre pour qu'elle combatte à leurs côtés, t'apparaîtra et guérira ta blessure. » Il revint, quelques mois plus tard, guéri et en parfaite santé, déclarant qu'il avait vu Achille, Patrocle, Antiloque, le Grand Ajax et enfin Ajax le Jeune qui l'avait guéri. Et Hélène, qui était à présent mariée à Achille, lui avait dit : « Léonymos, je te prie de t'embarquer pour Himéra et de dire à celui qui diffame Hélène que s'il a perdu la vue c'est parce qu'il lui a déplu. » A l'époque historique les marins qui naviguaient sur le cours septentrional du Bosphore vers Olbé entendaient encore la voix d'Achille chantant les vers d'Homère de loin, au-delà des eaux de la mer, et à ses paroles se mêlaient les galops sourds des chevaux, le cliquetis des armes, le tumulte et la clameur du champ de bataille [27].

n. Achille s'unit pour la première fois à Hélène, en rêve, peu de temps avant sa mort. Ce rêve avait été suscité par sa mère Thétis et il en éprouva tant de plaisir qu'il demanda à Hélène de se montrer à lui dans la réalité sur le mur de Troie. Elle accepta de le faire et il tomba follement amoureux d'elle. Comme il fut son cinquième mari, on l'appelle Pemptos, ce qui signifie le cinquième, en Crète ; Thésée, Ménélas, Pâris et enfin Déiphobos avaient été ses prédécesseurs [28].

o. Mais, selon d'autres, Achille, demeuré au pouvoir d'Hadès, se plaignait amèrement de son sort en déambulant au milieu des Champs d'Asphodèles ; selon d'autres encore, il épousa Médée et vécut en roi aux Champs Élysées ou dans l'Ile des Bienheureux [29].

p. Sur l'ordre d'un oracle on plaça un cénotaphe pour Achille dans l'ancien stade d'Olympie ; et là, à l'ouverture des fêtes, lorsque le soleil se couche, les femmes éléennes pratiquaient des rites funèbres en son honneur. Les Thessaliens, sur l'ordre de l'Oracle de Dodone, sacrifiaient aussi tous les ans à Achille ; et sur la route qui mène à Sparte, au Nord, se dressait un sanctuaire que construisit pour lui Prax, son petit-fils, et qui était interdit au public ordinaire ; mais les jeunes garçons, qui étaient désignés pour combattre dans un bosquet de platanes du voisinage, y pénétraient et lui faisaient un sacrifice avant de commencer à se battre [30].

1. *Penthésilée était une Amazone que Thésée et Héraclès avaient vaincue : c'est-à-dire une des prêtresses guerrières d'Athéna, vaincues par les Éoliens qui avaient envahi la Grèce (voir 100. 1 et 131. 2). L'incident a été placé à Troie parce que la confédération de Priam comprenait, dit-on, toutes les tribus d'Asie Mineure. Penthésilée ne figure pas dans l'Iliade, mais la profanation de son cadavre est un trait caractéristique d'Homère et comme elle est citée dans beaucoup d'autres textes classiques, le passage qui la concerne peut très bien avoir été supprimé par les éditeurs de Pisistrate. Dictys de Crète (IV. 2. 3) a modernisé la légende : il dit qu'elle commandait à une grande armée, à cheval, et que, ayant découvert Hector mort, elle serait repartie si Pâris ne l'avait*

*payée pour qu'elle reste. Achille tua Penthésilée d'un coup de
lance à leur première rencontre et, la prenant par les cheveux, il
l'arracha de sa selle. Lorsqu'elle fut par terre, agonisante, les
soldats grecs s'écrièrent : « Jetez cette guerrière aux chiens pour
la punir d'avoir outrepassé le rôle de la femme ! » Bien qu'Achille
eût demandé pour elle des funérailles honorables, Diomède saisit
le cadavre par les pieds et le traîna dans le Scamandre.*

Les vieilles nourrices, dans la légende grecque, représentent
généralement la divinité sous son aspect de vieille femme (voir
24. 9) ; et Clété (« l'invoquée »), la vieille nourrice de Penthésilée,
ne fait pas exception à cette règle.

2. Cissia (« lierre ») est, semble-t-il, l'ancienne dénomination
de la déesse qui portait divers noms et qui présidait aux orgies
du lierre et du vin en Grèce, en Thrace, en Asie Mineure et en
Syrie (voir 168. 3) ; les « Cissiens » de Memnon cependant sont
une variante pour « Susiens » (« les hommes-lis ») qui portent ce
nom en l'honneur de la déesse-Lis Suzanne, ou Astarté. Priam
avait probablement demandé du secours non pas aux Assyriens
mais aux Hittites, qui ont très bien pu envoyer des renforts par
voie de terre et également par la mer, de Syrie. « Memnon »
(« hardi ») titre courant des rois grecs — intensifié en « Agamemnon » (« très hardi ») — a été ici confondu avec Memnon, titre
d'Artaxerxès l'Assyrien, et avec Aménophis, le nom du Pharaon,
en l'honneur de qui l'on construisit, à Thèbes, la célèbre statue
noire qui chantait. Les premiers rayons du soleil chauffaient la
pierre creuse et l'air qui se trouvait à l'intérieur se dilatait et
sortait en sifflant par l'orifice étroit de la gorge de la statue.

3. La naissance d'Achille, sa jeunesse et sa mort sont acceptables
du point de vue de la mythologie ; il représente l'ancien roi sacré
pélasge, destiné à devenir le héros oraculaire « sans lèvres ». Son
adversaire mythique portait divers noms : « Hector », « Pâris »
et « Apollon ». Ici c'est Memnon fils de Cissia. Le combat
d'Achille contre Memnon, chacun soutenu par sa mère, était
gravé sur le coffre de Cypsélos (Pausanias : V. 19. 1) et sur le
trône d'Apollon à Amyclées (Pausanias : III. 18. 7) ; il figurait,
en outre, dans un ensemble important représenté par le peintre
Lycios que les habitants d'Apollonia consacrèrent à Olympie
(Pausanias : V. 22. 2). Ces deux personnages représentent le roi
sacré et son jumeau — Achille fils de la déesse de la Mer, esprit
lumineux de l'Année Croissante ; Memnon, fils de la déesse-
Lierre, noir esprit de l'Année Sombre, à qui le vin doré est
consacré. Ils se tuent l'un l'autre alternativement, au solstice
d'hiver et d'été ; le roi succombe toujours à une blessure au
talon ; son jumeau a la tête tranchée avec une épée. Achille, dans
cette acception ancienne et dont le nom n'a pas été atteint par le
comportement scandaleux des chefs achéens et doriens qui
usurpèrent son titre, fut vénéré un peu partout comme héros ; le
récit non homérique, où il est dit qu'il fut trahi par Polyxène qui
tira de lui le secret de sa vulnérabilité au talon, le place aux côtés
de Llew Llaw, Cuchulain, Samson et d'autres héros de l'Age de

Bronze, dont la réputation est solide. Son combat contre Penthési-
lée est donc vraisemblablement du même genre que celui de son
père Pélée contre Thétis (voir 81. k).

4. *Comme Memnon venait d'Orient pour aider Priam, on*
l'appela « fils d'Éôs » (« l'aurore ») ; et, comme il lui fallait un
père, il était naturel que le choix se portât sur Tithonos (voir
40. c). Un combat, au solstice d'hiver, entre jeunes filles déguisées
en oiseaux, que rapporte Ovide, constitue une explication plus
vraisemblable des Mnémonides que celle qui en fait des personnifi-
cations fantastiques d'étincelles jaillissant d'un cadavre sur le
bûcher ; à l'origine, il dut y avoir lutte pour la fonction de grand-
prêtre comme cela était habituel en Libye (voir 8. 1).

5. *On célébrait la mort d'Achille en tant que roi sacré d'Olympie*
après le solstice d'été, au moment où avaient lieu en son honneur
les Jeux funèbres ; on pleurait son jumeau, qu'on appelait
localement « Cronos », après le solstice d'hiver (voir 138. 4).

6. *L'autel héroïque d'Achille en Crète a dû être bâti par des*
émigrants pélasges ; mais le platane est un arbre crétois. Comme
la feuille de platane représentait la main verte de Rhéa, il est
possible qu'Achille ait été nommé Pemptos (« cinquième ») afin
de l'identifier à Acésidas, le cinquième de ses Dactyles, c'est-à-
dire le petit doigt auriculaire, de même qu'Héraclès était identifié
au pouce viril (voir 53. 1).

7. *La vigne d'or de Priam, dont il récompensa Tithonos pour*
avoir envoyé Memnon, semble être celle qui fut donnée par Zeus
à Tros en compensation de l'enlèvement de Ganymède (voir
29. b).

165.
La folie d'Ajax

a. Thétis ayant décidé de remettre les armes d'Achille
au Grec le plus courageux resté vivant devant Troie, seuls
Ajax et Odysseus, qui avaient farouchement défendu
ensemble son cadavre [1], osèrent se présenter pour les
réclamer. Certains disent qu'Agamemnon, à cause de son
antipathie pour toute la famille d'Éaque, repoussa les
prétentions d'Ajax et partagea les armes entre Ménélas et
Odysseus, dont il appréciait bien davantage l'efficacité [2] ;
d'autres, qu'il évita les haines que déchaînerait fatalement
toute décision en soumettant l'affaire aux chefs grecs
réunis, qui prirent leur décision par un vote secret ; ou
bien encore, qu'il s'en remit aux Crétois et à d'autres
alliés ; ou bien qu'il obligea ses prisonniers troyens à se
prononcer et à dire lequel des deux aspirants leur avait
fait le plus de mal [3]. Mais en réalité, tandis qu'Ajax et

Odysseus étaient occupés à se vanter de leurs exploits, Nestor conseilla à Agamemnon d'envoyer des espions pendant la nuit écouter au pied des murs de Troie l'opinion impartiale de l'ennemi sur ce sujet. Les espions entendirent un groupe de jeunes filles qui bavardaient entre elles ; et, comme l'un d'elles chantait les louanges d'Ajax pour avoir transporté le corps d'Achille mort au milieu du champ de bataille malgré une nuée de projectiles, une autre, sur l'instigation d'Athéna, répondit : « C'est absurde ! Une esclave en aurait fait autant si quelqu'un lui avait installé un cadavre sur les épaules ; mais si tu lui donnais une arme, elle n'oserait pas s'en servir. C'est Odysseus et non pas Ajax qui a subi le choc de notre attaque[4]. »

b. Agamemnon en conséquence donna les armes à Odysseus. Ménélas et lui n'auraient évidemment jamais osé faire cette insulte à Ajax si Achille avait été en vie, car Achille plaçait très haut son valeureux cousin. C'est Zeus lui-même qui fit éclater la querelle[5].

c. Saisi d'une rage muette, Ajax chercha la manière dont il pourrait se venger de ses compagnons grecs avant le lendemain ; mais Athéna le frappa de folie et le lâcha, son épée à la main, au milieu des troupeaux de vaches et de moutons qui avaient été pris aux fermes troyennes et qui constituaient un butin commun. Après un terrible carnage, il attacha ensemble le restant des bêtes, les ramena au camp et, là, continua son œuvre de boucher. Ayant choisi deux béliers à pattes blanches, il coupa la tête et la langue de l'un, qu'il prit pour Agamemnon ou Ménélas, et attacha l'autre à un poteau et le fouetta avec un licou de cheval, hurlant qu'on l'avait insulté et l'appelant perfide Odysseus[6].

d. Finalement, lorsqu'il eut retrouvé la raison, désespéré, il appela Eurysacès, son fils par Telmessa, et lui donna l'énorme bouclier à sept couches, d'où venait son nom : « Le restant de mes armes sera enterré avec moi lorsque je mourrai », dit-il. Le demi-frère d'Ajax, Teucer, se trouvait alors en Mysie, mais Ajax lui fit porter un message lui laissant la garde d'Eurysacès qu'on devait ramener à ses grands-parents, Télamon et Ériboea de Salamine. Puis, après avoir dit à Tecmessa qu'il échapperait à la colère d'Athéna en se trempant dans de l'eau de mer et en découvrant un endroit désert où il pourrait enterrer l'épée, il partit, décidé à se tuer.

e. Il planta son épée — celle-là même qu'Hector lui avait donnée en échange de son baudrier rouge — droit dans la terre la pointe en l'air et, après avoir invoqué Zeus pour qu'il dise à Teucer où se trouvait son cadavre, Hermès, pour qu'il conduise son âme aux Champs d'Asphodèles et les Érinyes pour qu'elles le vengent, il se jeta sur elle. Mais l'épée qui répugnait à accomplir sa besogne plia et s'arc-bouta, et l'aube était apparue sans qu'il eût réussi à se suicider ; il y parvint enfin en dirigeant la pointe contre son aisselle, la seule partie de son corps qui ne fût pas invulnérable [7].

f. Entre-temps, Teucer, revenu de Mysie, évita de justesse d'être assassiné par les Grecs, indignés du massacre de leurs troupeaux. Calchas, qui n'avait pas eu de vision prophétique lui annonçant le suicide d'Ajax, prit Teucer à l'écart et lui conseilla de garder Ajax sous sa tente, comme quelqu'un qu'Athéna avait privé de sa raison. Podalirios, fils d'Asclépios, fut de cet avis ; il était aussi bon médecin que Machaon, son frère, était habile chirurgien et il avait été le premier à diagnostiquer la folie d'Ajax en voyant l'éclat terrible de ses yeux [8]. Mais Teucer se contenta de secouer la tête, ayant déjà été averti par Zeus de la mort de son frère et partit tristement avec Tecmessa pour chercher le cadavre.

g. Ajax était étendu dans une mare de sang : Teucer fut consterné. Comment allait-il rentrer à Salamine et affronter son père Télamon ? Comme il se tenait là, s'arrachant les cheveux, Ménélas passa à cheval et lui interdit d'enterrer Ajax qu'on devait laisser là, disait-il, pour être la proie des voraces milans et des pieux vautours. Teucer ne l'écouta même pas et, laissant Eurysacès en vêtement d'ascète, déployer ses cheveux, ceux de Teucer et de Tecmessa et ainsi protéger le cadavre d'Ajax — que Tecmessa avait recouvert de sa robe, il se présenta furieux devant Agamemnon. Odysseus intervint dans la querelle qui suivit et, non seulement il pressa Agamemnon d'autoriser les rites funèbres, mais il offrit à Teucer de l'y aider. Teucer refusa l'aide d'Odysseus, tout en le remerciant de sa courtoisie. Finalement Agamemnon, sur les conseils de Calchas, permit qu'Ajax fût enterré dans un cercueil de suicidé au cap Rhoeteion au lieu d'être brûlé sur un bûcher comme s'il était tombé honorablement sur le champ de bataille [9].

h. Certains disent que la querelle qui éclata entre Ajax et Odysseus eut pour cause le Palladion et qu'elle se situe après la chute de Troie [10]. D'autres, qu'Ajax ne se suicida pas et qu'étant invulnérable au fer, les Troyens le tuèrent avec des blocs d'argile, sur les conseils d'un oracle. Mais il est probable qu'il s'agit là d'un autre Ajax [11].

i. Par la suite, lorsque Odysseus s'en fut aux Champs d'Asphodèles, Ajax fut le seul fantôme qui ne l'approchât pas, ayant rejeté l'excuse que Zeus fût seul responsable de sa triste aventure. Odysseus, avec sa coutumière habileté, avait entre-temps fait cadeau des armes d'Achille à son fils Néoptolème, bien que les Éoliens, qui par la suite s'établirent à Troie, prétendent qu'il les avait perdues dans un naufrage au cours de son voyage de retour et que, devant le chagrin de Thétis, les vagues les déposèrent auprès de la tombe d'Ajax, à Rhoeteion. Pendant le règne de l'empereur Hadrien, les vagues, au cours de violentes tempêtes, brisèrent sa tombe et l'on put voir des ossements d'une taille gigantesque ; les rotules étaient aussi grandes que les disques qu'employaient les jeunes Grecs dans le Pentathlon ; sur l'ordre de l'empereur ils furent réenterrés immédiatement [12].

j. Les Salaminiens rapportent qu'une nouvelle fleur apparut sur l'île, à la mort d'Ajax ; elle était blanche, teintée de rouge et plus petite qu'un lis et, comme la jacinthe, elle portait gravées les lettres *Ai-Ai (malheur, malheur !).* Mais on croit généralement que cette nouvelle fleur naquit du sang d'Ajax à l'endroit où il tomba car on peut y lire aussi : *Aias Aiacides* — « Ajax l'Éacide ». Sur la place du marché, à Salamine, s'élevait le temple d'Ajax où se trouvait une statue d'ébène et, non loin du port, on montrait une grosse pierre plate sur laquelle Télamon s'était assis pour regarder le bateau qui emportait ses fils vers Aulis [13].

k. Teucer rentra ensuite à Salamine, mais Télamon l'accusa de parricide au second degré pour n'avoir pas soutenu la demande d'Ajax dans la discussion sur les armes. Interdit de séjour, il plaida son procès depuis la mer tandis que les juges l'écoutaient du rivage ; Télamon lui-même avait été contraint d'agir de la même façon que son père Éaque, lorsqu'il avait été accusé d'avoir tué son frère Phocos. Mais, comme Télamon, Teucer fut jugé coupable et banni, étant donné qu'il n'avait rapporté ni les ossements d'Ajax, ni ceux de Tecmessa, ni ceux d'Eurydacé, ce qui prouvait sa négligence. Il s'embarqua pour Chypre où, avec l'aide d'Apollon et l'autorisation du roi Bélos le Sidonien, il fonda l'autre Salamine [14].

l. Les Athéniens honoraient Ajax comme un de leurs héros éponymes et affirmaient que Philaeos, fils d'Eurysacès, était devenu citoyen athénien et leur avait restitué le royaume de Salamine et sa souveraineté[15].

★

1. *Ici l'élément mythologique est très mince. Ajax était peut-être représenté sur une peinture de Chypre en train d'attacher un bélier à un pilier ; non pas parce qu'il était devenu fou mais parce que c'était la forme de sacrifice, habituelle en Crète, et introduite à Chypre (voir 39. 2).*

2. *La jacinthe d'Homère est le pied-d'alouette bleu —* hyacinthos grapta — *qui a des marques sur la base de ses pétales ressemblant aux anciennes lettres grecques AI ; elle a été également consacrée au Crétois Hyacinthos (voir 21. 8).*

3. *Les ossements d'Ajax, réenterrés par Hadrien, comme ceux de Thésée (voir 104. i), sont probablement ceux d'un héros beaucoup plus ancien. Pisistrate utilisa la prétendue connexion entre Ajax et l'Attique pour revendiquer la souveraineté de l'île de Salamine qui appartenait à Mégare et on dit qu'il appuya sa demande en insérant des vers qu'il avait écrits (voir 163. 1) dans le style d'Homère (Iliade II. 458-559 ; Aristote : Rhétorique I. 15 ; Plutarque : Solon 10). Aia est une ancienne forme de* gaia *(« la terre ») et* aias *(« Ajax ») aurait signifié « campagnard ».*

4. *Tuer un homme avec des blocs d'argile plutôt qu'avec une épée était un moyen employé primitivement pour éviter d'être coupable de crime ; l'autre meurtre d'Ajax doit donc avoir été perpétré par ses parents, et non pas par ses ennemis troyens.*

5. *Qu'Odysseus et Ajax se soient querellés pour la possession du Palladion est important historiquement ; mais Sophocle a fait preuve de négligence et a confondu le Grand Ajax et le Petit Ajax (voir 166. 2).*

166.
Les oracles de Troie

a. Achille était mort ; les Grecs commençaient à désespérer et Calchas prédisait que Troie ne pouvait être prise qu'avec l'aide de l'arc et des flèches d'Héraclès. Odysseus et Diomède furent donc envoyés en délégation à Lemnos pour les demander à Philoctète, leur propriétaire actuel[1].

b. Certains disent que le berger du roi Actor, Phimachos, fils de Dolophion, avait recueilli Philoctète et soigné sa blessure infectée depuis dix ans. D'autres rapportent qu'une

partie des forces méliboéennes de Philoctète s'étaient
établies auprès de lui à Lemnos et que les Asclépiades
l'avaient déjà guéri avec de la terre de Lemnos avant que
la délégation arrivât ; ou bien que ce fut Pylios ou Pélios,
fils d'Héphaïstos, qui le guérit. On dit que Philoctète
conquit alors certaines petites îles au large de la côte
troyenne pour le compte du roi Eunée, en les débarrassant
des Cariens — ce dont Eunée le remercia en lui donnant
le district lemnien d'Acessa[2]. Aussi est-il dit qu'Odysseus
et Diomède n'avaient aucun besoin de tenter Philoctète en
lui proposant des soins médicaux ; il vint de son plein gré,
avec son arc et ses flèches, dans l'intention de gagner la
guerre pour eux et de recueillir pour lui la gloire. Selon
d'autres versions encore, il était mort depuis longtemps de
sa blessure lorsque la délégation arriva et les délégués
obtinrent de ses héritiers qu'ils prêtent l'arc[3].

c. Mais en vérité Philoctète était demeuré à Lemnos,
souffrant affreusement, jusqu'à ce qu'Odysseus, usant de
ruse, obtînt son arc et ses flèches ; mais Diomède (et non
pas, comme on le dit à tort, Néoptolème) ne voulut pas
être impliqué dans ce vol et conseilla à Philoctète de
demander que son bien lui fût restitué. C'est alors que le
dieu Héraclès intervint. « Va avec eux à Troie, Philoctète,
dit-il, et j'amènerai là-bas un Asclépiade pour te guérir ;
car Troie doit tomber une deuxième fois par mes flèches.
Tu seras choisi par les Grecs comme étant le guerrier le
plus courageux, tu tueras Pâris, tu participeras au sac de
Troie et tu enverras dans ta patrie le butin en réservant la
meilleure part à ton père Poeas. Mais souviens-toi : tu ne
peux prendre Troie sans Néoptolème, fils d'Achille, ni lui
sans toi[4] ! »

d. Philoctète obéit et, à son arrivée au camp grec, on le
baigna d'eau fraîche et on le fit coucher dans le temple
d'Apollon ; pendant son sommeil, Machaon le chirurgien
incisa la chair pourrie, versa du vin dans la plaie, y
appliqua des herbes et la pierre serpentine. Mais certains
disent que c'est le frère de Machaon, Podalirios le médecin,
qui s'occupa de la blessure[5].

e. Aussitôt rétabli, Philoctète défia Pâris en un combat
à l'arc. La première flèche qu'il tira n'atteignit pas son
but, la seconde traversa la main de Pâris qui tenait l'arc,
la troisième lui creva l'œil droit et la quatrième l'atteignit
à la cheville, le blessant mortellement. Bien que Ménélas
eût essayé de l'achever, Pâris réussit à se faufiler, quitta
le champ de bataille et se réfugia à Troie. Cette nuit-là les

Troyens le transportèrent sur le mont Ida, où il demanda à son ancienne maîtresse, la nymphe Oenoné, de le guérir ; mais, comme elle détestait Hélène, elle secoua la tête sans pitié et on le ramena mourir à Troie. Cependant Oenoné avait été prise de regrets ; elle se mit à courir vers Troie, son panier plein de médicaments, mais elle le trouva déjà mort. Dans la crise de désespoir qui suivit, elle se jeta du haut des murs, ou bien se pendit ou bien se lança sur son bûcher — personne ne s'en souvient exactement. Certains excusent Oenoné en disant qu'elle aurait sans hésiter guéri Pâris si son père ne l'en avait empêchée ; elle avait été obligée d'attendre qu'il fût sorti de la maison, pour apporter les plantes médicinales, mais il était trop tard[6].

f. Hélénos et Déiphobos se disputaient à présent la main d'Hélène et Priam soutenait Déiphobos, estimant qu'il s'était montré le plus valeureux ; mais, bien que son mariage avec Pâris eût été arrangé par les dieux, Hélène ne pouvait pas oublier qu'elle était toujours reine de Sparte et femme de Ménélas. Une nuit, une sentinelle la surprit en train d'attacher une corde à sa fenêtre pour tenter de s'enfuir. On la conduisit à Déiphobos qui l'épousa de force — au grand mécontentement des autres Troyens. Hélénos quitta alors aussitôt la ville et s'en alla vivre avec Arisbé sur les pentes du mont Ida[7].

g. Ayant appris par Calchas qu'Hélénos était seul à connaître les oracles secrets qui protégeaient Troie, Agamemnon envoya Odysseus le guetter au passage pour l'amener au camp grec. Or, il se trouvait qu'Hélénos était l'hôte de Chrysès et habitait le temple d'Apollon Thymbréen lorsque Odysseus vint le chercher, et il se déclara tout disposé à révéler les oracles à la condition qu'on lui assurerait, sur une terre éloignée, un lieu où il serait en sécurité. Il avait quitté Troie, expliqua-t-il, non pas parce qu'il redoutait d'être tué mais parce que ni Énée ni lui ne pouvaient fermer les yeux sur l'assassinat sacrilège d'Achille, perpétré par Pâris dans ce même temple et pour lequel aucun dédommagement n'avait encore été offert à Apollon[8].

h. « C'est entendu. Dis-moi tout et tu auras la vie sauve », dit Odysseus. « Les oracles sont brefs et clairs, répondit Hélénos. Troie tombera cet été, si un certain ossement de Pélops se trouve dans votre camp ; si Néoptolème entre sur le champ de bataille ; et si le Palladion d'Athéna est enlevé de la citadelle — car on ne peut faire de brèche dans les murs tant qu'il y demeurera[9]. »

Agamemnon envoya aussitôt chercher la clavicule de Pélops à Pisa. Pendant ce temps, Odysseus, Phœnix et Diomède s'embarquaient pour Scyros où ils persuadèrent Lycomède d'autoriser Néoptolème à venir à Troie — certains disent qu'il n'avait alors que douze ans. Le fantôme d'Achille vint à sa rencontre, à son arrivée. Le jeune homme se distingua immédiatement à la fois au Conseil et à la guerre et Odysseus lui rendit avec joie les armes d'Achille [10].

i. Eurypylos, fils de Télèphe, venait d'apporter des renforts aux Troyens avec son armée de Myciens et Priam, qui avait promis à sa mère Astyoché un cep de vigne en or s'il venait, le fiança à Cassandre. Eurypylos se montra un guerrier résolu et tua Machaon le chirurgien ; et c'est pourquoi, dans le sanctuaire d'Asclépios à Pergame, où chaque cérémonie débutait par un hymne célébrant Télèphe, on ne devait jamais, en aucune circonstance, prononcer le nom de son fils Eurypylos. Les ossements de Machaon furent ramenés par Nestor et guérissaient les malades dans le sanctuaire de Gérénia ; sa statue de bronze, couronnée de fleurs, domine la place sacrée appelée « La Rose ». Quant à Eurypylos il fut tué par Néoptolème [11].

j. Peu de temps avant la chute de Troie, les dissensions entre les fils de Priam devinrent si graves que celui-ci autorisa Anténor à négocier la paix avec Agamemnon. A son arrivée au camp grec, Anténor, par haine pour Déiphobos, accepta de livrer le Palladion et la ville à Odysseus ; il demandait en échange le royaume et la moitié des trésors de Priam. On pouvait, dit-il à Agamemnon, compter aussi sur l'aide d'Énée [12].

k. Ensemble, ils préparèrent un plan que Diomède exécuta en commençant par fouetter Odysseus sans pitié ; alors couvert de sang, sale, et habillé en haillons il réussit à entrer dans Troie en se faisant passer pour un esclave fugitif. Seule Hélène le reconnut sous son déguisement, mais, lorsqu'elle lui posa des questions, il lui répondit évasivement. Néanmoins, il ne put refuser son invitation à venir chez elle où elle lui donna un bain, l'oignit d'huile et l'habilla de beaux vêtements ; son identité ayant été ainsi clairement établie, elle jura solennellement de ne pas le trahir auprès des Troyens — elle s'était, jusque-là, confiée uniquement à Hécabé — s'il lui révélait tous les détails de son plan. Hélène expliqua qu'elle-même était actuellement considérée comme prisonnière à Troie et qu'elle désirait vivement rentrer en Grèce. A ce moment

Hécabé entra. Odysseus se jeta aussitôt à ses pieds et la supplia de ne pas le dénoncer. Étrangement, elle accepta. Il revint alors en toute hâte, conduit par Hécabé, retrouva ses amis, sain et sauf, et leur raconta tout ; il prétendit aussi avoir tué un grand nombre de Troyens qui avaient refusé de lui ouvrir les portes [13].

l. Certains disent qu'Odysseus vola le Palladion à ce moment-là — seul. D'autres, que Diomède et lui, qui étaient les favoris d'Athéna, furent choisis pour accomplir cet exploit et qu'ils grimpèrent jusqu'à la citadelle par un passage étroit et boueux, tuèrent les gardiens endormis et, ensemble, s'emparèrent de la statue, que la prêtresse Théano, la femme d'Anténor, leur remit de son plein gré [14]. La version la plus généralement admise cependant est que Diomède escalada le mur, en grimpant sur les épaules d'Odysseus, car l'échelle était trop courte, et qu'il entra seul dans Troie. Lorsqu'il réapparut, tenant dans ses bras le Palladion, tous deux se dirigèrent vers le camp, côte à côte, sous la pleine lune ; mais Odysseus voulait s'approprier toute la gloire. Il se glissa derrière Diomède, aux épaules duquel la statue était attachée par une courroie, et il l'aurait tué si Diomède n'avait aperçu l'ombre de son épée, car la lune était basse. Il se retourna, tira son épée et, ayant réussi à désarmer Odysseus, lui lia les mains et le ramena aux navires à coups de pieds et à coup de poing. D'où l'expression : « Contraint par Diomède », si souvent employée pour ceux dont l'action était entravée [15].

m. Les Romains prétendent qu'Odysseus et Diomède n'emportèrent qu'une réplique du Palladion, qui était exposée en public, et qu'Énée, à la chute de Troie, sauva la statue authentique et réussit à la dissimuler, en même temps que le restant des objets sacrés, et à l'amener sans encombre en Italie [16].

1. *Tout ceci n'est que du mauvais roman ou du mauvais drame, sauf le vol du Palladion, le refus mystérieux d'Hécabé de trahir Odysseus (voir 168. 5) et la mort de Pâris d'une blessure à la cheville (voir 92. 10 ; 126. 3 et 164. j). La clavicule de Pélops était probablement en dent de marsouin (voir 109. 5). Le récit d'après lequel Philoctète succomba au poison — d'une flèche d'Héraclès trempée dans le sang de l'Hydre — semble être le plus ancien (voir 162. 1).*

2. *Pausanias rapporte (V. 13. 3) : « Lorsque les Grecs repartirent de Troie, le navire qui transportait la clavicule de Pélops fit*

naufrage au large d'Eubée au cours d'une tempête. Plusieurs années plus tard, un pêcheur érétrien, du nom de Damarmenos (« qui dompte les voiles ») ramena dans son filet un os qui était d'une taille si extraordinaire qu'il le cacha dans le sable pendant qu'il se rendait à l'Oracle de Delphes pour demander à qui était cet os et ce qu'il fallait en faire. Apollon avait fait en sorte qu'une délégation éléenne arrivât le même jour pour demander un remède contre la peste qui sévissait alors. La Pythie répondit aux Éléens : « Retrouvez la clavicule de Pélops. » A Damarménos elle dit : « Confie ton ossement à ces ambassadeurs. » Les Éléens lui donnèrent une bonne récompense, établirent que la garde de l'ossement serait héréditaire dans la famille. La clavicule n'existait plus lorsque je me rendis à Élis : sans doute le temps et l'action de l'eau de mer, dans laquelle elle était restée pendant si longtemps, l'avaient-ils réduite en poussière. »

167.
Le cheval de bois

a. Athéna inspira à Prylis, fils d'Hermès, de suggérer qu'on parviendrait à entrer dans Troie au moyen d'un cheval en bois ; et Épéios, fils de Panopée, un Phocidien du Parnasse, se proposa pour en construire un sous la direction d'Athéna. Par la suite, Odysseus prétendit naturellement que c'était lui qui avait eu l'idée du stratagème [1].

b. Épéios avait amené des Cyclades trente bateaux à Troie. Il occupait les fonctions de porteur d'eau de la maison d'Atrée, comme on le voit sur la frise du temple d'Apollon à Carthéa, et, bien qu'il fût habile à la boxe et très bon artisan, il était poltron de naissance en punition du ciel parce que son père avait manqué à sa parole — Panopée avait juré par Athéna de ne rien s'approprier du butin de Taphios qu'avait obtenu Amphitryon et s'était parjuré : la lâcheté d'Épéios était, depuis lors, devenue proverbiale [2].

c. Il construisit un gigantesque cheval creux en bois de sapin muni d'une trappe d'un côté et de grandes lettres de l'autre côté, le consacrant à Athéna : « En remerciement anticipé pour leur retour sains et saufs dans leurs patries, les Grecs dédient cette offrande à la déesse [3]. » Odysseus convainquit les plus courageux parmi les Grecs de grimper, avec leurs armes, à l'aide d'une échelle de corde, jusqu'à la trappe et de se mettre dans le ventre du cheval. Leur nombre varie : ils sont vingt-trois, trente ou davantage, cinquante et on va même jusqu'au nombre extravagant de trois mille. Parmi eux, entre autres, se trouvaient Ménélas, Odysseus, Diomède, Sthénélos, Acamas, Thoas et Néoptolème. Épéios lui-même consentit à se joindre à eux, mais il avait fallu user de flatterie, de menaces et, finalement, lui proposer de l'argent. Il fut le dernier à grimper, tira l'échelle derrière lui et comme il était le seul à savoir manœuvrer la trappe, il s'assit à côté du verrou[4].

d. Lorsque la nuit fut venue, le restant des Grecs, sous la conduite d'Agamemnon, suivit les instructions d'Odysseus, qui étaient de mettre le feu à leur camp, de reprendre la mer et d'attendre au large de Ténédos, dans les îles Calydnes, jusqu'au lendemain soir. Sinon, cousin d'Odysseus et petit-fils d'Autolycos, resta seul en arrière afin d'allumer un feu qui signalerait leur retour[5].

e. A l'aube, les éclaireurs troyens rapportèrent que le camp était en cendres et que les Grecs étaient partis en laissant un gigantesque cheval sur le rivage. Priam et plusieurs de ses fils sortirent pour le voir, ils étaient muets d'admiration ; Thymoétès fut le premier à rompre le silence : « Puisque c'est un présent destiné à Athéna, dit-il, je propose que nous l'introduisions à Troie et que nous le montions à la citadelle. » « Non, non ! s'écria Capys, Athéna a trop longtemps favorisé les Grecs ; il faut le brûler immédiatement ou bien le casser pour voir ce qu'il porte dans son ventre. » Mais Priam déclara : « Thymoétès a raison. Nous le ferons entrer en le poussant sur des rouleaux. Ce qui appartient à Athéna ne doit pas être profané. » Le cheval était trop large pour passer par les portes. Et, même après qu'on eut fait une brèche dans le mur, il se coinça quatre fois. Les Troyens le hissèrent avec d'infinis efforts jusqu'à la citadelle ; mais ils prirent du moins la précaution de réparer la brèche qu'ils avaient faite dans le mur. Il y eut de nouveau une très vive discussion lorsque Cassandre annonça que le cheval contenait des hommes en armes, et qu'elle fut soutenue par le devin Laocoon, fils d'Anténor, que certains considèrent à tort comme le frère d'Anchise. Il s'écria : « Insensés, n'ayez jamais confiance en un Grec même s'il vous apporte des présents ! » Et il jeta sa lance qui s'enfonça dans le flanc du cheval et fit s'entrechoquer les armes qui se trouvaient à l'intérieur. Aux acclamations se mêlaient les cris hostiles : « Brûlons-le ! Jetons-le par-dessus les murs ! » Mais les partisans de Priam criaient : « Qu'on le laisse ici [6] ! »

f. La discussion fut interrompue par l'arrivée de Sinon, que deux soldats troyens amenaient, enchaîné. Interrogé, il déclara qu'Odysseus cherchait depuis longtemps à le faire disparaître parce qu'il connaissait le secret du meurtre de Palamède. Les Grecs, dit-il encore, en avaient sincèrement assez de la guerre et ils se seraient réembarqués pour rentrer chez eux depuis plusieurs mois déjà si le mauvais temps ne les en avait empêchés. Apollon leur avait conseillé de se rendre favorables les vents par un sacrifice, comme à Aulis où ils avaient été retenus. « C'est alors, poursuivit Sinon, qu'Odysseus amena Calchas et lui demanda de désigner la victime. Calchas ne voulut pas donner tout de suite sa réponse et fit une retraite de dix jours ; ensuite, sans aucun doute après avoir été soudoyé par Odysseus, il pénétra dans la tente du Grand Conseil et me montra du doigt. Tous les assistants accueillirent avec satisfaction ce verdict, chacun étant soulagé de n'avoir pas été choisi comme victime, et on me mit les chaînes ; mais, un vent favorable s'étant mis à souffler, mes compagnons mirent précipitamment leurs navires à la mer et, dans le désordre qui suivit, je parvins à m'échapper. »

g. Ainsi Priam fut trompé ; il crut que Sinon était un fugitif et lui ôta ses chaînes. « Maintenant parle-nous de ce cheval », dit-il avec bonté. Sinon expliqua que les Grecs avaient perdu le soutien d'Athéna sur laquelle ils comptaient, au moment où Odysseus et Diomède avaient volé le Palladion dans son temple. Ils ne l'avaient pas plutôt placé dans leur camp que la statue avait été par trois fois entourée de flammes et ses membres s'étaient mis à suinter de grosses gouttes, témoignant ainsi de la colère de la déesse. Calchas, alors, conseilla à Agamemnon de s'embarquer, de rentrer chez lui en Grèce, de préparer une nouvelle expédition avec des troupes fraîches, sous de meilleurs auspices, et de laisser le cheval comme présent propitiatoire à Athéna. « Et pourquoi l'a-t-on fait si grand ? » demanda Priam. Sinon, bien préparé par Odysseus, répondit : « Pour vous empêcher de le faire entrer dans la ville. Calchas a prédit que si vous rejetiez cette statue sacrée, Athéna ruinerait votre pays, mais si elle pénétrait dans Troie, alors vous pourriez commander à toutes les forces d'Asie, envahir la Grèce et conquérir Mycènes [7]. »

167. e — 167. g

h. « Ce sont des mensonges, s'écria Laocoon, ils portent bien la marque d'Odysseus. Ne le croyez pas , Priam ! Je t'en prie, seigneur, autorise-moi à sacrifier un taureau à Poséidon. Lorsque je reviendrai, j'espère bien voir ce cheval de bois réduit en cendres. » Il faut dire ici que les Troyens, qui avaient lapidé leur prêtre de Poséidon neuf ans auparavant, avaient décidé de ne pas le remplacer jusquà ce que la guerre semble parvenue à son terme. Laocoon fut choisi par tirage au sort pour apaiser Poséidon. Il était déjà prêtre d'Apollon Thymbréen, qu'il avait irrité en se mariant et en ayant des enfants malgré le vœu de célibat qu'il avait fait et, chose plus grave encore, en s'unissant à Antiopé devant la statue du dieu [8].

i. Laocoon se retira pour choisir une victime et préparer l'autel, mais, en signe d'avertissement de la fin prochaine de Troie, Apollon envoya deux gros serpents de mer du nom de Porcès et Chariboea, ou Eurissia, ou Périboea, qui se précipitèrent vers Troie venant de Ténédos et des îles Calydnes [9].

Ils arrivèrent comme des flèches sur le rivage et, s'enroulant autour des deux fils jumeaux de Laocoon, Antiphas et Thymbraeos, que certains appellent Mélanthos, ils les étouffèrent. Laocoon se précipita à leur secours mais il périt à son tour de la même façon. Les deux serpents montèrent en rampant jusqu'à la citadelle et, tandis que l'un s'enroulait autour des pieds d'Athéna, l'autre se réfugiait derrière son égide. Certains disent, cependant, que l'un seulement des enfants de Laocoon avait péri, qu'il était mort dans le temple d'Apollon Thymbréen et non pas auprès de l'autel d'Apollon ; et d'autres, que Laocoon lui-même échappa à la mort [10].

j. Ce terrible présage convainquit les Troyens que Sinon avait dit la vérité. Priam fit l'erreur de croire que Laocoon avait été puni pour avoir jeté sa lance contre le cheval et non pas pour avoir offensé Apollon. Il offrit aussitôt le cheval à Athéna et, bien que les partisans d'Énée, très inquiets, se fussent retirés dans leur cabane sur le mont Ida, presque tous les Troyens se mirent à célébrer la victoire par des banquets et des réjouissances. Les femmes cueillirent des fleurs sur les bords du fleuve, dont elles ornèrent la crinière du cheval et étendirent sous ses sabots un tapis de roses [11].

k. Pendant ce temps, à l'intérieur du ventre, les Grecs avaient tremblé de peur, et Épéios pleurait en silence, fou de terreur. Néoptolème, seul, ne manifesta aucune émotion, même lorsque la lance de Laocoon traversa le bois juste au-dessus de sa tête. De temps en temps, il faisait signe de la tête à Odysseus pour lui demander de donner l'ordre d'attaquer — car c'est Odysseus qui était le chef — et serrait sa lance et le fourreau de son épée d'un air menaçant. Mais Odysseus ne donnait pas le signal. Dans la soirée, Hélène sortit du palais et vint rôder autour du cheval dont elle fit le tour trois fois, lui caressant les flancs et, comme pour amuser Déiphobos qui l'accompagnait, elle taquinait les Grecs à l'intérieur en imitant la voix de leurs femmes respectives. Ménélas et Diomède, accroupis à l'intérieur du cheval à côté d'Odysseus, furent tentés de sauter dehors lorsqu'ils s'entendirent appeler par leur nom ; mais il les en empêcha et, voyant qu'Antiélos était sur le point de répondre, ils lui mirent une main sur la bouche et, d'après certains, l'étranglèrent [12].

l. Cette nuit-là les Troyens, épuisés par les festins et les réjouissances, tombèrent dans un profond sommeil et rien, pas même l'aboiement d'un chien, ne dérangeait le silence de la nuit. Mais Hélène ne dormait pas ; une forte lumière toute ronde brillait dans sa chambre comme un signal pour les Grecs. A minuit, juste avant le lever de la pleine lune, la septième de l'année, Sinon se glissa hors de la ville pour allumer un feu sur la tombe d'Achille et Anténor agita une torche [13].

Agamemnon répondit à ces signaux en allumant des copeaux de pin sur un trépied sur le pont de son navire qui n'était à présent qu'à quelques traits de flèches de la côte ; et la flotte tout entière s'approcha du rivage. Anténor, s'étant glissé prudemment près du cheval, fit savoir, à voix basse, que tout allait bien et Odysseus donna l'ordre à Épéios d'ouvrir la trappe [14].

m. Échion, fils de Porthée, sauta le premier, tomba et se rompit le cou ; les autres descendirent à l'aide de l'échelle de corde d'Épéios. Les uns coururent ouvrir les portes à leurs compagnons qui venaient de débarquer, les autres tuèrent les sentinelles, à moitié endormies, qui gardaient la citadelle et le palais ; mais Ménélas ne songeait qu'à Hélène et courut droit à sa maison [15].

1. *Les commentateurs classiques d'Homère n'étaient pas satis-faits de l'histoire du cheval de bois. Ils suggérèrent différentes versions : les Grecs auraient utilisé un engin en forme de cheval*

*pour briser le mur (Pausanias : I. 23. 10) ; Anténor aurait fait
entrer les Grecs dans Troie par une poterne sur laquelle était
peint un cheval ; ou bien l'effigie d'un cheval aurait servi à
distinguer les Grecs de leurs ennemis dans l'obscurité et la
confusion générale ; ou bien, après que Troie eut été trahie, les
oracles auraient interdit le pillage de toute maison sur laquelle
était dessiné un cheval — c'est ainsi qu'auraient été épargnés
Anténor et les siens ainsi que d'autres ; ou bien que Troie serait
tombée à la suite d'un assaut de la cavalerie ; ou bien que les
Grecs, après avoir mis le feu à leur camp, se seraient cachés
derrière le mont Hippios (« du cheval »).*

2. *Il est très probable que Troie soit tombée grâce à une tour
en bois montée sur roues, recouverte par des peaux de chevaux,
mouillées, pour la protéger contre les traits enflammés, et qu'on
aurait poussée contre les points faibles de la défense qui étaient
connus — le pan occidental qu'Éaque avait construit (voir 158. 8).
Mais ceci expliquerait difficilement la légende selon laquelle les
chefs grecs étaient cachés dans le ventre du cheval. Peut-être les
Homérides ont-ils inventé cette histoire pour expliquer une
peinture, dont le sens avait été perdu, représentant une ville
entourée de murs, une reine, une assemblée solennelle et le roi
sacré en train de naître une seconde fois, sa tête sortant d'une
jument qui était l'animal sacré à la fois des Troyens (voir 48. 3)
et des Éacides (voir 81. 4) ; une jument en bois de sapin, l'arbre
de la naissance (voir 51. 5), a peut-être été utilisée pour cette
cérémonie ; une vache en bois avait de même facilité le mariage
de Minos et Pasiphaé (voir 88. e). La mort d'Antiélos par la
main d'Odysseus dérive peut-être de la peinture représentant deux
jumeaux en train de se battre dans le sein de leur mère (voir
73. 2).*

3. *L'histoire du fils de Laocoon, ou de ses fils, rappelle celle
des deux serpents qu'Héraclès étouffa (voir 119. 2). Selon certaines
versions, leur mort survint dans le sanctuaire d'Apollon, et
Laocoon lui-même, comme Amphitryon, échappa sans aucun
mal. Il est possible, en fait, que les serpents aient été tout
simplement en train de purifier les oreilles des enfants afin
de leur conférer le don de prophétie. « Antiphos » signifie
apparemment « prophète » — celui qui parle à la place du dieu.*

4. *Sur le plan des dieux, cette guerre opposa Aphrodite la
déesse de la mer troyenne et le dieu grec de la mer, Poséidon
(voir 169. 1) — c'est la raison pour laquelle Priam supprima les
prêtres de Poséidon.*

5. *Les statues qui transpirent sont un phénomène qui se retrouve
souvent depuis la chute de Troie ; les dieux romains adoptèrent,
par la suite, ce moyen d'avertissement, de même que les saints
du catholicisme qui les remplacèrent.*

167. 1 — 167. 5

6. *Dans les sagas primitives, la réputation de courage d'Épéios était telle que son nom servait à désigner les fanfarons, par ironie ; et du fanfaron au lâche il n'y a qu'un pas (voir 88. 10).*

168.
Le sac de Troie

a. Odysseus avait, croit-on, promis à Hécabé et à Hélène que ceux qui ne résisteraient pas auraient la vie sauve. A présent, les Grecs envahissaient par milliers les rues de la ville éclairées par la lune, ils faisaient irruption dans les maisons qu'aucun garde ne protégeait et tranchaient la gorge des Troyens dans leur sommeil. Hécabé se réfugia avec ses filles sous un vieux laurier qui ombrageait l'autel de Zeus de la Cour, où elle retint Priam, l'empêchant de se jeter dans la bataille : « Restez avec nous, seigneur, implora-t-elle, dans ce lieu sûr, vous êtes trop vieux et trop faible pour vous battre. » Priam lui obéit en grommelant jusqu'au moment où leur fils Politès arriva en courant, poursuivi de près par les Grecs et tomba percé de coups sous leurs yeux [1]. Maudissant Néoptolème qui lui avait porté le coup mortel, Priam jeta sa lance contre lui mais il le manqua. On l'écarta brutalement des marches de l'autel rouges du sang de Politès et il fut massacré sur le seuil de son propre palais. Mais Néoptolème, soucieux de ses devoirs filiaux, traîna le corps jusqu'à la tombe d'Achille sur le promontoire de Sigée où il le laissa pourrir, décapité et sans sépulture [2].

b. Pendant ce temps, Odysseus et Ménélas s'étaient rendus à la maison de Déiphobos et, là, livrèrent le combat le plus sanglant de leur vie, dont ils ne sortirent victorieux que grâce à l'aide d'Athéna. Certains disent même que c'est Hélène elle-même qui lui plongea un poignard dans le dos et que cet acte et la vue de ses seins nus entamèrent la résolution de Ménélas qui avait juré de la tuer, qu'il jeta son épée et la conduisit jusqu'aux navires. Le cadavre de Déiphobos fut atrocement mutilé, mais Énée, par la suite, lui éleva un monument sur le cap Rhœteion [3].

Odysseus aperçut Glaucos, un des fils d'Anténor, s'enfuyant dans une rue avec un petit groupe de Grecs, serré de près par ses poursuivants. Il vint à son secours et sauva également le frère de Glaucos, Hélicaon qui avait été grièvement blessé. Ménélas suspendit alors une peau de léopard au-dessus de la porte de la maison d'Anténor pour indiquer qu'on ne devait pas y toucher [4]. Anténor, sa femme Théano et ses quatre fils purent partir librement et emporter tous leurs biens ; quelques jours plus tard, ils s'embarquèrent sur le navire de Ménélas et s'établirent d'abord à Cyrène, puis en Thrace et finalement à Venise, sur l'Adriatique [5]. Venise porte son nom parce qu'Anténor prit la tête d'un certain nombre de réfugiés de Vénétie en Paphlagonie, dont le roi Pylaeménès était tombé à Troie, et leur avait donné la victoire contre les Euganes de la plaine septentrionale de l'Italie. Le port et le district où ils débarquèrent changèrent de nom et furent appelés « La Nouvelle Troie ». Eux-mêmes s'appelèrent désormais les Vénètes. On dit qu'Anténor fonda aussi la ville de Padoue [6].

c. Selon les Romains, la seule autre famille qui fut épargnée par les Grecs fut celle d'Énée qui, comme Anténor, avait vivement conseillé de rendre Hélène et de conclure une paix équitable ; Agamemnon, l'ayant vu porter le vénérable Anchise sur ses épaules et le mener vers la porte Dardanienne sans regarder à droite ni à gauche, donna l'ordre que cet homme, animé d'une si grande piété filiale, fût épargné. Certains disent cependant qu'Énée ne se trouvait pas en Phrygie lorsque la ville tomba [7]. D'autres, qu'il défendit Troie jusqu'à la fin et se retira ensuite dans la citadelle de Pergame et, après avoir combattu courageusement une deuxième fois, il se fit précéder par ses partisans sur le mont Ida où il les suivit, aussitôt qu'il le put, avec sa famille, ses trésors et ses statues sacrées ; et comme les Grecs lui faisaient des conditions honorables, il se rendit à Pellène en Thrace et mourut, soit là-bas, soit à Orchomène, en Arcadie. Cependant, les Romains disent qu'il se rendit finalement au Latium, fonda la ville de Lavinium, mourut sur le champ de bataille et fut enlevé au ciel. Mais il n'y a rien de vrai dans tout cela : en réalité Néoptolème l'emmena prisonnier sur son navire car il constituait la meilleure prise que les Grecs eussent faite et il demanda une rançon qui lui fut payée par les Dardaniens à une date fixée [8].

d. Laodicé, la femme de Lycaon (certains disent qu'elle était la femme de Télèphe) s'était unie à Acamas l'Athénien lorsqu'il vint à Troie dans la délégation de Diomède, dix ans auparavant, et lui donna un fils du nom de Mounitos, qu'Æthra, l'esclave d'Hélène, mère de Thésée et donc grand-mère du nouveau-né, avait élevé à sa place. A la chute de Troie, Laodicé se trouvait dans le sanctuaire de

Tros, près des tombes de Cilla et Mounippos, lorsque
soudain la terre s'ouvrit et l'engloutit aux yeux de tous [9].

e. Dans le désordre qui suivit, Æthra s'enfuit avec
Mounitos dans le camp grec où Acamas et Démophon
reconnurent en elle la grand-mère dont ils avaient depuis
longtemps perdu la trace et qu'ils avaient juré de sauver
ou de racheter. Démophon se rendit aussitôt auprès
d'Agamemnon et demanda son rapatriement, ainsi que
celui de la sœur de Pirithoos, sa compagne, captive comme
elle. Ménesthée l'Athénien appuya sa requête et, comme
Hélène avait souvent manifesté son antipathie pour Æthra
en lui mettant le pied sur la tête et en lui tirant les cheveux,
Agamemnon donna son assentiment ; mais il obligea
Démophon et Acamas à renoncer à leurs droits sur tout
autre butin troyen. Malheureusement, lorsque Acamas
aborda en Thrace au cours de son voyage de retour,
Mounitos, qui l'accompagnait, fut mordu par un serpent
et mourut [10].

f. Dès que le massacre des Troyens commença, Cassandre
se réfugia dans le temple d'Athéna et se cramponna à la
statue de bois qui avait remplacé le Palladion volé. C'est
là que le Petit Ajax la découvrit et essaya de l'entraîner,
mais elle serrait si fort la statue qu'il dut l'emporter aussi
lorsqu'il emmena Cassandre pour en faire sa concubine,
ce qui était le sort de toutes les femmes troyennes. Mais
Agamemnon réclama Cassandre en récompense de ses
propres exploits et Odysseus dut, pour arranger les choses,
raconter qu'Ajax avait violé Cassandre dans le temple : et
c'était même, disait-il, la raison pour laquelle la statue
avait les yeux levés vers le ciel, frappée d'horreur [11]. Ainsi
Cassandre échut à Agamemnon, tandis qu'Ajax devenait
l'objet de la haine de l'armée tout entière ; et, lorsque les
Grecs furent sur le point de s'embarquer, Calchas avertit
le Conseil qu'il fallait apaiser Athéna pour l'offense faite
à sa prêtresse. Pour satisfaire Agamemnon, Odysseus
proposa ensuite qu'Ajax fût lapidé ; mais celui-ci échappa
au supplice en se réfugiant dans le sanctuaire d'Athéna,
où il jura solennellement qu'Odysseus mentait comme
toujours ; et Cassandre elle-même nia qu'elle eût été
violée. Néanmoins, on pouvait difficilement négliger les
instructions de Calchas ; c'est pourquoi Ajax exprima ses
regrets pour avoir enlevé de force la statue et s'offrit à
expier son crime. Il en fut empêché par la mort : le navire,
en effet, qui le ramenait en Grèce fit naufrage sur les
Rochers Gyréens. Comme il avait réussi à se hisser sur un

rocher, Poséidon de son trident coupa le roc en deux et il fut noyé, ou bien, selon certains, Athéna, ayant emprunté à Zeus sa foudre, lui en décocha un trait et le tua. Thétis enterra son corps dans l'île de Myconos ; ses compatriotes protèrent des vêtements noirs pendant une année entière et mirent à la mer, tous les ans, un mousse aux voiles noires, chargé de présents et qu'ils enflammaient en son honneur [12].

g. La colère d'Athéna s'abattit alors sur la ville d'Oponte en Locride, et l'Oracle de Delphes avertit ceux qui avaient été les sujets d'Ajax autrefois qu'ils seraient victimes de famines et de pestes à moins qu'ils n'envoient tous les deux ans deux jeunes filles à Troie, pendant mille ans. En conséquence, les cent familles de Locride, depuis lors, assumèrent ce fardeau comme preuve de leur noblesse. Ils choisissaient les jeunes filles par tirage au sort et les débarquaient en pleine nuit sur le promotoire de Rhoétion, chaque fois en une saison différente ; des parents les accompagnaient qui connaissaient le pays et pouvaient les glisser dans le sanctuaire d'Athéna. Si les Troyens surprenaient ces jeunes filles ils les lapidaient jusqu'à ce que mort s'ensuive, les brûlaient pour avoir souillé le pays et dispersaient leurs cendres dans la mer. Mais, une fois à l'intérieur du temple, elles étaient en sûreté. On leur rasait alors la tête, on les revêtait du vêtement des esclaves et elles étaient astreintes aux basses besognes du temple jusqu'au jour où deux autres jeunes filles venaient prendre leur place. Il y a très longtemps, il arriva que les Trariens, qui s'étaient emparés de Troie, tuèrent une prêtresse de Locride dans le temple même, et les Locridiens décidèrent alors que leur longue pénitence avait assez duré et ils n'envoyèrent plus de jeunes filles ; mais la famine et la peste ayant réapparu, ils se hâtèrent de reprendre leur ancienne coutume, qui ne s'est éteinte qu'à l'époque historique. Ces jeunes filles rejoignaient le sanctuaire d'Athéna par un passage souterrain dont l'entrée cachée se trouvait non loin des murs et qui menait au passage sombre et boueux qu'avaient utilisé Odysseus et Diomède pour aller voler le Palladion. Les Troyens n'avaient aucune idée de la manière dont les jeunes filles parvenaient au temple, et ne connaissaient pas la nuit qui amènerait celles destinées à les remplacer ; en sorte qu'ils ne les surprenaient que très rarement et par pur hasard [13].

h. Après le massacre, les soldats d'Agamemnon pillèrent et brûlèrent Troie, se partagèrent le butin, rasèrent les

murs et firent des holocaustes à leurs dieux. Le Conseil
avait discuté pendant un certain temps pour savoir ce qu'il
fallait faire du jeune fils d'Hector, Astyanax, appelé aussi
Scamandrios ; et lorsque Odysseus recommanda de tuer
systématiquement tous les descendants de Priam, Calchas
décida du sort de l'enfant en prédisant que si on le laissait
vivre il vengerait ses parents et la ville de Troie. Les princes
répugnaient tous à assassiner un enfant, sauf Odysseus
qui, sans hésiter, précipita Astyanax du haut des remparts [14]. Mais certains disent que Néoptolème, à qui
Andromaque la veuve d'Hector était échue en récompense
dans le partage du butin, lui arracha des bras Astyanax
et, sans attendre la décision du Conseil, le fit tournoyer
plusieurs fois autour de sa tête et le précipita sur les rochers
au bas des remparts [15]. Et d'autres disent qu'Astyanax sauta
lui-même du haut des murs et se donna la mort, tandis
qu'Odysseus récitait la prédiction de Calchas en suppliant
les dieux d'approuver la cruelle décision [16].

i. Le Conseil discuta aussi du sort de Polyxène. Achille,
au moment où il mourait, avait demandé qu'elle fût
immolée sur sa tombe et, tout récemment, il était apparu
en songe à Néoptolème et à d'autres chefs, menaçant
d'immobiliser la flotte à Troie par des vents contraires aussi
longtemps que ses instructions ne seraient pas exécutées. On
avait entendu également une voix partant de sa tombe et
qui se plaignait en ces termes : « C'est une injustice de ne
m'avoir rien donné du butin. » Et un fantôme apparut sur
le promontoire de Rhéotion, revêtu d'une armure d'or,
disant : « Grecs, que faites-vous ? Comptez-vous partir et
abandonner ma tombe sans l'honorer [17] ? »

j. Calchas déclara qu'il ne fallait pas refuser Polyxène à
Achille qui l'aimait. Agamemnon n'était pas de son avis
et fit observer qu'il y avait déjà eu suffisamment de sang
versé, aussi bien de vieillards et d'enfants que de guerriers,
qu'il était inutile d'assouvir encore des vengeances, que
des hommes morts, aussi célèbres soient-ils, n'avaient
aucun droit sur des femmes vivantes. Mais Démophon et
Acamas, qui avaient été privés de la part de butin à
laquelle ils avaient droit, protestèrent qu'Agamemnon
parlait de la sorte uniquement pour faire plaisir à Cassandre, sœur de Polyxène, et l'inciter ainsi à s'abandonner à
ses caresses. « Du glaive d'Achille ou du lit de Cassandre,
lequel mérite-t-il le plus de respect ? » Les choses s'enveni-
mèrent et Odysseus, étant intervenu, persuada Agamemnon
de céder [18].

k. Le Conseil donna l'ordre alors à Odyssée d'aller chercher Polyxène et demanda à Néoptolème d'officier en tant que prêtre. Elle fut immolée sur la tombe d'Achille aux yeux de toute l'armée, qui s'empressa de lui donner une sépulture honorable ; et, aussitôt, des vents favorables se mirent à souffler [19]. Mais certains disent que la flotte grecque avait déjà atteint la Thrace lorsque le fantôme d'Achille apparut et menaça ses compagnons de vents contraires, et que c'est là que Polyxène fut sacrifiée [20]. D'autres rapportent qu'elle se rendit de son plein gré sur la tombe d'Achille, avant la chute de Troie, et qu'elle se jeta sur la pointe d'une épée, expiant ainsi le mal qu'elle lui avait fait [21].

l. Bien qu'Achille eût tué Polydoros, fils de Priam par Laothoé, le plus jeune et le préféré de ses enfants, un autre prince du même nom avait survécu. Il était fils de Priam par Hécabé et avait été envoyé pour plus de sécurité à Chersonèse de Thrace, où sa tante Iliona, femme du roi Polymnestor, l'éleva. Iliona traita Polydoros comme s'il était le véritable frère de Déiphobos, le fils qu'elle avait donné à Polymnestor. Agamemnon, poursuivant la politique d'extermination préconisée par Odysseus, envoya des messagers à Polymnestor en lui promettant Électre pour épouse et une dot en or s'il se débarrassait de Polydoros. Polymnestor accepta le marché mais il ne pouvait se résoudre à faire du mal à un enfant qu'il avait juré de protéger et, à sa place, il tua son propre fils, Deiphilos, en présence des messagers ; ceux-ci, ayant été leurrés, reprirent le chemin du retour. Polydoros, qui ignorait le secret de sa naissance, mais savait que c'était à cause de lui qu'Iliona s'était éloignée de Polymnestor, se rendit à Delphes et demanda à la Pythie : « Qu'est-ce qui tourmente mes parents ? » Elle répondit : « Est-ce donc si peu de chose que ta ville ait été réduite en cendres, que ton père ait été massacré et que ta mère soit devenue une esclave, pour que tu viennes me poser cette question ? » Il revint en Thrace très tourmenté, mais trouva que la situation n'avait guère changé depuis son départ. Se peut-il qu'Apollon se soit trompé, se demandait-il. Iliona lui révéla la vérité et, indigné que Polymnestor ait pu tuer son unique fils pour de l'argent et contre la promesse d'une nouvelle épouse, il lui creva d'abord les yeux puis le poignarda [22].

m. Selon d'autres, les Grecs menacèrent Polymnestor d'une guerre sans merci s'il ne livrait pas Polydoros et, lorsqu'il céda, ils amenèrent le jeune homme à leur camp et proposèrent de l'échanger contre Hélène. Comme Priam refusait de discuter leurs propositions, Agamemnon fit lapider Polydoros sous les murs de Troie et envoya ensuite son corps à Hélène avec le message suivant : « Montre cela à Priam et demande-lui s'il ne regrette pas sa décision. » C'était là un acte de pure cruauté, car Priam avait donné sa parole de ne jamais rendre Hélène tant qu'elle demeurerait sous la protection d'Aphrodite et il était prêt à donner la riche ville d'Antandros pour racheter Polydoros [23].

n. Odysseus obtint en récompense Hécabé et il l'emmena à Chersonèse de Thrace, où elle proféra des insultes tellement affreuses contre lui et contre les autres Grecs à cause de leur barbarie et de leur manque de parole qu'ils n'eurent pas d'autre choix que de la faire périr. Son âme prit la forme d'une des chiennes terrifiantes qui accompagnent Hécate, sauta dans la mer et nagea vers l'Hellespont ; on appela l'endroit où elle fut enterrée : « La Tombe de la Chienne [24]. » Une autre version de l'histoire est celle-ci : après que Polyxène eut été sacrifiée, Hécabé découvrit le cadavre de Polydoros que la mer avait rejeté sur le rivage, son gendre Polymnestor l'ayant assassiné en échange de l'argent que Priam avait versé pour assurer les frais de son éducation. Elle fit venir Polymnestor en lui promettant de lui révéler la cachette d'un trésor enfoui sous les ruines de Troie, et, lorsqu'il s'approcha avec ses deux fils, elle tira de sa poitrine un poignard qu'elle y dissimulait, poignarda les deux enfants sous ses yeux et lui creva les yeux ; Agamemnon lui pardonna cet accès de mauvaise humeur à cause de son grand âge et de ses malheurs. Les notables de Thrace se seraient vengés d'Hécabé en la tuant avec des traits et des pierres mais elle se métamorphosa en chienne, appelée Maera, et se mit à courir en poussant des aboiements lugubres, en sorte qu'ils se retirèrent en désordre [25].

o. Certains disent qu'Anténor fonda un nouveau royaume troyen sur les ruines de l'ancien. D'autres, qu'Astyanax survécut et devint roi de Troie après le départ des Grecs ; et que, lorsqu'il fut chassé par Anténor et ses alliés, Énée le remit sur le trône, mais que le fils d'Énée, Ascagne, lui succéda ensuite comme il avait été prédit. Quoi qu'il en soit, Troie ne fut plus jamais que l'ombre de ce qu'elle avait été [26].

★

1. *Les égards d'Odysseus envers des renégats comme Anténor et Calchas contrastent ici avec sa perfidie à l'égard de ses fidèles compagnons Palamède, le Grand Ajax, le Petit Ajax et Diomède ainsi qu'avec son comportement barbare envers Astyanax, Polydoros et Polyxène ; mais c'est parce que Jules César et Auguste prétendaient être des descendants d'Énée — autre traître dont Odysseus épargna la vie et qui, à Rome, était considéré comme un modèle de piété — que le lecteur moderne a été privé de toutes les satires s'exerçant contre eux. Il est regrettable que les termes exacts dont Hécabé avait usés dans ses invectives contre Odysseus et ceux qui le suivirent dans le déshonneur, qui exprimaient probablement les véritables sentiments d'Homère, n'aient pas survécu ; mais qu'il en ait fait l'Hécate crétoise, Maera ou Scylla, la chienne de mer (voir 16. 2 ; 91. 2 et 170. t) indique qu'il considérait ses malédictions comme valables — les royaumes bâtis sur la barbarie et la déloyauté ne pouvaient jamais devenir prospères. Maera était l'emblème de Scylla dans le Ciel, la constellation du Petit Chien, et lorsqu'elle apparaissait, on faisait des sacrifices à Marathon, en Attique : la victime la plus célèbre fut le roi Icarios (voir 79. 1) dont Odysseus avait épousé la fille et dont il partagea donc le destin dans le mythe primitif (voir 159. b).*

2. *L'affaire des jeunes filles locriennes, dont l'authenticité a été établie, est l'une des plus étranges de l'histoire grecque, puisque le prétendu viol de Cassandre par le Petit Ajax a été reconnu par des mythographes dignes de foi comme étant un mensonge d'Odysseus ; et il est certain que les jeunes filles locriennes considéraient qu'entrer dans Troie était un acte de civisme, dont il fallait être fière, et non pas une pénitence. Les Troyens essayèrent sincèrement de les empêcher d'entrer, si nous en croyons la version d'Énée d'après Tacticys — il parle du danger de construire des villes possédant des entrées secrètes — et le fait qu'elles étaient considérées « comme une souillure du territoire », si elles étaient prises, et comme des esclaves si elles réussissaient à entrer, s'accorde avec cette façon de voir. Le Petit Ajax était le fils du Locrien Oïlée, dont le nom, que portait un guerrier troyen que tua Agamemnon, est une forme ancienne d'« Ilos » ; l'Ilion de Priam avait été, semble-t-il, partiellement colonisée par les Locriens, la tribu préhellénique des Lélèges (Aristote : Fragment 560 : Denys d'Halicarnasse : I. 17 ; Strabon : XIII. 13 et 3. 3). Ils donnèrent le nom de la montagne locrienne Phriconis à ce qui était appelé, jusqu'alors, Cymé ; et ils bénéficièrent d'un droit héréditaire pour fournir à Athènes un contingent de prêtresses (voir 158.8). Ils continuèrent à user de ce droit longtemps après la guerre de Troie - alors que la ville avait perdu sa puissance politique et n'était plus qu'un lieu de pèlerinage sentimental — au grand mécontentement des Troyens qui considéraient ces jeunes filles comme leurs ennemies naturelles.*

3. *La malédiction, qui dura pendant mille ans, prit fin en 264 avant J.-C. environ, ce qui correspondrait à la chronologie délienne (et, par conséquent, homérique) de la guerre de Troie, bien qu'Ératosthène la situe cent ans plus tard. Le passage secret d'Odysseus a été découvert dans les ruines de Troie et a été décrit par Walter Leaf dans son* Troie : Étude de la géographie homérique *(Londres, 1912). Mais pourquoi Théano a-t-elle trahi et a-t-elle livré le Palladion ? Probablement parce qu'étant locrienne — Théano était aussi le nom de la célèbre prêtresse de la Locres épizéphyrienne — ou bien elle n'était pas d'accord avec la politique commerciale antilocrienne de Priam, ou bien elle savait que Troie devait tomber et préférait que la statue fût enlevée pour être mise en lieu sûr, au lieu de tomber entre les mains d'Agamemnon. Homère en fait la fille du Thrace Cissée, et il y avait au moins une colonie locrienne en Thrace : Abdère (voir 130. c). En tant que Locrienne cependant, Théano aurait établi sa généalogie par les femmes (Polybe : XII. 5. 6) et elle fut probablement surnommée Cisséis « femme-lierre », en l'honneur d'Athéna dont la fête la plus importante tombait pendant le mois du lierre (voir 52. 3).*

4. *Sophocle dans le Prologue de son* Ajax *fait mention d'une querelle entre Odysseus et Ajax au sujet du Palladion après la chute de Troie ; mais il doit s'agir du Petit Ajax puisque le Grand Ajax s'était déjà donné la mort. Nous pouvons donc supposer que c'est le Petit Ajax, et non Diomède, qui a guidé Odysseus dans le passage secret pour enlever le Palladion avec la complicité de sa compatriote Théano, et qu'Odysseus accusa le Petit Ajax d'avoir fait violence à une prêtresse, qui n'était pas locrienne, agrippée à la statue que Théano l'aidait à enlever, et que, par la suite, Ajax, tout en reconnaissant son erreur, déclara qu'il avait été aussi délicat que possible en cette circonstance. Un incident de cette sorte aurait justifié l'attitude des Troyens des siècles postérieurs qui essayèrent d'empêcher les jeunes filles locriennes d'exercer les fonctions de prêtresses troyennes auxquelles elles avaient droit et qui considérèrent leur venue, qui n'avait pas été interrompue, comme une pénitence en expiation du crime d'Ajax, bien qu'Athéna l'ait aussitôt puni en le foudroyant, et qui les traitèrent comme des servantes. Il est possible qu'Odysseus ait insisté pour accompagner le Petit Ajax dans la citadelle en se fondant sur le fait que Zacynthos, ancêtre éponyme de ses sujets, les Zacynthiens, figurait dans une liste des anciens rois de Troie.*

5. *Ceci expliquerait qu'Hécabé n'ait pas dénoncé Odysseus aux Troyens lorsqu'il avait pénétré dans la ville, comme espion. Elle aussi est décrite comme « fille de Cissée » ; était-elle aussi une Locrienne de Thrace qui était complice du vol du Palladion par Ajax ? Hécabé n'avait aucune raison d'aimer Odysseus et la raison pour laquelle elle avait facilité sa fuite ne pouvait être autre que de l'empêcher de la dénoncer elle-même aux Troyens. Il ne fait aucun doute qu'Odysseus partit tranquillement par le passage et non pas, comme il s'en était vanté, par la grande porte*

« *après avoir tué un grand nombre de Troyens* ». *Il est probable qu'il réclama Hécabé comme part de son butin parce qu'elle était un témoin vivant de l'incident du Palladion et qu'il voulait l'empêcher de parler. Il semble cependant qu'elle ait tout raconté avant de mourir.*

6. *Une des principales causes de la guerre de Troie (voir 158.* r *et 160.* b*) fut l'enlèvement par Télamon de la sœur de Priam, Hésioné, mère du Grand Ajax, donc apparentée au Petit Ajax ; ce fait fut la cause des longues discussions qui opposèrent Priam aux Locriens de Grèce. Patrocle, qui infligea aux Troyens des pertes si sévères, était aussi un Locrien ; il est désigné comme le frère d'Abdéros.*

Le nom d'Astyanax (« roi de la ville »), et la gravité de la discussion au sujet de sa mort donnent à penser que la statue sur laquelle se fonde l'histoire représentait le sacrifice rituel d'un enfant au moment de la fondation d'une ville nouvelle — coutume ancienne de la Méditerranée orientale (1er Livre des Rois XVI. 34).

7. *Les alliés d'Agamemnon ne profitèrent pas longtemps de leur victoire sur Troie. Entre 1100 et 1050 avant J.-C., l'invasion des Doriens engloutit la civilisation mycénienne dans le Péloponnèse et la période sombre arriva ; ce n'est qu'un siècle ou deux avant les Ioniens, contraints par les Doriens à émigrer en Asie Mineure, que commença leur renaissance ; ceci est solidement établi par Homère.*

8. *Les pérégrinations d'Énée appartiennent à la mythologie latine et non pas à la mythologie grecque et c'est pourquoi elles ne sont pas mentionnées ici.*

169.
Les retours

a. « Reprenons la mer tout de suite, dit Ménélas, pendant que les vents sont favorables. » « Non, non, répondit Agamemnon, sacrifions d'abord à Athéna. » « Nous ne devons rien à Athéna, nous autres Grecs, elle a trop longtemps défendu la citadelle troyenne », s'exclama Ménélas. Les deux frères se séparèrent en mauvais termes ; ils ne devaient plus jamais se revoir, car, tandis qu'Agamemnon, Diomède et Nestor faisaient un heureux voyage de retour, Ménélas fut pris dans une tempête, suscitée par Athéna, et perdit tous ses navires à l'exception de cinq qui furent poussés vers la Crète ; de là, il traversa la mer pour aller en Égypte et passa huit années dans les mers du Sud, sans pouvoir revenir. Il se rendit à Chypre, en Phénicie, en Éthiopie et en Libye où les princes lui firent bon accueil

et le comblèrent de présents. Finalement, il vint à Pharos
où la nymphe Eidothéa lui conseilla de s'emparer de son
père devin, Protée, le dieu marin, qui, seul, pouvait lui
indiquer la manière de surmonter le mauvais sort et lui
assurer un bon vent du sud.

Ménélas et trois de ses compagnons revêtirent des peaux
de phoques, se couchèrent sur le sable du rivage et
attendirent ; vers midi, des centaines de phoques, du
troupeau de Protée, vinrent se joindre à eux. Puis, Protée
en personne arriva et s'endormit au milieu des phoques :
alors Ménélas et ses compagnons s'emparèrent de lui et,
bien qu'il se changeât successivement en lion, en serpent,
en panthère, en sanglier, en eau courante et en arbre
couvert de feuilles, ils le maintinrent et l'obligèrent à
prédire l'avenir. Il annonça qu'Agamemnon avait été
assassiné et que Ménélas devait se rendre en Égypte encore
une fois et là, se rendre favorables les dieux par des
hécatombes. C'est ce qu'il fit très scrupuleusement, et il
n'avait pas plus tôt élevé un cénotaphe à Agamemnon,
auprès du Fleuve d'Égypte, que les vents favorables se
mirent enfin à souffler. Il arriva à Sparte, accompagné
d'Hélène, le jour même où Oreste vengeait le meurtre
d'Agamemnon[1].

b. Un grand nombre de navires — à bord desquels ne se
trouvait d'ailleurs aucun chef de quelque renom — firent
naufrage sur la côte d'Eubée, car Nauplios avait allumé
un feu sur le mont Capharée pour tromper ses ennemis et
amener leur perte en leur faisant croire qu'il les dirigeait
vers le golfe abrité de Pagasae ; mais Zeus apprit ce crime
et c'est à cause de feux trompeurs que Nauplios à son
tour périt, plusieurs années plus tard[2].

c. Amphilocos, Calchas, Poldalirios et quelques autres
se rendirent, par voie de terre, à Colophon, où Calchas
mourut, comme il avait été prédit, après avoir rencontré
un devin plus sage que lui qui n'était autre que Mopsos,
le fils d'Apollon et de Manto, fille de Tirésias. Un figuier
sauvage couvert de fruits poussa à Colophon et Calchas,
voulant confondre Mopsos, le défia : « Peut-être, cher
collègue, lui dit-il, pourras-tu me dire exactement combien
on cueillera de figues sur cet arbre ? » Mopsos ferma les
yeux comme quelqu'un qui procède par vision intérieure
sans recourir à un vulgaire calcul, et répondit : « Mais
certainement. D'abord, dix mille figues, ensuite un boisseau
d'Égine de figues, soigneusement pesé — oui, et puis il
restera une seule figue. » Calchas eut un rire méprisant à

la mention de la dernière figue, mais, lorsque la cueillette fut faite, Mopsos se trouva avoir raison. « Pour revenir à des chiffres moins élevés, cher collègue, dit alors Mopsos avec un mauvais sourire, combien de petits pourceaux, d'après vous, se trouvent dans le ventre de cette truie enceinte ? combien y en aura-t-il de chaque sexe et quand mettra-t-elle bas ? »

« Il y aura huit pourceaux tous mâles et elle mettra bas dans neuf jours. » Calchas avait répondu au hasard espérant être parti avant d'être démenti. « Je ne crois pas, dit Mopsos, en fermant de nouveau les yeux. A mon avis, il y aura trois petits, dont un seul mâle ; et ils naîtront demain à midi, pas une minute plus tôt ni plus tard. » Mopsos avait une fois de plus deviné juste et Calchas mourut de chagrin. Ses camarades l'enterrèrent à Nothion[3].

d. Le craintif Podalirios, au lieu de demander à ses amis devins où il devait s'établir, préféra consulter la Pythie de Delphes qui, irritée, lui conseilla de se rendre à l'endroit où il ne lui arriverait aucun mal, même si le ciel s'effondrait. Après mûres réflexions, il choisit un endroit en Carie, appelé Syrnos, entouré de montagnes ; leurs cimes retiendraient et soutiendraient, espérait-il, le firmament, si jamais Atlas le laissait glisser de ses épaules. Les Italiens élevèrent à Podalirios un autel de héros sur le mont Drion, en Daunie, au sommet duquel l'ombre de Calchas est maintenant un oracle fantôme[4].

e. Une querelle éclata entre Mopsos et Amphilochos. Ils avaient fondé ensemble la ville de Mallos en Cilicie, et, lorsque Amphilochos se retira dans sa ville d'Argos Amphilochienne, Mopsos en devint l'unique souverain. Amphilochos, mécontent d'Argos, revint après douze mois à Mallos dans l'espoir de retrouver ses prérogatives, mais Mopsos lui dit sèchement de s'en aller. Lorsque les Malliens, embarrassés, eurent suggéré que la querelle pourrait trouver une issue par un combat singulier, les deux adversaires livrèrent combat et se tuèrent l'un l'autre. Les bûchers funèbres furent placés de telle sorte que Mopsos et Amphilochos ne pouvaient échanger de propos menaçants pendant leur crémation ; au contraire, leurs ombres se lièrent d'une si vive amitié qu'elles créèrent, de concert, un oracle qui, par la suite, acquit une réputation dépassant même celle de l'Oracle de Delphes. Toutes les questions étaient inscrites sur des tablettes de cire et les réponses données en songe au prix excessivement raisonnable de deux pièces de cuivre chaque[5].

169. *c* — 169. *e*

f. Néoptolème prit la mer pour rentrer chez lui aussitôt après avoir fait des sacrifices aux dieux et à l'ombre de son père ; il échappa à la grande tempête qui surprit Ménélas et Idoménée, grâce aux conseils prophétiques de son ami Hélénos, en se réfugiant en Molossie. Après avoir tué le roi Phœnix et donné sa propre mère en mariage à Hélénos qui devint roi des Molosses, et fondé une nouvelle capitale, Néoptolème regagna enfin Iolcos[6] où il succéda à son grand-père Pélée, que les fils d'Acaste avaient chassé[7] ; mais, sur les conseils d'Hélénos, il ne s'y attarda pas et repartit. Il brûla ses vaisseaux et se rendit, par voie de terre, jusqu'au lac Pambrotis en Épire, près de l'Oracle de Dodone où il fut accueilli par un groupe de parents éloignés, qui vivaient dans des bivouacs sous des couvertures soutenues par des lances fichées en terre. Néoptolème se souvint des paroles d'Hélénos : « Lorsque tu rencontreras une maison avec des fondations de fer, des murs de bois et un toit de laine, arrête-toi, sacrifie aux dieux et construis une ville ! » Là il eut encore deux fils d'Andromaque, nommés Piélos et Pergamos.

g. Il eut une fin sans gloire. S'étant rendu à Delphes, il demanda satisfaction pour la mort de son père Achille qu'Apollon, déguisé en Pâris, avait, dit-on, tué dans son temple, à Troie. Lorsque la Pythie lui eut dit très froidement que c'était faux, il pilla l'autel et le brûla. Puis il se rendit à Sparte et prétendit que Ménélas l'avait fiancé à Hermione, devant Troie, mais que son grand-père, Tyndare, au lieu de la lui donner, l'avait accordée à Oreste, fils d'Agamemnon. Oreste étant à ce moment-là poursuivi par les Érinnyes et l'objet de la malédiction des dieux, ce serait justice, disait-il, qu'Hermione devînt sa femme. Malgré les protestations d'Oreste, les Spartiates firent droit à sa requête et le mariage eut lieu à Sparte. Mais Hermione s'étant révélée stérile, Néoptolème retourna à Delphes et, ayant pénétré dans le sanctuaire noirci par les flammes, qu'Apollon avait décidé de reconstruire, il demanda pourquoi il était dans cet état.

h. Il reçut l'ordre d'offrir des sacrifices propitiatoires au dieu et, pendant qu'il y était occupé, il rencontra Oreste dans le sanctuaire. Oreste l'aurait tué sur-le-champ si Apollon, sachant par divination que Néoptolème devait mourir d'une autre main le jour même, ne l'en avait empêché ; or, la chair des victimes offertes en sacrifice au dieu à Delphes avait toujours été réservée aux desservants du temple ; mais Néoptolème, qui l'ignorait, ne put supporter de voir emportés sous ses yeux les meilleurs morceaux des bœufs qu'il avait immolés et essaya d'empêcher par la force qu'ils ne soient enlevés. « Qu'on nous débarrasse de ce fils d'Achille qui nous importune ! » dit brièvement la Pythie. Alors un certain Machaerée de Phocide coupa la gorge de Néoptolème avec son couteau de sacrifice.

« Enterre-le sous le seuil de notre nouveau sanctuaire, ordonna-t-elle. C'était un guerrier réputé et son fantôme le gardera de toute attaque. Et, s'il s'est sincèrement repenti de l'offense qu'il a faite à Apollon, qu'il préside aux processions et aux sacrifices en l'honneur des héros semblables à lui. » Mais certains disent que c'est Oreste qui fut l'instigateur du meurtre [8].

i. Démophon l'Athénien fit escale en Thrace avant de rentrer à Athènes et là, Phyllis, une princesse Bisalte, s'éprit de lui. Il l'épousa et devint roi. Et, lorsque, fatigué de la Thrace, il eut décidé de mettre un terme à ses voyages Phyllis fut impuissante à le retenir. « Il faut que j'aille à Athènes embrasser ma mère que je n'ai pas vue depuis onze ans », dit Démophon. « Tu aurais dû y songer avant d'accepter le trône », répondit Phyllis en pleurant. « D'après la loi, il ne vous est pas permis de vous absenter plus que quelques mois, tout au plus. » Démophon jura par tous les dieux de l'Olympe qu'il serait de retour avant que l'année ne fût écoulée ; mais Phyllis savait qu'il mentait. Elle l'accompagna jusqu'au port d'Ennéodos et là, elle lui remit une cassette. « Ceci contient un philtre magique, dit Phyllis, ne l'ouvre que lorsque tu auras abandonné tout espoir de revenir vers moi. »

j. Démophon n'avait aucune intention d'aller à Athènes. Il mit le cap au sud-est vers Chypre où il s'établit ; et, lorsque l'année fut écoulée, Phyllis le maudit au nom de Rhéa la Mère, absorba du poison et mourut. A ce même moment, la curiosité poussa Démophon à ouvrir la cassette et, en voyant ce qu'elle contenait — on ne saura jamais ce que c'était — il devint fou. Il sauta sur son cheval et partit au galop, fou de terreur, en labourant le col de la monture du plat de l'épée ; son cheval, qui s'était emballé, finit par s'écrouler. Son épée lui échappa des mains, se planta dans le sol, la pointe en l'air, et lui transperça le corps au moment où, ayant passé par-dessus la tête de son cheval, il fut projeté à terre.

On raconte l'histoire d'une autre princesse de Thrace du nom de Phyllis qui s'était éprise d'Acamas, frère de

Démophon, et, comme les tempêtes avaient retardé son retour de Troie, elle mourut de chagrin et fut métamorphosée en amandier. On confond souvent ces deux princesses [9].

k. Diomède, comme Agamemnon et d'autres, fit l'expérience de l'hostilité d'Aphrodite. Il fit d'abord naufrage sur la côte de Lydie où le roi Lycos l'aurait sacrifié à Arès si la princesse Callirhoë ne l'avait aidé à fuir ; puis, à son arrivé à Argos, il découvrit que sa femme Aegialée avait été poussée par Nauplios à vivre en adultère avec Comètès ou, selon certains, avec Hippolyte. S'étant retiré à Corinthe, il apprit que son grand-père Énée avait besoin de son aide contre des rebelles ; il partit donc pour l'Étolie et l'installa fermement sur son trône à nouveau. Mais certains disent que Diomède avait dû quitter Argos, bien avant la guerre de Troie, à son retour de la campagne thébaine, quand les Épigones avaient été victorieux ; et qu'Agamemnon l'avait aidé, depuis, à reconquérir son royaume [10]. Il passa le reste de sa vie à Daunia, en Italie, où il épousa Euippé la fille du roi Daunus et bâtit de nombreuses villes célèbres, parmi lesquelles Brundisium, et c'est peut-être la raison qui fit que Daunus l'assassina par jalousie quand il devint vieux et l'enterra dans une des îles appelées depuis les Diomèdes. Selon un autre récit, cependant, il aurait disparu subitement par une opération magique des dieux et ses compagnons auraient été changés en ces charmants oiseaux qui vivent encore dans ces îles. L'armure d'or de Diomède fut conservée par les prêtres d'Athéna à Luceria, en Apulie, et il fut vénéré comme une divinité en Vénétie et dans toute l'Italie du Sud [11].

l. Nauplios avait également persuadé Méda, la femme d'Idoménée, de lui être infidèle. Elle prit pour amant un certain Leucos, mais il ne tarda pas à la chasser du palais ainsi que la fille d'Idoménée, Cleisithyra, et les assassina l'une et l'autre dans le temple où elles s'étaient réfugiées. Puis Leucos détourna dix villes de l'allégeance à leur roi légitime et usurpa le trône. Pris dans une tempête au cours d'un voyage en Crète, Idoménée fit le vœu d'offrir à Poséidon la première personne qu'il rencontrerait ; ce fut son propre fils, ou, d'après certains, une de ses filles ; il était sur le point d'exécuter sa promesse lorsque la peste s'abattit sur la ville et interrompit le sacrifice. Leucos avait à présent une bonne raison pour bannir Idoménée qui émigra dans la région de Sallente, en Calabre ; il y vécut jusqu'à la fin de sa vie [12].

m. Quant aux autres Grecs, il y en eut peu qui atteignirent leur patrie et ceux qui y parvinrent ne trouvèrent que des difficultés et des ennemis. Philoctète fut chassé par des rebelles de sa ville de Méliboea en Thessalie et se réfugia en Italie du Sud où il fonda Petelia et Crimissa près de Crotone et envoya chercher ses partisans de Thessalie pour aider Égeste à fortifier la ville d'Égeste en Sicile. Il consacra son célèbre arc à Crimissia dans le sanctuaire d'Apollon Égaré et lorsqu'il mourut fut enterré près du fleuve Sybaris [13].

n. Des vents contraires conduisirent Gounée jusqu'au fleuve Cynips en Libye et il y demeura. Pheidippos avec ses amis de Cos se rendit d'abord à Andros et de là à Chypre où Agapénor s'était également établi. Ménesthée ne régna plus à Athènes mais il accepta le trône vacant de Mélos ; selon certains, il mourut à Troie. Les compagnons d'Elpénor firent naufrage et furent jetés sur les côtes d'Épire et occupèrent Apollonia ; ceux de Protésilas s'établirent près de Pellène en Chersonèse de Thrace et les Rhodiens de Tlépolémos sur des îles ibériennes ; de là, un certain nombre d'entre eux prirent la mer en direction de l'ouest et retournèrent en Italie où Philoctète les aida dans leur guerre contre les Lucaniens barbares [14]. Quant au récit des pérégrinations d'Odysseus il constitue un divertissement homérique qui dure vingt-quatre nuits.

o. Seul Nestor, qui s'était toujours montré juste, avisé, généreux, courtois et respectueux envers les dieux, revint sain et sauf à Pylos où il vécut très vieux, sans guerre, et entouré par des fils intelligents et courageux, car ainsi en avait décidé Zeus Tout-Puissant [15].

1. *Les mythographes font combattre Aphrodite contre les Grecs parce qu'en tant que déesse de l'amour elle avait soutenu Pâris dans l'enlèvement d'Hélène. Mais elle était aussi la déesse de la mer que les Troyens invoquaient pour détruire la fédération commerciale dont Poséidon était le patron — et les tempêtes prétendument suscitées par Athéna ou Poséidon pour empêcher les vainqueurs de rentrer sains et saufs chez eux doivent lui être attribuées à elle plutôt qu'à eux. C'est le principe de la vengeance qui a permis à un grand nombre de villes d'Italie, de Libye, de Chypre et d'ailleurs de se réclamer de héros naufragés à leur retour de Troie qui en auraient été les fondateurs plutôt que des réfugiés fuyant la Grèce envahie par les Doriens.*
2. *L'enterrement d'un jeune guerrier sous le seuil du temple était couramment pratiqué ; et, comme Néoptolème avait brûlé*

*l'ancien sanctuaire de Delphes, la Pythie le choisit tout naturelle-
ment pour être la victime lorsqu'on érigea un nouvel édifice sur
les ruines de l'ancien. Les précédents gardiens du seuil avaient
été Agamède et Trophonios (voir 84. b).*

3. *Rhéa qui sanctifia le mystérieux objet qui se trouvait dans le
coffret de Démophon s'appelait aussi Pandora et ce mythe est
donc peut-être une version primitive de Pandore la femme
d'Épiméthée ouvrant la boîte contenant tous les maux (voir
39. j) : un avertissement aux hommes qui veulent se mêler des
secrets des femmes et non pas l'inverse. « Mopsos » était un titre
royal en Cilicie au VIIIe siècle avant J.-C.*

4. *Les oiseaux en lesquels les partisans de Diomède furent
métamorphosés sont décrits comme étant « vertueux », évidemment pour les différencier de leurs cruels voisins les oiseaux-
sirènes (voir 154. d et 3 ; 170. 7).*

5. *Méandros (« celui qui cherche un homme ») fit un vœu
semblable à celui d'Idoménée, lorsqu'il promit d'offrir à la Reine
du Ciel la première personne qui le féliciterait pour sa prise de
Pessinunte ; il se trouva que c'était son fils Archélaos (« le chef
du peuple »). Méandros le tua, puis, pris de remords, il se jeta
dans le fleuve (Plutarque : Des Fleuves IX. 1). Une version plus
connue de ce même mythe se trouve dans : Juges XI. 30 ss. ;
lorsque Jephté fait le vœu à Iahvé de lui offrir sa fille en
holocauste s'il est victorieux. Ces variantes suggèrent qu'Idoménée
fait le vœu de sacrifier un mâle à Aphrodite plutôt qu'à Poséidon,
comme Méandre le fait à la Reine du Ciel et comme Jephté le
fait à Anatha qui exigeait de semblables holocaustes sur ses
montagnes sacrées de Judée. À la vérité, il semble bien que le
sacrifice d'un prince royal en témoignage de reconnaissance pour
une expédition victorieuse fût un usage courant — Jonathan
aurait été tué par son père, le roi Saül, après sa victoire près de
Michmash, si la foule n'avait pas protesté — et l'interruption du
sacrifice d'Idoménée, comme celui d'Abraham sur le mont
Moriah, ou celui d'Athamas sur le mont Laphystion (voir 70. d)
était un avertissement indiquant que cette coutume ne plaisait
plus au Ciel. La substitution d'une princesse au prince, comme
dans l'histoire de Jephté ou dans le premier récit du vœu
d'Idoménée, marque la réaction antimatriarcale qui caractérise la
saga des héros.*

6. *Les pérégrinations de Ménélas dans la Méditerranée méridionale réfèrent aux actes de piraterie des Achéens et aux tentatives de
colonisation. Selon Xanthos, historien lydien, la cité phénicienne
d'Ascalon fut fondée par Ascalos (« inculte ») frère de Pélops
et, par conséquent, ancêtre de Ménélas. Lorsque Josué fit la
conquête de Canaan au XIIIe siècle avant J.-C. les hommes de
Gibéon se présentèrent devant Josué à la manière grecque, en se
défendant d'être Canaanites mais Hittites, c'est-à-dire Achéens
d'au-delà de la mer — Josué reconnut leurs droits, en tant
qu'habitants des bois sacrés et puiseurs d'eau sacrée (Josué IX).
Il semble d'après le vers 9 qu'ils rappelèrent à Josué l'ancienne*

ligue maritime des *Keftiu*, présidée par Minos de Cnossos, dont firent autrefois partie les Achéens et le peuple d'Abraham. Abraham, qui arriva dans le Delta avec les rois Hyksos, avait donné sa fille en mariage au Pharaon, c'est-à-dire au chef cnossien de Pharos — qui était en ce temps-là l'entrepôt des marchandises de la fédération. Mais, au temps de Ménélas, Cnossos était en ruine, les membres de la fédération étaient devenus des pirates et avaient été battus par les Égyptiens à la bataille de Piari (1229 av. J.-C.) — et Pharos cessa d'être le plus grand port de l'ancien monde pour devenir un centre d'élevage pour les phoques. Un grand séisme sous-marin avait englouti les installations portuaires (voir 39. 2) et, à l'aube de la période classique, le commerce étranger passait par Naucratis, l'entrepôt milésien (voir 25. 6).

7. Le combat qui opposa Ménélas à Protée est la version corrompue d'un mythe bien connu : la déesse-phoque Thétis est devenue un homme : Prothée ; et Ménélas, au lieu d'attendre que la déesse retire sa peau de phoque pour s'ébattre amoureusement avec elle, comme l'avait fait Pélée (voir 81. 1-3), utilise une peau de phoque pour se dissimuler, appelle à son aide trois hommes et ne demande rien d'autre à sa prisonnière qu'un oracle. Protée se transforme rapidement comme le fait Thétis en face de Pélée, ou comme Dionysos-Zagreus, qui est associé à Pharos (voir 27. 7), le fait lorsqu'il est menacé par les Titans. Dans Homère, ses transformations sont confuses : deux ou trois séries de métamorphoses se chevauchent. Le lion et le sanglier symbolisent, de façon transparente, une année comportant deux saisons (voir 69. 1) ; de même le taureau, le lion et le serpent de mer symbolisent une année à trois saisons (voir 27. 4 et 123. 1) ; la panthère est consacrée à Dionysos (voir 27. 4) ; et « l'arbre couvert de feuilles », qui se retrouve dans l'histoire de Périclyménos, se rapporte peut-être aux arbres sacrés des différents mois (voir 53. 3 et 139. 1) ; les métamorphoses de Protée constituent une histoire amusante mais elles sont très éloignées du contexte oraculaire où elles apparaissent, à moins que la véritable légende ne soit qu'après un règne de huit ans, et après le meurtre annuel d'un roi intérimaire selon la coutume crétoise, Ménélas soit devenu un héros oraculaire, fondateur d'une colonie près du fleuve d'Égypte (voir 112. 3). L'île ibérienne de Tlépolémos fut peut-être Majorque, où l'on a pu relever une influence rhodienne.

170.
Les pérégrinations d'Odysseus

a. Odysseus avait quitté Troie en sachant fort bien qu'il devait errer pendant dix ans encore avant de revoir Ithaque. Il aborda d'abord à Ismaros en Ciconie et prit la ville d'assaut. Il n'épargna que Maron, un prêtre d'Apollon qui, pour lui témoigner sa reconnaissance, lui fit présent de plusieurs jarres de vin doux ; mais les Cicones, à l'intérieur du pays, virent la fumée qui s'élevait au-dessus de la ville incendiée et attaquèrent les Grecs qui étaient en train de boire sur le rivage et les dispersèrent dans toutes les directions. Lorsque Odysseus, après avoir rallié ses hommes, les rembarqua en subissant de lourdes pertes, un fort vent de nord-est le poussa dans la mer Égée jusqu'à Cythère [1]. Le quatrième jour, pendant une accalmie, il essaya de doubler le cap Malea et de remonter au nord vers Ithaque, mais un vent se leva de nouveau et se mit à souffler plus violemment encore qu'auparavant. Après neuf jours de navigation difficile et dangereuse, le promontoire libyen, habité par les Lotophages, apparut à l'horizon. Le lotos est un fruit doux, sans noyau, de couleur jaune et de la grosseur d'un haricot qui pousse en belles grappes serrées, mais il a la propriété de faire perdre le souvenir de leur patrie à ceux qui le goûtent ; des voyageurs le décrivaient aussi comme une sorte de pomme dont on tire un cidre épais. Odysseus débarqua pour prendre de l'eau et envoya trois hommes en éclaireurs qui, ayant mangé du lotos que leur offraient les indigènes, oublièrent leur mission. Après un certain temps, Odysseus partit à leur recherche et pour leur porter secours le cas échéant, à la tête d'une petite troupe ; bien qu'il fût lui-même tenté de goûter au lotos, il s'en abstint, ramena les déserteurs de force, les mit aux fers et reprit la mer [2].

b. Il arriva ensuite dans une île fertile et boisée dont les seuls habitants étaient des chèvres sauvages et il en tua quelques-unes pour les manger. Il tira tous ses navires sur le sable, sauf un, à bord duquel il partit explorer la côte qui se trouvait en face. Or, c'était le pays des barbares Cyclopes, ainsi nommés à cause de leur unique œil rond au milieu du front. Leurs ancêtres avaient été des forgerons travaillant pour Zeus mais les Cyclopes d'alors n'avaient plus aucun souvenir de leur art et menaient une vie de bergers sans lois, ni assemblées, ni navires, ni marchés, ignorant même l'agriculture. Ils étaient tristes, vivant séparés les uns des autres, dans des cavernes de la montagne. Odysseus et ses compagnons remarquèrent une de ces cavernes dont l'entrée était décorée de branches de laurier et précédée d'un champ de vigne que clôturaient d'énormes pierres, sans se douter que la propriété apparte-nait à un Cyclope du nom de Polyphème, un géant, fils de Poséidon et de la nymphe Thoosa, qui aimait les repas

170. a — 170. b

à base de chair humaine. Les Grecs s'installèrent, se mirent à l'aise, allumèrent un grand feu, puis ils égorgèrent et firent rôtir quelques chevreaux qu'ils trouvèrent parqués derrière la caverne, se servirent de fromage qu'ils virent dans des paniers pendus aux murs et festoyèrent joyeusement. Vers le soir, Polyphème arriva. Il fit entrer son troupeau dans la caverne et referma la porte derrière lui à l'aide d'un bloc de pierre si énorme que vingt paires de bœufs auraient eu de la peine à le déplacer ; puis, sans remarquer qu'il avait des visiteurs, il s'assit pour traire ses brebis et ses chèvres. Finalement, il leva son regard du seau et aperçut Odysseus et ses compagnons couchés autour du feu. Il leur demanda d'un ton bourru ce qu'ils faisaient dans sa caverne ; Odysseus répondit : « Aimable monstre, nous sommes des Grecs qui rentrons dans notre patrie après le sac de Troie ; n'oubliez pas vos devoirs envers les dieux et donnez-nous l'hospitalité généreusement. » Pour toute réponse Polyphème poussa un grognement, saisit deux marins par les pieds, leur fit éclater la cervelle sur le sol, dévora leur chair toute crue puis fit craquer leurs os sous ses dents en grognant comme les lions de la montagne.

c. Odysseus aurait voulu se venger sur-le-champ mais il n'osa pas et attendit l'aube, car seul Polyphème avait assez de force pour déplacer le rocher qui fermait l'entrée de la caverne. Il passa la nuit, la tête dans les mains, à réfléchir sur le moyen de s'enfuir, tandis que Polyphème ronflait puissamment. Pour son petit déjeuner, le monstre décervela deux autres marins, après quoi il fit sortir en silence son troupeau et referma la caverne avec le même rocher ; mais Odysseus prit une grosse branche d'olivier, la tailla, l'aiguisa et la durcit au feu, puis la dissimula dans un tas de fumier. Le soir, le Cyclope revint et mangea encore deux des douze marins, après quoi Odysseus lui offrit aimablement une écuelle taillée dans du bois de lierre remplie de vin fort que lui avait donné Maron et Ismaros en Ciconie ; heureusement, il en avait emporté une outre pleine en descendant à terre. Polyphème but goulûment et en demanda une seconde écuelle, n'ayant jamais auparavant bu de boisson plus forte que du petit-lait. Il condescendit à demander à Odysseus son nom. « Je m'appelle Oudéis, répondit Odysseus, ou du moins c'est ainsi que l'on m'appelle familièrement. » Or, « Oudéis » signifie « Personne ». « Je te mangerai le dernier, ami Oudéis », promit Polyphème.

170. *b* — 170. *c*

d. Aussitôt que le Cyclope fut tombé dans le sommeil de l'ivresse, le vin n'ayant pas été additionné d'eau, Odysseus et le restant de ses compagnons firent chauffer l'épieu dans les tisons du feu puis ils le plongèrent dans l'œil unique du Cyclope et l'y enfoncèrent en vrillant, Odysseus poussant par le haut comme on perce un trou dans la charpente d'un navire. L'œil grésilla et Polyphème poussa un hurlement atroce qui fit accourir tous ses voisins proches et lointains.

« On m'a crevé l'œil et je souffre affreusement ! » rugit-il. « Mais qui, qui ? » demandèrent-ils. « Personne. » « Pauvre ami, répondirent-ils, si tu dis que *personne* n'est à blâmer c'est que tu as la fièvre et que tu délires. Prie notre père Poséidon de te guérir et cesse de faire tout ce bruit ! » Ils partirent en grommelant et Polyphème se dirigea à tâtons vers l'entrée de la caverne, déplaça la pierre et étendit les mains dans l'espoir d'attraper un des Grecs au moment où il s'échapperait. Mais Odysseus attacha chacun de ses compagnons avec des branches d'osier, sous le ventre d'un bélier et en laissant libres un bélier devant et un derrière. Lui-même choisit l'énorme bélier qui était le chef du troupeau et se tint prêt à se glisser sous son ventre, en s'agrippant à sa toison avec ses mains et ses pieds.

e. A l'aube, Polyphème laissa sortir ses bêtes pour les faire paître ; il leur caressait doucement le dos pour s'assurer que personne ne s'y trouvait. Il retint un moment l'animal sous lequel était agrippé Odysseus et lui parla tristement : « Pourquoi, mon cher bélier, n'es-tu pas en tête, comme à l'ordinaire ? Aurais-tu pitié de mon malheur ? » Mais finalement il le laissa passer.

f. Ainsi Odysseus réussit à la fois à sauver ses compagnons et à ramener à bord un troupeau de beaux béliers gros et gras. Le navire fut vivement mis à la mer et, au moment où les marins tiraient sur leurs rames en direction du large, Odysseus ne put s'empêcher de crier un ironique au revoir. Polyphème lui répondit en lançant un énorme rocher qui tomba à une longueur en avant du bateau ; le formidable remous qu'il déclencha ramena le navire jusqu'au rivage qu'il avait quitté. Odysseus se mit à rire et lui cria : « Si quelqu'un te demande qui t'a crevé l'œil, réponds que ce n'était pas Oudéis mais Odysseus d'Ithaque ! » Le Cyclope, fou de rage, adressa une prière à Poséidon : « O, Père fais que si jamais mon ennemi retourne dans sa patrie, qu'il y parvienne après très longtemps, en piteux état, sur un navire étranger, après avoir perdu tous ses compagnons ; puisse-t-il aussi trouver un amoncellement de difficultés et d'ennuis de toute sorte sur le seuil de sa porte ! » Il lança un autre rocher, plus gros encore que le précédent mais, cette fois, il tomba à une demi-longueur en deçà du navire de sorte que la vague qu'il souleva l'emporta à vive allure jusqu'à l'île où les autres compagnons d'Odysseus l'attendaient anxieusement. Mais Poséidon entendit Polyphème et lui promit la vengeance qu'il demandait [3].

g. Odysseus ayant mis le cap au nord atteignit l'île d'Éole, gardien des Vents, qui le reçut dignement pendant un mois entier et le dernier jour lui remit un sac contenant tous les vents et il lui dit qu'aussi longtemps que le fil d'argent le maintiendrait fermé, tout irait bien. Il n'y avait pas, disait-il, enfermé la douce brise d'ouest qui aurait mené la flotte droit à Ithaque à travers la mer Ionienne, mais Odysseus pouvait, s'il le désirait, laisser sortir les autres vents un à un, si, pour une raison quelconque, il avait besoin de changer de direction au cours de son voyage. Déjà on apercevait la fumée des cheminées au-dessus du palais d'Odysseus, lorsqu'il s'endormit, épuisé de fatigue. Ses hommes, qui n'attendaient que cet instant, délièrent alors l'outre qui semblait contenir du vin. Aussitôt les vents se précipitèrent en grondant vers leur patrie en poussant le navire devant eux ; et bientôt Odysseus se trouva de nouveau sur l'île d'Éole. Odysseus s'excusa et demanda à Éole de l'aider encore une fois, mais celui-ci lui dit de s'en aller et, cette fois, de se servir de ses rames ; il ne donnerait pas un souffle de vent d'ouest. « Je ne puis aider un homme qui a contrarié les dieux », s'écria Éole en lui claquant la porte au visage [4].

h. Après un voyage de sept jours, Odysseus arriva au pays des Lestrigons, gouvernés par le roi Lamos, qui se trouvait, selon certains, au nord-ouest de la Sicile. D'autres le situaient près de Formies, en Italie, où la noble famille de Lamia prétendait descendre du roi Lamos [5]. Au pays des Lestrygons, la nuit et le jour étaient si proches que les bergers qui ramenaient leurs troupeaux, au coucher du soleil, saluaient ceux qui sortaient les leurs, à l'aube. Les capitaines d'Odysseus entrèrent hardiment dans le port de Téléphylos, qui, excepté un étroit passage, est entouré d'une ceinture de rochers abrupts, et gardèrent leurs navires près d'un chemin qui serpente à travers la vallée. Mais Odysseus, plus prudent que les autres, amarra son bateau

à un rocher en dehors du port, après avoir envoyé trois
hommes en reconnaissance à l'intérieur des terres. Ils
suivirent le chemin et rencontrèrent une jeune fille qui
puisait de l'eau à une source. C'était une fille d'Antiphatès,
un chef Lestrygon, et elle les conduisit chez lui. Mais là
ils furent poursuivis par une horde de sauvages qui
s'emparèrent de l'un d'entre eux et le tuèrent pour le
manger ; les deux autres s'enfuirent mais les sauvages, au
lieu de les poursuivre, gagnèrent les falaises et de là
bombardèrent les navires de grosses pierres avant qu'ils
aient pu être mis à la mer. Puis ils descendirent sur la
plage, massacrèrent et dévorèrent les hommes d'équipage,
tout à loisir. Odysseus réussit à leur échapper en tranchant
d'un coup d'épée la corde de son bateau et en disant à ses
compagnons de ramer de toutes leurs forces s'ils tenaient
à la vie [6].

i. Il ne lui restait plus qu'un seul navire et il se dirigea
vers l'est ; après un long voyage il atteignit Aea, l'île de
l'Aurore, où régnait la déesse Circé, fille d'Hélios et de
Persé et par conséquent sœur d'Aeétès, le sinistre roi de
Colchide. Circé était habile aux enchantements mais avait
peu de sympathie pour le genre humain. Lorsqu'on tira
au sort pour décider qui resterait pour garder le navire et
qui partirait en reconnaissance dans l'île, le compagnon
d'Odysseus, Eurylochos, fut désigné pour aller à terre avec
vingt-deux de ses hommes ; il constata qu'Aea était riche
en chênes et autres arbres des forêts et finalement il arriva
au palais de Circé, qui s'élevait au milieu d'une vaste
clairière vers le centre de l'île. Des loups et des lions
rôdaient tout autour mais au lieu d'attaquer Eurylochos
et ses compagnons, ils se levèrent sur leurs pattes arrière
et leur léchèrent les mains. Ces bêtes féroces donnaient
l'impression d'être des êtres humains, et effectivement ils
en étaient, mais métamorphosés par les sortilèges de Circé.

j. Circé était assise dans son salon et chantonnait une
vague chanson ; lorsque Eurylochos et ses compagnons lui
dirent bonjour elle vint au-devant d'eux et les invita en
souriant à dîner à sa table. Tout heureux, ils entrèrent
chez elle à l'exception d'Eurylochos qui, soupçonnant un
piège, resta dehors et, inquiet regarda aux fenêtres. La
déesse servit un repas composé de fromage, d'orge, de
miel et de vin aux marins affamés ; mais les aliments
contenaient un philtre et à peine avaient-ils commencé à
manger qu'elle leur toucha l'épaule de sa baguette magique
et les transforma en pourceaux. Puis elle ouvrit d'un air

farouche la barrière d'une étable, jeta quelques poignées de grains et des nèfles sur le sol boueux et les abandonna dans la fange.

k. Eurylochos revint en pleurant et raconta la mésaventure à Odysseus qui saisit son épée et partit à leur secours mais sans avoir de plan précis. A sa grande surprise, il rencontra le dieu Hermès qui le salua et lui offrit un charme contre les sortilèges de Circé : une fleur odorante à racine noire, appelée môly, que seuls les dieux peuvent reconnaître et cueillir. Odysseus accepta le cadeau avec reconnaissance et, poursuivant son chemin, il fut bientôt reçu par Circé. Après qu'il eut pris son repas, arrosé de liqueur magique, elle leva sa baguette et le toucha à l'épaule : « Va rejoindre tes compagnons dans l'étable », ordonna-t-elle. Mais comme il avait subrepticement respiré l'odeur de la fleur môly, l'enchantement n'eut pas d'effet sur lui et il se leva d'un bond, l'épée à la main. Circé tomba à ses pieds en pleurant : « Ne me tue pas ! implorat-elle, je te ferai partager ma couche et tu régneras à Aea avec moi ! » Comme Odysseus savait que les magiciennes ont le pouvoir d'affaiblir et de faire périr leurs amants en leur tirant du sang dans des petites vessies, il fit solennellement jurer à Circé de ne rien entreprendre contre lui. Elle jura par les dieux et après lui avoir donné un délicieux bain chaud, du vin dans des coupes d'or et un exquis dîner servi par une respectable servante, elle se proposa à passer la nuit avec lui dans un lit à couvre-pieds rouge. Mais Odysseus refusa de répondre à ses avances jusqu'à ce qu'elle eût consenti à libérer non seulement ses compagnons mais tous les autres marins qu'elle avait ensorcelés. Après cela, il resta à Aea et fut très heureux ; elle lui donna trois fils : Agrios, Latinos et Télégonos [7].

l. Cependant, il tardait à Odysseus de poursuivre son voyage et Circé consentit à le laisser partir. Mais auparavant il devait se rendre au Tartare et trouver Tirésias le devin, qui lui dévoilerait ce qui l'attendait à Ithaque, s'il l'atteignait jamais. « Cours devant le vent du Nord, lui dit Circé, jusqu'à ce que tu atteignes l'Océan et le bosquet de Perséphone, reconnaissable à ses peupliers noirs et à ses vieux saules. Creuse un fossé à l'endroit où les fleuves Phlégéthon et Cocyte se jettent dans l'Achéron et sacrifie à Hadès et Perséphone un jeune bélier et une brebis noire, que je te procurerai, laisse couler leur sang dans le fossé et, en attendant l'arrivée de Tirésias, chasse toutes les autres ombres avec ton épée. Laisse-le boire autant qu'il voudra et puis écoute attentivement ce qu'il te dira. »

m. Odysseus dut obliger ses hommes à rentrer à bord car ils ne voulaient pas quitter l'agréable île d'Aea, pour se rendre dans le pays d'Hadès. Circé leur assura un vent favorable qui les conduisit rapidement jusqu'à l'Océan et à ces lointaines frontières du monde où les Cimmériens, citoyens de la Nuit Perpétuelle, vivent au milieu des brumes et ne voient jamais le soleil. Lorsqu'ils aperçurent le bosquet de Perséphone, Odysseus aborda et fit exactement tout ce que Circé lui avait dit. La première ombre qui se présenta devant le fossé fut celle d'Elpénor, un de ses hommes d'équipage qui, seulement quelques jours auparavant, s'était enivré et endormi sur le toit du palais de Circé et, réveillé en sursaut, s'était tué en tombant. Odysseus avait quitté Aea si précipitamment que l'absence d'Elpénor lui avait tout d'abord échappé ; et, lorsqu'il s'en aperçut il était trop tard ; en le voyant il lui promit de lui donner une sépulture décente. « Et dire que tu es arrivé ici, à pied, plus vite que moi qui suis venu en bateau ! » s'exclama-t-il. Mais il refusa à Elpénor la moindre goutte de sang bien que celui-ci le suppliât de lui en laisser boire une gorgée.

n. Une foule nombreuse d'ombres, hommes et femmes, de toutes les époques et de tous âges se pressaient autour du fossé, parmi lesquelles se trouvait Anticlée, mère d'Odysseus ; mais même elle, il ne consentit pas à la laisser boire avant que Tirésias ait bu. Finalement Tirésias apparut, il but avec reconnaissance le sang et avertit Odysseus de surveiller étroitement ses hommes quand ils arriveraient en Sicile, leur prochaine escale, de crainte qu'ils ne soient tentés de voler le troupeau du Titan-Soleil Hypérion ; il devait, lui dit-il, s'attendre à de graves difficultés à Ithaque et, s'il pouvait espérer se venger des scélérats qui dévoraient ses biens là-bas, il n'était pas encore au bout de ses pérégrinations. Il devait prendre une rame et la porter sur son épaule jusqu'à ce qu'il atteigne une région continentale où personne ne sale la viande et où on prendrait sa rame pour un fléau à vanner. S'il sacrifiait alors à Poséidon il pourrait regagner Ithaque et y vivre heureux jusqu'à un âge avancé ; mais, à la fin de sa vie, la mort l'atteindrait, venant de la mer.

o. Après avoir remercié Tirésias et lui avoir promis le sang d'une autre brebis noire à son retour à Ithaque, Odysseus permit enfin à sa mère d'étancher sa soif. Elle lui donna des nouvelles de sa patrie mais passa discrètement sous silence les prétendants de sa belle-fille. Lorsqu'elle lui eu dit adieu, les ombres d'un grand nombre de reines et de princesses s'approchèrent pour boire le sang. Odysseus était ravi de faire la connaissance de personnages aussi illustres qu'Antiopé, Jocaste, Chloris, Péro, Léda, Iphimédie, Phèdre, Procris, Ariane, Maera, Clyméné et Ériphyle.

p. Puis il conversa avec un groupe d'anciens compagnons : Agamemnon, qui lui conseilla d'aborder à Ithaque, secrètement ; Achille, qui l'encouragea en lui racontant les hauts faits de Néoptolème, et le Grand Ajax, qui ne lui avait pas pardonné encore et qui s'écarta d'un air boudeur. Odyssée vit aussi Minos en train de juger, Orion en train de chasser, Tantale et Sisyphe en train de souffrir et Héraclès — ou plutôt son fantôme, car Héraclès lui-même est assis à la table des dieux immortels — qui se plaignit de ses longs et difficiles travaux [8].

q. Odysseus revint sans encombre à Aea où il enterra le corps d'Elpénor et planta sa rame sur le tertre en sa mémoire. Circé lui fit fête à son retour. « Quelle audace d'avoir été au pays d'Hadès ! s'écria-t-elle. Une seule mort suffit à la plupart des hommes ; toi, maintenant, tu en auras eu deux ! » Elle le prévint qu'il croiserait à présent devant l'île des Sirènes, dont la belle voix ensorcelait tous ceux qui passaient à proximité. Les enfants d'Achéloos ou, d'après certains, de Phorcys soit par la Muse Terpsichore soit par Stéropé, fille de Porthaon, avaient des visages de jeunes filles mais des pattes et des plumes d'oiseaux et on raconte toutes sortes d'histoires, très différentes les unes des autres, pour expliquer cette forme étrange : par exemple qu'elles étaient en train de jouer avec Coré lorsque Hadès l'enleva et que Déméter, furieuse qu'elles ne se fussent pas portées à son secours, leur donna des ailes en leur disant : « Allez-vous-en, allez chercher ma fille et parcourez le monde entier ! » Ou bien encore qu'Aphrodite les changea en oiseaux parce qu'elles n'avaient jamais voulu, par orgueil, donner leur virginité à aucun dieu ni à aucun homme. Mais elles furent incapables de voler car, à un concours de musique, elles avaient été vaincues par les Muses qui leur avaient arraché les plumes pour s'en faire des couronnes. A présent elles chantaient, assises au milieu d'une prairie et entourées d'un immense tas d'ossements appartenant aux marins dont elles avaient causé la mort. « Bouche les oreilles de tes marins avec de la cire d'abeille, lui conseilla Circé, et si tu désires entendre

leurs chants, fais-toi attacher au mât et fais-leur jurer de
ne pas te détacher, quelles que soient les menaces que tu
pourrais leur faire. » Circé prévint Odysseus d'autres
dangers encore qui l'attendaient, au moment des adieux,
et il s'embarqua poussé, une fois de plus, par une brise
favorable.

r. Comme le navire approchait du pays des Sirènes,
Odysseus suivit les conseils de Circé et les Sirènes chantèrent
des chants si mélodieux en lui promettant de lui donner le
pouvoir de connaître à l'avance tous les événements à
venir, qu'il cria à ses compagnons de le détacher en les
menaçant de mort s'ils ne défaisaient pas ses liens ; mais,
obéissant aux ordres qu'il leur avait donnés antérieurement,
ils serrèrent au contraire davantage les cordes qui l'atta-
chaient au mât. Ainsi le navire passa sans encombre et les
sirènes se suicidèrent de dépit [9].

s. Certains croient qu'il n'y avait que deux sirènes ;
d'autres qu'elles étaient trois, Parthénopé, Leucosia et
Ligia ; ou bien Pisinoé, Aglaopé et Thelxiépia ; ou Aglao-
phonos, Thelxiopé et Molpé [10].

t. Odysseus eut à affronter ensuite le passage périlleux
entre deux monstres rocheux Scylla et sa compagne,
Charybde. Charybde, fille de la Terre-Mère et de Poséidon,
était une femme vorace qui avait été précipitée par la
foudre de Zeus dans la mer et qui, maintenant, trois fois
par jour buvait une énorme quantité d'eau et la rejetait
ensuite. Scylla, qui, autrefois avait été belle, fille d'Hécate
Crataeis et de Phorcys, ou de Phorbas — ou d'Échidna et
de Typhon, Triton ou Tyrrhénos — avait été métamorphosée en chien monstrueux à six têtes terrifiantes et à douze
pattes. Ce fut l'œuvre soit de Circé, jalouse de l'amour
que lui portait le dieu marin Glaucos, soit d'Amphitrite,
elle aussi jalouse de l'amour de Poséidon pour elle. Elle
avait coutume de s'emparer des marins, de leur briser les
os et de les avaler lentement ; ce qu'il y avait de plus
étrange peut-être chez Scylla c'était son jappement qui
faisait penser à celui d'un très jeune chien. En essayant
d'échapper à Charybde, Odysseus s'approcha un peu trop
près de Scylla, qui penchée au-dessus du bastingage lui
prit six de ses meilleurs marins sur le pont, un dans chaque
bouche, et les emporta rapidement sur les rochers où elle
les dévora tout à loisir. Ils poussaient des cris et tendaient
leurs bras vers Odysseus mais il n'osa pas tenter de leur
porter secours et poursuivit sa route [11].

u. Odysseus évita les Roches Errantes entre lesquelles seul l'*Argo* avait jamais réussi à passer ; il ignorait qu'elles étaient à présent enracinées au fond de la mer. Bientôt il fut en vue de la Sicile où Hypérion le Titan-Soleil, que certains appellent Hélios, faisait paître ses magnifiques troupeaux de vaches qui comptaient chacun cinquante têtes de bétail, et d'immenses troupeaux de moutons splendides. Odysseus fit jurer à ses hommes de se contenter des provisions que Circé leur avait données et de ne pas voler de vache. Puis ils débarquèrent et tirèrent le bateau sur le sable, mais le Vent du Sud souffla pendant trente jours, la nourriture se fit rare, et, bien que les marins allassent tous les jours à la chasse et à la pêche, ils ramenaient peu de chose. A la fin, Eurylochos, torturé par la faim, tira à l'écart ses camarades et les persuada de tuer quelques bêtes du troupeau — en échange de quoi, se hâta-t-il d'ajouter, ils élèveraient à Hypérion un temple magnifique à Ithaque. Ils attendirent qu'Odysseus se fût endormi, capturèrent plusieurs vaches, les tuèrent, sacrifièrent les cuisses et la graisse aux dieux et firent rôtir de quoi festoyer pendant six jours.

v. Odysseus, quand il s'éveilla, fut horrifié de voir ce qui s'était passé ; Hypérion le fut aussi en apprenant les faits de la bouche de Lampétia, sa fille, qui était le chef de ses bergers. Hypérion se plaignit à Zeus qui, voyant que le navire d'Odysseus avait de nouveau repris la mer, envoya une brusque tempête d'ouest qui abattit le mât sur le crâne du timonier qui fut tué ; puis il lança un trait de sa foudre sur le pont. Le bateau coula et tout le monde fut noyé, sauf Odysseus. Il réussit à attacher ensemble le mât et la quille qui flottaient sur l'eau avec des restes de peaux de bêtes et à se hisser sur ce radeau de fortune. Mais un Vent du Sud se mit à souffler et il fut emporté vers les tourbillons de Charybde. S'agrippant au tronc d'un figuier sauvage qui poussait sur un rocher, il s'y tint suspendu jusqu'à ce que le mât et la quille eussent été avalés et rejetés ; il se remit alors dessus et pagaya avec ses mains. Il fut ballotté sur mer pendant neuf jours et il vint enfin s'échouer sur l'île d'Ogygie où vivait Calypso, la fille de Thétis et d'Océanos ou bien de Nérée ou bien d'Atlas [12].

w. Des bois de peupliers noirs, d'aunes et de cyprès, où vivaient des grands-ducs, des faucons et des oiseaux de mer jacasseurs, abritaient la grande caverne de Calypso. Une vigne en entourait l'entrée. A côté, des bouquets serrés de persil et d'iris poussaient dans un pré qu'arrosaient quatre rivières aux eaux limpides. C'est là que la charmante Calypso vint accueillir Odysseus titubant sur la plage ; elle lui offrit de la nourriture, du vin fort et une place auprès d'elle dans son lit moelleux. « Si tu restes avec moi, lui dit-elle, je te donnerai l'immortalité et une éternelle jeunesse. » Certains disent que c'est Calypso, et non pas Circé, qui lui donna Latinos, outre les deux jumeaux Nausithoos et Nausinoos.

x. Calypso garda Odysseus à Ogygie pendant sept ans — ou peut-être seulement cinq — et essaya de lui faire oublier Ithaque ; mais il fut bientôt fatigué de ses caresses et il s'asseyait tristement sur la grève les yeux fixés sur le large. Finalement, profitant de l'absence de Poséidon, Zeus envoya Hermès à Calypso avec ordre de laisser partir Odysseus. Elle n'avait pas d'autre possibilité que d'obéir ; elle lui dit donc de construire un radeau qu'elle pourvoirait de provisions : elle lui donna un sac de blé, des outres de vin et d'eau et de la viande séchée. Odysseus soupçonnait un piège mais Calypso jura par le Styx qu'elle ne le tromperait pas et lui donna une hache, une herminette, des tarières et tous les outils nécessaires. Il prit son temps et finit par construire un radeau avec des écorces d'arbres attachées les unes aux autres ; puis il le mit à la mer sur des rouleaux, et partit, poussé par une douce brise.

y. Poséidon, qui rentrait chez lui après une visite à ses vertueux amis les Éthiopiens, aperçut soudain le radeau. Aussitôt Odysseus fut renversé par une énorme vague et les riches vêtements qu'il portait l'entraînèrent au fond de la mer où ses poumons furent sur le point d'éclater. Mais, comme il était excellent nageur, il réussit à se déshabiller, à remonter à la surface et à se hisser sur son radeau. La compatissante déesse Leucothée, appelée autrefois Ino, femme d'Athamas, se posa à côté de lui sous la forme d'une mouette. Dans son bec, elle tenait une voile qu'elle dit à Odysseus d'enrouler autour de sa taille avant de plonger dans la mer à nouveau. La voile le sauverait, promit-elle. Il hésita à obéir mais, lorsqu'une seconde vague eut brisé le radeau, il enroula la voile autour de lui et se mit à nager. Comme Poséidon était maintenant rentré dans son palais sous-marin, près d'Eubée, Athéna s'enhardit d'envoyer un vent qui apaisa les vagues devant Odysseus ; et, deux jours plus tard, il abordait, complètement épuisé, sur l'île de Drépan^e, habitée alors par des Phéaciens. Il s'étendit derrière un taillis près d'une rivière, se couvrit d'un tas de feuilles et tomba dans un sommeil profond [13].

z. Le lendemain matin, la charmante Nausicaa, fille du roi Alcinoos et de la reine Arété, les époux royaux qui avaient un jour témoigné tant de bonté à Jason et Médée, vint laver son linge dans la rivière. Lorsqu'elle eut terminé sa lessive, elle se mit à jouer à la balle avec ses suivantes. Leur balle tomba dans l'eau, l'une d'elles poussa un cri et Odysseus s'éveilla en sursaut et fut pris d'inquiétude. Il n'avait pas de vêtements mais il prit une branche d'olivier dont les feuilles étaient très serrées pour cacher sa nudité et, en rampant, il s'approcha de Nausicaa à qui il parla d'une façon si charmante qu'elle le prit discrètement sous sa protection et l'amena au palais. Là, Alcinoos chargea Odysseus de cadeaux et, après avoir entendu le récit de ses aventures, l'envoya à Ithaque sur un bateau. Les membres de son escorte connaissaient bien l'île. Ils jetèrent l'ancre dans le port de Phorcys, mais comme il dormait, ils décidèrent de ne pas troubler son sommeil ; ils le portèrent sur le rivage, le déposèrent doucement sur le sable et empilèrent les présents d'Alcinoos sous un arbre tout proche. Cependant, Poséidon était tellement furieux de la gentillesse des Phéaciens à l'égard d'Odysseus qu'il frappa du plat de la main le navire qui était sur le chemin du retour et le changea en pierre ainsi que tout l'équipage. Alcinoos sacrifia aussitôt ses douze plus beaux taureaux à Poséidon qui menaçait maintenant de priver la ville de ces deux ports en jetant une grande montagne entre eux ; selon certains, il exécuta la menace. « Cela nous apprendra à être hospitaliers, à l'avenir ! » dit amèrement Alcinoos à Arété [14].

★

1. *Apollodore rapporte (*Épitomé *VII. 29) : « Certains ont pris* l'Odyssée *pour un récit de voyage autour de la Sicile. » Samuel Butler, de son côté, en est arrivé, sans être influencé, à la même conclusion ; il considère le personnage de Nausicaa comme un autoportrait de l'auteur — une jeune Sicilienne noble, du district de l'Éryx, qui avait du talent. Dans son livre* La Femme qui fut l'auteur de l'Odyssée, *il fait remarquer la connaissance approfondie de la vie domestique à la cour dont témoigne l'auteur, qui contraste avec les connaissances superficielles au sujet de la navigation ou de la vie pastorale et souligne le « point de vue des préoccupations féminines » ; il fait remarquer que seule une femme a pu faire interroger par Odysseus les femmes célèbres du*

*passé avant les hommes, et lui faire dire dans son discours d'adieu
aux Phéaciens qu'il espère qu'« ils continueront à être gentils
pour leurs femmes et leurs enfants » et non l'inverse (Odyssée
XII. 44. 5) ; seule une femme a fait qu'Hélène caresse le cheval
de bois et taquine les hommes qui se trouvent à l'intérieur (voir
167. k). Il est difficile de ne pas être de l'avis de Butler. L'esprit
de l'Odyssée tout de légèreté, d'humour et de fraîcheur indique
presque à coup sûr que c'est une femme qui en est l'auteur. Mais
Nausicaa a mêlé deux légendes différentes, qu'elle n'a inventées
ni l'une ni l'autre et qu'elle a situées dans sa Sicile natale : le
retour de Troie d'Odysseus qui est semi-historique et les aventures
allégoriques d'un autre héros — appelons-le Ulysse — qui, de
même que le grand-père d'Odysseus, Sisyphe (voir 67. 2), ne
voulait pas mourir au terme de sa période de souveraineté. La
légende d'Odysseus comprendrait l'attaque d'Ismaros, la tempête
qui l'entraîna vers le sud-ouest, le retour par la Sicile et l'Italie ;
le naufrage à Drépanè (Corfou), et éventuellement sa vengeance
à l'encontre de cinq prétendants. Tous les autres incidents, ou
presque, font partie de l'histoire d'Ulysse. Le pays des Lotos, la
caverne du Cyclope, le port de Télépylos, Aea, le bois de
Perséphone, le Pays des Sirènes, Ogygie, Scylla et Charybde, les
profondeurs de la mer et même la baie de Phorcys — ne sont
que différentes métaphores pour dire qu'il échappe à la mort —
on peut ajouter à cela l'exécution de la vieille Hécabé — comme
aussi Maera la constellation du Petit Chien, à laquelle le successeur
d'Icarios aurait dû être sacrifié (voir 168. 1).*

2. *Scylax (*Périploos *10) et Hérodote (IV. 77) connaissaient les
Lotophages comme une nation de la Libye occidentale près des
Syrtes, qui vivait sous le régime matriarcal. Leur principale
nourriture était la savoureuse et nourrissante* cordia myxa, *fruit
sucré et poisseux qui pousse en grappes comme le raisin et qui,
pressé et mélangé à du blé (Pline :* Histoire naturelle *XIII. 32 ;
Théophraste :* Histoire des Plantes *IV. 3. 1), servit un jour de
nourriture à une armée qui marchait contre Carthage. La* cordia
myxa *a été confondue avec le* rhamnus zizyphus, *sorte de pomme
sauvage qui donne un cidre âcre et qui a un noyau au lieu d'avoir
des pépins. On explique parfois l'oubli qui envahit ceux qui
mangent le lotos par ses effets lorsqu'il est transformé en boisson.
Mais manger du lotos et boire du lotos sont deux choses
différentes. Et, puisqu'en effet, lorsque le roi consacré goûtait
une pomme que lui offrait la Belle Dame sans Merci cela équivalait
pour lui à accepter la mort de ses mains (voir 33. 7 et 133. 4) le
prudent Ulysse, sachant fort que les rois et les guerriers languis-
saient dans le Monde Souterrain à cause d'une pomme, refusèrent
de goûter au* rhamnus. *Dans une ballade de sorcières écossaises,
Thomas le Rimeur est mis en garde contre les pommes du Paradis
que lui montre la reine d'Elphame.*

3. *La caverne du Cyclope est nettement un lieu de mort ; le
groupe d'Odysseus comprend treize hommes et c'est treize mois
que durait le règne du roi primitif. Polyphème à l'œil unique,*

dont la mère est parfois une sorcière, existe dans le folklore de toute l'Europe, et on retrouve son origine dans le Caucase ; mais les douze compagnons ne figurent que dans l'Odyssée. Quelle qu'ait été la signification de la légende caucasienne, A. B. Cook, dans son Zeus, montre que l'œil du cyclope était un symbole solaire. Pourtant, lorsque Odysseus crève l'œil de Polyphème, pour éviter d'être dévoré comme ses compagnons, le soleil continue de briller. Seul l'œil du dieu Baal, ou Moloch ou Tesup ou Polyphème (« célèbre ») qui exigeaient des sacrifices humains, avait été éteint et le roi triomphant faisait sortir les béliers volés ; puisque le fond pastoral de la légende caucasienne a été conservé dans l'Odyssée et que son ogre avait un œil unique, on pourrait penser qu'il s'agit des cyclopes préhelléniques, forgerons célèbres qui s'étaient répandus jusqu'en Sicile et qui, peut-être, portaient un œil tatoué au milieu du front, pour indiquer leur clan.

4. Télépylos, qui signifie : « la lointaine porte [de l'enfer] », se trouve dans l'extrême nord de l'Europe, c'est le pays du soleil de minuit, où le berger qui rentre salue le berger qui sort. C'est à cette contrée froide, « derrière le vent du nord », qu'appartiennent les Roches Errantes ou Grondantes, c'est-à-dire les icebergs (voir 151. 1), comme aussi les Cimmériens dont l'obscurité à midi correspondait au soleil de minuit, en juin. C'est peut-être à Télépylos qu'Héraclès combattit contre Hadès (voir 139. 1) ; dans ce cas, le combat aurait eu lieu pendant son séjour chez les Hyperboréens (voir 125. 1). Les Lestrygons (« d'une race très brutale ») étaient peut-être des Norvégiens qui vivaient dans les fjords dont on avait dit aux marchands d'ambre, qui allaient à Bornholm et sur la côte méridionale de la Baltique, qu'ils avaient des mœurs barbares.

5. Aea (« la plaintive ») est typiquement une île de la Mort où l'habituelle déesse de la Mort chante tout en filant. La légende des Argonautes la situe à l'entrée du golfe de l'Adriatique ; c'est peut-être Lussin, près de Pola (voir 148. 9). Circé signifie « faucon » et elle avait un cimetière en Colchide, planté de saules consacrés à Hécate. Les hommes changés en animaux évoquent l'idée de métempsycose, mais le porc est spécialement consacré à la déesse de la mort et elle les nourrit des fruits du cornouiller de Cronos, la nourriture rouge des morts, aussi sont-ils peut-être simplement des ombres (voir 24. 11 et 33. 7). Les grammairiens ne sont pas parvenus à définir la plante môly d'Hermès. Tzetzès (Lycophron 679) dit que les pharmaciens l'appellent « rue sauvage » ; mais la description qui en est faite dans l'Odyssée suggère plutôt le cyclamen sauvage, qui est difficile à trouver et qui, en outre, a des pétales blancs, un bulbe foncé et un parfum très sucré. Des auteurs classiques tardifs donnèrent le nom de môly à une sorte d'ail à fleur jaune qui poussait, croyait-on (comme l'oignon, le scille et l'ail véritable), en lune décroissante et non en lune montante et qui, à cause de cela, servait contre les charmes et la magie lunaire d'Hécate — Marduk, le héros babylonien, respira une herbe divine comme antidote contre

*l'odeur délétère et malfaisante de la déesse de la mer Tiamat,
mais on ne précise pas son espèce dans l'épopée (voir 35. 5).*

6. *Le bois de peupliers noirs de Perséphone se trouve dans le
Tartare à l'extrême ouest et Odysseus n'y est pas « descendu »
— comme Héraclès (voir 134. c), Énée et Dante — bien que Circé
le dise (voir 31. a). Le Phlégéthon, le Cocyte et l'Achéron
appartiennent en propre à l'Enfer Souterrain. Mais les connaissances géographiques de la femme qui écrivit l'Odyssée étaient
assez sommaires et elle parlait au hasard des vents du nord, du
sud ou de l'ouest. Odysseus aurait dû être emporté vers Ogygie
et le bois de Perséphone, par des vents d'est, et vers Télépylos et
Aea, par des vents du sud ; cependant, elle avait une excuse pour
qu'Odysseus se dirige vers l'est en allant à Aea, car c'était la
Terre de l'Aube et c'est là que les héros Orion et Tithonos avaient
trouvé la mort. L'entrée des tombes mycéniennes à tholos est
orientée vers l'est ; Circé, fille d'Hélios, avait pour tante Éôs
(« l'aurore »).*

7. *Les sirènes étaient représentées sur les monuments funéraires
comme des anges de la mort chantant des hymnes en s'accompagnant à la lyre, mais on leur prêtait aussi des intentions érotiques
à l'égard des héros qu'elles pleuraient ; et, comme on croyait que
l'âme s'envolait sous la forme d'un oiseau, elles étaient représentées comme des Harpyes, sous forme d'oiseaux de proie guettant
leur victime pour l'emporter. Bien que filles de Phorcys ou de
l'Enfer, et donc cousines des Harpyes, elles ne vivaient pas sous
la terre ou dans des cavernes mais sur une île sépulcrale verte qui
ressemblait à Aea ou à Ogygie ; et elles étaient particulièrement
redoutables par un temps sans vent, à midi, à l'heure des coups
de soleil et des cauchemars si l'on fait la sieste ; comme on les
appelait aussi filles d'Acheloos, leur île fut peut-être, à l'origine,
l'une des Échinades, à l'embouchure du fleuve Achélôos (voir
142. 3). Les Siciliens les situaient près du cap Péloros (aujourd'hui
Farpo), en Sicile ; les Latins sur les îles sirénusiennes près de
Naples, ou à Carri (Strabon : I. 12 — voir 154. d et 3).*

8. *Ogygie, encore une île sépulcrale, semble être le même mot
qu'« Océanos », par l'intermédiaire d'Ogen ; et Calypso (« la
cachée » ou « la cachante ») est aussi une déesse de la Mort
comme le prouve la caverne entourée d'aunes — consacrés au
Dieu de la Mort Cronos ou Bran — où perchent des oiseaux de
mer ou des choucas (voir 98. 3) et ses propres grands-ducs et ses
faucons. Le persil symbolisait le deuil (voir 106. 3) et l'iris était
une fleur de la mort (voir 85. 1). Calypso promit à Odysseus la
jeunesse éternelle, mais il voulait la vie et non pas l'immortalité
des héros.*

9. *Scylla (« celle qui vomit ») fille de Phorcys ou d'Hécate, et
Charybde (« celle qui aspire »), sont des qualificatifs de la déesse
destructrice de la mer. Ces noms ont été rattachés à des rochers
et à des courants, situés de part et d'autre du détroit de Messine,
mais ils doivent être interprétés dans un sens plus large (voir 6. 2
et 91. 2). Leucothée (voir 70. 4), sous la forme d'une mouette,*

était la déesse marine se lamentant sur un naufrage (voir 45. 2). Comme on représentait aussi la déesse marine crétoise sous forme de pieuvre (voir 81. 1), et que Scylla enleva les marins du bateau d'Odysseus, il est possible que les Crétois qui faisaient le commerce avec l'Inde aient connu des espèces tropicales de grande taille, inconnues en Méditerranée, auxquelles on prête cette dangereuse habitude. Le jappement de Scylla, du point de vue du mythe, est plus important qu'on ne pourrait le croire au premier abord : il l'identifie avec les lévriers de la mort, bleus, avec des oreilles rouges, la Meute Fantôme ou Gabriel Ratches, de la légende britannique, qui poursuit les âmes des damnés. C'étaient les chiens de chasse des anciens Égyptiens, consacrés à Anubis et dont on fait toujours l'élevage dans l'île d'Iviza, qui, lorsqu'ils poursuivent leur proie, font entendre ce gémissement pleurard de chien qui « cherche », pareil aux gémissements des jeunes chiens ou au cri des oies sauvages lorsqu'elles émigrent (voir La Déesse Blanche).

10. *Seuls deux incidents, survenus entre l'escarmouche qui oppose Odysseus aux Ciconiens et son arrivée en Phéacie, semblent ne pas concerner son refus par neuf fois de la mort : sa visite à l'île d'Éole et le vol du troupeau d'Hypérion. Mais les vents que contrôle Éole sont les esprits des Morts (voir 43. 5) ; et le troupeau d'Hypérion est celui que vola Héraclès au cours du Dixième de ses Travaux qui est essentiellement un hersage de l'Enfer (voir 132. 1). Qu'Odysseus se soit défendu d'avoir participé à l'opération ne signifie pas grand-chose ; son grand-père maternel, Autolycos (voir 160. c), n'avait pas non plus reconnu le vol des troupeaux du Soleil (voir 67. e).*

11. *Odysseus, dont le nom signifie « l'homme en colère », représente le roi sacré au visage rouge (voir 27. 12), on l'appelle « Ulysses » ou « Ulixes » en latin — mot venant probablement d'oulos « blessure » et ischia, « hanches » — en rapport avec la blessure, faite par la défense de sanglier, que sa vieille nourrice avait reconnue lorsqu'il revint à Ithaque (voir 160. c et 171. g). C'était la façon dont mouraient ordinairement les rois que d'être transpercés par un sanglier, mais Odysseus avait, en quelque sorte, survécu à sa blessure (voir 18. 7 et 151. 2).*

171.
Le retour d'Odysseus

a. Lorsque Odysseus s'éveilla il ne reconnut pas, tout d'abord, son île natale, qu'Athéna avait changée par enchantement. Elle était venue, déguisée en jeune berger, écouter sa longue histoire et ses mensonges. Il disait qu'il était Crétois et qu'après avoir tué le fils d'Idoménée il s'était enfui en direction du Nord sur un navire sidonien et avait été débarqué ici contre son gré. « Quelle est donc cette île où je me trouve ? » demanda-t-il. Athéna se mit à rire et carressa la joue d'Odysseus : « Comme tu mens bien ! dit-elle. Si je n'avais pas connu la vérité, j'aurais été sûrement trompée. Ce qui me surprend cependant, c'est que tu ne m'aies pas reconnue sous mon déguisement. Je suis Athéna. Les Phéaciens t'ont débarqué ici selon mes instructions. Je suis désolée d'avoir mis tant d'années à te ramener chez toi, mais c'est que je n'osais pas offenser mon oncle Poséidon en t'aidant trop ouvertement. » Elle l'aida à ranger ses chaudrons, ses trépieds, ses manteaux écarlates et ses coupes d'or dans une caverne, puis elle le métamorphosa et le rendit méconnaissable ; elle lui fit une peau ridée, blanchit et raréfia ses boucles rousses, le vêtit de haillons crasseux et le conduisit à la caverne d'Eumée, le vieux et fidèle porcher du palais. Athéna venait justement de Sparte, où s'était rendu Télémaque, pour demander à Ménélas, récemment revenu d'Égypte, s'il pouvait lui donner des nouvelles d'Odysseus. Or, il faut dire que pas moins de cent douze jeunes princes insolents des îles du royaume, Doulichion, Samé, Zacynthos et Ithaque même, présumant qu'Odysseus était mort, courtisaient sa femme Pénélope, chacun avec l'espoir de l'épouser et de s'emparer du trône — ils étaient tous d'accord pour assassiner Télémaque à son retour de Sparte [1].

b. La première fois, lorsqu'ils demandèrent à Pénélope de choisir l'un d'entre eux, elle déclara qu'Odysseus était certainement encore en vie puisqu'un oracle sûr avait prédit son retour dans sa patrie ; mais ensuite, comme ils la pressaient encore, elle leur promit de prendre une décision aussitôt qu'elle aurait fini de tisser le linceul du vieux Laërte, son beau-père — mais elle mit trois ans à le faire, tissant le jour et défaisant son travail la nuit —, jusqu'au moment où les prétendants découvrirent enfin la ruse. Pendant tout ce temps, ils se divertissaient dans le palais d'Odysseus, buvaient son vin, mangeaient ses cochons, ses moutons et ses bœufs et séduisaient les servantes [2].

c. A Eumée qui l'avait reçu avec bonté, Odysseus raconta encore une histoire mensongère en ce qui le concernait, tout en lui jurant qu'Odysseus était vivant et sur le chemin du retour. Or Télémaque venait de débarquer inopinément, déjouant ainsi les projets qu'avaient faits les prétendants de l'assassiner, et il se rendit tout droit à la cabane d'Eumée. Athéna l'avait fait quitter Sparte en toute hâte. Mais Odysseus ne révéla son identité que lorsque Athéna le lui permit et elle lui redonna alors par enchantement son aspect véritable. Une scène touchante s'ensuivit où le père et le fils se reconnurent. Mais Eumée n'avait pas encore été mis dans le secret et Télémaque n'avait pas encore été autorisé à annoncer la nouvelle à Pénélope.

d. De nouveau déguisé en mendiant, Odysseus alla se renseigner sur les prétendants. En chemin, il rencontra le chevrier Mélanthios qui le railla de façon outrageante et lui donna un coup de pied ; mais Odysseus se contint et ne répondit pas. En arrivant à la cour du palais il trouva le vieil Argos, qui avait été autrefois un chien de chasse célèbre, couché sur un tas de fumier, galeux, décrépit et dévoré de puces. Argos remua le bout de sa queue dégarnie et dressa ses oreilles toutes déchirées en reconnaissant Odysseus qui essuya furtivement une larme au moment où Argos expirait [3].

e. Eumée conduisit Odysseus dans la salle des banquets où Télémaque, faisant semblant de ne pas le reconnaître, lui offrit l'hospitalité. Athéna se montra alors mais personne d'autre qu'Odysseus ne pouvait la voir ni l'entendre et elle lui suggéra de faire le tour de la table en mendiant des restes auprès des prétendants pour savoir quel genre d'hommes ils étaient. C'est ce qu'il fit et il découvrit qu'ils étaient aussi avares qu'ils étaient cupides. Le plus impudent de tous était Antinoos d'Ithaque (à qui il fit un récit tout à fait différent de ses aventures) qui lui lança méchamment un tabouret. Odysseus, tout en se frottant l'épaule, en appela aux autres prétendants qui reconnurent qu'Antinoos aurait dû se montrer plus courtois. Pénélope fut scandalisée lorsque ses servantes lui rapportèrent l'incident et elle envoya chercher celui qu'elle croyait être un mendiant, dans l'espoir d'obtenir des nouvelles de son mari. Odysseus promit de venir au palais royal l'après-midi même et de lui dire tout ce qu'elle désirait savoir [4].

f. Entre-temps un vigoureux mendiant d'Ithaque, sur-nommé « Tros » parce que, tout comme la déesse Iris, il était aux ordres de tout le monde, essaya de chasser Odysseus de la cour. Comme celui-ci refusait de bouger il le défia à un combat de boxe ; Antinoos, qui riait aux éclats, offrit au vainqueur un hachis de chèvre et une place à la table des prétendants. Odysseus retroussa ses haillons, les rentra sous la vieille ceinture qu'il portait et se mit en garde, face à Tros. Celui-ci recula à la vue des muscles d'Odysseus mais hésita à s'enfuir précipitamment à cause des quolibets des prétendants ; puis Odysseus l'envoya

rouler à terre d'un coup de poing, tout en prenant garde
de ne pas attirer trop l'attention en le tuant sur le coup.
Les prétendants applaudirent, firent des plaisanteries, se
querellèrent, s'installèrent pour festoyer et levèrent leurs
coupes à Pénélope qui à présent venait prendre de chacun
le cadeau de fiançailles qu'il lui avait apporté (mais sans
aucune intention de faire un choix définitif) et, au coucher
du soleil, elle leur fit regagner leurs chambres respectives [5].

g. Odysseus dit à Télémaque de décrocher les lances des
murs de la salle des banquets et de les ranger dans la salle
d'armes pendant qu'il allait rendre visite à Pénélope.

Elle ne le reconnut pas et il lui raconta une longue
histoire, lui parla d'une entrevue récente qu'il avait eue
avec Odysseus, qui était allé, lui dit-il, consulter l'Oracle
de Zeus à Dodone, mais qui serait bientôt de retour à
Ithaque. Pénélope l'écoutait attentivement et donna l'ordre
à Euryclée, la vieille nourrice d'Odysseus, de lui donner
un bain de pieds. Euryclée reconnut la cicatrice de sa
cuisse et poussa un cri de joie et de surprise à la fois ; il
serra sa gorge toute ridée et lui fit signe de se taire.
Pénélope n'avait pas remarqué l'incident, car Athéna avait
détourné son attention [6].

h. Le lendemain, au cours d'un nouveau banquet, Agélaos de Samé, un des prétendants, demanda à Télémaque
s'il ne pourrait pas persuader sa mère de se décider.
Pénélope annonça alors qu'elle était disposée à accepter le
prétendant qui réitérerait l'exploit d'Odysseus en traversant
d'une flèche douze fers de hache ; les haches seraient
plantées par le manche côte à côte dans un fossé. Elle leur
indiqua l'arc dont ils se serviraient ; il avait été donné à
Odysseus par Iphitos, vingt-cinq ans plus tôt, lorsqu'il
s'était rendu à Messène pour protester contre le vol, fait à
Ithaque, de trois cents moutons et de leurs bergers. Il avait
appartenu autrefois à Eurytos, père d'Iphitos, à qui
Apollon lui-même avait appris à tirer à l'arc, mais qu'Héraclès surpassa et tua. Quelques-uns des prétendants essayèrent de fixer la corde à cette arme redoutable mais ils ne
parvinrent pas à courber l'arc même après avoir enduit le
bois de suif pour l'assouplir ; on décida donc de remettre
l'épreuve au lendemain. Télémaque, qui fut très près de
réussir, reposa l'arc sur un signe d'Odysseus. Alors Odysseus, malgré les huées et les insultes les plus ordurières
— qui obligèrent Télémaque à faire rentrer Pénélope dans
sa chambre — saisit l'arc, y fixa très facilement la corde
et la fit vibrer mélodieusement de manière que tous

l'entendissent. Il visa soigneusement et tira une flèche qui traversa les douze anneaux de fer. Pendant ce temps, Télémaque, qui s'était glissé dehors précipitamment, revint armé d'une épée et d'une lance et Odysseus se fit reconnaître en tuant Antinoos d'une flèche dans la gorge.

i. Les prétendants se levèrent d'un bond et se ruèrent vers les murs et s'aperçurent alors que leurs lances n'étaient plus à leur place habituelle. Eurymachos demanda grâce et, comme Odysseus refusait de lui laisser la vie sauve, il tira son épée et se précipita vers lui mais au même moment une flèche lui transperça le foie et il tomba mort. Une terrible bataille s'ensuivit entre les prétendants, désespérés, armés d'épées, et Odysseus qui n'avait pour toute arme que son arc mais qui s'était posté devant la porte d'entrée principale de la salle. Télémaque retourna en courant à la salle d'armes et ramena des boucliers, des lances et des casques pour armer son père, Eumée et Philoetios, les deux fidèles serviteurs qui se tenaient à ses côtés ; en effet, bien qu'Odysseus eût tué un très grand nombre de prétendants, sa réserve de flèches était presque épuisée. Mélanthios, qui s'était faufilé par une porte latérale pour aller chercher des armes pour les prétendants, fut pris et transpercé alors qu'il revenait pour la seconde fois à la salle d'armes et avant qu'il eût réussi à en armer beaucoup. Le massacre se poursuivit alors et Athéna, déguisée en hirondelle, voletait tout autour de la salle jusqu'à ce que tous les prétendants et les hommes de leur suite eussent été tués, excepté Médon le héraut et Phémios le barde ; ceux-là, Odysseus les épargna parce qu'ils ne l'avaient pas trompé sérieusement et aussi parce que leur personne était sacrée. A présent il s'était arrêté pour demander à Euryclée, qui avait enfermé les femmes du palais dans leurs quartiers, combien d'entre elles étaient demeurées fidèles à sa cause. Elle répondit : « Douze d'entre elles seulement se sont mal conduites, seigneur. » On appela les servantes coupables et on leur fit laver le sang répandu sur le sol de la salle avec des éponges et de l'eau ; lorsqu'elles eurent fini, Odysseus les mit sur un rang et les pendit. Elles se débattirent un peu, mais bientôt tout fut fini. Ensuite, Eumée et Philoetios coupèrent à Mélanthios ses extrémités, nez, oreilles, mains, pieds et parties génitales, qu'on jeta aux chiens [7].

j. Odysseus, ayant enfin rejoint Pénélope et son père Laërte, leur fit le récit de toutes ses aventures, et cette fois il leur dit la vérité. Une troupe de rebelles ithaquois approchait — c'étaient les parents d'Antinoos et des autres prétendants tués — et Laërte, voyant qu'Odysseus était débordé par le nombre, se jeta hardiment dans la bataille qui tournait à leur avantage lorsque Athéna intervint et imposa une trêve [8]. Les rebelles attaquèrent alors Odysseus en justice en désignant pour juge Néoptolème, roi des îles d'Épire. Odysseus consentit à accepter son verdict. Le jugement de Néoptolème fut qu'il devrait quitter son royaume et ne revenir qu'après dix ans, et pendant ce temps les héritiers des prétendants reçurent l'ordre de réparer tous les dommages qui lui avaient été faits et en verser le prix à Télémaque, qui était à présent roi [9].

k. Mais il restait encore Poséidon à apaiser ; et Odysseus partit à pied, comme l'avait recommandé Tirésias, à travers les montagnes d'Épire en emportant une rame sur son épaule. Lorsqu'il fut parvenu en Théoprotide, les indigènes lui crièrent : «Étranger, pourquoi portes-tu un fléau à battre le grain au printemps ? » Il sacrifia donc un bélier, un taureau et un sanglier à Poséidon et on lui pardonna [10]. Mais comme, malgré cela, il ne pouvait pas retourner à Ithaque, il épousa Callidicé, reine des Thesprotes, et prit la tête de son armée dans une guerre contre les Bryges, sous la direction d'Arès ; mais Apollon demanda une trêve. Neuf ans plus tard, Polypoetès, fils d'Odysseus par Callidicé, accédait au trône des Thesprotes et Odysseus revint à Ithaque que Pénélope gouvernait alors au nom de son jeune fils Poliporthès ; Télémaque avait été banni à Céphallonie, car un oracle avait annoncé : « Odysseus, ton propre fils te tuera ! » A Ithaque, la mort se présenta à Odysseus venant de la mer, comme l'avait prédit Tirésias. Télégonos, son fils par Circé, qui était parti à sa recherche sur un navire, attaqua Ithaque (qu'il prit par erreur pour Corcyre) et Odyssée se précipita pour le repousser. Télégonos le tua sur la grève avec une lance dont la pointe était un aiguillon de raie. Après avoir passé, selon la loi, une année en exil, Télégonos épousa Pénélope. Télémaque épousa ensuite Circé ; ainsi les deux branches de la famille furent-elles très étroitement unies [11].

l. Certains prétendent que Pénélope n'avait pas été fidèle à Odysseus. Ils l'accusent d'avoir appartenu à Amphinomos de Doulichion, ou bien tour à tour, à chacun des prétendants et ils disent que le fruit de ces unions fut Pan, le dieu monstrueux — à cause duquel Odysseus, de honte, alla se réfugier en Étolie après avoir envoyé, pour la punir, Pénélope chez son père Icarios, à Mantinée, où on pouvait encore voir sa tombe à l'époque historique. D'autres disent qu'elle eut Pan d'Hermès et qu'Odysseus épousa une princesse étolienne, fille du roi Thoas, et qu'il eut d'elle son plus jeune fils Leontophonos et qu'il vécut heureux jusqu'à un âge avancé [12].

★

1. *Odysseus tuant les prétendants appartient à l'allégorie d'Ulysse : c'est encore un exemple du refus de mourir d'un roi sacré, à la fin de son règne. Il intervient dans le concours de tir à l'arc qui décidera du choix de la personne de son successeur (voir 135. 1) et élimine tous les candidats. Un concours de tir à l'arc plus ancien, pour désigner le candidat à la royauté, semble avoir consisté à tirer une flèche à travers un anneau placé sur la tête d'un enfant (voir 162. 10).*

2. *L'*Odyssée *n'indique clairement nulle part que Pénélope ait été infidèle à son mari pendant sa longue absence bien que, dans le Livre XVIII. 281-3, elle séduise ses prétendants par sa coquetterie, leur extorque un tribut et montre une préférence marquée pour Amphinomos de Doulichion (*Odyssée *XVI. 394-8). Mais Odysseus n'a pas suffisamment confiance en elle pour révéler son identité avant d'avoir tué ses rivaux, et sa mère, Anticlée, montre bien qu'il y a quelque chose à cacher en ne lui mentionnant pas les prétendants (*Odyssée *XI. 180. 59). Le récit archaïque qui fait de Pénélope la mère de Pan par Hermès ou, à tour de rôle, par tous les prétendants, se réfère, semble-t-il, à la déesse Pénélope et à ses primitives orgies de printemps (26. 2). Le fait de tromper Odysseus et son retour à Mantinée, autre récit archaïque, rappelle son insolence lorsqu'il la força à venir avec lui à Ithaque, contrairement à l'ancienne coutume matrilocale (voir 160. e). Mais Nausicaa, l'auteur, raconte l'histoire à sa façon en innocentant Pénélope. Elle accepte le système patriarcal dans lequel elle est née et préfère l'ironie légère à l'amère satire que l'on trouve dans l'*Iliade. *La déesse est ici remplacée par Zeus Tout-Puissant ; on ne sacrifie plus les rois en son honneur : l'ère du mythe a pris fin, tant mieux ! — Nausicaa n'y voit pas d'inconvénient tant qu'elle peut continuer à rire et à jouer à la balle avec ses gentilles suivantes, à tirer les cheveux de celles qui lui déplaisent, à écouter les contes de la vieille Euryclée et à plier papa Alcinoos à tous ses caprices.*

3. *Ainsi l'*Odyssée *ne reconnaît plus Laërte, Odysseus et Télémaquel, comme une triade mâle patriarcale de héros, soutenus par Athéna, fille de Zeus, et triomphant de leurs ennemis tandis que les jeunes servantes, en rang, sont vendues à l'encan à cause de leur manque de discrétion et montrent ainsi que Nausicaa désapprouve les relations avant le mariage qui appauvrissent le marché des unions légales. La fin a été conservée par d'autres mythographes. Odysseus est banni en Thesprotide et Télémaque*

à Céphallonie tandis que Pénélope demeure tranquillement dans son palais et gouverne au nom de son fils Poliporthès. Il faut encore, naturellement, que la prédiction de Tirésias se réalise : Odysseus ne mourra pas d'une façon agréable à un âge avancé comme le respectable et loquace Nestor. La mort doit le frapper dans le style traditionnel qu'il voulait abolir : l'enfant de la Nouvelle Année, chevauchant un dauphin, le transpercera d'une lance faite d'un dard de raie : Catrée de Rhodes subit le même sort : son fils Althaeménès le tua d'un coup de lance sur la grève (voir 93. 2). Les lances en dard de raie, employées aussi par les Polynésiens, causaient de mauvaises blessures que les Grecs et les Latins considéraient comme incurables (Élien : De la nature des Animaux : I. 56) ; la raie à aiguillon (trygon pastinaca) est très répandue en Méditerranée. On dit qu'Héraclès avait été blessé par l'une d'entre elles (voir 123. 2).

4. Les mariages de Circé et Télémaque et de Télégonos et Pénélope surprennent à première vue. Sir James Frazer (Apollodore II p. 303, Loeb) rattache ces unions apparemment incestueuses à la coutume selon laquelle, dans les sociétés polygames, le roi hérite de toutes les concubines de son père, excepté sa propre mère (2 Samuel XVI. 21. ss.). Mais la polygamie ne devint jamais une institution grecque et ni Télémaque, ni Télégonos, ni Œdipe — un enfant de la Nouvelle Année, né de la « Grosse Vague », qui tua son père et épousa Jocaste, qu'il avait rendue veuve (voir 105. e) ni Hyllos, fils d'Héraclès, qui épousa sa belle-mère Iolé (voir 145. e) — n'étaient polygames. Chacun tuait simplement le roi et succédait à celui de la Vieille Année, dans l'ancien style mythique, et était ensuite appelé son fils. Cela explique pourquoi Télémaque s'apprête à fixer la corde à l'arc — ce qui lui aurait donné Pénélope pour femme — mais Odysseus lui fait un signe et il y renonce ; ceci est un détail qui a survécu à l'histoire d'Ulysse et qui a été conservé dans l'Odyssée sans avoir été passé au crible de la critique.

5. Peut-être les cheveux roux d'Odysseus ont-ils une signification mythique (133. 8), ou peut-être s'agit-il d'une particularité personnelle sans signification comme ses jambes courtes, qui étaient celles d'un aventurier de Sicile que Nausicaa avait décrit comme étant Odysseus. Autolycos, il est vrai, l'avait nommé « l'homme en colère » dès sa naissance (voir 160. c) ; quant aux cheveux roux, ils sont traditionnellement associés à un mauvais caractère. Mais bien qu'imitant l'épopée, l'Odyssée est en réalité le premier roman grec ; elle n'est donc, en aucune manière, responsable de l'authenticité des mythes. J'ai suggéré les circonstances qui ont peut-être été à l'origine de sa composition dans un roman, La Fille d'Homère.

Notes

105. ŒDIPE

1. Apollodore : III. 5. 7.

2. Hygin : *Fables* 66 ; Scholiaste d'Euripide : *Les Phéniciennes* 13 et 26 ; Apollodore : *loc. cit.* ; Pausanias : X. 5. 2.

3. Apollodore : III. 5. 8 ; Hésiode : *Théogonie* 326 ; Sophocle : *Œdipe-Roi* 391 ; Scholiaste d'Aristophane : *Les Grenouilles* 1287.

4. Apollodore : III. 6. 7 ; Hygin : *Fables* 75 ; Ovide : *Métamorphoses* III. 320 ; Pindare : *Néméennes* I. 91 ; Tzetzès : *Lycophron* 682 ; Sosostratos, cité par Eustathe, p. 1665.

5. Apollodore : III. 5. 8 ; Sophocle : *Œdipe-Roi* 447, 713, 731, 774, 1285, etc.

6. Homère : *Odyssée* XI. 270 et *Iliade* XXIII. 679.

7. Sophocle : *Œdipe à Colone* 166 et Scholiaste : 1375 ; Euripide : *Les Phéniciennes* ; Apollodore : III. 5. 9 ; Hygin : *Fables* 67 ; Pausanias : I. 20. 7.

106. LES SEPT CONTRE THÈBES

1. Hygin : *Fables* 69 ; Euripide : *Les Phéniciennes* 408. ss., et Scholiaste : 409 ; *Les Suppliantes* 132 ss. ; Apollodore : III. 6. 1.

2. Eschyle : *Les Sept contre Thèbes* 375 ss. ; Homère : *Odyssée* XI. 326 ss. et XV. 247 ; Sophocle : *Électre* 836 ss., et *Fragments d'Ériphyle* ; Hygin : *Fables* 73 ; Pausanias : V. 17. 7 ss. et IX. 41. 2 ; Diodore de Sicile : VI. 65. 5 ss. ; Apollodore : III. 6. 2-3.

3. Eschyle : *Les Sept contre Thèbes* 458 ss. ; Sophocle : *Œdipe à Colone* 1316 ; Pausanias : X. 10. 3.

4. Apollodore : I. 9. 17 et II. 6. 4 ; Hygin : *Fables* 74 et 273 ; Scholiaste de l'*Argument* de Pindare : *Néméennes*.

5. Eschyle : *Les Sept contre Thèbes* 375 ss. ; Euripide : *Les Phéniciennes* 105 ss. et 1090 ss. ; Diodore de Sicile : IV. 65. 7-9 ; Apollodore : III. 6. 8 ; Hygin : *Fables* 69 et 79 ; Scholiaste de Pindare : *Néméennes* X. 7 ; Pausanias : IX. 18. 1 ; Ovide : *Ibis* 427 ss. et 515 ss.

6. Hygin : *Fables* 273 ; Apollodore : *loc. cit.* ; Euripide : *Les Suppliantes ;* Plutarque : *Thésée* 29 ; Isocrate : *Panégyrique* 54-58 ; Pausanias : I. 39. 2.

7. Sophocle : *Antigone, passim.* ; Hygin : *Fables* 72 ; Fragment d'Euripide : *Antigone* ; Eschyle : *Les Sept contre Thèbes* 1005 ss. ; Apollodore : III. 7. 1.

107. LES ÉPIGONES

1. Diodore de Sicile : IV. 66 ; Pausanias : IX. 5. 13 ss., IX. 8. 6 et IX. 9. 4 ss. ; Hygin : *Fables* 70 ; Eschyle : *Fragments* et Sophocle : *Les Épigones.*

2. Apollodore : III. 7. 5-7 ; Athénée : IV. 22 ; Ovide : *Métamorphoses* IX. 413 ss. ; Pausanias : VIII. 24. 8-10 et IX. 41. 2 ; Parthénios : *Narrations* 25.

3. Apollodore : III. 3. 7, citant Euripide : *Alcméon* ; Pausanias : VIII. 3. 1 et IX. 3. 1 et IX. 33. 1 ; Diodore de Sicile : IV. 66.

108. TANTALE

1. Pausanias : II. 22. 4 ; Scholiaste de Pindare : *Olympiques* : III. 41 ; Hésiode : *Théogonie* 355 et Scholiaste.

2. Pausanias : *Loc. cit.* ; Scholiaste d'Euripide : *Oreste* 5 ; Pline : *Histoire naturelle* V. 30 ; Ovide : *Métamorphoses* II. 156 ; Apollodore : II. 6. 3.

3. Hygin : *Fables* 124 ; Servius, Virgile : *Énéide* VI. 603 ; Diodore de Sicile : IV. 74 ; Tzetzès : *Lycophron* 355.

4. Plutarque : *Histoires parallèles* 33 ; Tzetzès : *Lycophron* 52 ; Phérécyde, cité par le Scholiaste d'Euripide : *Oreste* 11 ; Hygin : *Fables* 83 ; Pausanias : III. 22. 4.

5. Lactance : *Histoires, tirées des « Métamorphoses » d'Ovide* VI. 6 ; Servius, Virgile : *Énéide* VIII. 130.

6. Hygin : *Fables* 82 ; Pindare : *Olympiques* I. 38 et 60 ; Servius, Virgile : *Énéide* VI. 603 ss. ; Lactance : *loc. cit.* ; Servius, Virgile : *Géorgiques* III. 7 ; Tzetzès : *Lycophron* 152.

7. Hygin : *Fables* 83 ; Tzetzès : *loc. cit.* ; Ovide : *Métamorphoses* VI. 406.

8. Diodore de Sicile : IV. 74 ; Platon : *Cratyle* 28 ; Lucien : *Dialogues des Morts* 17 ; Homère : *Odyssée* XI. 582-592 ; Ovide : *Métamorphoses* IV. 456 ; Pindare : *Olympiques* I. 60 ; Apollodore : *Épitomé* II. 1 ; Hygin : *Fables* 82.

9. Pausanias : X. 31. 4 ; Archilochos, cité par Plutarque : *Préceptes politiques* 6 ; Euripide : *Oreste* 7.

10. Antoninus Liberalis : *Métamorphoses* 36 et 11 ; Eustathe et Scholiaste d'Homère : *Odyssée* XIX. 518 ; Pausanias : X. 30. 1 et VIII. 7. 3.

11. Pausanias : X. 30. 1 ; Scholiaste d'Homère : *loc. cit.* ; Homère : *Odyssée* XX. 66 ss. ; Antoninus Liberalis : *Métamorphoses* 36.

12. Homère : *Odyssée* XIX. 518 ss. ; Apollodore : III. 5. 6 ; Phérécyde : *Fragments*.

13. Servius, Virgile : *Énéide* VI. 603 ; Pindare : *Olympiques* I. 26 ; Hygin : *Fables* 83.

14. Apollodore : *Épitomé* II. 3 ; Pindare : *Olympiques* I. 37 ss. ; Lucien : *Charidémos* 7 ; Ovide : *Métamorphoses* VI. 406 ; Tzetzès : *Lycophron* 152 ; Pausanias : V. 13. 3.

15. Pindare : *loc. cit.* ; Euripide : *Iphigénie en Tauride* 387.

16. Pausanias : III. 22. 4 ; Apollodore : *Épitomé* II. 2 ; Ovide : *L'Ibis* 517, avec Scholiaste.

109. PÉLOPS ET ŒNOMAOS

1. Apollonios de Rhodes : *Argonautiques* II. 358 et 709 ; Sophocle : *Ajax* 1292 ; Pausanias : II. 22. 4 et VI. 22. 1 ; Pindare : *Olympiques* I. 24.

2. Servius, Virgile : *Géorgiques* III. 7 ; Lucien : *Charidémos* 19 ; Apollodore : *Épitomé* II. 4.

3. Diodore de Sicile : IV. 73 ; Hygin : *Fables* 250 ; *Astronomie poétique* II. 21 ; Scholiaste d'Apollonios de Rhodes : I. 752 ; Pausanias : V. 1. 5 ; Tzetzès : *Lycophron* 149.

4. Hygin : *Astronomie poétique* II. 21 ; *Fables* 84 ; Pausanias : VIII. 20. 2 et VI. 22. 2 ; Lactance et Stace : *Thébaïde* VI. 336 ; Diodore de Sicile : *loc. cit.*

5. Plutarque : *Questions grecques* 52 ; Pausanias : V. 5. 2 et IX. 2.

6. Apollodore : *Épitomé* II. 4 ; Lucien : *Charidémos* 19 ; Pausanias : V. 10. 2, V. 17. 4 et VI. 21. 6 ; Diodore de Sicile : IV. 73.

7. Apollodore : *Épitomé* II. 5 ; Lucien : *loc. cit.* ; Pausanias : V. 14. 5 ; Diodore de Sicile : *loc. cit.*

8. Servius, Virgile : *Géorgiques* III. 7 ; Tzetzès : *Lycophron* 166 ; Lucien : *loc. cit.* ; Hygin : *Fables* 84 ; Apollodore : *loc. cit.*

9. Pausanias : VIII. 14. 7 ; Apollonios de Rhodes : I. 756 ; Apollodore : *loc. cit.*

10. Apollodore : *loc. cit.* ; Pindare : *Olympiques* I. 79 ss. ; Ovide : *L'Ibis* 365 ; Hygin : *Fables* 84 ; Pausanias : VI. 21. 6-7 et 20. 8.

11. Hygin : *Fables* 224 ; Tzetzès : *Lycophron* 156 et 162 ; Scholiaste d'Apollonios de Rhodes : I. 752 ; Scholiaste d'Euripide : *Oreste* 1002 ; Pausanias : VIII. 14. 7.

12. Lucien : *Charidémos* 19 ; Tzetzès : *Lycophron* 159.

13. Pindare : *Olympiques* I. 65 ss. et I. 79 ; Apollodore : *Épitomé* II. 3 ; Pausanias : V. 17. 4.

14. Pausanias : V. 13. 4 et 10. 2 ; Théon : *Sur Aratos* p. 21 ; Scholiaste d'Homère : *Iliade* I. 38.

15. Hygin : *Fables* 84 ; Scholiaste d'Horace : *Odes* I. 1 ; Pausanias : VIII. 14. 7.

16. Pausanias : VI. 21. 5 et V. 10. 2 ; Scholiaste d'Homère : *Iliade : loc. cit.* ; Apollonios de Rhodes : I. 753.

17. Apollodore : *Épitomé* II. 7 ; Tzetzès : *Lycophron* 156 ; Apollonios de Rhodes I. 552 ss. ; Pausanias : VI. 20. 8.

18. Pindare : *Olympiques* I. 87 ; Lucien : *Charidémos* 19 ; Diodore de Sicile : IV. 73 ; Apollodore : *loc. cit.*

19. Apollodore : *Épitomé* II. 8 ; Scholiaste d'Homère : *Iliade* II. 104 ; Pausanias : VIII. 14. 8 ; Hygin : *Fables* 84.

20. Strabon : X. 1. 7 ; Sophocle : *Électre* 508 ss. ; Apollodore : *loc. cit.* ; Pausanias : VIII. 14. 7.

21. Hygin : *Astronomie poétique* II. 13 ; Pausanias : *loc. cit.* et VIII. 14. 8 ; Apollodore : *loc. cit.*

22. Apollodore : *Épitomé* II. 9 ; Diodore de Sicile : IV. 73 ; Thucydide : I. 9 ; Plutarque : *Thésée* 3.

23. Pausanias : V. 1. 5, V. 8. 1 et VI. 20. 8 ; Apollodore : III. 12. 6.

24. Pausanias : VI. 21. 7 et 22. 1.

25. Pausanias : V. 13. 1-2, VI. 22. 1, II. 14. 3 ; VI. 19. 3 et IX. 41. 1 ; Apollodore : II. 7. 2 ; Pindare : *Olympiques* I. 90 ss. ; Scholiaste de Pindare : *Olympiques* : I. 146 ; Homère : *Iliade* II. 100 ss.

26. Pindare : *Olympiques* III. 23 ; Homère : *Iliade* II. 104 ; Pausanias : V. 25. 5.

110. LES ENFANTS DE PÉLOPS

1. Pausanias : V. 16. 2-3.

2. Pausanias : V. 16. 3-5.

3. Apollodore : III. 12. 7, II. 5. 1 et II. 26. 3 ; *Épitomé* II. 10. et I. 1 ; Hygin : *Fables* 84 et 14 ; Scholiaste de Pindare : *Olympiques* I. 144.

4. Scholiaste d'Euripide : *Oreste* 5 ; Apollodore : II. 5. 5 ; Plutarque : *Thésée* 6 ; Diodore de Sicile : IV. 9. 1 ; Scholiaste d'Homère : *Iliade* XIX. 119.

5. Tzetzès : *Chiliades* II. 172 et 192 ; Scholiaste de Thucydide : I. 9 ; Apollodore : *loc. cit.*

6. Pausanias : I. 43. 4, I. 41. 4-5 et I. 42. 2.

7. Pausanias : I. 42. 2 et 7 et I. 43. 4 ; Apollodore : II. 4. 11.

8. Pausanias : I. 43. 2 et 4, I. 42 I et 3.

9. Scholiaste de Pindare : *Olympiques* I. 144 ; Hygin : *Fables* 85 ; Plutarque : *Histoires parallèles* 33.

10. Apollodore : II. 3. 5. 5 ; Hygin : *Fables* 85 et 271 ; Athenaeos : XIII. 79.

11. Scholiaste d'Euripide : *Les Phéniciennes* 1760 ; Plutarque : *Histoires parallèles* 33 ; Hygin : *Fables* 85 ; Scholiaste d'Euripide : *Oreste* 813.

12. Hygin : *loc. cit.* ; Plutarque : *loc. cit.* : Élien : *Histoires variées* XIII. 5.

13. Hygin : *loc. cit.* ; Pausanias : VI. 20. 4 et 10.

111. ATRÉE ET THYESTE

1. Scholiaste d'Euripide : *Oreste* 813 ; Thucydide : I. 9.

2. Apollodore : II. 4. 6, et *Épitomé* II. 2 ; Euripide : *Oreste* 12.

3. Apollodore : *Épitomé* II. 10 ; Euripide : *Oreste* 995 ss., et Scholiaste ; Sénèque : *Électre* 699 ss. ; Scholiaste d'Euripide : *Oreste* 812, 990 et 998 ; Tzetzès : *Chiliades* I. 433 ss. ; Phérécyde, cité par Scholiaste d'Euripide : *Oreste* 997.

4. Apollodore : *Épitomé* II. 2 ; Scholiaste d'Euripide : *Oreste* 812 ; Scholiaste d'Homère : *Iliade* II. 106.

5. Tzetzès : *Chiliades* I. 426 ; Apollodore : *loc. cit.* ; Scholiaste d'Homère : *Iliade* II. 106 ; Euripide : Électre 706 ss.

6. Apollodore : *Épitomé* II. 12 ; Scholiaste d'Homère *loc. cit.* ; Euripide : *Oreste* 1001 ; Ovide : *L'Art d'Aimer* 327 ss. ; Scholiaste d'Euripide : *Oreste* 812.

7. Hygin : *Fables* 86 ; Apollodore : *Épitomé* II. 13.

8. Lactance et Stace : *Thébaïde* VI. 306 ; Apollodore : III. 2. 2, et *Épitomé* II. 10 ; Sophocle : *Ajax* 1295 ss. ; Scholiaste d'Euripide : *Oreste* 432.

9. Hygin : *Fables* 97 et 86 ; Euripide : *Hélène* 392 ; Homère : *Iliade* II. 131, etc.

10. Tzetzès : *Chiliades* I. 18 ss. ; Apollodore : *Épitomé* II. 13 ; Hygin : *Fables* 88, 246 et 258 ; Scholiaste d'Horace : *Art poétique* ; Eschyle : *Agamemnon* 1590 ss.

11. Apollodore : *Épitomé* : II. 13-14 ; Hygin *Fables* 87-88 ; Servius, Virgile : *Énéide* II. 262.

12. Athénée : III. 1 ; Hygin : *loc. cit.* ; Fragments de Sophocle : *Thyeste* ; Apollodore : *Épitomé* II. 14.

13. Hygin : *loc. cit.* ; Apollodore : *loc. cit.*

14. Sénèque : *Thyeste* 224 ss. ; Cicéron : *De la nature des Dieux* III. 26 et 68 ; Hérodote d'Héraclée, cité par Athénée : 231 c ; Eustathe, Homère : *Iliade* pp. 268 et 1319 ; Eschyle : *Agamemnon* 1603 ss.

15. Pausanias : II. 16. 5 et II. 18. 2-3.

16. Parthénios : *Sur les Infortunes amoureuses ;* Hygin : *Fables* 242, 246 et 255.

112. AGAMEMNON ET CLYTEMNESTRE

1. Hygin : *Fables* 88 ; Eusèbe : *Chroniques* I. 175-176 ; Homère : *Iliade* II. 107-108, et *Odyssée* III 263 ; Eschyle : *Agamemnon* 529 ; Pausanias : II. 18. 4 ; Tzetzès : *Chiliades* I. 433 ss.

2. Hésiode, cité par Suidas *sub* alce ; Homère : *Iliade* 108 et 569-580.

3. Apollodore : III. 10. 6, et *Épitomé* II. 16 ; Euripide : *Iphigénie en Aulide* 1148 ss.

4. Apollodore : *loc. cit.* ; Homère : *Iliade* IX. 145 ; Duris, cité par Tzetzès : *Lycophron* 183.

5. Homère : *Odyssée* III. 263.

6. Apollodore : *Épitomé* VI. 8-9.

7. Homère : *Odyssée* I. 35 ss. et III. 263-275.

8. Euripide : *Iphigénie en Aulide* 1148 ss. ; Sophocle : *Électre* 531 ; Pausanias : *III.* 19. 5 et II. 16. 5 ; Hygin : *Fables* 117.

9. Hygin : *loc. cit.* ; Eschyle : *Agamemnon* I ss. et 282 ss. ; *Électre* 1076 ss. Homère : *Odyssée* IV. 524-537 ; Pausanias : II. 16. 5.

10. Eschyle : *Agamemnon* : 1220-1391 ss., 1521 ss., et *Euménides* 631-635 ; Euripide : *Électre* 157, et *Oreste* 26 ; Tzetzès : *Lycophron* 1375 ; Servius, Virgile : *Énéide* XI. 267 ; Triclinios, Sophocle : *Électre* 195 ; Homère : *Odyssée* III. 193 ss. et 303-305 ; XI. 529-537.

11. Sophocle, *Électre* 99 ; Eschyle : *Agamemnon* 1372 ss. et 1535.

12. Eschyle : *loc. cit.* ; Sophocle : *Électre* 445-446.

13. Homère : *Odyssée* XI. 400 et 442 ; Pausanias : II. 16. 5 ; Virgile : *Énéide* VII. 723 ; Servius, Virgile : *Énéide* VII. 695 ; Ovide : *L'Art d'Aimer* III. 13. 31.

14. Sophocle : *Électre* 278-281 ; Homère : *Odyssée* III. 263, XI. 405 et VI. 512 ss.

15. Pausanias : II. 16. 5 et III. 19. 5 ; Pindare : *Pythiques* I. 32 ; Homère : *Iliade* IV. 228.

16. Homère : *Odyssée* IV. 512 ss. et 581 ss. ; Tzetzès : *Lycophron* 112-114 et 1369 ; Pausanias : VII. 5. 5.

113. LA VENGEANCE D'ORESTE

1. Euripide : *Oreste* 462, et *Iphigénie en Aulide* 622.

2. Eschyle : *Agamemnon* 877 ss. ; Euripide : *Électre* 14 ss. ; Pindare : *Pythiques* XI. 17, et Scholiaste.

3. Apollodore : *Épitomé* VI. 24 ; Euripide : *Loc. cit.* et 542 ss.

4. Euripide : *Électre* 409. 12 ; Sophocle : *Électre* 11 ss. ; Pindare : *Pythiques* XI. 34-36.

5. Hygin : *Fables* 117 ; Scholiaste d'Euripide : *Oreste* 33. 764 et 1235 ; Euripide : *Iphigénie en Tauride* 921 ; Apollodore : *Épitomé* VI. 24 ; Ovide : *Lettres pontiques* III. 2. 95-98.

6. Euripide : *Électre* 289 et 323-325.

7. Homère : *Odyssée* III. 305 ; Euripide : *Électre* 320 ss. et 931 ss. ; Sophocle : *Électre* 267 ss. et 651.

8. Euripide : *Électre* 33, 320 ss. et 617 ss. ; Hygin : *Fables* 119.

9. Euripide : *Électre* 9 ss., 253 ss. et 312 ss.

10. Hygin : *Fables* 122 ; Ptolémée Héphaïstion : IV, cité par Phocius : p. 479 ; Euripide : *Électre* 60-64 ; Sophocle : *Électre* 341 ss., 379 ss. et 516 ss.

11. Apollodore : *Épitomé* VI. 24 ; Eschyle : *Euménides* 622.

12. Sophocle : *Électre* 36-37 et 51-52 ; Euripide *Oreste* 268-270.

13. Homère : *Odyssée* III. 306 ss. ; Apollodore : *Épitomé* VI. 25.

14. Eschyle : *Choéphores*.

15. Eschyle : *ibid*.

16. Eschyle : *ibid*.

17. Eschyle : *ibid*.

18. Hygin : *Fables* 119 ; Eschyle : *Euménides* 592, et *Choéphores* 973 ss.

19. Ptolémée Héphaïstion : IV, cité par Photius : p. 479 ; Pausanias : I. 22. 6.

20. Euripide : *Électre*.

21. Sophocle : *Électre* 326 et 417 ss. ; 47-50 et 1223 et Scholiaste.

22. Servius, Virgile : *Énéide* XI. 268.

114. LE PROCÈS D'ORESTE

1. Pausanias : II. 16. 5.

2. Euripide : *Oreste*.

3. Homère : *Odyssée* III. 306 ss. ; Apollodore : *Épitomé* III. 3 ; Euripide : *ibid*.

4. Euripide : *ibid*.

5. Euripide : *ibid*.

6. Hygin : *Fables* 120 ; Eschyle : *Choéphores* 1034 ss., et *Euménides* 34 ss., 64 s. et 166-167 ; Euripide : *Électre* 1254-1257.

7. Eschyle : *Euménides* 94 ss., 106-109 et 179 ss.

8. Asclépiades, cité par le Scholiaste d'Euripide : *Oreste* 1645 ; Eschyle : *Euménides* 235 ss. et 445 ss. ; Pausanias : II. 31. 7 et 11.

9. Pausanias : II. 22. 1 ; Varron, cité par Probus, Virgile : *Églogues* I. 4 ; Lampridius : *Vie d'Héliogabale* VII p. 809 ; Libanios : XI. 366 b.

10. Pausanias : VIII. 34. 1-2.

11. Euripide : *Oreste* 1645-16457, et *Électre* 1254 ss. ; Pausanias : VIII. 3. 1 ; Stéphanos de Byzance *sub* Azanias ; Strabon : VII. 7 ; 8.

12. Scholiaste d'Aristophane : *Les Chevaliers* 95 ; *Les Acharniens* 960 ; *Marbre de Paros* 40 ss. ; Tzetzès : *Lycophron* 1374 ; Eschyle : *Euménides* 235 ss. ; Euripide : *Iphigénie en Tauride* 947 ss.

13. Apollodore : *Épitomé* VI. 25 ; Pausanias : VIII. 34. 2 ; Eschyle : *Euménides* 397, 470 ss. et 681 ss.

14. Euripide : *Iphigénie en Tauride* 961 ss. ; Eschyle : *Euménides* 574 ss., 734 ss. et 778 ss. ; *Etymologicum Magnum* p. 42 : *sub* Aiora.

15. Homère : *Odyssée* IV. 561 ; Ptolémée Héphaïstion : IV ; Pausanias : III. 19. 10.

115. APAISEMENT DES ÉRINYES

1. Pausanias : I. 28. 5-6 ; Porphyre : *Des grottes, des Nymphes* 3 ; Euripide : *Électre* 1272 ; Aristophane : *Les Chevaliers* 1312 ; Eschyle : *Euménides* 778-1047.

2. Euripide : *Iphigénie en Tauride* 968 ss. ; Philémon le Comédien, cité par le Scholiaste de Sophocle : *Œdipe à Colone* 42 ; Pausanias : VII. 25. 4 ; Sophocle : *Œdipe à Colone* 37 et 42. 3.

3. Hesychius *sub* Deuteropotmoi ; Polémon, cité par le Scholiaste de Sophocle : *loc. cit.,* et 89 ; Pausanias : I. 28. 6 ; Lucien : *Du Conseil* 18 ; Eschyle : *Euménides* 705.

4. Hesychius *sub* Hesychidae.

5. Pausanias : I. 31. 2 et II. 11. 4.

116. IPHIGÉNIE EN TAURIDE

1. Apollodore : *Épitomé* VI. 26 ; Euripide : *Iphigénie en Tauride* 77 et 970 ss. ; Hygin : *Fables* 120.

2. Euripide : *Iphigénie en Tauride* 32 ; Scholiaste d'Apollonios de Rhodes : III. 997 ; Eustathe : *Dionysios* 306 ; Apollodore : *Épitomé* VI. 26.

3. Hérodote : IV. 103 ; Ovide : *Lettres pontiques* III. 45 ss. Apollodore : *Épitomé* VI. 26 ; Euripide : *Iphigénie en Tauride* 40 ss. et 88 ss.

4. Diodore de Sicile : IV. 44. 7 ; Sophocle : *Ajax* 172 ; Pausanias : I. 23. 9 ; Servius, Virgile : *Énéide* II. 116 ; Valerius Flaccus VIII. 208 ; Ovide : *L'Ibis* 384, et *Lettres pontiques* III. 2. 71.

5. Euripide : *Iphigénie en Tauride* 784 et 1045 ; Ovide : *Lettres pontiques* III. 2. 45 ss. ; Hérodote : IV. 103 ; Hésiode : *Catalogue des Femmes,* cité par Pausanias : I. 43. 1 ; Ammianus Marcellinus : XXII. 8. 34.

6. Hygin : *Fables* 120 ; Apollodore : *Épitomé* VI. 27.

7. Ovide : *Lettres pontiques : loc. cit.* ; Hygin : *loc. cit.* ; Euripide : *Iphigénie en Tauride* 1037 ss.

8. Hygin : *Fables* 120 et 121.

9. Apollodore : *Épitomé* VI. 27 ; Euripide : *Iphigénie en Tauride* 89-91 et 1446 ss. ; Pausanias : I. 33. 1 ; Tzetzès : *Lycophron* 1374.

10 Pausanias : I. 23. 9, III. 16. 6 et VIII. 46. 2 ; Tzetzès : *loc. cit.* ; Strabon : XII. 2. 3.

11. Servius, Virgile : *Énéide* II. 116 et VI. 136 ; Hygin : *Fables* 261.

12. Pausanias : *III.* 16. 6-7.

13 Hygin : *Fables* 261 ; Servius, Virgile : *Énéide* II. 116 ; Pausanias : *loc. cit.*

14. Ptolémée Héphaïstion : IV, cité par Photius : p. 479.

117. LE RÈGNE D'ORESTE

1. Hygin : *Fables* 122.

2. Euripide : *Iphigénie en Tauride* 1464 et 915 ; Pausanias : I. 43. 1 et X. 24. 4-5 ; Hellanicos, cité par Pausanias : II. 16. 5 ; Hygin : *Fables* 183 ; Strabon : IX. 3. 9.

3. Apollodore : *Épitomé* VI. 28 ; Cinéthon, cité par Pausanias : II. 18. 5 ; Tzetzès : *Lycophron* 1374.

4. Pausanias : II. 18. 5 et VIII. 5. 1-3 ; Asclépiade, cité par le Scholiaste d'Euripide : *Oreste* 1647 ; Apollodore : *loc. cit.* ; Tzetzès : *loc. cit.*

5. Pausanias : VIII. 54. 3, III. 3. 7, III. 11. 8 et III. 3. 5-7 ; Hérodote : I. 68-8.

6. Pausanias : IX. 40. 6.

7. Pindare : *Néméennes* XI. 33-35 ; Hellanicos, cité par Tzetzès : *Lycophron* 1374 ; Pausanias : III. 2. 1 ; Strabon : XIII. 1. 3.

8. Pausanias : II. 8. 6-7 et VII. 6. 21.

118. LA NAISSANCE D'HÉRACLÈS

1. Apollodore II. 4. 5-6 ; Tzetzès : *Lycophron* 732 ; Hésiode : *Le Bouclier d'Héraclès* 11 ss.

2. Apollodore : *loc. cit.*

3. Hésiode : *Le Bouclier d'Héraclès* 1-56 ; Apollodore : II. 4. 7-8 ; Hygin : *Fables* 28 ; Tzetzès : *Lycophron* 33 et 932 ; Pindare : *Isthmiques* VII. 5.

4. Lucien : *Dialogue des Dieux* X.

5. Hésiode : *Le Bouclier d'Héraclès* 1-56 ; Apollodore : II. 4. 7-8 ; Hygin : *Fables* 29 ; Tzetzès : *Lycophron* 33 et 932 ; Pindare : *Isthmiques* VII. 5.

6. Hésiode : *Le Bouclier d'Héraclès* I. 35. 56 et 80 ; Homère : *Iliade* XIX. 95 ; Apollodore : II. 4-5 ; Théocrite, cité par le Scholiaste de Pindare : *Néméennes* I. 36 ; Plaute : *Amphitryon* 1096 ; Diodore de Sicile : IV. 10 ; Tzetzès : *Lycophron* 662.

7. Homère : *Iliade* XIX. 119 ss. 91 ; Diodore de Sicile IV. 9 et 14.

8. Hésiode : *Le Bouclier d'Héraclès* 4 ss. et 26 ss. ; Phérécyde cité par Athenaeos XI. 7 ; Athenaeos XI. 99 ; Plaute : *Amphitryon* 256 ss.

9. Pausanias : IX. 11. 1-2 ; Ovide : *Métamorphoses* IX. 285 ss. ; Élien : *De la nature des animaux* 12. 5 ; Antoninus Liberalis : *Métamorphoses* 29.

10. Élien : *De la nature des animaux* XV. 11 ; Antoninus Liberalis : *loc. cit.*

11. Philochoros : *Fragment* 177 ; Ovide : *Métamorphoses* IX. 285 ss. ; Théocrite : *Idylles* XXIV. 11. 12.

119. LA JEUNESSE D'HÉRACLÈS

1. Diodore de Sicile : IV. 9 ; Tzetzès : *Lycophron* 1327 ; Pausanias : IX. 25. 2.

2. Ératosthène : *Notions sur les Astres* 44 ; Hygin : *Astronomie poétique* II. 43 ; Ptolémée Héphaïstion, cité par Photius p. 477 ; Diodore de Sicile : IV. 10.

3. Apollodore : II. 4. 8 ; Théocrite : *Idylles* XXIV ; Scholiaste de Pindare : *Néméennes* I. 43.

4. Servius, Virgile : *Énéide* VIII. 288 ; Théocrite : *loc. cit.* ; Pindare : *Néméennes* I. 35 ss. ; Phérécyde, cité par Apollodore : II. 4. 8.

5. Théocrite : *loc. cit.* ; Apollodore : II. 4. 9 ; Tzetzès : *Lycophron* 56 ; Diodore de Sicile : IV. 14.

6. Servius, Virgile : *Églogues* V. 11 ; Valerius Flaccus : I. 399 ss. ; Apollonios de Rhodes : I. 97 ; Hygin : *Fables* 14.

7. Pausanias : IX. 29. 3 ; Théocrite : *loc. cit.* ; Apollodore : II. 4. 9. Diodore de Sicile : III. 67.

8. Apollodore : *loc. cit.* ; Diodore de Sicile : IX. 10 ; Pausanias : IX. 10. 4 ; Scholiaste d'Apollonios de Rhodes : I. 865 ; Servius, Virgile : *Énéide* I. 745.

9. Apollodore : II. 4. 9 ; Plutarque, cité par Aulu-Gelle : I. 1 ; Hérodote, cité par Tzetzès : *Lycophron* 662 ; Pindare : *Isthmiques* IV. 53.

10. Apollodore : *loc. cit* ; Théocrite : *Idylles* XXIV ; Plutarque : *Questions romaines* 28.

11. Plutarque : *Questions romaines* 93.

12. Plutarque : *Thésée* 11 et 29.

120. LES FILLES DE THESPIOS

1. Apollodore : II. 4. 8-9 ; Pausanias : IX. 26. 4, 27. 1 et 31. 1 ; Scholiaste de Théocrite : *Idylles* XIII. 6.

2. Apollodore : II. 4. 10 et 7. 8 ; Pausanias : IX. 27. 5 ; Diodore de Sicile : IV. 29 ; Scholiaste d'Hésiode : *Théogonie* 56.

3. Théocrite : *Idylles* 25 ; Apollodore : II. 4. 10 ; Diodore de Sicile : IV. 11 ; Lactance et Stace : *Thébaïde* I. 355-485 ; Pausanias : I. 41. 4.

121. ERGINOS

1. Apollodore : II. 4. 11 ; Pausanias : IX. 37. 1-2 ; Eustathe, sur Homère p. 1076 ; Scholiaste d'Apollonios de Rhodes : I. 185.

2. Diodore de Sicile : IV. 10.

3. Diodore de Sicile : *loc. cit.* ; Apollodore : II. 4. 11 ; Pausanias : IX. 17. 1.

4. Euripide : *Héraclès* 220 ; Diodore de Sicile : *loc. cit.* ; Pausanias IX. 38. 5 ; Strabon : IX. 11. 40.

5. Polyen : I. 3. 5 ; Diodore de Sicile : IV. 18. 7 ; Pausanias : IX. 26. 1 ; Apollodore : II. 4. 11.

6. Euripide : *Héraclès* 48-59 ; Pausanias : IX. 17. 1-2 et 25. 4.

7. Pausanias : IX. 37. 2-3 et 25. 4 ; Eustathe, sur Homère : p. 272.

122. LA FOLIE D'HÉRACLÈS

1. Scholiaste de Pindare : *Isthmiques* IV. 114 et 61 ; Apollodore : II. 4. 11 ; Diodore de Sicile : IV. 10 ; Hygin : *Fables* 31 ; Tzetzès : *Lycophron* 38.

2. Plutarque : *Histoires parallèles* 7.

3. Diodore de Sicile : IV.11 ; Apollodore : II. 4. 12 ; Pindare : *loc. cit.* ; Euripide : *Héraclès* 462 ss. ; Lysimaque, cité par le Scholiaste de Pindare : *Isthmiques* IV. 114.

4. Diodore de Sicile : IV. 10. 11 ; Apollodore : *loc. cit.*

5. Euripide : *Héraclès* 1 ss. et 1000 ss. ; Tzetzès : *Lycophron* 38 et 662-663 ; Diotimos : *Héracleia,* cité par Athénée : XIII. 8.

6. Apollodore : II. 4. 11 ; Hésiode : *Le Bouclier d'Héraclès* 122 ss., 141 ss., 161 ss. et 318-319 ; Pausanias : V. 8. 1.

7. Euripide : *Héraclès* 159 ss. ; Apollonios de Rhodes : I. 1196 ; Diodore de Sicile : IV. 14 ; Théocrite : *Idylles* XXV ; Apollodore : II. 4. 11 ; Pausanias : II. 31. 13.

8. Plutarque : *De l'amour* 17 ; Pausanias : V. 8. 1 et 17. 4 ; Euripide : *Les Héraclides* 216.

123. LE LION DE NÉMÉE

1. Apollodore : II. 5. 1 ; Valerius Flaccus : I. 34 ; Diodore de Sicile : IV. 11.

2. Apollodore : *loc. cit.* ; Hésiode : *Théogonie* 326 ss. ; Épiménide : *Fragment* 5, cité par Élien : *Nature des Animaux* XII. 7 ; Plutarque : *Le Visage de l'orbe de la lune* 24 ; Servius, Virgile, *Énéide* VIII. 295 ; Hygin : *Fables* 30 ; Théocrite : *Idylles* XXV. 200 ss.

3. Démodocos : *Histoire d'Héraclès* I, cité par Plutarque : *Des Fleuves* 18 ; Pausanias : II. 15. 2-3 ; Scholiaste de *L'Hypothèse* de Pindare : *Néméennes.*

4. Strabon : VIII. 6. 19 ; Apollodore : II. 5. 1 ; Servius, Virgile : *Géorgiques* III. 19 ; Lactance, Stace : *Thébaïde* IV. 161 ; Plutarque : *loc. cit.* ; Théocrite : *Idylles* XXV. 211 ss.

5. Bacchylide : XIII. 53 ; Théocrite : *loc. cit.* ; Ptolémée Héphaïstion : II, cité par Photius p. 474 ; Apollodore : *loc. cit.* ; Diodore de Sicile : IV. 11 ; Euripide : *Héraclès* 153.

6. Apollodore : *loc. cit.,* et II. 4. 11 ; Scholiaste de *L'Hypothèse* de Pindare : *Néméennes.*

7. Théocrite : *Idylles* XXV. 272 ss. ; Diodore de Sicile : IV. 11 ; Euripide : *Héraclès* 359 ss. ; Apollodore : *loc. cit.*

8. Élien : *Histoires variées* IV. 5 ; Stéphanos de Byzance *sub* Molorchia ; Virgile : *Géorgiques* III. 19.

9. Antoninus Liberalis : *Métamorphoses* 12 ; Ovide : *Métamorphoses* VII. 371 ss.

124. L'HYDRE DE LERNE

1. Hésiode : *Théogonie* 313 ss.

2. Pausanias : II. 37. 1-3 et 5, II. 36. 6-8.

3. Pausanias : II. 37. 4 ; Apollodore : II. 5. 2 ; Strabon : VIII. 6. 8.

4. Euripide : *Héraclès* 419-20 ; Zénobius : *Proverbes* VI. 26 ; Apollodore : *loc. cit.* ; Simonide, cité par le Scholiaste d'Hésiode : *Théogonie* p. 257, éd. Heinsius ; Diodore de Sicile : IV. 2 ; Hygin : *Fables* 30.

5. Hésiode : *Théogonie* 313 ss. ; Apollodore : *loc. cit.* ; Hygin : *loc. cit.* ; Servius, Virgile : *Énéide* VI. 287.

6. Apollodore : *loc. cit.* ; Hygin : *loc. cit.*, et *Astronomie poétique* II. 23 ; Diodore de Sicile : IV. 2.

7. Euripide : *Ion* 192 ; Hésiode : *Théogonie* 313 ss. ; Apollodore : *loc. cit.* ; Alexandre Myndius, cité par Photius p. 475.

125. LA BICHE DE CÉRYNIE

1. Apollodore : II. 5. 3 ; Diodore de Sicile : IV. 13 ; Euripide : *Héraclès* 375 ss. ; Virgile : *Énéide* VI. 802 ; Hygin : *Fables* 30.

2. Apollodore : *loc. cit.* ; Callimaque : *Hymne à Délos* 103, et *Hymne à Artémis* 100 ss. ; Euripide : *loc. cit.* ; Pausanias : II. 25. 3.

3. Apollodore : *loc. cit.* ; Diodore de Sicile : IV. 13 ; Pindare : *Olympiques* III. 26-27 ; Hygin : *Fables* 30.

4. Pindare : *Olympiques* III. 29 ss. ; Apollodore : II. 10. 1 ; Plutarque : *Des fleuves* 17.

5. Pausanias : III. 1. 2-3 et 20. 2 ; Plutarque : *loc. cit.* ; Apollodore : III. 10. 3.

126. LE SANGLIER D'ÉRYMANTHE

1. Ovide : *Héroïdes* IX. 87 ; Apollonios de Rhodes : I. 127 ; Apollodore : II. 5. 4 ; Diodore de Sicile : IV. 12.

2. Ptolémée Héphaïstion : I. 306 ; Homère : *Odyssée* VI. 105.

3. Pausanias : VI. 21 ; 5 ; Apollodore : *loc. cit.* ; Diodore de Sicile : *loc. cit..*

4. Tzetzès : *Lycophron* 670 ; Diodore de Sicile : : *loc. cit.* ; Apollodore : *loc. cit.*

5. Pausanias : III. 18. 9 ; Virgile : *Énéide :* VIII. 293-294 ; Diodore de Sicile : *loc. cit.* ; Apollodore : *loc. cit.*

6. Apollodore : *loc. cit.* ; Lucien : *Dialogues des Morts* 26.

7. Tzetzès : *Lycophron* 670 ; Apollodore : *loc. cit.* ; Diodore de Sicile : *loc. cit.*

8. Apollodore : *loc. cit.* ; Diodore de Sicile : *loc. cit.* ; Pausanias : V. 5. 6.

9. Apollodore : *loc. cit.* ; Pausanias : VIII. 24. 2 ; Diodore de Sicile : *loc. cit.* ; Apollonios de Rhodes : I. 122 ss.

10. Théocrite : *Idylles* VII ; Ovide : *Sur les Fêtes* V. 380 ss. ; Hygin : *Astronomie poétique* II. 38. 27 ; *Fables* 224.

127. LES ÉCURIES D'AUGIAS

1. Apollodore : II. 5. 5 et 7. 2 ; Diodore de Sicile : IV. 13 ; Pausanias : V. 1. 7 ; Tzetzès : *Lycophron* 41 ; Hygin : *Fables* 14.
2. Apollodore : II. 5. 5 ; Servius, Virgile : *Énéide* VIII. 300 ; Diodore de Sicile : *loc. cit.* ; Pausanias : *loc. cit.*
3. Pausanias : *loc. cit.* ; Apollodore : *loc. cit.* ; Plutarque : *Questions romaines* 28 : Théocrite : *Idylles* XXV. 115 ss.
4. Ptolémée Héphaïstion : V, cité par Photius p. 486 ; Hygin : *Fables* 30 ; Pausanias : *loc. cit.* ; Apollodore : *loc. cit.* ; Diodore de Sicile : *loc. cit.* ; Servius : *loc. cit.* ; Callimaque : *Hymne à Délos* 102.

128. LES OISEAUX DU STYMPHALE

1. Pausanias : VIII. 22. 4-6 ; Apollodore : II. 5. 6.
2. Apollonios de Rhodes : II. 1052 ss. ; Pausanias : *loc. cit.* ; Servius, Virgile : *Énéide* VIII. 300 ; Apollonios de Rhodes : II. 1037 et 1053 et Scholiastes ; Diodore de Sicile : IV. 13 ; Apollodore : *loc. cit.* Hygin : *Fables* 30.
3. Pausanias : VIII. 22. 4.
4. Mnaséas, cité par le Scholiaste d'Apollonios de Rhodes : II. 1054 ; Pausanias : VIII. 22. 2 et 5.

129. LE TAUREAU DE CRÈTE

1. Apollodore : II. 5. 7 ; Diodore de Sicile IV. 13 ; Pausanias : I. 27. 9 ; Premier Mythographe du Vatican : 47.
2. Diodore de Sicile : *loc. cit.* ; Servius, Virgile : *Énéide* VIII. 294 ; Apollodore : *loc. cit.* ; Premier Mythographe du Vatican : *loc. cit.*
3. Théon : *Sur Aratos* p. 24.

130. LES JUMENTS DE DIOMÈDE

1. Apollodore : II. 5. 8 ; Hygin : *Fables* 250 et 30 ; Pline : *Histoire naturelle* IV. 18 ; Diodore de Sicile : IV. 15.
2. Apollodore : *loc. cit.* ; Euripide : *Alceste* 483 ; Strabon : *Fragments* 44 et 47 ; Diodore de Sicile : *loc. cit.*
3. Hygin : *Fables* 30 ; Apollodore : *loc. cit.* ; Diodore de Sicile : IV. 39 ; Homère : *Iliade* XI. 608 ; Euripide : *Héraclès* 380 ss.
4. Apollodore : *loc. cit.* ; Servius, Virgile : *Énéide* I. 756 ; Diodore de Sicile : IV. 15 ; Strabon : *Fragment* 44 ; Philostrate : *Tableaux* II. 25 ; Hygin : *Fables* 250.

131. LA CEINTURE D'HIPPOLYTÉ

1. Scholiaste de Pindare : *Néméennes* III. 64 ; Apollodore : II. 5. 9 ; Justin : II. 4 ; Pindare : *Néméennes* III. 38, et *Fragment* 172 ; Philochoros, cité par Plutarque : *Thésée* 26.

2. Apollonios de Rhodes : II. 990-2 ; Cicéron : *Pro L. Valerio Flacco* 15 ; Scholiaste d'Homère : *Iliade* I. 189 ; Hygin : *Fables* 30 ; Scholiaste d'Apollonios de Rhodes : II. 1033.

3. Servius, Virgile : *Énéide* XI. 659 ; Plutarque : *Des Fleuves* 14 ; Apollonios de Rhodes : II. 976-1000.

4. Arrien : *Fragment* 58 ; Diodore de Sicile : II. 451 ; Hérodote : IV. 110 ; Apollonios de Rhodes : II. 987-989 ; Lysias, cité par Tzetzès : *Lycophron* 1332.

5. Pindare : *Néméennes* III. 38 ; Servius, Virgile : *Énéide* I. 494 ; Strabon : XI. 5. 1.

6. Diodore de Sicile : II. 45-46 ; Strabon : XI. 5. 4 ; Justin : II. 4 ; Hécatée : *Fragment* 352.

7. Callimaque : *Hymne à Artémis* 237 ss. ; Hygin : *Fables* 223 et 225 ; Pline : *Histoire naturelle* V. 31 ; Homère : *Iliade* III. 189 ; Tzetzès : *Lycophron* 69 ; Justin : II. 4.

8. Diodore de Sicile : V. 79 ; Hérodote : VII. 72 ; Scholiaste d'Apollonios de Rhodes : II. 754.

9. Strabon : XII. 3. 4 ; Apollodore : II. 5. 9 ; Pausanias : V. 26. 6 ; Justin : XVI. 3.

10. Diodore de Sicile : IV. 16 ; Apollodore : *loc. cit.* ; Plutarque : *Questions grecques* 45.

11. Apollonios de Rhodes : II. 966-969 ; Diodore de Sicile : *loc. cit.* ; Tzetzès : *Lycophron* 1329 ; Ibycos, cité par le Scholiaste d'Apollonios de Rhodes : *loc. cit.*

12. Apollonios de Rhodes : II. 776 ss.

13. Apollodore : II. 5. 9.

14. Apollodore : *loc. cit.* ; Tzetzès : *Lycophron* 1327 ; Euripide : *Héraclès* 418 et *Ion* 1145 ; Plutarque : *Questions grecques* 45.

15. Strabon : XI. 5. 1-2 et 4 ; Servius, Virgile : *Énéide :* XI. 659.

16. Justin : II. 4 ; Clitarque, cité par Strabon : XI. 5. 4.

17. Diodore de Sicile : III. 52-53.

18. Diodore de Sicile : III. 54.

19. Diodore de Sicile : III. 55.

132. LE TROUPEAU DE GÉRYON

1. Pausanias : IV. 36. 3 ; Apollodore : II. 5. 10 ; Servius, Virgile : *Énéide* VI. 289 ; Hésiode : *Théogonie* 981.

2. Hésiode : *Théogonie* 287 ss. ; Lucien : *Toxaris* 72 ; Apollodore : *loc. cit.* ; Tite-Live : I. 7 ; Servius, Virgile : *Énéide :* VIII. 300 ; Scholiaste d'Apollonios de Rhodes : IV. 1399.

3. Apollodore : II. 5. 10 ; Diodore de Sicile : IV. 18 ; Pomponius Mela : I. 5. 3 et II. 6. 6.

4. Apollodore : *loc. cit.* ; Phérécyde, cité par Athénée : XI. 39 ; Servius, Virgile : *Énéide* VII. 662 et VIII. 300.

5. Apollodore : *loc. cit.* ; Hygin : *Fables* 30 ; Euripide : *Héraclès* 423 ; Servius, Virgile, *Énéide* VII. 662 ; Pausanias : X. 17. 4 ; Ptolémée Héphaïstion, cité par Photius p. 475 ; Pindare : *Fragment* 569.

6. Solinos : XXIII. 12 ; Pomponius Mela : III. 47 ; Hésiode : *Théogonie* 287 ss. ; Pline : *Histoire naturelle* IV. 36.

7. Thérécyde, cité par Strabon : III. 2. 11 ; Strabon : III. 5. 3-4 et 7 ; Timée, cité par Pline : *loc. cit.* ; Polybe, cité par Strabon : III. 5. 7 ; Pausanias : I. 35. 6.

8. Diodore de Sicile : III. 55 et IV. 17-19.

9. Pline : *Histoire naturelle* III ; Strabon III. 5. 5.

10. Eustathe, Denys : *Description de la terre* 64 ss. ; Scholiaste de Pindare : *Néméennes* III. 37 ; Aristote, cité par Élien : *Histoires variées* V. 3 ; Pline : *Histoire naturelle* III. 3 ; Timothée, cité par Strabon : III. 1. 7.

11. Érasme : *Chiliades* I. 7 ; Zénobios : *Proverbes* V. 48, et Eschyle : *Prométhée enchaîné* 349 et 428 ; Hesichius *sub* stelas distomous.

12. Tacite : *Germania* 34 ; Servius, Virgile : *Énéide* XI. 262 ; Scymnos de Chios : 188 ; Strabon : II. 5. 6.

13. Strabon : III. I. 4 ; Pindare : *Néméennes* III. 21 ss.

14. Avienus : *Ora Maritima* 326 ; Apollodore : II. 5. 10 ; Strabon : III. 4. 3 ; Asclépiade de Myrtea, cité par Strabon : *loc. cit.*

15. Silius Italicus : III. 417 ; Hérodote : II. 33 ; Diodore de Sicile : IV. 19 et 24.

16. Apollodore : II. 5. 10. Tzetzès : *Chiliades* II. 340 ss., et *Lycophron* 1312 ; Eschyle : *Prométhée délivré*, cité par Hygin : *Astronomie poétique* II. 6, et par Strabon : IV. 1. 7 ; Théon : *Aratos* p. 12, éd. Morell.

17. Diodore de Sicile : IV. 21 ; Ovide : *Sur les Fêtes* V. 545 ss. ; Tite-Live I. 7.

18. Properce : *Élégies* IV. 9. 10 ; Ovide : *Sur les Fêtes* I. 545 ss. ; Tite-Live : *loc. cit.* ; Virgile : *Énéide :* VIII. 207-208.

19. Tite-Live : *loc. cit.* ; Virgile : *Énéide* VIII. 217 et 233 ss. ; Ovide : *loc. cit.*

20. Plutarque : *Questions romaines* 18 ; Ovide : *loc. cit.* ; Tite-Live : *loc. cit.* ; Valerius Flaccus, cité par Servius, Virgile : *Énéide* VIII. 203 ; Aurelius Victor : *Des origines de la race romaine* 8.

21. Servius, Virgile : *Énéide* VIII. 51 130 et 336 ; Tite-Live : I. 7 ; Plutarque : *Questions romaines* 56 ; Pausanias : VIII. 43. 2 ; Denys d'Halicarnasse : *Antiquités romaines* I. 31.

22. Servius, Virgile : *Énéide* VIII. 130 et 336 ; Ovide : *Sur les Fêtes* V. 94-95 et I. 542 ; Hygin : *Fables* 227 ; Juba, cité par Plutarque : *Questions romaines* 59.

23. Plutarque : *Questions romaines* 18 et 32 ; Tzetzès : *Lycophron* 1232 ; Justin : XLIII. 1 ; Hésiode : *Théogonie* 1013 ; Ovide : *Sur les Fêtes* V. 621 ss.

24. Solinos : II. 5 ; Denys d'Halicarnasse : I. 44 ; Diodore de Sicile : IV. 21-1 et 24 ; Strabon : VI. 3. 5 et 4. 6.

25. Diodore de Sicile : IV. 22 ; Strabon : VI. 1. 19 ; Apollodore : II. 5. 10 ; Servius, Virgile : *Énéide* I. 574.

26. Pausanias : IV. 36. 3. Diodore de Sicile : IV. 23 ; Apollodore : *loc. cit.* ; Tzetzès : *Lycophron* 866 ; Servius, Virgile : *Énéide* X. 551.

27. Tzetzès : *loc. cit.* ; Pausanias : VIII. 24. 1. 3.

28. Diodore de Sicile : IV. 23-24 et V. 4.

29. Diodore de Sicile : IV. 24 ; Servius, Virgile : *Énéide* : III. 552 ; Ovide : *Métamorphoses* XV. 12 ss.

30. Diodore de Sicile : IV. 25 ; Hérodote : IV. 8-10.

31. Diodore de Sicile : II. 43 ; Hérodote : IV. 5.

32. Apollodore : II. 5. 10 et I. 6. 1 ; Pindare : *Néméennes* IV. 27 ss., et *Isthmiques* VI. 32 ss. ; Scholiaste de Pindare : *Néméennes* : *loc. cit.* et *Isthmiques* VI. 32.

133. LES POMMES DES HESPÉRIDES

1. Apollodore : 11. 5. 11 ; Euripide : *Héraclès* 396 ; Phérécyde : *Mariage d'Héra* 11, cité par le Scholiaste d'Apollonios de Rhodes : IV. 1396 ; Ératosthène : *Notions sur les astres* III ; Hygin : *Astronomie poétique* II. 3 ; Germanicus César : *Traduction des Phénomènes d'Aratus sub* Draco.

2. Apollodore : II. 5. 11 ; Hésiode : *Théogonie* 333-335 ; Scholiaste d'Apollonios de Rhodes : IV. 1396.

3. Apollodore : *loc. cit.* ; Scholiaste de l'*Énéide* de Virgile : IV. 483 ; Hésiode : *Théogonie* 215 ; Pline : *Histoire naturelle* VI. 35-36 ; Ovide : *Métamorphoses* IV. 637 ss.

4. Apollodore : *loc. cit.* ; Hérodote : VII 124-127 ; Hygin : *Astronomie poétique* II. 15.

5. Apollodore : *loc. cit.* ; Phérécyde, cité par le Scholiaste d'Apollonios de Rhodes : IV. 1396 ; Apollonios de Rhodes : 1396-1484.

6. Hygin : *Astronomie poétique* II. 3.

7. Apollodore : *loc. cit.* ; Hygin : *Fables* 31 ; Diodore de Sicile : IV. 17.

8. Diodore de Sicile : *loc. cit.* ; Apollodore : *loc. cit.* ; Pindare : *Isthmiques* VI. 52-55 ; Lucain : IV. 589-655.

9. Pline : *Histoire naturelle* V. 8 ; Pomponius Mela : III. 106 ; Plutarque : *Sertorius* 9.

10. Strabon : XVII. 3. 7 ; Pline : *Histoire naturelle* V. 8 ; Procope : *De la Guerre des Vandales* II. 10.

11. Callisthène, cité par Strabon : XVII. 1. 43 ; Hérodote : II. 42.

12. Diodore de Sicile : I. 15 et IV. 18 ; Ovide : *Ibis* 399 ; Apollodore : II. 5. 11 ; Agathon de Samos, cité par Plutarque : *Histoires parallèles* 38.

13. Philargyrius sur les *Géorgiques* de Virgile III. 5 ; Apollodore : *loc. cit.* ; Hygin : *Fables* 31 et 56 ; Ovide : *L'Art d'aimer*. I. 649.

14. Apollodore : *loc. cit.* ; Hygin : *Fables* 54 ; Strabon : XI. 5. 5 ; Eschyle, cité par Hygin : *Astronomie poétique* II. 15 ; Hésiode : *Théogonie* 529 ss.

15. Servius, les *Églogues* de Virgile VI. 42 ; Hygin : *loc. cit.* Pline : *Histoire naturelle* XXXIII. 4 et XXXVII. 1 ; Eschyle : *Prométhée enchaîné* 1025, et *Prométhée délivré, Fragment* 195, cité par Plutarque : *De l'Amour* 14 ; Apollodore : *loc. cit.*

16. Athénée : XV. 11-13 ; Eschyle : *Fragments* 202 et 235, cités par Athénée. p. 674 d ; Apollodore : *loc. cit.*

17. Hygin : *Astronomie poétique* II. 15 ; Philostrate : *Vie d'Apollonios de Tyane* II. 3.

134. LA CAPTURE DE CERBÈRE

1. Homère : *Odyssée* XI. 624 ; Apollodore : II. 5. 12.

2. Hérodote : VIII. 65 ; Apollodore : *loc. cit.* ; Plutarque : *Thésée* 30 et 33 ; Diodore de Sicile : IV. 25.

3. Tzetzès : *Lycophron* 1328 ; Diodore de Sicile : IV. 14.

4. Scholiaste d'Aristophane : *Ploutos* 85, et *La Paix* 368 ; Stéphanos de Byzance *sub* Agra ; Plutarque : *Démétrius* 26, et *Phocion* 28 ; Aristophane : *Les Acharniens* 703 ; Varron : *Questions agricoles* II. 4 ; Hesichius *sub* Hydranus ; Polyaen : V. 17.

5. Plutarque : *Phocion* 28 ; Sénèque : *Questions naturelles* VII. 31.

6. Apollodore : II. 5. 12 ; Xénophon : *Anabase* CI. 2. 2 ; Homère : *Odyssée* XI. 626, et *Iliade* VIII. 362 ss.

7. Servius, Virgile : *Énéide* VI. 392 ; Apollodore : *loc. cit.* ; Bacchylide : *Epinicia* V. 71 ss. et 165 ss.

8. Apollodore : *loc. cit.* ; Tzetzès : *Chiliades* II. 396 ss.

9. Apollodore : *loc. cit.*

10. Servius, Virgile : *Énéide* VIII. 276, et *Églogues* VII. 61.

11. Homère : *Iliade* VIII. 369 ; Apollodore : *loc. cit.* ; Pausanias : II. 31. 12 et II. 32. 3.

12. Ovide : *Métamorphoses* VII. 409 ss. ; Germanicus César, Virgile : *Géorgiques*. II. 152 ; Pausanias : III. 25. 4 et IX. 34. 4.

13. Anticlide, cité par Athénée : IV. 14 ; Scholiaste de Thucydide : I. 9.

14. Pline : *Histoire naturelle* XXV. 12. 15. 27 et 37.

135. LE MEURTRE D'IPHITOS

1. Plutarque : *De l'amour* 9 ; Apollodore : II. 6. 1 ; Pausanias : X. 3.

2. Diodore de Sicile : IV. 31 ; Pausanias : IV. 33 ; Sophocle : *Les Trachiniennes* 260 ss.

3. Hygin : *Fables* 14 ; Apollonios de Rhodes : I. 88-89 ; Homère : VIIII. 226-228 ; Apollodore : *loc. cit.* ; Diodore de Sicile : *loc. cit.* ; Sophocle : *loc. cit.*

4. Hésiode, cité par le Scholiaste de Sophocle : *Les Trachiniennes* 266 ; Homère : *Odyssée* XXI. 15 ss. ; Diodore de Sicile : *loc. cit.* ; Apollodore : II. 6. 2 ; Scholiaste d'Homère : *Odyssée* XXI. 22.

5. Apollodore : *loc. cit.* ; Sophocle : *Les Trachiniennes* 271 ; Homère : *loc. cit.* ; Scholiaste, citant Phérécyde, Diodore de Sicile : *loc. cit.*

6. Apollodore : *loc. cit.* ; Diodore de Sicile : *loc. cit.*

7. Apollodore : *loc. cit.* ; Pausanias : X. 13. 4 ; Hygin : *Fables* 32.

8. Apollodore : *loc. cit.* ; Hygin : *loc. cit.* ; Pausanias : II. 21. 7 ; Diodore de Sicile : *loc. cit.*

9. Sophocle : *Les Trachiniennes* 248 ss. et 275 ss. ; Hygin : *loc. cit.* ; Servius, Virgile ; *Énéide* VIII. 300.

10. Plutarque : *Des Délais de la justice divine* 12 ; Pausanias : VIII. 14. 3.

11. Hygin : *Fables* 32 ; Euripide : *Héraclès* 26 ss. 553 ; Servius, Virgile : *Énéide* VIII. 300 ; Scholiaste de Sophocle : *Les Trachiniennes* 355 ; Ptolémée Héphaïstion VII, cité par Photius p. 490.

12. Euripide : *Héraclès* 26 ss. 1163 ss. et 1322 ; Pausanias : IX. 11. 2 ; Diodore de Sicile : IV. 55 ; Ménocratès cité par le Scholiaste de Pindare : *Isthmiques* IV. 104 ss.

136. OMPHALE

1. Apollodore : II. 6. 3 ; Diodore de Sicile : IV. 31 ; Phérécyde, cité par le Scholiaste d'Homère : *Odyssée* XXI. 22.

2. Sophocle : *Les Trachiniennes* 253 ; Apollodore : II. 6. 2 ; Diodore de Sicile : *loc. cit.*

3. Apollodore : II. 6. 3 ; Plutarque : *Des Fleuves* 7 ; Tacite : *Annales* II. 47.

4. Apollodore : *loc. cit.* ; Suidas *sub* Cercopes ; Scholiaste de Lucien : *Alexandre* IV ; Tzetzès : *Lycophron* 91.

5. W. H. Roscher : *Lexikon der griechischen und römischen Mytologie* II. 1666 ss. K. O. Muller : *Les Doriens* I. 464 ; Ptolémée Claudius : V. 2 ; Hérodote : VII. 216.

6. Suidas *sub* Cercopes ; Harpocration *sub* Cercopes, citant Xénagoras ; Eustathe sur Homère : *Odyssée* XIX. 247 ; Ovide : *Métamorphoses* XIV. 88 ss.

7. Tzetzès : *Chiliades* II. 432 ss. ; Diodore de Sicile : IV. 31 ; Denys : *Description de la Terre* 465 ; Stéphanos de Byzance *sub* Itôn.

8. Scholiaste de Théocrite : *Idylles* X. 41 ; Athénée : X. 615 et XIV. 619 ; Eustathe, sur Homère : 1164 ; Hesychius, Photius et Suidas *sub* Lityerses ; Pollux : IV. 54.

9. Hygin : *Astronomie poétique* II. 14 ; Plutarque : *Des Fleuves* 12.

10. Diodore de Sicile : IV. 31 ; Bacchylide : III. 24-62 ; Apollodore : II. 6. 3 ; Palaephatos : 45.

11. Pausanias : II. 21. 3 ; Hérodote : I. 94 ; Strabon : V. 2. 2 ; Denys d'Halicarnasse : I. 28.

12. Hellanicos : *Fragment* 102, éd. Didot ; Diodore de Sicile : *loc. cit.* ; Eusèbe : *Préparation pour l'Évangile* II. 35 ; Hérodote : 1. 7.

13. Ovide : *Héroïdes* IX. 54 ss. ; Lucien : *Dialogues des Dieux* 13 ; Plutarque : *Un homme âgé doit-il se mêler des affaires de l'État* 4.

14. Ovide : *Sur les Fêtes* II. 305.

137. HÉSIONÉ

1. Apollodore : II. 4. 6.

2. Apollodore : II. 5. 9 ; Hygin : *Fables* 89 ; Diodore de Sicile : IV. 42 ; Tzetzès : *Lycophron* 34.

3. Apollodore : *loc. cit.* ; Hygin : *loc. cit.* ; Lucien : *Des Sacrifices* 4 ; Tetzès : *loc. cit.* ; Diodore de Sicile : *loc. cit.* ; Servius, Virgile : *Énéide* V. 30 et I. 554 ; Tzetzès : *Lycophron* 472 ; Hygin : *Fables* 89.

4. Servius, Virgile : *Énéide* V. 30 et I. 554 ; Tzetzès : *Lycophron* 472 ; Hygin : *Fables* 89.

5. Diodore de Sicile : IV. 42 ; Tzetzès : *Lycophron* 34 ; Valérius Flaccus : II. 487 ; Hygin : *loc. cit.* ; Apollodore : II. 5. 9 ; Hellanicos, cité par le Scholiaste d'Homère : *Iliade* XX. 146.

6. Homère : *Iliade* XX. 145-148 ; Tzetzès : *loc. cit.* ; Hellanicos : *loc. cit.*

7. Diodore de Sicile : IV. 42 et 49 ; Servius, Virgile : *Énéide* 623.

8. Apollodore : II. 5. 9 ; Hellanicos : *loc. cit.* ; Pindare : *Fragment* 140 a, éd. Schrœder, et *Isthmiques* VI. 26 ss.

9. Tzetzès : *Lycophron* 472 et 953 ; Servius : Virgile, *Énéide* I. 554 et V. 30.

10. Tzetzès : *Lycophron* 472, 953 et 965 ; Servius, Virgile : *Énéide* I. 554, V. 30 et 73.

11. Diodore de Sicile : IV. 32 ; Apollodore : II. 6. 4 ; Homère : *Iliade* V. 638 ss.

12. Scholiaste de Pindare : *Néméennes* III. 61, et *Isthmiques* I. 21-23 ; Apollodore : *loc. cit.* et I. 8. 2 ; Homère : *Odyssée* XV. 243 ; Plutarque : *Questions grecques* 41.

13. Apollodore : III. 12. 7 ; Pindare : *Isthmiques* VI. 35 ss. ; Tzetzès : *Lycophron* 455 ; Scholiaste de Sophocle : *Ajax* 833 ; Scholiaste d'Homère : *Iliade* XXIII. 821.

14. Apollodore : II. 6. 4 ; Hellanicos, cité par Tzetzès : *Lycophron* 649.

15. Diodore de Sicile : IV. 32 ; Tzetzès : *Lycophron* 337 ; Apollodore : *loc. cit.* ; Hygin : *Fables* 89 ; Homère : *Iliade* V. 638 ss.

16. Apollodore : III. 12. 7 ; Servius, Virgile : *Énéide* III. 3 ; Homère : *Iliade* VIII. 283 ss., et Scholiaste, 284.

17. Tzetzès : *Lycophron* 467 ; Athénaeos : II. 43 ; Parthénios : *Sur les Infortunes amoureuses* 26.

18. Apollodore : III. 7. 5 ; Pausanias : VIII. 36. 4.

19. Plutarque : *Questions grecques* 41.

20. Homère : *Iliade* XIV. 250 ss. et XV. 18 ss. ; Apollodore : I. 3. 5 et II. 7. 1.

21. Apollodore : II. 7. 1.
22. Scholiaste de Pindare : *Néméennes* IV. 40.
23. Apollodore : II. 7. 8 ; Homère : *Iliade* II. 678-679.
24. Plutarque : *Questions grecques* 58.
25. Ovide : *Métamorphoses* VII. 363-364 ; Lactance : *Légendes tirées des « Métamorphoses » d'Ovide* VII. 10.
26. Apollodore : II. 7. 1 ; Pindare : *Isthmiques* VI. 31 ss.
27. Plutarque : *Questions grecques* 41.

138. LA CONQUÊTE DE L'ÉLIDE

1. Apollodore : II. 7. 2 ; Pindare : *Olympiques* X. 31-33.
2. Pausanias : V. 1. 8 et V. 2. 2 ; Eustathe, Homère : *Iliade* IX. 834 et XXIII. 1442.
3. Homère : *Iliade* XI. 709 ; Apollodore : *loc. cit.* ; Ibycos, cité par Athénaeos : II. 50 ; Porphyre : *Questions concernant l'« Iliade » d'Homère* 265 ; Plutarque : *De l'amour fraternel* I.
4. Pausanias : V. 1. 8 et V. 3. 4 ; Homère : *Iliade* II. 615-624 ; Scholiaste d'Apollonios de Rhodes : I. 172.
5. Apollodore : *loc. cit.* ; Pindare : *Olympiques* X. 31-33 ; Pausanias : V. 2. 1 et VIII. 14. 6 ; Élien : *Histoires variées* IV. 5.
6. Hygin : *Fables* 33 ; Apollodore : II. 5. 5 et 7. 5 ; Diodore de Sicile : IV. 33 ; Pausanias : VII. 25. 5-6.
7. Diodore de Sicile : *loc. cit.* ; Pausanias : VIII. 14. 1-3.
8. Apollodore : II. 7. 2 ; Diodore de Sicile : *loc. cit.* ; Pausanias : II. 15. 1 ; Pindare : *Olympiques* X. 26 ss.
9. Pausanias : V. 2. 2-3.
10. Pausanias : VIII. 25. 5 et V. 3. 1 ; Apollodore : II. 7. 2 ; Scholiaste d'Homère, cité par Meursius : *Lycophron* 40 ; Servius, Virgile : *Énéide* VII. 666.
11. Athénée : X. 412 ; Pausanias : V. 4. 1, IV. 4 et V. 3-4.
12. Pindare : *Olympiques* X. 43 ss. ; Tzetzès : *Lycophron* 41 ; Hygin : *Fables* 273.
13. Pindare : *loc. cit.* ; Apollodore : *loc. cit.* ; Pausanias : V. 13 I. et 14. 2-3.
14. Pindare : *Olympiques* III. 11 ss. ; Diodore de Sicile : IV. 14 ; Pausanias : V. 15. 3.
15. Diodore de Sicile : *loc. cit. ;* Pindare : *Olympiques* X. 60 ss. ; Pausanias : V. 8. 1 ; Tzetzès : *Lycophron* 41.
16. Pausanias : V. 7. 4 et 13. 5 ; Diodore de Sicile : V. 64.
17. Pausanias : VI. 23. 1 et V. 8. 1.
18. Scholiaste de Pindare : *Olympiques* III. 35 et V. 6 ; Démosthène : *Contre Aristocrate* pp. 631-632 ; Strabon : VIII. 3. 33.
19. Pausanias : VI. 20. 1-3.

139. LA CAPTURE DE PYLOS

1. Pausanias : II. 2. 2, III. 26. 6 et V. 3. 1 ; Apollodore : II. 7. 3 ; Diodore de Sicile : IV. 68.

2. Pausanias : VI. 25. 3 ; Scholiaste d'Homère : *Iliade* XI. 689 ; Hésiode : *Le Bouclier d'Héraclès* 359 ss. ; Pindare : *Olympiques* X. 30-31 ; Homère : *Iliade* V. 392 ss. Tzetzès : *Lycophron* 39.

3. Apollonios de Rhodes : I. 156-160 ; Eustathe : Homère, *Odyssée* XI. 285 ; Scholiaste d'Homère *Iliade* II. 336 et XI. 286.

4. Apollodore : I. 9. 9 ; Hésiode, cité par le Scholiaste d'Apollonios de Rhodes : I. 156 ; Ovide : *Métamorphoses* XII. 548 ss. ; Hygin : *Fables* 10 ; Scholiaste de Pindare : *Olympiques* IX. 30 ss.

5. Pausanias : II. 18. 6 ; Philostrate : *Héroïques* II.

6. Pausanias : VI. 22. 3 ; Homère : *Iliade* XI. 671 et 761.

7. Homère : *Iliade* XXIII. 630-642 ; Hygin : *Fables* 10.

140. LES FILS D'HIPPOCON

1. Apollodore : II. 7. 3 ; Pausanias : III. 15. 3, III. 19. 7, III. 20. 5 et VIII. 53. 3.

2. Apollodore : *loc. cit.* ; Pausanias : VIII. 47. 4.

3. Apollodore : *loc. cit.* et III. 10. 5 ; Diodore de Sicile : IV. 33.

4. Pausanias : III. 15. 7, III. 19. 7 et VIII. 53. 3.

141. AUGÉ

1. Apollodore : III. 9. 1 ; Pausanias : VIII. 4. 5-6 et 42. 2.

2. Alcidamas : *Odyssée* 14-16 ; Diodore de Sicile : IV. 33 ; Apollodore : II. 7. 4 ; Pausanias : VIII. 4. 6 et 47. 3.

3. Diodore de Sicile : *loc. cit.* ; Apollodore : II. 7. 8 ; Pausanias : VIII. 48. 5.

4. Callimaque : *Hymne à Délos* 70 ; Diodore de Sicile : *loc. cit.* ; Apollodore : I. 7. 4 et III. 9. 1.

5. Pausanias : VIII. 54. 5 ; Apollodore : III. 9. 1 ; Diodore de Sicile : IV. 33 ; Hygin : *Fables* 99.

6. Pausanias : X. 28. 4 ; Alcidamas : *Odyssée* 14-18 ; Apollodore : *loc. cit.* ; Diodore de Sicile : *loc. cit.*

7. Hygin : *Fables* 244 ; Aristote : *Poétique* 24. 1460 a ; Alexis, cité par Athénée : X. 18. 421 d ; Amphis, cité par Athénée : VI. 5. 224 d.

8. Pausanias : I. 4. 6, V. 13. 2, VIII. 4. 6.

9. Hygin : *Fables* 101 ; Dictys le Crétois : II. 5 ; Hésiode : *Oxyrhynchus Papyrus* 1359, *Fragment* 1 ; Hécatée, cité par Pausanias : VIII. 4. 6 ; Euripide, cité par Strabon : XIII. 1. 69.

10. Plutarque : *Des Fleuves* 21.

11. Pausanias : VIII. 12. 2.

142. DÉJANIRE

1. Diodore de Sicile : IV. 34 ; Apollodore : I. 8. 1 et II. 7. 5 ;

Bacchylide : *Epinicia* V. 165 ss. ; Antoninus Liberalis : *Métamorphoses* II.

2. Ovide : *Métamorphoses* IX. 1-100 ; Apollodore : I. 8. 1 ; Sophocle : *Les Trachiniennes* 1. ss.

3. Ovide : *loc. cit.* ; Éphoros, cité par Macrobe : V. 18 ; Tzetzès : *Lycophron* 50.

4. Apollodore : *loc. cit.* et II. 7. 5 ; Ovide : *loc. cit. ;* Diodore de Sicile : IV. 35 ; Strabon : X. 2. 19.

5. Hygin : *Fables* 31 ; Lactance, Stace : *Thébaïde* IV. 106.

6. Strabon : VII. 7. 5 et 11 ; Apollodore : II. 7. 6 ; Diodore de Sicile : IV. 36 ; Pindare : *Olympiques* VII. 23 ss. et Scholiaste ; Homère : *Iliade* II. 658-660 et *Odyssée* I. 259-261.

7. Apollodore : *loc. cit.* ; Diodore de Sicile : IV. 29-30 ; Pausanias : VII. 2. 2, X. 17. 4 et IX. 23. 1.

8. Diodore de Sicile : IV. 36 ; Apollodore : *loc. cit.* ; Tzetzès : *Lycophron* 50 ; Eustathe, Homère : *Iliade* p. 1900 ; Scholiaste de Sophocle : *Les Trachiniennes* 555-561 ; Ovide : *Métamorphoses* IX. 101 ss. ; Diodore de Sicile : IV. 46.

9. Pausanias : II. 13. 8.

10. Sophocle : *Les Trachiniennes* 1-40 ; Pausanias : I. 32. 5.

11. Apollodore : II. 7. 6 ; Sophocle : *Les Trachiniennes* 555-61 ; Ovide : *Métamorphoses* IX. 101 ss. ; Diodore de Sicile : IV. 46.

12. Scholiaste d'Horace : *Épodes* III ; Ovide : *loc. cit.* ; Pausanias : X. 38. 1 ; Strabon : IX. 4. 8.

13. Apollodore : II. 7. 8 ; Diodore de Sicile : IV. 37 ; Pausanias : I. 32. 5.

143. HÉRACLÈS A TRACHIS

1. Diodore de Sicile : IV. 36 ; Probe, Virgile : *Géorgiques* III. 6 ; Scholiaste d'Apollonios de Rhodes : I. 131.

2. Apollodore : II. 7. 7 ; Apollonios de Rhodes : I. 1212 ss. ; Hygin : *Fables* 14.

3. Nicandre, cité par Antoninus Liberalis : 26 ; Hellanicos, cité par le Scholiaste d'Apollonios de Rhodes : I. 131 et 1207 ; Philostrate : *Tableaux* II. 24.

4. Diodore de Sicile : IV. 37 ; Pausanias : I. 5. 2.

5. Diodore de Sicile : *loc. cit.* ; Hérodote : VIII. 46 ; Pausanias : IV. 34. 6 et VIII. 34. 6.

6. Tzetzès : *Lycophron* 780 ; Aristote, cité par Strabon : VIII. 6. 13 ; Antoninus Liberalis : *Métamorphoses* 32.

7. Apollodore : II. 7. 7 ; Diodore de Sicile : IV. 37.

8. Euripide : *Héraclès* 389-393 ; Pausanias : I. 27. 7 ; Scholiaste de Pindare : *Olympiques* II. 82 et X. 15 ; Eustathe, Homère : *Iliade* p. 254.

9. Hésiode : *Le Bouclier d'Héraclès* 57-138 et 318-480 ; Hygin : *Fables* 31 ; Apollodore : II. 7. 7 ; Diodore de Sicile : IV. 37 ; Euripide : *loc. cit.*

10. Pausanias : I. 27. 7 ; Hésiode : *Le bouclier d'Héraclès* 318-480.

11. Diodore de Sicile : IV. 37 ; Strabon : IX. 5. 18 ; Apollodore : III. 13. 8 et II. 7. 7-8 ; Pindare : *Olympiques* VII 23 ss. et Scholiaste.

144. IOLÉ

1. Athénée : XI. 461 ; Apollodore : II. 7. 7.

2. Nicias de Mallos, cité par Plutarque : *Histoires parallèles* 13 ; Hygin : *Fables* 35 ; Sophocle : *Les Trachiniennes* 283 ss. ; Apollodore : *loc. cit.*

3. Sophocle : *Les Trachiniennes* 44-45.

4. Homère : *Iliade* II. 596 et 730 ; *Odyssée* XXI. 13-14 ; Servius. Virgile : *Énéide* VIII. 291 ; Strabon : IX. 5. 17 et X. 1. 10.

5. Antonius Liberalis : *Métamorphoses* 4 ; Pausanias : IV. 2. 2, 3. 6, 33. 5-6 et 27. 4 ; Strabon : X. 1. 18.

145. L'APOTHÉOSE D'HÉRACLÈS

1. Sophocle : *Les Trachiniennes* 298 et 752-754 ; Apollodore : II. 7. 7 ; Diodore de Sicile : IV. 38.

2. Sophocle : *Les Trachiniennes* 460-751 ; Hygin : *Fables* 36.

3. Sophocle : *Les Trachiniennes* 556 ss. ; Nonnos-Westermann, *Mythographi Graeci : Appendix Narrationum* XXVIII. 8 ; Tzetzès : *Lycophron* 50-51.

4. Ovide : *Métamorphoses* IX. 155 ss. ; Hygin : *Fables* 36 ; Sophocle : *Les Trachiniennes* 783 ss. ; Apollodore : II. 7. 7 ; Pline : *Histoire naturelle* XXV. 21 ; Diodore de Sicile : IV. 38.

5. Apollodore : *loc. cit.* ; Sophocle : *Femmes de Trachis* 912 à la fin.

6. Diodore de Sicile : *loc. cit.* ; Hygin : *Fables* 102 ; Ovide : *Métamorphoses* IX. 299 ss.

7. Ovide : *Métamorphoses* IX. 241-273 ; Apollodore : *loc. cit.* ; Hygin : *loc. cit.* ; Pausanias : III. 18. 7.

8. Diodore de Sicile : IV. 39 ; Pindare : *Isthmiques* IV. 59, et *Néméennes* X. 18 ; Apollodore : *loc. cit.* ; Sotas de Byzance, cité par Tzetzès : *Lycophron* 1349-1350.

9. Callimaque : *Hymne à Artémis* 145 ss.

10. Homère : *Odyssée* XI. 601 ss.

11. Diodore de Sicile : IV. 39 ; Pausanias : I. 15. 4.

12. Pausanias : II. 10. 1, IX. 27. 5 et VII. 5. 3 ; Strabon : XIII. 1. 64.

146. LES ENFANTS D'HÉRACLÈS

1. Sophocle : *Les Trachiniennes* 1151-1155 ; Hécatée, cité par

Longin : *Du Sublime* 27 ; Diodore de Sicile : IV. 57 ; Apollodorc :
II. 8. 1 et III. 7. 1 ; Pausanias : I. 32. 5.

2. Diodore de Sicile : *loc. cit.* ; Apollodore : II. 8. 1 ; Pausanias :
loc. cit. ; Phérécyde, cité par Antoninus Liberalis : *Métamorphoses*
33 ; Xénobios : *Proverbes* II. 61.

3. Lysias : II. 11-16 ; Isocrate : *Panégyrique* 15-16 ; Apollodore :
II. 8. 1 ; Diodore de Sicile : *loc. cit.* ; Pausanias : I. 44. 14.

4. Euripide : *Les Héraclides* 843 ss., 928 ss. et 1026 ss. ; Strabon :
VIII. 6. 19.

5. Phérécyde, cité par Antoninus Liberalis : *Métamorphoses* 33 ;
Strabon : IX. 40. 10.

6. Pausanias : I. 44. 14 et 41. 3 ; Diodore de Sicile : IV. 58 ;
Apollodore : II. 81. 2.

7. Diodore de Sicile : *loc. cit.* ; Apollodore : II. 4. 11 et III. 1. 2 ;
Pausanias : I. 41. 1 ; Plutarque : *Lysandre* 28.

8. Pindare : *Pythiques* IX. 79 ss. ; Plutarque : *De l'amour* 17 ;
Pausanias : IX. 23. 1.

9. Homère : *Iliade* II. 653-670 ; Apollodore : II. 8. 2 ; Pindare :
Olympiques VII. 27 ss.

10. Diodore de Sicile : IV. 58 ; Homère : *loc. cit.* ; Apollodore :
Épitomé III. 13.

11. Apollonios de Rhodes : IV. 538 ss.

12. Pausanias : VI. 11. 12.

13. Apollodore : II. 8. 2-5 ; Pausanias : II. 18. 7, III. 13. 4, V. 3.
5-7 et VIII. 5. 6 ; Strabon : VIII. 3. 33 ; Hérodote : VI. 52.

147. LINOS

1. Pausanias : I. 43. 7 et II. 19. 7 ; Conon : *Narrations* 19 ;
Athénée : III. 99.

2. Sappho, cité par Pausanias : IX. 29. 3 ; Homère : *Iliade* XVIII.
569-570 ; Hésiode, cité par Diogène Laërce : VIII. 1. 25.

3. Apollodore : I. 3. 2 ; Hygin : *Fables* 161 ; *Concours entre
Homère et Hésiode* 314 ; Diogène Laërce : *Prooemion* 3 ; Pausanias :
IX. 29. 3 ; Tzetzès : *Lycophron* 831.

4. Diodore de Sicile : III. 67 ; Diogène Laërce : *loc. cit.* ; Hésiode,
cité par Clément d'Alexandrie : *Stromates* I. p. 121.

5. Pausanias : *loc. cit.*

148. L'ASSEMBLÉE DES ARGONAUTES

1. Scholiaste d'Homère : *Odyssée* XII. 70 ; Diodore de Sicile : IV.
50. 1 ; Apollonios de Rhodes : I. 232 ; Apollodore : I. 9. 16 ;
Scholiaste d'Apollonios de Rhodes : I. 45 ; Tzetzès : *Lycophron* 872.

2. Pindare : *Pythiques* IV. 198 ss., et *Néméennes* III. 94 ss. ;
Homère : *Iliade* XXVI. 143.

3. Apollonios de Rhodes : I. 7 ; Apollodore : *loc. cit.* ; Pindare :
Pythiques IV. 128 ss.

4. Apollonios de Rhodes : I. 8-17 ; Apollodore : *loc. cit.* ; Pindare : *loc. cit.* ; Hygin : *Fables* 13 ; Valerius Flaccus : I. 84.

5. Apollodore : *loc. cit.* ; Pindare : *loc. cit.* ; Diodore de Sicile : IV. 40 ; Scholiaste d'Homère : *Odyssée* XII. 70 . Hésiode : *Théogonie* 992 ss.

6. Pindare : *loc. cit.* ; Valerius Flaccus : I. 39 ; Apollodore : *loc. cit.*

7. Apollodore : *loc. cit.* ; Pindare : *loc. cit.* ; Hygin : *Fables* 12 et 14-23 ; Apollonios de Rhodes : I. 20 ; Diodore de Sicile : IV. 40-49 ; Tzetzès : *Lycophron* 175 ; Ovide : *Métamorphoses* VII. 1 ss. ; Valerius Flaccus : *Argonautica* I. *passim.*

8. Apollonios de Rhodes : I. 229 ; Pausanias : IX. 36. 3.

149. LES FEMMES DE LEMNOS ET LE ROI CYZICOS

1. Apollonios de Rhodes : I. 317 ss.

2. Apollonios de Rhodes : I. 1-607 ; Hérodote : VI. 138 ; Apollodore : I. 9. 17 ; *Argonautica Orphica* 473 ss. Valerius Flaccus : *Argonautica* II. 77 ; Hygin : *Fables* 15.

3. Homère : *Iliade* VII. 468, et Scholiaste ; Stace : *Thébaïde* VI. 34 ; Apollonios de Rhodes : *loc. cit.* ; Apollodore : *loc. cit.* ; Valerius Flaccus : *loc. cit.* ; Hygin : *loc. cit.* ; *Fragments* de Sophocle II. 51 ss. éd. Pearson.

4. Apollodore : III. 6. 4 ; Hygin : *loc. cit.* ; Philostrate : *Héroïque* XX. 24.

5. Premier Mythographe du Vatican : 49 ; Apollonios de Rhodes : I. 922 ss. et 935-1077 ; *Argonautica Orphica* 486 ss. ; Valerius Flaccus : *Argonautica* II. 634 ; Hygin : *Fables* 16.

150. HYLAS, AMYCOS ET PHINÉE

1. Apollonios de Rhodes : I. 1207 ss. : Théocrite ; *Idylles* XIII ; *Argonautica Orphica* 646 ss. ; Valerius Flaccus : *Argonautica* III. 521 ss. ; Hygin : *Fables* 14 ; Apollodore : 6. 9. 19.

2. Théocrite : *Idylles* XIII. 73 ss. ; Strabon : XII. 4. 3 ; Antoninus Liberalis : *Métamorphoses* 26.

3. Athénée : XIV. 620 ; Eschyle : *les Perses* 941 ; Scholiaste de Denys, *Description de la Terre* 791 ; Pollux : IV. 54.

4. Hérodote : I. 193 ; Apollodore : I. 9. 19 ; Théocrite : *Idylles* XIII. 73 ss.

5. Apollodore : I. 9. 20 ; Apollonios de Rhodes : II. 1. ss. ; Théocrite : *Idylles* XXII. 27 ss. ; *Argonautica Orphica* 661 ss. ; Valerius Flaccus : *Argonautica* IV. 99 ss. ; Hygin : *Fables* 17 ; Lactance, Stace : *Thébaïde* III. 353.

6. Apollodore : I. 9. 21 ; Hésiode : *Théogonie* II. 165-169.

7. Hérodote : II. 147 ; Apollodore : *loc. cit.* ; Apollonios de Rhodes : II. 176 ss. ; Valerius Flaccus : *Argonautica* IV. 22 ss. ;

Hygin : *Fables* 19 ; Premier Mythographe du Vatican : 27 ; Servius,
Virgile : *Énéide* III. 209.

8. Diodore de Sicile : IV. 44.

9. Apollodore : *loc. cit.*

151. DES SYMPLÉGADES A LA COLCHIDE

1. Apollonios de Rhodes : II. 329 ; *Argonautica Orphica* 688 ;
Homère : *Odyssée* XII. 61 ; Hérodote : IV. 85 ; Pline : *Histoire
naturelle* VI. 32 ; Valerius Flaccus : IV. 561 ss. ; Apollodore : I. 9.
22.

2. Apollonios de Rhodes : II. 851-898 ; *Argonautica Orphica* 729
ss. ; Tzetzès : *Lycophron* 890 ; Valerius Flaccus : V. 13 ss. ; Hygin :
Fables 14 et 18 ; Apollodore : I. 9. 23.

3. Apollonios de Rhodes : II. 946-1028 ; Valerius Flaccus : V. 108 ;
Argonautica Orphica 738-746 ; Xénophon : *Anabase* V. 4. 1-32 et V.
1-3.

4. Apollonios de Rhodes : II. 1030-1230.

5. Apollonios de Rhodes : II. 1231-1241 ; Hygin : *Fables* 138 ;
Philargurios, Virgile : *Géorgiques* III. 93 ; Valerius Flaccus : V. 153 ;
Argonautica Orphica 747.

6. Apollonios de Rhodes : II. 1013-1285 ; *Argonautica Orphica*
747-755 ; Valerius Flaccus : V. 153-183.

152. LA CAPTURE DE LA TOISON

1. Apollodore : I. 9. 23 ; Apollonios de Rhodes : II. 1260, IV.
246 ; Diodore de Sicile : IV. 48. 1-5 ; Valerius Flaccus : V. 177, VIII.
139 ; Hygin : *Fables* 22 ; Pindare : *Pythiques* IV. 221 ss. ; Ovide :
Métamorphoses VII. 1. 138-9 ; Plutarque : *Des Fleuves* V. 4 ;
Argonautica Orphica 755-1012.

2. Hérodote : IV. 110-117.

153. LE MEURTRE D'APSYRTOS

1. Apollodore : I. 9. 24 ; Phérécyde, cité par le Scholiaste
d'Apollonios de Rhodes : IV. 223 et 228 ; Ovide : *Tristes* III. 9 ;
Stéphanos de Byzance *sub* Tomeus.

2. Cicéron : *De la nature des Dieux* III. 19 ; Justin : XLII. 3 ;
Diodore de Sicile : IV. 45.

3. Sophocle ; cité par le Scholiaste d'Apollonios de Rhodes : IV.
228 ; Euripide : *Médée* 1334 ; Diodore de Sicile : IV. 48.

4. Apollonios de Rhodes : IV. 212-502.

5. Pindare : *Pythiques* IV. 250 ss. ; Minnerme, cité par Strabon :
I. 2. 40.

6. Apollodore : I. 9. 24 ; Diodore de Sicile : IV. 56. 7-8.

7. Apollonios de Rhodes : IV. 508-660.

8. Timée, cité par Diodore de Sicile : IV. 56. 3 ; *Argonautica Orphica* 1030-1204.

9. Diodore de Sicile : IV. 48 ; Homère : *Odyssée* XII. 69 ss., et *Iliade* V. 638 ss.

10. Apollodore : *loc. cit.* ; Hérodote : IV. 33 ; Apollonios de Rhodes : IV. 659-717.

11. Hygin : *Fables* 23 ; Apollodore : *loc. cit.*

12. Strabon : VII. 5. 5.

154. L'« ARGO » REVIENT EN GRÈCE

1. Apollonios de Rhodes : IV. 1090-1095 ; Homère : *Odyssée* XVIII. 83 et XXI. 307 et Scholiaste.

2. Strabon : I. 2. 39 et VII. 5. 5 ; Apollonios de Rhodes : IV. 511-521 ; Hygin : *Fables* 23 ; Apollodore : I. 9. 25 ; Callimaque, cité par Strabon : I. 2. 39.

3. Hérodote : I. 1.

4. Pausanias : IX. 34. 2 ; Strabon : VI. 1. 1 ; *Argonautica Orphica :* 1284 ; Homère : *Odyssée* XII. 1-200.

5. Apollonios de Rhodes : IV. 922-979 ; *Argonautica Orphica* 1270-1297 ; Hygin : *Fables* 14.

6. Apollonios de Rhodes : IV. 1228-1460.

7. Hygin : *loc. cit.* ; Apollonios de Rhodes : IV. 1461-1495 ; Valerius Flaccus : VI. 317 et VII. 422.

8. Tzetzès : *Lycophron* 881 ; Apollonios de Rhodes : IV. 1518-1536.

9. Pindare : *Pythiques* IV. 17-39 et 255-261 ; Apollonios de Rhodes : IV. 1537-1628 ; Diodore de Sicile : IV. 56. 6 ; *Argonautica Orphica* 1335-1336 ; Hérodote : IV. 179.

10. Apollodore : I. 9. 26 ; Apollonios de Rhodes : IV. 1639-1693 ; *Argonautica Orphica* 1337-1340 ; Lucien : *De la Danse* 49 ; Sophocle, cité par le Scholiaste d'Apollonios de Rhodes : IV. 1638.

11. Apollonios de Rhodes : IV. 1765-1772 ; Apollodore : *loc. cit.* ; *Argonautica Orphica* 1344-1348.

12. Pindare : *Pythiques* IV. 252.

13. Hérodote : III. 127.

14. Strabon : V. 2. 6 et VI. 1. 1 ; Apollodore : I. 9. 24 ; Apollonios de Rhodes : IV. 922 ss.

15. Strabon : XI. 14. 12 et 13. 10.

155. LA MORT DE PÉLIAS

1. Diodore de Sicile : IV. 50. 1 ; Apollodore : I. 9. 16 et 27 ; Valerius Flaccus : I. 777 ss.

2. Apollodore : I. 9. 27 ; Diodore de Sicile : IV. 51. 1-53 ; Pausanias : VIII. 11. 2 ; Plaute : *Pseudolos* III. 868 ss. ; Cicéron : *De la Vieillesse* XXIII. 83 ; Ovide : *Métamorphoses* VII. 297-349 ; Hygin : *Fables* 24.

3. *Hypothèse* d'Euripide, *Médée* ; Scholiaste d'Euripide, *Médée* 1321 ; Ovide : *Métamorphoses* VII. 251-294.

4. Pausanias : V. 17. 9 ; Hygin : *Fables* 278.

5. Diodore de Sicile : IV. 53. 2 ; Hygin : *Fables* 24 ; Pausanias : VIII. 11. 2.

156. MÉDÉE A ÉPHYRA

1. Eumèle : *Fragments* 2-4 ; Diodore de Sicile : IV. 54 ; Apollodore : I. 9. 16 ; Ovide : *Métamorphoses* VII. 391-401 ; Ptolémée Héphaistion : II ; Apulée : *L'Ane d'or* I. 10 ; Tzetzès : *Lycophron* 175 ; Euripide : *Médée*.

2. Hésiode : *Théogonie* 981 ss. ; Pausanias : II. 3. 7 et III. 3. 7 ; Hygin : *Fables* 24 et 27.

3. Apollodore : I. 9. 28 ; Pausanias : II. 3. 6 ; Élien : *Variae Historiae* V. 21 ; Scholiaste d'Euripide : *Médée* 9 et 264 ; Philostrate : *Héroïque* XX. 24.

4. Diodore de Sicile : V. 55 ; Scholiaste d'Euripide : *Médée* 1387.

5. Scholiaste d'Euripide : *loc. cit.* ; Hygin : *Fables* 25 ; Euripide : *Médée* 1271 ; Servius, Virgile : *Églogues* VIII. 47.

6. Diodore de Sicile : IV. 54 ; Homère : *Odyssée* I. 260 et Scholiaste.

157. MÉDÉE EN EXIL

1. Diodore de Sicile : IV. 54 ; Apollodore : I. 9. 28 ; Plutarque : *Thésée* 12 ; Servius, Virgile : *Énéide* VII. 750.

2. Ptolémée Héphaistion : V ; Diodore de Sicile : IV. 55-66. 2 ; Hygin : *Fables* 26 ; Justin : XLII. 2 ; Tacite : *Annales* VI. 34.

3. Diodore de Sicile : IV. 55 ; Scholiaste de *l'Hypothèse* d'Euripide, *Médée ;* Hygin : *Astronomie poétique :* XXXVI.

4. Scholiaste d'Euripide : *Médée* 10, et d'Apollonios de Rhodes : IV. 814.

5. Hérodote : VII. 197.

6. Scholiaste d'Apollonios de Rhodes : I. 185.

158. LA FONDATION DE TROIE

1. Strabon : XIII. 1. 48.

2. Servius, Virgile : *Énéide* III. 108 ; Strabon : *loc. cit.* ; Tzetzès : *Lycophron* 1302.

3. Apollodore : III. 12. 1 ; Servius, Virgile : *Énéide* III. 167 ; Strabon : *loc. cit.*

4. Denys d'Halicarnasse : *Antiquités romaines* I. 61 et II. 70-71 ; Eustathe, Homère : *Iliade* p. 1204 ; Conon : *Narrations* 21 ; Servius, Virgile : *Énéide* VIII. 285.

5. Apollodore : III. 12. 1, et Lycophron 72 ss., avec les commentaires de Tzetzès ; Scholiaste d'Homère : *Iliade* XX. 215 ; Servius, Virgile : *Énéide* III. 167 ; Tzetzès : *Lycophron* 29.

6. Tzetzès : *loc. cit.* ; Diodore de Sicile : V. 48 ; Strabon : *Fragment* 50 ; Homère : *Iliade* XX. 215 ss.

7. Apollodore : *loc. cit.* ; Servius : *loc. cit.* ; Diodore de Sicile : *loc. cit.*

8. Strabon : *loc. cit.* ; Denys d'Halicarnasse : 1. 61 ; Eustathe, Homère : *Iliade* p. 1204 ; Conon : *Narrations* 21 ; Servius, Virgile : *Énéide* II. 166.

9. Tzetzès : *Lycophron* 172 ; Denys d'Halicarnasse : *loc. cit.*

10. Servius : *loc. cit.* ; VII. 207 et III. 15.

11. Apollodore : III. 12. 2 et III. 15. 3 ; Denys d'Halicarnasse : I. 50. 3.

12. Homère : *Iliade* XX. 220 ss. ; Denys d'Halicarnasse : I. 62 ; Apollodore : III. 12. 2.

13. Apollodore : III. 12. 3 ; Tzetzès : *Lycophron* 29 ; Lessès de Lampsaque, cité par Tzetzès : *loc. cit.* ; Pindare : *Olympiques* VIII. 30 ss. et Scholiaste ; Strabon : XIII. 1. 3 et III. 3.

14. Ovide : *Sur les Fêtes* VI. 420 ss. ; Apollodore : *loc. cit.*

15. Ovide : *loc. cit.* ; Apollodore : *loc. cit.*

16. Dictys Cretensis : V. 5.

17. Scholiaste d'Euripide : *Les Phéniciennes* 1136 ; Denys d'Halicarnasse : I. 61 ; Servius, Virgile : *Énéide* II. 166.

18. Clément d'Alexandrie : *Discours aux Grecs* IV. 47 ; Servius : *loc. cit.* ; Phérécyde, cité par Tzetzès : *Lycophron* 355 ; *Etymologicum Magnum* : *sub* Palladium pp. 649-650.

19. Dercylos : *Fondations de cités* I. cité par Plutarque : *Histoires parallèles* 17.

20. Apollodore : III. 12. 2 et 3.

21. Apollodore : II. 59, II. 6. 4 et III. 12. 3 ; Scholiaste d'Homère : *Iliade* III. 250 ; Homère : *Iliade* VI. 23-26, XXI. 446 et VII. 452 ; Horace : *Odes* III. 3. 21 ; Pindare : *Olympiques* VIII. 41 et Scholiaste ; Diodore de Sicile : IV. 32.

22. Servius, Virgile : *Énéide* II. 319 ; Apollodore : III. 12. 5 ; Homère : *Iliade* II. 831 et 837 ; Virgile : *Énéide* IX. 176-177.

23. Servius, Virgile : *Énéide* V. 128 ; Apollodore : *loc. cit.* ; Ovide : *Métamorphoses* XI. 755-795.

24. Phérécyde, cité par le Scholiaste d'Homère : *Iliade* XVI. 718, et d'Euripide : *Hécube* 32 ; Athénion, cité par le Scholiaste d'Homère : *loc. cit.* ; Apollodore : *loc. cit.*

25. Homère : *Iliade* XXIV. 495-497 et VI. 242-250.

26. Stésichore, cité par Tzetzès : *Lycophron* 266 ; Apollodore : *loc. cit.*

27. Anticlide, cité par le Scholiaste d'Homère : *Iliade* VII. 44.

28. Hygin : *Fables* 93 ; Apollodore : II. 12. 5 ; Servius, Virgile : *Énéide* II. 247.

29. Benoît de Sainte-More : *Roman de Troie* 385 et 3187 ss. ; *Siège et Bataille de Troie* 349 ss. et 385 ; Tzetzès : *Lycophron* 340 ; Darès : 5 ; Servius, Virgile : *Énéide* III. 80.

30. Eschyle : *Agamemnon* 1210 ; Tzetzès : *Hypothèse de l'Alexandra de Lycophron ; Lycophron* 29 et 350.

159. PÂRIS ET HÉLÈNE

1. Apollodore : III. 10. 8 ; Hygin : *Fables* 81 ; Ovide : *Héroïdes* XVII. 104 ; Hésiode : *Catalogues de Femmes,* Fragment 68, pp. 192 ss., éd. Evelyn White.

2. Hésiode : *loc. cit.* ; Apollodore : III. 10. 9 ; Pausanias : III. 20. 9 ; Hygin : *Fables* 78.

3. Stésichore, cité par le Scholiaste d'Euripide : *Oreste* 249 ; Hygin : *loc. cit.* ; Apollodore : III. 11. 2.

4. Homère : *Odyssée* IV. 12-14 ; Scholiaste d'Homère : *Iliade* III. 175 ; *Cypria,* cité par le Scholiaste d'Euripide : *Andromaque* 898 ; Pausanias : II. 18. 5.

5. *Cypria,* cité par Proclus : *Chrestomathie* 1 ; Apollodore : *Épitomé* III. 1-2 ; *Cypria,* cité par le Scholiaste d'Homère : *Iliade* I. 5.

6. Apollodore : III. 12. 5 ; Hygin : *Fables* 91 ; Tzetzès : *Lycophron* 86 ; Pindare : *Fragments* 8, pp. 544-546.

7. Tzetzès : *Lycophron* 224 et 314 ; Servius, Virgile : *Énéide* II. 32 ; Pausanias : X. 12. 3 ; Scholiaste d'Euripide, *Andromaque* 294 et *Iphigénie en Aulide* 1285 ; Apollodore : *loc. cit.* ; Hygin : *Fables* 91 ; Conrad von Wurtzburg : *Der Trojanische Krieg* 442 ss. et 546 ss.

8. Dictys Cretensis : III ; Rawlinson : *Excidium Troiae.*

9. Apollodore : *loc. cit.* ; Ovide : *Héroïdes* XVI 51-52 et 359-360.

10. Ovide : *Héroïdes* V. 12-30 et 139 ; Tzetzès : *Lycophron* 57 ; Apollodore : III. 12. 6.

11. Trojanska Prica p. 159 ; Rawlinson : *Excidium Troiae.*

12. Ovide : *Héroïdes* XVI. 71-73 et V. 35-36 ; Lucien : *Dialogues des Dieux* 20 ; Hygin : *Fables* 92.

13. Hygin : *loc. cit.* ; Ovide : *Héroïdes* XVI. 149-152 ; Lucien : *loc. cit.*

14. Rawlinson : *Excidium Troiae* ; Hygin : *Fables* 91 ; Servius, Virgile : *Énéide* V. 370 ; Ovide : *Héroïdes* XVI. 92 et 361-362.

15. Darès : 4-8 ; Rawlinson : *loc. cit.*

16. Tzetzès : *Lycophron* 132 ; *Cypria,* cité par Proclus : *Chrestomathie* 1 ; Homère : *Iliade* V. 59 ss. ; Apollodore : *Épitomé* III. 2 ; Ovide : *Héroïdes* XVI. 115-116.

17. *Cypria,* cité par Proclus : *loc. cit.* ; Ovide : *Héroïdes* XVI. 119 ss. et 45 ss. ; Apollodore : III. 12. 6.

18. Ovide : *Héroïdes* XVI. 21-23, XVII. 74 ss. ; 83 et 155 ss. ; Apollodore : *Épitomé* III. 3 ; *Cypria,* cité par Proclus : *loc. cit.*

19. Ovide : *Héroïdes* XVI. 259-262 ; *Cypria,* cité par Proclus : *loc. cit.* ; Pausanias : III. 22. 2 ; Apollodore : *loc. cit.* ; Homère : *Iliade* III. 445.

20. Servius, Virgile : *Énéide* I. 655 ; Eustathe, Homère p. 1946 ; Apollodore : *loc. cit.* ; *Cypria,* cité par Proclus : *loc. cit.* ; Darès : 10 ; Tzetzès : *Lycophron* 132 ss. ; Hygin : *Fables* 92.

21. Homère : *Odyssée* IV. 227-230 ; Proclus : *Chrestomathie* 1 ; Dictys Cretensis : I. 5 ; Apollodore : *Épitomé* III. 4 ; Tzetzès : *Lycophron* 132 ss.

22. Servius, Virgile : *Énéide* II. 33.

23. Apollodore : *Épitomé* III. 5 ; Euripide : *Électre* 128, et *Hélène* 31 ss. ; Servius, Virgile : *Énéide* I. 655 et II. 595 ; Stésichore, cité par Tzetzès : *Lycophron* 113.

24. Hérodote : II. 112-115 ; Dictys Cretensis : V. 5 ; Tzetzès : *Lycophron* 851 ; Ptolémée Héphaïstion : IV.

25. Conon : *Narrations* 22 ; Tzetzès : *Lycophron* 57 ss.

160. LE PREMIER RASSEMBLEMENT A AULIS

1. Hérodote : I. 1-4 ; Ovide : *Héroïdes* XVI. 341-350.

2. Hérodote : I. 3 ; *Cypria,* cité par Proclus : *Chrestomathie* 1 ; Apollodore : *Épitomé* III. 6.

3. Hygin : *Fables* 95 ; Homère : *Odyssée* XXIV. 115-119 et XIX. 399-466 ; Apollodore : *Épitomé* III. 12 ; Servius, Virgile : *Énéide* VI. 529.

4. Apollodore : II. 10. 6. 9 ; Pausanias : III. 12. 2 ; Tzetzès : *Lycophron* 792.

5. Pausanias : III. 20. 2.

6. Hygin : *loc. cit.* ; Servius, Virgile : *Énéide* II. 81 ; Tzetzès : *Lycophron* 818 ; Apollodore : *Épitomé* I. 3. 7.

7. Apollodore : *Épitomé* III. 9 ; Eustathe, Homère : *Iliade* XI. 20 ; Nonnos : *Dionysiaca* XIII. 451 ; Hygin : *Fables* 242.

8. Apollodore : III. 13. 8 ; Ptolémée Héphaïstion : VI ; Lyco phron : *Alexandra* 178 ss. et Scholiaste ; Scholiaste d'Homère : *Iliade* XVI. 37 ; Scholiaste d'Aristophane : *Les Nuées* 1068 ; Scholiaste d'Apollonios de Rhodes : IV. 816.

9. Servius, Virgile : *Énéide* VI. 57 ; Fulgence : *Mythologicon* III. 7 ; Apollodore : III. 13. 6 ; Philostrate : *Héroïque* XX. 2 et XIX. 2 ; *Argonautica orphica* 392 ss. ; Stace : *Achilléide* I. 269 ss. ; Homère : *Iliade* XI. 831-832 ; Pindare : *Néméennes* III. 43 ss.

10. Apollodore : III. 13. 8 ; Homère : *Iliade* IX. 410 ss. ; Ptolémée Héphaïstion : I ; Tzetzès : *Lycophron* 183.

11. Apollodore : *loc. cit.* ; Scholiaste d'Homère : *Iliade* XIX. 332 ; Ovide : *Métamorphoses* XIII. 162 ss. ; Hygin : *Fables* 96.

12. Homère : *Iliade* IX. 769 ss., 43L8 ss. et XVI. 298.

13. Apollodore : *loc. cit.* ; Tzetzès : *Lycophron* 421 ; Homère : *Iliade* IX. 447 ss. et 485.

14. Homère : *Iliade* XI. 486-487 ; Pindare : *Olympiques* IX. 69-70 ; Hésiode, cité par Eustathe, Homère : *Iliade* I. 337 ; Apollodore : *loc. cit.* ; Hygin : *Fables* 97 ; Scholiaste d'Apollonios de Rhodes : IV. 816.

15. Apollodore : *loc. cit.* ; Strabon : IX. 4. 2.

16. Apollodore : III. 3. 1 ; Philostrate : *Héroïque* 7 ; Diodore de Sicile : V. 79 ; Hygin : *Fables* 81 ; Pausanias : V. 23. 5 ; Homère : *Iliade* X. 61 ss.

17. Dictys Cretensis : I. 16 ; Apollodore : *Épitomé* III. 6.

18. Homère : *Iliade* II. 21 et I. 247-252, IV. 310 ss., II. 553-555 ; *Odyssée* III. 244 et 126-129.

19. Homère : *Iliade* XVII. 279-280 et 226-227 ; Sophocle : *Ajax* 576 et 833 ; Scholiaste d'Homère : *Iliade* XXIII. 821 ; Tzetzès : *Lycophron* 455 ss.

20. Sophocle : *Ajax* 762-777.

21. Homère : *Iliade* VIII. 266-272.

22. Homère : *Iliade* XIII. 697, II. 527-530, XIV. 520 et XIII. 701 ss. ; Hygin : *Fables* 97 ; Philostrate : *Héroïque* VIII. 1.

23. Homère : *Iliade* II. 728 et XIII. 694-697.

24. Apollodore : I. 8. 5 ; Hygin : *loc. cit.* ; Homère : *Iliade* II. 564-566.

25. Homère : *Iliade* II. 653-654 ; Hygin : *loc. cit.*

26. Dictys Cretensis : I. 23 ; Servius, Virgile : *Énéide* III. 80 ; Diodore de Sicile : V. 62 ; Tzetzès : *Lycophron* 570.

27. Tzetzès : *loc. cit.* ; Apollodore : *Épitomé* : III. 10 ; Ovide : *Métamorphoses* XIII. 650 ss. ; Servius : *loc. cit.*

28. Stésichore, cité par Scholiaste d'Homère : *Odyssée* VI. 164 ; Tzetzès : *Lycophron* 583 ; Servius : *loc. cit.* ; Phérécyde, cité par Tzetzès : *Lycophron* 570.

29. Ovide : *Métamorphoses* 643-674 ; Servius : *loc. cit.*

30. Apollodore : *Épitomé* III. 15 ; *Iliade* II. 303-353 ; Ovide : *Métamorphoses* XII. 13-23.

31. Homère : *Odyssée* XXIV. 118-119, et *Iliade* I. 71 ; Tzetzès : *Lycophron* 57 ss.

32. Apollodore : *Épitomé* III. 17 ; Pindare : *Olympiques* IX. 70 ss. ; Tzetzès : *Lycophron* 206 et 209 ; Scholiaste d'Homère : *Iliade* I. 59 ; Homère : *Iliade* XVI. 140-144.

33. Pausanias : IX. 5. 7-8 ; Virgile : *Énéide* II. 261.

34. Philostrate : *Héroïque* III. 35 ; Apollodore : *Épitomé* III. 18 ; *Cypria,* cité par Proclus : *Chrestomathie* 1.

35. Homère : *Iliade* XXIV. 765 ; Apollodore : *loc. cit.* ; Pausanias : III. 12. 5.

36. Apollodore : *Épitomé* III. 19-20 ; Hygin : *Fables* 120 ; Pline : *Histoire naturelle* XXV. 19.

37. Hygin : *loc. cit.* ; Philostrate : *Héroïque* II. 18 ; Scholiaste d'Homère : *Odyssée* I. 520 ; Apollodore : *Épitomé* III. 20.

161. LE SECOND RASSEMBLEMENT A AULIS

1. Hygin : *Fables* 190.

2. Benoît de Sainte-More : *Le Roman de Troie.*

3. Ptolémée Héphaïstion : V, cité par Photius p. 483 ; Euripide : *Iphigénie en Tauride* ; Apollodore : *Épitomé* III. 21.

4. Ptolémée Héphaïstion : *loc. cit.* ; Euripide : *loc. cit.* ; Apollodore : *Épitomé* III. 22 ; Dictys Cretensis : I. 20.

5. Euripide : *Iphigénie en Aulide* ; Sophocle : *Électre* 574 ; Apollodore : *loc. cit.* ; Dictys Cretensis : I. 19 ; Tzetzès : *Lycophron* 783.

6. Homère : *Odyssée* IV. 342-344 ; Apollodore : *Épitomé* III. 23-24 ; Pausanias : X. 14. 2 ; Hygin : *Fables* 157 ; Scholiaste de Pindare : *Olympiques* II. 147 ; Tzetzès : *Lycophron* 232-233.

7. Apollodore : *Épitomé* III. 24 ; Pausanias : *loc. cit.* ; Tzetzès : *loc. cit.*

8. Apollodore : *Épitomé* III. 25 ; Pausanias : X. 14. 2 ; Tzetzès : *loc. cit.*

9. Tzetzès : *loc. cit.* ; Plutarque : *Questions grecques* 28.

10. Tzetzès : *loc. cit.* ; Apollodore : *Épitomé* III. 31 ; *Cypria,* cité par Proclus : *Chrestomathie* 1.

11. Dictys Cretensis : II. 14 ; *Cypria,* cité par Proclus : *loc. cit.* ; Apollodore : *Épitomé* III. 27 ; Homère : *Iliade* II. 727.

12. Pausanias : VIII. 33. 2 ; Tzetzès : *Lycophron* 711 ; Sophocle : *Philoctète* 1327 ; Philostrate : *Imagines* 17 ; Eustathe, Homère p. 330.

13. Hygin : *Fables* 102 ; Scholiaste de Sophocle : *Philoctète* V. 2, 193 et 266.

14. Philostrate : *loc. cit.*

15. Servius, Virgile : *Énéide* III. 402.

162. NEUF ANNÉES DE GUERRE

1. *Cypria,* cité par Proclus : *Chrestomathie* I ; Tzetzès : *Antehomerica* 154 ss. ; Scholiaste d'Homère : *Iliade* III. 206.

2. Dictys Cretensis : I. 4 ; Apollodore : *Épitomé* III. 28-29 ; Homère : *Iliade* III. 207.

3. Apollodore : *Épitomé* III. 29-30 ; Hygin : *Fables* 103 ; Eustathe, Homère pp. 325 et 326.

4. Hygin : *loc. cit.* ; Eustathe, Homère p. 245.

5. Pausanias : I. 34. 2 ; Tzetzès : *Lycophron* 532-533 ; Philostrate : *Héroïque* III. 1 ; Quintus de Smyrne : *Posthomerica* VII. 408 ss. ; Pline : *Histoire naturelle* XVI. 88.

6. Hygin : *Fables* 103 et 104 ; *Cypria,* cité par Pausanias : IV. 2. 5 ; Ovide : *Héroïdes* XIII. 152 ; Eustathe, Homère p. 325 ; Apollodore : *Épitomé* III. 30 ; Servius, Virgile : *Énéide* VI. 447.

7. Eustathe, Homère : *loc. cit.* ; Hygin : *Fables* 104.

8. Conon : *Narrations* 13 ; Apollodore : *Épitomé,* cité par Tzetzès : *Lycophron* 941 ; Strabon : VI. 1. 12.

9. Apollodore : *Épitomé* III. 31 ; Tzetzès : *Lycophron* 245 ; Ovide : *Métamorphoses* XII. 70-145.

10. Premier Mythographe du Vatican : 210 ; Tzetzès : *Lycophron* 307.

11. Eustathe, Homère, *Iliade* XXIV. 251, p. 1348 ; Servius, Virgile : *Énéide* I. 478 ; Dictys Cretensis : V. 9 ; Tzetzès : *loc. cit.*

12. Benoît de Sainte-More : *Le Roman de Troie.*

13. Apollodore : *Épitomé* III. 32 ; Homère : *Iliade* XXI. 34 ss. et 85-86, XXIII. 440-447 et VII. 467-468.

14. Apollodore : *Épitomé* III. 32 ; Homère : *Iliade* II. 690-693, XX. 89 ss. et 188 ss. ; Eustathe, Homère, *Iliade* III. 58 ; Scholiaste d'Homère : *Iliade* I. 184 ; *Cypria,* cité par Proclus : *Chrestomathie* I ; Dictys Cretensis : II. 17.

15. Hygin : *Fables* 115 ; Homère : *Iliade* XIII. 460 ss. et XX. 181 ss ; Hésiode : *Théogonie* 1007.

16. Homère : *Iliade* V. 305 ss. ; XX. 178 ss. et 585 ss. ; Philostrate : *Héroïque* 13.

17. Homère : *Iliade* IX. 328-329 ; VI. 395-397 ; XVII. 575-577 et VI. 413-428 ; Apollodore : *Épitomé* III. 33.

18. Dictys Cretensis : II. 17 ; Homère : *Iliade* I. 366 ss. et XVI. 146-154 ; Eustathe, Homère pp. 77, 118 et 119.

19. Dictys Cretensis : II. 18 ; Sophocle : *Ajax* 210 ; Horace : *Odes* II. 4. 5.

20. Héraclide du Pont : *Allégories homériques* pp. 424-425 ; Homère : *Iliade* VI. 196 ss. ; Apollodore : *Épitomé* : III. 34-35 ; Eustathe, Homère p. 894.

21. *Cypria,* cité par Proclus : *loc. cit.* ; Servius, Virgile : *Énéide* II. 81.

22. Apollodore : *Épitomé* III. 8 ; Hygin : *Fables* 105.

23. Scholiaste d'Euripide : *Oreste* 432 ; Philostrate : *Héroïque* 10.

24. Dictys Cretensis : II. 15 ; *Cypria,* cité par Pausanias : X. 31. 1 ; Tzetzès : *Lycophron* 384 ss. et 1097 ; Darès : 28.

25. Pausanias : X. 31. 1 et II. 23 ; Philostrate : *loc. cit.* ; Scholiaste d'Euripide : *Oreste* 432 ; Servius, Virgile : *Énéide* II. 81 ; Tzetzès : *Lycophron* 384.

26. Apollodore : *Épitomé* VI. 8-9 ; Tzetzès : *Lycophron* 384 ss. ; Eustathe, Homère p. 24 ; Dictys Cretensis : VI. 2.

163. LA COLÈRE D'ACHILLE

1. Dictys Cretensis : III. 1-3.

2. Ptolémée Héphaïstion : VI ; Dictys Cretensis : III. 6 ; *Cypria,* cité par Proclus : *Chrestomathie* I.

3. Homère : *Iliade* I ; Dictys Cretensis : II. 30 ; Premier Mythographe du Vatican : 211.

4. Homère : *Iliade* III, IV. 1-129 ; V. 1-417 et VI. 119-236.

5. Athénée : I. 8 ; Rawlinson : *Excidium Troiae* ; Homère : *Iliade* VII. 66-132 ; Hygin : *Fables* 112.

6. Homère : *Iliade* VII. 436-450 et VIII.

7. Dictys Cretensis : II. 47 ; Hygin : *Fables* 121 ; Homère : *Iliade* IX.

8. Servius, Virgile : *Énéide* I. 473 ; Apollodore : I. 3. 4 ; Homère : *Iliade* X.

9. Servius : *loc. cit.* ; Dictys Cretensis : II. 45-46.

10. Homère : *Iliade* XI et XII.

11. Homère : *Iliade* XII-XIV.

12. Dictys Cretensis : II. 43 ; Homère : *Iliade* : XVI.

13. Hygin : *Fables* 112 ; Philostrate : *Vie d'Apollonios de Tyane* I. 1 et *Héroïques* 19. 4 ; Pausanias : II. 17. 3 ; Homère : *Iliade* XVII.

14. Dictys Cretensis : II. 48-52 ; Homère : *Iliade* XVIII-XIX.

15. Homère : *Iliade* XXI.

16. Homère : *Iliade* XXII.

17. Hygin : *loc. cit.* ; Virgile : *Énéide* I. 487 ; Dictys Cretensis : III. 12-14 ; Homère : *Iliade* XXIII.

18. Homère : *Iliade* XXIV.

19. Servius, Virgile : *Énéide* I. 491 ; Rawlinson : *Excidium Troiae* ; Darès : 27 ; Dictys Cretensis : III. 16 et 27.

20. Pausanias : IX. 18. 4 ; Tzetzès : *Lycophron* 1194.

21. Stésichore, cité par Tzetzès : *Lycophron* 266 ; Ptolémée Héphaïstion : VI, cité par Photius p. 487.

164. LA MORT D'ACHILLE

1. Quintus de Smyrne : *Posthomerica* I. 18 ss. ; Apollodore : *Épitomé* : V. 1-2 ; Leschès : *Petite Iliade,* cité par Pausanias : III. 26. 7.

2. Eustathe, Homère p. 1696 ; Apollodore : *loc. cit.* ; Rawlinson : *Excidium Troiae.*

3. Apollodore : I. 8. 6 ; Homère : *Iliade* : II. 212 ss., et Scholiaste de 219 ; Tzetzès : *Lycophron : 999.*

4. Tzetzès : *loc. cit.* ; Servius, Virgile : *Énéide* I. 495 ; Tryphiodoros : 37 ; Arctinos de Milet et *Aethiopis,* cité par Proclus : *Chrestomathie* II ; Pausanias : X. 31. 1 et V. 11. 2.

5. Tzetzès : *Lycophron* 995.

6. Servius, Virgile : *Énéide* I. 493 ; Apollodore : III. 12. 4, et *Épitomé* V. 3.

7. Diodore de Sicile : II. 22 ; Pausanias : I. 42. 2 ; Hérodote : V. 54 ; Strabon : XV. 3. 2 ; Eschyle, cité par Strabon : *loc. cit.*

8. Diodore de Sicile : *loc. cit.* ; Pausanias : X. 31. 2 ; Ovide : *Amours* I. 8. 3-4 ; Homère : *Odyssée* XI. 522 ; Arctinos, cité par Proclus : *Chrestomathie* II.

9. Dictys Cretensis : IV. 4.

10. Apollodore : *Épitomé* : V. 3 ; Pindare : *Pythiques* VI. 28 ss.

11. Apollodore : I. 9. 9 et III. 10. 8 ; Homère : *Odyssée* III. 452 ; Hygin : *Fables* 252 ; Philostrate : *Héroïque* III. 2.

12. Homère : *Odyssée* III. 112, XXIV. 17, et *Iliade* XXIII. 556 ; Eustathe, Homère p. 1697.

13. Homère : *Odyssée* XXIV. 16 et 78 ; Pausanias : III. 19. 11.

14. Dictys Cretensis : IV. 5 ; Quintus de Smyrne : *Posthomerica* II. 224 ss. ; Philostrate : *Tableaux* II. 7 ; Eschyle : *Psychostasia,* cité par Plutarque : *Comment un jeune homme doit écouter la Poésie* II.

15. Dictys Cretensis : IV. 6 ; Philostrate : *Héroïque* III. 4.

16. Diodore de Sicile : II. 22 ; Strabon : XII. 1. 11.

17. Apollodore : III. 12. 4 ; Arctinos de Milet : *Aethiopis,* cité par Proclus : *Chrestomathie* II ; Ovide : *Métamorphoses* XIII. 578 ss.

18. Servius, Virgile : *Énéide* I. 755 et 493 ; Pausanias : X. 31 2 ; Scholiaste d'Aristophane : *Les Nuées* 622.

19. Dictys Cretensis : VI. 10.

20. Simonide, cité par Strabon : XV. 3. 2 ; Pausanias : III. 3. 6 et I. 42. 2.

21. Arctinos de Milet : *Aethiopis,* cité par Proclus : *Chrestomathie* II ; Ovide : *Métamorphoses* XII. 580 ss. ; Hygin : *Fables* 107 ; Apollodore : *Épitomé* V. 3.

22. Hygin : *loc. cit.* ; Apollodore : *Épitomé* V. 4 ; Homère : *Odyssée* XXIV. 42.

23. Rawlinson : *Excidium Troiae ;* Darès : 34 ; Dictys Cretensis : IV. 11 ; Servius, Virgile : *Énéide* VI. 57 ; Second Mythographe du Vatican : 205.

24. Dictys Cretensis : IV. 10-13 ; Servius, Virgile : *Énéide* III. 322 ; Tzetzès : *Lycophron* 269.

25. Quintus de Smyrne : III. 766-780 ; Apollodore : *Épitomé* V. 5 ; Dictys Cretensis : IV. 13-14 ; Tzetzès : *Posthomerica* 431-467 ; Homère : *Odyssée* XXIV. 43-84.

26. Strabon : XI. 2. 6 ; Arctinos de Milet : *Aethiopis,* cité par Proclus : *Chrestomathie* II ; Apollodore : *loc. cit.*

27. Pausanias : III. 19. 11 ; Philostrate : *Héroïque* XX. 32-40.

28. Tetzès : *Lycophron* 143 et 174 ; Servius, Virgile : *Énéide* I. 34.

29. Homère : *Odyssée* XI. 471-540 ; Ibycus, cité par Scholiaste d'Apollonios de Rhodes : IV. 815 ; Apollodore : *loc. cit.*

30. Philostrate : *Héroïque* 19. 14 ; Pausanias : VI. 32. 2 et III. 20. 8.

165. LA FOLIE D'AJAX

1. Homère : *Odyssée* XI. 543 ss. ; *Arguments* de Sophocle : *Ajax.*

2. Hygin : *Fables* 107.

3. Pindare : *Néméennes* VIII. 26 ss. ; Ovide : *Métamorphoses* : XII. 620 ss ; Apollodore : *Épitomé* V. 6 ; Scholiaste d'Homère : *Odyssée* XI. 547.

4. Leschès : *Petite Iliade,* cité par Scholiaste d'Aristophane : *Les Chevaliers* 1056.

5. Homère : *Odyssée* IX. 559-560.

6. Sophocle : *Ajax* et *Arguments* ; Zénobius : *Proverbes* I. 43.

7. Sophocle : *Ajax* ; Eschyle, cité par Scholiaste d'*Ajax* 833, et d'*Iliade* XXIII. 821 ; Arctinos de Milet : *Aethiopis,* cité par Scholiaste de Pindare : *Isthmiques* III. 53.

8. Arctinos : *Sac d'Ilion,* cité par Eustathe, Homère : *Iliade* XIII. 515.

9. Apollodore : *Épitomé* V. 7 ; Philostrate : *Héroïques* XIII. 7.

10. Dictys Cretensis : V. 14-15.

11. *Arguments* de Sophocle : *Ajax.*

12. Homère : *Odyssée* XI. 543 ss. ; Pausanias : I. 35. 3 ; Philostrate : *Héroïque* I. 2.

13. Pausanias : I. 35. 2-3 ; Ovide : *Métamorphoses* XIII. 382 ss.

14. Pausanias : I. 28. 12 et VIII. 15. 3 ; Servius, Virgile : *Énéide* I. 619 ; Pindare : *Néméennes* IV. 60 ; Eschyle : *Les Perses* I. 35. 2 et 5. 2.

15. Hérodote : VI. 35 ; Pausanias : I. 35. 2 ; Plutarque : *Solon* XI.

166. LES ORACLES DE TROIE

1. Apollodore : *Épitomé* V. 8 ; Tzetzès : *Lycophron* 911 ; Sophocle : *Philoctète* I. ss.

2. Hygin : *Fables* 102 ; Eustathe, sur Homère p. 330 ; Ptolémée Héphaïstion : VI, cité par Photius p. 490. Philostrate : *Héroïques* 5.

3. Ptolémée Héphaïstion : V, cité par Photius p. 486 ; Pausanias : I. 22. 6.

4. Apollodore : *loc. cit.* ; Philostrate : *loc. cit.*, et *Philoctète* 915 ss. ; et 1409 ss.

5. Orphée et Denys, cité par Tzetzès : *Lycophron* 911 ; Apollodore : *loc. cit.*

6. Tzetzès : *Lycophron* 61-62, 64 et 911 ; Leschès : *Petite Iliade* ; Apollodore : III. 12. 6.

7. Apollodore : *Épitomé* V. 9 ; Tzetzès : *Lycophron* 143 ct 168 ; Euripide : *les Troyennes* 955-960 ; Servius, Virgile : *Énéide* II. 166.

8. Apollodore : *Épitomé* V. 9-10 ; Sophocle : *Philoctète* 606 ; Orphée, cité par Tzetzès : *Lycophron* 911 ; Dictys Cretensis : IV. 18.

9. Sophocle : *Philoctète* 1337-1342 ; Apollodore : *loc. cit.* ; Tzetzès : *loc. cit.*

10. Apollodore : *Épitomé* V. 11 ; Pausanias : V. 13. 3 ; Homère : *Odyssée* XI. 506 ss. ; Philostrate : *Tableaux* 2 ; Quintus de Smyrne : *Posthomerica* VI. 57-113 et VII. 169-430 ; Rawlinson : *Excidium Troiae* ; Leschès : *loc. cit.*

11. Scholiaste d'Homère : *Odyssée* XI. 520 ; Dictys Cretensis : IV. 14 ; *Petite Iliade,* cité par Pausanias : III. 26. 7 ; Apollodore : *Épitomé* V. 12.

12. Dictys Cretensis : IV. 22 et V. 8.

13. Euripide : *Hécube* 229-250 ; Homère : *Odyssée* IV. 242 ss. ; Leschès : *loc. cit.*

14. Apollodore : *Épitomé* V. 13 ; Sophocle : *Fragment* 367 ; Servius, Virgile : *Énéide* II. 166 ; Scholiaste d'Homère : *Iliade* VI. 311 ; Suidas *sub* Palladium ; Johannes Malalas : *Chronographiques* V. p. 109, éd. Dindorf ; Dictys Cretensis : V. 5 et 8.

15. Conon : *Narrations* 34 ; Servius : *loc. cit.*

16. Denys d'Halicarnasse : I. 68 ss. ; Ovide : *Sur les Fêtes* VI. 434.

167. LA CHEVAL DE BOIS

1. Hygin : *Fables* 108 ; Tzetzès : *Lycophron* 219 ss. ; Apollodore : *Épitomé* V. 14.

2. Euripide : *les Troyennes* 10 ; Dictys Cretensis : I. 17 ; Stésichore, cité par Eustathe, Homère p. 1323 ; Athénée : X. p. 457 ; Homère : *Iliade* XXIII. 665 ; Tzetzès : *Lycophron* 930 ; Hesychius *sub* Épéios.

3. Homère : *Odyssée* VIII. 493 ; Apollodore : *Épitomé* V. 14-15.

4. Tzetzès : *loc. cit.*, et *Posthomerica* 641-650 ; Quintus de Smyrne : *Posthomerica* XII. 314-335 ; Apollodore : *Épitomé* V. 14 ; *Petite Iliade,* cité par Apollodore : *Épitomé* V. 14 ; *Petite Iliade,* cité par Apollodore : *loc. cit.* ; Hygin : *loc. cit.*

5. Apollodore : *Épitomé* V. 14-15 ; Tzetzès : *Lycophron* 344.

6. Virgile : *Énéide* II. 13-249 ; Leschès : *Petite Iliade* ; Tzetzès : *Lycophron* 347 ; Apollodore : *Épitomé* V. 16-17 ; Hygin : *Fables* 135.

7. Virgile : *loc. cit.*

8. Euphorion, cité par Servius, Virgile : *Énéide* II. 201 ; Hygin : *loc. cit.* ; Virgile : *loc. cit.*

9. Apollodore : *Épitomé* V. 18 ; Hygin : *loc. cit.* ; Tzetzès : *loc. cit.* ; Lysimaque, cité par Servius, Virgile : *Énéide* II. 211.

10. Thessandros, cité par Servius, Virgile : *Énéide, loc. cit.* ; Hygin : *loc. cit.* ; Quintus de Smyrne : *Posthomerica* XII. 444-497 ; Arctinos de Milet : *Sac d'Ilion* ; Tzetzès : *loc. cit.* ; Virgile : *loc. cit.*

11. Homère : *Odyssée* VIII. 504 ss. ; Apollodore : *Épitomé* V. 16-17 ; Arctinos de Milet : *ibid.* ; Leschès : *loc. cit.* ; Tryphiodore : *Sac de Troie* 316 ss. et 340-344.

12. Homère : *Odyssée* XI. 523-532 et IV. 271-289 ; Tryphiodore : *Sac de Troie* 463-490.

13. Tryphiodore : *Sac de Troie* 487-521 ; Servius, Virgile : *Énéide* II. 255 ; Leschès : *loc. cit.*, cité par Tzetzès : *Lycophron* 344 ; Apollodore : *Épitomé* V. 19.

14. Virgile : *Énéide* II. 256 ss. ; Hygin : *Fables* 108 ; Apollodore : *Épitomé* V. 20 ; Tzetzès : *Lycophron* 340.

15. Apollodore : *loc. cit.*

168. LE SAC DE TROIE

1. Apollodore : *Épitomé* V. 21 ; Euripide : *Hécube* 23 ; Virgile : *Énéide* II. 506-557.

2. Leschès : *Petite Iliade,* cité par Pausanias : X. 27. 1 ; Virgile : *loc. cit.* ; Apollodore : *loc. cit.* ; Euripide : *lesTroyennes* 16-17.

3. Homère : *Odyssée* VIII. 517-520 ; Apollodore : *Épitomé* V. 22 ; Hygin : *Fables* 240 ; Pausanias : V. 18. I ; Leschès : *Petite Iliade,* cité par le Scholiaste d'Aristophane : *Lysistrata* 155 ; Virgile : *Énéide* VI. 494 ss ; Dictys Cretensis : V. 12.

4. Apollodore : *Épitomé* V. 21 ; Homère : *Iliade* III. 123 ; Leschès : *Petite Iliade,* cité par Pausanias : X. 26. 3 ; Servius, Virgile : *Énéide* I. 246 ; Sophocle : *Prise de Troie,* cité par Strabon : XIII. 1. 53.

5. Pausanias : X. 27. 2 ; Pindare : *Pythiques* V. 82 ss. ; Servius, Virgile : *Énéide* I. 246 ; Strabon : XIII. 1. 53.

6. Tite-Live : I. 1 ; Servius, Virgile : *Énéide* I. 246.

7. Tite-Live : *loc. cit.* ; Apollodore : *Épitomé* V. 21 ; Denys d'Halicarnasse : I. 48.

8. Denys d'Halicarnasse : I. 48. 49 et 64 ; Élien : *Variae Historiae* III. 22 ; Hygin : *Fables* 254 ; Strabon : XIII. 608 ; Pausanias : VIII. 12 5 ; Virgile : *Énéide, passim* ; Plutarque : *Romulus* 3 ; Tite-Live : I. 2 ; Leschès : *Petite Iliade,* cité par Tzetzès : *Lycophron* 1268.

9. Hygin : *Fables* 101 ; Homère : *Iliade* III. 123-124 ; Tzetzès : *Lycophron* 495 ss. et 314 ; Apollodore : *Épitomé* V. 23.

10. Scholiaste d'Euripide : *les Troyennes* 31 ; Apollodore : *Épitomé* V. 22 ; Leschès : *Petite Iliade,* cité par Pausanias : X. 25. 3 ; Hygin : *Fables* 243 ; Pausanias V. 19. 1 ; Dion Chrysostome : *Oraisons* XI. 1. p. 179, éd. Dindorff ; Tzetzès : *Lycophron* 495 ; Parthénios : *Les Souffrances d'amour* 16.

11. Arctinos de Milet : *Sac d'Ilion* ; Virgile : *Énéide* II. 406 ; Apollodore : *loc. cit. ;* Scholiaste d'Homère : *Iliade* XIII. 66.

12. Tzetzès : *Lycophron* 365 ; Apollodore : *Épitomé* V. 23 ; Pausanias : X. 31. 1., I. 15. 3 et X. 26. 1 ; Homère : *Odyssée* IV. 99.

13. Hygin : *Fables* 116 ; Scholiaste d'Homère : *Iliade* XIII. 66 ; Lycophron : 1141-73, avec Scholiaste de Tzetzès ; Polybe : XII. 5 ; Plutarque : *Des délais de la justice divine* XII ; Strabon : XIII. 1. 40 ; Élien : *Variae Historiae, Fragment* 47 ; Aeneas Tacticus : XXXI. 24.

14. Homère : *Iliade* VI. 402 ; Apollodore : *loc. cit.* ; Euripide : *Les Troyennes* 719 ss. ; Hygin : *Fables* 109 ; Servius, Virgile : *Énéide* II. 457 ; Tryphiodore : *Sac de Troie.* 644-646.

15. Apollodore : *loc. cit.* ; Leschès : *Petite Iliade,* cité par Tzetzès : *Lycophron* 1268 ; Pausanias : X. 25. 4.

16. Sénèque : *Troades* 524 ss. et 1063 ss.

17. Servius, Virgile : *Énéide* III. 322 ; Tzetzès : *Lycophron* 323 ; Quintus de Smyrne : *Posthomerica* XIV. 210-328 ; Euripide : *Hécube* 107 ss.

18. Servius, Virgile : *Énéide, loc. cit.* ; Euripide : *loc. cit.*

19. Euripide : *Hécube* 218 ss. et 521-582.

20. Ovide : *Métamorphoses* XIII. 439 ss. ; Pausanias : X. 25. 4.

21. Philostrate : *Héroïque* XIX. 11.

22. Homère : *Iliade* XXII. 48 et XX. 407 ss. ; Hygin : *loc. cit.* et 240.

23. Dictys Cretensis : II. 18, 22, et 27 ; Servius, Virgile : *Énéide* III. 6.

24. Apollodore : *loc. cit.* ; Hygin : *Fables* III ; Dictys Cretensis : V. 16 ; Tzetzès : *Lycophron* 1176.

25. Euripide : *Hécube* ; Ovide : *Métamorphoses* XIII. 536 ss.

26. Dictys Cretensis : V. 17 ; Abas, cité par Servius, Virgile : *Énéide* IX. 264 ; Tite-Live : I. 1.

169. LES RETOURS

1. Apollodore : *Épitomé* VI. 1 ; Homère : *Odyssée* III. 130 ss. ct IV. 77-592 ; Hagias, cité par Proclus (*Fragments épiques grecs* p. 53, éd. Kinkel).

2. Apollodore : II ; 1. 5 et *Épitomé* VI. 11 ; Euripide : *Hélène* 766 ss. et 1026 ss. ; Hygin : *Fables* 116 ; Servius, Virgile : *Énéide* XI. 260.

3. Apollodore : *Épitomé* VI. 2-4 ; Strabon : XIV. 1. 27, citant Hésiode, Sophocle et Phérécyde ; Tzetzès : *Lycophron* 427 et 980.

4. Apollodore : *Épitomé* VI. 18 ; Pausanias : III. 7. 7 ; Stephanos de Byzance *sub* Syrna ; Strabon : VI. 3. 9 ; Tzetzès : *Lycophron* 1047.

5. Apollodore : III. 7. 7, et *Épitomé* VI. 19 ; Tzetzès : *Lycophron* 1047.

6. Apollodore : *Épitomé* VI. 12 et 13 ; Hagias : *loc. cit.* ; Servius, Virgile : *Énéide* II. 166 ; Scholiaste d'Homère : *Odyssée* III. 188.

7. Dictys Cretensis : VI. 7-9.

8. Homère : *Odyssée* IV. 1-9 ; Apollodore : *Épitomé* VI. 13-14 ; Euripide : *Andromaque* 891-1085, et *Oreste* 1649, avec Scholiaste ; Hygin : *Fables* 123 ; Eustathe, Homère : *Odyssée* IV. 3 ; Scholiaste d'Euripide : *Andromaque* 32 et 51 ; Ovide : *Héroïdes* VIII. 31 ss. ; *Fragments* de Sophocle II. 441 ss., éd. Pearson; Pausanias : X. 7. 1 et X. 24. 4-5 ; Pindare : *Néméennes* VII. 55-70, avec Scholiaste ; Virgile : *Énéide* III. 330 ; Strabon : IX. 3. 9.

9. Apollodore : *Épitomé* V. 16 ; Tzetzès : *Lycophron* 495 ; Lucien : *De la Danse* 40 ; Hygin : *Fables* 59 ; Servius, Virgile : *Églogues* V. 10.

10. Plutarque : *Histoires parallèles* 23 ; Dictys Cretensis : VI. 2 ; Tzetzès : *Lycophron* 609 ; Servius, Virgile : *Énéide* VIII. 9 ; Hygin : *Fables* 175 ; Apollodore : I. 8. 6 ; Pausanias : II. 25. 2.

11. Pausanias : I. 11 ; Servius. Virgile : *Énéide* VIII. 9 et XI. 246 ; Tzetzès : *Lycophron* 602 et 618 ; Strabon : VI. 3. 8-9 ; Scholiaste de Pindare : *Néméennes* X. 12 ; Scylax : p. 6.

12. Apollodore : *Épitomé* VI. 10 ; Tzetzès : *Lycophron* 384-386 ; Servius, Virgile : *Énéide* III. 121 et XI. 264 ; Premier Mythographe du Vatican : 195 ; Second Mythographe du Vatican : 210 ; Virgile : *Énéide* 121 ss. et 400 ss.

13. Tzetzès : *Lycophron* 911, citant Apollodore : *Épitomé* ; Homère : *Iliade* II. 717 ss. ; Strabon : VI. 1. 3 ; Aristote : *Merveilles* 107.

14. Tzetzès : *Lycophron* 911 ; Pausanias : I. 17. 6.

15. Homère : *Odyssée* IV. 209 ; Pausanias : IV. 3. 4 ; Hygin : *Fables* 10.

170. LES PÉRÉGRINATIONS D'ODYSSEUS

1. Homère : *Odyssée* IX. 19-66.

2. Apollodore : *Épitomé* VII. 2-3 ; Homère : *Odyssée* IX. 82-104 ; Hérodote : IV. 177 ; Pline : *Histoire naturelle* XIII. 32 ; Hygin : *Fables* 125.

3. Homère : *Odyssée* IX. 105-142 ; Hygin : *loc. cit.* ; Euripide : *Cyclope* ; Apollodore : *Épitomé* VII. 4-9.

4. Homère : *Odyssée* X. 1-76 ; Hygin : *loc. cit.* ; Ovide : *Métamorphoses* XIV. 223-232.

5. Thucydide : I. 2 ; Pline : *Histoire naturelle* III. 5. 9 et 8. 14 ; Tzetzès : *Lycophron* 662 et 956 ; Silius Italicus : VII. 410 et XIV. 126 ; Cicéron : *Contre Atticus* II. 13 ; Horace : *Odes* III. 17.

6. Homère : *Odyssée* X. 30-132 ; Hygin : *loc. cit.* ; Apollodore : *Épitomé* VII. 12 ; Ovide : *Métamorphoses* XIV. 233-244.

7. Homère : *Odyssée* X. 133-574 et XII. 1-2 ; Hygin : *loc. cit.* ; Ovide : *Métamorphoses* XIV. 246-440 ; Hésiode : *Théogonie* 1011-1014 ; Eustathe, Homère : *Odyssée* XVI. 118.

8. Homère : *Odyssée* XI ; Hygin : *loc. cit.* ; Apollodore : *Épitomé* VII. 17.

9. Homère : *Odyssée* XII ; Apollodore : *Épitomé* VII. 19 ; Apollonios de Rhodes : IV. 898 ; Élien : *De la Nature des Animaux* XVII. 23 ; Ovide : *Métamorphoses* V. 552-562 ; Pausanias : IX. 34. 3 ; Hygin : *Fables* 125 et 141 ; Sophocle : *Odysseus, Fragments* 861, éd. Pearson.

10. Plutarque : *Questions de table* IX. 14. 6 ; Scholiaste d'Homère : *Odyssée* XII. 39 ; Hygin : *Fables, loc. cit.* et *Préface* ; Tzetzès : *Lycophron* 712 ; Eustathe, Homère : *Odyssée* XII. 167.

11. Servius, Virgile : *Énéide* III. 420 ; Apollodore : *Épitomé* VII. 21 ; Homère : *Odyssée* XII 73-126 et 222-259 ; Hygin : *Fables* 125, 199 et *Préface* ; Apollonios de Rhodes : IV. 828, avec Scholiaste ; Eustathe, Homère p. 1714 ; Tzetzès : *Lycophron* 45 et 650 ; Ovide : *Métamorphoses* XIII. 732 ss. et 906 ss.

12. Homère : *Odyssée* XII. 127-453 ; Apollodore : I. 2. 7 et *Épitomé* VII. 22-23 ; Hésiode : *Théogonie* 359.

13. Homère : *Odyssée* V. 13-493 et VII. 243-266 ; Hygin : *Fables* 125 ; Hésiode : *Théogonie* 1111 ss. ; Scholiaste d'Apollonios de Rhodes : III. 200 ; Eustathe, Homère : *Odyssée* XVI. 118 ; Apollodore : *Épitomé* : VII. 24.

14. Homère : *Odyssée* XIII. 1-187 ; Apollodore : *Épitomé* VII. 25 ; Hygin : *loc. cit.*

171. LE RETOUR D'ODYSSEUS

1. Homère : *Odyssée* XIII. 187 ss. et XVI. 245-253 ; Apollodore : *Épitomé* VII. 26-30.

2. Homère : *Odyssée* XIX. 136-158 et XIV. 80-109 ; Hygin : *Fables* 126 ; Apollodore : *Épitomé* VII. 31.

3. Homère : *Odyssée* XIV-XVI ; Apollodore : *Épitomé* VII. 32.

4. Homère : *Odyssée* XVII ; Apollodore : *loc. cit.*

5. Homère : *Odyssée* XVIII.

6. Homère : *Odyssée* XIX.

7. Homère : *Odyssée* XX-XXII ; Hygin : *loc. cit.* ; Apollodore : *Épittomé* VII. 33.

8. Homère : *Odyssée* XXII-XXIV.

9. Plutarque : *Questions grecques* 14.

10. Homère : *Odyssée* XI. 119-131 ; Apollodore : *Épitomé* VII. 34.

11. Apollodore : *loc. cit.* ; Eugammon de Cyrène, cité par Proclus : *Epicorum Graecorum Fragmenta* 57 ss., éd. Kinkel ; Hygin : *Fables* 127 ; Pausanias : VIII. 12 ; 6 ; Scholiaste d'*Odyssée* XI. 134 ; Eustathe, *Odyssée* XI. 133 ; Parthénios : *Les Souffrances d'Amour* 3 ; Tzetzès : *Lycophron* 794 ; Dictys Cretensis : VI. 4 ss. ; Servius, Virgile : *Énéide* II. 44 ; *Fragments* de Sophocle II. 105 ss., éd. Pearson.

12. Servius : *loc. cit.* ; Pausanias : VIII. 12. 5 ss. ; Cicéron : *De la Nature des Dieux* III. 22. 56 ; Tzetzès : *Lycophron* 772, citant Douris le Samien.

Index

HYACINTHIDES — filles de Hyacinthos, 91. 3.

HYACINTHOS — jacinthe, 21. *m,* 8 ; 85. 2 ; 91. *g,* 3 ; 125. *c* ; 105. 2.

HYADES — faiseuses de pluie *ou* petits cochons, 27. 2 ; 39. *d,* 1 ; 41. 6.

HYBRIS — impudeur, 26. *b.*

HYDRA — créature aquatique, 34 *passim* ; 60. *h,* 4 ; 124 *passim* ; 131. 1 ; 133. 4 ; 134. 8 ; 145. *c* ; 166. 1.

HYGIE — santé, 50. *i,* 2.

HYLALOS — sylvestre, 80. *f* ; 126. *b.*

HYLAS — sylvestre, 24. 5 ; 126. *f* ; 137. *e* ; 139. *d* ; 143. *a,* 1 ; 148. *i* ; 150 *passim.*

HYLLOS *ou* Hylleos — ? forestier, 142. *l* ; 145 *passim* ; 146 *passim* ; 171. 4.

HYPERBORÉENS — au-delà du pays des Hommes du Vent du Nord, 21. 12 ; 83. *b.*

HYPERÉA — qui est en haut, 95. 1.

HYPÉRÉNOR — très valeureux, 58. *g,* 5.

HYPÉRION — qui habite en haut, 1. *d* ; 40. *a* ; 41. 2 ; 42. *a,* 1 ; 154. 4 ; 170 *passim.*

HYPÉRIPPÉ — jument céleste, 64. *a.*

HYPERMNESTRA — cour excessive, 60. *k, m,* 7.

HYPÉROCHUS — qui excelle, 109. *b.*

HYPSÉE — élevé, 82. *a.*

HYPSIPYLÉ — de la haute porte, 67. 2 ; 106. *g,* 3 ; 116. *b* ; 149 *passim.*

HYPSIPYLON — de la haute porte, 67. *c,* 2.

HYRIA — ruche, 123. *i.*

HYRIÉE — des ruches, 41. *f.*

HYRMINÉ — bourdonnement des ruches, 138. *b.*

HYRTACOS — *(mot non grec),* 158. *m.*

IACCHOS — cri violent, 24. *a.*

Iahu — colombe exaltée, 1. 1.

IALÉBION — ? *ialemobion,* vie malheureuse, 132. *k.*

IALYSA — femme gémissante, 42. 4 ; 54. 1 ; 60. 2.

·IAMBÉ — qui boite, 24. *d,* 9.

Iao, 2. 2.

IARDANÈS — *(mot sémitique),* fleuve du jugement, 136. *b.*

IASION — guérisseur, 24. *a* ; 158 *passim.*

IASIOS — guérisseur, 24. *a,* 6 ; 53. *b,* 1 ; 143. 1.

IASOS — guérisseur, 57. *a,* 1 ; 80. *c, j.*

ICADIOS — *eicadios,* vingtième, 87. *c,* 3.

ICARE — *iocarios* consacré à la déesse-Lune Car *ou* de la mer icarienne ;
— l'Athénien, 79 *passim* ; 82. *f* ;
— roi de carie, 168. 1 ;
— père de Pénélope, 74. *b* ; 159. *b* ; 160. *b* ; 170. 1 ; 171. 1.

ICAROS — (même signification qu'Icare), 29. 2 ; 92 *passim* ; 109. 4 ; 161. *a, b.*

IDAEA — du mont Ida *ou* d'une montagne boisée, 150. *l* ; 158. *a, g.*

IDAEOS — du mont Ida *ou* d'une montagne boisée, 158 *passim* ; 159. *v.*

IDAS — du mont Ida, 21. *k* ; 74 *passim* ; 80. *c, d, l* ; 103. *b,* 3 ; 141. *f* ; 148. *i* ; 151. *c.*

IDMON — celui qui sait, 82. *c,* 1 ; 148. *i* ; 151. *c,* 2 ; 161. *b.*

IDOMÉNÉE — *idmoneos,* celui qui sait, 157. *a* ; 159. *a* ; 160. *n,* 6 ; 162. *t* ; 163. *h* ; 169. *f,* 1, 5 ; 171. *a.*

IDOTHÉE — forme divine, 169. *a.*

IDYÉ — connaissable, 152. *c, d.*

ILYTHYE — celle qui vient en aide aux femmes en couches, 15. *a* ; 118. *c, g* ; 138. *o* ; 141. *c.*

ILIONA — reine d'Ilion, 168. *l.*

ILLYRIOS — *ill-ouros,* taureau sauvage qui louche, 59. *e.*

Illyunka, 36. 3.

ILOS — troupe *ou* qui fait reculer (Oilée), 18. *f* ; 108. *a* ; 109. *a* ; 168. 2 ;
— frère d'Érichtonios, 158 *passim* ;
— le Jeune, 158. *i.*

INACHOS — qui rend fort et nerveux, 16. *e* ; 56. *a, d* ; 57. *a,* 1 ; 58. 2 ; 60. *g.*

Indra, 7. 6 ; 132. 5.

INO — celle qui rend vigoureux, 24. 3 ; 27. 6 ; 51. 5 ; 70 *passim* ; 96. 6 ; 156. 3 ; 170. *y.*

IO — lune, 7. *b,* 3 ; 14. *b,* 4 ; 52. *a,* 2 ; 56 *passim* ; 57. *a* ; 68. 4 ; 72. 4 ; 90. 3 ; 154. *c,* 1.

IOBATÈS — celui qui marche avec la lune, 73. *a* ; 75 *passim.*

IOCASTE — ? *io-cassitere,* lune brillante, 105 *passim* ; 170. *o.*

IODAMA — ? *iodamalis,* génisse d'Io, 9. *b, d.*

IOLAOS — les habitants du pays, 92. *l* ; 118. 2 ; 122. *c, g* ; 124 *passim* ; 127. *d* ; 131. *a* ; 132. *s* ; 133. 11 ; 135. *a* ; 137. *h* ; 138. *d* ; 139. *d* ; 142. *f* ; 143. *g* ; 145. *d, k* ; 146 *passim* ; 155. *i* ;
— Protésilas, 162, *c.*

IOLE — *ioleis,* troupeau du pays, 144 *passim* ; 145. *a, e,* 2 ; 146. *d* ; 171. 4.

ORCHOMÉNOS — force de la rangée de bataille, 111. *g.*

ORCOS — sanglier, 123. 2.

ORÉOS — de la montagne, 126. *b.*

ORESTE — montagnard, 85. 1 ; 112. *d*, *g*, 1 ; 113 *passim* ; 114 *passim* ; 115 *passim* ; 116 *passim* ; 117 *passim* ; 160. *z* ; 169 *passim.*

ORESTHÉE — consacré à la déesse de la Montagne, 38. *h*, 7 ; 114. *k.*

ORION — habitant de la montagne, 40. *b* ; 41 *passim* ; 50. *f* ; 123. 1, 4 ; 132. 1 : 143. *a* ; 170. *p.*

ORITHYIE — celle qui court, déchaînée sur la montagne, 25. 2 ; 47. *b*, *c* ; 48. *a*, *b*, 1, 3, 4 ; 100 *passim* ; 103. 4 ; 160. *a.*

ORNÉE — *ornéon*, oiseau, 94 *passim.*

ORNIS — oiseau, 128. *d.*

ORNYTION — homme-oiseau, 46. 5 ; 67. *a* ; 81. *b.*

ORPHÉE — ? *ophruoeis*, de la rive du fleuve, 26. 2 ; 28 *passim* ; 53. *a* ; 82. *i* ; 83. *a* ; 97. *h* ; 103. *a* ; 147. *b*, 5, 6 ; 148. *i* ; 149. *a* ; 150. *a* ; 151. *a* ; 153. 4 ; 154. *d*, *g.*

ORSÉIS — celle qui agite, 43. *a.*

ORSILOQUE — celle qui amène les naissances, 116. *d.*

ORTHAEA — droite, 91. *g.*

ORTHROS — précoce, 34 *passim* ; 105. *e* ; 123. *b*, 1 ; 132. *a*, *d*, 3, 4.

Osiris, 7. 1 ; 18. 3, 7 ; 36. 1 ; 38. 11 ; 41. 3 ; 42. 1 ; 73. 4 ; 83. 2, 3 ; 116. *b*, 6 ; 123. 3 ; 126. 1 ; 133. 8 ; 134. 2, 4 ; 138. 1.

OTHRIAS — ? impulsif, 158. *m.*

OTIONIA — aux oreilles pendantes, 47. *b*, *d*, 2.

OTOS — qui fait reculer, 37 *passim.*

OTRÉRÉ — agile, 131. *b* ; 164. *a.*

OURANOS — roi des montagnes, 2. *b*, ; 3. *a*, 1 ; 6. *a*, 1, 6 ; 7. *a* ; 11. *b* ; 36. *b* ; 54. *a* ; 88. *b.*

OXYLOS — ? *oxylalos*, rapide à saisir, 146. *k.*

PACONIOS — qui délivre du mal, 53. *b.*

PACTOLE, Fl. — ? assurant la destruction, 108. *b.*

PAGASOS — celui qui tient fortement, 51. *b.*

PALAEMON — lutteur, 70. *h* ; 87. 1 ; 122 *passim* ; 148. *i.*

PALAMÈDE — ancienne sagesse, 9. 5 ; 17. *h* ; 39. 8 ; 52. *a*, 6 ; 111. *f* ; 112. *f* ; 116. 1 ; 160 *passim* ; 161 *passim* ; 162 *passim* ; 167. *f* ; 168. 1.

PALLANTIDES — fils de Pallas, 99. 3 ; 105. 7.

PALLAS — jeune fille *ou* jeune homme

— Géant, 9 *passim* ; 35. *e*, 3 ; 89. *c*, 4 ;

— fils de Lycaon, 99. *a* ;

— fils de Pandion, 94. *c*, *d* ; 95. *e* ; 97. *g* ; 99. *a* ; 158. *b* ;

— demi-frère de Thésée, 99. *a* ;

— Titan, 8. 3 ;

— fille de Triton, 8 *passim* ; 21. 5 ; 158.

PAMMON — *pammen*, pleine lune, 158. *o.*

PAN — pâturage, 7. *e*, 10 ; 17. *j*, 4 ; 21. *c*, *h*, 5 ; 22. *d* ; 26 *passim* ; 36. *c* ; 56. *a*, 2 ; 108. *h* ; 111. *c* ; 136. *i*, *j* ; 160. 10 ; 171. 1, 2.

PANCRATIS — toute-puissance, 37. 1.

PANDARÉOS — l'écorcheur, 24. *b*, 4 ; 108 *passim.*

PANDAROS — l'écorcheur, 163. *c.*

PANDION (Prêtre de) — Zeus le Tout, 46. *a*, *b* ; 47. *a* ; 94 *passim* ; 114. 1.

PANDORA — dispensatrice de dons

— femme d'Épiméthée, 4. 3 ; 39. *h*, *j*, ; 169. 3 ;

— fille d'Érechthée, 47. *o*, *d*, 2.

PANDOROS — dispensateur de dons, 94 *passim.*

PANDROSOS — semblable à la rosée, 25. *d.*

PANOPÉE — qui voit tout *ou* pleine lune, 89. *i* ; 98. *n* ; 167. *b.*

PANTHOOS — impétueux, 158. *m* ; 163. *j.*

PAPHOS — écume, 65. *a.*

PARIA — l'ancienne, 89. *a.*

PARIES — les vénérables, 90. 6.

PARIS *ou* Alexandre — besace, 105. 5 ; 112. *e* ; 131. 11 ; 158. *o* ; 159 *passim* ; 160 *passim* ; 161 *passim* ; 162 *passim* ; 163 *passim* ; 164 *passim* ; 166 *passim* ; 169. 1.

PARNASOS — ? de *paluno*, celui qui disperse, 38. *f.*

PARQUES (Les Trois), 4. *a*, 1 ; 10 *passim* ; 13. *a*, 3 ; 17. *h* ; 18. *l* ; 35. *e*, *g* ; 36. *e*, 3 ; 52. *a*, 2 ; 60. 2 ; 69. *c* ; 73. 9 ; 80. *a* ; 81. 1 ; 90. 6 ; 101. *k* ; 105. *b* ; 115. *f.*

PARTHÉNIA — jeune fille, 109. *e* ; 38. *f.*

PARTHÉNOPAEOS — né d'une virginité déflorée, 80 *l* ; 106. *d* ; 141. *d*, *f.*

PARTHÉNOPÉ — visage de jeune fille, 141, *c.*

Pasht, 36. 2.

PASIPHAÉ — celle qui luit pour tous, 16. 2 ; 21. *k* ; 51. *h*, 5 ; 88 *passim* ; 89. *c*, *e*, 4, 5 ; 90 *passim* ; 91. 2 ; 92.

Composition réalisée par NORD-COMPO

IMPRIMÉ EN FRANCE PAR BRODARD ET TAUPIN
7, bd Romain-Rolland - Montrouge - Usine de La Flèche.
HACHETTE/PLURIEL - 79, bd Saint-Germain - Paris.
ISBN : 2 - 01 - 009292-9

27.8400.7